칭의론

칭 의 론

초판2쇄 발행일 ㅣ 2022년 11월 01일

지은이ㅣ존 오웬
역　자ㅣ박홍규
펴낸이ㅣ오연희
펴낸곳ㅣ처음과나중
주소ㅣ 03714 서울시 서대문구 수색로 8나 길 1
전화ㅣ(031) 906-9191　팩스ㅣ0505-365-9191
이메일ㅣbooks9191@naver.com
공급처ㅣ(주)기독교출판유통

표지디자인ㅣ비홀드

ISBN 978-89-98073-07-7

칭 의 론

존 오웬 지음
박홍규 옮김

"성경을 탐구하라"(요 5:39)

1677년

The Doctrine of Justification by Faith
through
the Imputaion of the Righteousness of Christ
Explained, Confirmed, and Vindicated
by John Owen

Translated by Dr. & Rev. Hong Gyu Park
Pubple Publishing Co.
Seoul, Korea

The Doctrine of Justification by Faith
through
the Imputaion of the Righteousness of Christ
Explained, Confirmed, and Vindicated
by John Owen

Translated by Dr. & Rev. Hong Gyu Park
Pubple Publishing Co.
Seoul, Korea

칭 의 론

존 오웬 지음
박홍규 옮김

"성경을 탐구하라"(요 5:39)

1677년

|차 례|

| 역자 서문 |

존 오웬의 칭의론 곧 그리스도의 의의 전가를 통한 믿음으로 말미암은 칭의를 우리말로 번역하여 소개하게 되어 기쁘다. 오웬과 역자와의 만남은 신대원 시절 청교도를 만나면서 시작되었다. 처음에 도서관에서 발견한 존 번연의 전집을 읽다가 청교도신학에 관심을 가지게 되었고 다른 청교도 신학자들의 글들 또한 읽기 시작했다. 청교도들의 글을 읽으면서 그들의 신학적 이해와 영성에 깊은 감동을 받았던 때를 잊을 수 없다.

신대원을 졸업하면서 졸업선물로 무엇을 사줄까 물어보시는 장인 어른에게 존 오웬은 전집을 사달라고 부탁을 드렸다. 당시 청교도가 누구인지, 존 오웬이 누구인지 알지도 들어보지도 못하셨지만 장인 어른은 기꺼이 졸업선물로 전집을 사주셨다. 전집을 선물로 받고 역자는 미국에 유학을 떠날 때까지 1권부터 읽기 시작했다. 그 중에 칭의론도 포함되어 있었다.

미국에서 유학하던 도중 역자는 청교도 신학을 더 깊이 공부하고자 영국으로 갈 결심을 하게 되었다. 역자는 아버딘 대학에서 데이비드 퍼거슨 교수와 칼 트루만 교수와 더불어 오웬을 비롯한 청교도 신학에 대해 공부할 수 있는 특권을 누리게 되었다. 특히 칼 트루만 교수는 오웬의 전문가로 오웬과 관련된 여러 권의 저서를 출간하였다. 트루만 교수와의 만남은 청교도 신학에 대한 역자의 시각을 종교개혁과 후기종교개혁이라는 폭넓은 시각에서 바라볼 수 있는 눈을 열어주었다. 지금도 아버딘의 고색창연한 킹스칼리지의 연구실에서 오웬의 전집을 읽고 정리하던 때를 잊을 수 없다.

영국 유학을 마치고 한국에 돌아와 신학교에서 강의를 하면서 목회학 석사 과정에서 칭의론 과목을 개설한 적이 있었다. 그 때 오웬의 칭의론을 읽고 요약해서 학생들에게 소개하면서 역자가 얻은 유익은 매우 컸다. 그 뒤로도 지금까지 적지 않은 세월이 흘렀지만 오웬의 책들은 역자의 신학과 삶에 깊은 영향을 미치고 있다. 특히 오웬의 기독론, 기도, 죄 사함, 배교, 영적사고 등과 관련된 책들을 번역하여 한국교회에 소개하면서 오웬의 구원론과 관련된 핵심적인 책인 칭의론을 번역하여 소개하고자 하는 생각을 가지고 있었다. 그리고 마침내 많은 인내와 노력이 요구되는 작업이었지만 오웬의 칭의론을 번역하여 출판하게 되었다. 이 모든 것이 하나님의 은혜이다.

지난 수십년 동안 신약학계를 중심으로 바울의 새관점이라는 차원에서 칭의의 문제가 다양하게 논의가 되어왔고 한국 신학계 또한 이 주제에 대한 논쟁이 여전히 뜨겁다. 이런 가운데 역자는 이 땅에 개신교를 세웠던 과거의 신학자들이 칭의에 대한 문제를 어떻게 이해하고 이를 주장하고 방어했는지 아는 것은 매우 중요하다고 생각한다. 비록 진리에 대한 이해는 세월이 가면서 더 깊어지고 다양화 될 수 있지만, 아무리 오랜 세월이 지나도 진리는 변하지 않고 계속되기 때문이다.

종교개혁가들, 특히 루터가 칭의에 대한 중세 가톨릭의 이단계적인 칭의론에서 벗어나 오직 의인은 그리스도의 의의 전가를 통해 믿음으로 말미암아 의롭다 함을 받는다는 소위 이신칭의를 깨달은 이후로부터 이신칭의는 개신교의 신앙고백 속에서 핵심적인 교리로 인정되어 왔다. 사실 루터는 칭의론을 단순히 구원론의 한 교리로 이해하기보다 기독교 전체를 받아들이는 것으로 이해했다. 그에게 있어서 올바른 칭의관을 가지는 것은 교회가 설 수도 무너질 수도 있는 교리(Articulus stantis aut cadentis ecclesiæ)였다. 그리고 루터는 이후에도 계속해서 이 진리에 대해 사탄은 끊임없이 공격하고 무너뜨리려 할 것이라고 경고했다.

그런데 안타깝게도 우리는 이런 루터의 경고가 적합하게 느껴지는 것은 어찌된 일인지 탄식하지 않을 수 없다. 우리는 과연 거룩하고 의로우신 하나님과 죄로 말미암아 하나님의 영원한 진노와 심판을 받을 수 밖에 없는 인간이 어떻게 화해하고 평화를 누릴 수 있는지 진지하게 묻고 있는지 생각해야 한다. 로이드 존스 목사님은 이 문제를 기독교 전체의 본질로 파악하고 이해했다. 오늘 우리는 십자가의 복음을 너무 쉽게 세상적인 것과 우리의 보잘것 없는 행위로 바꾸어 버리고 있지 않은지 고민해야 한다.

사실 오웬이 칭의론을 쓸 당시 영국의 상황도 크게 다르지 않았다. 하나님의 은혜로 영국은 적어도 진리의 차원에서 종교개혁의 혜택을 풍성히 누리고 있었지만, 여전히 신앙의 자유는 불안한 상태에서 반전에 반전을 거듭하고 있었다. 이런 상황 속에서 다시 가톨릭으로 회기하려는 움직임과 아르미니우스와 소시니우스적인 신학이 칭의론에 도전을 하고 있었다. 또한 반율법주의와 신율법주의의 도전도 무시할 수 없었다. 이런 상황에서 오웬은 종교개혁가들이 남겨준 소중한 유산인 이신칭의의 교리를 분명히 제시하여 교회를 진리의 반석 위에 세워야 할 소명을 느꼈다. 이를 위해 오웬은 이와 관련된 교부들과 중세와 종교개혁자들과 자기가 살던 시대의 개신교 신학자들의 방대한 글을 섭렵하고 성경의 엄밀한 주석과 연구를 통해 칭의에 대한 교리를 설명하고 확증하고 방어하고 있다.

오웬의 칭의론은 사실 우리말로도 이해하기에 쉽지 않은 책이다. 특히 책 전체에서 계속해서 이어지는 매 주제에 대한 찬반논의와 질의응답 방법이 오늘날의 독자들에게는 낯설게 느껴질 수 있다. 하지만 이런 방법은 대적자들의 공격에 대항하여 진리를 바로 세우고자 하는 개신교 스콜라주의의 특징이다. 더욱이 교부와 중세와 종교개혁과 후기종교개혁 시대를 넘나드는 오웬의 논의와 고전어와 성서원어에 대한 이해는 그 깊이를 더해주지만, 이에 대해 익숙하지 않은 오늘날의 독자들에게는 이해하는 데 장애가 될 수 있다. 그러나 이런 어려움에도 불구하고 이 책이 주는 유익은 말로 할 수 없을 만큼 크다.

우리는 이 책에서 기독교 구원론의 핵심을 만날 수 있고, 이 주제가 어떻게 다른 신학의 주제나 교리들과 연관되어 있으며, 우리의 경건과 실천에 어떻게 영향을 미칠 수 있는지 발견할 수 있다. 우리는 왜 칭의에 대한 올바른 이해가 교회가 설 수도 있고 무너질 수도 있는지 알 수 있고, 아무리 시대가 변하고 학문이 발전해도 우리가 종교개혁자들이 발견하고 주장했던 오직 그리스도의 의의 전가를 통한 믿음으로 말미암은 칭의 교리가 결코 포기할 수 없는 개신교 신학의 핵심교리인지 발견할 수 있다.

과거나 지금이나 칭의의 교리에 대한 도전은 변함없이 계속되고 있다. 인간은 끊임없이 그리스도의 의 이외에 자신의 의를 내세우려고 하고 있고, 오직 그리스도의 의에 대한 믿음으로 말미암은 칭의의 교리가 그리스도인의 경건과 실천을 무시해도 되거나 약화시킨다는 생각을 가지고 있기 때문이다. 고전을 우리말로 번역하며 출판할 때마다 역자는 하나님께 감사하지 않을 수 없다. 우리말로 번역되지 않는다면 영원히 잊혀질 수 있는 책이 오늘 우리 시대에 다시 살아나서 한국교회를 유익하게 하는 도구가 될 수 있기 때문이다. 오늘 우리는 어느 때보다 복음에 대한 이해가 흔들리고 왜곡되고 변질된 시대를 살고 있다. 이런 때에 오웬과 같은 청교도 신학자들이 이해하고 있는 복음의 정수에 대해 다시 읽고 이해하는 것은 한국교회에 큰 유익이 될 것이다.

2019년 5월 31일
신현리에서
박홍규 목사

THE DOCTRINE

OF

JUSTIFICATION BY FAITH

THROUGH

THE IMPUTATION OF THE RIGHTEOUSNESS OF CHRIST

EXPLAINED, CONFIRMED, AND VINDICATED

| 저자 서문 |

나는 계속되는 논의의 전체 주제인 이 교리의 본성과 중요성에 대한 설명으로 독자를 붙잡을 필요가 없을 것이다. 여러 사람이, 심지어 우리 중에도 이 주제에 대해 다양한 이해를 가지고 있지만, 이 진리에 대한 지식이 사람들의 영혼에 지극히 중요하다는 데 있어서 모두 일치하고 있기 때문이다. 그리고 사실 자신이 죄인이라는 것을 알고 있고 이로 말미암아 하나님의 심판에 대해 어느 정도 느끼고 있는 사람이 자신이 처해 있는 것으로 발견된 악한 상태와 조건에서 유일하게 구원받는 방법인 이 진리에 대해 어느 정도 알고자 열망하지 않는다는 것은 가능하지 않을 것이다.

세상에는 비록 죄와 그 결과에 대해 어느 정도 일반적으로 깨닫는 것을 피할 수 없지만, 상황에 대한 올바른 고려로 필수불가결하게 따라오는 결론을 실천적으로 받아들이지 않으려고 자신들의 지성을 강화하고 있는 수많은 사람이 있다고 나는 고백한다. 그런 사람들은 의지적으로 헛된 소망과 상상으로 자신들을 속이면서 자신들이 어떻게 혹은 어떤 수단으로 하나님과 화평을 누릴지 한 번도 진지하게 묻지 않는데, 이는 그들이 현재 죄의 쾌락을 즐기는 것과 비교할 때 이런 방법에 대해 전혀 가치있게 여기고 있지 않기 때문이다. 그리고 의롭다 하심을 받기를 바라거나 노력하지 않는 사람들에게 칭의의 교리를 추천하는 것은 헛된 일이다.

그러나 어떤 사람도 자신들이 하나님으로부터 배교했으며, 자신들의 본성과 삶이 악하고 그로 말미암아 하나님의 진노 가운데 죄로 말미암은 영원한 처벌을 받는다는 것이 실질적으로 느끼게 된 곳에서, 자신들이 이런 상태에서 구원을 받을 수 있는 신적인 방법에 대해 아는 것보다 어떤 일에 더 관심을 가지고 있다고 스스로 판단할 수 없다. 그리고 그런 사람들의 지성은 이 교리의 중요성에 대해 자신들을 만족시킬 수 있는 어떤 논증도 필요로 하지 않는다. 그런 상황에서는 그들이 이 문제에 관심을 가지고 있는 것으로 충분하다. 그리고 나는 이 문제를 다루는 데 있어서 처음부터 끝까지 오직 낙담한 죄인의 양심이 우리 주 예수 그리스도를 통해 하나님과 확실한 평화를 누릴 수 있게 하는 방법과 수단에 대한 신적인 계시를 부지런히 탐구하는 것 이외에 어떤 다른 계획도 없다는 것을 그들에게 확신시킬 것이다. 나는 이 문제에서 이십 명의 논쟁적이거나 불같은 논쟁가들의 반대들을 실망시키기보다 한 명의 영혼을 안정적으로 안내하는 것에 더 무게를 둘 것이다.

그러므로 이런 목적에 맞게 독자가 우리의 논의의 시작에서 발견하겠지만, 비록 교리 그 자체와 보통 이 교리를 가르치는 용어들을 설명하는 데 어느 정도 시간을 보내는 것은 필수적이지만, 전체의 주된 무게는 성경의 증거들을 해석하고, 믿고 예수 그리스도로 말미암은 구원을 추구하는 사람들의 경험에 이 교리를 적용하는 데 놓여있다. 그러므로 내가 독자로 하여금 적어도 자신의 잘못이 아니라면 계속되는 논의에서 이 진리에 대한 편견이나 헛된 반대에서 벗어나고 유익을 얻도록 주목하기를 바라는 몇 가지 것들이 있다.

1. 비록 칭의론에 대해 현재 다양한 반대들이 있고 많은 책이 이 주제에 대해 논쟁의 방식으로 출판되었지만, 이 글은 어떤 종류나 의견이든 어떤 사람과 다투거나 반박하려는 계획으로 쓰여지지 않았다. 그런 경향이 있는 것처럼 보이는 몇몇 문단들이 때때로 삽입되고 있다는 것은 사실이다. 그러나 그것들은 모든 솔직한 독자가 필요하다고 판단할 수 있는 것들일 것이다. 나는 어떤 특별한 사람에게 어떤 의견도 제시하지 않았으며, 더욱이 어떤 사람들의 말을 비틀거나, 그들의 인격을 폄훼하거나, 그들의 능력을 비난하거나, 그들에 반대하기 위해 가설적인 편견을 이용하거나, 그들의 견해를 억지로 얻어낸 결론들을 왜곡하여 비난하거나, 그들의 말이 표현하고 있지 않은 개념들을 상상하지 않았으며, 솔직하게 해석하여 외관상 그들을 반대하는 데 성공한 것처럼 뽐내거나 헛된 쾌락을 즐기려고 하지 않았다.

하지만 연약한 지성과 무질서한 감정으로 이와 같은 효과를 내려는 것이 최근의 많은 논쟁적인 글들에서 살아있는 원리이다. 진리를 선포하고 방어하여 진리를 신실하게 사랑하는 자들을 가르치고 세우고, 그들의 생각을 어떤 사람들이 모든 복음의 신비들에 던지려고 노력하는 어려움들에서 건져내고, 하나님과의 지속적인 평화를 찾는 사람들의 양심을 안내하고, 믿는 자들의 지성을 세우려는 것이 내가 목표로 하는 것들이다. 그리고 하나님이 교회 안에서 내가 은혜를 주시기를 기뻐하셨던 모든 상황과 상태를 고려할 때 이런 목적을 이루려는 노력이 나에게 필수적인 것이 되었다.

2. 나는 내가 진리이고, 복음적인 순종을 증진시키는 데 유용한 것이라고 믿는 것을 제외하고 어떤 것도 쓰지 않았다. 독자는 여기에서 성경에서 계시된대로 취급되고 있고, 믿는 자들의 지성에 스스로 능력

과 효력을 발휘하고 있는 것들의 본성을 있는 그대로 살피고 있는 것 이외에 인위적인 추론이나 문체와 언어의 장식으로 다른 사람들의 개념들이나 그들이 논쟁을 수집하고 향상시킨 것을 추출해 낼 것을 기대할 수 없을 것이다. 이 교리를 다루는 데 있어서 오직 계획되어 있는 것은 보편적으로 복음적인 순종에 이르는 방법의 영향과 더불어 사람들의 양심을 실천적으로 안내하여 배교의 상태에 이르는 저주에서 구원받고 하나님과 평화를 누리도록 하기 위해 예수 그리스도로 말미암아 하나님께 적용시키는 데 있다. 그러므로 올바른 방법으로 이 진리에 대해 취급하려는 사람은 자신의 지성과 경험으로 자신이 주장하고 있는 모든 것을 평가하고, 자신이 머물러 있지 않고, 자신의 생각으로 가장 은밀하게 물러나지 않으며, 하나님께 가장 가까이 나아가지 않고, 자신이 처한 위험 속에서 놀라지 않으며, 깊은 고통 가운데 머물러 있지 않고, 죽음을 위해 준비하지 않으며, 하나님과 자신 사이의 무한한 차이에 대해 가장 겸손히 묵상하지 않고 있는 것을 다른 사람들에게 감히 제안하지 말아야 한다. 이런 요소들로 양념이 쳐있지 않은 칭의론에 대한 다른 개념들과 논쟁들은 아무리 재주와 언어로 양념이 쳐져있더라도 맛이 없고 쓸모가 없으며, 즉시 무익한 말다툼으로 타락하고 만다.

3. 나는 여기에서 주장되고 있는 교리가 많은 사람에 의해 개인적인 거룩과 선행과 모든 복음적 순종의 필요성을 일반적으로, 전적으로 제거하고 있는 것으로 비난을 받아왔다는 것을 안다. 그가 자주 선언했듯이 사도 바울이 처음 이 계시를 드러내었을 때 그런 일이 일어났다. 그러나 우리가 후에 살펴보겠지만, 그것은 예수 그리스도를 통해 하나님께 받아들여지는 모든 순종의 주된 원리이며 동기라는 것이 충분히 증거된다. 그러나 이 교리에서 복음의 객관적인 은혜가 사람들의 마음

에서 복음의 주관적인 은혜가 전혀 없는 곳에서 남용되는 일이 일어날 수 있다는 것은 인정된다. 그리고 그것이 하나님의 생명에 영향을 미치는 방법들은 육적인 지성으로 추론하는 것들에 낯설다.

이 교리는 처음 종교개혁이 일어났을 때 교황주의자들에 의해 마찬가지로 비난을 받았으며 여전히 이런 비난은 계속되고 있다. 그러나 그것이 처음에 종교개혁 그 자체가 일어나는 계기를 제공했던 것처럼, 그것은 참된 복음적 순종과 전적으로 조화를 이루지 못하는 셀 수 없는 미신적인 두려움과 규율에 대한 그들의 속박에서 자유롭게 되고, 예수 그리스도를 통해 하나님과 평화하는 길에 대한 안내를 받은 사람들의 영혼은 실질적인 거룩으로 열매를 맺게 되고, 그들의 적대자들 중에서 결코 발견되지 않는 하나님의 생명의 모든 복된 결과들로 풍성하게 되는 것이었다.

똑같은 비난이 후에 소시누스주의자들의 의해 갱신되었으며 그들에 의해 계속해서 주장되고 있다. 그러나 나는 지혜롭고 편견이 없는 사람들은 그들이 행했던 것보다 더 나은 효과들과 열매들로써 그들이 반대하는 확신의 효과를 나타낼 때까지 그들의 비난에 많은 무게를 두지 않을 것이라고 생각한다. 처음에 그들이 주장하는 종교의 체계를 만들어 내었으며, 그들에 대해 충분히 잘 알고 있으며, 그들의 반삼위일체적인 견해로 충분히 기우는 경향이 있는 자들이 어떤 사람들인가는 그가 소시누스 자신과 그의 추종자들에게 제시했던 질문들 중 하나에서 선포된다. 그는 "만약 이것이 당신이 싸우고 있는 진리라면, 그것이 오직 '어떤 경건에 대해서 칭찬받지 못하는 자들과, 삶의 우선적인 모범에서 칭찬을 받지 못하는 자들이 선포하고 있고, 그들 중 대부분은 횡설수설하고 육체의 정욕을 따라 다투는 자들로 가득 찬 성이나 집이나 창기집에서 나온 자들처럼 보이는 것이 어찌된 일인가?'"(Scrupuli ab excellenti viro propositi, inter oper. Socin.)라고 말한다. 그들이 경건에 이르는 필수적인 동기들과 조화를 이루지 못하는 것으로 반대하고 있는 어떤 교리들에 대해 그런 사람들이 하는 가장 격렬한 반대들은 그것이 사려깊은 사람들의 지성에 호소하고 있다는 것이다. 그리고 사람들이 이신칭의의 교리와 우리 주 예수 그리스도의 은혜에 대한 다른 진리들이 도덕적인 의무들과 선행과 복음적 순종을 전복시키는 것들로 비난하는 것보다 종교를 파괴하는 데 더 효과적인 엔진이 있을 수 없다. 반면에 그들이 이것들에 반대하면서 껴안는 의견들에 따른 행위에서 그들은 자신의 마음이나 삶에서 복음의 진리나 은혜의 능력을 조금이라도 증거하지 못한다.

그러나 전체의 복음은 우리에게 "모든 경건하지 못한 것과 세상적인 정욕을 부인하고 우리로 하여금 이 세상에서 건전하고 의롭고 경건하게 살도록" 가르치고 있는 하나님의 은혜를 선포하고 드러내는 경건을 따르도록 하고 있다. 종교에서 개념들과 의견들과 실천들에 대한 크고 격렬한 다툼 아래서 일반적인 사람들 사이에 참된 복음적 순결과 삶의 거룩이 무시무시하게 침체되어 있는 시대에 우리가 살고 있기 때문에, 나는 유일한 진리의 표준에 대해 마땅히 고려하고 제시하고 다투고 있는 교리들을 이차적으로 시험하는 것은 이 교리를 받아들이고 고백하는 사람들의 방법과 삶과 걸음과 대화에 의해 이루어 질 수 있고 이루어져야 한다는 것을 기꺼이 인정할 것이다. 그리고 비록 계속되는 논의에서 주장될 교리가 그들 안에 있는 악한 습관들이 우세함으로써 타락한 지성을 가진 사람들에 의해 남용될 수 있다는 것이, 곧 불경건을 조장하는 것으로 변질될 수 있다는 것이 인정되지만 (예수 그리스도로 말미암은 하나님의 은혜의 전체 교리가 그럴 수 있다는 것이 인정되지만), 그리고 비록 이 교리가 의와 참된 경건에서 효력을 발휘하고 영향을 미쳐서 하나님께 보편적으로 순종하는 방법과 수단이 어떤 영적인 빛이 비추지 않으면 식별될 수 없으며, 영적인 생명의 원리가 전적으로 결핍된 사람들의 지성에 그것들의 능력을 경험하게 할 수 없지만, 만약 이 교리가 그 적절한 빛과 능력으로 실제로 믿고 받아들인 사람들 안에서, 그리고 이전과 지금 시대의 경험 안에서, 그 모든 사람 안에서 경건과 경건의 필요성을 증진시키는 데 유용한 규칙으로서 교회 안에서 그 역할을 간직하고 있지 않다면, 나는 그것이 폐기되어도 만족할 것이다.

4. 적지 않은 사람들이 다른 본성의 주제를 다루는 데 있어서 내가 이 주제에 대해 수년 전 썼던 것에 들어있는 몇 가지 내용을 반대하는 책을 출판하는 것에 관심을 가지고 있는 것을 발견했을 때, 나는 똑같은 기질과 원리들을 가지고 있는 똑같은 사람들이나 다른 사람들이 여기에서 명확히 주장하고 있는 것에 대해 반대할 수 있다는 것을 모르지 않는다. 그런 시도를 생각할 때 나는 한 마디로 내가 오직 어떤 것에 관심이 있는지 알게 할 것이다. 만약 그들이 나의 표현들을 비난하고, 나의 말을 비틀고, 내가 명확히 주장하지 않은 것들에서 추론들과 결론들을 도출해 내고, 우발적인 본문이나 비본질적인 다른 부분들에서 이익을 얻는 것을 – 그리스도인의 절제와 솔직함과 정직함을 마땅히 보이지 않고 이로 말미암아 성공하고 명성을 얻으려는 노력으로 – 자신들의 일로 삼으려고 한다면, 나는 내가 이 세상에 가장 크게 관심을 두고 있지 않은 것들과 마찬가지로 그들이 말하거나 쓴 것을 주목하지 않을 것이다. 나는 – 내가 듣기에 지금 어떤 사람들이 관여하고 있는 – 나의 다른 어떤 글들에 대한 똑같은 본성의 반대들에 대해서도 똑같이 말한

다. 나는 선한 사람들이 탄식하고 지혜로운 사람들이 조롱하는 그런 논쟁적인 글들에 나의 삶의 남아있는 작은 부분을 버리기보다 해야할 다른 일을 가지고 있다.

그러므로 이 글의 주된 계획이 성경으로부터 칭의론을 진술하고 그 증거들로 말미암아 그것을 확증하는 것인 반면에, 나는 성경의 증거들에 대한 우리의 주해와 그것들을 현재의 논증에 적용하는 것이 해석의 정당한 규칙들에 의해 반박되고, 그것들의 또 다른 의미가 증명이 되지 않는다면, 그것을 반대받을 수 있는 것으로 여기지 않을 것이다. 내가 주장하고 있는 진리를 올바로 이해하고 향상시키기 위해 말해야 할 필요가 있다고 생각하는 다른 모든 것은 그런 목적으로 계속되는 일반적인 논의들에서 수집되고 선포되고 있다. 나는 이런 몇 가지가 독자들로 하여금 이 진리에 대해 생각하게 하는 데 충분할 것이라고 생각한다.

1677년 5월 30일
존 오웬

칭의의 교리를 설명하기 전에
일반적으로 고려해야 할 것들

우리가 신자들의 평안과 순종을 진작시키고, 그리스도 안에서 하나님의 영광이라는 칭의의 목적에 유용하게 칭의의 교리를 취급하기 위해 논의의 전 과정에서 고려해야 하는 몇 가지 전제들이 있다. 그리고 이런 목적으로 주장되어야 하는 것들 중에서 다음과 같은 것들이 생략되지 말아야 한다.

칭의의 일반적인 본질

1. 이 문제와 관련해서 우리가 반드시 물어야 할 첫 번째 질문은 "죄책으로 억압받고 당혹스러워하는 죄인이 어떻게 양심의 평안을 얻을 수 있는가?"하는 문제이다. 칭의는 그런 사람이 하나님 앞에서 용납되고 하늘의 기업을 얻을 수 있는 권리와 자격을 얻는 것이기 때문이다. 그리고 사람이 이 문제로 갈등하고 있을 때 그런 상태에서 자신의 양심이나 다른 사람의 양심에 호소할 수 있는 것은 이 진리 이외에 어떤 것

도 없다. 그러므로 고려되고 있는 사람은 (곧 의롭다 하심을 받아야 하는 사람은) 자신 안에 "경건함이 없고($\alpha\sigma\epsilon\beta\eta\varsigma$, 롬 4:5)", 그로 말미암아 "하나님 앞에서 죄책이 있는($\upsilon\pi\acute{o}\delta\iota\kappa o\varsigma\ \tau\tilde{\omega}\ \Theta\epsilon\tilde{\omega}$, 3:19)", 곧 "하나님의 의로운 선언적 심판($\tau\tilde{\omega}\ \delta\iota\kappa\alpha\iota\acute{\omega}\mu\alpha\tau\iota\ \tauο\tilde{\upsilon}\ \Theta\epsilon o\tilde{\upsilon}$, 1:32)"을 받아야 하는 사람이다. 그리고 "죄를 지은 사람", 곧 어떤 식으로든 죄책이 있는 사람은 "죽어야 마땅하다." 이로 말미암아 그런 사람은 자신이 하나님의 "저주($\upsilon\pi\grave{o}\ \kappa\alpha\tau\acute{\alpha}\rho\alpha\nu$)" 아래 있으며(갈 3:10), "하나님의 진노"가 자신 위에 머물러 있다(요 3:18, 36)는 것을 발견한다.

이런 상태에서 그는 자신 안에 있거나, 자신에게서 나온 어떤 것으로도 자신의 구원을 위해 "아무런 간청도, 변명도 할 수 없으며($\alpha\nu\alpha\pi o\lambda\acute{o}\gamma\eta\tau o\varsigma$)", 그의 "입은 막혀있다"(롬 3:19). 그는 하나님의 심판으로 모든 면에서 "죄"와 죄의 모든 결과 "아래 갇혀있다($\sigma\upsilon\gamma\kappa\epsilon\kappa\lambda\epsilon\iota\sigma\mu\acute{\epsilon}\nu o\varsigma\ \upsilon\varphi'\ \acute{\alpha}\mu\alpha\rho\tau\acute{\iota}\alpha\nu$)"고 성경이 선포하고 있기 때문이다. 사람들은 이런 상태에서 많은 악에 노출되어 있는데, 그것들은 우리 최초의 부모들이 보여주는 두 가지 악으로 축소될 수 있다. 첫째로, 그들은 어리석게 하나님에게서 숨을 수 있다고 생각하고, 그런 다음에 더 어리석게 하나님을 자신들의 죄의 원인으로 비난했다. 그것은 사람들이 죄를 깨달았을 때 자연스럽게 생각하게 되는 것이다. 그러나 우리가 묻고 있는 칭의는 다양한 수단으로 "내가 어찌하여야 구원을 받을꼬?"하고 탄식하는 사람들이 깨닫게 되는 것이다.

2. 사람들의 이런 상태와 조건이나 이런 상태와 조건에 있는 사람들과 관련하여 "하나님이 어떤 근거로 그들의 모든 죄를 사하시고, 그들을 자신의 호의로 받아주시며, 그들을 의롭다고 선포하시거나 선언하시고, 모든 죄책에서 그들을 벗어나게 하시며, 저주와 그의 모든 진노

를 그들에게서 제거하시며, 그들에게 복된 불멸이나 영생에 이르는 권리와 자격을 주시는가?"하는 질문이 제기될 수 있다. 이것은 오직 이런 상태에 있는 죄인들의 양심이 관심을 가지고 있는 것이다. 그리고 그들은 율법의 명령과 저주 아래서 어떻게 하나님의 정의에 반대하거나 책임질 수 있으며, 하나님께 받아들여지고 생명과 구원을 얻기 위해 자신들이 무엇을 할 수 있는지 이외에 어떤 것도 묻지 않는다.

사도가 로마서 3, 4장과 다른 곳에서 이 전체 문제를 다른 어떤 방식이 아니라 이런 식으로 진술하고, 이 질문에 대한 대답으로 칭의의 본질과 칭의의 모든 원인을 선포하고 있다는 것은 후에 선포되고 증명될 것이다. 그리고 우리는 또한 야고보 사도가 자신의 서신서 2장에서 이 질문에 대해 말하고 이 질문에 대해 대답하지 않고, 다른 의미에서 다른 목적으로 칭의에 대해 다루고 있다는 것을 드러낼 것이다. 그리고 비록 우리가 성경에서 선포되고 적용된 것과 똑같은 목적으로 이 교리를 안전하거나 유용하게 다룰 수 없더라도, 우리는 이 주제에 대한 우리의 모든 논의에서 어떤 가식으로 이 문제와 그것의 결정에 주의를 기울이는 데서 벗어나지 말아야 한다. 우리가 계획하고 있는 의무는 호기심을 일으키는 개념들을 만들거나 정교한 논쟁이 아니라, 사람들의 양심을 안내하고 충족시키고 평안을 누리도록 하는 것이기 때문이다. 그러므로 나는 할 수 있는 한 이 복음적인 교리를 설명하기보다 혼란스럽게 하는 이 모든 철학적인 개념들과 구분들을 피할 것이다. 나는 열 명의 논쟁가들을 반박하기보다 한 명의 신자의 지성과 양심을 안정적으로 안내하고, 실제로 그가 하나님과 화평하고 용납받을 수 있는 기초를 제시하는 데 더 많은 무게를 두고 있기 때문이다.

3. 그런데 앞에서 선포된 것처럼 "사람이 어떤 근거로, 어떤 이유나

원인으로 죄 사함을 받거나 죄에 대한 책임에서 벗어나고 하나님께 받아들여질 수 있는가?"하는 문제에는 필연적으로 다음과 같은 질문이 따라 온다. 그것은 우리의 믿음과 회개와 우리의 본성의 혁신과 내적인 은혜의 습관들과 우리가 행하거나 행할 수 있는 실질적인 의의 행동처럼 우리 안에 있는 어떤 것인가? 아니면 그것은 우리에게 전가된 우리의 중보자이시며 언약의 보증인이신 하나님의 아들의 순종과 의와 충족과 공로인가? 그것이 이 둘 중의 하나인 것은 분명하다. 곧 그것은 우리 자신의 것, 곧 그것에 어떤 하나님의 은혜가 영향을 미쳤든지 우리 안에서, 우리에 의해 일어났기 때문에 내적으로 우리 자신의 것이든지, 우리의 죄 사함과 우리를 의롭다고 받아주시거나 하나님 앞에서 우리가 의롭다 하심 받게 하시려고 우리 자신의 것이 아닌, 우리 안에 내재하고 있는 것이 아닌, 우리에 의해 일어난 것이 아닌 우리에게 전가된 것이다. 그리고 이것들은 섞이거나 혼합될 수 없다(롬 11:6). 하나님 앞에 나타날 때 이것들 중 어느 하나를 의존하고 신뢰하는 것이 죄를 깨달은 죄인이 해야 할 의무이며 지혜이며 안전이라는 것이 현재 우리가 묻고 있는 것에 대한 요약이다.

4. 그것이 그리스도의 의라는 추정 아래 죄인들이 이 안식에 참여하거나 참여해야 하는 방식과, 그들이 어떻게 내적으로 자신들의 것이 아닌 것에 마치 그것이 자신들의 것인 것처럼 선한 유익과 많은 이익을 얻을 수 있도록 참여하거나 관계하게 되는지는 구별해서 고려되어야 한다. 그리고 이것은 또한 성경에서 분명히 결정되어 있을 뿐 아니라, 진실로 믿는 모든 사람의 경험에서 인정이 된다. 그리고 우리는 이 문제에서 결코 죄에 대해 철저히 깨닫지 못하거나, 스스로 "자신들 앞에 놓여 있는 소망의 항구"로 달아나지 않는 사람들의 의미나 논쟁에

대해 크게 관심이 없다.

5. 나는 복음적 칭의의 본질에 대한 우리의 전체의 논의에서 이것들이 언제나 받아들여져야 한다고 말한다. 그것들에 대한 지속적인 고려가 없다면, 우리는 빠르게 죄책이 있는 죄인들의 양심과 관계가 없는 호기심을 조장하는 당혹스러운 질문에 빠져서 방황하게 되기 때문이다. 그러므로 그것은 실제로 이 교리의 본질이나 진리에 속하지 않고 그것과 더불어 섞일 수도 없다. 우리가 묻고 있는 것은 오직 자신들 안에 하나님 앞에서 죄책을 느끼거나(ὑπόδικοι τῷ Θεῷ), 하나님의 심판을 받아야 마땅하다고 느끼는 사람들의 구원이다. 이것이 그들 안에 있거나 그들에게 나온 어떤 것이 아니며 그럴 수도 없다는 것은, 곧 그것이 그들 밖에서 무한한 지혜와 은혜로써 그리스도의 중보와 그에 대한 그리스도의 순종과 죽음으로 말미암아 만들어진 방안이라는 것은 모든 반대에 대항하여 성경이 분명히 밝히고 있는 것이다. 그리고 그것은 복음의 근본적인 원리이다(마 11:28).

6. 우리는 이 진리를 선포하고 그 안에 나타난 하나님의 은혜의 경륜을 바로 알기 위해 살펴보아야 할 것이 많이 있다고 고백한다. 곧 의롭다 하심을 받는 믿음과 칭의에서 그것의 위치와 용도와 새언약의 원인들과 그리스도의 중보와 보증인직에 대한 참된 개념 등이 그것들이다. 그리고 우리는 이 모든 것에 대해 살펴 볼 것이다. 그러나 우리는 이 가장 중요한 복음적인 진리가 주는 유익과 위로를 불필요하고 무익한 다툼으로 잃어버리지 않으려면 직접적으로 하나님께 받아들여질 수 있는 안정적이고 지속적인 기초를 찾는 사람들의 마음을 안내하고 영혼을 충족시키는 경향이 있는 것을 쉽게 넘어가지 말아야 한다. 그리고 사람들이 이것들에 대해 논의하는 동안 쉽게 빠지는 많은 다른 오류

들 중에서 이것은 특별한 방법으로 회피되어야 한다.

7. 칭의의 교리는 그리스도인의 실천의 방향을 잡아주며, 이 교리보다 더 우리의 순종 전체가 관계되어 있는 복음적인 진리는 없다. 하나님을 향한 우리의 모든 의무의 기초와 이유와 동기가 이 교리에 포함되어 있기 때문이다. 그러므로 우리의 모든 의무를 올바로 향상시키려면 이 교리를 가르쳐야 하고 다른 방법은 없다. 우리가 오직 이 교리에서, 이 교리에 의해 배우려고 하거나 배워야 하는 것은 "우리가 어떻게 하나님과 평화를 얻고, 우리가 하는 것에서 하나님께 용납되는 그를 위한 삶을 살 수 있는가?"하는 것이다. 이런 일에서 사람들의 생각과 양심을 충족시키려면 이 교리가 가르쳐져야 한다. 그러므로 사변적인 개념들과 구분들로써 일상적인 그리스도인들의 이해에서 이것을 배제하는 것은 교회의 믿음에 아무런 기여도 하지 못한다. 그렇다. 복음적인 계시들과 철학적인 개념들을 섞는 것은 다양한 시대에 걸쳐 종교의 독이었다.

가르치는 데 있어서 가장된 정확성과 인위적인 기술이 거룩한 진리를 다루는 데 있어서 지지를 받을 수 있다. 그러나 신적인 진리들의 영적인 영향력은 그것으로 말미암아 억제되는 반면에, 낮고 천하고 철학적인 의미들이 그것들에 부과된다. 그리고 이것뿐 아니라 끊임없는 분열과 다툼이 일어나고 영속화된다. 그러므로 종교에서 있어서 어떤 차이점이 그것에 대해 논쟁하는 과정 속에서 양쪽의 전사들에게 충분한 실탄을 제공하려는 의도로 옛적의 형이상학적인 고려들과 철학적인 용어들로 바뀌어 버릴 때, 사람들의 영혼과 관련이 있는 대부분의 진리는 전적으로 사라지고 의미 없고 무익한 단어들의 쓰레기 더미에 묻히고 만다.

그러므로 특별히 성경이 그들 앞에서 가고 신자들의 경험이 그들과 함께 동행하는 한 칭의 전체 교리에 충분히 동의하는 것처럼 보이는 사람들도 한 번 그들의 철학적 정의들과 구분들에 빠지면 마치 그들이 그것과 관련된 어느 하나에도 동의하지 않는 것처럼 그들 사이에 화해할 수 없는 다양성이 나타난다. 사람들은 대부분의 사람들이 목표하는 반대들에 대항할 수 있는 정의들을 만드는 데 다양한 이해를 가지고 있을 뿐 아니라, 보통 교육적인 용어들과 형이상학적인 개념들에 몰입되어 있는 사람은 (심지어 신뢰할 수 있는 내용에서조차) 매 단어마다 다양한 구분을 하지 않고 어떤 명제도 제시할 수 없기 때문이다.

8. 그러므로 개신교도 중에서 그들 모두의 신앙이 하나이며 똑같음에도 불구하고 칭의에 대해 이십 가지가 넘는 견해들이 있으며, 벨라르민(Bellarmine)과 바스쿠에즈(Vasquez)와 다른 교황주의자들은 오시안더(Osiander)의 글에서 이것들을 발견하고 비판하는 데(Bellar., lib v. cap. 1; Vasq. in 1, 2, quest. 113, disp. 202), 이에 대해 다른 곳에서 말할 것이다. 사람들이 한 번 정교함의 가시들과 당혹스럽게 하는 개념들과 헛된 기술적 용어들이 덮고있는 논쟁의 영역에 들어가게 되었을 때, 그들은 주로 어떻게 다른 사람들을 그 안에 얽어맬지 생각하지 자신들이 어떻게 그곳에서 빠져나올지 거의 생각하지 않는다. 그리고 이런 태도로 그들은 종종 특별히 칭의의 이 문제에서, 곧 "어떻게 죄책이 있는 죄인이 하나님께 호의를 얻고 받아들여질 수 있는가?"라는 문제에서 자신들이 하고 있는 일을 전적으로 잊어버린다. 그리고 그럴 뿐 아니라 나는 그들이 하나님과 자신들 사이의 상태에 대해 현학적인 묵상으로 돌아갈 때 때때로 자신들이 잘 지킬 수 있는 것을 넘어서 논쟁하고 있지 않은지 의심스럽다. 그리고 나는 이 문제에 대한 그

들의 개념들과 정서들을 높게 평가할 수 없는데, 이는 그들이 자신들이 하나님 앞에서 서게 된다는 사실을 잃어버리고 무시하며, 더욱이 자신들이 마음과 삶으로 이 교리의 은혜와 진리를 공개적으로 반대하고 있다는 것을 증거하고 있기 때문이다.

9. 그러므로 우리가 의도하고 있는 교리의 실체에 대해 어떤 지식이나 이해없이 그것과 관련된 표현들과 용어들과 개념들에 대해 논쟁하는 동안 우리는 단지 그리스도인들의 믿음과 하나님의 참된 교회의 평화를 괴롭힐 뿐이다. 그것은 시비를 걸고 싸움을 일으키려는 사람들이 주로 하는 짓이다. 성경에서 이와 관련해서 말하고 있는 계시를 부지런히 살피고, 그것으로 말미암은 우리 자신의 경험을 조사하는 것이 이 진리를 올바로 이해하기 위해 우리에게 요구되는 전부이다. 그리고 하나님께 배우는 모든 참된 신자는 어떻게 자비와 의와 영광을 위해 오직 그리스도와 그로 말미암은 하나님의 은혜만을 전적으로 신뢰해야 하고, 정의들과 구분들과 개념들이라는 이름들로, 수많은 이질적인 현학적이며 철학적인 용어들로 얽혀있는 가시와 엉겅퀴 덤불에 빠지지 않을 수 있는지 안다.

10. 성령은 우리의 칭의에서 가장 탁월한 행동들을 표현하는 데 특별히 우리가 믿거나 우리가 의롭다 하심을 받는 믿음의 행동과 관련하여 많은 은혜로운 표현들을 사용하는 것을 기뻐하신다. 어떤 사람이 지금 똑같은 방법과 똑같은 목적으로 이런 표현들을 사용하는 것은 무례하고 교육받지 못하고 심지어 조롱하는 것으로 여겨진다. 그러나 어떤 근거로 그런가? 가장 정확한 철학적 표현들보다 이런 표현들에 의해 (그것은 실천적 것들을 가르치는 생명이며 영혼이다) 신자들의 마음과 생각에 전달되는 더 많은 영적인 감각과 경험이 있다는 것을 부

인하는 사람은 실제로 이 문제에서 전체적인 진리에 무지한 사람이다. 그런 표현들의 적절성은 자연과학에 속해 있고 한정되어 있다. 그러나 영적인 진리는 "사람의 지혜가 가르치는 말이 아니라 성령이 가르치시는 말로" 가르침을 받아야 한다. 영적인 것들은 영적인 것들과 비교되어야 한다. 하나님은 사람보다 지혜로우시며, 성령은 어떻게 하는 것이 우리가 가져야 하고 알아야 하는 복음적인 진리들을 우리 마음에 가장 조명하고 알게 하실지 우리 모두 중 가장 지혜로운 사람보다 잘 아신다. 그리고 우리가 반드시 알지 않아도 되는 다른 지식이나 기술은 가치있게 여겨지지 않는다.

그러므로 마치 고대 로마의 소요학파의 문장론자들(Sententiarists)과 체계론자들(Summists)과 변증론자들(Quodlibetarians)과 더불어 힐콧(Hilcot)과 브리콧(Bricot), 토마스(Thomas)와 가브리엘(Gabriel)이 그들의 안내자들이 되기 위해 무덤을 깨치고 나온 것처럼 복음의 신비들을 다루는 것은 적절하지 못하다. 특별히 그들은 칭의의 이 교리에서 우리에게 유용하지 않을 것이다. 그들은 우리 안에 내재하는 습관과 그 행위들 이외에 어떤 의에 대해서도 알지 못하는 아리스토텔레스의 철학을 완강하게 고수하면서 전체 칭의론을 그것에 맞게 왜곡하였다. 가령, 피기우스(Pighius)는 그들에 대해 다음과 같이 불평하였다. "우리는 이것 혹은 기독교 교리의 으뜸가는 부분이 (칭의가) 모든 권위자들 중에 최고라고 주장하는 스콜라 학자들의 예리하고 다양한 정의들로 말미암아 설명이 되기는 커녕 애매모호해지고 있다고 고백하지 않을 수 없다"(Controv. 2).

하나님에 대한 올바른 고려가 필요함

둘째로, 이 문제에서 우리가 다루어야 할 하나님에 대한 올바른 고려는 이 문제에 대한 우리의 생각을 올바로 진술하는 데 필수적이다. 성경은 "의롭다 하시는 분은 하나님"이시라고 강조해서 표현하고 있다(롬 8:33). 그리고 하나님은 자신에게 속한 것을 하시는 것을 자신의 특권이라고 여기신다. "나 곧 나는 내 자신을 위하여 네 범죄를 지워 버리는 자니 내가 네 죄들을 기억하지 아니하리라"(사 43:25). 내가 이해하기에 하나님은 죄를 사하시는 것을 자신을 위해, 곧 "주를 위해" 하신다는 것을 생각할 때(단 9:17) 우리의 죄 사함에 대한 어떤 다른 이유나 고려를 그에게 제시하기 어렵다. "이스라엘 자손은 다 여호와로 말미암아 의롭다 하심을 얻고 자랑하리라"(사 45:25). 그의 눈 앞에서, 그의 심판대 앞에서 사람들은 의롭다 하심을 받거나 정죄를 받는다. "주의 종에게 심판을 행하지 마소서 주의 눈 앞에는 의로운 인생이 하나도 없나이다"(시 143:2). 그리고 우리가 후에 보겠지만 칭의의 모든 사역은 칭의에 속한 모든 것과 더불어 하나님의 심판대 앞에서 재판을 받는 절차의 방식으로 표현된다. 사도는 "그러므로 율법의 행위로 그의 앞에 의롭다 하심을 얻을 육체가 없나니 율법으로는 죄를 깨달음이니라"고 말한다(롬 3:20). 아무리 어떤 사람이 자신의 순종이나 율법의 행위로 사람들이나 천사들이 보기에 의롭다 함을 받더라도, 하나님이 보시기에 아무도 의롭다 하심을 받지 못할 수 있다.

자신이 크게 관련되어 있는 선고에서 재판석에 나오는 사람은 마땅히 자신의 앞에 서 있고 자신의 사건을 최종적으로 결정할 재판장에 대해 고려해야 한다. 그리고 만약 우리가 버려지거나 죄없다고 선언을 받아야 하는 분에 대해 지속적으로 고려하지 않고 칭의에 대한 우리의 논쟁을 다루어야 한다면, 우리는 우리가 어떻게 간청해야 할지 올바로 이해할 수 없을 것이다. 그러므로 우리가 하나님 앞에서 어떻게 의롭다 하심을 받을 수 있는가를 물을 때 우리는 하나님의 위엄과 거룩과 주권적 권위에 대해 언제나 올바로 이해하고 있어야 한다. 그러나 자신들의 칭의에서 자신들의 행위에 관심을 가지고 있는 사람들이 자신들이 생각하는 것을 관철시키려고 격렬히 논쟁하는 상황에서 이것들에 대한 고려에 얼마나 영향을 받고 있을지 식별하기 어렵다. "우리는 어떤 식으로든 응답받으려고 기도하고 간구한다(Precibus aut pretio ut in aliquâ parte hæreant)."

그러나 성경은 우리에게 죄인들뿐 아니라 성도들도 하나님과 그의 위대하심을 발견하고 알 때 하나님과 자신들에 대해 어떤 생각을 가질 수 있고, 어떤 생각을 가질 수 없는지 밝히고 있다. 죄책감이 따라오는 하나님과 하나님의 위대하심에 대한 생각은 우리의 최초의 부모들을 두려움과 수치로 가득 채웠고, 그들로 하여금 하나님에게서 자신들을 숨기려는 어리석은 시도를 하게 했다. 그리고 그들의 후손의 지혜 또한 그들이 죄를 깨달았지만 약속을 찾지 못했을 때 그들보다 조금도 더 낫지 않다. 그들에게 안식을 주는 것만이 죄인들을 지혜롭게 만든다. 현재 사람들은 일반적으로 안전하다고 느끼며, 자신들이 심판대에서 어떤 식으로든 잘 방어할 것에 대해 크게 의심하지 않는다. 그리고 그런 사람들은 칭의에 대해 무엇이라고 가르치고 받아들여지고 있는지 전적으로 무관심할 뿐 아니라, 자만과 부패한 감정에 영향을 받은 자신들의 이성에 가장 잘 맞는 주장에 기우는 경향이 있다.

그들이 생각하는 총체는 그들이 스스로 할 수 없는 것은, 그들이 구원받기 위해 스스로 할 수 없는 것은 이런저런 방식으로 그리스도에 의해 채워질 수 있다는 것이다. 그런데 이런 주장을 사용하거나 남용하는 것은 우리의 본성의 부패 다음으로 세상에서 죄의 가장 큰 원천이다. 그리고 아무리 이런 주장에 반대하더라도, 죄에 대해 깨닫지 못하고 죄로 말미암아 겸손해지지 않은 사람들이 영적인 것들에 대해 생각하는 것은 타락하고 부패한 원리들의 활동 아래 있다. 마 18:3, 4을 보라. 그러나 하나님이 어떤 수단으로 자신의 영광을 죄인들에게 나타내기를 기뻐하실 때 그들이 사전에 믿고 계획했던 것들은 두려운 공포와 위험 속에 처해졌다. 그들이 어떤 느낌을 가졌을 때 사 33:14은 제시한다. "시온의 죄인들이 두려워하며 경건하지 아니한 자들이 떨며 이르기를 우리 중에 누가 삼키는 불과 함께 거하겠으며 우리 중에 누가 영영히 타는 것과 함께 거하리요 하도다." 그리고 그것은 오직 특별한 종류의 죄인들에게만 해당되는 것이 아니다. 어느 때든 모든 죄책을 느끼는 사람들의 생각은 똑같다. 이 세상에서 감각이든, 안전이든, 미신이든 자신들의 그런 감정을 숨기는 사람들은 공포가 극대화되고 더 이상 치료책이 없는 때를 반드시 만나게 될 것이다.

우리 "하나님은 소멸하는 불"이시다. 그리고 사람들은 어느 날 자신들의 장벽과 가시로 그를 막으려고 했던 것이 얼마나 헛된 것인지 발견하게 될 것이다. 그리고 우리는 죄를 깨달은 죄인들이 하나님의 위엄과 거룩을 실제로 보았을 때 자신들이 생각했던 것들을 얼마나 쓸모없는 것들로 여길지 볼 것이다. 그들 중 한 사람은 "내가 무엇을 가지고 여호와께 나아가며 높으신 하나님께 경배할까 내가 번제물로 일 년 된 송아지를 가지고 그 앞에 나아갈까 여호와께서 천천의 숫양이나 만만의 강물 같은 기름을 기뻐하실까 내 허물을 위하여 내 맏아들을, 내 영혼의 죄로 말미암아 내 몸의 열매를 드릴까"라고 말할 것이다(미 6:6, 7). 그리고 나는 이것들에 대해 주목하지 않고 오히려 경멸하는 사람들이 칭의의 교리에 대해 만족하기에 충분할 것이라고 결코 생각하지 않는다.

이것은 죄에 대해 심판하실 하나님에 대한 두려움으로 강화되고 날카로워진 죄에 대한 각성의 바른 효과이다. 그리고 이것은 교황주의에서 하나님의 의에 대한 무지와 더불어 어떤 수단으로든 그런 각성 아래서 불편해진 사람들의 양심을 달래기 위해 수많은 미신적인 것들이 만들어진 이유이다. 그들은 하나님이 그들에게 요구하시는 순종 중 어떤 것도, 그것이 사람들에 의해 행해졌을 때 지극히 높으시고 거룩하신 하나님 앞에서 자신들을 의롭다 할 수 없다는 것을 재빨리 보기 때문이다. 그러므로 그들은 자신들의 양심을 속이고 자신들이 만들어낸 것들 안에서 안식을 찾을 수 있다면, 하나님이 명령하지 않으신 것들에서 안식을 찾으려 한다.

그리고 그것은 오직 죄에 대해 깨달은 행실이 좋지 못한 사람들에게만 해당되는 것이 아니다. 아무리 선한 사람들이라도 하나님의 위대하심과 거룩과 영광에 가까이 다가가거나 깨닫게 되었을 때 자기를 가장 깊이 혐오하게 되어 있고, 자신들에 대한 모든 신뢰나 확신을 가장 심각하게 버리게 되어 있다. 가령, 이사야 선지자는 거룩하신 분의 영광을 보았을 때 "화로다 나여 망하게 되었도다 나는 입술이 부정한 사람이요"라고 외쳤다(사 6:5). 그리고 그는 값없이 죄 사함을 받았다는 증거를 가지기 전까지 안식하지 못했다.

또한 거룩한 욥은 자기를 위선자로 비난하고, 자기를 다른 사람들과 비교할 수 없는 특별한 방식으로 죄를 지은 죄인으로 여기고, 이에 대해 확신하고 끝까지 주장하는 자기 친구들과의 모든 논쟁에서 그들의 모든 비난과 책망에 대항하여 자신의 신실함과 자신의 믿음과 하나님에 대한 신뢰를 정당화하였다. 그리고 그는 자신의 정직함에 대한 완전한 확신을 가지고 이렇게 했다. 그는 자신의 죄없음에 대해 주장했을 뿐 아니라, 자신의 간구의 진실성에 대해 하나님 자신께 호소했다. 그는 오랜 후에 사도 야고보가 모든 신자에게 행위로 믿음을 보이라고 권면했던 것과 같은 확신을 가지고 그렇게 했다. 그리고 사도의 교리가 성경 전체에서 욥보다 더 탁월한 예시로 나타나는 사람은 없다. 그는 자신의 믿음을 자신의 행위로 보여주고 그로 말미암아 자신의 의로움을 주장했기 때문이다. 욥이 스스로 자신의 행위로 의롭다고 여겼던 것처럼 우리는 행위가 모든 신자의 의무라는 것을 허락한다. 행위로 말미암은 칭의에 호소하는 것은 그것이 의미하는 바 대로 지금까지 세상에서 존재한 것 중에서 가장 고귀한 것이며, 더 위대한 경우가 없다는데 어떤 논쟁도 없다.

마침내 욥은 자신의 진실성을 항변하도록 하나님께 부름을 받는다. 이제 그는 자신과 친구들 사이에서 자신이 위선자인지 아닌지, 하나님께 대한 자신의 믿음이나 신뢰가 신실한지 아닌지 항변하기 위해 서 있는 것이 아니다. 그는 하나님과 자신 사이에서 자신이 부당하게 취급 받고 있다고 생각하는 것에 대해 항변해야 했다. 그가 항변하고 있는 것은 다음과 같이 요약될 수 있다. 그는 어떤 근거로 하나님이 보시기에 의롭다고 항변할 수 있는가? 그가 이 경우에 올바른 판단을 할 수 있도록 그의 마음을 준비시키려고 하나님은 자신의 영광을 그에게 나타내시고, 자신의 위엄과 능력의 위대함으로 그를 가르치신다. 그리고 하나님은 다양한 예를 드시는데, 우리가 시험을 받을 때 하나님에 대한 올바른 개념을 받아들이는 데 매우 느리기 때문이다.

이곳에서 이 거룩한 사람은 자신의 상황이 전적으로 바뀌었다는 것을 빠르게 인정한다. 그가 이전에 그토록 완고하게 주장했던 자신의 하나님께 대한 믿음과 소망과 신뢰와 순종의 신실함은 이제 전적으로 무너진다. 그는 자신이 서게 될 심판대 앞에서 하나님이 그것들에 기초해서 자신의 의로움에 대해 자신을 심판하신다면, 그것들이 아무런 호소할 거리도 되지 못한다는 것을 충분히 본다. 그러므로 그는 자신에 대한 깊은 혐오와 겸손으로 자신을 주권적인 은혜와 자비에 맡긴다. "욥이 여호와께 대답하여 이르되 보소서 나는 비천하오니 무엇이라 주께 대답하리이까 손으로 내 입을 가릴 뿐이로소이다. 내가 한 번 말하였사온즉 다시는 더 대답하지 아니하겠나이다"(욥 40:3-5). "내가 말하겠사오니 주는 들으시고 내가 주께 묻겠사오니 주여 내게 알게 하옵소서 내가 주께 대하여 귀로 듣기만 하였사오나 이제는 눈으로 주를 뵈옵나이다 그러므로 내가 스스로 거두어들이고 티끌과 재 가운데에서 회개하나이다"(욥 42:4-6).

우리 모두가 지금 욥이 처해 있는 상태에 있다고 생각해 보자. 지금 우리는 하나님의 직접적인 임재 앞에 있다. 하나님이 정말로 우리에게 말씀하시고 있다. 우리를 책망하시는 하나님 앞에서 우리는 무엇이라고 대답할 수 있는가? 그 어떤 것이 하나님의 심판대 앞에서 우리를 의롭다고 인정받게 할 수 있는가? 나는 살아있는 어떤 사람도 욥보다 더 하나님의 앞에서 자신의 칭의를 위해 자신의 믿음과 순종에 더 잘 호소할 수 있는 사람이 있다고 믿지 않는다. 비록 어떤 사람이 제수이트들(the Jesuits)이 했던 것처럼 스콜라적인 개념들과 구분들을 가지고 자신을 항변할 수 있는 기술을 가지고 있고, 아무리 그가 예리한 논쟁들과 해결책들로 무장이 되어있더라도, 나는 그 사람이 욥보다 더 과감하게 하나님께 나갈 수 있을 만큼 안전할 것이라고 생각하지 않는다.

옛적에 안셀름(Anselm)이 제시하고 카스파루스 울렌베르기우스

(Casparus Ulenbergius)가 출판한 환자들을 심방교본이 있는데, 그곳에는 어떤 사람들이 확신하고 있는 것보다 이 사실에 대해 더 잘 표현하고 있다. "당신은 당신이 그리스도의 죽음으로 말미암지 않고 구원받을 수 없다는 것을 믿는가? 환자가 '그렇다'라고 대답한다면, 그에게 이렇게 말하라. '당신의 영혼이 당신 안에 머물러 있는 동안 오직 이 죽음만을 전적으로 신뢰하라. 어떤 다른 것도 신뢰하지 말라. 전적으로 이 죽음에 당신을 맡기라. 전적으로 오직 이것으로만 당신을 덮으라. 전적으로 이 죽음에 당신을 던지라. 전적으로 이 죽음으로 당신을 감싸라.' 그리고 만약 하나님이 당신을 심판하려 하신다면, "주여, 나와 당신의 심판 사이에 우리 주 예수 그리스도의 죽음을 두나이다. 나는 당신과 다투거나 심판하려 하지 않겠나이다'라고 말하라. 만약 그가 당신에게 당신이 죄인이라고 말하신다면, '내가 우리 주 예수 그리스도의 죽음을 나와 나의 죄 사이에 두나이다'라고 말하라. 만약 그가 당신에게 당신은 정죄를 받아야 마땅하다고 말하신다면, '주여, 내가 우리 주 예수 그리스도의 죽음을 당신과 나의 모든 죄 사이에 두나이다. 그리고 나는 내가 가지고 있어야 하지만 가지고 있지 않은 그의 공로를 나를 위해 제시하나이다'라고 말하라. 만약 그가 당신에게 진노하고 계신다고 말하면, '주여, 내가 우리 주 예수 그리스도의 죽음을 나와 당신의 진노 사이에 두나이다'라고 말하라." 이런 지침을 주고 있는 사람들은 하나님의 심판대 앞에 나타나는 것이 무엇이며, 우리가 그곳에서 우리 안에 있는 어떤 것에 호소하는 것이 얼마나 안전하지 않은지 느끼고 있는 것 같다.

안셀름은 자신의 명상집에서 똑같이 말한다. "나의 양심은 정죄를 받아야 마땅하며, 나의 회개는 충족을 위해 충분하지 못하다. 그러나 당신의 자비는 모든 범죄를 넘어설 만큼 풍성하시다는 것은 가장 확실하다. 그리고 이것은 다음과 같이 로마교회의 몇 사람들이 최근에 제시한 것들보다 나에게 더 나은 지침인 것 같다. 요하누스 폴란두스(Johan. Polandus)는 죽음에 임박한 환자에게 다음과 같이 기도할 것을 제시했다. "주 예수여, 내가 기도하오니 완벽한 자비와 순종으로 당신이 행하시고 고난 받으신 것과 내가 봉사한 것들을 함께 섞으소서. 영원하신 아버지여, 당신의 풍성한 충족과 사랑의 공로와 더불어 내가 그것을 드리나이다." 한 더 위대한 저자는 "당신은 나를 위해 수많은 순교자를 주셨나이다. 그리고 이제 내가 죽음의 시간에 이르렀을 때 모든 사람의 구원을 위해 당신이 보내신 어린양의 보혈과 함께 나의 공로와 신실함과 정직함과 값비싼 희생을 기억하소서"라고 말했다(Antidot. Animæ, fol. 17).

제롬(Jerome)은 안셀름이 활동하기 오랜 전에 똑같은 목적으로 말했다. "심판 날이나 죽음의 날이 다가왔을 때 모든 손이 해체될 것이다. (곧 시들거나 떨어질 것이다.) 이것에 대해 다른 곳에서 '힘을 내라. 너 늘어뜨린 손들이여'라고 언급되어 있다. 그러나 '모든 손이 녹아 내릴 것이다.' (곧 모든 사람의 힘과 신뢰가 그들을 실패하게 할 것이다.) 하나님의 의에 대답할 수 있는 어떤 행위도 발견될 수 없기 때문이다. 어떤 육체도 그가 보시기에 의롭다고 인정받을 수 없기 때문이다. 그러므로 선지자는 시편에서 '주께서 우리를 책망하시면 누가 설 수 있으리요'라고 말한다"(lib. 6, 사 3:6, 7). 그리고 암브로스는 똑같은 목적으로 말한다. "어떤 사람도 어떤 것을 자신의 공로로 돌리지 말게 하라. 어떤 사람도 자신의 공로나 선행으로 영광을 받지 말게 하라. 어떤 사람도 자신의 권세에 대해 자랑하지 못하게 하라. 우리 모두 우리 주 그리스도로 말미암은 긍휼을 찾기를 소망하자. 우리가 모두 그의 심판대 앞에 설 것이기 때문이다. 그에게 나는 용서를 구할 것이다. 그에게 나는 죄 사함을 바랄 것이다. 그곳이 아니면 죄인들에게 어떤 다른 소망이 있을 수 있는가?"(시 119. Resh).

그러므로 만약 사람들이 뜨거운 논쟁에서 자신들이 만들어낸 것으로 하나님의 위대하심과 거룩과 위엄을 계속해서 고려하는 것에서 돌아선다면, 만약 그들이 하나님의 심판대 앞에 설 때 자신들에게 무슨 일이 일어나며, 자신들이 무엇에 호소할지 마땅히 존경하는 마음으로 생각하는 것을 잃어버린다면, 그들은 자신들의 개인적인 심판에서 따르지 못하는 인식에 사로잡히게 될 수 있다. 사람이 어떻게 하나님과 정당한 관계를 가질 수 있는지 여전히 의문으로 남기 때문이다. 그러므로 스콜라 학자들은 자신들이 관계를 맺어야 하는 하나님에 대해 직접적으로 생각했던 자신들의 명상집이나 경건한 글들에서 하나님 앞에서의 칭의에 대해 자신들이 논쟁적이며 철학적이며 격렬한 논쟁들에서 하는 것과 아주 다른 언어로 말을 했다는 것이 관찰된다. 그리고 나는 그들의 글보다 그들의 기도에서 그들이 자신들의 칭의에 대해 실제로 어떻게 판단하고 있는지 배우는 것이 낫다고 생각한다. 그리고 나는 어떤 선한 사람의 기도에서도 칭의나 죄 사함이나 하나님 앞에서 의에 대한 그들의 표현에서 우리 안에 있는 어떤 것에 호소하거나 그것을 사용한 것을 기억하지 못한다.

다니엘의 기도는 이 문제에서 그들이 간구하는 것의 실체를 담고 있다. "주여 공의는 주께로 돌아가고 수치는 우리의 얼굴로 돌아옴이 오늘과 같아서……우리가 주 앞에 간구하옵는 것은 우리의 공의를 의지하여 하는 것이 아니요 주의 큰 긍휼을 의지함이니이다 주여 들으소서 주여 용서하소서 주여 귀를 기울이시고 행하소서 지체하지 마옵소서 나의 하나님이여 주 자신을 위하여 하옵소서"(단 9:7, 18, 19). 또한 시편기자의 기도도 마찬가지이다. "주의 종에게 심판을 행하지 마옵소서 주의 눈 앞에는 의로운 인생이 하나도 없나이다"(시 143:2). "여호와여 주께서 죄악을 지켜보실진대 주여 누가 서리이까 그러나 사유하심이 주께 있음은 주를 경외하게 하심이니이다"(시 130:3, 4).

이 구절과 관련하여 다윗에 대해 말하면서 그것을 자신에게 적용하고 있는 어거스틴의 강해는 주목할만하다. "보라. 그는 자신의 쌓여진 죄악들 아래서 울부짖고 있다. 그는 자신을 살펴보고 자신의 삶을 살펴볼 때 죄악으로 가득 차 있는 것을 본다. 그는 아무리 살펴보아도 자신 안에서 아무런 선한 것도 발견하지 못한다. 그토록 많은 죄가 자신을 덮고 있는 것을 볼 때 그는 놀라서 외친다. '주께서 허물을 보시면 누가 설 수 있으리요?' 사실 그는 거의 모든 인간의 삶이 죄로 물들어 있으며, 모든 양심이 그들의 죄를 고소하고 있고, 마음에 의롭다 할 만한 것이 없는 것을 보았다. 그러므로 그는 마음에서 찾을 수 없는 모든 것을 하나님의 자비에 호소하며 하나님께 말한다. '주께서 죄악을 보실진대 누가 설 수 있나이까? 소망이 어디에 있나이까? 오직 당신께 구원이 있나이다'"

그러나 비록 우리가 우리의 간구에서 우리의 믿음이나 우리가 믿는 것을 하나님께 제시할 수 있고 제시해야 하지만, 나는 어떤 사람들이 그들의 마음으로 하나님 앞에서 자신들의 칭의를 위해 자신들의 행위나 순종을 증명하려고 사용하는 모든 논쟁들과 구분들에 의존하여 간구하거나 호소하거나, 그들이 그것들을 의지하여 내린 결론으로 심판에 들어갈 수 있는지 크게 의문이다. 그리고 많은 사람이 펠라기우스

(Pelagius)가 디오스폴리탄 공의회(the Diospolitan Synod)에서 그를 반대하여 제시되었던 과부에게 가르친 기도를 사용하는 것에 만족하지 못할 것이다. "오, 주여! 당신은 제가 당신에게 뻗은 손이 얼마나 거룩하고, 얼마나 무죄하며, 얼마나 모든 속임수와 약탈에서 순결한지 아시나이다. 제가 당신에게 기도하고 있는 입술이 얼마나 정당하고, 얼마나 악에 물들지 않았으며, 얼마나 거짓에서 자유로운지 아시나이다. 그러니 제게 자비를 베풀어 주소서."

그러나 비록 그가 그녀에게 하나님 앞에서 그녀 자신의 순결함과 무죄와 의로움에 호소할 것을 가르쳤지만, 그는 그녀가 절대적으로 의롭다 하심을 받을 수 있는 것들이 아니라, 오직 그녀가 자비를 얻을 수 있는 조건으로 그렇게 한다. 그리고 나는 어떤 공적인 예배서도 (성도들의 공로와 중보를 자주 이용하는 미사 안내서를 제외하고) 사람들이 하나님 앞에서 기도할 때 하나님이 자신들을 받아주시나 그렇게 하시는 수단이나 조건으로 은혜와 자비, 곧 오직 그리스도의 의와 피가 아니라 자신들 안에 있는 어떤 것에 호소하도록 안내하고 있는 것을 보지 못했다.

그러므로 나는 칭의의 교리를 적절한 방법으로 가르치거나 배우려는 사람들은 (그것에 대해 자신들이 기뻐하는 대로 생각하는 다른 사람들도 있지만) 자신들의 양심을 하나님 앞에 두고, 자신들을 하나님의 심판대 앞에 두며, 그런 다음에 그의 위대하심과 능력과 위엄과 의와 거룩에 대한, 곧 그의 영광과 주권적 권위의 두려움에 대한 올바른 고려를 기초로 하여, 성경과 자신들의 상태에 대한 감각이 자신들의 구원과 피난처로 자신들을 어떻게 인도하고 있으며, 자신들을 위해 무엇에 호소해야 하는지 묻는 것이 최선이라고 판단하지 않을 수 없다. 하나님과 우리 자신들에 대한 은밀한 생각과 조용한 묵상과 겸손하게 간구하는 영의 활동과 하나님 앞에 즉시 나갈 것을 마지막으로 준비하는 죽음의 침상은 대부분 많은 사람이 주장하는 것과 다른 것들을 말하고 있다.

하나님으로부터 우리의 배교

셋째로, 하나님으로부터 우리의 배교와 그로 말미암은 우리의 본성의 부패와 죄의 권세와 죄책과 율법의 거룩과 엄격함에 대한 올바른 이해와 적절한 감각은 칭의론을 올바로 이해하는 데 필수적이다. 그러므로 사도는 이런 것들에 대한 감각으로 의롭다 하심을 받는 것을 추구하는 모든 사람의 잘못을 철저히 깨닫게 하려고 칭의에 대해 선언하기전에 길게 논의한다(롬 1-3장). 그가 우리에게 주고 있는 규칙들과 그가 제시하고 있는 방법과 그가 계획하는 목적들은 우리가 따르기를 선택해야 하는 것들이다. 그리고 그는 "하나님의 의가 믿음에서 믿음으로 나타났으며", "의인은 믿음으로 말미암아 살리라"고 일반적으로 제시한다(롬 1:17).

그러나 그는 모든 사람이 죄의 상태 아래 있다는 것을 완전히 증명하고, 그들의 상태가 그로 말미암아 얼마나 비참한지 나타낼 때까지 우리의 칭의의 원인들과 본성과 방법을 구체적으로 선포하지 않는다. 그리고 그는 하나님의 은혜에 대한 모든 불신의 근거를 이런 것들에 대한 무지와 그것들을 부인하거나 치료하지는 않고 증상만 완화시키는 데둔다. 펠라기우스주의(Pelagianism)는 그 첫 번째 뿌리와 그 모든 가지에서 이와 같은 상태를 드러낸다. 하나님으로부터 우리의 본래적인 배교에 대한 두려움도, 그 결과로 말미암은 우리의 본성의 보편적 부패도 이해하지 못한 채 그들은 그리스도의 충족의 필요성이나 우리의 회복이나 복원을 위한 신적인 은혜의 효율성을 거부한다.

그러므로 이 문제와 관련하여 하나님의 아들과 성령의 사역 둘 다의 주된 목적이 거부된다. 그리고 그것은 하나님의 아들의 신성과 성령의 인격성의 부인으로 이어진다. 우리가 가지고 있는 타락이 크지 않고, 그로 말미암아 일어난 질병이 쉽게 치료될 수 있으며, 지금 우리의 본성상 피할 수 없는 것들에 악이 거의 없거나 아예 없다면, 우리 자신의 노력에 대한 단순한 호의의 행동만으로 모두가 자유롭게 되거나 의롭다 하심을 받는 것은 어려운 문제가 아니다. 그리고 이런 사람들이 전제하는 바에 따르면, 하나님의 유효적인 은혜는 우리의 성화와 순종에 어떤 식으로든 필요하지 않다.

이런 혹은 이와 같은 자만이 받아들여지고, 이로 말미암아 사람들의 마음이 죄의 상태와 죄책에 대한 올바른 이해에서 멀어지고, 그들의 양심이 하나님에 대한 두려움과 그로 말미암은 율법의 저주에 영향을 받지 않을 때, 칭의는 사람들이 종종 보는 것처럼 즐겁거나 미묘하게 다루어져야 하는 개념이다. 그리고 여기에서 현재 칭의에 대한 차이점들, 곧 학자들이 칭의에 대한 자신들의 생각과 이해를 표현하는 단순한 방식의 차이가 아니라 실질적인 차이점들이 나온다.

어떤 사람들은 그의 죄가 세상의 죄가 되었던 우리의 본성의 머리인 아담의 실질적인 배교와 허물의 전가를 전적으로 부인한다. 이로 말미암아 사도가 롬 5장에서 우리의 칭의의 필요성이나 우리가 다른 사람의 순종으로 의롭다 하심을 받는다는 것을 증명하려고 제시하고 있는 근거들과 그 교리를 확증하려고 제시하고 있는 모든 논증들은 회피되고 전복된다. 소시누스(Socinus)는 그 구절이 그리스도의 의의 전가로 말미암은 칭의의 교리를 크게 지지하고 있다고 고백한다. 그러므로 그는 다양한 인위적인 주장들과 더불어 아담의 죄가 그의 자연적인 후손에 전가되었다는 것을 부인한다. 그는 그것을 받아들일 때 사도의 논의의 취지에 따르면 그리스도의 의가 그의 영적인 후손에게 전가된다는 것이 피할 수 없이 따라온다는 것을 충분히 인식하고 있었기 때문이다 (de Servator. par. iv. cap. 6).

어떤 사람들은 하나님으로부터 우리의 배교와 그의 형상의 상실에서 나오는 우리의 본성의 부패와 타락을 부인한다. 혹은 만약 그들이 그것을 절대적으로 부인하지 않는다면, 그들은 그것을 우리에게 크게 관련이 없는 문제로 만드는 데까지 확장한다. 그들은 영혼이 우리의 감정의 무질서에서 나오는 어떤 병에 걸려 건강하지 못하며, 이로 말미암아 우리가 세상에서 실행되고 있는 악한 습관들과 관습을 받는다는 것을 인정할 것이다. 그리고 그것의 죄책이 많지 않은 것처럼 그것의 위험 또한 크지 않은 것처럼 여겨진다. 그리고 그 안에 있는 우리의 본성의 어떤 영적인 더러움이나 오염은 세례를 받음으로써 모두 깨끗하게 씻겨 나가는 것으로 주장된다.

우리의 모든 기관의 아름다움과 조화를 그들의 궁극적인 목적을 이루는 그들의 모든 행동에서 드러내는 하나님의 형상의 상실에서 우리에게 일어난 영혼의 왜곡과, 그로 말미암아 일어난 마음 속에 있는 하나님에 대한 적대감과, 우리의 이해가 구름이 끼고 그와 더불어 보지 못하게 된 어둠은, 곧 성경과 경험이 잃어버린 본성의 상태에 완전히 책임을 돌리고 있는 영적인 죽음과, 하나님의 생명으로부터 전적인 소외와, 선에 대한 무능력과, 악을 향하는 경향과, 죄의 사악함과, 부패한 정욕의 능력과 효력은 텅빈 개념이나 우화로 거절당한다. 그런 사람들이 전가된 의를 한갓 꿈처럼 바라보고, 그것의 필요성을 증거하는 것들을 단지 우스운 상상으로 여기는 것은 이상한 일이 아니다. 그리고 자신들 안에 내재해 있는 자신들의 불의에 대해 알지 못하는 사람들이 그리스도의 의를 자신들에게 전가되는 것으로 그 가치를 인정할 것이라고 기대할 수 있는 소망은 거의 없다. 사람들이 자신들을 더 잘 알 때까지 그들은 그리스도를 아는 것에 거의 관심을 기울이지 않을 것이다.

우리는 성도들에게 전달된 진리를 위해 싸우고, 진리를 부정하는 사람들의 입을 막기 위해 이런 사람들과 대항하여 칭의론을 방어해야 한다. 그러나 그들이 이런 이해에 사로잡혀 있는 한 그들을 충족시키려고 노력하는 것은 헛된 시도일 뿐이다. 우리 구주께서 중생의 필요성을 선포하셨던 사람들에게 "내가 너희에게 땅의 것을 말하여도 너희가 믿지 아니하였거니와 내가 너희에게 하늘의 것을 말하면 너희가 믿겠느냐"고 말씀하셨던 것처럼, 우리는 사람들이 그 이유가 알려진 것조차 놀랍다고 믿지 못한다면 자신들 안에 부인할 수 없는 증거와 경험을 가지고 있지 않으며, 자신들 안에 경험이 있다고 추측조차 할 수 없는 하늘의 신비한 것들을 어떻게 믿을 수 있겠는가 하고 말할 수 있다.

그러므로 자신들 안에 있는 완벽함에 대해 자랑할 만큼 자신들에게 전가되는 완벽한 의에 대해 아무런 관심도 없는 사람들이 있다. 가령, 제롬이 그들을 비판했듯이 옛적에 펠라기우스주의자들은 심지어 사람들이 보기에도 죄를 지었다는 것을 깨닫고 있을 때조차 하나님이 보시기에 자신들이 죄가 없이 완벽하다고 자랑했다(Jerome, lib. ii. Dialog.; Austin, lib. 2 contra Julian., cap. 8). 그런 사람들은 "복음을 듣기에 적합하지 않다". 자신들의 마음과 양심에 자신들의 영혼의 영적인 무질서와, 선한 모든 것을 방해하고, 악한 모든 것을 증진시키며, 성령을 거스르는 육체의 정욕을 따라 그들이 저지른 모든 것을 오염시키는 속임수와 폭력을 수반한 죄의 은밀하고 지속적인 행동에 대해 아무런 감각이 없는 사람들이 있을 수 있다.

비록 그들이 그로 말미암아 죄를 외적으로 영속화하거나 의무를 실질적으로 생략한 것이 없더라도, 그들은 지속적으로 죄의 최초의 움직임들에 대항하여 지속적으로 경계하고 투쟁하지 않으며, 자신들로 하여금 이런 움직임들에서 구원해 달라고 간구할 만큼 이런 움직임들을 자신들의 삶에서 가장 큰 짐과 슬픔으로 여기지 않고, 이런 움직임들과 이런 움직임들에 대한 죄책에 대해 느끼고 하나님께 고백하는 사람들을 경멸할 수 있다. 그런 사람들은 틀림없이 우리에게 전가되는 그리스도의 순종과 의를 통한 칭의가 제공하는 것들을 거절하고 정죄할 것이다. 자신의 의를 신뢰하고 있는 어떤 사람도 자신의 것이 아닌 의를 갈망하는 것을 좋아하지 않을 것이기 때문이다.

그러므로 사람들을 미혹하여 자신들의 개인적인 의로 하나님 앞에서 의롭다 하심을 받을 수 있다고 인식하게 하는 것은 이런 것들에 대한 무지 때문이다. 그들이 그것들을 알고 있었다면 그들은 아무리 자신들이 최선을 다 한 의무들이라도 그 안에 불완전함이 있으며, 자신들의 지성에 죄악된 생각과 자신들의 감정에 무질서가 빈번히 일어나고, 자신들의 마음의 내적인 상태에서부터 자신들의 모든 외적인 행동에 이르기까지 하나님의 위대하심과 거룩에 비추어 볼 때 자신의 존재와 행위에 부적절함이 있으며, 자신들의 칭의를 위해 자신들의 의를 의지할 어떤 확신도 가질 수 없다는 것을 알았을 것이다.

조명받지 못한 마음들의 이와 같은 주제넘은 개념들에 의해 사람들의 양심은 죄에 대해 올바른 감각을 가지고 못하게 되고, 자신들이 어뜷게 하나님 앞에서 받아들여질 수 있는가에 대해 진지하게 고려하지 않게 된다. 그리고 하나님의 거룩이나 두려움에 대한 고려도, 필수적으로 그 명령과 일치하여 의를 요구하는 율법의 엄격함도, 이에 대한 대답으로 의, 곧 하나님의 의를 선언하고 이루는 복음의 약속도, 시련이나 놀라운 일을 당했을 때 평안히 닻을 내릴 수 있는 안정된 근거를 가지고 있지 않은 마음의 불확실성도, 죄악의 사악함으로 화인을 맞거나 강퍅해지지 않았다면 지속적으로 일어나는 양심의 은밀한 불안감도 죄의 상태와 심각함에 대해 그렇게 가벼운 개념에 사로잡혀 있는 사람들의 생각을 움직여서 자신들 앞에 놓여 있는 유일한 소망으로 피신하고 유일한 구조와 구원의 방법을 따라 분명히 행동하게 할 수 없다.

그러므로 만약 우리가 칭의의 교리에 대해 올바른 방법으로 가르치거나 배우기 원한다면, 하나님으로부터 우리의 배교의 심각성에 대한 분명한 이해와, 죄책에 대한 올바른 감각과, 그것의 능력에 대한 깊은 경험이 하나님의 거룩과 율법과 관련하여 우리에게 필요하다. 우리는 이 문제에서 교만의 열병으로 자신들의 비참한 상태에 대한 이해를 잃어버린 사람들과 아무런 관련이 없다. 어거스틴(Augustine)은 "자연은 대부분의 악이 보이지 않을 만큼 악한 것처럼 보인다"고 말했다. 건강한 사람은 의원이 필요없으며 병든 자라야 필요하다. 죄로 말미암아 마음에 찔림을 받고 "우리가 어찌하여야 구원을 받을꼬?" 탄식하는 사람들이 우리가 무엇을 말해야 하는지 이해할 것이다.

이와 다른 사람들에 대항하여 우리는 하나님이 힘을 주시는 한 진리를 방어해야 한다. 그리고 사람들이 죄의 경감에 대한 자신들의 개념을 제시하는 만큼 그들은 우리 주 예수 그리스도의 은혜에서 멀어진다는 것은 온갖 종류의 예를 통해 증명될 수 있다. 그리고 다른 한 편으로

불신앙이 사람들 안에 그리스도의 위격과 의를 무시하게 하고, 필수불가결하게 그들의 양심으로 죄를 경감시킬 수 있는 다른 것을 찾도록 한다는 것은 사실이다. 따라서 사람들의 마음은 의식하지 못한 채 그리스도로부터 분산되며 자신들을 신뢰하게 된다. 어떤 사람들은 자신들이 어떻게 해야 할지도, 무엇을 의지해야 할지도 모르는 혼란한 상태에서 그리스도를 고려한다. 그러나 그들은 인간적인 지혜를 더 높이며 자신들을 신뢰한다. 그들은 최고의 철학자에게 "한 가지 선한 것은 자신을 믿는 것이 삶의 행복의 원인이며 기초라는 것이다"라는 교훈을 받는다 (Senec. Epist. xxxi).

또한 하나님의 내적으로 거룩하게 하시는 은혜는 많은 사람에게 그리스도의 의의 전가와 마찬가지로 경멸을 당하고 있다. 자신들의 믿음과 자신들이 믿는 것을 확증하기 위해 자신들의 논쟁들의 총체에 대해 한 학식있는 로마의 연설가요 철학자는 말한다. "어느 누구도 덕을 하나님께 받은 것으로 돌리지 말아야 한다. 이것은 의심할 여지없이 옳다. 사실 우리는 덕 때문에 합법적으로 칭찬을 받고, 덕으로 정당하게 영광을 받는다. 그것이 우리에게서 나온 것이라 아니라 하나님이 주신 선물이라는 것은 인정받을 수 없다"(Tull. de Nat. Deor.).

서로 반대되는 행위와 은혜

넷째로, 성경이 우리의 칭의에서 일반적으로 율법은 배제하고 은혜를 주장하면서 율법과 은혜를 서로 반대되는 것으로 여기고 있는 것은 사전에 고려될 가치가 있다. 여기에서 의도되고 있는 은혜와 율법 혹은 우리의 순종 사이의 반대는 우리의 구원의 질서와 방법에서 그들의 존재와 본질과 일관성과 관련된 것이 아니라 오직 우리의 칭의와 관련되어 제시되고 있는 것이다. 나는 여기에서 그들의 특별한 의미나 그들 안에서 성령의 생각을 선언하는 것과 관련된 성경의 어떤 구체적인 증거들을 제시하려는 계획이 없는데, 그것은 후에 좀 더 자세히 살펴보게 될 것이다. 나는 단지 성경의 눈이 우리의 이해를 어떤 방식으로 안내하고 있고, 그 안내와 더불어 우리 자신의 감정에 어떤 일치가 있는지 보려는 것뿐이다.

모든 사람이 고백하는 것처럼 이 교회의 주된 자리는 바울의 로마서와 갈라디아서에 놓여 있으며, 여기에 또한 히브리서가 더해질 수 있다. 그러나 그것은 로마서에서 가장 탁월하게 선포되어 있다. 이곳에서 사도는 그것을 교리적일 뿐 아니라 그 진리를 반대하는 사람들과 논쟁의 방식으로 자세히 다루고 있다. 그리고 그가 그것을 어떤 과정으로 장식하고 있으며, 어떤 원리들을 기초로 그렇게 하고 있는지 우리가 살펴볼 가치가 있다.

그는 복음에서 "하나님의 의가 믿음에서 믿음으로 나타나며, 기록된 것처럼 의인은 믿음으로 말미암아 살리라"(롬 1:17)는 것을 자신이 설명하고 증명하려고 계획했던 것의 실체를 포함하여 자신이 논의를 진행하고자 하는 근본적인 금언이나 일반적인 논지로 제시한다. 하나님과 자신들에 대한 어떤 지식을 가지고 있는 모든 종류의 사람들은 언제나 그렇게 해야 하는 것처럼 의에 대해 묻고 나름대로 노력하고 있다. 그들은 하나님과 이득이 되는 관계를 맺기 위한 유일한 수단으로 이것을 찾고 정당하게 그렇게 한다. 그리고 롬 10:3에서 "하나님의 의를 모르고 자기 의를 세우려고 힘써 하나님의 의에 복종하지 아니하였느니라"고 말하고 있는 것처럼 사람들은 일반적으로 이 의가 자신들의 것이어야 한다는, 곧 자신들 안에 내재되어 있고 자신들이 행한 것이어야 한다는 것 이외에 어떤 다른 생각도 가지지 못한다.

이것이 자연적인 양심과 율법의 언어이며 의의 본질에 관한 모든 철학적 개념들에 적합한 것처럼 율법과 선지자들에 대해 어떤 종류의 증거가 주어졌든지 ("율법이 없는 하나님의 의"에 대해 주어졌던 증거처럼, 롬 3:21) 모든 종류의 사람들의 이해와 관련해서 그 위에 수건이 덮여 있다. 그러므로 의는 하나님께 받아들여지기를 계획하거나 바라는 모든 사람이 찾고, 찾지 않을 수 없는 것인 것처럼 우리 자신의 내적인 습관들과 행위들에 놓여 있는 것을 제외하고 어떤 의를 율법이나 자연적인 양심이나 철학적인 이성에서 찾는 것은 헛된 것이다. 율법과 자연적인 양심과 이성은 어떤 다른 것을 알지 못한다.

그러나 그 원래의 형태의 율법과 양심의 자연적인 빛과 이성에 의한 사물의 본성에 대한 이해가 증거하는 우리의 이 의와 이 의의 필요성에 반대하여 사도는 복음에는 또 따른 의, 다른 분의 의, 하나님의 의가 나타나있으며 믿음에서 믿음에 이른다고 선언한다. 이 의는 이런 다른 원리들과는 이질적인 것일 뿐 아니라, "믿음에서 믿음에 이른다"는 우리가 이 의에 참여하거나 이 의가 우리에게 전달되는 방법을 나타내는데 그것은 탁월한 계시이다. (여기에서 우리의 관심은 오직 나타내시는 하나님에 대한 믿음과 이 의를 받아들이는 우리의 믿음에 있다.) 의는 모든 일에서 행위에서 행위에 이르는, 곧 시편기자가 인정하듯이 우리 안에 있는 은혜의 행위에서 우리가 행한 순종의 행위에 이르는 것 같다. 그러나 사도는 그렇지 않고 "믿음에서 믿음에 이른다"고 말한다. 이것에 대해서는 후에 살펴보겠다.

이것은 사도가 확증하려고 제시하고 있는 일반적인 논지이다. 그리고 그는 그 속에서 하나님의 의와 신자들의 믿음을 제외한 모든 것을 칭의에서 제거하고 있는 것 같다. 그리고 이런 목적으로 그는 모든 사람이 실패했다는 것과 하나님 앞에서 우리 자신의 의를 획득하려는 모든 수단이 충분하지 않다는 것을 선언하면서 의에 이른 척 했거나, 이른 척 할 수 있거나 추구하는 모든 사람과 그들이 이 의를 획득하기를 바라거나, 가장 잘 획득할 것이라고 여기는 모든 방법과 수단을 고려한다. 그리고 사람들과 관련해서 사도는 다음과 같이 고려한다.

1. 그는 하나님에 대한 그들의 모든 개념과 종교적인 예배에서 그들의 행위와 그들에 대한 그들의 대화와 더불어 이방인들을 고려한다. 그리고 그들 사이에서 관찰될 수 있는 모든 것에서 그는 그들은 하나님 앞에서 의롭다 하심을 받지 못했으며 받을 수 없었고, 오히려 모두 사망 선고를 마땅히 받아야 했다고 결론을 내린다. 그리고 사람들이 "믿음에서 믿음에 이르는" 복음으로 말미암은 하나님의 의의 계시가 없이 어떤 사람의 칭의와 구원에 대해 무엇이라고 말을 해도, 그것은 1장 19절에서 끝까지 이어지는 그의 전체 논의와 명백히 모순되는 것이다.

2. 그는 기록된 율법과 이 율법에 수반된 특권들, 특별히 하나님의 언약의 외적인 보증이었던 할례의 특권을 고려한다. 그리고 많은 논증과 더불어 많이 고려한 후에 그는 그들 또한 그들이 즐겼거나 그들이 호응했던 특권 중 어떤 것으로든 하나님 앞에서 칭의를 얻을 수 있는 가능성에서 완전히 배제시킨다(2장). 그리고 그는 그들 둘 다 자신들이 자신들의 의의 규칙으로 선택한 것을 공개적으로 거슬러, 곧 이방인은 자연의 빛을 거슬러, 유대인은 율법을 거슬러 죄를 지었다는 한 가지 논증으로 하나님 앞에서 이런 의의 특권에서 둘 다를 분명히 배제시킨다. 그러므로 그들 중 어느 누구도 자신들의 규칙으로 의를 획득할 수 없다는 필연적인 결과가 나온다. 그러나 그는 그들 모두에게 공통적인

것에 이르기까지 논의를 진척시킨다.

3. 그리고 그는 유대인이든 이방인이든 그들 모두 안에 있는 본성의 보편적인 부패와 사람들의 마음과 삶에서 그로 말미암아 필연적으로 일어나는 끔찍한 결과들에서 모든 종류의 사람이 똑같이 죄 아래 있다는 것을 증명한다(3장). 그 증거는 너무 명확하여 모든 사람이 죄 아래 갇혀 있고 의에 이르지 못한다는 결론을 내리지 않을 수 없다. 그리고 그는 사람에서 사물, 혹은 의의 수단으로 논의를 진행시킨다.

4. 율법은 하나님께 대한 우리의 순종의 전체적이며 유일한 규칙으로서 하나님이 직접 주신 것이며, 따라서 율법의 행위는 우리에게 요구되는 모든 것이기 때문에 어떤 사람들은 이것을 우리가 의롭다 하심을 받는 수단으로 주장할 수 있다. 그러므로 그는 구체적으로 율법이 하나님 앞에서 우리의 칭의의 수단이 되기에 전적으로 불충분하다는 것을 나타내려고 율법의 본성과 용도와 목적을 고려한다(3:19, 20).

5. 그러나 약속 안에서 집행되는 은혜의 도움이 없는 자연의 상태에 있는 불신자들이 행한 율법과 율법의 행위는 불충분할 수 있지만, 그들의 믿음과 행위가 하나님께 받아들여진 중생하고 믿은 사람들과 관련해서는 그렇지 않을 수 있다는 반대가 있을 수 있다. 이런 반대를 제거하기 위해 그는 어떠한 것이든 모든 행위가 그들이 의롭다 하심을 받은 것에서 배제되었다고 선언하면서 구약 아래 있던 가장 탁월한 신자들 중 두 명, 곧 아브라함과 다윗의 예를 든다(4장).

이런 원리들과 이런 점진적인 논의를 기초로 그는 사람의 아들 모두가 자신들 안에 있거나, 자신들이 행할 수 있거나, 자신들 안에 일어난 어떤 것과 관련하여 하나님 앞에서 죄책이 있으며, 죄 아래 갇혀있고, 그들의 입은 다물어져 어떤 변명도 박탈당했으며, 그들이 하나님 앞에 가져갈 어떤 의도 없으며, 그들이 이런 의를 기대할 수 있는 모든 방법과 수단이 그 목적을 이루기에 불충분하다고 완고하게 결론을 내린다.

여기에 기초하여 그는 "사람들이 어떻게 이런 상태에서 구원받을 수 있으며, 하나님이 보시기에 의롭다 하심을 받을 수 있는가?"라는 질문을 제시한다. 그리고 이것을 해결하는 과정에서 그는 우리가 구원을 받을 수 있는 수단으로 오직 믿음 이외에 자신들 안에 있는 어떤 것도 언급하지 않는다. 그는 우리가 의롭다 하심을 받을 수 있는 것은 "그리스도 예수를 믿음으로 말미암은 하나님의 의"이며, 우리는 "그 안에 있는 속량으로 말미암아 은혜로 값없이 의롭다 하심을 받는다"고 말한다(롬 3:22-24).

그리고 "죄를 깨달은 잃어버린 죄인들이 어떻게 하나님 앞에서 의롭다 하심을 얻을 수 있는가?"라는 질문에 대한 이런 대답에, 곧 "은혜로, 화목제물이 되신 그리스도의 보혈로 믿음에서 믿음으로 나타난 하나님의 의로 말미암는다"는 대답에 만족하지 않고, 그는 즉시 이것에 참여하는 수단으로 여겨질 수 있는 우리 안에 있는 모든 것을 복음에 나타나고 율법과 선지자들이 증거한 하나님의 의와 조화를 이루지 못하는 것으로 여겨서 적극적으로 배제시킨다. 율법 이전에 사람들은 자연의 빛과 그들 각자의 특별한 사정에 맞게 특별히 각자에게 계시된 것에 대한 순종으로 의롭다 하심을 받았으며, 율법이 주어진 후에는 율법의 지시에 따라 하나님께 순종함으로써 의롭다 하심을 받았다고 주장하는 그들의 신학체계와 사도의 이런 계획은 얼마나 서로 모순이 되는가! 또한 이방사람은 이성이 지시하는 바에 따라 행동함으로써 똑같은 유익을 얻을 수 있다는 주장 또한 논쟁하기 좋아하는 사람이 만들어 낸 것으로 반박되지 않을 수 없다.

사도가 선언한 이 문제에 대한 성령의 생각은 성경이 똑같은 목적으로 지속적으로 말하고 있는 취지에 불과하다. 하나님의 은혜와, 자비에 대한 약속과, 죄에 대한 값없는 용서와, 그리스도의 피와, 그의 순종과, 그 안에서 믿음으로 머물고 받는 하나님의 의는 아무리 우리의 최고의 순종이나 아무리 탁월한 우리의 개인적인 의라도 우리 안에 있는 어떤 것과 반대로 우리의 칭의의 원인들과 수단으로 도처에서 주장되고 있다. 아무리 훌륭한 사람이 행한 의무나 순종이나 개인적인 의라도 모두 배제되며 그들은 오직 주권적인 은혜와 자비에 호소한다. 이런 목적으로 몇 구절 언급될 수 있다.

그 전체의 기초는 최초의 약속에 놓여 있었다. 그 안에서 마귀의 일이 여자의 후손의 고통으로 파괴되는 것이 죄인들을 위한 유일한 구원과 하나님의 호의를 회복하는 유일한 수단으로 제시되었다. "여자의 후손은 네 머리를 상하게 할 것이요 너는 그의 발꿈치를 상하게 할 것이니라"(창 3:15). "아브람이 여호와를 믿으니 여호와께서 이를 그의 의로 여기시고"(창 15:6). "아론은 그의 두 손으로 살아있는 염소의 머리에 안수하여 이스라엘 자손의 모든 불의와 그 범한 모든 죄를 아뢰고 그 죄를 염소의 머리에 두어 미리 정한 사람에게 맡겨 광야로 보낼지니 염소가 그들의 모든 불의를 지고 접근하기 어려운 땅에 이르거든 그는 그 염소를 광야에 놓을지니라"(레 16:21, 22). "내가 주 여호와의 능하신 행적을 가지고 오겠사오며 주의 공의만 전하겠나이다"(시 71:16). "여호와여 주께서 죄악을 지켜보실진대 주여 누가 서리이까 그러나 사유하심이 주께 있음은 주를 경외하게 하심이니이다"(시 130:3, 4). "주의 종에게 심판을 행하지 마소서 주의 눈 앞에는 의로운 인생이 하나도 없나이다"(시 143:2). "하나님은 그의 종이라도 그대로 믿지 아니하시며 그의 천사라도 미련하다 하시나니 하물며 흙 집에 살며 티끌로 터를 삼고 하루살이 앞에서라도 무너질 자이겠느냐"(욥 4:18, 19).

"나는 포도원에 대하여 노함이 없나니 찔레와 가시가 나를 대적하여 싸운다 하자 내가 그것을 밟고 모아 불사르리라 그리하지 아니하면 내 힘을 의지하고 나와 화친하며 나와 화친할 것이니라"(사 27:4, 5). "내게 대한 어떤 자의 말에 공의와 힘은 여호와께만 있나니 사람들이 그에게로 나아갈 것이라 무릇 그에게 노하는 자는 부끄러움을 당하리라 그러나 이스라엘 자손은 다 여호와로 말미암아 의롭다 하심을 얻고 자랑하리라 하느니라"(사 45:24, 25). "우리는 다 양 같아서 그릇 행하여 각기 제 길로 갔거늘 여호와께서는 우리 모두의 죄악을 그에게 담당시키셨도다 그가 자기 영혼의 수고한 것을 보고 만족하게 여길 것이라 나의 의로운 종이 자기 지식으로 많은 사람을 의롭게 하며 또 그들의 죄악을 친히 담당하리로다"(사 53:6, 11). "그의 날에 유다는 구원을 받겠고 이스라엘은 평안히 살 것이며 그의 이름은 여호와 우리의 공의라 일컬음을 받으리라"(렘 23:6). "무릇 우리는 다 부정한 자 같아서 우리의 의는 다 더러운 옷 같으며 우리는 다 잎사귀같이 시들므로 우리의 죄악이 바람같이 우리를 몰아가나이다"(사 64:6). "네 백성과 네 거룩한 성을 위하여 일흔 이레를 기한으로 정하였나니 허물이 그치며 죄가 끝나며 죄악이 용서되며 영원한 의가 드러나며 환상과 예언이 응하며 또 지극히 거룩한 이가 기름 부음을 받으리라"(단 9:24).

"영접하는 자 곧 그 이름을 믿는 자들에게는 하나님의 자녀가 되는 권세를 주셨으니"(요 1:12). "모세가 광야에서 뱀을 든 것 같이 인자도 들려야 하리니 이는 그를 믿는 자마다 영생을 얻게 하려 하심이니라"(요 3:14, 15). "그러므로 형제들아 너희가 알 것은 이 사람을 힘입어 죄 사함을 너희에게 전하는 이것이며 또 모세의 율법으로 너희가 의롭다 하심을 얻지 못하던 모든 일에도 이 사람을 힘입어 믿는 자마다 의롭다 하심을 얻는 이것이라"(행 13:38, 39). "그 눈을 뜨게 하여 어둠에서 빛으로, 사탄의 권세에서 하나님께로 돌아오게 하고 죄 사함과 나를 믿어 거룩하게 된 무리 가운데서 기업을 얻게 하리라 하더이다" (행 16:18).

"그리스도 예수 안에 있는 속량으로 말미암아 하나님의 은혜로 값없이 의롭다 하심을 얻은 자 되었느니라 이 예수를 하나님이 그의 피로써 믿음으로 말미암은 화목제물로 세우셨으니 이는 하나님이 길이 참으시는 중에 전에 지은 죄를 간과하심으로 자기의 의로우심을 나타내려 하심이니 곧 이 때에 자기의 의로우심을 나타내사 자기도 의로우시며 또한 예수 믿는 자를 의롭다 하려 하심이라 그런즉 자랑할 데가 어디냐 있을 수가 없느니라 무슨 법으로냐 행위로냐 아니라 오직 믿음의 법으로니라 그러므로 사람이 의롭다 하심을 얻는 것은 율법의 행위에 있지 않고 믿음으로 되는 줄 우리가 인정하노라"(롬 3:24-28).

"만약 아브라함이 행위로써 의롭다 하심을 받았으면 자랑할 것이 있으려니와 하나님 앞에서는 없느니라 성경이 무엇을 말하느냐 아브라함이 하나님을 믿으매 그것이 그에게 의로 여겨진 바 되었느니라 일하는 자에게는 그 삯이 은혜로 여겨지지 아니하고 보수로 여겨지거니와 일을 아니할지라도 경건하지 아니한 자를 의롭다 하시는 이를 믿는 자에게는 그의 믿음을 의로 여기시나니 일한 것이 없이 하나님께 의로 여기심을 받는 사람의 복에 대하여 다윗이 말한 바 불법이 사함을 받고 죄가 가리어짐을 받는 사람들은 복이 있고 주께서 그 죄를 인정하지 아니하실 사람은 복이 있도다 함과 같으니라"(롬 4:2-8).

"율법은 진노를 이루게 하나니 율법이 없는 곳에는 범법도 없느니라 그러므로 상속자가 되는 그것이 은혜에 속하기 위하여 믿음으로 되나니 이는 그 약속을 그 모든 후손에게 굳게 하려 하심이라 율법에 속한 자에게뿐만 아니라 아브라함의 믿음에 속한 자에게도 그러하니 아브라함은 우리 모든 사람의 조상이라 기록된 바 내가 너를 많은 민족의 조상으로 세웠다 하심과 같으니 그가 믿은 바 하나님은 죽은 자를 살리시며 없는 것을 있는 것으로 부르시는 이시니라 아브라함이 바랄 수 없는 중에 바라고 믿었으니 이는 네 후손이 이같으리라 하신 말씀대로 많은 민족의 조상이 되게 하려 하심이라 그가 백 세나 되어 자기 몸이 죽은 것 같고 사라의 태가 죽은 것 같음을 알고도 믿음이 약하여지지 아니하고"(롬 4: 15-19).

"그러므로 이제 그리스도 예수 안에 있는 자에게는 결코 정죄함이 없나니 이는 그리스도 예수 안에 있는 생명의 성령의 법이 죄와 사망의 법에서 너를 해방하였음이라 율법이 육신으로 말미암아 연약하여 할 수 없는 그것을 하나님은 하시나니 곧 죄로 말미암아 자기 아들을 죄 있는 육신의 모양으로 보내어 육신에 죄를 정하사 육신을 따르지 않고 그 영을 따라 행하는 우리에게 율법의 요구가 이루어지게 하려 하심이니라"(롬 8:1-4). "그리스도는 모든 믿는 자에게 의를 이루기 위하여 율법의 마침이 되시니라"(롬 10:4). "만약 은혜로 된 것이면 행위로 말미암지 않음이니 그렇지 않으면 은혜가 은혜 되지 못하느니라"(롬 11:6).

"너희는 하나님으로부터 나서 그리스도 예수 안에 있고 예수는 하나님으로부터 나와서 우리에게 지혜와 의로움과 거룩함과 구원함이 되셨으니"(고전 1:30). "하나님이 죄를 알지도 못하신 이를 우리를 대신하여 죄로 삼으신 것은 우리로 하여금 그 안에서 하나님의 의가 되게 하려 하심이라"(고후 5:21). "사람이 의롭다 하심을 받게 되는 것은 율법의 행위로 말미암음이 아니요 오직 예수 그리스도를 믿음으로 말미암은 줄 알므로 우리도 그리스도 예수를 믿나니 이는 우리가 율법의 행위로써가 아니고 그리스도를 믿음으로써 의롭다 하심을 얻으려 함이라 율법의 행위로써는 의롭다 하심을 얻을 육체가 없느니라"(갈 2:16). "또 하나님 앞에서 아무도 율법으로 말미암아 의롭다 하심을 받게 되지 못할 것이 분명하니 이는 의인은 믿음으로 살리라 하였음이라 율법은 믿음에서 난 것이 아니니 율법을 행하는 자는 그 가운데서 살리라 하였느니라 그리스도가 우리를 위하여 저주를 받은 바 되사 율법의 저주에서 우리를 속량하셨으니 기록된 바 나무에 달린 자마다 저주 아래에 있는 자라 하였음이라"(갈 3:11-13).

"너희는 그 은혜에 의하여 믿음으로 말미암아 구원을 받았으니 이것은 너희에게서 난 것이 아니요 하나님의 선물이라 행위에서 난 것이 아니니 이는 누구든지 자랑하지 못하게 함이라 우리는 그가 만드신 바라 그리스도 예수 안에서 선한 일을 위하여 지으심을 받은 자니 이 일은 하나님이 전에 예비하사 우리로 그 가운데서 행하게 하려 하심이니라"(엡 2:8-10). "또한 모든 것을 해로 여김은 내 주 그리스도 예수를 아는 지식이 가장 고상하기 때문이라 내가 그를 위하여 모든 것을 잃어버리고 배설물로 여김은 그리스도를 얻고 안에서 발견되려 함이니 내가 가진 의는 율법에서 난 것이 아니요 오직 그리스도를 믿음으로 말미암은 것이니 곧 믿음으로 하나님께로부터 난 의라"(빌 3:8, 9).

"하나님이 우리를 구원하사 거룩하신 소명으로 부르심은 우리의 행위대로 하심이 아니요 오직 자기의 뜻과 영원 전부터 그리스도 예수 안에서 우리에게 주신 은혜대로 하심이라"(딤후 1:9). "우리로 그의 은혜를 힘입어 의롭다 하심을 얻어 영생의 소망을 따라 상속자가 되게 하려 하심이라"(딛 3:7). "이제 자기를 단번에 제물로 드려 죄를 없이 하시려고 세상 끝에 나타나셨느니라……이와 같이 그리스도도 많은 사람의 죄를 담당하시려고 단번에 드리신 바 되셨고"(히 9:26, 28). "그가 거룩하게 된 자들을 한 번의 제사로 영원히 온전하게 하셨느니라"(히 10:14). "그 아들 예수의 피가 우리를 모든 죄에서 깨끗하게 하실 것이요"(요일 1:7). "우리를 사랑하사 그의 피로 우리 죄에서 우리를 해방하시고 그의 아버지 하나님을 위하여 우리를 나라와 제사장으로 삼으신 그에게 영광과 능력이 세세토록 있기를 원하노라 아멘"(계 1: 5, 6).

이것들은 기억나는 몇몇 구절인데, 이곳에서 성경은 우리에게 하나님이 우리를 받아주시는 근거들과 원인들을 제시하고 있다. 이것들의 특별한 의미와 그 안에 들어있는 진리에 대한 증거는 후에 살펴볼 것이다. 여기에서 우리는 단지 그것들을 일반적인 차원에서 보고 있다. 그리고 우리 안에 있는 모든 것은 어떤 상황에서든지 우리가 하나님의 은혜와 구속을 받는 오직 믿음을 제외하고 하나님 앞에서 우리의 칭의에서 배제되고 있는 것 같다. 그리고 다른 한 편으로 우리가 하나님께 받아들여지는 것 전체는 우리 자신의 가치와 의나 우리 자신의 행위와 순종과 반대로 은혜와 자비와 그리스도의 순종과 피에 돌려지고 있는 것 같다. 그리고 나는 각성된 죄인의 영혼은 일반적으로 편견에 사로잡혀있지 않는 한 자신이 의롭다 하심을 받기 위해 서로 반대되는 것으로 정해져 있는 이것들에 대해 잘못 판단하지 않을 것이라고 생각하지 않을 수 없다.

그러나 우리는 이것들이 절대적으로 제한이 없는 것으로 이해되지 말아야 한다고 대답한다. 우리가 이렇게 은혜에 모든 것을 돌리고 우리의 칭의에서 율법과 우리 자신의 행위와 의를 배제하고 있는 성령의 생각과 성경의 의미를 이해하기 위해 몇 가지 구분이 필수적이다.

1. 율법은 도덕법이나 의식법 둘 중의 하나이다. 후자는 사실 우리의 칭의에서 배제되는 반면에, 전자는 배제되지 않는다. 2. 율법이 요구하고 있는 행위는 은혜의 도움이 없이 믿음 이전에 일어난 것이거나, 성령의 도우심으로 믿은 후에 일어날 수 있다. 전자는 우리의 칭의에서 배제되지만, 후자는 배제되지 않는다. 3. 은혜를 받은 후에 일어난 순종의 행위는 본래 행위언약에서 요구되었던 것에 따라 단지 신실하거나, 절대적으로 완벽한 것으로 고려될 수 있다. 후자에 속한 행위는 우리의 칭의에서 배제되지만, 전자에 속한 행위는 배제되지 않는다. 4. 이생에서 하나님 앞에서 두 가지 칭의, 곧 첫 번째와 두 번째 칭의가 있다. 그리고 우리는 성경에서 어떤 것이 이 두 가지 중 어떤 칭의와 관련된 것인지 부지런히 고려해야 한다. 5. 칭의는 칭의의 시작이나 칭의의 지속성과 관련해서 고려될 수 있다. 그러므로 칭의는 다양한 관점에 따라 다양한 원인을 가지고 있다. 6. 행위는 그 내적인 가치를 고려해 공로적인 것이나(ex condigno), 단지 언약과 약속에 따른 것으로(ex congruo) 고려될 수 있다. 첫 번째 종류의 행위는 적어도 첫 번째 칭의에서 배제되지만, 후자는 첫 번째와 두 번째 칭의 모두에서 자리를 가질 수 있다. 7. 도덕적인 원인들은 예비적이거나, 축적하는 것이나, 공로적인 것이나, 조건에 따라 효율적인 것이나, 단지 그 자체로 의미가 있거나 많은 종류가 있을 수 있다. 그리고 우리는 우리의 행위가 어떤 의미에서, 어떤 원인이나 원인들의 개념에서 우리의 칭의에서 배제되고, 어떤 개념에서 우리의 칭의에 필수적인지 부지런히 살펴야

한다. 그리고 이런 구분들 중에서 우리의 칭의를 설명하는 데 더 이상 필요하지 않은 것은 하나도 없다. 따라서 학자들은 이런 구분들을 모두 사용한다. 그리고 그들의 근거나 호소하고 있는 것의 실체가 무엇이며, 진리가 어느 편에 있는지 거의 식별하지 못한 채 이런 구분들이 정교한 논쟁의 기교로 사용될 때 겉모습만 그럴듯한 색깔이 입혀질 수 있다.

그러나 죄에 대해 실제로 깨닫고 거룩하신 하나님의 심판을 받는 것이 무엇인지 느끼는 사람은 다른 사람들 위해서가 아니라 자신을 위해 그들이 사용하고 있는 이런 모든 구분들과 세부적인 구분들을 고려할 때 어떻게 자신이 하나님께 받아들여질 수 있는지 묻고 이런 구분들을 만든 사람들에게 "당신들은 이전보다 나를 훨씬 더 불확실하게 만들었다"고 말할 것이다. 나의 질문은 "내가 어떻게 하나님 앞에 나와서 높으신 하나님께 절할 수 있는가? 내가 어떻게 다가오는 진노를 피할 수 있는가? 내가 죄 사함을 받고 의롭다 하심을 받기 위해 하나님의 심판대 앞에서 어떤 호소를 할 수 있는가? 나는 그 앞에서 심판을 견딜 수 있는 의를 어디에서 가질 수 있는가?"라는 것이다. 설령 수천 개의 이런 구분들이 있더라도 나는 그것들이 하나님이 지나가며 소멸시킬 가시덤불에 불과할까 두렵다.

그러므로 질문은 "앞에서 언급되고 묘사된 의롭다 하심을 받으려는 사람의 상태와 지금까지 제시한 우리의 칭의를 위한 구원의 방식을 고려할 때 하나님 앞에서 의롭다 하심을 받으려는 사람이 절대적으로 전적인 신뢰와 확신으로 주권적인 은혜와 그리스도의 중보에 자신을 맡기는 것과 약간 유보하거나 자신의 은혜와 의무와 행위와 순종을 약간 신뢰하는 것 중에서 어떤 것이 가장 지혜롭고 안전한 방법인가?" 묻는 것이다. 이와 같은 큰 차이를 판단하는 데 있어서 우리가 편견에 사로잡힌 고집쟁이로 생각되지 않도록 우리는 이 문제와 관련하여 우리의 가장 위대하고 가장 학식있는 대적자들 중 한 명이 한 말을 언급할 것이다. "우리 자신의 의의 불확실성과 헛된 영광의 위험 때문에 오직 하나님의 자비와 친절이나 은혜를 전적으로 의지하는 것이 가장 안전한 과정이다"(Bellar. de Justificat., lib. v. cap. 7, prop. 3).

그리고 그는 이런 중요한 질문에 대한 이런 결정을 많은 다른 질문에 대해서도 그렇게 했듯이 성경의 두 가지 증거를 가지고 확증한다. 그러나 그가 언급하기 적합하다고 생각했던 증거들은 관계가 없는 것은 아니었다. 첫째는 단 9:18에 나오는 "우리가 주 앞에 간구하옵는 것은 우리의 공의를 의지하여 하는 것이 아니요 주의 큰 긍휼을 의지하여 함이니이다"라는 구절이고, 다른 하나는 눅 17:10에 나오는 "이와 같이 너희도 명령 받은 것을 다 행한 후에 이르기를 우리는 무익한 종이라 우리가 하여할 할 일을 한 것뿐이라 할지니라"는 우리 구주의 말씀이다. 그는 교부들의 다양한 증거들을 가지고 자신의 결심을 확증한 후에 자신의 논의를 다음과 같은 딜레마와 더불어 끝마친다.

"사람은 참된 공로를 가지고 있든지 가지고 있지 않다. 만약 가지고 있지 않다면, 그는 오직 하나님의 자비 이외에 어떤 것을 신뢰할 때 치명적으로 속고 있는 것이며, 거짓된 공로를 신뢰함으로써 자신을 속이고 있는 것이다. 만약 가지고 있다면, 그는 그것들을 바라보지 않고 오직 하나님만을 신뢰할 때 아무 것도 잃지 않는다. 그러므로 사람이 하나님 앞에서 자신의 칭의와 관련하여 어떤 선행을 가지고 있든 가지고 있지 않든 그것들을 고려하거나 신뢰하지 않는 것이 가장 선하고 안전하다." 그리고 만약 이것이 그렇다면, 그는 그것들의 주된 계획이 사람들의 마음을 미혹하여 정반대의 의견을 취하도록 하는 것인 칭의와 관련된 그의 현학적인 책들을 쓰느라고 그가 소비한 모든 수고를 아꼈을 것이다.

그리고 오직 예수 그리스도로 말미암은 하나님의 은혜를 그들이 전적으로 신뢰하고 의지하는 것이 최선이며 가장 안전한 과정이라는 것이 발견된다면, 내가 아는 한 하나님의 교회나 하나님 앞에서 우리의 칭의를 위해 우리 자신의 의무나 순종에서 그토록 무엇을 찾으려고 노력했던 사람들의 영혼에 어떤 불이익이 없이 그들의 수고를 아낄 수 있었을 것이다. 우리가 이 모든 것을 한 후 하나님의 임재 앞에서 욥과 마찬가지로 우리 자신을 혐오하고, 세리와 마찬가지로 주권적인 은혜와 자비에 우리 자신을 맡기고, 우리가 그리스도의 순종과 피를 전적으로 신뢰하는 것이 가장 안전한 과정이라는 것을 발견한다면, 무슨 목적으로 우리가 하나님 앞에서 우리의 칭의를 위해 우리의 의무와 순종에 어떤 역할을 부여하려고 끈임없는 변증들과 논쟁들과 구분들을 가지고 수고하고 애쓰겠는가?

투아누스(Thuanus)는 저 위대한 황제 찰스 5세가 죽었을 때 그의 종말에 대해 다음과 같이 설명한다. "그는 전적으로 자신 안에 천국을 획득할 수 있는 가치가 있는 아무런 행위나 공로를 가지고 있지 않았다. 그러나 아버지의 유업과 자신의 수난의 공로라는 이중적인 자격과 권리를 가지고 천국을 소유하신 그의 주 하나님이 스스로 만족하시고 값없이 그에게 주셨다. 그는 그것을 값없이 받았고 그것을 신뢰함으로써 두려워할 필요가 없었다. 자비의 기름은 오직 믿음이나 신뢰의 그릇에만 부어진다. 이것은 자신에게 절망하고 자신의 주님을 의지하는 사람이 신뢰하는 것이다. 그렇지 않다면, 자신의 행위나 공로를 신뢰하는 것은 믿음이 아니라 반역이다. 죄는 하나님의 자비로 말미암아 도

말된다. 그러므로 우리는 우리의 죄가 오직 그로 말미암아 용서를 받으며, 우리는 오직 그를 거슬러 죄를 지었으며, 그에게는 죄가 없으시며, 오직 그로 말미암아 죄 사함을 받는다는 것을 믿어야 한다"(vol. viii. 612).

이것이 죽게 되었거나 살아있는 동안 시험을 당하는 사람들의 믿음이다. 어떤 사람들은 죄로 말미암아 강퍅해져서 다른 세상에 대해 생각하지 않고 이 세상을 떠나려고 노력한다. 어떤 사람들은 어리석고 무지해서 자신들이 하나님 앞에 나타나서 그에 의해 심판을 받는 것이 무엇인지 알거나 생각하지 않는다. 어떤 사람들은 미혹되어 공로나 용서나 면죄부나 죽은 자를 위한 간구를 신뢰한다. 그러나 아무리 어떤 영적인 방법으로 하나님과 자신들을 알고 있고, 하나님의 심판대 앞에서 심판을 받아야 하는 지나간 시간과 다가오는 영원을 바라보고 있는 사람들이라도, 오직 자신들 안에 있는 어떤 작은 결점들을 보상하려고 그리스도와 그의 의를 바라보며, 자신들의 행위와 순종에 대해 생각하고 말하고 논쟁하는 사람들은 마침내 자신들이 의와 구원을 위해 오직 그리스도만을 의지해왔고, 의지하고 있는 것을 전적으로 버릴 것이다.

그리고 계속되는 논의에서 나는 가능하면 어떤 호기심을 불러일으키는 스콜라적인 논쟁에도 나 자신을 섞지 않을 것이다. 이것이 주장하고 있는 것의 실체이다. 사람들은 의와 구원을 위해 자신들에 대한 모든 신뢰와 그렇게 하게 하는 모든 것을 버리고 오직 그리스도로 말미암은 하나님의 은혜에 자신들을 맡겨야 한다. 이것이 하나님이 복음 안에서 계획하신 것이다(고전 1:29-31). 그리고 여기에서 우리가 사람들이 다양한 개념들을 가지고 있는 칭의론에 속한 몇 가지 명제들과 용어들을 설명하는 과정에서 어떤 어려움을 만나더라도, 나는 하나님과 그들 자신에 대해 알아야 하는 것을 아는 사람들 안에는 내적으로 서로 일치하는 간구가 있다는 것을 의심하지 않는다.

죄와 의와 관련된 전환

다섯째로, 성경에는 죄와 의와 관련하여 그리스도와 우리 사이에 전환(轉換, commutation), 곧 그들의 죄는 그에게 전가되고 그의 의는 그들에게 전가되는 것이 제시되어 있다. 이것을 향상시키고 우리의 영혼에 적용시키는 데 적지 않은 믿음의 생명과 활동이 놓여 있다.

하나님의 교회는 희생염소가 드려지는 것에서 이것을 배울 수 있었다. "아론은 그의 두 손으로 살아 있는 염소의 머리에 안수하여 이스라엘 자손의 모든 불의와 그 범한 모든 죄를 아뢰고 그 죄를 염소의 머리에 두어 미리 정한 사람에게 맡겨 광야로 보낼지니 염소가 그들의 모든 불의를 지고 접근하기 어려운 땅에 이르거든 그는 그 염소를 광야에 놓을지니라"(레 16:21, 22). 자신 위에 이 짐을 지고 보내진 이 염소가 살아서 죽으셨다가 부활하시는 그리스도의 삶의 모형이든, 혹은 그가 유대인들이 생각하는 것처럼 그를 보낸 사람에 의해 바위절벽에 떨어져 광야에서 죽든 그에게 일어나고 그와 함께 있던 것은 오직 예수 그리스도의 위격 안에서 실제로 일어날 것을 예표하고 있다는 것은 일반적으로 인정된다.

그리고 아론은 염소를 두고 사람들의 죄를 고백했을 뿐 아니라, 그 모든 죄를 염소의 머리 위에 두었다. "그리고 그가 그 모든 것을 염소의 머리 위에 둘 것이다(וְנָתַן אֹתָם עַל־רֹאשׁ הַשָּׂעִיר)." 이에 대한 대답으로 그가 그 모든 것을 졌다고 언급된다. 그는 그 안에 무엇을 해야 할지가 들어있는 하나님이 정하신 규정에 따라 이것을 하였다. 그는 한 주체에서 다른 주체로 죄를 전이(轉移, transfuse)시킨 것이 아니라, 그것의 죄책을 한 곳에서 다른 곳으로 전환(轉換, transfer)시켰다. 그리고 죄가 백성에서부터 희생제물로 이렇게 바뀌는 것을 증거하려고 "그는 염소의 머리에 안수하였다." 그러므로 유대인들은 "모든 이스라엘은 속죄의 날에 창조의 날과 마찬가지로 정결하게 되었다"고 말한다(30절). 여기에서 그들은 사도가 선언한 완전이나 완성에 미치지 못했다(히 10장). 그러나 "죄책이 그에게 놓여졌다"는 것이 모든 화목제의 언어이다.

그러므로 희생제사 그 자체가 "하타아트(חַטָּאת)"와 "아샴(אָשָׁם)", 곧 "죄"와 "죄책"이라고 불렸다(레 4:29, 7:2, 10:17). 그러므로 불확실한 살인이 일어났고 그로 말미암아 처벌을 받아야 할 사람이 발견되지 못했고, 죄책이 그 땅에 내려질 수도, 죄가 모든 사람에게 전가될 수도 없는 경우에는 살인이 일어났던 장소 옆에서 그에 대한 죄책을 제거하기 위해 그 도시의 장로들이 속죄양을 죽여야 했다(신 21:1-9). 그러나 이것은 죄책으로 말미암은 처벌을 단지 도덕적으로 예표하는 것이며, 어떤 희생제사도 아니고, 죄책이 있는 사람이 알려지지도 않았으므로 속죄양을 죽인 사람들은 자신들의 죄가 그에게 전가되도록 그 위에 자신들의 손을 얹지 않았고, 자신들의 개인적인 무죄를 선언하기 위해 그 위에 얹었던 손을 씻었다. 다른 모든 화목제와 마찬가지로 이런 수단으로 하나님은 죄책이 그들의 모든 죄를 담당하실 분에게 전가되어 그들이 책임에서 벗어나고 의롭다 하심을 받을 것임을 가르치셨다.

"그가 채찍에 맞음으로 우리는 나음을 받았도다……여호와께서는 우리 모두의 죄악을 그에게 담당시키셨도다"(사 53:5, 6). 우리의 죄악이 그에게 놓였으며 그는 우리의 죄악을 감당하셨다(11절). 그리고 그가 우리의 죄악을 감당하심으로써 우리는 우리의 죄악에서 자유함을 얻었다. 그가 채찍에 맞으셔서 우리가 나음을 입었다. 우리의 죄는 그에게 전가되어 그의 것이 되었다. 그의 공로는 우리에게 전가되어 우리의 것이 되었다. "하나님이 죄를 알지도 못하신 이를 우리를 대신하여 죄로 삼으신 것은 우리로 하여금 그 안에서 하나님의 의가 되게 하려 하심이라"(고후 5:21). 이것이 내가 언급했던 전환이다. 그는 우리를 위해 죄가 되었다. 우리는 그 안에서 하나님의 의가 된다. 죄를 우리에게 전가하지 않으시고(19절) 의를 우리에게 전가하시는 하나님은 오직 "그가 우리를 위해 죄가 되셨다"는 근거에서만 그렇게 하신다. 그리고 만약 그가 죄가 되셨다는 것이 단지 그가 죄를 위한 희생제물이 되신다는 것을 의미한다면, 그것은 목적이 똑같다. 어떤 것이 화목제물이 되는 형식적인 이유는 하나님의 정하신 규칙에 따라 죄가 그것에 전가되기 때문이다.

같은 사도는 롬 8:3, 4에서 똑같은 것을 표현한다. "율법이 육신으로 말미암아 연약하여 할 수 없는 그것을 하나님은 하시나니 곧 죄로 말미암아 자기 아들을 죄있는 육신의 모양으로 보내어 육신에 죄를 정하사 육신을 따르지 않고 그 영을 따라 행하는 우리에게 율법의 요구가 이루어지게 하려 하심이니라." 죄가 그의 것이 되었으므로 그는 그 죄에 대해 책임을 지셨다. 그리고 하나님이 율법으로 요구하신 의는 우리의 것이 되었다. 곧 율법의 의는 우리가 그것을 행함으로써가 아니라 그가 행하심으로써 우리 안에서 성취되었다. 이것은 오직 각성된 죄인의 영혼이 안식과 평안을 찾을 수 있는 복된 변화이이며 전환이다. "그리스도께서 우리를 위하여 저주를 받은 바 되사 율법의 저주에서 우리를 속량하셨으니……이는 그리스도 예수 안에서 아브라함의 복이 이방인에게 미치게 하고"(갈 3:13, 14). 율법의 저주는 죄로 말미암은 모든 것을 포함했다. 이것은 우리에게 속해있었다. 그러나 그것은 그에게 전환되었다. 그는 저주가 되셨다. 그가 나무에 달리신 것은 그 표시이며 징표였다. 그러므로 그는 "나무 위에서 자신의 몸으로 우리의 죄를 담당하셨다"고 언급된다(벧전 2:14). 그가 나무 위에 달리신 것은 그가 저주를 감당하셨다는 징표였다. "나무에 달린 자마다 하나님의 저주를 받은 자"이기 때문이다(신 21:23). 그리고 신실한 아브라함의 축복에는 모든 의와 하나님이 받아주시는 것이 포함되어 있다. 아브라함이 하나님을 믿었고 그것을 그에게 의로 여기셨기 때문이다.

그러나 자신들이 가장 잘 알고 있는 이유들 때문에 사사건건 나의 글에 반대하고 있는 어떤 사람들이 특별히 내가 이런 목적으로 전에 발표한 것에 대해 근거없이 시비를 걸고 있기 때문에 나는 내가 알기에 그들이 감히 싸우려고 하지 않을 몇몇 사람들의 표현을 통해 이 문제에 대한 나의 전체적인 판단을 선포할 것이다.

먼저, 저스틴 마터(Justin Martyr)의 다음과 같은 탁월한 표현은 주목할 가치가 있다. "그는 우리를 위해 자기 아들을 화목제물로 주셨다. 그는 죄를 범한 자들을 위해 거룩하신 분을, 죄가 있는 자들을 위해 죄가 없으신 분을, 불의한 자들을 위해 의로우신 분을, 썩어질 자들을 위해 썩지 않으실 분을, 죽을 자들을 위해 죽지 않으시는 분을 주셨다. 그의 의가 아니라면 어떤 다른 것으로 우리의 죄를 감추거나 덮을 수 있는가? 악하고 경건하지 못한 우리가 오직 하나님의 아들 안에서가 아니라면, 어떤 다른 사람 안에서 의롭다 하심을 받거나 의로운 것으로 여김을 받을 수 있는가? 오, 달콤한 전환, 혹은 변화여! 오, 다 헤아릴 수도 이해할 수도 없는 사건이여! 오, 많은 사람의 죄악이 정직하신 한 분 안에 감추어지고, 한 분의 의가 많은 죄를 범한 사람들을 의롭다 하신다는 것은 모든 기대를 뛰어넘는 얼마나 복된 시혜인가!"(Epist. ad Diognet.).

그리고 그레고리 니센(Gregory Nyssen)은 똑같은 목적으로 말한다. "그가 자신에게 나의 죄의 더러운 것을 옮기셨으며, 나에게 그의 순결함을 전달하셨고, 나로 하여금 그의 아름다움의 참여자가 되게 하셨다"(Orat. 2 in Cant.). 어거스틴은 또한 다음과 같이 말한다. "그는 우리를 의가 되게 하시려고, 곧 우리의 의가 아니라 하나님의 의가, 우리 안에 있는 것이 아니라 그 안에 있는 의가 되게 하시려고 죄가 되셨다. 그는 자신의 죄가 아니라 우리의 죄가 되셨으며, 자신 안에 있는 것이 아니라 우리 안에 있는 죄가 되셨다"(Enchirid. ad Laurent., cap. Xli). 오래된 라틴 번역본은 시편 22:1을 "내가 크게 즐거워 한다(דברי אשמתי, Verba delictorum meorum)"로 번역한다. 이 표현에 대해 그는 "나의 죄에 대해 그가 어떻게 그렇게 말할 수 있는가? 그가 우리 죄에 대해 우리의 죄가 자신의 것이 되도록, 자신의 의가 우리의 의가 되도록 기도하셨기 때문이다. 오, 얼마나 달콤한 전환이며 변화인가!"

그리고 크리소스톰(Chrysostom)은 "우리가 그 안에서 하나님의 의가 되게 하시려고"라는 사도의 이런 표현에 대해 똑같은 목적으로 말한다. "이것은 어떤 표현이며 어떤 말인가? 어떤 마음이 그것을 이해하거나 표현할 수 있는가? 그는 '그가 죄인들을 의롭게 하시기 위해 의로우신 자를 죄인이 되게 하셨다'고 말하기 때문이다. 이 보다 더 장엄하고 탁월한 표현이 어디에 있는가! 그는 성향이나 감정이 아니라 질 자체를 말하고 있다. 그는 그가 죄인이 되셨다고 말하지 않고 죄가 되셨다고 말한다. 그는 우리가 단순히 의롭다 하심을 받기 위해서가 아니라 의, 곧 하나님의 의가 되게 하기 위해 죄가 되셨다고 말한다. 우리는 행위가 아니라 (우리가 그렇게 되려면 우리의 행위에 어떤 흠도 없어야 하기 때문에) 은혜로 의롭다 하심을 받았으며, 그로 말미암아 모든 죄가 제거되었다"고 말한다(2 Epist. ad Corinth. cap. v. Hom. 11).

버나드(Bernard)는 또한 말한다. "사람이 빚을 졌을 경우 사람이 갚아야 했다. 만약 한 사람이 모든 사람을 위해 죽었다면, 모든 사람이 죽었다고 그는 말한다. 그러므로 한 사람이 모든 사람에게 죄를 가져온 것처럼 한 사람의 충족이 모든 사람에게 전가된다고 말할 수 있다. 그리고 이제 죄를 범한 사람과 충족시키는 사람이 똑같지 않을 수 있다. 그리스도는 머리이시며 한 몸이시기 때문이다"(Epist. cxc., ad Innocent). 그리고 더 많은 저자들이 똑같은 목적으로 말을 한다.

그러므로 루터(Luther)는 종교개혁을 참여하기 전에 수도사인 조지 스펠라인(George Spelein)에게 보낸 한 편지에서 이런 방식으로 글을 쓰는 것을 두려워하지 않았다. "나의 사랑하는 형제여! 그리스도, 곧 십자가에 달리신 그 분을 배우라. 그를 찬미하는 것을 배우라. 그리고 절망하고 있는 당신 자신에게 말하라. '주 예수여, 당신이 나의 의이십니다. 그러나 나는 당신의 죄입니다. 당신은 나의 것을 취하셨으며, 당신의 것을 나에게 주셨습니다. 당신은 당신의 것이 아닌 것을 취하셨고, 나에게 나의 것이 아닌 것을 주셨습니다.' 그가 당신을 받아주셨고, 당신의 죄는 그의 것이 되었으며, 그의 의는 당신의 것이 되었다. 이것을 믿지 않는 사람은 악한 사람이다"(Epist. an. 1516, tom. 1).

만약 그리스도와 그의 의에 대해 말하는 거의 모든 단어에 대해 시비를 거는 사람들이 자신들의 양심으로 이 사람이 했던 것처럼 죄책을 느꼈다면, 그들은 그가 했던 것처럼 말하고 쓰는 것을 싸움을 거는 것으로 생각하지 않았을 것이다. 그렇다. 이 진리에 대해 증거한 사람들

중에 로마교회의 교제 안에서 살다가 죽은 사람들이 있다. 가령, 타울
레루스(Taulerus)는 "그리스도는 친히 세상의 모든 죄를 지시고 마치
자신이 그것들을 범하신 것처럼 그것들에 대해 마음의 슬픔을 겪으셨
다"고 말했다(Meditat. Vitæ Christ. cap vii). 그는 또한 그리스도의
위격에 대해 말하면서 "아담의 큰 죄가 사라지지 않으므로 하늘의 아버
지 제가 당신께 구합니다. 내 안에서 그것을 처벌하소서. 만약 분노의
폭풍이 나 때문에 일어나신다면, 나를 가장 극심한 수난의 바다로 보
내소서"라고 말했다. 이런 표현의 정당성에 대해 히 10:5-10을 보라.

비록 자주 인용되고 주장되지만, 알베르투스 피기우스(Albertus
Pighius)의 말은 이 목적을 위해 그 가치와 진실성 때문에 다시 언급
될 것이다. 이것은 또한 마치 내가 이 문제에서 독특하게 행동하고 있
는 사람인 것처럼 내가 한 몇 가지 표현을 물고 늘어지는 사람들이 얼
마나 우스꽝스러운 짓을 하는지 보여줄 것이다.

"하나님은 세상을 자신과 화해시키시고 사람들에게 그들의 죄를
돌리지 않으시려고 그리스도 안에 계셨으며' '화목하게 하는 직책을 우
리에게 주셨다'고 사도는 말한다. 그러므로 우리는 그 안에서, 우리 자
신 안에서나, 우리 자신의 의가 아니라 우리에게 전가되고 지금 그와
더불어 전달되는 그의 의로 말미암아 하나님 앞에서 의롭다 하심을 받
는다. 우리 자신의 의가 부족하므로 우리는 그 안에서 우리 밖에 의를
찾도록 배운다. 그는 '우리로 그 안에서 하나님의 의가 되게 하시려고
그가 죄를 알지도 못하시는 분을 우리를 위해 죄가 되게 (곧 죄를 위한
화목제물이 되게) 하셨다'고 말한다. 우리는 그리스도 안에서 우리의
의가 아니라 하나님의 의로 의롭다 하심을 받는다.

어떤 권리로 받는가? 고대에 널리 알려진 잠언에 따르면 친구들 사

이에 모든 것을 공통의 것으로 만드는 친구가 된 권리로서 받는다. 그리스도 안으로 접붙여지고, 그에게 묶이고 연합됨으로써 그는 자신의 것들을 우리의 것이 되게 하시고, 자신의 부요함을 우리에게 전달하시며, 하나님의 심판과 우리의 불의 사이에 자신의 의를 두신다. 그리고 그 아래서 마치 방패 아래 있는 것처럼 그는 우리가 받아야 할 하나님의 진노로부터 우리를 숨기시고, 자신의 의로 우리를 방어하고 보호하신다. 그렇다. 그는 자신의 의를 우리에게 전달하시고 자신의 의를 우리 것이 되게 하신다. 그러므로 그의 의로 덮히고 장식되어 우리는 담대하고 안전하게 하나님의 심판대 앞에 의롭게 보일 뿐 아니라 의로운 상태로 설 수 있다.

사도는 한 사람의 잘못으로 우리가 모두 죄인이 되었던 것처럼 오직 그리스도의 의로 말미암아 우리 모두 의롭다 하심을 얻는다고 말한다. '한 사람이 순종하지 않음으로 많은 사람이 죄인이 되었던 것처럼 한 사람의 순종으로 많은 사람이 의롭다 하심을 받게 된다.' 우리의 불의가 우리가 순종하지 않고 하나님의 명령을 어긴 것인 것처럼 그가 순종하셔서 모든 일에서 아버지의 뜻을 이루신 것이 그리스도의 의이다. 그런데 하나님은 그리스도의 순종을 우리의 의가 되게 하신다. 우리가 그 안에서 연합되어 있음으로 그것은 마치 우리의 것인 것처럼 우리에게 전가된다. 그러므로 그것으로 우리는 의롭다 여김을 받는다. 옛적에 야곱이 장자가 아니었지만 자기 형의 옷을 입고 자기 형의 향수를 뿌리고 자기 형의 흉내를 내면서 아버지 앞에 나아가 형이 받아야 할 장자의 축복을 받았던 것처럼, 우리는 우리의 맏형이시며 장자이신 분의 고귀한 순결 아래 숨고, 그의 달콤한 향기로 몸을 적시고, 우리의 죄를 그의 완벽하심으로 장사지내고 가리고 의의 축복을 받기 위해 우리의 가장 거룩하신 앞에 나가야 한다."

"그러므로 하나님은 자신의 값없는 은혜와 선하심으로 우리를 의롭게 하신다. 그것으로 그는 그리스도 예수 안에서 우리를 안아주신다. 우리는 그 안에 접붙여졌으며, 그는 우리를 자신의 무죄와 의로 옷을 입히신다. 하나님이 보실 때 유일하게 견딜 수 있는 것은 오직 순결하고 진실한 것뿐이다. 그러므로 오직 그런 것만이 하나님의 심판대 앞에서 우리를 위한 대언자나 호소력이 있는 것으로 제시될 수 있다. 이것에 의존해서 우리는 날마다 죄 사함을 받으며, 우리의 더러움은 그의 순결함으로 덮임을 받으며, 우리의 불완전함에서 나오는 불결함은 우리에게 전가되지 않고 마치 그것이 매장된 것처럼 덮임을 받고, 우리는 하나님의 심판에 이르지 아니한다. 우리 안에 있는 옛 사람이 파괴되고 죽임을 당할 때까지 하나님의 선하심은 우리를 받아주셔서 둘째 아담과 평화를 누리게 한다."

그는 신적 진리가 자신의 마음에 영향을 미친 힘을 표현하면서 다른 모든 것에서 가장 격렬한 챔피언 중 하나였던 자신이 관여하고 있는 사람들의 이익과 반대되는 주장을 하게 되고 자신의 명성을 잃게 되었다. 그리고 그리스도와 신자들 사이의 전가를 통해 죄가 의와 교환된다는 이런 주장을 참을 수 없는 로마교회의 어떤 사람들은 우리 중에 있는 어떤 사람들과 마찬가지로 다른 사람들의 의에 대해 똑같은 것을 인정한다. "사도는 우리에게 일종의 장사를 가르치고 있는 것 같다. 그는 당신들은 돈이 풍부하고 의는 부족하다. 반대로 그들은 의가 풍부하고 돈이 없다. 결과적으로 거래가 일어난다. 가난한 자들에게 당신들은 풍부하고 그들에게는 부족한 돈을 주라. 그러면 다시 그들에는 풍부하고 당신들에게는 부족한 그들의 의가 당신들에게 전달될 것이다"(Hosius,

De Expresso Dei Verbo, tom. 2 p. 21). 그러나 나는 이런 증거들은 주로 자신들이 이해하지 못하는 것을 비난할 준비가 되어있는 사람들의 무지를 구원하는 것이 되고 있을 뿐이라고 언급한다.

죄와 의에 대한 이런 복된 전환에서, 곧 이런 전환에서 우리와 하나님과의 평화가 발견된다는 것은 성경에서 우리의 믿음의 주요한 대상으로 표현되고 있다. 그리고 비록 이 둘이 (죄가 그리스도께 전가되고 의가 우리에게 전가되는 것이) 우리의 행위가 아니라 하나님의 행위이지만, 우리는 믿음으로 그것들이 우리 영혼 안에서 일어나는 것을 보고, 실제로 우리 편에서 그것들이 우리에게 적용되는 데 필요한 것을 하며, 이를 통해 우리는 "속량"을 받는다(롬 5:11). 그리스도는 "수고하고 무거운 짐을 지고 있는" 모든 자를 자신에게 부르신다(마 11:28). 사람들의 양심 위에 놓여 있고 그들이 지고 있는 짐은 죄의 짐이다. 그러므로 시편기자는 "내 죄악이 내 머리에 넘쳐서 무거운 짐 같으니 내가 감당할 수 없나이다"라고 불평한다(시 38:4). 자신의 죄책을 느낀 가인도 마찬가지로 불평했다(창 4:13).

그리스도는 하나님의 평가에 따라 죄의 짐이 자신 위에 놓여졌을 때 이 짐을 감당하셨다. "그가 그들의 죄악을" 자신 위에 놓여진 짐으로 "감당하실 것(וַעֲוֺנֹתָם הוּא יִסְבֹּל)"이라고 언급되어 있기 때문이다(사 53:11). 그리고 그는 하나님이 그에게 "우리 모두의 죄악"을 감당하게 하셨을 때 이 모든 죄악을 감당하셨다(6절). 이것이 우리의 영혼에 적용될 때 우리가 우리의 죄의 무게와 짐을 느껴야 하고, 이 짐이 우리가 감당하기에 얼마나 무거운지 느끼는 것이 필요한 것처럼, 주 그리스도는 이 짐을 지고 가는 우리들을 이 짐에서 벗어나게 하시겠다고 자신에게로 초청하신다. 그는 "자신이 십자가에 못 박히신 것이 우리의 눈 앞에

밝히 보이는" 복음이 선포될 때마다 이렇게 하신다(갈 3:1). 십자가에 못 박히신 그리스도를 믿음으로 바라 볼 때 (믿음은 불 뱀에 물린 사람들이 구리 뱀을 바라보았던 것처럼 그를 바라보는 것이 때문이다(사 45:22, 65:1, 요 3:14, 15), 그가 무거운 짐을 지고 있는 우리를 자신에게 오라고 초청하고 계시는 것을 느낄 때 (믿음은 그가 우리를 부르시고 초청하실 때 그에게 가는 것이기 때문이다) 신자는 하나님이 우리 모두의 죄악을 그에게 담당시키셨다는 것을 고려한다.

그렇다. 그가 그렇게 하셨다는 것은 믿음이 발휘되어야 하는 특별한 대상이다. 그리고 그것은 그의 피에 대한 믿음이다. 이것에 기초하여 영혼은 그리스도 자신의 무한한 낮아지심과 사랑과 더불어 하나님의 의와 은혜를 인정하고 받아들인다. 믿음은 이루어진 것이 하나님의 무한한 지혜와 은혜의 결과라는 것에 동의하고 그것에 안식한다. 그런 사람은 더 이상 자신의 의를 세우려고 하지 않고 하나님의 의에 복종한다. 그는 믿음으로 자신의 짐을 자신을 부르신 그리스도께 내려놓으며, 그렇게 하는 것은 하나님의 지혜와 의에 일치한다. 그리고 이것으로 그는 주 그리스도가 죄를 범한 자들을 위해 죄를 끝내시고 화해를 가져오신 영원한 의를 받아들인다.

독자는 내가 이것들을 스콜라적인 논쟁에서 요구되는 정교한 표현들을 가지고 논쟁적으로 다루고 있지 않은 것을 보고 즐거워할 것이다. 그리고 그것은 내가 필요하다고 판단할 때 이후에 일어날 수 있을 것이다. 그러나 나는 더 낮고 더 중요한 것을 하고 있는데, 그것은 성경의 표현들이나 이 표현들과 유사한 표현들로써 믿음의 경험에 대해 선포하는 것이다. 그리고 나는 편견을 가진 논쟁가들과 싸워 명확히 승리하는 것보다 가장 비천한 신자들에게 빛과 지식을 전달하는 도구가 되고 싶다. 우리는 믿음으로 의롭다 하심을 얻으며 하나님과 평화를 누린다. 이 문제에서 사람이 시험을 견딜 수 있는 다른 기초를 둘 수 없다.

그리고 우리는 이 방법에 대해 그 실재와 능력으로 알지 못하는 사람들이 우리의 칭의에서 믿음의 전체적인 역할을 환상이나 상상에서 나오는 쉬운 노력으로 거절하는 것에 동요되지 말아야 한다. 십자가를 설교하는 것은 최고의 자연적인 지혜를 가지고 있는 사람들에게도 어리석은 것이며, 하나님의 영이 아니고는 어떤 사람도 이 방법을 이해할 수 없기 때문이다. 주님에 대한 두려움을 알고 있고, 하나님으로부터 자신들의 배교의 죄책과 그런 상태에서 자신들의 실질적인 죄와 살아 계신 하나님의 손에 떨어지는 것이 얼마나 두려운 것인지에 대해 실제로 깨닫고 느끼고 있으며, 이로 말미암아 자신들이 하나님께 받아들여질 수 있는 실질적인 견고한 기초를 찾고 있는 사람들은 이 방법에 대해 그런 사람들이 추측하는 것과 다른 생각을 가지고 있고, 이 방법이 아주 다른 본성에 속해 있다고 믿게 된다.

자신들을 부인하고 혐오하고, 자신들의 죄로 말미암아 사망이 왔다고 여기고, 자신들의 어떤 의에서 구원을 찾으려는 모든 소망과 기대를 버리고, 그리스도와 그에 의해 믿음으로 얻는 의로 말미암아 속량을 얻는 것에 대한 하나님의 말씀과 약속을 받아들이고, 자신을 하나님께 보편적인 순종으로 드리는 것은 사람들이 환상이나 상상으로 만들어 낸 것이 아니다. 그리고 한 편으로 교만과 자만으로, 다른 한 편으로 무지로 그럴 수 있다고 생각하는 사람들에게 우리는 이 문제와 관련해서 아무런 관심이 없다. 이것들이 단지 상상의 작품이라고 여기는 사람들에게 복음은 우화에 불과하기 때문이다.

나는 오래 전에 "하나님과의 교제"에 대한 실천적인 글에서 이런 목적으로 약간의 글을 썼다. 그리고 더 낮은 상태에 있는 어떤 사람들이 자신들보다 우월한 어떤 사람들에 의존하여 자신들을 강화하거나 자신들의 성향을 준수하면서 나의 글들을 비방하고 저자를 모함하고 있는 반면에, 그 책은 그 책의 능력과 선한 의도를 잘 드러내고 있다. 이 과정은 최근에 특별히 그 실체에 있어서 여기에서 다시 제시되고 있는 교리에 대해 심하게 비난하고 있는 칭의에 대한 한 책에서 호츠키스(Hotchkis)가 주도한 것이었다(p. 81). 그리고 이 글이 내가 바라는 대로 그가 그 책에서 보여준 부도덕한 것들에 대해 약간 경고하는 데 조금이라도 유용하지 않다면, 나는 조금이라도 그가 무례하게 주장하는 것들을 주목했기를 바란다.

나는 선한 사람도 자신이 결코 보지 않은 사람들과 자신이 이해할 수 없거나 하지 않을 것들에 대해 가장 신랄한 언어로 비난할 만큼 화를 낼 수 있다는 것을 안다. 내 편에서 비록 내가 의도적으로 이 주제나 칭의론에 대해 이전에 어떤 것도 쓰지 않았지만, 그는 때때로 나의 다른 글들에서 내가 모든 개신교회 안에서 가장 탁월한 학자들이 공통적으로 믿고 있는 것 이외에 다른 교리를 주장하고 있지 않다는 것을 식별하지 않을 수 없었을 것이다. 그리고 내가 그의 비난과 분노의 대상으로 선택된 이유는 너무 분명해서 반복할 필요가 없다. 그러나 나는 그에게 아마 그가 몰랐을 수도 있는 것, 곧 내가 그가 반대하는 교리로 말미암아 내가 비난을 받는 것을 적지 않은 명예로 여기고 있다는 것을 그에게 알려줄 것이다. 그리고 나는 그의 계속되는 페이지들에 가득 차 있는 모든 비방하고 경멸하는 표현들에 대해서도 똑같이 말할 것이다.

그러나 현재의 경우와 관련하여 나는 그를 신뢰하지는 않지만 그가 내 책을 읽다가 "두려움과 분노"로 가득찼다고 고백하는 것에 대해 의문을 품지 않을 수 없다. 그는 내 말이 자신이 인정하는 의미를 가질 수도 있다는 것을 (그리고 내 말이 필연적으로 선하고 건전함에 틀림없다는 것을) 인정하지만, 내 말을 그런 의미로 받아들이지 않고 다른 의미로 왜곡시켜서 스스로 분노로 떨고 있기 때문이다. 이런 그의 정직성과 건전함을 어떻게 믿을 수 있겠는가?

그리고 나는 그가 마치 내가 우리 자신의 개인적인 회개와 순종의 필요성을 거부하고 있는 듯한 모습을 보인다고 생각했기 때문에 그런 분노의 발작이 일어났다고 생각한다. 설령 나의 모든 글 중에서 오직 그 책만을 읽은 사람이라도 기대치 않았던 공포감으로 마음이 크게 동요되지 않았다면, 조금이라도 양심이나 정직함이 있다면 그런 추정을 지지할 사람은 아무도 없을 것이기 때문이다. 그러나 그는 처음부터 끝까지 나를 비판적으로 다루고 있으며, 나는 나를 향한 그의 반대들 중 어디에서부터 바로잡아서 나를 향한 분노를 버리고 제정신으로 돌아오게 할 수 있을지, 곧 정직하고 순전한 생각으로 돌아오게 할 수 있을지 모른다. 나는 다른 무엇보다도 이 문제를 가지고 대화라도 할 수 있기를 바란다.

그러나 비록 내가 그가 비난하고 있는 것 중에서 이런 비난의 정당성에 대해 어느 하나라도 놓칠 수 없지만, 나는 현재 그가 가장 길게 주장하면서 그것에 대한 자신의 논의를 가장 혐오스러운 표현들로 가득 채우고 있는 것을 택할 것이다. 그리고 이것은 그의 책 164 페이지와 그 이후에 나오는 내용이다. 그곳에서 그가 내가 우리로 하여금 다가오는 진노에서 피할 수 있도록 하나님을 온전히 섬기지 못하게 한다고 나를 격렬하게 반대하고 있기 때문이다. 그리고 복음 아래서 위협적인 본성과 용도를 지닌 글을 쓰고, 내가 느꼈던 것처럼 사람들의 마음에 두려움을 느끼게 하는 사람을 누가 용서받을 수 없는 범죄를 저지른 사람으로 여기지 않겠는가? 그러므로 그렇게 큰 범죄가 그런 비난의 모든 대상이라면, 그의 비난은 변명이 되고 허락될 수 있는 것이다. 그러나 이 모든 것이 좋은 사람이 되지 않으려는, 더욱이 복음의 사역자가 되지 않으려는 의도적인 기만에 불과하다는 것이 증명이 된다면 어떻게 하겠는가?

그가 인용하고 토를 단 내가 한 표현은 이것이다. "하나님의 집을 섬기는 것을 자신들의 삶에서 쓸데없는 짓을 하고 있는 것으로 여기는 사람들이 있다. 그들이 순종하는 원리는 두려움에 속박되어 있는 영이다. 그들이 순종하는 규칙은 자비와 경감없이 정확하게 모든 것을 두려움과 철저함으로 최선을 다해 지킬 것을 요구하는 율법이다. 그들이 순종하는 목적은 율법의 행위로 다가오는 진노를 피하고, 양심을 달래고, 의를 추구하는 것이다." 그는 자신의 목적에 따라 이어지는 나의 말을 생략하고 내가 하지 않은 자신의 말을 더한다. 순종하는 것이 분명하게 언급된 다양한 다른 것들과 혼합되어 하나님의 전체의 목적을 이룰 때 내가 악한 목적의 일부라고 주장했던 것이 마치 내가 어떤 의미에서 하나님의 법을 지키는 것이 우리의 순종에서 선한 목적의 일부일 수 있다는 것을 거절한 것처럼 부각되어 제시된다. 그런데 나는 이런 것을 생각해 본적도, 말한 적도 없다. 나는 반대로 말하고 글을 써왔다. 그러나 이런 솔직하지 못한 절차에서 자신의 견해를 방어하려고 많은 다른 사실이 아닌 주장들과 더불어 그는 내가 묘사한 사람들은 그리스도에 대한 믿음으로 말미암은 의를 구하는 사람들이라는 것을 암시하고 있다고 더한다(p. 167).

나는 이 저자에게 이 문제에서 나의 믿음은 이와 같은 행위가 그의 칭의에 아무런 영향을 미치지 않을 것이며, 내가 이 글을 진행하는 과정에서 진리나 나를 향한 그의 반대들에 특별히 주목하지 않을 것이라고 생각하는 주된 이유는 - 그것들이 모두 사소하고 한물간 것이며, 그것들 중 어떤 힘이 있는 것처럼 보이는 것도 다른 저자들에게서 인용한 것에 불과하다는 것 이외에 - 그가 나를 다루는 데서 어떤 독창성이나 정직성을 보이고 있지 않기 때문이다.

지금까지 유쾌하지 않는 논의에서 벗어난 것을 다루었다. 그러나 그것은 본질이 아니다. 본질은 우리의 죄가 그리스도께 전가되었고, 그의 의가 우리에게 전가되었다는 것이며, 그것에 대한 믿음이 사느냐 죽느냐 문제라는 것을 나는 확신한다. 나는 그가 이것에 반대하는 책을 지금까지 쓴 책보다 이십 권을 더 쓴다고 해도 개의치 않겠다. 그리고 내가 어떤 의미에서 이것들을 믿는지 후에 선포될 것이다. 그리고 비록 나는 변증적인 글에서 나오는 많은 경우 자신들의 경험에도 반대되고 자신들의 기도에도 모순되는 표현들에 대해 어떤 사람도 판단하지 않지만, 내가 주장하는 실체인 죄와 의의 복된 전환을 이해하지 못하는 사람들에 대해 나는 "복음이 감추었다면 망하는 자들에게 감추인 것이라"고 담대히 말할 것이다.

예수 그리스도로 말미암은 은혜의 유입

여섯째, 만약 우리가 우리의 모든 순종의 부분과 관련하여 우리와 하나님과의 관계 전체에 대한 예수 그리스도로 말미암은 은혜의 유입과 충족에 대한 올바른 이해를 가지지 못한다면, 우리는 이 문제에 대한 우리의 생각을 올바로 진술할 수 없다. 처음 창조의 법으로 관계와 순종이 만들어질 때 그런 본성이나 종류의 것은 없었다. 우리는 우리의 창조주이시며 보존자이시고 보상자로서 하나님과 직접적인 관계를 맺게 되었다. 행위언약에는 어떤 은혜의 신비도 없었다. 우리의 창조에서 우리로 하여금 순종을 통해 보상을 받을 수 있게 하는 우리에게 주어졌던 것 이외에 그 상태에 더 이상 어떤 것도 요구되지 않았다. "이것을 행하라. 그러면 살리라"는 것이 하나님의 우리와의 관계에 있어서 유일한 규칙이었다.

종교 안에는 본래 하나님과 우리와의 모든 호의적인 관계가 지금 나오고 있고 결정되어 있는 복음이 하나님의 은혜와 친절과 사랑의 이름 아래서 축하하고 있는 어떤 것도 없었으며, - 현재 종교의 생명이며 영혼이고, 복음의 실체이며, 그 안에 계시되어 있는 모든 진리의 핵심인 - 하나님 앞에서 우리의 의와 우리가 하나님께 받아들여지는 것과 관련해 중보자가 유입될 것도 없었다. 만약 사도를 믿는다면, 이런 것들의 유입이 우리의 종교를 신비로, "위대한 신비"로 만드는 것이다 (딤전 3:16). 모든 종교는 처음에는 이성에 적합하고 이해될 수 있었다. 그러나 이제 종교는 신비가 되었으며, 사람들은 대부분 종교를 받으려고 하지 않는다. 그러나 종교는 마땅히 받아져야 한다. 그리고 만약 우리가 원래 있던 올바른 상태로 회복되지 않는다면, 우리의 이성의 원리에 맞는 종교는 (그것은 첫 번째 상태에서만 적합한 것이었다) 우리의 바뀐 상태에 적합하지 않을 것이다.

그러므로 그리스도와 그 안에 있는 은혜가 우리와 하나님과의 관계에 이렇게 들어오는 것에 대해 우리 지성의 자연적인 이해에는 어떤 개념도 없다. 그리고 이성은 아무리 훌륭하고 최고로 발휘되더라도 이것들을 발견할 수 없다(고전 2:14). 우리의 이해가 어두워지고, 우리의 이성이 타락으로 뒤떨어지기 전에 우리에게 계시되거나 제시되었던 것이 없었기 때문이다. 그렇다. 그리스도와 그 안에 있는 은혜를 전제하는 것은 우리가 하나님을 온전히 섬기며 살던 전체 상태와 조건과 조화되지 못하고 모순되는데, 그것들 모두가 죄의 유입을 전제하기 때문이다. 그리고 이제는 부패한 우리의 이성은 최선의 상태에서도 아무 것도 알지 못했고, 절대적으로 그 상태에 적합한 행복을 얻는 방법과도 일치하지 않는 것을 기꺼이 붙잡으려 하지 않을 것이다. 우리의 부패한 이성은 그런 상태에서 나온 것에 대한 어떤 기능이나 능력도 가지고 있지 않기 때문이다. 그리고 그것이 지금 그 자체로 무죄의 상태에서 아무런 개념도 가지고 있지 않고 가질 수도 없었던 진리와 은혜의 하늘에 속한 신비들을 붙잡기에 적합하고 준비되어 있다고 추측하는 것은 뱀이 그런 기대로 우리의 최초의 부모들을 시험했던 의미대로 타락으로 우리의 눈이 열려 선과 악을 알게 되었다고 추측하는 것이다. 그러므로 우리의 이성이 우리의 본성의 최초의 구성에서 우리의 유일한 안내자로서 우리에게 주어졌던 반면에, 우리의 이성은 본성적으로 자신을 넘어서는 것을 받아들일 준비가 되어있지 않으며, 부패된 상태에서는 자신을 넘어서는 것에 대한 적대감을 가지고 있다.

그러므로 이 신비가 처음 제시되었을 때, 곧 하나님이 자신의 무한한 지혜로써 계획하신 방법인 하나님의 사랑과 은혜로 말미암아 하나님과 우리와의 관계에서 중보자와 그의 의의 도입이 처음으로 제시되었을 때 사도가 고전 1장에서 자세히 선언한 것처럼 일반적으로 세상의 지혜롭고 합리적인 사람들에 의해 그 전체가 단지 어리석은 것으로 간주되었다. 그리고 그것들에 대한 믿음은 마음을 새롭게 하시는 성령의 사역이 없이는 세상에서 실제로 받아들여지지 않았다. 그리고 사람의 마음으로 하여금 그 교리를 외적으로 제시하는 것 이외에 올바른 방법으로 복음의 신비를 받아들일 수 있도록 하는 데 필요한 것은 없다고 판단하는 사람들은 타락으로 말미암은 우리의 본성의 부패를 부인할 뿐 아니라, 정당한 결과로서 우리가 회복될 수 있는 은혜를 전적으로 거부한다. 그러므로 그 자신의 내적인 원리들과 능력에 따라 행동하고, 그 본래의 상태에서 타락한 이성은 (다른 곳에서 증명되었던 것처럼) 그리스도로 말미암은 은혜가 우리와 하나님과의 관계에 들어오는 것 전체를 꺼려한다(롬 8:7).

그러므로 복음의 교리나 그리스도 안에 있는 하나님의 은혜의 감추어진 신비에 대해 그 안에서 선포되는 것을 죄가 들어온 이후에 – 적어도 이성이 처음 상태와 조건에서 보유하고 있던 종교적인 것들에 대한 개념들과 관념들의 힘 아래서 – 사람들의 마음의 원리와 경향이나 이성으로 축소시키려는 것은 (우리가 다양한 예에서 볼 수 있듯이) 그것들을 훼손하고 부패시켜서 그것들을 거절하는 길을 만든다.

그러므로 교리적으로, 실천적으로 사람들의 마음으로 하여금 이런 신비의 실체와 영적인 높이를 유지하도록 하는 것은 매우 어렵다. 사람들은 본성적으로 그것을 이해하지도 좋아하지도 않기 때문이다. 그러므로 그것을 부패한 이성의 원리들과 타고난 개념들에 맞추려고 하는 모든 시도는 많은 사람들에게, 가장 탁월한 사람들에게 받아들여진다. 그런 사람들이 말하고 선포하는 것은 더 이상 소동없이도 – 어떤 믿음이나 기도없이도, 어떤 초자연적인 조명없이도 쉽게 이해될 수 있으며 사람의 상식에 드러나 있다. 그러나 복음의 신비들에 대한 선포는 하나님의 성령의 유효적인 사역이 없이는 사람들의 마음에 들어갈 수 없는 반면에(엡 1:17-19), 그것은 일반적으로 어렵고 당혹스럽고 이해할 수 없는 것으로 간주된다. 그리고 심지어 그것들이 모순되지 않다는 것을 발견한 사람들조차 전혀 기뻐하지 않는다.

그리고 바로 여기에 오늘날 복음의 교리를 전체적으로나 부분적으로 부패시키려고 시도하는 모든 사람의 이점이 놓였다. 복음을 타락한 이성의 일반적인 개념에 맞추려는 것이 그들이 계획하고 있는 것의 전부이다. 그리고 이성의 권리를 신뢰하면서 그들은 복음 자체를 반대할 뿐 아니라 복음을 선포하는 것을 흥분을 불러일으키는 위선에 불과한 것으로 경멸한다. 그리고 그들은 모든 것을 이성으로 축소하고, 자신들이 반대하는 것을 이해할 수 없는 광신 이외에 다른 것이 아닌 것으로 여긴다. 그러나 나는 이런 사람들의 이해가 영적인 진리에 대한 정당한 척도나 표준이 될 수 없다는 것 만큼이나 그들이 통제하지 못한 채 주장하고 있는 것에 만족하지 않는다. 그러므로 어떤 사람들이 어떤 사람들의 글에서 나오는 표현들을 비방함으로써 얻은 것처럼 주장하는 이익들과 더불어 이런 모든 격렬한 비방에도 불구하고 그것은 부적절하며, 그들에게 나타나는 그들의 천재성과 능력에도 불구하고 적합하지 않다. 그러므로 우리는 "믿는 모든 자에게 구원을 주시는 그리스도의 복음을 부끄러워 하지 않는다."

그리스도 안에 있는 하나님의 지혜와 은혜의 신비와 그 안에서 거룩하신 삼위일체의 위격들이 구분되어 활동하시는 전체 경륜의 기초에 대한 혐오는 두 부분 혹은 두 가지로 이루어져 있다.

1. 그 전체를 사람들의 사적인 이성과 자신들의 이성의 약하고 불완전한 경영으로 축소시키는 것. 이것은 소시누스주의자들의 전체 계획이다.

(1) 그러므로 그들은 삼위일체 교리 그 자체를 오직 다음과 같은 이유 때문에 거부하고 의문을 제기하고 조롱한다. 그들은 그것은 이성으

로 이해할 수 없다고 주장하는데, 그 교리에는 유한하고 일시적인 것들에서 예를 찾거나 적응될 수 없는 절대적으로 무한하고 영원한 것들에 대한 선포가 있기 때문이다. 이것이 삼위일체 교리에 대한 그들의 반대에 외견상 생명과 직접적인 활력을 주는 그들의 모든 주장의 실체이다. 그러나 이 과정에서 그들은 사람들의 마음이 빠질 수 있는 가장 불합리하고 비합리적인 원리를 따라 모든 추론을 한다. 당신이 그들에게 자신들의 이성을 넘어서는 것은 참된 이성과 모순되며, 무한하고 영원한 것이 완벽하게 이해되고 모든 관심과 관점에서 설명이 될 수 있으며, 유한한 것들 안에 있을 수 없고 분리된 존재일 수 없는 것이 그 본질과 존재에서 오직 하나일 수 있는 무한한 것들 안에 있을 수 없다는 것을 다른 그런 비합리적이고 야만적인 상상과 더불어 그들에게 인정하지 않는다면, 이런 이성적인 것처럼 하면서 삼위일체를 반대하는 사람들의 모든 논쟁은 바람에 날려가는 티끌과 같이 될 것이다.

이것에 기초해서 그들은 그들이 하는 것처럼 은혜의 신비의 경륜에서 신성 안에서 각각의 위격들이 구분된 활동을 하신다는 것을 부인한다. 만약 그런 구분된 위격들이 없다면, 그런 구분된 활동들도 있을 수 없다. 그런데 이것들이 부인될 때 신앙의 어느 한 조항도 올바르게 이해될 수 없고, 하나님을 향한 어느 한 순종의 의무도 올바른 방법으로 받아들여질 수 없는 것처럼, 특별히 우리는 그리스도의 의의 전가로 말미암은 칭의의 교리가 설 수 없다는 것을 인정한다.

(2) 똑같은 근거로 하나님의 아들의 성육신도 지금까지 사람들의 마음에 일어난 가장 불합리한 개념으로($\dot{\alpha}\tau\acute{o}\pi\omega\nu$ $\dot{\alpha}\tau o\pi\acute{\omega}\tau\alpha\tau o\nu$) 거절된다. 그런데 그런 생각을 가지고 있는 사람들과 칭의에 대해 논쟁을 하는 것은 목적에 맞지 않는다. 그렇다. 우리는 만약 하나님의 아들의

성육신이 거절된다면, 우리가 칭의에 대해 믿는 모든 것은 할머니가 들려주시는 옛날 이야기($\gamma\rho\alpha\dot{\omega}\delta\epsilon\iota\varsigma\ \mu\dot{\upsilon}\theta o\iota$)보다 낮지 않다는 것을 자유롭게 인정한다. 나는 한 사람의 의와 순종이, 그 사람이 단순히 인간이라면, 그가 성육신하신 하나님의 아들이시라는 것이 인정되지 않는다면, 어떻게 믿는 모든 사람의 의로 여겨질 수 있는지 이해할 수 없는 것처럼, 단지 인간인 사람이 아무리 찬미를 받고, 품위가 높아지고, 영광을 받는다고 하더라도 어떻게 세상에 있는 모든 사람의 마음과 양심과 생각을 영적으로 통치할 수 있으며, 모든 것을 똑같이 모든 시간에 현존하는 것으로 친밀하게 알 수 있을지 이해할 수 없기 때문이다.

사람들의 마음이 이런 편견에 사로잡혀 있는 동안, 그들이 견고하게 그것의 기초에 있는 진리에 동의하지 않는다면, 그들에게 복음 안에 계시된 죄인의 칭의에 대한 진리와 필요성을 설득시키는 것은 불가능하다. 주 그리스도께 그들이 그에 대해 믿는 것 이외에 다른 위격이 없다는 것을 허락하시게 하라. 그러면 비록 그것으로 말미암아 의롭다 하심을 받을 수 있는 죄인이 있을 수 있다고 믿지 않지만, 나는 그들이 선포한 것 이외에 다른 칭의의 방법이 있을 수 없다는 것을 인정할 것이다. 이것들은 하나님의 신비와 그의 은혜가 구원의 방식과 우리와 그와의 관계 속으로 들어올 수 있는 길을 완고하게 거부하고 있는 것들이다.

그리고 우리와 하나님과의 관계에 대해 자신들의 이성의 주권을 정당화하면서 하늘의 신비들에 반대해서 사람들이 만들어 낸 대표적인 예를 보기를 바라는 사람들은 삼위일체에서 영원한 말씀의 성육신을 반대하는 이 사람들의 글보다 더 나갈 필요가 없다. 이것이 신적인 것들과 종교의 교리들에서 그들이 가지고 있는 근본적인 규칙이다. 곧 성경이 말하는 것이라도 우리의 이성의 추론에 맞지 않거나 우리가 이해할 수 있는 것을 넘어선다면 사실로 간주될 수 없다. 이성에 맞지 않는 것처럼 보이는 것은 성경의 표현 그대로 내버려 두라. 우리는 성경이 분명히 말하고 있지 않은 것에 대해 성경이 말하고 있지 않다고 결론을 내려야 한다.

"그러므로 성경이 이 둘 다를 (하나님의 은혜의 효율성과 우리의 의지의 자유를) 인정하고 있기 때문에 우리는 이것으로부터 그들이 서로 모순되지 않는다고 결론을 내리지 말아야 한다. 오히려 이것들은 서로 모순되기 때문에 우리는 그것들 중 어느 하나가 성경에서 언급되고 있지 않다고 결정해야 한다"라고 쉴리히팅기우스은 말한다(Schlichting ad Meisn. Def. Socin. p. 102). 아니다. 그것이 말하려고 하는 대로 말하게 하라. 이것이 이성을 성경 위에 두면서 그들이 얻을 수 있는 가장 멋진 이익이다. 그러나 그것은 받아들일 수 없는 추정을 포함하고 있다.

마찬가지로 소시누스는 그리스도의 충족에 대해 다음과 같이 분명히 말한다. "내 편에서, 설령 이것이 (이 교리가) 성경에서 한 번이 아니라 자주 존재하고 기록되어 있다고 하더라도, 나는 당신이 믿는 것처럼 그것을 그렇게 믿지 않을 것이다. 그것이 결코 그럴 수 없는 곳에서 (성경이 무엇이라고 말하든지) 나는 내가 다른 곳에서 다른 사람들과 함께 하는 것처럼 좀 덜 옹색한 해석을 사용하여 그 자체로 조화를 이루고 있는 말들에서 의미를 얻기를 바란다." 그리고 그는 자신이 어떻게 이것을 하기를 바라는지 바로 앞에서 선언한다. "거룩한 표현들은 또한 표현들이 소리를 내는 것과 다른 의미로 평범하지 않은 은유를 통해 때때로 해석된다." 그는 그 표현들을 특별한 은유로 그 표현들이 소리를 내거나 제안하는 것과 다른 의미로 설명하려고 한다. 그리고 사실 그는 그런 비속한 은유들을 마치 많은 엔진과 기계를 사용하는 것처럼 그리스도의 피로 말미암은 우리의 구속과 화해와 칭의에 대한 모든 신적인 증거를 전복시키는 데 적용한다.

그리고 그들은 지속적으로 성경의 분명한 표현들보다 자신들의 이성을 선호하는 것을 자신들의 규칙으로 고정시키고, 이에 따라 어느 한 수단이나 다른 수단으로 성경의 명확한 표현들을 버리거나 왜곡해 왔다. 그러므로 거룩한 신비들에 대한 그들의 수많은 반대 속에서 그들 모두가 하나의 원리, 곧 자신들이 이성으로 그것들을 이해할 수 없고 그것들을 인정할 수 없다는 원리에 기초하고 있다는 증거는 차고 넘친다. 그리고 만약 진리의 영적인 빛으로 말미암아 죄를 깨닫거나 적어도 그렇게 되려고 노력하는 사람들 중에 사탄에 미혹된 이성으로 자신들을 왜곡시키려고 하는 특별한 예를 찾아보려는 사람이 있다면, 그는 사 53장에 대한 유대교 랍비들의 주석을 읽거나 요한복음 처음에 대한 소시누스주의자들의 주석을 읽어보라.

2. 이런 혐오의 두 번째 가지는 은혜의 신비와 그 모든 부분 안에 있는 조화에 대해 적절히 이해하지 못한 데서 나온다. 이런 이해는 신자들이 성령으로 말미암아 배우는 지혜의 주된 효과이다. 우리가 신비 안에 있는 하나님의 지혜를 이해하는 것은 순전히 사색적이든 더 실천적이든 기술이나 과학이 아니라 영적인 지혜이기 때문이다. 그리고 이런 영적인 지혜는 개념에서 뿐 아니라 적합한 목적을 이루기 위한 능력과 실체와 효력의 차원에서 사실을 파악하고 받아들이는 것이다. 그러므로 비록 온갖 종류의 수단을 사용하는 데 있어서 배우고 판단력이 있고 부지런하지 않는다면 교리적 개념들에 대해 분명하고 구분되게 이해할 수 있는 사람은 거의 없지만, 성령의 인도와 능력을 받는 사

람들은 아무리 비천한 사람이라도 그들의 실천과 의무에서 "그들이 모든 것을 하나님께 배울 것"이라는 약속에 따라 적합하게 행동하여 이런 조화를 이해하게 된다. 그러므로 다른 사람들에게 서로 모순되고 조화를 이루지 않는 것처럼 보여서 그들로 하여금 성경에 위력을 행사하고 자신들의 경험에 따라 그것들 중 어느 하나를 거절하게 하는 것들이 그들의 순종의 모든 과정에서 그들의 마음 속에서 화해가 되며, 서로 유용하거나 도움을 주게 된다. 그러나 이것들에 대해서는 후에 언급되어야 한다.

여기에서 의도하고 있는 조화는 하나님의 전체 신비 안에 있다. 그것은 신적인 지혜의 가장 호기심을 불러 일으키는 효과이며 작품이기 때문이다. 그리고 이런 조화가 사람의 이성으로 식별되지 않는다고 폐기되어야 하는 것은 아니다. 어떤 피조물도 그것에 대한 완전한 이해에 도달할 수 없다. 오직 믿음의 묵상으로 우리로 하여금 하나님께 영광을 돌리고, 우리가 기회가 있을 때마다 그것의 모든 부분을 사용할 수 있도록 하는 이해에 도달할 수 있다. 그것에 관해 앞에서 언급된 거룩한 사람은 "오 측량할 수 없는 계획과 활동이여(Ὦ ἀνεξιχνιάστου δημιουργίας)"라고 외쳤다. 그리고 사도는 마찬가지로 그것을 그 안에 헤아릴 수 없는 지혜의 깊이를 가지고 있는 것으로 표현한다. "깊도다 하나님의 지혜와 지식의 풍성함이여, 그의 판단을 헤아리지 못할 것이며 그의 길을 찾지 못할 것이로다"(롬 11:33-36). 또한 똑같은 목적으로 엡 3:8-10을 보라.

창조의 모든 작품에는 서로 조화와 적합성이 있다. 그러나 우리는 그것이 가장 지혜롭고 가장 부지런한 사람들에게도 완벽하고 절대적으로 발견될 수 없는 것을 본다. 그들은 서로의 인과율과 효력의 관계에서 하늘의 천체들이 얼마나 질서있게 움직이고 있으며, 이곳 아래 있는 다양한 것들이 얼마나 탁월하며 놀랍게 조화를 이루고 있는지 다 파악하지 못한다. 그것들 중 어느 것과 관련해서 일어나는 새로운 발견은 단지 사람들이 그것들 중 어느 것에 대한 정당하고 완전한 이해에서 얼마나 멀리 떨어져 있는지 보여줄 뿐이다. 그러나 자연의 모든 부분과 활동에는 어떤 것으로도 그것의 바른 상태와 활동에서 그것의 전체나 부분을 파괴시킬 정도로 모순된 것은 아무 것도 없으며, 모든 것이 우주의 보존과 용도에 기여하고 있다는 것을 의미하는 보편적인 조화가 있다. 그러나 비록 이런 조화가 어떤 사람에 의해 절대적으로 이해될 수 없지만, 자연의 행위나 본능을 따르는 모든 살아있는 피조물은 이런 조화를 사용하고, 이런 조화에 의존해서 살며, 이런 조화가 없이 그들의 존재는 보존될 수 없으며, 그들의 활동 또한 계속될 수 없다.

그러나 하나님과 그의 은혜의 신비에서 서로의 조화와 적합성은 똑같은 목적에 이루려는 그들의 경향과 더불어 자연이나 자연의 작품들에서 보여지는 것보다 비교할 수 없을 정도로 더 탁월하고 영광스럽다. 하나님은 처음에 모든 것을 지혜로 만드셨지만, 예수 그리스도로 말미암은 모든 것에 대한 새로운 창조는 특별히 그의 무한한 지혜의 풍성함과 창고와 보화에 돌려졌기 때문이다. 그리고 어떤 사람도 하나님이 가르치지 않으신다면 이런 조화를 식별할 수 없는데, 그것은 오직 영적으로 식별되기 때문이다. 그러나 그것은 가장 지식이 있다는 사람들에 의해 경멸을 받는다. 어떤 사람들은 그 안에 어떤 큰 지혜도 없다고 생각하는 것 같다. 그리고 어떤 사람들은 그것을 이해하는 데 큰 지혜가 필요없다고 생각하는 것 같다. 그의 말씀에 대해 알고 경건의 신비에 대해 올바로 이해하는 데 있어서 마치 자연과학이나 수학에서 뛰어나려고 하는 사람이 부지런히 공부하고 시험하는 것처럼 자신들이 기도하고 묵상하고, 자기를 부정하고, 자기를 죽이고, 거룩하게 순종하고, 그리스도의 뜻을 행하려고 쓰는 시간의 절반만큼이라도 쓸 가치가 있다고 생각하는 사람은 거의 없다. 그러므로 이와 관련해서 다음과 같이 분명한 세 가지 사실이 있다.

1. 하나님의 신비의 모든 부분에는 신성의 모든 복된 속성이 영광을 받고, 우리의 의무가 모든 경우에서 안내를 받고 발휘되며, 우리의 구원이 순종의 방법으로 확보되고, 그리스도가 모든 것의 목적으로 찬미를 받으시는 조화가 있다. 그러므로 우리는 영적인 진리의 교리들의 다양한 부분뿐 아니라 그들의 서로의 관계와 실천에서 서로의 조화와 공통적인 목적을 이루기 위한 서로가 돕고 격려하는 것에 대해 고려하고 알아야 한다. 그리고 그것의 아름다움과 용도가 그것의 조화에서 나오는 어떤 부분에 대한 우리의 잘못된 이해는 전체와 관련해서 마음에 혼란을 일으킨다.

2. 이 조화를 적절한 방법으로 이해하는 데 있어서 우리가 하나님께 배우는 것은 필수적이다. 그것이 없이 우리는 그의 은혜의 신비를 아는 데 있어서 결코 지혜로울 수 없다. 그리고 우리는 복음의 진리들에 대한 우리의 탐구에서 부지런히 감당해야 할 주된 부분을 바로 이곳에 두어야 한다.

3. 하나님께 배워 그의 뜻을 아는 모든 사람은 그들의 마음의 편견이나 잘못된 견해나 유혹으로 혼란하게 되었을 때 일어난 것이 아니라면, 자신들과 자신들의 실천적 순종에서 자신들 중에 있는 하나님의 은혜의 신비의 모든 부분과 그리스도 안에 있는 진리가 조화를 이루고 있다는 경험을 하게 된다. 그리스도의 은혜가 우리와 하나님과의 관계에

들어오는 것은 우리와 하나님과의 최초의 관계와 관련된 우리의 자연적인 이성의 원리들과 우리가 새롭게 되는 것과 관련된 은혜의 원리들의 충돌로 말미암아 그들의 마음에 어떤 혼란이나 무질서를 일으키지 않는다. 사람들의 마음이 복음의 신비의 가장 중요한 부분들 사이에서 부조화가 있다는 상상으로 가득 채워지는 것은 이런 신적인 조화에 대한 올바른 이해의 부족에서 나오며, 오늘날 기독교 안에 있는 혼란 또한 이곳에서 나온다.

그러므로 소시누스주의자들은 하나님의 은혜나 사랑과 그리스도의 충족 사이에서 어떤 조화도 볼 수 없고, 그것들 중 어느 하나가 받아들여지면 다른 것은 우리의 종교에서 배제되어야 한다고 상상한다. 그러므로 그들은 전자를 주장하고 방어하는 척 하면서 다른 무엇보다도 후자를 반대한다. 그리고 "우리가 하나님이 그의 피로써 믿음으로 말미암은 화목제물로 세우신 그리스도 예수 안에 있는 속량으로 말미암아 하나님의 은혜로 값없이 의롭다 하심을 받는다"(롬 3:24, 25)고 언급되어 있는 것처럼, 이것들이 믿음의 똑같은 명제 안에서 명백히 함께 결합되어 있는 곳에서 그들은 자신들이 이해할 수 없는 조화를 방해하지 않기보다 일반적인 감각과 이성에 폭력을 제공한다.

비록 그가 화목제물이셨고, 그의 피가 속량의 보속물이거나 가격이었기 때문에 그의 피로 말미암은 속량이 있다는 것은 명백히 인정되지만, 그들은 그것은 단지 은유적인 것일 뿐이라고, 곧 모세를 통한 이스라엘 사람들의 구원처럼 단지 힘에 의한 구원을 의미하는 것일 뿐이라고 주장할 것이다. 그러나 이것들은 복음 안에 분명히 진술되어 있으므로 조화를 이룰 뿐 아니라, 어느 하나가 없다면 다른 것도 있을 수 없다. 그리고 그 모든 효과를 그들에게 전달하는 수단으로서 그리스도의 충족에 대해 고려하지 않고 죄인들에 대한 하나님의 어떤 특별한 사랑이나 은혜에 대한 어떤 언급도 없다. 요 3:16, 롬 3:23-25, 8:30-33, 고후 5:19-21, 엡 1:7 등을 보라.

똑같은 방법으로 그들은 그리스도의 충족과 믿는 자들 안에 있는 거룩이나 순종의 필요성 사이에 어떤 조화도 볼 수 없다. 그러므로 그들은 그리스도의 중보에 대한 우리의 교리로 말미암아 우리가 거룩한 삶에 대한 모든 의무를 버리고 있다고 계속해서 주장한다. 그리고 이런 목적으로 자신들의 현학적인 추론을 통해 그들은 자신들의 현학성을 대적할 수 있는 영적인 경험을 가지고 있지 않은 많은 사람을 설득하여 자신들의 망상을 받아들이게 한다. 그러나 성경의 증거가 그들을 분명히 반대하고 있는 것처럼, 진실로 믿고 그 진리가 영향을 미쳐 하나님의 생명 안으로 들어간 경험을 가지고 있으며, 어떻게 그런 경험이 없이 드려지는 순종이 받아들여지는 것이 얼마나 불가능한지 아는 사람들은 그들의 음모에서 안전할 것이다.

이것들과 이것들과 똑같은 상상은 사람들이 은혜의 신비가 우리와 하나님과의 관계에 들어오는 것을 기꺼이 허락하지 않을 것이라는 데서부터 나온다. 우리가 오직 자연적인 이성이 좋아하고 이해할 수 있는 창조언약의 옛 조건 아래서 하나님 앞에 서 있다고 생각해 보자. 그렇다면 우리는 이것들이 조화를 이루지 못한다는 것을 인정할 것이다. 그러나 그리스도 안에 있는 하나님의 지혜와 은혜의 신비는 그것들이 없이는 둘 다 설 수 없다.

마찬가지로 죄인들의 회심과 그들의 마음의 기능들이 의무의 방법으로 활동하는 것은 모순되고 조화를 이루지 못한다고 주장된다. 그리고 비록 그것들이 둘 다 성경에서 적극적이며 자주 선포되고 있는 것

같지만, 이 사람들은 그것들의 조화가 자신들의 이성에 맞지 않는 것으로 여겨서 "이 문제 대해 성경이 말하고 있는 것을 말하게 하라. 그런데 성경은 이것들 중 어느 하나를 말하고 있지 않다"고 말한다. 그리고 이것은 사람들은 자신들의 지혜로 하나님의 은혜의 신비가 우리와 하나님과의 관계와 순종에 들어오는 것이 어떻게 가능하지 볼 수 있다는 똑같은 원인에서 나온다. 그러므로 교회의 오랜 역사는, 특별히 최근의 역사는 하나님의 은혜에 반대하거나 그 개념들을 부패한 이성의 관심 거리들에 맞추려는 끊임없는 논쟁들로 가득 차 있다.

그러나 우리가 현재 고려하고 있는 것보다 이 목적에 더 맞는 예는 없다. 그리스도의 의의 전가를 통한 값없는 칭의는 개인적인 거룩과 순종의 필요성과 조화를 이루지 못하는 것으로 반대를 받고 있다. 그리고 소시누스주의자들은 주로 이렇게 주장하고 있기 때문에 이 문제는 분리해서 온전하면서도 자세히 살필 것이다. 그들과 그들에게서 나온 다른 사람들이 주장하는 값없는 칭의없는 거룩에 대해서는 오류가 없는 규칙으로 살펴 볼 것이다.

그러므로 나는 이 교리를 주장하는 데 있어서 우리가 은혜가 우리와 하나님과의 전체 관계 속으로 유입하고 있는 주요한 부분으로 이 교리를 주장하고 있다는 것이 관찰될 수 있기를 바란다. 그러므로 우리는 다음과 같은 것을 인정한다.

1. 이 교리는 조명을 받지 못하고 거룩하게 되지 않은 이성이나 이해의 원리에 적합하지 않으며 어리석고 어떤 사람들이 말하는 것처럼 유치하기까지 하다는 것이다. 그리고 우리는 이것이 값없는 칭의에 제기된 모든 반대와 교회가 그것의 전적인 박탈로 오염된 이유라고 생각한다. 그러므로 사람들의 지성은 이 교리에 대한 현학적인 비판으로 풍

부해서 이 교리에 불합리한 것처럼 보이는 것들을 부과할 준비가 되어 있다. 그리고 나는 이 교리가 그들의 놀라울 정도로 합리적인 개념들에 얼마나 부적절한지 모른다. 그리고 아무리 사소한 것일지라도 이 교리에 대한 어떤 반대도 있을 수 없지만, 오히려 자신들의 자연적인 개념들을 넘어서는 은혜의 신비가 들어온 것을 이해할 수 없는 어리석음으로 간주하고 있는 사람들은 이런 반대를 크게 칭찬하고 있다.

2. 믿음의 지혜가 발휘되지 않고는 이것들의 필연적인 관계, 곧 그리스도의 의의 전가로 말미암은 칭의와 우리의 개인적인 순종의 필요성의 관계는 분명하게 이해되고 올바르게 향상될 수 없다는 것이다. 우리는 또한 이것을 인정한다. 그리고 이런 양보로 그들이 어떤 유익을 얻을 수 있다면 얻게 하라. 참된 신앙은 그 안에, 그것에 수반되는 영적인 빛을 가지고 있어서 값없는 칭의를 받을 수 있고, 영혼은 이런 값없는 칭의로 말미암아 순종할 수 있게 된다. 그러므로 이 교리에 대한 구체적인 고려는 적당한 곳에서 다루기로 하고 나는 일반적으로 다음과 같이 말한다.

(1) 이 관계는 우리로 하여금 교리적이며 실천적으로 하나님의 신비의 조화와 그 모든 부분과의 일치를 이해할 수 있도록 하는 영적인 지혜에 분명히 나타난다는 것이다.

(2) 이 둘 다에 대해, 곧 그리스도의 의의 전가를 통한 칭의와 우리의 개인적인 순종의 필요성에 대해 성경이 분명히 주장하고 선포하고 있다는 것은 명확하다는 것이다. 그리고 우리는 이것들이 자신들의 이해에서 혹은 자신들의 이성에서 조화를 이루지 못한다고 해서 우리가 성경이 그것들 중 어느 하나를 가르치고 있지 않다고 말해야 한다는 소시누스주의자들의 규칙을 반대한다. 그것이 그들의 이성에 나타나는

그대로 우리의 이성에 나타나지 않기 때문이다. 그리고 우리는 그들의 이성만큼 우리의 이성을 신뢰할 선한 이유를 가지고 있다. 그러나 우리는 성경에서 나타난 하나님의 권위에 복종하지 않는다면 어느 것도 얻을 수 없다. 우리는 단지 그의 계시에 우리 자신의 경험으로 도장을 찍을 수 있는 것으로 즐거워한다.

(3) 그것은 믿는 사람들의 마음이 놓여 있는 진리와 은혜의 영의 활동과 그들이 행동하는 신적인 삶의 새로운 원리에 따른 은혜로운 행동에서 분명히 나타난다. 비록 은혜가 넘치기 때문에 그들 안에 있는 죄와 어둠의 잔재들에서 죄 가운데 계속해서 머물러 있도록 하려는 시험이 일어날 수 있지만, 그들의 마음은 이 은혜의 교리로 말미암아 형성되고 틀이 잡히며, 이 은혜의 교리, 곧 칭의를 통해 나타나는 넘치는 은혜의 교리는 우리가 후에 살펴 보겠지만 그들로 하여금 거룩이 넘치게 하는 주된 동기이다. 그리고 우리는 이것이 이 교리의 적대자들이 계속해서 꼼짝 못하게 만들려고 노력하는 모든 반대의 원인이라고 단호하게 주장한다.

1. 만약 (일반적으로 그렇게 불리는 대로) 수동적 순종, 곧 그의 죽음과 고난이 우리에게 전가된다면, 그의 능동적 순종 혹은 그의 삶의 순종이 우리에게 전가될 필요가 없고 정반대도 마찬가지 인데, 이 둘은 조화를 이루지 못하기 때문이다. 2. 만약 모든 죄가 용서를 받는다면, 의는 필요가 없으며 정반대도 마찬가지이다. 만약 그리스도의 의가 우리에게 전가된다면, 죄 사함에 대한 여지나 필요가 없다. 3. 만약 우리가 우리 죄에 대한 사함을 믿는다면, 우리의 죄는 우리가 믿기 전에 사함을 받든지, 그렇지 않다면 우리는 그렇지 않은 것을 믿어야 한다. 4. 만약 그리스도의 의가 우리에게 전가된다면, 우리는 사실 우리가 결코

행하지도 고난받지도 않고 행하고 고난받은 것처럼 여김을 받는다. 그리고 만약 우리가 우리 자신이 그것을 행한 것으로 여김을 받는다면, 전가는 전복된다는 것이 사실이다. 5. 만약 그리스도의 의가 우리에게 전가된다면, 우리는 그리스도 자신이 의로우신 것처럼 의롭다 하심을 받게 된다. 6. 만약 우리의 죄가 그리스도께 전가되었다면, 그가 죄를 지었다고 생각되며 주관적으로 죄인이 되신다. 7. 만약 선행이 하나님 앞에서 우리의 칭의에 참여하는 데서 배제된다면, 선행은 우리의 구원에 아무런 쓸모가 없게 된다. 8. 죄가 없는 곳에서 요구될 수 있는 모든 의가 없다고 생각하는 것은 어리석은 것이다. 9. 전가된 의는 오직 형벌적이거나 상상 속의 의에 불과하다.

그런데 이 모든 것과 이와 같은 반대들이 아무리 교묘해도 분명하고 명확한 해결책을 찾을 수 있고, 우리가 그것들 중 어떤 것도 피하지 않을 수 있다. (소시누스는 이 문제에 있어서 자신이 더 큰 교묘함을 사용했다고 자랑한다. De Servat., par. iv., cap. 4). 그러나 나는 현재 단지 그들이 사람들의 마음에 던지는 모든 그림자는 은혜의 신비에 대해 관용할 수 있는 정도로 올바른 이해가 있는 곳에서 명확한 성경의 증거들과 빛과 믿는 사람들의 경험 앞에서 소멸되고 사라질 것이라고 말할 것이다.

그리스도의 의의 전가에 대해 반대하고 있는 편견들

일곱째, 보통 그리스도의 의의 전가의 교리에 반대하여 주장되고 있는 몇 가지 공통적인 편견들이 있다. 그들이 우리의 논의가 진행되는 과정에서 차례로 제기되지 않기 때문에 칭의론에 대해 이렇게 일반적으로 고려하고 있는 곳에서 간략하게 살펴 볼 필요가 있다.

1. 보통 그리스도의 의의 이런 전가가 성경 어디에서도 명확히 언급되어 있지 않다는 반대가 있다. 이것은 이 교리에 대해 벨라르민이 제기한 첫 번째 반대이다. 그는 "지금까지 발견된 어떤 곳에서도 그리스도의 의가 의롭다 하기 위해 우리에게 전가되었다거나, 우리가 우리에게 전가된 그리스도의로 말미암아 의롭다 하심을 얻는다고 읽혀질 수 있는 곳은 없다고 생각한다"고 말한다(De Justificat., lib. ii. cap. 7). 이것은 이런 생각을 가지고 있는 사람들이 제기하고 있는 의심할 여지없이 비합리적이고 정중하지 못한 주장이다. 그들은 자신들의 전체 신앙이나 종교의 문제에서 모든 것에 대한 자신들의 믿음을 성경 어디에서도 사용되지 않는 용어들과 표현들로 고백할 뿐 아니라, 성경에 전혀 계시되지 않았거나 포함되지 않았지만 교회의 전통에서 자신들이 끌어낸 많은 것을 그들이 말하는 것처럼 신적인 믿음을 가지고 믿고 있기 때문이다.

그러므로 나는 어떻게 그런 사람들이 어떤 교리를 표현하고 있는 용어들이 단어와 순서까지 정확하게 성경에서 발견되지 않는다는 것을 근거로 그 교리를 반대할 수 있는지 이해하지 못한다. 이런 규칙이 확대된다면 자신들의 교회가 주로 관심을 가지고 있는 것들이 기독교의 한계 밖으로 배제될 수 있기 때문이다. 그리고 나는 그리스도의 의의 전가라는 표현을 비성경적으로 여겨서 그것을 사용하는 사람들이 적지 않게 죄를 범하고 있는 것처럼 심하게 비난하면서, 자신들은 자신들의 판단을 선포할 때 아리스토텔레스와 그에게서 나온 학파들을 따르지 않는다면 세상에 존재하지 않았을 결코 성경에 없는 용어들과 구분들과 표현들을 사용하는 사람들 안에 과연 공평함이 있는지 이해할 수 없다.

그러므로 비록 벨라르민의 이런 반대에 충분한 대답이 자주 주어졌지만, 최근에 우리 중 한 사람이 그의 반대를 영어로 번역하여 자신의 칭의에 대한 책 1장에서 핵심적인 내용으로 삼았다. 만약 그가 다른 사람들이 경멸하고 비난하는 것을 다루고자 하지 않았다면, 그는 자신의 글 처음에 자신의 계속되는 논의의 가장 중요한 부분에서 누구를 바라보고 있는지 말하지 않았을 것이다. 한 편으로 그로부터 자신의 것이 아닌 것과 다른 사람들의 말들과 표현들에 대한 무례한 비난들을, 다른 한 편으로 그들 중 어떤 사람들이 주장한 위조된 전가들과 더불어 제거하라. 그러면 그의 전체 책이 사라질 것이다.

그러나 비록 그가 우리에게 그리스도의 의의 전가에 대해 말하는 개신교 신학자들 중 어떤 사람도 (최근까지 예외없이 그들 모두가) 정확하게 성경의 표현들 그대로 사용하지 않고 다소 그것들을 변화시키고 다양화시키고 있다는 것을 인정하지만, 그는 우리가 그것을 통해 그리스도의 의의 유익에 참여자들이 되게 하는 것 이외에 더 이상 의도하지 않는다면 그들을 공개적으로 오류를 범했다고 비난하지 않았을 것이다. 그러나 만약 그들이 그리스도의 의 자체가 우리에게 전가되었다는 것을 의도한다면, (그래서 하나님 앞에서 우리의 의가 되고, 그로 말미암아 우리가 죄 사함을 받고 하나님께 받아들여지거나 죄 사함을 받고 하늘의 기업을 얻을 수 있는 권리를 받는다는 것을 의도한다면) 그들은 그것이 그리스도가 하신 것을 우리가 한 것으로 여기고, 다른 한 편으로 우리가 한 것을 그리스도가 하신 것으로 여김을 받는 것은 잘못된 것이라고 비난할 것이다(2, 3장).

그러나 이것들은 그렇지 않다. 만약 우리가 스스로 어떤 것을 행한 것으로 여김을 받는다면, 그것은 다른 사람이 우리를 위해 한 것으로 우리에게 전가될 수 없기 때문이며, 그것은 우리가 후에 이 문제를 다룰 때 나타날 것이다. 그러나 의도된 위대하고 거룩한 사람들은 그들의 탁월한 학문과 지혜와 판단과 그들의 모든 글에서 매우 탁월하게 나타나는 특징들에 대해 익숙한 것처럼 보이는 어떤 작가들의 비난이나 변명에 대해 거의 관심이 없다.

그러나 벨라르민은 다른 곳에서 대부분의 개신교도들의 판단을 솔직히 표현할 뿐 아니라 인정한다. 그는 "만약 어떤 사람이 그리스도의 의와 공로가 우리에게 전가된다고 말해야 한다면, 마치 우리 자신이 하나님을 충족시킨 것처럼 그것들이 우리에게 주어지고 적용된다는 것은 불합리한 것이 아니다"라고 말한다(De Justif., lib. ii., cap. 10). 그리고 그는 이것을 버나드의 말을 가지고 확증한다. "만약 한 사람이 모든 사람을 위해 죽었다면, 모든 사람이 죽었다. 그러므로 한 사람이 모든 사람의 죄를 짊어지신 것처럼 한 사람의 충족이 모든 사람에게 전가된 것 같다"(Epist. ad Innocent. cxc).

그리고 이 문제에서 한 방법이나 다른 방법으로 그리스도의 순종과 의의 유익에 참여하는 것 - 이 점에서 우리도 소시누스주의자들과 다르지 않다 - 이외에 더 이상 인정하지 않는 사람들은 내가 생각할 때 그의 의의 유익이 우리가 어떤 방식으로 참여하든 우리에게 전가된다고 말할 수 없다고 여기기 때문에 그들이 하는 것처럼 어떤 의미에서든 그의 의가 우리에게 전가되는 것을 분명히 부인할 것이다. 의 그 자체가 우리에게 전가되지도 않고, 그것의 유익이 우리에게 전가되지도 않을 때, 우리가 후에 살펴보겠지만 그것의 유익의 관점에서 그리스도의 의가 우리에게 전가된다고 말하는 것은 많은 불필요한 차이와 경쟁을 만드는 기회를 제공하기 때문이다. 그리고 나는 사람들이 자신들의 생각과 경험이 분명히 이해되고 받아들여지는 것으로 만족했다면, 왜 자신들도 비성서적이라고 여기는 표현들로써 이 교리에 대한 지지를 추구하는지 모르겠다. 진리는 어떤 속임수도 필요하지 않기 때문이다.

한편 소시누스주의자들도 주로 이런 반대를 사용한다. 그들은 하나님의 전체 교회가 복음의 가장 중요한 진리들을 선포할 때 성경에 문자적으로 포함되지 않은 다양한 표현들을 사용한다는 것을 발견하고 진리 그 자체를 반대하는데 그것에서 나오는 이점을 사용하기를 바란다. 삼위일체와 그리스도의 성육신과 충족과 공로와 같은 것이 그 예들이며 또한 그의 의의 전가도 마찬가지이다. 그들이 다른 예들에서 얼마나 승리하지 못하고 있는지는 그들이 관계를 맺고 있는 사람들에 의해 충분히 증거되어 왔다. 그러나 그리스도의 의의 전가에 대한 이런 반대와 관련해서 문제를 제기하고 있는 신자들은 다음과 같이 말한다.

(1) 그들이 주장하고 있는 것은 오직 내용이다. 만약 그것이 성경에 포함되어 있지 않다면, 만약 그것이 성경에서 분명히 가르쳐지고 확증되지 않는다면, 그들은 그것을 버릴 것이다. 그러나 만약 그들이 이 표현으로 의도하고 있고, 그것으로 말미암아 사람들이 이해할 수 있도록 분명히 선포하고 있는 교리가 성경에서 충분히 증거하고 있는 신적인 진리라는 것이 증명될 수 있다면, 그것에 대한 이런 표현은 환원적으로 성경적인 것이며, 신적인 진리를 그렇게 표현하고 있는 진리 그 자체이다. 이것을 부인하는 것은 성경 해석의 모든 용도를 제거하는 것이며 교회의 사역을 전복시키는 것이다. 그러므로 물어야 할 것은 오직 이것이다.

(2) 그들은 성경에서 가르치고 표현하고 있는 것과 똑같은 것을 등가적인 용어들로 표현하고 있다고 말한다. 성경은 "한 사람의 (곧 그

리스도의) 순종으로 많은 사람이 의롭다 하심을 받게 된다"는 것과(롬 5:19), "일한 것이 없이 하나님께 의로 여기심을 받는 사람은 복되도 다"(롬 4:6)고 말하고 있는 것처럼 우리가 우리에게 의가 전가됨으로 써 의롭다 하심을 받게 된다는 것을 인정하고 있기 때문이다. 그리고 만약 우리가 우리에게 의가 전가됨으로써 의롭다 하심을 받게 된다면, 우리가 의롭다 하심을 받게 되는 순종이나 의가 우리에게 전가된다. 그 리고 그들은 우리가 의롭다 하심을 받게 되는 그리스도의 순종이 하나 님이 우리에게 전가하시는 의라는 교리의 표현에 만족할 것이다. 그러 므로 이런 반대는 우리가 주장하고 있는 진리를 무력화시키는 데 아무 런 힘도 없다.

2. 소시누스는 구체적으로 복음서들이나 사람들을 향한 그리스도 의 설교나 그의 제자들과의 개인적인 대화에서 그것에 대해 아무 것 도 말하고 있지 않다는 것을 근거로써 그리스도의 의와 그의 충족으로 말미암은 칭의의 교리를 반대한다. 그리고 그는 그의 죽음으로 말미암 은 죄 사함 전체를 격렬하고 자세히 반대한다(De Servator., par. iv., cap. 9). 그리고 악에 악을 더하는 것은 쉽기 때문에 우리 중 한 사람이 그의 이런 개념을 사용했을 뿐 아니라, 복음서와 신약의 다른 글을 위 험하게 비교하여 그것을 향상시켰다. 그리스도의 설교나 기록된 복음 의 역사들이 그리스도의 의의 전가나 (그는 그렇게 판단한다) 그의 충 족이나 공로나 죄 사함이나 그의 죽음을 말미암은 속량에 대해 (소시 누스는 그렇게 판단판다) 아무런 언급도 하고 있지 않다는 논리를 강 화하려고 그는 자신은 비록 영감받은 사람들이지만 사도들의 글 이전 에 우리 종교의 저자이신 우리 구세주의 설교를 찬미할 것이라고 말 을 더 한다. 여기에 모든 시대 교회의 믿음과 의미와 반대로 사도 바울

의 글에 대한 많은 위험한 왜곡들과 비판들이 결합된다. 240, 241페이지를 보라.

그러나 이런 담대함은 증거가 없을 뿐 아니라 혐오의 대상이 된다. 성경의 어느 곳이, 어떤 교회의 전통이, 어떤 선행하는 건전한 기독교의 작가가 어떤 신학적인 이유로 그렇게 비교하고 결정하는 사람을 지지하겠는가? 이런 첨예한 비난의 원인인 그런 유아적인 담대함과 신약의 저자들의 질서와 계획과 더불어 신적인 영감의 본성에 대한 올바른 이해의 부족은 비판을 받아야 한다. 현재 이런 거짓을 우리의 길에서 제거하기 위해 다음과 같은 것들이 관찰될 수 있다.

(1) 주 그리스도가 이 땅에서의 자신의 개인적인 사역에서 자기 제자들에게 가르치셨던 것은 그의 죽음과 부활 이전에 존재했던 교회의 경륜에 적합했다. 그는 그 상태에서 그들의 믿음과 순종과 위로에 필요한 어떤 것도 뒤로 물리지 않으셨다. 비록 그가 특별히 신약의 믿음에 속하는 거룩한 신비들을 분명하고 명확히 그들에게 계시하지 않으셨고, 그것들은 그의 죽음과 부활 이전에 분명히 이해가 되지 않았지만, 그는 성경으로부터 많은 것을 그들에게 가르치셨고, 그들에게 많은 새로운 계시를 주셨으며, 자주 많은 시간 그들을 가르치셨고, 그들의 판단을 바로잡아 주셨다.

(2) 주 그리스도가 후에 자신의 영으로 사도들에게 계시하셨던 것은 그가 자신의 입으로 자신의 육신의 시절에 그들에게 말씀하셨던 진리와 똑같이 그에게서 직접 나온 것이었다. 이와 반대로 이해하는 것은 기독교를 파괴하는 것이다. 사도의 서신들은 그가 산 위에서 주셨던 것과 마찬가지로 그리스도의 설교였다.

(3) 그러므로 내용적으로 전달하거나 계시하는 방식으로 어느 하나

의 글이 다른 하나의 글보다 더 우월한 것은 없다. 서신서들에 기록된 것들은 그가 자신의 육체의 날에 자신의 입으로 말씀하셨던 것과 똑같은 지혜와 똑같은 은혜와 똑같은 사랑에서 나온 것이며, 똑같은 신적인 진실성과 권위와 효력을 가지고 있는 것이다. 그가 자신의 영으로 하신 계시는 그가 이 땅에서 자기 제자들에게 말씀하신 것과 마찬가지로 그에게서 직접 나온 신적인 것이다. 이런 어느 한 이유 때문에 이것들을 구분하는 것은 관용이 될 수 없는 어리석은 짓이다.

(4) 복음서 저자들의 글은 주 그리스도가 이 땅에 계실 때 개인적으로 자기 제자들에게 주셨던 모든 교훈 전체를 포함하고 있지 않다. 그는 부활하신 이후에 사십 일 동안 그들에게 보이셨으며, 그들에게 "하나님 나라에 속한 것들"에 대해 말씀하셨다(행 1:3). 그러나 단지 몇 가지 상황에 따른 말씀 이외에 그것에 대한 어떤 것도 그들의 글에 기록되어 있지 않다. 그리고 분명히 선포되었듯이 그는 전에 구약에서 자신의 죽음과 부활에 대해 제시되었던 것들에 대해 그들에게 분명하고 명확한 이해를 주지 않으셨다(눅 24:25-27). 그들이 처해 있던 상태에서 그것이 그들에게 필요하지 않았기 때문이다.

(5) 그러므로 객관적으로 신적인 계시의 범위에 대해 그리스도가 승천하신 후에 자신의 사도들에게 자신의 영으로 주셨던 것은 그들이 복음서에 기록한 그가 개인적으로 그들에게 가르치셨던 것을 넘어섰다. 그가 죽으시기 얼마 전에 "아직은 그들이 감당하지 못할" 말씀하셔야 할 많을 것을 가지고 계시다고 분명히 그들에게 말씀하셨기 때문이다 (요 16:12). 그리고 이런 것들의 지식에 대해 그는 성령이 오시면 자신이 그것들을 그들에게 말씀하실 것이라고 언급하신다. "그러나 진리의 성령이 오시면 그가 너희를 모든 진리 가운데로 인도하시리니 그가 스

스로 말하지 않고 오직 들은 것을 말하며 장래 일을 너희에게 알리시리라 그가 내 영광을 나타내리니 내 것을 가지고 너희에게 알리시겠음이라"(13, 14절). 그리고 이런 이유 때문에 그는 전에 그들에게 자신이 떠나는 것이 그들에게 유익할 것이며, 자신이 아버지로부터 보내실 성령이 그들에게 오실 것이라고 말씀하셨다(7절). 그리고 그는 이 때 복음의 신비들이 충만하고 분명히 나타날 것이라고 언급하셨다. 그러므로 소시누스와 그의 추종자들의 이런 왜곡은 위험하고 문제를 일으킬 뿐 아니라 거짓된 것이다.

(6) 복음서 저자들의 글은 그들의 올바른 목적과 목표에 충실하다. 그것들은 그가 참되고 유일하게 약속된 메시야이시라는 것을 증거하기 위해 우리 구세주의 족보와 잉태와 탄생과 행동과 기적과 가르침을 기록하는 것이었다. 그러므로 사도 요한은 복음서의 마지막 부분에서 이 사실을 증거한다. "예수께서 제자들 앞에서 이 책에 기록되지 아니한 다른 표적도 많이 행하셨으나 오직 이것을 기록함은 너희로 예수께서 하나님의 아들 그리스도이심을 믿게 하려 함이요 또 너희로 믿고 그 이름을 힘입어 생명을 얻게 하려 함이니라"(요 20:30, 31). 그들은 이런 목적으로 믿음을 생성하고 수립하는 데 필요한 모든 것을 기록하였다. 이런 확증 위에서 구약에서 그에 대해 선포된 모든 것은 - 모형과 희생제물로 가르치고 있는 모든 것은 - 성취된 것으로 해석되었으며, 그것들 안에서 전에 계시되었던 것이 후에 증명이 될 것이라는 의미에서 믿음의 대상이 되었다. 그러므로 어떤 것들과 가장 중요한 것들이 복음서 저자들의 글에서보다 신약의 다른 글들에서 더 충분히 선포되는 것은 이상한 일이 아니다.

(7) 이런 왜곡된 주장은 전적으로 잘못된 것이다. 신약의 다른 책들

에서와 마찬가지로 복음서 중 어느 하나만해도, 가령 요한복음에는 이 진리에 대해 증거하는 많은 암시적인 증거들이 있다. 나는 그것들 중 몇 구절을 언급할 것이다. 그리고 그것들에 대해서는 적당한 장소에서 구체적으로 다룰 것이다. 요 1:1, 17, 3:14-18, 36, 5:24.

그러나 이것은 소시누스가 미카엘 바조디투스(Michael Vajoditus)에게 보내는 자신의 편지에서 자랑하고 있는 것들 중 하나로 우리는 이곳에서 더 이상 다루지 않을 것이다. 이 편지는 많은 사람에게 이 문제에 대한 그의 생각을 가장 잘 볼 수 있는 곳으로 평가를 받고 있다.

3. 이 교리에 대해 개신교 신학자들 사이에 일어난 차이는 이 교리에 대한 편견에서 일어난 것이다. 오시안더(Osiander)는 종교개혁이 일어날 때 우리가 예수 그리스도로 말미암아 우리에게 전달된 하나님의 본질적인 의로 의롭다 하심을 받거나 의롭다 하심을 받게 된다는 헛된 상상에 빠졌다. 그리고 그는 이런 주장으로 그 당시 가장 학식있는 사람들에게 심하게 비난받으면서도 하나님 앞에서 우리의 칭의의 형식적인 원인에 대해 개신교도들 사이에 이십 개의 다른 의견이 존재한다고 주장했다.

로마교회의 사람들은 이런 주장을 재빨리 받아들였으며, 벨라르민과 바스쿠에즈와 다른 사람들은 이런 주장을 전체 교리에 대한 편견의 근거로서 제시하였다. 그러나 그의 이런 왜곡된 주장이 헛된 것임은 충분히 발견되었다. 그리고 벨라르민은 오시안더의 주장을 하나로 여기면서 서로 다른 것처럼 보이는 것들 중에 단지 네 개의 의견이 있다고 상상할 수 있었다(De Justificat., lib. ii., cap. 1). 그러나 그는 오시안더의 상상이 그들 모두에 의해 무너졌다는 것을 알고 있었지만, 그가 언급한 다른 세 가지는 사실 단지 똑같은 전체 교리의 구분된 부분들이었을 뿐이다.

　그러므로 최근까지 모든 개신교도의 믿음과 교리는 이 조항에서 전적으로 똑같았다고 진실하게 언급될 수 있다. 그들이 아무리 그것의 선언의 방법에서 다르고, 너무 많은 개인이 논리적으로 정확히 가르친다는 명목 아래 자신들의 정의와 묘사에 중독되어 서로 모순되는 것처럼 보이는 주장을 했더라도, 그들은 우리가 죄 사함을 받고, 하나님께 받아들여지며, 복음으로 말미암아 의롭다고 선포되고, 하늘의 기업에 대한 권리와 자격을 받는 것은 우리 자신의 의가 아니라 그리스도의 의라는 것에 일반적으로 동의했다. 이것에 기초해서 나는 그들이 먼저 교황주의들과 대항하고, 후에 소시누스주의자들과 대항하는 데 일치했다고 말한다. 그리고 이것이 인정되는 곳에서 나는 이 교리를 선포하는 방식과 관련해서 어떤 사람과도 논쟁하지 않을 것이다.

　그리고 나는 우리가 이 문제에 있어서 초대교회의 교부들과 의견이 일치한다는 것을 더할 것이다. 비록 라틴어의 어원에 따라 그들이 칭의를 내적인 개인적인 의로써 우리가 의롭다 하심을 받는 것으로 이해했지만, - 적어도 그들 중 어떤 사람들이 그렇게 이해했고 특별히 어거스틴이 그러했지만 - 우리가 그리스도의 의가 아닌 어떤 근거로 용서를 받거나 하나님께 받아들여진다고 그들은 믿지 않았다. 그리고 특별히 그들은 펠라기우스주의자들(the Pelagians)과의 논쟁에서 그 이단이 일어난 후에 우리는 우리 자신의 자유의지의 노력이나 그 힘으로 행한 행위가 아니라, 우리의 마음과 본성을 바꾸고, 우리 안에 영적인 생명과 거룩의 원리를 창조하는 하나님의 은혜로 말미암아 의롭다 하심을 받게 된다는 것을 강력히 주장하였다. 그러나 그들의 말과 표현은 그들의 의도와 계획과 반대로 왜곡되었다.

우리는 전적으로 그들과 일치하고, 그들이 우리 자신의 자유의지의 행위와 활동의 모든 공로에 반대하여 하나님의 유효적인 은혜로 말미암아 우리가 개인적으로 의롭고 거룩하게 된다고 주장하는 모든 것을 수용한다. (우리의 성화는 모든 면에서 우리의 칭의와 마찬가지로 은혜에 속해 있다). 그리고 우리는 똑같은 문제에 대해 그들이 로마교회의 공통적인 교리에 반대하고 있는 것을 알 수 있다. 그들은 단지 이것을 우리가 은혜로 말미암아 내적이며, 개인적으로 의롭다 하심을 받게 되는 것이라고 부르며, 때때로 우리가 부르지 않는 칭의라는 이름으로 부른다. 그리고 이것은 우리가 의롭다 하심을 받게 되는 방식에 있어서 그들과 일치하지 않는 로마교회의 사람들에 의해 이점으로 제시된다. 그러나 하나님 앞에서 우리의 칭의는 단지 우리의 죄가 사함을 받고, 우리가 하나님 앞에서 의롭다 하심을 받게 되거나, 우리가 그 앞에서 의로운 것으로 받아들여지는 의를 의도하는 반면에, 그들 중 어떤 사람이 개신교도들이 돌리는 것과 어떤 다른 이유에 돌리고 있는 것을 발견하기 어려울 것이다. 그러므로 그들이 증명하려고 계획하고 있는 것에서 우리는 그들과 전적으로 똑같지만, 교황주의자들이 다른 목적으로 그들을 사용하는 방식은 그들이 의도하는 것이 아니다.

그러나 개신교도들 사이에서 이 교리를 선언하는 방식과 관련해서 약간의 표현의 다양성과 차이가 있다. 그리고 그것은 이런 본성의 일에 대해 생각하는 것이든 자신이 생각한 것을 표현하는 것이든 사람들의 능력에 따라 다양해지는 것은 아닐 것이다. 그리고 최근에 어떤 사람들에 의해 제기된 이런 차이는 일반적으로 일치하는 교리의 실체에 대한 것이 아니라, 그것의 표현들과 관련된 것임이 인정된다. 그러므로 어떤 사람들은 자신의 책 전체를 거의 다른 사람의 말과 표현에 대한 무례한 비방으로 구성하였다. 그러나 이것들은 어떤 사람들의 연약함과 그들의 생각의 악한 습관들에서 나온 것이지 원인 그 자체에 속한 것이 아니다. 그리고 내가 생각할 때 그런 사람들은 지칠 때까지 글을 쓰고 싸울 것이다. 그리고 이 교리를 다루는 데 있어서 그들이 제기하고 있는 수많은 문제들과 호기심을 불러일으키는 토론들은 실천을 지시하는 것 이외에 부지런히 살필 필요가 없으며, 비록 직접적으로 반대하지는 않지만 진리 그 자체에 크게 쓸모가 없다.

이 교리의 실체에 동의하는 사람들 사이에 존재할 수 있는 실질적인 차이는 몇 가지로 요약될 수 있다.

(1) 의롭다 하심을 받는 대상과 칭의에서 믿음의 용도와 더불어 우리가 의롭다 하심을 받는 믿음의 본질에 대한 차이가 있을 수 있다. 그리고 우리는 이 문제와 관련해 영적인 것들을 이해하는 데 있어서 우리의 지성의 연약함뿐 아니라 우리의 마음에 남아있는 혼란과 무질서에서 나오는 예를 가지고 있다. 적어도 우리가 이 세상에 사는 동안 단지 부분적으로 안다는 것은 얼마나 사실인가! 이런 믿음이 하나님께 의무의 방식으로 드려지는 우리의 마음의 행위인 반면에, 그것을 신실하고 지속적으로 행하는 많은 사람이 그것의 본질이나 적합한 대상에 있어서 의견의 일치를 보지 못하기 때문이다.

그러나 이것들에 대해 의견이 다른 어떤 사람들은 자신들의 생각을 자신들에게 부과된 다른 인위적인 추론에서 나오는 편견과 개념들에 미리 사로잡혀 있는 것에서 벗어나려고 하지 않으며, 실제로 자신들의 최선이며 최고인 경험과 관련된 자신의 개념들을 표현하지 않을 것이라는 것은 의심이 없다. 그리고 이런 차이에도 불구하고, 그들은 모두 자신들의 의무이며, 자신들의 칭의와 구원을 확보하는 그 대상과 관련된 믿음의 행위로 하나님을 기쁘시게 한다. 그리고 만약 우리가 이런 고려에서 이것들에 대한 우리의 다른 개념들과 이런 개념들의 표현들에서 서로 참고 인내할 수 없다면, 그것은 우리가 다투려는 마음을 가지고 있으며, 우리의 신뢰가 매우 약한 기초 위에 세워져 있다는 표시이다.

나는 외적인 정확성과 기술을 가지고 끊임없이 논쟁하면서 그것을 자신들의 의무로 행하는 것에는 게으른 사람들 중에 있는 것보다, 비록 다른 사람들에게 믿음에 대한 관용할만한 정의를 줄 수는 없지만, 실제로 마음으로 의를 믿는 사람들 사이에서 발견되는 데 나의 운명을 걸고 싶다. 그러므로 조금도 다른 사람들의 개념들에 대해 반박하거나 반대할 계획을 가지고 있지 않으면서 언급된 것들에 대한 나 자신의 이해를 선포하기 위해 이 문제와 관련해 몇 가지를 간략하게 말할 것이다.

(2) 우리에게 전가된다고 언급되는 그리스도의 의에 대해 개혁교회들의 어떤 학자들 중에 (루터교도들은 이 문제에 있어서 의견이 일치하기 때문에) 더 직접적으로 진술된 논쟁이 있어 왔다. 어떤 사람들은 이것은 단지 그의 죽음의 고난과 그로 말미암아 그가 죄에 대해 이루신 충족이라고 생각하지만, 다른 사람들은 그 안에서 그의 삶의 순종도 포함시키기 때문이다. 이 논쟁이 언제, 어디에서 일어났고, 어떻게 진행되었으며, 누가 일으켰는지는 그것에 대한 글들과 그것을 화해시키려는 다양한 방법들과 더불어 이 문제를 살펴본 모든 사람에게 충분히 알려져 있다. 그리고 비록 내가 그리스도의 의에 대한 고려가 이 구분 아래서 내가 주장하는 진리 그 자체의 실체와 분리될 수 없는 한 그것에 대한 나의 판단을 자유롭게 선언할 수 있지만, 나는 이 문제에서 논쟁의 방식이나 다른 사람들에 대한 반대로 나 자신을 섞지 않을 것이다.

(3) 우리에게 전가된 그리스도의나 그리스도의 의의 전가가 하나님 앞에서 우리의 칭의의 형식적인 원인이라고 언급될 수 있는지에 대해 약간의 차이가 있어 왔다. 이 주제는 교황주의자들과 논쟁의 방식으로 이 주제를 다루어 온 학자들 사이에 다양한 표현으로 나타난다. 이런 표현에 대한 차이가 나타나는 것은 다른 어떤 것이 아니라 이런 이유 때문이다. 곧 로마교회의 사람들은 우리가 하나님 앞에서 의롭다 하심을 받게 되는 의가 우리의 칭의의 형식적인 원인이며, 이 의는 우리에게 전가된 그리스도의 의가 아니라 우리 자신의 내적이며 개인적인 의라고 주장한다. 그러므로 그들은 칭의의 형식적 원인이라는 이름 아래 이 전체의 논쟁에 대해, 곧 우리가 하나님께 받아들여지거나 의롭다 하심을 받는 근거인 의는 무엇인가라는 문제에 대해 다룬다. 그리고 그것이 벨라르민이 칭의에 대해 다루고 있는 두 번째 책의 주제이다.

이들에 대한 반대로 어떤 개신교도들은 우리가 하나님 앞에서 의롭다 하심을 받고 그에게 받아들여지는 의미는 우리에게 전가된 그리스도의 의이지 우리 자신의 내적이며 불완전하고 개인적인 의가 아니라고 주장하면서 이 문제를 "우리의 칭의의 형식적인 원인은 무엇인가?"라는 제목 아래 다루고 있고, 어떤 사람은 "그리스도의 의의 전가는 무엇인가?", 어떤 사람은 "전가된 그리스도의 의는 무엇인가?"라는 제목 아래 이 문제를 다루고 있다. 그러나 여기에서 그들이 계획했던 것은 이 논쟁을 형식적 원인의 본질에 대한 철학적인 질문으로 해결하려는 것이 아니라, 오직 우리의 칭의에서 교황주의자들이 그런 이름 아래 우리 자신에게 돌렸던 것이 진실로 그리스도의 의에 속한다는 것을 증명하려는 것이다. 그들은 습관적이며 주입된 은혜의 습관이 있으며, 그것이 우리의 개인적이고 내적인 의의 형식적인 원인이라는 것을 인정한다. 그러나 그들은 모두 하나님이 그것의 형식적인 원인으로서 이 의와 관련해서 우리의 죄를 용서하시고 우리를 의롭다 하신다는 것을 부인한다. 그렇다. 그들은 죄인의 칭의에서 그것의 어떤 내적인 형식적인 원인이 있거나 있을 수 있다는 것을 부인한다. 그리고 "우리의 칭의에서 형식적인 원인이 무엇인가?"하는 것은 그리스도의 의의 전가가 그로 말미암아 의롭다 하심을 받은 사람에게 의미하는 것처럼 단지 그 대상에 맞는 칭호를 부여하는 것일 뿐이다.

그러므로 그들의 개념의 다양한 표현에서 어떤 사람들 사이에 있는 차이에도 불구하고 개혁교회들의 교리의 실체는 그들에 의해 모두 인정되며 전적으로 유지된다. 그들은 모두 하나님은 참되고 완벽한 의에 대한 고려가 없이는 어떤 죄인도 의롭다 하지 않으신다는 것에 – 그가 죄책이 없으며 그가 의로워서 하늘에 속한 기업을 받을 자격을 가지고 있다고 선언하지 않으신다는 것과, 또한 이 의는 진실로 오직 의롭다 하심을 받는 사람의 의이며, 이 의는 하나님의 값없는 은혜와 시혜로 말미암아 우리의 것이 되며, 우리 편에서 우리가 실제로, 유효적으로 이것에 참여하게 되는 방법은 오직 믿음뿐이라는 것과, 이것은 우리에게 전가된 그리스도의 완벽한 순종이나 의라는 것에 동의한다.

앞으로 나타나겠지만, 이 전체의 진리를 구분하여 설명하고 확증하는 것이 우리의 계속되는 논의의 계획이다. 그리고 최근에 이 교리를 그 실체에 있어서 공격하는 사람들은 교황주의자들보다 소시누스주의자들에게서 더 많은 근거를 얻고 그들의 원리들에 더 가까이 가기 때문에 나는 그들의 개념들을 처음 만든 본래의 저자들과 그들이 자신들을 방어하는 데 사용한 무기들에 대해 주로 살펴볼 것이다.

종교개혁에서 칭의론의 영향

여덟째, 이런 사전의 논의를 마치면서 우리가 처음 종교개혁이 일어났을 때 이런 칭의론에 얼마나 무게가 주어졌으며, 그것은 그 전체의 사역에 어떤 영향을 미쳤는지 살펴보는 것은 가치가 있다. 아무리 사람들의 마음이 우리 중에 있는 믿음의 다양한 교리들에 대해 변화가 있을지라도, 어느 누구도 먼저 최초의 종교개혁의 가치를 높이 평가하지 않는다면 개신교도라는 이름을 정당하게 소유할 수도, 현재 누리고 있는 유익도 제대로 누리고 있다고 말할 수 없을 것이다. 그러나 나는 탁월하고 성공적으로 이 일에 쓰임을 받았던 사람들과 더불어 하나님의 특별한 임재와 인도를 소유한 사람들 이외에 어떤 사람도 의도하지 않는다. 그런 사람들은 이 문제에서 자신들의 믿음과 그것의 중요성에 대한 자신들이 생각의 일치가 고려할 가치가 있다는 것을 인정하지 않을 수 없다.

그런데 칭의의 교리는 종교개혁 사건 전체가 일어나게 하는 첫 번째 동기를 부여했으며, 종교개혁이 일어나게 된 주된 원인이었다는 것은 알려져 있다. 앞에서 언급되었던 사람들은 이것을 "교회가 설 수도 무너질 수도 있는 조항"(Articulus stantis aut cadentis ecclesiæ)이라는 것과 이 교리를 방어하는 것이 종교개혁 전체의 노력에 기울인 모든 수고를 받을 가치가 있는 것으로 선언했다. 그러나 상황은 지금 우리가 보는 것과 같다. 그리고 비록 그렇게 이해되고 인정받지는 못했지만, 이에 대한 그들의 교리 덕분에 세상에는 많은 변화가 있었다. 일반적으로 종교개혁으로 말미암아 세상은 심지어 종교개혁을 받아들이지 않은 사람들 중에서조차 적지 않은 유익을 누렸다. 그러나 많은 사람이 종교개혁에 반대하는 소리를 내었는데, 그들이 종교개혁에서 부차적으로 파생된 모든 악을, 비록 그들 중 대부분은 그것에 반대하는 사람들의 부패한 욕망과 관심에서 나온 것이기는 하지만, 보통 종교개혁 그 자체에 돌렸기 때문이다. 그리고 종교개혁이 사람들의 마음에 가져온 모든 빛과 자유와 유익은 다른 원인들에 돌려졌다.

그러나 이것은 다른 무엇보다도 칭의론과 관련해서도 그것이 발견되고 방어하게 된 원인들과 결과들과 더불어 관찰될 수 있다. 최초의 종교개혁가들은 자신들의 양심과 다른 사람들의 양심이 어둠 속에 빠져있고, 그것의 힘 아래서 공포와 두려움와 불안에 사로잡혀 있으며, 하나님과 평화하는 방법에 대한 어떤 안정적인 안내도 받고 있지 않다는 것을 발견했기 때문이다. 그래서 그들은 부지런히 (자신들의 영적이고 영원한 이익과 관련된) 이 문제와 관련해서 진리를 탐구했으며, 그것이 자신들이 구원받는 유일한 수단이 틀림없다는 것을 알았다.

그 당시 모든 사람이 죄가 깨달아졌을 때 끊임없는 공포와 마음의 불안 가운데 사로잡혀 있든지, 면죄부나 고해성사나 보속이나 순례나 자신의 양심을 만족시키는 행위나 다른 사람들의 잉여공로에 호소하든지, 마지막 날까기 연옥에 가기 위해 어둠에 사슬에 묶여있어야 했다. 그런데 심지어 로마교회에서조차 이런 일에 얼마나 큰 변화가 일어났는지 보지 못하는 사람은 과거와 현재의 일을 결코 비교할 수 없다. 복음의 빛이 특별히 칭의의 이 교리에서 사람들 사이에 퍼져나가고 그것을 결코 이해하거나 받지 못한 사람들의 마음에조차 비추어졌던 종교개혁이 일어나기 전에 그들 중에 있는 종교 거의 전체가 이런 것들에 사로잡혀 있었고 갇혀있었기 때문이다.

그리고 사람들을 선동하여 계속해서 이것들을 지키게 함으로써 그들의 마음은 가련한 사람들을 두려움에 놀라게 하고 끊임없이 불안 속에서 살게 하는 전통과 꿈과 유령과 두렵게 하는 영들과 다른 상상으로 만들어 낸 것들로 질식상태에 있었다. "꿈과 마술의 공포와 기적과 밤의 유령 이야기와 능력있는 마술사"(Hor., Ep. ii. 2, 209)가 그들의 신조의 주된 대상이었고 그들의 종교적 대화와 내용이었다. 종교개혁 이전의 교회는 이런 상태에서 비교적 편안했지만, 그들 중 많은 것이 사람들의 눈을 멀게 해서 칭의의 복음적인 교리의 진리뿐 아니라 필요성을 보지 못하게 하고 있었다.

이런 상황은 기독교가 처음 세상에 들어왔을 때 일어났던 것과 크게 다르지 않았다. 사람들의 마음에 복음의 빛과 진리가 비쳤을 때 복음 전체가 반대를 받았고 복음을 전하는 사람들은 핍박을 받았기 때문이다. 이것을 통해 비천한 사람들은 하나님과 그의 성품이나 우주의 기원과 규칙에 대해 그들이 이교도로 살았을 때보다 더 나은 이해와 개념을 가질 수 있었다. 그리고 학식이 있는 이성적인 사람들은 복음에서 나오고 지금 사람들의 마음을 비추고 있는 진리의 빛 덕택에 오래된 철학을 개혁하고 향상시키며, 복음을 혼란하게 하고 있는 많은 거짓과 무례한 것을 버리게 했다. 그러나 이것이 끝났을 때도 그들은 여전히 철학자들의 오랜 원리들에 기초하여 자신들의 입장을 주장하였다. 그리고 사실 복음에 대한 그들의 반대는 전보다 훨씬 더 가능하고 호소력이 있게 되었다. 그들은 신적인 본질과 통치에 대한 일반적인 개념을 버리고 기독교 종교에서 깨고 나온 진리의 빛과 자신들의 철학적 개념들과 섞은 후에 복음의 주된 계획에 반대하는 이교도주의를 강화하려고 강력하게 시도했다.

그리고 내가 말했던 것처럼 종교개혁 당시에도 상황은 크게 다르지 않았다. 어둠을 뚫고 나온 진리의 빛으로 심지어 비천한 사람들의 양심도 어느 정도 자신들이 전에 속박되어 있던 유치한 공포물에서 벗어났다. 마찬가지로 학식있는 사람들은 자신들의 교회의 의견들과 행위들이 더 방어적인 자세를 갖출 수 있도록 하였으며, 그들이 전에 했던 것보다 복음의 진리를 더 잘 반대할 수 있었다. 그렇다. 사람들의 양심에 미치는 효과에서 뿐 아니라, 그들 사이에서 가르치고 실천하는 방식으로 수많은 사람들을 두렵게 해서 이런저런 것들에 참여하게 했던 교리는 이제 인위적인 포장으로 새롭게 단장되어 이전의 효과를 낼 수 있고, 이전의 교제로 전적으로 돌아가도록 호소할 수 있는 논증으로 생각되었다.

그러나 사람들의 마음에 뿌리내리고 있는 미신들을 끌어내고, 그들에게 믿음에서 믿음에 이르는 하나님의 의에 대한 지식을 전달하고, 이를 통해 그들을 속박과 공포와 고통에서 건져내고, 각성된 죄인들을 하나님과 견고하게 평화를 누릴 수 있는 유일한 길로 안내하기 위해 최초의 종교개혁가들은 칭의의 복음적인 진리를 매우 부지런히 선포하고 방어하였으며 하나님은 그들과 함께 하셨다. 그리고 우리가 그들처럼 배우지 않고 사용되지 않고 연단을 받지 않고 하나님께 소유되지 못하고, 그들의 글 속에서는 그들의 글에서처럼 지혜와 건전한 판단과 깊은 경험이 나타나지 않은 사람들의 모든 비난과 현학적인 태도 때문에 우리가 우리의 영혼에 평화를 발견하고, 수많은 다른 사람들의 영혼과 양심에 자유와 하나님과의 평화를 줄 수 있고, 눈에 보이는 삶의 거룩의 효과들과 의의 행위에서 열매를 맺게 하여 예수 그리스도 말미암아 하나님을 찬미하게 할 수 있는 유일한 진리의 교리를 쉽게 떠나야 하는지 고려할 가치가 있다.

내가 판단할 때 루터는 "칭의의 교리를 받아들이는 것은 기독교 전체의 교리를 받아들이는 것이다"라고 말했을 때 진리를 말한 것이다. 그리고 나는 그가 다음 시대에 이 교리는 다시 모호해질 것이라고 예언했을 때 그가 참된 예언자가 아니었기를 바란다. 그리고 그 이유들에 대해 나는 다른 곳에서 살펴보았다.

개신교도들 중에서 최근에 어떤 작가들은 사실 교황주의자들과의 칭의에 대한 논쟁을 보통 판단이 되어 온 것보다 실제로 훨씬 차이점이 적은 것으로 보여주기 위해 노력해 왔다. 그리고 의심할 여지없이 우리가 빠르게 종교의 살아있는 정신을 소멸시키는 데까지 나가지 않는다면, 종교에서 불필요하게 논쟁하거나 차이를 부각시키지 않는 것은 좋은 일이다. 여기에서 취하고 있는 방법은 한 편으로 그리스도의 은혜와 공로에 대해 교황주의자들 중에서 가장 건전한 사람들이 제시한 몇 가지 주장에 기초하여, 다른 한 편으로 의롭다 하심을 받은 사람들에게 선행이 필요하다고 다양하게 주장한 개신교도들의 명백한 판단을 살펴보는 것이다. 더욱이 전통에 따라 각각의 진영이 고수하고 있는 다른 표현들이 실제로는 똑같은 것을 의도하고 있는 것도 있는 것 같다.

이런 식으로 노력해 온 사람들 중에는 루도비쿠스 르 블랑(Ludovicus le Blanc)이 있는데, 그는 그의 명확성과 분명함에 있어서, 그의 중용과 싸우려 하지 않는 태도에 있어서 "읽어야 할 가치가 있는 거의 유일한 사람"이다. 그는 이 문제에 있어서 티레시아스(Tiresias)의 유령과 같다. 그러나 나는 그런 시도에서 바라는 효과를 보지 못했다고 말하지 않을 수 없다. 각각의 진영이 "합법적인 대화를 통해" 자신들에게 허락된 자신들의 주장에 대한 해석에 도달하고, 그것이 그 주된 차이가 존재하는 교리의 실체에 대한 자신들의 판단과 일치한다고 확신했을 때도 그들 사이의 차이와 간격의 크기는 지금까지와 마찬가지로 지속되기 때문이다.

그리고 우리가 우리 자신을 낮추거나 그것에 동의함으로써 평화에 도달할 수 있는 근거가 조금도 없다. 우리가 구약과 신약의 교리가 정죄를 받고 있는 트렌트 종교회의의 작정들과 규범들에 전적으로 이를 수 없다면, 우리 중 어떤 사람도 그들에게 동의할 수 없을 뿐 아니라 우리 사이의 차이만 늘어날 것이다. 나는 개신교회들에서 고백된 진리들의 실체에 대해 편견이 없다면, 이런 본성의 어떤 것도 어떤 사람으로 하여금 자신이 할 수 있거나 기뻐하는 것을 인정하지 못하도록 방해할 수 없다고 주장한다. 그러나 그들과의 평화와 일치를 위해 그런 주장을 하는 것은 쓸모가 없다고 주장한다면, 그것은 우리를 프로크루스테스(Procrustes)의 침대에 누이고 우리를 그 침대에 크기에 맞추려는 것일 뿐이다.

이곳저곳에서 로마교회 내에서도 (지난 백삼십 년 동안 모두 중 세 명이나 네 명을 넘지는 않을 수 있지만) 그 실체에 있어서 우리가 주장하는 칭의론을 가지고 있는 사람이 있었다. 벨라르민이 인정하듯이 알베르투스 피키우스(Albertus Pighius)와 안티타그마 콜로니엔스(Antitagma Coloniense)가 그들이다. 그리고 그가 피기우스에 대해 말하는 것은 우리가 후에 살펴보겠지만 사실이다. 나는 다른 사람에 대해서는 지금까지 보지 못했다. 추기경 콘타리누스(Contarinus)는 트렌트 종교회의가 시작하기 전에 쓰고 출판한 칭의에 대한 글에서 자신이 그것을 선호한다고 말한다. 그러나 비록 나는 그들이 그런 소식을 어디에서 들었는지 모르지만, 그가 한 일 때문에 어떤 사람들은 그가 얼마 후에 독살을 당했다고 말한다.

그러나 우리가 진리의 안전과 더불어 평화를 위해 이 문제에 대해 지나치게 비판적이지 말아야 한다는 주장에도 불구하고, 로마교회에서 주장하고 있는 칭의의 교리는 판단과 실천 둘 다에서 그들 사이에 일어나는 수많은 악한 것들의 기초라는 것은 부인될 수 없다. 나는 그들이 이전처럼 눈에 보이도록 지배력을 행사하거나 분노를 드러내지 않고 있으며, 보통 사람들은 전처럼 노예적인 속박에 빠져있지 않다는 것은 인정한다. 그러나 그들의 물결은 계속해서 부패한 샘에서 흘러나와서 사람들의 영혼을 위험하게 감염시키고 있다. 이 문제와 관련한 수도원적인 헌신이 산 자와 죽은 자를 위한 미사를 통한 화해의 희생제사와 권위적인 사면과 더불어 고해성사의 필요성과 보속과 순례와 성례와 면죄부와 대체지불과 충족시키고 잉여적인 행위와 이런저런 특별한 성인이나 천사에 대한 특별한 헌신과 적용과 더불어 떠나간 성인들의 공로와 중보와 연옥에 의존하고 있기 때문이다.

그것들은 모두 단지 사람들의 양심을 달래거나 그들로 하여금 하나님의 율법으로 말미암아 자신들에게 주어진 송사에서 벗어나도록 하기 위해 고안된 방법에 불과하다. 그들이 미안함으로 드리는 것들은 하나님의 의에 자신들을 드리는 방법을 모르는 사람들에게 자신들의 의에 속한 것이다. 그리고 만약 그리스도의 피로 말미암은 값없는 칭의의 교리가 또 다시 붕괴하거나 부패한 것이 되고, 지금 어떤 사람들에게 이해할 수 없는 불합리하고 어리석게 보이거나 조금도 더 낫지 않은 것처럼 여겨진다면, 사람들은 다시 자신들에게 집착해야 하고 집착할 것이다. 만약 그들이 일단 그리스도의 의와 오직 하나님의 은혜에 대한 신뢰에서 벗어나서 그로 말미암아 실천적으로 자신의 것을 따르고 취하거나 의지하게 된다면, 그들의 양심에 일어난 최초의 죄책감은 그들로 하여금 그들이 현재 붙잡고 있는 데서 벗어나서 그들에게 조금도 안식을 줄 수 없는 어떤 것에서 안식처를 찾게 할 것이다.

사람들은 죄나 의에 대해 실질적으로 느끼지 않은 채로 자신들의 마음에 평화를 누리고 있는 동안 자신들이 좋아하는 것을 말하고 논쟁하고, 똑같은 안전의 능력 아래 있지 않은 사람들을 비난할 수 있다. 그러나 그들이 깨어나 사실에 대해 자신들이 알고 있는 것과 다르게 인식하게 될 때 그들은 새로운 결심을 하게 될 것이다. 그리고 죄의 상태와 죄책에 대해 온전히 깨닫지 못한 어떤 사람과 칭의에 대해 논쟁하는 것은 헛된 것이다. 그런 사람들은 자신들이 말하고 있는 것도 자신들이 교리화하고 있는 것도 이해하지 못하기 때문이다.

그러므로 비록 우리가 그런 목적을 달성하기 위한 우리의 노력에서 그들과 똑같은 성공을 기대할 수 없을지라도, 우리는 이런 복음의 교리를 순수하고 온전하게 보존하는 데 관심을 가지고 있던 최초의 종교개혁가들이 가지고 있던 것과 똑같은 이유들을 가지고 있다. 오늘날 일반적인 사람들은 그들이 그것들을 다룰 때와 다른 자세를 가지고 있다. 그들은 무지와 미신의 힘 아래 있었지만, 그들의 다수가 죄책감을 가지고 있었다. 지금 우리의 상황은 대부분 그들과 아주 다르다. 죄책감이 없는 관념적인 빛이 사람들로 하여금 이 교리를, 사실 복음의 전체 신비를 경멸하도록 이끌고 있다. 우리는 오랜 세월 동안, 최근 몇 년 동안 우리가 이 나라에서 지금 주장하고 있는 믿음의 열매들에 대한 경험을 가져왔다. 그리고 그리스도의 의의 전가로 말미암은 칭의의 교리를 굳게 붙잡고 있는 사람들이 거룩한 삶에서 가장 모범적인 예를 보여주고 있다는 것은 부인될 수 없다. 나는 이것에 대해 전에도 말했었다.

그리고 만약 이 교리가 더 부패되고 왜곡되거나 우리 중에서 가르쳐지지 않는다면, 우리는 빠르게 우리가 현재 주장하고 있는 어느 한

극단으로 빠지게 될 것이다. 비록 로마교회에서 사람들의 양심의 충족을 위해 제공되는 안식들이 현재 대부분의 사람들에 의해 미움을 받고 있고 경멸을 받고 있지만, 만약 그들이 일단 그리스도의 의와 그 안에서 하나님의 은혜를 전적으로 신뢰하는 방법을 잃어버리게 된다면, 그들은 언제나 마음의 불확실성에 빠져서 자신들이 최선을 다해 순종해야 한다는 덫에 빠지게 될 것이고, 지금은 자신에게 어리석게 보일 수 있지만 자신들에게 확실한 평강과 안전을 줄 수 있다고 여겨지는 것을 취하게 될 것이다. 그리고 나는 어떤 사람들이 그들이 배우지 않았거나 배울 마음을 가지지 않은 하나님의 의에 대한 단순한 무지에서 자신들의 양심에 약간의 안도감을 느끼면서 로마교회가 자신들에게 제공하는 위장된 안식에 빠질 것이라는 것을 의심하지 않는다. 자신들의 죄에 대해 고통을 느끼면서 그들은 최소한의 위장된 안식도 없는 채 현재 상태에 머물러 있는 것보다 로마교회가 제공하는 양심을 편안하게 하고 책임에 벗어날 수 있는 매우 다양한 수단을 참여하는 것이 더 낫다고 생각하기 때문이다.

그러나 사람들이 적당한 시간이 되면 알겠지만 자신들 안에서 찾거나 획득할 수 있는 것은 없다. 그들은 얼마 동안 자신들의 마음으로 만족할 수 있다. 그러나 만약 그들이 일단 죄의 각성을 통해 잃어버리게 되면, 그들은 평화와 충족을 위해 자신들을 넘어서든지 그것들이 없이 영원까지 주저 앉아야 한다. 그리고 이 교리를 거절했을 때 다른 사람이 또 다른 극단으로 취한 어떤 원리들과 방법들도, 비록 더 가능한 것처럼 보일 수 있지만, 그들이 한물가고 지금의 상황에는 맞지 않는 것으로 거절한 로마교회의 원칙들과 방법들보다 사람들의 영혼에 실제적으로 더 유용하지 않다. 그것들 모두는 죄의 본질과 책임과 죄와 관련된 하나님의 거룩과 의에 대한 올바른 이해의 부족에서 나오거나 인도되기 때문이다. 그리고 이와 같은 원리들이 한 번 사람들의 마음에 일어나게 되었을 때 이런 원리들은 빠르게 증가하여 죄를 짓는데 무관심하고 감각을 잃어버리고 안전하다고 느끼게 되며, 보통 무신론이나 모든 종교나 종교의 의무들에 대한 큰 무관심으로 끝나게 된다.

THE DOCTRINE

OF

JUSTIFICATION BY FAITH

THROUGH

THE IMPUTATION OF THE RIGHTEOUSNESS OF CHRIST

EXPLAINED, CONFIRMED, AND VINDICATED

제 1 장
의롭다 하심을 받는 믿음
원인들과 대상을 설명함

우리 편에서 칭의의 수단은 "믿음"이다. 우리가 "믿음으로 말미암아 의롭다 하심을 받게 된다"는 것은 직접적으로나, 용어상으로나 성경에서 어느 누구도 거부할 수 없을 정도로 빈번하고 분명하게 인정되고 있다. 어떤 사람들은 논쟁이나 분노에 휩싸여 편견을 가지고 우리의 칭의는 성경에서 믿음보다는 은혜나 의무와 같은 것들에 더 빈번하게 연관되어 표현되고 있다고 주장한다. 우리는 이런 사람들의 주장에 대해 침묵하거나 논쟁하지 않을 수 있다. 하지만 "우리가 믿음으로 말미암아 의롭다 하심을 받게 된다"는 것에 대해 또 다른 사람들이 설명하는 것은 칭의를 용어적으로 거부하고 있을 뿐 아니라, 칭의의 내용 또한 완전히 거부하고 있다. 따라서 이런 설명은 처음에 제시되었을 때부터 분명히 거부되어야 한다. 로마 가톨릭이나 소시누스주의자들이 그러했던 것처럼 새로운 말을 만들어내고 표현을 세분화시켜서 그 실질적인 내용을 제거하는 것보다, 처음부터 그들이 주장하는 것을 거부하는 것이 사람들의 이해에 도움이 되기 때문이다. 우리는 "우리가 믿음으로 말미암아 의롭다 하심을 받게 된다"는 명제를 당연한 것으로 받아들이고, 이 명제의 참되고 진정한 의미를 살펴보고자 한다. 우리가 먼저 살펴볼 것은 믿음이다. 믿음과 관련해서 우리는 1. 믿음의 "본질"과 2. 우리의 칭의에서 믿음의 "용도"에 대해 살펴볼 것이다.

일반적으로 믿음의 본질에 대해, 의롭다 하심을 받는 믿음(justifying faith)의 특별한 본질에 대해, 믿음이라고 불리지만 의롭다 하심을 받지 못하는 믿음과의 특징적인 구별들에 대해 기록된 많은 글이 이미 존재한다. 그것들 중 많은 글은 건전한 판단과 훌륭한 경험을 한 사람들에 의해 기록이 되었다. 그러므로 이 문제 대해 더 자세히 토론할 필요는 없다. 하지만 이것들이 우리의 칭의와 관련된 믿음과 그 용도를 어떻게 이해하고 있는지 보여주기 위해 몇 가지 살펴보는 것이 좋을 듯하다.

나는 믿음과 관련하여 일반적으로 잘 알려져 있지만, 우리의 논의와 관련이 없는 다양한 구분들을 전적으로 생략할 것이다. 우리가 관심을 가지고 있는 것은 성경이 복음을 믿는 사람들과 관련해서 분명히 언급하고 있는 "두 종류의 믿음"이다. 먼저, 우리가 의롭다 하심을 받는 믿음이 있다. 이 믿음에 의해 우리는 분명히 구원을 받게 되며, 마음이 정결하게 되고, 사랑으로 일하게 된다. 다음으로, 이것과 아무런 관련이 없는, 곧 의롭다 하심을 받게 하지도, 구원을 받게 하지도 못하는 믿음이 있다. 그러므로 사람들이 믿는다고 말할 때 모든 믿음이 의롭다 하심을 받는 믿음은 아니다. 마술사 시몬은 "악독이 가득하고 불의의 매인바" 된 채로 "믿었지만"(행 8:13, 23), "마음을 정결하게 하는" 믿음으로 믿지 않았다(행 15:9). 그리고 많은 사람이 예수님이 행하시는 기적을 보았을 때 예수님의 이름을 믿었지만, 예수님은 자신을 그들에게 맡기지 아니하셨다. 예수님이 사람들 안에 무엇이 있는지 아셨기 때문이다(요 2:23, 24).

그들은 "하나님의 자녀가 되는 권세를 받는" 믿음을 가지고 그의 이름을 믿지 않았다(요 1:12). 또한 어떤 사람은 "말씀을 들을 때 기쁨으로 그것을 받고 잠시 동안 믿었지만" "뿌리가 깊지 못했다"(눅 8:13). 그리고 마음에 뿌리를 내리지 못한 믿음은 어느 누구도 의롭다 하심을 받게 하지 못할 것이다. "사람이 마음으로 믿어 의에 이르기" 때문이다(롬 10:10). 또한 언제나 "악을 행하는 자들"이었으면서 마지막 날에 "주여, 주여, 우리가 당신의 이름으로 예언하였나이다"라고 말하는 사람들도 마찬가지이다(마 7:22, 23). 이런 믿음은 보통 "역사적인 믿음(historical faith)"이라고 불린다. 하지만 이런 지칭은 마치 그것이 유일한 성경의 역사이거나, 혹은 그 안에 포함된 역사적인 내용들인 것처럼 그 "대상"에서 나온 것이 아니다. 그것은 말씀의 모든 진리, 곧 다른 것들뿐 아니라 복음의 약속들에 대한 모든 진리에 관여하기 때문이다. 하지만 그것은 그것이 놓여 있는 동의의 본질에서 역사적인 믿음이라 불리는데, 이는 그것이 우리에게 믿을 수 있도록 증거된 역사적인 것들에 대해 우리가 동의하는 것이기 때문이다.

그리고 이런 믿음은 그 "근거"와 이유와 또한 그 "결과"와 관련하여 다양한 차이와 정도를 보인다. 그 근거와 관련해서 모든 믿음은 증거에 대한 동의이며, 신적인 믿음은 신적인 증거에 대한 동의이다. 그리고 증거를 받아들이는 것에 따라 이 믿음의 차이나 정도가 생겨난다. 어떤 사람들은 오직 인간적인 동기로만 믿음을 이해하고 믿음의 신뢰성을 이성의 판단에 맡긴다. 그리고 그들의 동의는 단지 그들의 자연스러운 행동에 불과한데, 이런 동의는 이런 역사적인 믿음의 가장 낮은 정도이다. 어떤 사람들은 영적인 조명에 의해 자신들의 지성이 활동하게 되어 믿어야 할 신적인 진리에 대한 증거들을 발견하고 그런 믿음에 이르게 된다. 그들이 이런 증거들에 주는 동의는 이전의 종류에 대한 동의보다 더 견고하고 활동적이다.

또한 이런 믿음은 그 결과에 있어서도 차이와 정도를 보여준다. 어떤 사람들에게 믿음은 의지나 감정에 결코 혹은 거의 영향을 주지 못하거나, 사람들의 삶에서 어떤 변화도 일으키지 못한다. 이런 경향은 자신들이 복음을 믿고 있지만 온갖 죄 가운데 살고 있다고 고백하고 있는 사람들에게도 마찬가지로 나타난다. 이런 차원에서 사도 야고보는 이런 믿음을 "죽은 믿음"이라고 부르며, 이런 믿음은 생명도 움직임도 없는 죽은 시체에 비유된다. 그리고 이런 믿음은 사탄이 동의하도록 강요하는 것과 똑같은 본성과 종류의 동의이며 세상에 풍부하다. 다른 사람들에게 이런 믿음은 말씀의 씨앗이 뿌려진 여러 종류의 땅에서 제시된 것처럼 여러 정도로 감정에 효과적인 영향을 미치며 그들의 삶에서 많은 결과를 생산한다. 이런 믿음은 아무리 향상이 된다고 하더라도, 그것이 나오는 증거와 그것이 생산하는 결과와 관련하여 보통 "일시적인 믿음"이라고 불린다. 이런 믿음은 모든 반대에 대항하여 영원하지 못하며, 어떤 사람도 영원한 안식으로 데려가지 못할 것이기 때문이다. 이런 이름은 우리 구주께서 이런 믿음을 가진 사람에 관하여 "뿌리가 없다(Πρόσκαιρός ἐστι)"라고 표현한 데서 나온 것이다(마 13:21).

나는 이런 믿음이 단지 말뿐 아니라 실제 그 자체로 참되다는 것을 인정한다. 그것은 믿음의 일반적인 본질과 관련해서 볼 때 거짓된 믿음(πίστις ψευδώνυμος)이 아니다. 하지만 그것은 의롭다 하심을 받는 믿음과 똑같은 본질을 가지고 있지 않다. 의롭다 하심을 받는 믿음은 이런 믿음보다 더 높거나, 혹은 이런 믿음 중 가장 높은 정도가 아니라 다른 종류나 본질에 속해 있다. 그러므로 이런 믿음과 관련하여 그것이 아무리 향상이 된다고 하더라도 우리의 현재의 목적상 다음과 같이 다양한 것들이 관찰될 수 있다.

1. 사람들은 이런 믿음을 그 모든 결과와 더불어 가질 수 있으면서도 의롭다 하심을 받을 수 없다. 그리고 만약 그들이 다른 종류의 믿음을 가지지 못한다면, 그들은 의롭다 하심을 받을 수 없을 것이다. 칭의는 이런 믿음으로 일어날 수 없기 때문이다. 사도 야고보는 어느 누구도 이런 믿음으로 의롭다 하심을 받게 되지 못한다는 것을 분명히 말하고 있다.

2. 이 믿음은 비록 의롭다 하심을 받는 믿음은 아니더라도 사람들의 지성과 감정과 삶에 큰 결과를 가져올 수 있다. 그리고 그렇게 된 사람들은 자비의 판단으로 볼 때 참된 신자들처럼 보일 수도 있다.

3. 이 믿음은 "따로 분리되어 있는" 믿음이다. 우리는 오직 믿음으로 의롭다 하심을 받게 된다. 하지만 우리는 따로 분리되어 있는 믿음으로 의롭다 하심을 받게 되지 않는다. 그것은 피상적으로 우리의 칭의에 영향을 미칠 수는 있지만, 그 본질과 존재에 있어서 영향을 끼치지 못한다. 그리고 우리는 우리가 오직 따로 떨어져 있는 믿음만으로, 곧 의무가 요구하는 대로 믿음으로 역사하는 영적인 생명과 보편적인 순종의 원리가 없이 의롭다 하심을 받게 된다는 것에 대해 절대적으로 거부한다.

나는 지금까지 몇몇 사람들이 그리스도의 중보를 통한 오직 믿음으로 말미암은 우리의 칭의에 대해 제기하는 비난과 모욕을 제거하기 위해 몇 가지를 살펴보았다. 보편적인 순종이나 선한 행위를 반대하거나 거부하는 사람들은 솔리디피안들(Solifidians)이거나 반율법주의자들(Antinomians)임에 틀림없기 때문이다. 그런 주장을 하는 대부분의 사람들은 자신들의 양심으로 이런 비난이 잘못되었다는 것을 모를 수 없다. 하지만 이것이 많은 사람이 처신하는 방법이다. 그들은 신앙에 큰 문제를 일으키면서 자신들이 신념으로 가지고 있는 것을 주장한다.

솔리디피안들은 우리 편에서 오직 믿음만이 우리의 칭의의 수단이요 도구요 조건이며, 선지자들과 사도들과 심지어 예수 그리스도도 그렇게 가르치셨다고 믿는 사람들이라는 의미이다. 만약 그들이 우리가 의롭다 하심을 받게 되는 믿음은 거룩한 순종의 원리와 열매들과 분리될 수 있고 분리되어 있다고 주장하는 사람들을 의미한다면, 우리는 그들과 다른 사람들이며 그들 중 어느 누구도 알지 못한다. 우리는 어떤 믿음도 원인과 결과로, 뿌리와 열매로, 그리고 규칙과 정황에 따라 의무들을 감당하도록 하는 것으로, 그 안에 실질적이며 근본적으로 보편적인 순종을 포함하고 있는 것이 아니라면, 우리가 의롭다 하심을 받게 되는 것과 똑같은 본질에 속하는 것으로 허락하지 않기 때문이다. 그렇다. 우리는 어떤 믿음도 본질상 순종과 선행을 격려하는 "영적으로 살아있는 원리"가 아닌 것을 의롭다 하심을 받는 믿음이나 혹은 똑같은 종류에 속하는 믿음으로 받아들이지 않는다. 그리고 비록 이것이 어떤 사람들에게는 그런 부끄러운 비방으로 유익을 추구하지 못하도록 하기에 충분하지 못할지라도, 다른 사람들에게는 그들의 생각은 그런 일에 관심을 가지지 못하도록 하기에 충분하다.

우리가 탐구하는 의롭다 하심을 받는 믿음의 특별한 본질에 대해 다음과 같은 네 가지로 축약해서 살펴 볼 수 있다. 1. 하나님 편에서 이 믿음의 "원인들". 2. 이 믿음을 얻기 위해 우리 안에 "사전에" 요구되는 것들. 3. 이 믿음의 올바른 "대상". 4. 이 믿음의 특별한 "행동들"과 "결과들". 우리는 이것들을 우리의 현재의 계획이 요구하는 바에 따라 살펴볼 것이다.

1. "믿음의 원인들"에 대해 나는 하나님의 뜻 안에서 그것의 최초의 기원과 그것이 우리에게 전달되는 방법이 매우 크고, (우리가 다른 곳에서 다룬) 회심에서의 유효적인 은혜의 활동의 방법과 매우 혼합되어 있기 때문에 나는 그것을 여기에서 다루지 않을 것이다. 그것은 무게와 가치와 관련해서 몇 마디로 말할 수 없을 뿐 아니라, 그것을 완전히 다루는 것은 우리의 현재의 논쟁에서 우리를 너무 지나칠 정도로 분산시키기 때문이다. 내가 오직 하려고 하는 것은 거부할 수 없는 명확한 증거를 가지고 우리가 의롭다 하심을 받는 믿음은 칭의와 분리되는 어떤 다른 믿음도 참여하지 못하는 "특별한 종류나 본질"에 속하는 믿음이라는 것을 입증하는 것이다.

2. 그러므로 우리가 먼저 다루고자 하는 것은 두 번째 제시된 문제와 관련된 것이다. 그것은 "우리가 칭의의 믿음을 가지기 위해 사전에 어떠한 의무를 감당해야 하는가?", 혹은 "생명의 칭의에 이르는 믿음을 가지기 이전에 우리가 무엇을 해야 하는가?"하는 문제이다. 그리고 나는 이런 믿음이 일어나는 사람들에게, 그것이 부여되는 사람들에게, 그것과 더불어 그들의 의무가 믿는 것인 사람들에게 "죄를 깨닫게 하는 율법의 사역"이 있어야 한다고, 곧 죄에 대한 각성이 의롭다 하심을 받는 믿음이 있기 이전에 반드시 있어야 한다고 말한다.

많은 사람이 영혼으로 하여금 복음의 약속을 받아들이도록 하는 과정에 어떤 요소들이 들어있으며, 어떤 결과들이 마음에 생겨날까 논쟁을 해왔다. 그리고 이런 각성(覺醒, conviction)의 결과나 구성요소에 대한 이해에 있어서 그들 사이에 서로 다른 이해가 존재한다. 그들은 일반적으로 하나님을 향한 믿음과 회심에 선행하는 것으로 후회나 겸손이나 자기에 대한 판단이나 자신들이 범한 죄에 대한 슬픔을 이해하는 데 있어서 정도의 차이를 드러낸다. 하지만 나는 그것들이 이곳에서 주장하고 있는 각성과 분리될 수 없는 한 간단히 그것들에 대해 언급할 것이다. 그리고 나는 먼저 각성 그 자체를 그것의 본질이 무엇이며, 앞에서 언급한 일시적인 믿음과 관련하여 그것의 결과들이 무엇인지를 먼저 생각할 것이다. 나는 내가 당연한 것으로 받아들이는 그것의 본질에 대한 지식과 관련해서가 아니라, 그것이 우리의 칭의와 관련되는 한에서 그렇게 할 것이다.

(1) 첫 번째 곧 일반적으로 각성의 사역으로 일컬어지는 것으로 말미암아 사람의 영혼은 죄의 본성과 죄에 대한 책임과 죄로 말미암은 형벌에 대해 실천적인 이해를 소유하게 된다. 또한 이 각성으로 말미암아 사람은 원죄와 실질적인 죄와 관련하여 자신이 그것과 연루되어 있으며, 이것들로 말미암아 자신이 처해 있는 상태와 조건에서 스스로 벗어날 수 있는 능력이 없다는 것을 느끼게 된다. 그리고 이것이 바로 칭의를 얻는 믿음이 있기 이전에 반드시 필요한 것으로 내가 인정하고 있는 것이다. 이런 칭의는 성인들 안에 있으며, 그것은 칭의로 이어지는 외적인 수단이요 도구이다.

각성이 된 죄인은 비록 그들 모두가 반드시 의롭다 일컬음을 받거나 받아야 되는 것은 아니지만, 유일한 "칭의의 으뜸가는 대상(subjectum capax justificationis)"이다. 물론 이런 각성이 교황주의자들이 말하는 것처럼 결과적으로 칭의를 받도록 대상을 성향적으로 준비시키거나, 혹은 의롭다 칭하는 은혜가 그것에 반드시 따라 오는 것은 아니다. 그리고 어떤 신적인 계약이나 약속에 의해 그렇게 각성된 사람은 용서받고 의롭다 하심을 받게 될 것이라는 의미에서 그것에는 칭의를 위한 사전에 준비도 없다. 하지만 전에 언급한 것처럼, 어떤 사람이 이런 각성이 없이 의롭다 칭하는 믿음을 가지지 못한 채 믿을 수 있는 것처럼, 각성은 생명을 얻는 칭의를 얻도록 하는 믿음에 언제나 필수적으로 선행한다. 이렇게 주장하는 동기는 사람이 자신의 칭의를 각성에 기초하여 확신할 수는 없지만, 각성이 없이는 진정으로 칭의를 받았다고 말할 수 없기 때문이다.

나는 이런 각성은 본성상 우리가 의롭다 하심을 받는 믿음에 선행하며, 따라서 이것은 의롭다 일컬음을 받는 사람들에게 요구되고 있다고 말한다. 그리고 우리는 이것을 계속되는 논쟁을 통해 증명할 것이다.

[1] 각성에 대한 올바른 고려와 전제가 없이 믿음에 대한 참다운 본성은 이해될 수 없다. 우리가 전에 보여주었던 것처럼, 칭의는 각성된 죄인, 곧 율법에 가책을 느끼며 죄 아래 있다고 선언되어 그의 입이 막히고 하나님 앞에서 죄책을 느끼는 사람을 구원하시는 하나님의 방법이기 때문이다. 그러므로 이런 상태와 이런 상태에 속한 모든 것이 믿는 것에 필수적으로 요구된다. 그러므로 이 문제에 대해 관심을 가지고 부지런히 탐구해 온 르 블랑(Le Blanc)은 메트레자(Mestrezat)가 내린 믿음에 대한 정의 곧, 믿음은 "참회하는 죄인이 그리스도 안에서 하나님의 자비를 향해 달려가는 것"이라는 정의를 칭찬하고 있다. 그리고 그곳에는 사실 좀 더 정확한 것처럼 보이는 이십 여명의 다른 사람들이 내린 정의보다도 더 많은 의미와 진리가 담겨있다. 하지만 앞에서 언급된 각성이 전제되지 않는다면, 믿음에 대한 이런 정의는 아

무런 의미도 없다. 영혼으로 하여금 다가오는 진노로부터 구원받기 위해 그리스도 안에 있는 하나님의 자비를 향해 달려가도록 하는 것은 오직 이런 각성뿐이기 때문이다. 히 6:18은 "피난처를 향해 달려가는 것"에 대해 말하고 있다.

[2] 율법과 복음의 질서와 관계와 용도는 믿는 것에 앞서서 이런 각성이 필요하다는 것을 분명하게 증거한다. 어떤 사람이 자신의 영원한 상태와 관련하여 본성적으로나, 하나님의 법에 의해서나 먼저 다루어야 할 것은 율법이다. 이 율법은 그것을 지키는 사람에게 의와 생명이라는 조건으로 제시되며, 그것을 어기는 사람에게 저주로 제시된다. 이것이 없이 복음은 이해될 수 없으며, 그것의 은혜는 제대로 평가받을 수 없다. 복음은 하나님이 율법의 선언과 저주로부터 사람들의 영혼을 구원하시는 하나님의 방법을 계시하는 것이기 때문이다(롬 1:17). 그것이 곧 계속되는 약속들 혹은 온전한 복음 안에 계시된 하나님의 은혜의 본질이며, 약속있는 첫 계명의 용도이자 목적이고 모든 사역이었다. 그러므로 우리가 복음적인 것으로 취급하고 있는 믿음, 곧 그것의 특별한 본질과 용도에 있어서 율법이 아니라 복음이 요구하고 있으며, 그 원리와 규칙과 대상에 있어서 복음을 가지고 있는 믿음은 죄를 깨닫게 하고, 죄책과 그로 말미암은 죄인의 상태를 느끼도록 하는 죄에 대한 각성에서 율법이 하는 일과 결과에 대한 전제없이는 우리에게 요구되지도, 우리로 하여금 행동하도록 할 수 없다. 그리고 이런 면이 고려되지 않는 믿음을 우리는 우리가 의롭다 하심을 받는 믿음으로 결코 받아들이지 않는다. 갈 3:22-24, 롬 10:4.

[3] 우리 구주께서 친히 이것을 복음에서 가르치셨다. 그는 수고하고 무거운 짐진 자들만을 부르셨고, "건강한 자에게는 의원이 쓸모없

고 병든자에게만 필요하다"는 것을 인정하셨으며, 자신은 "의인을 부르러 온 것이 아니라 죄인을 불러 회개케 하기 위해 오셨다"고 말씀하셨다. 이 모든 것에서 그는 단지 모든 사람이 그런 것처럼 실질적으로 죄인인 사람들을 의도하지 않으시고, 죄에 대해 각성하고 그것으로 말미암아 무거워하며 구원을 찾는 자들을 의도하셨다. 그는 어떤 사람에게는 복음을 제공하시고 어떤 사람에게는 제공하지 않으시면서 그들 사이를 구분하셨기 때문이다.

그러므로 사도 베드로가 복음적인 믿음의 대상으로 죄에 대한 용서와 더불어 복음의 약속을 제시한 사람들은 자신의 죄에 대해 각성하면서 "마음이 찔리고", "우리가 어찌하여야 구원을 받을꼬?"하고 탄식하던 사람들이었다(행 2:37-39). 또한 사도 바울이 그리스도로 말미암은 구원을 제공한 간수장의 상태도 자신의 구원을 위해 무엇을 믿어야 하는지 갈망하던 상태였다(행 26:30, 31).

[4] 아담의 상태와 하나님이 그 속에서 그를 다루신 것은 이런 일의 질서와 방법을 가장 잘 나타내고 있다. 그가 타락 후에 그러했던 것처럼 우리도 본질상 그와 똑같은 상태와 조건 안에 있다. 실질적으로 그는 죄로 말미암아 전적으로 잃어버렸으며, 자신의 마음에 율법으로 역사하시는 하나님의 행위로 말미암아 자신의 죄의 본성과 그 결과를 자각하게 되었다. 그리고 그것은 "그의 눈이 열린 것"으로 표현된다. 그것은 단지 자신의 양심으로 죄의 본성과 책임과 효과와 결과에 대해 느낌으로써 그의 마음에 전달되는 것 이외에 다른 어떤 것도 아니기 때문이다. 그리고 율법은 그에게 그것을 가르치고 전에는 그렇게 할 수 없었다. 이것은 그에게 부끄러움과 두려움으로 가득 차게 했다. 그는 부끄러워서 무화과 나무로 자신을 가렸으며, 두려움으로 동산 나무 사이

에 자신을 숨겼다. 하지만 아무리 그것들이 만족스러운 것이라 할지라도, 사람들이 죄로부터 자유하고 안전하기 위해 스스로 고안해 낸 어떤 것도 현명하거나 성공적인 것이 되지 못했다. 이런 상태에서 하나님은 문제에 직접적으로 관여하셔서 각성을 통해 자신이 주신 진리를 확인시키시고, 법적이며 실제적인 차원에서 그를 율법의 저주 아래 던지셨다. 이런 상실되고 절망적이며 희망이 없는 상태에서 하나님은 그에게 그리스도로 말미암은 구속에 대한 약속을 제공하셨다. 그리고 이것이 그가 의롭다 하심을 받게 되는 믿음의 대상이었다.

비록 이것들이 복음을 통해 믿도록 부름을 받은 모든 사람의 생각과 양심에 탁월하고도 분명하게 해석이 되지는 않지만, 그것들의 실체와 믿음 이전에 죄에 대한 각성과 관련하여 그것들은 신실하게 믿는 모든 사람 안에서 발견된다. 이것들은 알려져 있으며, 그것들의 본질에 있어서 일반적으로 동의가 되고 있다. 하지만 그것들은 충분히 고려될 때 우리에게 강요된 믿음에 대한 많은 정의들의 무익함과 실수를 드러낼 것이다. 실질적으로 이면을 분명하게 표현하고 있는 않은 믿음에 대한 정의는 어떤 것이라도 속임수에 불과하며, 진실로 믿는 자들의 경험을 결코 표현할 수 없기 때문이다. 그리고 그 동의의 본성이 무엇이든지 그것의 결과를 어떤 것으로 파악하고 있든지 믿음을 단지 신적인 계시에 대한 동의로 보고 있는 사람들이 바로 그런 사람들이다. 율법의 이런 사역에 대한 고려가 없이도 그런 동의가 존재할 수 있기 때문이다. 그리고 나는 이에 대한 양심의 가책과 더불어 죄에 대해 각성하게 하고 정죄하는 율법의 사역에 대한 경험을 자신들 안에 결코 가져 보지 못했거나, 혹은 자신들의 모든 논쟁보다 자신들이 참으로 믿는 것이 더욱 잘 드러나는 자신들의 경험에 대해 마땅히 고려하는 것을 생략하고 있는 사람들이 제공하는 논쟁들은 아무리 정확하게 의롭다 칭하는 믿음의 본성과 행동에 대한 논쟁들이라고 하더라도 아무런 가치가 없다고 분명히 말한다.

우리가 의롭다 하심을 받는 믿음은 일반적으로 이런 상태와 조건으로부터, 양심에 적용된 율법의 저주로부터 구원받을 수 있도록 하나님이 생각하시고 정하신 방법인 복음 안에서 자신을 계시하신 하나님을 향해 움직이는 영혼의 행위이다. 나는 이것을 믿음에 대한 정의로 제시하는 것이 아니라, 단지 믿음의 본질이 유지되기 위해 믿음에 어떤 영향이 필요한지를 표현하고 있는 것이다.

(2) 이런 각성의 결과들이, 실제적인 것이든 혹은 거짓된 것이든, 우리의 칭의와 관련하여 간단히 고찰될 것이다. 그리고 이런 각성이 단지 율법의 사역인 반면에, 그것은 이런 결과들과 관련하여 분리되어 고찰되지 않고, 앞에서 서술한 복음에 대한 일시적인 믿음과 그 행위와 연결하여 고찰될 것이다. 그리고 일시적인 믿음과 율법적인 각성, 이 두 가지는 칭의 이전에 종교의 모든 행위나 의무의 원리들이다. 그러므로 우리는 그것들이 어떤 인과율을 가지고 있다는 것을 거부해야 한다. 하지만 내적이며 외적인 많은 행위들과 의무들이 실질적인 각성에 따라 나온다는 것이 인정이 된다.

첫째로, 내적인 것들은 세 가지로 세분화될 수 있다.

[1] 우리가 죄를 범했다는 것을 불편해하고 슬퍼함. 어떤 사람이 죄와 죄를 범한 자신에 대해 싫어하고 부끄러워하고 슬퍼하지 않고서 앞에서 언급한 방식대로 죄에 대해 실질적으로 각성이 되는 것은 불가능하다. 그리고 그것은 그가 무엇을 고백을 하든, 그가 자신의 마음이 영향을 받지 않은 어떤 고백을 하든 그가 실제로 각성되지 않았다는 충

분한 증거이다(렘 36:24).

[2] 죄로 말미암은 처벌에 대한 두려움. 각성은 죄의 존재와 본질이 발견되도록 하는 율법의 교훈적이며 명령하는 부분과 관계가 있을 뿐 아니라, 죄를 판단하고 정죄하는 율법의 선언과 저주와도 관련되어 있기 때문이다(창 4:13,14). 그러므로 가해진 처벌에 대한 두려움이 따라오지 않는 곳에서 어떤 사람도 실질적으로 죄에 대해 각성이 되었으며, 복음이 역사하기 전에 율법이 그를 향해 올바른 기능을 했다고 판단할 수 없다. 그리고 믿음으로 우리가 다가올 진노로부터 피하는 반면에, 우리에게 마땅히 있어야 할 진노에 대한 감각이나 이해가 없는 곳에서 우리가 믿음을 가졌다고 말할 수 있는 근거나 이유는 없다.

[3] 각성된 죄인이 각성의 상태에서 스스로 발견하는 상태로부터 구원받고자 하는 열망. 그것은 자연스럽게 각성이 사람의 마음 속에서 일으키는 첫 번째 일이다. 성경의 빛을 경험하고 이를 행하고 있는 사람들은 각성은 다양한 정도의 근심과 두려움과 염려와 불안 속에서 여기에서 벗어나려는 열망을 가지도록 하여 교회에 큰 유익을 주고 있다는 것을 보여주고 있다. 하지만 이것은 다른 사람들에 의해 충분히 조롱을 받고 있는 내용이기도 하다.

둘째로, 이런 마음의 내적인 행위들은 또한 다양한 외적인 의무들을 생산해 내는데, 그것은 두 가지로 분리될 수 있다.

[1] 자신의 능력을 최대한 사용하여 알려진 죄로부터 벗어나려고 하는 것. 자신들이 하나님께 죄를 지어온 것이 악하고 쓴 일이라는 것을 발견하기 시작한 사람들은 그것에서 장차 벗어나려고 애쓰지 않을 수 없기 때문이다. 그리고 이것이 그 원인들로서 이전의 모든 내적인 행위들을 고려한 것처럼, 그것은 그것을 경험한 사람들이 특별히 취하는

마지막 행위이며, 자신들이 처해있는 상태에서 벗어나고자 하는 열망이다. 이런 이유 때문에 그것은 추측하건데 최선의 방법이거나, 적어도 다른 것이 있을 수 없는 방법인 것 같다. 그리고 바로 이런 이유 때문에 그들은 자신들을 그런 상태에 빠지게 한 죄에 대해 슬퍼하면서 약속이나 맹세를 하게 된다.

[2] 기도를 하거나, 말씀을 듣거나, 교회의 규례를 부지런히 지키는 것과 같은 종교적 예배의 의무들이 따라 나온다. 이것들이 없이는 그들은 어떤 구원도 획득될 수 없다는 것을 알기 때문이다. 다양한 정도에서 삶과 대화를 개혁하는 것은 한 편으로 이런 일에 속해 있기도 하고, 다른 한 편으로 이런 일에 따라 오기도 한다. 그리고 이것들은 사람들의 각성이 실제적이며 지속적인 곳에서 언제나 그러하다.

그러나 그것들은 아무리 최고의 것이라 하더라도 공로적 차원에서 우리의 칭의를 위해 사전에 필요한 성향이나 준비나 일치나 조건이 아니라는 것이 언급되어야 한다.

[1] 그것들은 칭의의 조건들이 아니기 때문이다. 이는 어느 하나가 다른 것의 조건인 곳에서는, 그 하나가 충족되면 다른 것이 이어져야 하며, 그렇지 않다면 그것은 다른 것의 조건이 될 수 없기 때문이다. 하지만 그것들은 칭의가 따라 나오지 않는 곳에서도 모두 발견될 수 있다. 따라서 비록 그것들이 칭의가 있는 곳에서 우리에게 종속적으로 요구되는 것들이기는 하지만, 그것들 자체로 칭의의 조건들이 되도록 만드는 하나님이 주신 언약과 약속과 규정은 없다. 그것들은 믿음처럼 하나님의 약속과 언약과 어떤 오류가 없는 연결점을 가지고 있지 않다. 그리고 하나님의 언약이나 약속에 의해 조건이 된 것이 아니라면, 어떤 것도 조건으로 허락될 수 없다. 그렇지 않다면 조건들은 끊임없이

증가될 것이며, 도적적인 것뿐 아니라 자연적인 것들조차도 모두가 조건들이 되어 버릴 것이기 때문이다. 그렇게 되면 우리가 먹는 고기조차도 칭의의 조건이 될 수 있다. 믿음과 칭의는 분리될 수 없다. 하지만 칭의와 우리가 지금 주장하고 있는 것들은 경험이 증명하는 한 그렇지 않다.

[2] 칭의는 일시적인 믿음의 행위 아래 일어난 각성들에서 나오는 외적인 행동들과 의무들이 없는 곳에서도 있을 수 있다. 아담은 그것들이 없어도 의롭다 하심을 받았기 때문이다. 마찬가지로 행 2장에서 회심자들도 그러했으며 - 그들은 각성에 본질적으로 포함되어 있는 모든 것을 가지고 있는 것으로 기록이 되어 있다(37절). 간수장이도 그러했고(행 16:30,31), 그들과 마찬가지로 믿는 대부분의 사람들도 그러했다. 그러므로 그것들은 조건들이 아니다. 조건은 조건이 충족되기까지 사건을 미루기 때문이다.

[3] 그것들은 칭의를 위한 형식적인 성향들도 아니다. 그것들은 앞에서 부분적으로 언급되었고 후에 자세히 설명이 되겠지만, 영혼에 어떤 새로운 형상이나 내적인 자질을 가져오는 것이 아니기 때문이다.

[4] 그리고 그것들은 그들을 도덕적으로 칭의를 위해 준비시키는 것도 아니다. 복음적인 믿음을 가지기 이전에 어느 누구도 칭의를 위한 어떤 준비도 아닌 "율법의 행위로 의를 추구하는 것" 이외에 어떤 다른 계획을 가질 수 없기 때문이다. 하나님의 의에 대한 모든 발견은 그것에 대한 영혼의 집착과 더불어 오직 믿음에만 속해 있다. 사실 믿음에 수반되는 회개가 있고, 회개는 적어도 근본적으로 믿음의 본질에 포함되어 있다. 하지만 복음적인 믿음에 선행하고 복음적인 믿음이 없는 율법적인 회개는 우리의 칭의를 위한 어떤 성향이나 준비나 조건

이 될 수 없다.

간단히 말해서, 이것들의 순서는 앞에서 언급된 것처럼 하나님이 아담을 다루시는 데서 발견될 수 있다. 그것은 세 가지 차원에서 그렇다.

[1] 그의 양심에 율법의 선언과 정죄를 적용하여 죄에 대한 더러움과 책임을 볼 수 있도록 죄인들의 눈을 여는 것이다(롬 7:9,10). 이것은 죄인의 마음에 앞에서 언급한 것들이 일어나도록 하며, 그에게 그것들에서 나오는 온갖 의무들을 부여한다. 각성을 통해 일반적으로 자신들의 상태가 악하며 위험하다고 판단한 사람들에게 있어서 다음의 의무는 그것을 개선하는 것이며, 그들은 자신들이 원하면 그렇게 할 수 있다고 판단하고 그렇게 행한다. 하지만 이 모든 행위는 율법의 선언에서 보호를 받거나 벗어나기 위해 무화과 잎으로 가리거나 나무 사이에 숨는 것보다 낫지 않다.

[2] 보통 하나님은 자신의 섭리와 말씀의 은혜에 따라 이런 율법의 사역에 특별한 방법으로 생명과 능력을 부여하신다. 아담이 자신을 숨기려고 시도한 후에 하나님은 바로 이렇게 응답하신다. 이것을 통해 "죄인의 입이 닫힌다." 그리고 그는 하나님 앞에서 전적으로 자신의 죄책을 느끼며, 자신이 스스로에게 가한 슬픔이나 의무가 어떤 것이라도 아무런 안식도 구원도 되지 못한다는 것을 알게 된다.

[3] 이런 상태에서 죄인을 생명의 칭의의 약속을 믿도록 부르시는 것은 이것들에 대한 어떤 고려도 없는 오직 주권적인 은혜의 행위이다. 이것이 하나님이 정하신 질서이다. 그가 믿음으로 부르시기 전에 그것을 위한 어떤 인과율도 없다.

3. 살펴보아야 할 다음 내용은 의롭다 칭하는 믿음 혹은 참된 믿음의 올바른 대상이 무엇인가 하는 것이다. 우리는 우리의 칭의와 관련하

여 그것의 임무와 사역과 의무를 살펴볼 것이다. 우리는 여기에서 먼저 우리가 가까이 갈 수 없는 의견들을 살펴보아야 한다. 비록 우리들과 다른 것 같지만 똑같은 것을 다르게 설명하는 것들도 있지만, 극단적으로 보이는 두 가지 주장들도 있기 때문이다. 그것들 중 하나는 너무 지나치고 다른 하나는 결함이 있다.

첫 번째 견해는 로마 가톨릭과 그들의 견해에 동의하는 사람들의 주장이다. 이것은 의롭다 칭하는 믿음의 대상은 그 자체로 성경에 기록되어 있든지, 전통에 의해 전달되었든지 교회의 권위에 의해 모두 우리에게 주어진 신적인 진리이며 계시라는 것이다. 이런 주장의 뒷 부분에 대해 우리는 현재 관심이 없다. 모든 성경과 성경의 모든 부분과 성경에 포함되어 있는 것은 그것이 어떤 것이든지 모두가 우리의 칭의를 얻기 위해 요구되는 똑같은 믿음의 대상이라는 것이 그들의 주장이다. 그러므로 믿음의 본질과 관련하여 그들은 믿음이 지성의 동의라는 것 이외에 어떤 것도 허락할 수 없다. 모든 성경과 그 안에 포함되어 있는 모든 것이, - 율법이든, 계명이든, 약속이든, 위협이든, 이야기이든, 예언이든 관계없이 - 신앙의 대상이요, 이것들이 그것들 안에 우리에게 선하고 악한 것들을 포함하고 있는 것으로서가 아니라, 하나님의 계시라는 형식논리의 차원에서 생각될 때, 그들은 그것들에 동의하는 것 이외에 다른 어떤 지성의 행위도 신앙에 요구되는 것으로 할당하거나 허락할 수 없기 때문이다. 그들은 이런 차원에서 믿음은 오직 하나님의 계시에 동의하는 것이라고 확신한다.

벨라르민은 의롭다 하심을 받는 믿음을 묘사하는 데 있어서 지식을 먼저 제시한 칼빈에 반대해서 믿음은 지식보다는 무지에 의해 더 잘 정의된다고 주장했다. 이런 의롭다 하심을 받는 믿음과 그 대상에 대한 묘사는 명백한 성경과 이성의 증거로 말미암아 온갖 종류의 개신교 작가들에 의해 토론되고 거부되었기 때문에 이곳에서 다시 그것에 대해 많이 언급할 필요는 없다. 그럼에도 불구하고 그들이 주장하는 내용에 어떤 진리와 거짓이 있는지 발견하기 위해 이 문제에 대해 약간 언급할 것이다. 그리고 나는 믿음이나 믿는 것을 신적인 계시에 지성으로 단지 동의하는 것 이외에 더 이상 다른 것을 요구하지 않는 로마교회의 사람들뿐 아니라, 전적으로 그런 견고한 동의가 모든 신적인 계명에 대한 순종을 가져온다고 주장하는 사람들도 다룰 것이다. 믿음에는 이 두 요소가 포함되어 있지만, 이것보다 더 많은 것이 포함되어 있기 때문이다. 의롭다 하심을 받는 믿음은 단순한 동의나 혹은 그런 결과를 가져오도록 하는 견고한 차원의 동의도 아니다.

(1) 모든 믿음은 어떤 것이든지 일반적으로 우리로 하여금 우리의 감각이나 이성에 명확하게 나타나지 않는 것들에 대해 증거에 기초하여 진리에 견고히 동의하도록 하는 우리의 영혼의 능력의 행위다. 그것은 "보이지 않는 것들의 증거"이다. 그리고 모든 신적인 믿음은 일반적으로 우리에게 신적인 증거로서 제시된 진리에 대해 동의하는 것이다. 그리고 이것에 의해 일반적으로 동의되듯이 한 편으로 의견과 도덕적인 확실성과 구분이 되며, 다른 한 편으로 과학이나 증거와 구분이 된다.

(2) 그러므로 의롭다 하심을 받는 믿음에는 계시자이신 하나님의 증거에 기초한 모든 신적인 계시에 동의하는 것이 들어있다. 그 속에 이런 동의가 포함되어 있거나 전제되지·않은 우리의 마음의 어떤 다른 행위에 의해서도 우리는 의롭다 하심을 받을 수 없다. 그것은 의롭다 하심을 받도록 하는 것이 아니기 때문이 아니라, 그것이 믿음이 아니기

때문이다. 나는 이런 동의가 의롭다 하심을 받는 믿음에 포함된다고 말한다. 그러므로 우리는 비록 그들이 반대하고 있는 것이기는 하지만, 이런 동의가 성경에서 그리스도 안에서 은혜의 특별한 약속에 제한되지 않고 종종 사용되고 있는 것을 발견할 수 있다 (벨라르민과 다른 사람들은 이런 예를 모아 두었다). 하지만 대부분 그런 경우 의롭다 하심을 받도록 하는 믿음의 올바른 대상이 포함되어 있고, 비록 다양한 다른 원인들이나 혹은 관련된 내용들에 의해 표현되더라도 궁극적으로 언급되어 있을 뿐 아니라, 우리는 우리가 의롭다 하심을 받는 바로 그 믿음으로 말미암아 하나님의 모든 진리를 믿으며, 결과적으로 다른 모든 것도 이 믿음과 관련되어 있다는 것이 인정된다.

(3) 하지만 이런 양보를 기초로 우리는 두 가지를 언급한다.

[1] 의롭다 하심을 받는 믿음의 모든 본성은 아무리 견고하고 일관성이 있으며 어떤 순종을 결과를 가져오더라도 단순히 지성의 동의에만 있는 것이 아니다.

[2] 칭의의 의무와 임무에 있어서 그것은 모든 신적인 계시 그 자체를 똑같이 고려하는 것이 아니라, 성경에서 그것에 할당된 특별한 대상을 가지고 있다는 것이다. 그리고 이 두 가지가 믿음의 올바른 대상과 믿음의 본성에 대한 우리의 묘사에서 직접적으로 증명이 되겠지만, 나는 여기에서 그것이 진리와 얼마나 거리가 먼가를 드러내는 데 충분하도록 믿음에 대한 그들의 묘사와 관련하여 몇 가지 반대를 제시할 것이다.

첫째로, 이런 동의는 오직 이해의 행위이다. 이것은 어떤 것이든 증거된 진리와 관련된 지성의 행위이다. 그러므로 우리는 가장 좋고 가장 유용한 것뿐 아니라, 가장 나쁘고 우리에게 가장 고통스러운 것도 믿는

다. 하지만 성경이 제시하고 있는 믿는다는 것은 하나의 도덕적이고 영적인 의무들의 전체적인 원리로서 우리의 영혼의 모든 기능을 포괄하는 마음의 행위이다. "사람은 마음으로 믿어 의에 이른다(롬 10:10)." 그리고 그것은 종종 비록 그것만은 아니지만 의지의 행동으로 묘사된다. 하지만 의지의 행동이 없이는 어느 누구도 자신이 믿어야 하는 대로 믿을 수 없다. 요 4:40, 1:12, 6:35을 보라. 우리는 의지의 행동으로 그리스도께 온다. 그러므로 "누구든지 오고자 하는 자는 오도록 하라"고 성경은 말하고 있다. 원한다는 것은 믿는다는 것으로 받아들여지고(시 110:3), 불신은 불순종으로 이해된다(히 3:18,19).

둘째로, 모든 신적인 진리는 똑같이 이런 동의의 대상이다. 그것은 어떤 종류이든지 간에 어느 한 진리의 특별한 본성과 용도만을 고려하지 않고 더 많은 진리를 고려한다. 그리고 그것은 오직 신적인 계시만을 고려하기 때문에 어느 특별한 진리를 대상으로 할 수 없다. 그러므로 유다가 반역자였다는 것은 그리스도가 우리의 죄를 위해 죽으셨다는 것과 마찬가지로 우리의 칭의에 큰 영향을 끼쳐야 한다. 하지만 이것이 성경과 신앙의 유비와 믿는 모든 사람의 경험과 얼마나 반대되는지는 선언하고 확증할 필요조차 없다.

셋째로, 모든 신적인 계시에 대한 이런 동의는 율법의 사전의 활동이나 죄에 대한 어떤 각성이 없는 곳에서도 참되고 신실할 수 있다. 거기에는 그런 것들이 요구되지 않으며, 그것들은 오직 진리에 동의만하는 많은 사람에게서 발견되지 않는다. 하지만 우리가 보여준 것처럼, 이런 동의는 복음적이고 의롭다 하심을 받는 믿음에 필수적이지만, 이와 반대로 생각하는 것은 죄인들의 구원과 관련된 하나님의 계획에서 율법과 복음의 질서와 용도를 그것들의 상호간의 관계와 더불어 전복시키는 것이다.

넷째로, 그것은 입이 막힌 각성된 죄인이 안식을 찾는 방법이 아니다. 이 상태에서 그는 하나님 앞에 자신이 죄인이라는 것을 알게 되기 때문이다. 그리고 이런 상태에 있는 사람만이 의롭다 하심을 받을 수 있으며, 칭의를 올바른 방법으로 추구할 수 있는 대상이다. 신적인 계시에 대한 단순한 동의는 그런 사람들에게 안식을 주기에 적합하지 않다. 그것은 그들을 그들이 벗어나고자 하는 상태로 다시 데리고 가는 것이기 때문인데, 이는 율법으로 죄를 깨닫게 되기 때문이다. 하지만 믿음은 구원을 위한 영혼의 특별한 행위이다.

다섯째로, 그것은 사도 야고보가 인정했듯이 마귀들도 가질 수 있는 것이다. 그들이 한 분 하나님을 믿었다는 것은 그들이 최초의 본질적인 진리이신 이 한 분 하나님이 자신을 계시하신 대로 믿었다는 것을 증거하기 때문이다. 그럼에도 불구하고 그들이 하나님께 순종하지 않는 것은 그들의 온갖 사악함을 더하는 것이며 하나님을 거짓말쟁이로 만드는 것이다(요일 5:10). 그리고 사람들이 우리가 믿음으로 의롭다 하심을 받으며, 이것 이외에 다른 어떤 믿음도 알지 못한다는 것을 거부하는 것은 이상한 일이 아니다.

여섯째로, 그것은 성경에서 의롭다 하심을 받는 믿음에 주어진 어떤 묘사들과도 조화되지 않는다. 특별히 성경은 우리가 그리스도를 "영접하고"(요 1:12, 골 2:16), 약속과 말씀과 하나님의 은혜와 구속을 "받고"(약 1:21, 요 3:33, 행 2:41, 11:1, 롬 5:11, 히 11:17), "하나님께 매말리는 것"(신 4:4, 행 11:23)은 의롭다 하심을 받는 믿음으로 말미암는다고 말하고 있다. 그리고 구약에서 그것은 일반적으로 신뢰와 소망으로 표현되고 있다. 그런데 이것들 중 어떤 것도 진리에 대한 단순한 동의에 포함되지 않고 있다. 오히려 그것들은 오직 이해하는 것 이상으로 영혼의 다른 행동들을 요구하고 있다.

일곱째로, 그것은 진실로 믿는 사람들의 경험과 조화되지 않는다. 이 문제에 있어서 우리의 모든 질문들과 논쟁들은 이것을 고려해야 한다. 우리가 목표하는 것의 종합은 오직 실제로 믿음으로 생명의 칭의에 이른 사람들이 무엇을 하는가를 찾는 것일 뿐이기 때문이다. 우리가 찾고 있는 것은 사람들이 그것에 대해 어떤 개념들을 가지고 있는가, 그들이 어떻게 자신들의 개념들을 표현하는가, 그들이 정확한 표현들과 정교한 구분들로써 반대들을 어떻게 방어하고 있는가가 아니라, 우리가 참으로 믿는다면 우리는 스스로 무엇을 하고 있는가에 있다. 그리고 비록 그것에 관한 우리의 차이점들이 우리가 처해 있는 상태의 불완전함을 드러내고, 결과적으로 참되게 믿는 사람들조차도 자신들의 행위에 다 일치하지 못함에도 불구하고, – 이것은 우리에게 서로를 향해 온유하며 용납하도록 한다 – 만약 사람들이 자신들의 생각을 사로잡거나 영향을 주는 개념들보다 죄의 용서와 생명의 의를 위해 자신들의 영혼을 하나님께 적용시키는 데 있어서 자신들이 경험한 것을 바라본다면, 의롭다 하심을 받는 믿음의 본성에 대한 많은 차이점들과 불필요한 논쟁들이 예방되거나 제거될 것이다. 그러므로 나는 진리에 대한 이런 일반적인 동의가, 아무리 견고하거나 의무와 순종에서 아무리 효과를 내더라도, 죄의 용서와 칭의를 위해 자신의 영혼을 전적으로 하나님께 향하고 있는 진실한 신자의 경험과 조화된다는 것을 거부한다.

여덟째로, 오직 믿음만이 의롭다 하심을 받도록 하여 실질적으로 칭의를 소유하도록 하는 것이다. 오직 믿음으로만 우리는 의롭다 하심을 받을 수 있다. 어떤 사람이 의롭다 하심을 받는 믿음을 가지고 있음에도 불구하고 의롭다 하심을 받지 못한다면 그것은 모순이다. 그리고 우리가 탐구하고 있는 것은 오직 신자로 하여금 실질적으로 의롭다 하심을 받도록 하는 믿음의 본질에 대한 것이다. 하지만 이런 동의가 발견되는 사람들 모두에게 그런 일이 일어나지 않는다. 그리고 오직 이런 동의에 기초하여 칭의를 간구하는 사람들은 즉시로 의롭다 하심을 받지 않는다. 그러므로 비록 우리가 의롭다 하심을 받는 믿음으로 그런 동의를 하더라도, 의롭다 하심을 받는 믿음에는 모든 신적인 계시에 대한 실질적인 동의 이상의 무엇이 필요하다는 것이 충분히 증명이 된다.

하지만 다른 한 편으로 어떤 사람들에 의해 의롭다 하심을 받는 믿음의 대상은 매우 제한되어 있으므로, 그것의 본질은 성경에서 기술되어 있는 것의 전체가 될 수 있으며, 마음의 특별한 활동에 한정되어 있다고 주장된다. 그러므로 어떤 사람들은 의롭다 하심을 받는 믿음의 대상은 특별히 우리의 죄에 대한 용서라고 말하고 있다. 그리하여 그들은 믿음을 그리스도의 중보나 혹은 그리스도가 우리의 중보자로서 행하시고 고통을 받으신 것, 특히 우리를 위해 행하신 것을 통해 우리의 죄의 용서에 대해 완전히 확신하는 것으로 여긴다. 따라서 우리의 영혼과 양심에 특별한 자비를 특별히 적용하는 것이 믿음의 본질이 되거나, 혹은 우리 자신의 죄가 이를 통해 용서받았다는 것을 믿는 것이 의롭다 하심을 받는 첫 번째이며 가장 올바른 행위로 이해된다. 그러므로 특별히 자신의 죄의 용서에 대해 믿지 못하거나 분명한 확신을 가지고 있지 못한 사람은 누구나 구원받은 믿음을 가지고 있지 못하며 참된 신자가 아니다. 그러나 이런 견해는 받아들여질 수 없다. 그리고 만약 어떤 사람이 이런 의견을 가지고 있었거나 가지고 있다면, 나는 그들이 그렇게 주장하면서 자신들의 경험을 무시하고 있거나, 혹은 오히려 자신들의 경험으로 믿음의 확신에 당연히 포함되어야 할 믿음의 다른 모든 행위를 그 본질과 더불어 무시하고 있는 것은 아닌가 하고 의심한다. 이것에 대해 우리는 후에 이야기할 것이다. 그리고 나는 믿음에는 그들이 주장하고 있는 것이 포함되어 있으며, 일반적으로 참된 신자는 그것을 올바른 방법으로 인정하고 향상시켜야 한다는 것을 의심하지 않는다.

첫 번째 종교개혁에서 많은 위대한 신앙인들은 (루터교도들이 일반적으로 그러하듯이) 그리스도 안에 있는 하나님의 자비와 그것에 의한 우리 자신의 죄에 대한 용서를 의롭다 칭하는 믿음의 올바른 대상 그 자체로 삼았다. 그러므로 그들은 믿음의 본질을 약속들에 포함되어 있는 그리스도로 말미암은 하나님의 은혜에 대한 신뢰(fiducial trust)와 약속들을 흔들리지 않고 우리 자신들에게 적용시키는 것에 두었다. 그리고 나는 어느 정도 확신을 가지고 이것을 획득하려고 노력하지 않는 사람들은 믿음의 본질을 이해하지 못하거나, 하나님의 은혜와 자신들의 평화에 대해 매우 무시하고 있다고 말한다.

저 위대하고 거룩한 사람들로 하여금 스스로 이 문제와 관련해서 표현하도록 하고 그것의 최고의 행위에 믿음의 본질을 두도록 한 것은 그들이 관계를 맺고 있던 사람들의 양심의 상태였다. 이 문제와 관련하여 그들이 로마교회와 싸운 것은 각성되고 고통을 느끼는 죄인들이 안식을 얻고 하나님과 평화하게 되는 방법과 수단에 대한 것이었다. 그 당시 그들은 이것들이 하나님의 명령에 대한 순종으로 사람들이 스스로 행한 의의 행위에 의해서뿐 아니라, 소위 교회를 통해 만들어진 미사와 성례전과 사면과 보속과 순례와 다른 유사한 미신적인 규례들을 엄격하게 지키는 것에 의해 획득될 수 있다는 것 이외에 다른 것을 배우지 못했기 때문이다. 이것으로 말미암아 그들은 사람의 양심은 영원히 불안하며 당혹스럽고 두렵고 속박에 처해 있으며, 복음이 주장하고 제공하는 그리스도의 보혈을 통한 안식과 확신과 하나님과의 평화가 없다는 것을 발견했다. 그리고 그런 교회에서 사람들의 지도자들은 사실상 그들이 소유하고 제시했던 방법과 수단이 사람들의 영혼들에 안식을 가져오지 못하며, 그들에게 죄의 용서에 대해 조금도 확신을 줄 수 없다는 것을 발견했을 때, 그들은 우리의 죄의 용서에 대한 믿음과 그리스도 안에서 하나님의 사랑에 대한 확신이 잘못되고 어리석은 것이라는 주장을 그들의 교리의 한 부분이 되도록 했다. 그들이 자신들의 방법으로, 자신들의 명제들에 의해 그것들이 획득될 수 없다는 것을 충분히 잘 알고 있을 때 과연 그들은 다른 어떤 것을 할 수 있었겠는가?

그러므로 이 문제에 있어서 개혁자들이 로마교회의 지도자들과 벌린 주된 논쟁의 핵심은 이것이다. 복음에 따르면, 복음에 의하면 이 땅에서의 삶에서 안식과 하나님과의 평화가 확실히 있을 수 있는가? 그리고 이것을 증명하기 위해 복음의 본질과 용도와 목적과, 그리스도 안에서 하나님의 은혜와 사랑과 계획과, 그의 수난과 중보에서 그의 중보사역의 효과가 제공하는 모든 유익을 최대한 묵상하면서 그들은 이것들을 의롭다 하심을 받는 특별한 대상으로 할당하고, 믿음 그 자체를 복음의 약속들 안에 제시된 대로 그리스도의 보혈을 통한 하나님의 특별한 은혜와 자비에 대한 신뢰로 이해하였다. 곧 그들은 사람들의 영혼들로 하여금 하나님과의 평화와 죄에 대한 용서와 하늘의 기업에 대한 권리를 오직 그리스도로 말미암은 하나님의 자비를 유일하게 신뢰하고 맡기는 데서 찾도록 방향을 잡았다. 하지만 이 모든 것에도 불구하고, 비록 그들은 성경이 의무의 방법으로 이것을 그들에게 요구하고 있으며, 그들은 이것을 획득하려고 목표해야 한다고 주장하고 있지만, 나는 그들 중 어느 누구에게서도 모든 참되고 진실한 신자는 언제나 그리스도 안에서 하나님의 특별한 사랑이나 자신의 죄의 용서에 대해 완전한 확신을 가진다는 것을 인정하고 있는 것을 발견하지 못했다.

그리고 나는 교회의 유익을 위해 이것들을 계속해서 유지할 것이다. 나는 진리의 본질이 유지되고 있는 곳에서 진리를 표현하는 방법과 관련하여 어느 누구와도 논쟁하지 않을 것이기 때문이다. 여기에서 내가 목표로 삼고 있는 것은 사람들의 영혼들로 하여금 안식을 얻으며 하나님과 평화하도록 하는 것과 더불어 그리스도 안에서 하나님의 은혜의 영광을 높이는 것이다. 이들의 글에서는 이런 목적이 성취되고, 진리의 실체가 유지되고 있으며, 믿음을 서술하기 위해 그들에 의해 표현된 다양한 이해들과 표현들은 믿음을 유용하게 사용하고 교회를 세우는 데 도움이 되는 경향이 있다. 그러므로 나는 다른 사람들이 서술한 것을 반대하거나 거부하지 않으면서 이 문제에 대한 나의 생각을 제시할 것이다. 나는 나의 생각이 이 문제를 이해하는 데 빛을 제공하고, 이 문제와 관련하여 학식이 있고 거룩한 사람들 사이에서 의견을 달리하고 있는 몇몇 부분들이 화해되는 데 기여하기를 바란다. 나는 하나님이 작정하시고 복음의 약속에 제시된 대로 잃어버린 죄인들의 회복과 구원을 위해 중보하신 주 예수 그리스도 자신이 우리의 칭의와 관련하여 그의 사역과 의무에 있어서 의롭다 하심을 받는 믿음이나, 구원받는 믿음의 적절하고 올바른 대상이라고 말한다.

내가 이렇게 의롭다 하심을 받는 믿음의 대상을 서술하는 이유는 그것이 완전하게 성경이 믿음과 관련하여 서술하는 모든 것과 조화되며 그것의 본질이 요구하는 모든 것이기 때문이다. 일반적으로 믿음에 속하는 것이 여기에 제시되었으며 의롭다 하심을 받도록 하는 것이 온전히 제시되었다. 그리고 이 논지를 이해하는 데 계속해서 몇 가지 내용을 살펴보면 도움이 될 것이다.

(1) 주 예수 그리스도 자신이 의롭다 하심을 받는 믿음의 올바른 대상으로 주장이 된다. 이것은 믿음은 우리가 그를 믿는 것이며, 그의 이름을 믿는 것이고, 그를 영접하는 것이며, 그를 바라보는 것이고, 바로 여기에 칭의와 영생에 대한 약속이 연결되어 있다고 선언하고 있는 성경의 모든 증거가 요구하고 있는 것이다. 여기에 대해 후에 더 자세히 살펴볼 것이다. 요 1:12, 3:16, 36, 6:29, 47, 7:38, 14:12, 행10:43, 13:38, 39, 16:31, 26:18 등을 보라.

(2) 그는 절대적인 차원에서가 아니라 생명의 칭의를 위해 아버지이신 하나님에 의해 작정되신 분으로 우리의 믿음의 대상으로 제시되신다. 그는 그런 차원에서 우리가 여기에서 선언하고 있는 의롭다 하심을 받는 믿음의 직접적인 대상이 되신다. 그러므로 칭의는 특별히 그를 의지하도록 하는 믿음과 연관지어 빈번하게 기술된다. 요 5:24은 "나를 보내신 자를 믿는 자는 영생을 가졌고 심판에 이르지 아니하나니 사망에서 생명으로 옮겼느니라"고 말하고 있다. 그리고 바로 여기에 우리의 칭의의 주된 동인인 하나님의 은혜와 사랑과 호의가 포함되어 있다(롬 3:23, 24). 요 6:29은 "하나님께서 보내신 이를 믿는 것이 하나님의 일이니라"고 믿음의 대상이 무엇인지 온전히 선언하고 있다. 하나님 아버지는 보내시는 분이시고, 아들은 보내심을 받으신 분이시다. 곧 그의 중보의 사역을 감당하시고 잃어버린 죄인을 회복하시고 구원하시기 위해 하나님이 작정하신 예수 그리스도가 우리의 믿음의 대상이시다. 벧전 1:21을 보라.

(3) 그는 믿음의 일반적인 본성이 동의에 놓여 있으며, 다른 믿음의

모든 행동의 기초인 우리의 믿음의 대상이 되시기 위해 복음의 약속들 안에서 제시되신다. 그러므로 나는 믿음을 믿음의 완전한 대상과 함께 제시한다. 그러나 나는 여기에서 약속들을 믿음의 형식적인 대상에 속한다는 의미에서 단지 특별한 신적인 계시들로서가 아니라, 그것들이 그리스도를 하나님이 작정하신 분으로, 믿는 자들에게 그의 중보사역을 통해 유익을 주는 분으로 포함하고 제시하고 드러낸다는 의미에서 생각한다. 어떤 사람들은 의롭다 하심을 받는 믿음이나 칭의와 관련하여 그것의 일과 의무에서 믿음의 본질을 복음의 약속들에 대한 특별한 동의에 둔다. 그리고 의롭다 하심을 받는 믿음의 행위들에는 그것들에 대한 특별한 동의가 있다는 것은 부인될 수 없다. 그럼에도 불구하고, 동의는 오직 지성의 행동이며, 믿음 전체의 본질과 사역은 믿음에 포함될 수 없다. 그러므로 약속들이 믿음의 완전한 대상으로 받아들여지려면 내용적으로 그리스도를 포함하고 신자들에게 그리스도를 제시하고 드러내야 한다. 그리고 이런 의미에서 그것들은 성경에서 자주 생명의 칭의를 위한 우리의 믿음의 대상으로 인정된다(행 2:39, 26:6, 롬 4:16, 20, 15:8, 갈 3:16, 18, 히 4:1, 6:13, 8:6,10:36).

(4) 주 그리스도의 중보사역을 통해 하나님이 작정하시고 복음에 제시된 목적, 곧 잃어버린 죄인들의 회복과 구원도 의롭다 하심을 받는 믿음의 대상에 속한다. 그러므로 죄의 용서와 영생은 성경에서 칭의를 위해 믿어야하는 것으로, 우리의 믿음의 대상으로 제시된다(마 9:2, 행 2:38, 39, 5:31, 26:18, 롬 3:25, 4:7, 8, 골 2:13, 딛 1:2 등). 그리고 의인은 믿음으로 살아야하고, 모든 사람은 자신을 위해 믿거나 믿는 것을 자신의 유익을 위해 적용해야 한다. 그리고 어떤 사람들은 여기에서 우리 자신의 죄에 대한 용서와 우리 자신의 구원을 믿음의 온전한 대상

으로 인정한다. 그리고 우리는 그것이 하나님과 복음의 방법이요 질서라는 것을 인정한다(골 15:3, 4, 갈 2:20, 엡 1:6,7).

그러므로 중보의 사역을 감당하신 주 예수 그리스도가 칭의에 이르는 믿음의 대상이라고 주장하면서 나는 여기에 원인으로서 하나님의 은혜와, 결과로서 죄의 용서와, 그리스도와 그의 중보사역의 효과들을 우리에게 전달하는 수단으로서 복음의 약속들을 포함시킨다. 그리고 이 모든 것이 그것들의 상호관계 속에서 서로 연합되고 섞이고 하나님의 목적과 그의 뜻이 선포된 복음 속에서 서로 연결되어서 그것들 중 어느 하나를 믿는 것은 실질적으로 나머지를 믿는 것을 포함한다. 그리고 이것들 중 어느 하나를 믿지 않는 사람들은 나머지 모두도 무효화시키고 결국 복음 그 자체를 버리게 된다.

이런 것들에 대한 올바른 고려는 성경에서 나오는 것이든, 믿는 자들의 경험에서 나오는 것이든 믿음의 본성과 대상과 관련하여 일어나는 모든 어려움을 해결한다. 우리는 성경에 있는 많은 것이 칭의를 위해 믿음과 더불어, 믿음에 의해 믿어져야 한다고 듣고 있다. 그러나 다음과 같은 두 가지 사실이 분명이 지적되어야 한다. 첫째로, 그것들 중 어느 것도 우리의 믿음의 완전하고 타당한 대상이라고 주장될 수 없다는 것이다. 둘째로, 그것들 중 어느 것도 하나님이 우리의 칭의와 구원을 위해 작정하신 분으로서 주 예수 그리스도와 관련되어 있지 않는 한 절대적이지 않다는 것이다.

그리고 이것은 진정으로 믿는 모든 사람의 경험과 조화를 이룬다. 이것들은 하나님이 제정해 놓으신 규약 속에서 서로 연합되어 있고 분리될 수 없도록 되어 있다. 그러므로 그것들 모두가 그것들 중 모두에 실질적으로 포함되어 있다.

(1) 어떤 사람들은 자신들의 믿음과 신뢰를 주로 하나님의 은혜와 사랑과 자비에 고정시킨다. 특별히 그들은 그리스도와 그의 중보사역에 대해 분명한 계시가 주어지기 전에 구약에서 그러했다. 시편기자가 그러했으며(시 130:3, 4, 38:18, 19), 세리가 그러했다(눅 18:13). 그리고 이것들은 셀 수 없이 많은 성경구절들에서 우리의 칭의의 원인들로 제시되었다. 롬 11:24, 엡 2:4-8, 딛 3:5-7을 보라. 그러나 그것들은 이것을 "그리스도의 보혈 안에 있는 구속"과 관련되어 있지 않는 한 절대적으로 제시하지 않는다(단 9:17). 성경은 어디에서도 그런 고려 없이 그것들을 우리에게 제시되지 않는다. 롬 3:24, 25, 엡 1:6-8을 보라. 이것이 그 은혜와 사랑과 자비를 우리에게 전달하는 원인이요 방법이요 수단이기 때문이다.

(2) 어떤 사람들은 그것들은 주 예수 그리스도와 그의 중보사역과 그것의 혜택에 우선적으로 두고 고정시킨다. 사도바울은 종종 이것을 자신의 예를 통해 우리에게 제시한다. 갈 2:20, 빌 3:8-10을 보라. 그러나 그것들은 하나님의 은혜와 사랑과 관련해서가 아니라면 절대적으로 우리에게 이렇게 제시하고 전달하고 있지 않다(롬 8:32, 요 3:16, 엡 1:6-8). 그리고 그것들은 칭의를 위한 우리의 믿음의 대상으로서가 아니라면 성경 어느 곳에서도 다르게 제시되어 있지 않다.

(3) 어떤 사람들은 특별한 방법으로 자신들의 영혼들이 믿을 때 약속들에 고정시킨다. 그리고 이것은 아브라함의 예에서 나타난다(창 15:6, 롬 4:20). 그리고 그것들은 성경에서 우리의 믿음의 대상으로 제시된다(행 2:39, 롬 4:16, 히 4:1, 2, 6:12, 13). 그러나 그것들은 단지 신적인 계시들일 뿐 아니라 하나님의 은혜와 사랑과 자비에서 주 그리스도와 그의 중보사역의 혜택을 포함하고 있고 우리에게 제시하고 있

다는 점에서만 이렇게 한다. 그러므로 사도는 갈라디아사람들에게 보낸 자신의 편지에서 칭의가 약속에 의한 것이 아니라면, 하나님의 은혜와 그리스도의 죽음은 헛것이 되며 아무런 효과를 내지 못할 것이라고 크게 논쟁한다. 그리고 그 이유는 약속은 그것들을 우리에게 전달하는 방법이요 수단 이외에 다른 어떤 것도 아니기 때문이다.

(4) 어떤 사람들은 자신들의 믿음을 자신들이 목표로 하고 있는 것들 자체, 곧 죄에 대한 용서와 영생에 고정시킨다. 그리고 성경에서 이것들은 우리의 믿음의 대상이거나 우리가 우리의 칭의를 위해 믿어야 할 것으로 우리에게 제시되고 있다(시 130:4, 행 26:18, 딛 1:2). 그러나 이것은 특별히 그것들이 우리들의 영혼에 적용될 때 올바른 질서에 따라 행해져야 한다. 우리는 그리스도와 그의 중보사역을 통한 하나님의 은혜와 사랑의 결과로서가 아니라면, 어느 곳에서도 이것들을 믿거나 혹은 이것들에 우리가 참여하고 있다는 것을 믿도록 요구되고 있지 않기 때문이다. 그러므로 이것들은 믿는 것은 이것들을 믿는 것에 포함되어 있으며 본성의 순서상 믿는 것이 선행된다. 그리고 그 원인에 대한 믿음의 올바른 행위없이 죄에 대한 용서와 영생을 믿는 것은 억측에 불과하다.

나는 지금까지 의롭다 하심을 받는 믿음의 대상과 우리의 칭의와 관련된 믿음의 사역과 의무에 대해 성경의 증거들과 믿는 자들의 경험과 일치되게 제시하였다. 이제 죄의 용서와 영생과 관련된 약속들과 그 모든 것의 결과에 대해 올바른 위치를 부여하면서 내가 더 나아가서 확증하려는 것은 그의 중보사역을 통해 잃어버린 죄인들의 회복과 구원을 위해 하나님이 작정하신 분이신 주 예수 그리스도가 의롭다 하심을 받는 믿음의 올바르고 적절한 대상이시라는 것이다. 그리고 복음적인 믿음의 참된 본성은 하나님의 사랑과 은혜와 지혜와, 그리스도의 순종과 중보 사역과, 그가 자신의 보혈로 죄에 대해 치르신 희생과 충족과 구속에 대한 마음의 상태에 놓여 있다는 것이다. 우리는 이것에 대해 즉시 살펴볼 것이다. 그런데 이것들은 어떤 사람들에 의해 불경건하게도 서로 조화될 수 없는 것으로 반대를 받아왔다. 소시누스주의자들이 행한 불경건 중 두 번째 핵심은 하나님의 은혜와 그리스도의 충족이 서로 반대되며 조화를 이룰 수 없고, 하나가 허락되면 다른 하나는 거부되어야 한다는 것이다. 그러나 이것들은 성경에 제시되어 있는 것으로 그것들이 인정되지 않는다면 결국 두 진리 다 거부하게 된다. 그러므로 믿음은 그것들을 서로 종속적인 것으로 고려하고 있다. 곧 믿음은 그리스도의 구속사역을 하나님의 은혜로 돌리면서 주 그리스도와 그의 보혈로 말미암은 구속을 그 대상으로 여기며, 그 구속을 하나님이 작정하신 것으로 하나님의 지혜와 은혜와 사랑의 결과로서 여기며 이 둘 안에서 안식을 발견한다.

이런 주장을 증명하기 위해 나는 수고할 필요가 없는데, 이는 그것이 성경에 풍성히 선언되고 있을 뿐 아니라, 복음의 계획과 본질의 주요한 부분이기 때문이다. 그러므로 나는 단지 그것을 가르치고 있는 몇 구절과 증거들을 언급할 것이다.

이 모든 것은 사도가 칭의의 교리를 우리에게 가장 탁월하게 제시한 구절인 롬 3:24, 25에 표현되어 있다. "그리스도 예수 안에 있는 속량으로 말미암아 하나님의 은혜로 값없이 의롭다 하심을 얻는 자 되었느니라 이 예수를 하나님이 그의 피로써 믿음으로 말미암은 화목제물로 세우셨으니 이는 하나님께서 길이 참으시는 중에 전에 지은 죄를 간과하심으로 자기의 의로우심을 나타내려 하심이니". 여기에 우리는 엡 1:6을 더할 수 있다. "이는 그가 사랑하시는 자 안에서 우리에게 거저 주시는 바 그의 은혜의 영광을 찬송하게 하려는 것이라 우리는 그리스도 안에서 그의 은혜의 풍성함을 따라 그의 피로 말미암아 속량 곧 죄사함을 받았느니라." 우리가 의롭다 하심을 받도록 하는 것이 칭의를 위한 우리의 믿음의 특별한 대상이다. 그런데 이것은 중보사역을 감당하신 주 그리스도이시다. 우리가 그리스도 안에 있는 구속으로 말미암아 의롭다 하심을 받기 때문이다. 우리가 그 안에서 그의 보혈을 통해 구속, 곧 죄 사함을 받게 되기 때문이다. 화목제물로서 그리스도는 우리의 칭의의 원인이시며, 우리의 믿음의 대상이시거나, 혹은 우리는 그의 보혈에 대한 믿음으로 그것을 얻는다. 그러나 그가 그런 목적을 위해 하나님이 정하신 분, 곧 하나님의 은혜와 지혜와 사랑에 의해 임명되고 주어지고 제시된 분이시라는 형식적인 고려의 차원에서 그렇다. 하나님은 그를 화목제물로 세우셨다. 그는 그 사랑하시는자 안에서 우리가 용납이 되도록 하셨다. 우리는 그의 은혜의 풍성함을 따라 그의 보혈로 구속을 받게 되고, 이로 말미암아 그 사랑하시는 자 안에서 용납이 되게 된다. 그리고 바로 여기에서 그는 "우리를 향한 그의 모든 지혜를 풍성히 드러내신다"(엡 1:8). 그러므로 이것이 복음이 생명의 칭의를 위한 우리의 믿음의 특별한 대상으로 우리에게 제시하고 있는 것이다.

그러나 우리는 이런 주장을 똑같은 방법으로 몇 가지로 세분하여 확증할 수 있다.

(1) 복음의 약속에 제시된 대로 주 예수 그리스도는 칭의를 위한 믿음의 특별한 대상이시다. 이것을 확증하는 세 종류의 증거들이 있다.

[1] 그것이 적극적으로 주장되고 있는 증거들. 행 10:43은 "저에 대

하여 모든 선지자도 증거하되 저를 믿는 사람들이 다 그 이름을 힘입어 죄사함을 받는다 하였느니라"고 증거하고 있다. 죄 사함의 수단과 원인으로 믿어야 한다고 모든 사도들이 증거한 것은 그리스도였다. 행 16:31은 "주 예수를 믿으라 그리하면 너와 네 집이 구원을 얻으리라"고 증거하고 있다. 이것은 "선생들아 내가 어떻게 하여야 구원을 얻으리이까?"라고 간수장이 사도에게 물은 것에 대한 대답이었다. 그들이 준 대답은 주 예수 그리스도를 믿어야 한다는 것이었다. 여기에서 믿는 것은 의무이고 주 예수 그리스도는 믿음의 대상이었다. 행 4:12은 "다른 이로서는 구원을 얻을 수 없나니 천하 인간에 구원을 얻을 만한 다른 이름을 우리에게 주신 일이 없음이니라"고 증거하고 있다. 여기에서 다른 모든 것이 거부되고 우리의 칭의와 구원의 유일한 방법이요 수단으로 우리에게 제시된 것은 오직 그리스도이다. 이것은 모세와 선지자들에 의해 증거되었으며, 성경의 모든 계획은 교회로 하여금 생명과 구원을 위해 오직 주 그리스도만을 믿도록 하는 것이었다 (눅 24:25-27).

[2] 의롭다 하심을 받는 믿음은 우리가 그와 그의 이름을 믿는 것이라는 증거들. 이런 증거는 많이 있다. 요 1:12은 "그의 이름을 믿는 자들에게는 하나님의 자녀가 되는 권세를 주셨다"고 말하고 있다. 3:16은 "그를 믿는 자마다 멸망치 않고 영생을 얻게 하려하심이라"고 증거하고 있으며, 36절은 "아들을 믿는 자마다 영생을 가졌고"라고 말하고 있다. 6:29은 "하나님의 보내신 자를 믿는 것이 하나님의 일이니라"고 말하고 있고, 47절은 "믿는 자는 영생을 가졌다"라고 증거하고 있다. 7:38은 "나를 믿는 자는 성경에 이름과 같이 그 배에서 생수의 강이 흘러나리라"고 말하고 있다. 또한 9:36-37, 11:25도 마찬가지로 선언하

고 있다. 행 26:18은 "죄사함과 나를 믿어 거룩하게 된 무리 가운데서 기업을 얻게 하리라"고 말하고 있다. 벧전 2:6은 "저를 믿는 자는 부끄러움을 당하지 아니하리라"고 증거하고 있다. 이 모든 것과 다른 많은 곳에서 우리는 우리의 믿음을 그에게 고정시키도록 인도를 받고 있으며, 칭의의 결과는 이것의 여부에 달려 있는 것을 발견하게 된다. 행 13:38, 39는 이 사실을 명확하게 증거하고 있으며 이것이 바로 우리가 증명하고자 하는 것이다. "그러므로 형제들아 너희가 알 것은 이 사람을 힘입어 죄사함을 너희에게 전하는 것이 이것이며 또 모세의 율법으로 너희가 의롭다 하심을 얻지 못하던 모든 일에도 이 사람을 힘입어 믿는 자마다 의롭다 하심을 얻는 이것이라."

[3] 우리에게 믿음의 행동과 관련하여 그를 믿음의 직접적이고 올바른 대상으로 묘사하고 있는 증거들. 그 대표적인 것은 그를 "영접하는 것(receiving)"으로 묘사하고 있는 것이다. 요 1:12은 "그를 영접하는 자에게"라고 기록하고 있으며, 골 2:6은 "너희가 그리스도 예수를 주로 받았으니(영접하였으니)"라고 말하고 있다. 우리가 믿음으로 영접한 것은 믿음의 올바른 대상이다, 그리고 그것은 불뱀에 물린 사람들이 높이들려올린 구리뱀을 바라보았던 것에서도 나타난다(요 3: 14, 14, 12:32). 믿음은 그렇지 않았으면 멸망당할 준비가 되어 있는 각성된 죄인들이 자신들의 죄에 대한 화목제물이 되신 그리스도를 바라보는 것이며, 그렇게 한 사람은 "멸망을 받지 않고 영생을 얻게 되는 것"이다. 그러므로 그는 우리의 믿음의 대상이시다.

(2) 그는 이런 목적을 위해 하나님이 작정하신 분으로서 믿음의 대상이시다. 이런 고려는 그에 대한 우리의 믿음과 분리될 수 없는 것이며. 이것은 또한 다음과 같은 몇 가지 증거들에 의해 확증된다.

[1] 하나님의 사랑과 은혜가 우리의 회복과 구원을 위한 방법이요 수단으로서 예수 그리스도를 주신 유일한 원인으로서 제시되고 있는 증거들. 이것은 하나님 자신이 우리의 칭의의 최고의 원인이심을 증거하고 있는 것이다. 요 3:16은 "하나님이 세상을 이처럼 사랑하사 독생자를 주셨으니 이는 저를 믿는 자마다 멸망치 않고 영생을 얻게 하려하심이라"고 말하고 있다. 롬 5:8은 "우리가 아직 죄인 되었을 때에 그리스도께서 우리를 위하여 죽음으로 하나님이 우리에게 대한 자기의 사랑을 확증하셨느니라"고 증거하고 있다. 요일 4:9, 10은 "하나님의 사랑이 우리에게 이렇게 나타난 바 되었으니 하나님이 자기의 독생자를 세상에 보내심은 저로 말미암아 우리를 살리려 하심이니라 사랑은 여기 있으니 우리가 하나님을 사랑한 것이 아니요 오직 하나님이 우리를 사랑하사 우리 죄를 위하여 화목제로 그 아들을 보내셨음이니라"고 말하고 있다. 롬 3:24은 "그리스도 예수 안에 있는 구속으로 말미암아 하나님의 은혜로 값없이 의롭다 하심을 얻은 자 되었느니라"고 증거하고 있다. 엡 1:6-8은 "이는 그의 사랑하시는 자 안에서 우리에게 거저 주시는 바 그의 은혜의 영광을 찬미하게 하려는 것이라 우리가 그리스도 안에서 그의 은혜의 풍성함을 따라 그의 피로 말미암아 구속 곧 죄사함을 받았으니 이는 그가 모든 지혜와 총명으로 우리에게 넘치게 하사"라고 기록하고 있다. 여기에서 우리는 계속해서 주 그리스도를 보내신 분이신 그 분의 뜻을 바라보게 된다. 히 10:5을 참조하라.

[2] 하나님이 그를 생명의 칭의를 위해 세우시고 정하신 분이심을 증거하는 것들. 롬 3:25에서 그는 "하나님이 그의 피로 인하여 믿음으로 말미암은 화목제물로 세우신 분"으로 묘사되고 있다. 고전 1:30은 "예수는 하나님으로부터 나와서 우리에게 지혜와 의로움과 거룩함과

구속함이 되신 분"이라고 증거하고 있다. 고후 5:21은 "하나님이 죄를 알지도 못하신 자로 우리를 대신하여 죄를 삼으신 것은 우리로 하여금 저의 안에서 하나님의 의가 되게 하려 하심이라"고 말하고 있다. 우리 는 이와 같은 것은 행 13:38, 39에서도 발견할 수 있다. 그러므로 우리 의 칭의를 위한 그리스도에 대한 믿음의 행동에서 우리는 그를 하나님 이 그 목적을 위해 작정하신 분으로서가 아닌 다른 어떤 것으로 간주 할 수 없다. 그는 하나님이 정하시고 계획하시고 그에게 하도록 하신 것 이외에 다른 어떤 것도 우리에게 가져오지 않으시며 행하지 않으신 다. 그리고 이것은 그리스도의 보혈과 희생과 충족에 대한 믿음을 통 해 우리가 얻게 되는 유익은 오직 하나님의 값없이 주시는 은혜와 호 의와 사랑에서 나온 것임을 우리로 하여금 부지런히 탐구하도록 한다.

[3] 칭의와 구원의 이런 방법은 하나님의 지혜로 말미암은 것임을 증거하고 있는 구절들. 엡 1:7, 8은 "우리가 그리스도 안에서 그의 은 혜의 풍성함을 따라 그의 피로 말미암아 구속 곧 죄사함을 받았으니 이 는 그가 모든 지혜와 총명으로 우리에게 넘치게 하사"라고 증거하고 있 다. 또한 엡 3:10, 11, 고전 1:24을 보라.

이 모든 것은 "곧 하나님께서 그리스도 안에 계시사 세상을 자기와 화목하게 하시며 저희의 죄를 저희에게 돌리지 아니하시고 화목하게 하는 말씀을 우리에게 부탁하셨느니라"(고후 5:19)고 사도가 증거한 것에 포함되어 있다. 하나님과 우리와의 화해와, 우리의 죄에 대한 용 서와, 생명으로 용납된 이 모든 것은 하나님의 은혜와 지혜와 능력을 따라 그것을 계획하시고 효력을 나타내신 그리스도 안에서 하나님의 임재에 의해 이루어진 것이다.

그러므로 생명의 칭의를 위한 우리의 믿음의 대상으로 복음의 약속에 제시된 주 그리스도는 이 목적을 위해 하나님이 작정하신 분으로 고려된다. 그러므로 그를 보내시고 주시는 데 나타난 하나님의 사랑과 은혜와 지혜는 그것의 대상에 포함된다. 그리고 그리스도 안에서 우리를 향하신 하나님의 행위들뿐 아니라, 그 똑같은 목적을 위해 그리스도 자신을 향하신 그의 모든 행위들 또한 믿음의 대상이 된다. 그러므로 그의 죽음과 관련하여 "하나님께서 그를 화목제물로 세우셨다"고 롬 3:25은 증거하고 있다. 또한 롬 8:32은 그가 "자기 아들을 아끼지 아니하시고 우리 모든 사람을 위하여 내어주셨다"고 말하고 있다. 그리고 사 53:6은 그가 "우리 모두의 죄악을 그에게 담당시키셨다"고 기록하고 있다. 롬 4:25은 그는 "우리를 의롭다 하심을 위하여 살아나셨다"라고 증거하고 있다. 우리의 믿음은 "죽은 자 가운데서 그를 부활시키신" 하나님을 믿는 것이다(롬 10:9). 그리고 하늘에 올리우심을 통해(행 5:31) 그는 "하나님이 자기 아들에 대해 주신 증거"를 완성시키셨다(요일 5:10-12).

이 모든 것은 기도할 때 믿음이 활용되는 것에 의해서도 확증된다. 기도는 영혼이 그리스도의 중보사역의 유익에 참여할 수 있도록 자기 자신을 하나님께 적용시키는 것이다. 그리고 그것은 우리가 "저로 말미암아 아버지께로 나아가는 것"으로 불린다(엡 2:18). 그리고 그것은 우리가 그를 통해 대제사장과 희생제물로서 그를 통해(히 10:19-22) "때를 따라 돕는 자비와 은혜를 얻기 위하여 은혜의 보좌로 나아가는 것"으로 불린다(히 4:15, 16). 그리고 그것은 우리가 "우리 주 예수 그리스도의 아버지께 무릎을 꿇는 것"으로 불린다(엡 3:14). 이것은 기도하는 것이 무엇인지 아는 모든 사람의 경험과 조화를 이룬다. 우리는 기도에서 그리스도의 이름으로 그에 의해 그의 중보사역을 통해 하나님 아버지께 그의 은혜와 사랑과 자비를 통해 그가 자신을 통해 가난한 죄인들에게 전달하시기로 계획하시고 약속하신 것에 참여하기 위해 나아간다. 그리고 이것은 우리의 믿음의 완전한 대상을 드러낸다.

이런 것들에 대한 올바른 고려는 의롭다 하심을 받는 믿음의 대상과 관련하여 성경이 말하고 있는 것과 우리가 이를 위해 믿는다고 말하는 것과 완벽하게 조화를 이룰 것이다. 이것들 각자는 다양하게 세분화될 수 있지만, 그것들 중 어느 것도 서로 분리되었을 때 믿음의 총체적인 대상으로 생각될 수 없기 때문이다. 그러나 그것들 모두를 그리스도와 관련해서 생각해 보라. 그러면 그것들 하나하나가 제 자리를 찾게 될 것이다. 하나님의 은혜는 원인으로, 죄의 용서는 결과로, 복음의 약속들은 주 그리스도와 그의 중보사역의 효력을 우리에게 전달하는 수단으로 제 역할을 할 것이다.

독자들은 내가 이곳에서 복음의 교리로서 그리스도의 인격과 구속사역에 대해 말하면서 다른 모든 것을 배제하여 이 모든 것을 왜곡하려고 하는 사람들의 최근의 시도를 무시할 뿐 아니라 경멸하고 있으며, 그 자체를 시끄럽고 불경건한 것일 뿐 아니라 학식과 논쟁과 정교함을 동원하여 아무리 노력해도 입증될 수 없는 것으로 취급하고 있는 것을 주목하고 기뻐할 수 있을 것이다.

제 2 장
의롭다 하심을 받는 믿음의 본질

이제 우리가 살펴보려고 하는 것은 의롭다 칭하는 믿음, 혹은 우리가 그것의 행동을 통해 의롭다 하심을 받게 되거나, 혹은 하나님의 작정과 약속에 따라 칭의가 따라 나오는 믿음의 본질에 대한 것이다. 독자들은 우리가 이미 살펴본 일반적인 차원에서의 신실한 믿음이나, 혹은 우리의 칭의와 관련하여 이미 할당한 믿음의 특별한 본성과 사역과 의무를 생각하면서 논의에 참여할 필요가 있다. 우리는 보통 우리의 의무의 규칙이 서술되어 있는 성경에 선언된 대로 하나님이 우리를 다루시는 방법에 따라 앞에서 서술한 대로 각성의 사역이 없이 칭의에 이르는 믿음을 가지고 참으로 믿거나 믿을 수 있는 사람이 있을 수 있다는 것을 거부한다. 이것을 고려하지 않는 믿음에 대한 어떠한 고려나 정의들도 단지 헛된 사변에 불과하다. 그런데 어떤 사람들은 자신들이 생명과 구원을 위해 예수 그리스도를 믿는다고 할 때 실질적으로 믿음과 관련하여 자신들조차도 무엇을 하는지 스스로 설명하기 어려운 믿음에 대한 정의를 제공한다.

우리로 하여금 의롭다 하심을 받도록 하는 믿음의 행위와 관련하여 의롭다 칭하는 믿음의 본성은 마음으로 하나님의 은혜와 지혜와 사랑에서 나온 복음에 제시된 대로 예수 그리스도에 의한 죄인들의 칭의와 구원을 얻도록 하는 방법을 자신이 처해있는 상태와 조건을 깨달으면서 받아들이는 데 놓여 있다. 우리는 여기에서 우리가 전에 그것의 대상과 관련하여 증명한 믿음의 본성에 대한 이런 정의를 더 이상 설명할 필요가 없으며, 오히려 부족했던 부분들을 계속해서 채우면서 이 믿음의 본성을 온전히 확증할 것이다. 죄인들의 회복과 생명과 구원을 위해 하나님이 작정하신 것으로 주 그리스도와 그의 중보사역은 이런 믿음의 대상으로 제시된다. 그리고 그들은 하나님의 지혜와 은혜와 권세와 사랑의 결과로서 고려된다. 이 모든 것은 그리스도가 친히 자신의 사역을 받아들이시고 이를 행하신 데 나타나있다. 그는 자신이 행하시고 고난 받으신 모든 것과 이를 통해 교회가 누리게 될 모든 혜택의 원인을 바로 여기에 돌리신다. 그러므로 우리는 앞에서 지적했듯이 때때로 하나님의 은혜나 사랑이나 특별한 자비가, 때때로 주 그리스도를 보내시고 그를 죽기까지 내어주시고 그를 죽은 자 가운데서 살리시는 것과 같은 하나님의 행위가 칭의를 위한 우리의 믿음의 대상으로 제시되는 것을 보게 된다. 그러나 그것들은 그가 우리 죄를 위해 행하신 순종과 구속과 관련해서만 그러하다. 그리고 그것들은 복음의 약속들에 제시된 것이 아니라면 절대적으로 생각되지 말아야 한다. 그러므로 이런 약속들에 나타난 하나님의 진실성에 대한 신실한 동의가 이런 인정에 포함된다.

우리는 이런 믿음에 대한 묘사를 다음과 같은 네 가지를 드러내어 확증할 수 있다. 1. 복음의 제안에 대해 반대하거나 개인적으로 믿지 않은 것의 본질을 드러내는 것. 이것은 서로를 이해하는 데 도움을 줄 것이다. 2. 복음에 의한 하나님의 계획과 목적을 드러내는 것. 3. 이 계획과 관련된 믿음의 본성이나 이 계획과 관련한 믿음의 행위의 본성을 드러내는 것. 4. 성경에 서술된 대로 믿는 것의 순서와 방법과 방식을 드러내는 것.

1. 복음은 하나님이 자신의 무한한 지혜와 사랑과 은혜로 준비하신 예수 그리스도를 통한 죄인들의 칭의와 구원의 방식을 드러내고 선포하는 것이다. 그리고 그것은 이것을 받아들였다는 전제 아래 순종의 계명들과 보답의 약속들을 수반한다. 롬 1:17은 "복음에는 하나님의 의가 나타나서 믿음에서 믿음에 이르게 한다"고 주장하고 있다. 여기에서 하나님의 의는 구원을 위해 하나님이 요구하시는 것이기도 하고 주시기도 하는 것이다. 요일 5:11은 "또 증거는 이것이니 하나님이 우리에게 영생을 주신 것과 이 생명이 그 아들 안에 있는 그것이니라"고 증거한다. 요 3:14-17도 똑같은 내용을 증거하고 있다. 행 5:20은 "이 생명의 말씀"에 대해 증거하고 있으며, 행 20:27은 이것이 "하나님의 모든 작정(뜻)"이었음을 지적하고 있다. 그러므로 복음의 선포에 있어서 이런 구원의 방식이 죄인들에게 하나님의 지혜와 은혜의 위대한 결과로서 제시된다. 불신앙은 이런 목적을 위해 제시된 복음을 거절하고 무시하고 받아들이지 않고 인정하지 않는 것이다. 세례(침례)요한이 설교할 때 바리새인들이 믿지 않은 것은 "스스로 하나님의 작정(뜻)을 거부한 것"으로 불리었다(눅 7:30). 잠 1:30은 그들이 "나의 작정(교훈)을 받지 않는 것"으로 표현하고 있다. 히 2:3은 "이 큰 구원을 거부한 것"으로 묘사하고 있다. 이것은 구원을 받기 위해 필요한 복음을 받아들이지 않

앉다는 것을 의미한다. 이것은 반석이신 그리스도를 "건축자들이 필요하지 않은 것(ὃν ἀπεδοκίμασαν οἱ οἰκοδομοῦντες)"으로 버린 것처럼 구원을 위해 적합하지 않은 것으로 버리는 것이다(벧전 2:7, 행 4:11). 그리스도와 그로 말미암은 구원의 방법을 하나님의 지혜에 적합한 것으로, 계획된 목표에 적합한 것으로 인정하지 않는 것이 곧 불신앙이다. 이것은 또한 그를 거절하거나 그를 받아들이지 않는 것으로 묘사되고 있다.

이것이 의미하는 바는 복음이 처음 선포될 때 복음의 제안을 받아들이지 않는 불신앙에 대해 살펴본다면 보다 분명해 질 것이다. 자신들의 불신앙으로 복음을 거부하는 대부분의 사람들은 복음에 제시되어 있는 구원과 축복의 방법이 자신들이 안전하게 신뢰하고 의지할 수 있도록 하나님의 선하심과 능력에 부합하는 방법이 아니라는 전제 아래서 그렇게 한다. 이것을 사도는 고전 1장에서 크게 다룬다. 그는 23, 24절에서 "우리는 십자가에 못 박힌 그리스도를 전하니 유대인에게는 거리끼는 것이요 이방인에게는 미련한 것이로되 오직 부르심을 입은 자들에게는 유대인이나 헬라인이나 그리스도는 하나님의 능력이요 하나님의 지혜니라"고 분명히 선언하고 있다. 그들이 복음을 전할 때 선포한 것은 "그리스도께서 성경대로 우리의 죄를 위하여 죽으셨다"는 것이었다(15:3). 여기에서 그들은 그를 죄인들의 구원을 위해 하나님이 작정하신 것으로 하나님의 지혜와 능력의 위대한 결과로서 제시했다. 그러나 계속해서 불신앙 가운데 있는 사람들은 그것을 그런 방식으로 받아들이기를 거부하고 그것을 연약하고 어리석은 것으로 평가했다. 그러므로 그는 부르심을 받은 사람들의 믿음을 복음에 나타난 하나님의 지혜와 능력을 인정하는 것으로 묘사하고 있다. 이런 구원의 방식에 나타난 하나님의 영광을 이해하지 못하고 그것을 거부하는 것이 곧 사람들의 영혼들을 파괴시키는 불신앙이다(고후 4:3,4).

이것은 복음의 선포와 더불어 믿음의 대상이 제시될 때 계속해서 불신자로 남아있는 모든 사람에게 똑같이 해당된다. 그들은 지성의 단순한 행동으로 그것의 진리에 대해 동의할 수도 있다. 적어도 그들은 그것을 거부하는 데 관심이 없을 수 있다. 그들은 우리가 전에 서술한 일시적인 믿음으로 그것에 동의할 수도 있고, 이를 기초로 많은 종교적인 의무들을 감당할 수도 있다. 그러나 그들은 의롭다 칭하는 믿음과 조화될 수 없고 일치하지 않는 많은 것을 통해 자신들이 신실한 신자들이 아니며, 자신들이 마음으로 의에 이르도록 믿지 않고 있다는 것을 드러낸다. 그러므로 문제는 그런 믿음으로 멸망을 당하는 그런 사람들의 불신앙의 구성요소는 무엇이며, 그것의 형식적인 본성은 무엇인가 하는 것이다. 그것은 이미 지적한 대로 복음의 교리의 진실성에 대한 동의가 부족해서가 아니다. 이미 증명한 대로 성경의 여러 곳에서 그런 동의는 믿는 것으로 표현되고 있으며, 이런 동의는 매우 견고해서 심지어 이를 증거하기 위해 잘못된 확신을 가지고 사람들이 그러할 수 있듯이 자신의 몸을 불사르게 내어줄 수 있기 때문이다. 그리고 그것은 복음의 약속들을 신념을 가지고 자신들에게 적용하지 못하거나, 특히 자신의 죄의 용서에 대해 믿지 못하는 것도 아니다. 복음이 처음 선포될 때 이것은 그들이 처음부터 믿어야 할 것으로 제시되지 않으며, 이것이 획득되지 않는 의에 대해 믿는 것일 수 있기 때문이다(사 1:10). 이것은 믿음이 진실한 것이 아니라는 것을 증명할 것이다. 그러나 그것이 형식적인 불신앙은 아니다. 그리고 그것은 거룩과 의(義)의 의무들로서 복음의 계명에 대한 순종이 부족한 것도 아니다. 형식적으로 복음 안에서, 복음에 의해서 주어진 명령들은 오직 참으로 믿고 그것에 기초하여 의롭다 하심을 받은 사람들에게만 속하기 때문이다. 그러므로 복음적인 믿음에 요구되는 것은 각성되어 죄책을 느끼고 있는 죄인들이 하나님의 무한한 지혜와 사랑과 은혜와 선함의 결과로서 복음 안에 제시된 예수 그리스도로 말미암은 생명과 구원의 방법을 자신들의 모든 부족함을 채움 받을 수 있는 것으로 마음으로 인정하는 것이다. 그리고 바로 여기에 미래의 모든 순종이 놓여 있다. 불신앙을 가지고 있는 사람들은 이것을 가지고 있지 않으며, 불신앙의 형식적인 본질은 바로 여기에 놓여 있다. 이것이 없이는 어느 누구도 복음에 영향을 받아서 죄를 포기하고 순종할 수 없기 때문이다. 설령 그들이 어떤 순종의 행위를 하더라도, 그것은 복음의 은혜와는 낯선 다른 근거에서 그렇게 할 뿐이다. 그리고 복음에 제시된 대로 그리스도로 말미암은 구원의 방법이 솔직하고 신실하게 인정이 되는 곳마다 복음은 오류가 없이 회개와 순종을 생산할 것이다.

만약 각성된 죄인의 지성과 마음이 구원에 대한 이런 방법에서 하나님의 지혜와 사랑과 은혜를 영적으로 식별해 낼 수 있으며 그런 확신의 능력 아래 있다면, 그는 복음에 의해 주어진 회개와 순종의 근거를 가지고 있을 것이다. 성경에서 언급된 대로 그리스도를 받아들이는 데 믿음의 본질이 있다는 것을 나는 후에 믿음과 관련하여 영혼이 제시된 방법대로 하나님께 자신을 맡기는 것을 다룰 때 더욱 자세히 언급할 것이다.

한 편으로 처음에는, 그리고 계속해서 이런 방식과 믿음에 대한 개념을 절대적으로 거부하지 않지만, 그것들을 실천으로 축소시켜서 결국 불신앙 가운데 멸망하는 사람들도 있다. 그들은 자신들의 의를 더욱 안전하게 신뢰할 수 있으며, 하나님의 생각과 그의 영광에 더 부합하는 더 나은 것으로 판단했다. 일반적으로 유대인들이 그러했는데, 사도는 그들의 마음의 상태를 롬 10:3, 4에서 표현하고 있다. 그리고 그들 중 많은 사람이, 비록 그것을 자신들의 마음으로 칭의와 구원을 위한 최선의 방법으로 좋아하지 않고 율법의 행위로 그것들을 찾았음에도 불구하고, 복음의 교리를 일반적으로 사실인 것으로 동의했다.

그러므로 불신앙은 그 형식적인 본성에서 하나님의 무한한 지혜와 선하심과 사랑의 결과로서 예수 그리스도 말미암은 구원의 방법에 대한 영적인 식별과 인정의 부족에 놓여 있다. 이런 영적인 식별과 인정이 있는 곳에서 각성된 죄인의 영혼은 이 방법을 붙잡고 매달리지 않을 수 없기 때문이다. 그러므로 또한 이런 방식을 전적으로 받아들이고 자신의 영혼을 이 방식이나 혹은 이 방식을 통해 하나님께 맡기는 것은 그런 사람들에게는 불가능하다. 이렇게 맡기는 것이 없이는 그들이 믿음과 관련하여 아무리 흉내를 내도 그것은 그림자에 불과하다. 그들은 자신들이 세워질 수 있는 기초가 없기 때문이다. 그리고 이것에 대한 고려는 참된 복음적인 믿음의 본질이 어디에 있는지를 충분히 드러낸다.

2. 복음을 통한 하나님의 계획은 복음과 관련된 믿음의 사역과 더불어 복음적인 믿음이 무엇인지 더욱 확증한다. 먼저, 하나님이 복음 안에서 계획하신 것은 죄인들의 칭의와 구원이 아니다. 하나님의 모든 작정에서 그의 궁극적이고 완전한 목적은 자기 자신의 영광이다. 그는 이 모든 것을 자신을 위해 하신다. 그리고 무한하신 그는 다르게 하실 수 없다. 하지만 그는 특별한 방법으로 예수 그리스도로 말미암은 구원의 방식과 관련하여 자신의 영광을 드러내신다.

특별히 하나님은 여기에서 자신의 의(義)의 영광과 - "자기의 의로

우심을 나타내려 하심이니"(롬 3:25) - 자신의 사랑의 영광과 - "하나님이 세상을 이처럼 사랑하사(요 3:16)", "그가 우리를 위하여 목숨을 버리셨으니 우리가 이로써 사랑을 알고"(요일 3:16) - 자신의 은혜의 영광과 - "그의 은혜의 영광을 찬미하게 하려는 것이라"(엡 1:6) - 자신의 지혜의 영광과 - "그리스도는 하나님의 능력이요 지혜니라"(고전 1:24), "이는 이제 교회로 말미암아……하나님의 각종 지혜를 알게 하려 하심이니" (엡 3:10) - 자신의 능력의 영광과 - "이 복음은……구원을 주시는 하나님의 능력이 됨이라"(롬 1:16) - 자신의 신실하심의 영광(롬 4:16)을 계획하셨다. 하나님은 여기에서 죄가 들어옴으로써 손상을 입고 애매하게 된 그 모든 영광을 회복시키실 뿐 아니라, 그것을 더욱더 분명하고 탁월하게 나타내시고 전에 감추었던 비밀의 경륜이 어떠한 것인지 드러내시기로 계획하셨기 때문이다(엡 3:9). 그리고 이 모든 것은 "예수 그리스도의 얼굴에 있는 하나님의 영광"이라고 불리며 믿음은 이 영광을 보는 것이다(고후 4:6).

3. 이것이 복음에서 제시된 그리스도로 말미암은 칭의와 구원의 방식과 관련된 하나님의 주된 계획이기 때문에 그것의 유익에 참여하기 위해 우리가 해야 할 것은 하나님께 높임을 받도록 계획이 된 그 영광을 돌려드리는 것이다. 우리에게 요구되는 것은 생명과 의와 구원을 위한 이런 방식에 나타난 대로 이 모든 하나님의 영광스러운 속성들을 인정하고, 이 방식 그 자체를 이런 하나님의 속성들의 결과이며 안전하게 우리가 신뢰할 수 있는 것으로 받아들이는 것이다. 이것이 곧 믿음이다. "믿음에 견고하여져서 그는 하나님께 영광을 돌렸다"(롬 4:20). 그리고 이것이 아무리 연약하게 보이는 믿음일지라도 신실한 믿음의 본성에 놓여 있는 내용이다. 그리고 다른 은혜나 행위나 의무는 이것을

얻는 원인이 될 수 없고, 오직 이것의 결과로서 감사의 방법으로만 인정된다. 그리고 비록 내가 바울 서신에서 믿음은 "오직 하나님의 능력과 의와 선하심을 느끼고 그가 약속하신 것이 신실하다는 것을 선포하는 것"이라고 주장한 사람의 견해가 너무 일반적이며 그의 택자들의 영광을 받으시도록 한 그리스도로 말미암은 구원의 방식에 제한되지 않기 때문에 전적으로 동의하지는 않지만, 나는 그 안에 많은 믿음의 본질을 포함하고 있다는 것을 인정한다. 그러므로 나는 여기에서 우리는 믿음의 본질과 우리의 칭의에는 믿음만이 요구된다는 것을 배운다고 말한다. 그 이유는 이것이 곧 예수 그리스도를 통해 나타내시고 높이시기로 계획하신 영광을 우리로 하여금 하나님께 돌리거나 돌리도록 할 수 있도록 하는 은혜이거나 의무이기 때문이다.

여기에는 믿음만이 적합하며, 믿는 것은 곧 이것을 믿는 것이다. 우리가 탐구하고 있는 의미에서 믿음은 하나님의 의와 지혜와 은혜와 사랑과 자비의 영광이 높임을 받고, 하나님이 찬미를 받으시고, 그것의 목적이 우리로 하여금 칭의와 생명과 구원을 얻도록 하는 것인 예수 그리스도 말미암은 생명과 죄인들의 구원의 방식을 마음으로 인정하고 동의하는 것이다. 그것은 "하나님께 영광"을 돌리는 것이며(롬 4:20), "거울에 비친 것처럼 그의 영광을 보거나" 그의 영광이 우리에게 나타난 복음을 보는 것이고(고후 3:18), 우리 마음 속에 "예수 그리스도의 얼굴에 나타난 하나님의 영광을 아는 지식의 빛을 가지는 것"이다(고후 4:6). 이것을 반대하는 것은 하나님을 거짓말쟁이로 만드는 것이며, 그에게서 그가 이런 방식으로 나타내시기로 계획하셨던 그의 모든 거룩한 속성들의 영광을 박탈하려는 것이다(요일 5:10).

그리고 만약 내가 실수하지 않았다면, 그들이 참으로 논쟁의 마음에서 벗어나 있다면, 이것은 그들의 경험이 한결같이 증거하는 것이다.

4. 우리가 살펴보고 있는 의롭다 칭하는 믿음 혹은 우리의 칭의를 위한 구원받는 믿음의 행위의 본성을 바로 이해하기 위해 우리는 그것의 순서를 고려해야 한다. 먼저, 그것이 있기 전에 무엇이 있어야 하는지 살펴보고, 그 다음에 그것과 관련하여 믿는다는 것이 무엇인지 살펴보자.

(1) 각성된 상태에 있는 죄인, 오직 그 만이 "칭의의 주된 대상"이다. 우리는 이것을 이미 다루었으며, 이것이 칭의에 이르는 복음적인 의를 제시하거나 받는 것에 선행될 필요가 있다는 것도 살펴보았다. 만약 우리가 이것을 고려하지 않는다면, 우리는 믿음의 본성을 이해하기 위한 최선의 안내자를 잃어버리게 된다. 어느 누구도 율법에 대해 아무 것도 모르는 사람이 복음을 이해했다고 생각하지 말자. 하나님의 법은 죄인들과 관련하여 율법을 먼저 제시하는 것이다. "율법으로 죄를 알게 되기" 때문이다. 그리고 복음적인 믿음은 영혼이 하나님의 마음에 따라 율법에 의해 자신이 처해 있는 상태와 조건에서 벗어나기 위해 행동하는 것이다. 그리고 적어도 이런 상태와 조건이나 혹은 죄인들의 양심에 미치는 율법의 역할에 대한 실질적인 고려를 포함하고 있지 않은 학식있는 사람들의 글에서 풍부한 믿음에 대한 이런 모든 묘사들은 헛된 사변들에 불과할 뿐이다. 이 모든 교리에는 참으로 믿기 이전에 위에서 언급된 각성이 필요하다는 것보다 내가 더 확실하게 나 자신을 맡길 수 있는 것은 아무 것도 없다. 이것이 없이는 그 어떤 것도 올바로 이해될 수 없으며, 그런 사람들은 허공을 때리고 있을 뿐이다. 롬 3:21-24을 보라.

(2) 우리는 여기에서 그리스도로 말미암은 은혜와 자비의 약속들

이 특별한 부분을 차지하는 모든 신적인 계시들에 대한 신실한 동의를 전제한다. 바울은 그리스도 예수에 대한 믿음으로 아그립바를 이기려했을 때 이것을 전제했다. "아그립바 왕이여, 선지자들을 믿나이까? 당신이 믿는 줄 아나이다"(행 26:27). 그리고 그것들이 주 예수 그리스도와 우리를 위한 그의 중보사역의 유익들을 포함하고 제시하고 나타내는 것으로서가 아니라, 오류가 없는 진리에 대한 신적인 계시들로서 복음의 약속들에 대한 이런 동의는 아무리 그 자체로 진실하고 신실하다고 하더라도, 우리가 일시적인 믿음의 개념과 관련해서 전에 설명한 것처럼 더 이상 나아가지 못하며, 의지 혹은 마음의 행동을 포함하지 못하고, 우리로 하여금 의롭다 하심을 받도록 하는 믿음이 아니다. 그러나 의롭다 칭하는 믿음은 신실한 동의를 요구하고 있으며 그것을 포함하고 있다.

(3) 하나님의 마음에 따른 복음의 제시, 곧 하나님이 정하신 방법에 따라 복음이 선포되어야 한다는 것이 전제되어 있다. 믿기 위해서는 보통 복음 그 자체 뿐 아니라, 교회의 사역을 통해 복음이 제시되고 선포되어야 하기 때문이다. 사도는 롬 10:11-17에서 이 사실을 주장하고 그것의 필요성을 크게 다루고 있다. 여기에서 하나님의 지혜와 사랑과 은혜와 의의 결과로서 잃어버린 각성된 죄인들의 칭의와 구원의 유일한 방법이요 수단인 주 그리스도와 그의 중보사역은 그런 죄인들에게 계시되고 선포되고 제시되고 제공되고 있다. "복음에는 하나님의 의가 나타나서 믿음으로 믿음에 이르게 하나니"(롬 1:17). 하나님의 영광은 "거울에 비친 것처럼" 나타나며(고전 3:18) "생명과 썩지 않는 것이 복음을 통해 드러나게 되었다"(딤후 1:10, 히 2:3).

(4) 그러므로 믿도록 요구되고 있는 사람들은, 믿는 것이 즉각적인

의무로서 요청되고 있는 사람들은 실질적으로 자기 양심에 가책을 받아서 "우리가 무엇을 해야 하는가? 우리가 구원을 받기 위해 무엇을 해야 하는가? 우리가 다가올 진노에서 어떻게 피할 수 있을까? 우리가 하나님 앞에서 무엇을 가지고 설까? 우리가 어떻게 우리를 정죄하고 있는 것에 대답을 할까?"와 같은 성경에 언급된 표현들을 하는 사람들이거나, 혹은 자신의 죄책을 느끼는 사람들이고, 하나님 앞에서 의를 찾고 있는 사람들이다(행 2:37, 38, 16:30, 31, 미 6:6,7, 사 35:4, 시 6:18).

이런 전제 아래서 "믿으라. 그러면 구원을 받을 것이라"고 사람들에게 주어진 명령과 관련하여 우리로 하여금 복음의 약속들에 대한 실질적인 혜택을 받게 하고 하나님 앞에서 칭의를 얻도록 하는 믿음의 행위 혹은 사역의 본질에 대한 질문이 제기된다.

1. 지금까지 살펴본 것을 고려할 때 믿음은 지성이나 의지의 구별되는 개별적 습관이나 행위로 완전하게 표현될 수 없다는 것이 분명하다. 성경에서든, 신실하게 믿는 사람들의 경험에서든 믿음은 지성이나 의지의 어느 하나의 단독적인 행동으로 증거되고 있지 않기 때문이다. 그리고 그것들만을 가지고 믿음과 관련된 영혼의 행위들이 정확하게 서술될 수 없다는 것은 믿음의 본질이 무엇인지를 생각할 때 분명히 나타난다.

2. 순서적으로 선행하는 것은 그 본성상 지성이 시편기자가 죄와 고통을 느끼면서 "여호와여 주께서 죄악을 감찰하실진대 주여 누가 서리이까?"라고 고백했던 것(시 130:3, 4)에 동의하는 것이다. 율법의 선언과 양심의 판단이 하나님이 용납해 주시는 것을 반대하고 있다. 그러므로 그는 심판대에 서는 것이나 그 앞에서 용서함 받는 것에 대해 스스

로 절망하고 있다. 이런 상태에서 영혼이 안식을 위해 제일 먼저 시선을 두는 것은 "하나님께 용서가 있다"는 것이다. 복음에 선포된 대로 이것은 하나님이 자신의 사랑과 은혜로써 그리스도의 보혈과 중보사역을 통해 죄책이 있는 죄인들을 용서하시고 의롭다 칭하신다는 것이다. 그것은 롬 3:23, 24에서 그렇게 제시된다. 복음의 약속에 제시된 대로 지성이 이것에 동의하는 것이 믿음의 뿌리이며, 믿을 때 영혼이 하는 모든 행위의 기초이다. 그리고 그것이 없이는 어떤 복음적인 믿음도 없다. 그러나 그것을 추상적으로 지성의 단순한 행동으로 생각해보라. 그러면 의롭다 칭하는 믿음의 본질은 그곳에 존재하지 않을 것이다.

2. 그러나 이것은 하나님의 은혜와 지혜와 사랑의 결과로서 제시된 구원의 방식을 인정하고, 마음이 하나님의 생각에 따라 그것에 자신을 맡기고 적용시키는 것을 수반한다. 이것이 우리가 의롭다 하심을 받게 되는 믿음이다. 나는 그것에 포함되어 있으며 분리될 수 없는 것을 보여줌으로써 그것을 더 증명할 것이다.

(1) 그것은 그 속에서 의와 생명과 구원을 획득하기 위한 다른 모든 방법과 수단을 신실하게 버리는 것을 포함하고 있다. 이것은 믿음에 본질적인 것이다(행 4:12, 호 14:2, 3, 렘 3:23). 시 71:16은 "내가 주의 의 곧 오직 주의 의만 진술하겠나이다"라고 고백한다. 그리고 오직 그런 사람들만이 직접적으로 믿는 자들이라고 불린다(마 9:13, 11:28, 딤전 1:15). 그리고 많은 사람이 자신의 구원을 위해 특별히 자신의 의를 나타내려 할 것이다(롬 10:3). 이 모든 것을 버리는 것이, 이것들로부터 구원에 대한 어떠한 소망이나 기대도 버리는 것이 신실하게 믿는 것에 속해 있다(사 1:10, 11).

(2) 믿음에는 영혼으로 하여금 하나님 앞에서 죄의 용서와 의에 대

한 모든 기대를 가지고 친절하고 신실하게 복음에 제시된 구원의 방식을 취하도록 하는 의지의 동의가 있다. 이것이 곧 "그리스도께로 오는 것", "그를 영접하는 것"으로 불리는 것이다. 의롭다 하심을 받는 참된 믿음은 성경에서 종종 이렇게 표현이 되어 있으며, 특별히 "그를 믿는 것" 혹은 "그의 이름을 믿는 것"으로 불리기도 한다. 이 모든 것은 "예수께서 가라사대 나는 곧 길이요 진리요 생명이니 나로 말미암지 않고는 아버지께로 올 자가 없느니라"는 표현 속에 다 들어있다(요 14:6).

(3) 믿음에는 죄인들을 향한 주권적인 은혜와 자비의 방식으로 준비된 구원의 방법의 저자이시요 주원인으로서 하나님을 마음으로 받아들이는 것이 포함된다. 벧전 1:21은 "너희는 저를 죽은 자 가운데서 살리시고 영광을 주신 하나님을 그리스도로 말미암아 믿는 자니 너희 믿음과 소망이 하나님께 있게 하셨느니라"고 말하고 있다. 여기에서 죄인의 마음은 하나님께 그가 그리스도를 통해 드러내시기로 작정하신 그의 본성의 모든 거룩한 속성들의 영광을 하나님께 돌리고 있다. 그리고 이렇게 하나님을 받아들이는 것은 의롭다 칭하는 믿음의 행위와 결과인 기다림과 온유와 오래참음과 소망의 직접적인 뿌리이다(히 6:12, 15, 18, 19).

(4) 주 그리스도 안에서, 주 그리스도를 통해 하나님을 신뢰하거나, 하나님의 은혜와 자비를 신뢰하는 것이 믿음에 속하거나 혹은 반드시 믿음에 따라 나온다. 믿도록 부르심을 받은 사람은 첫째로 죄에 대해 각성하고 진노에 노출되며, 둘째로 도움과 구원을 위해 신뢰할만한 다른 어떤 것도 가지고 있지 않으며, 셋째로 실질적으로 자신으로 하여금 그런 목적을 향해 기울도록 하는 다른 모든 것을 버리게 된다. 그러므로 신뢰의 행위가 없다면 영혼은 실질적인 절망에 빠지게 되는데, 그것

은 믿음이나 앞에서 서술된 구원의 방식을 선택하고 인정하는 것과 전적으로 일치하지 않는다.

(5) 성경에서, 특히 구약성경에서 믿음의 본질과 관련하여 가장 많이 사용되는 표현은 신뢰이다. 그리고 그것은 영혼의 행위이며 영혼이 얻을 수 있는 모든 안식은 바로 이 신뢰에 의존한다. 이 세상에 대한 우리의 모든 안식은 하나님을 신뢰하는 데서 오며, 이런 신뢰의 특별한 대상은 우리로 하여금 의롭다 하심을 받도록 하는 믿음의 본성과 관련하여 "그리스도 안에서 세상을 자신과 화해시키시는 하나님"이시기 때문이다. 이것은 하나님의 선하심과 자비와 은혜와 신실하심과 능력이 표현되거나, 그것들 중 어느 것이라도 즉시 의지해야할 것으로 제시되는 곳에서 고려되는데, 이는 그것들이 오직 그리스도의 보혈을 통해 확증되고 비준된 언약에 기초해서만 우리의 신뢰의 대상이 될 수 있기 때문이다.

이런 신뢰나 확신을 믿음의 본질로 평가해야 할지, 혹은 믿음의 첫 번째 열매요 활동으로서 평가해야 할지 우리는 적극적으로 결정할 필요가 없다. 그러므로 나는 그것은 의롭다 칭하는 믿음에 속하는 것으로 여기며 그것과 분리시키지 않는다. 설령 우리 모두가 믿음을 견고한 동의와 확신의 개념 아래 포함시킨다고 하더라도 그런 동의에서 신뢰를 배제할 수 없기 때문이다.

많은 경건한 사람들은 특별한 자비를 이런 신뢰의 특별한 대상으로 삼았으며, 이 특별한 자비에는 우리의 죄에 대한 용서가 포함되어 있다. 그들의 적대자들은 이것을 격렬하게 반대하였으며, 그런 근거로 그들은 이 땅에 사는 동안 그런 상태가 획득될 수 있다는 것을 믿지 않았다. 그리고 그들은 설령 획득될 수 있는 그런 상태가 있다고 하더라도 우리에게 아무런 쓸모가 없으며, 오히려 우리의 의무를 소홀히 하기 위한 수단일 뿐이라고 생각했다. 그런데 이것은 그들이 이런 일에 얼마나 무지한지 잘 나타내주고 있는 것일뿐이다. 사실 자비는 두 가지 면에서 구체적으로 언급될 수 있다. 첫째로, 그 자체로 일반적인 자비와 반대되는 차원에서 언급될 수 있다. 둘째로, 믿는 사람의 관점에서 언급될 수 있다.

첫째로, 특별한 자비는 의롭다 칭하는 차원에서 믿음의 대상인데, 이는 그것이 그리스도를 그의 피에 대한 믿음을 통한 화목제물로 제시하는 하나님의 은혜 이외에 다른 것일 수 없기 때문이다(롬 3:23, 24). 그리고 이런 특별한 자비에 대한 믿음을 사도는 우리가 "구속을 받아들이는 것"으로 부른다(롬 5:11). 이것은 곧 우리가 구속을 하나님의 지혜와 선하심과 신실하심과 사랑과 은혜의 위대한 결과로서 인정하고 그것에 자신을 맡기고 그것을 신뢰하는 사람들에게서 찾아볼 수 있는 것이다. 후자적 의미에서 그것은 특별히 우리의 죄에 대한 용서, 곧 우리의 영혼에 대한 하나님의 특별한 자비로서 간주된다. 이것이 의롭다 칭하는 믿음의 대상이며, 우리가 칭의 이전에 본성의 순서상 이것을 믿어야 한다는 것을 나는 부정한다. 그리고 나는 이것이 확증이 되는 어떤 증거나 안전한 경험에 대해 알지 못한다. 그러나 나는 칭의와 분리될 수 없는 하나님의 평강이 그런 확신이 없이도 획득될 수 있다고 생각하고 있음에도 불구하고, 어떤 사람이 이것에 대한 속지 않는 믿음이 이 땅에서 획득될 수 있으며, 그리스도 안에서 우리의 죄에 대한 용서와 하나님의 특별한 사랑을 믿고 완전히 확신하는 것이 우리의 의무라고 말하는 것을 거부하지 않는다. 그것은 복음 안에서 하나님의 계획과, 그리스도의 희생의 효력과, 믿음의 본질과 사역과, 그들 자신의 의무와, 성경에 기록된 믿음의 사람들이 고백한 경험과 잘 맞지 않는 것 같다. 롬 5:1-5, 히 10:2, 10, 19-22, 시 46:1, 2, 138:7, 8절 등을 읽어보라. 그러나 이 모든 것은 우리의 칭의의 본질이나 도구라기보다는 믿음의 열매요 결과로서 인정된다.

의롭다 칭하는 믿음의 본질에 속하거나, 그것과 분리될 수 없는 것으로 신뢰에 대해 버나드(Bernard)는 다음과 같이 탁월하게 표현한다.

"나의 전체 소망은 세 가지, 곧 양자의 자비와 약속의 진실함과 속량의 힘에 대한 고려에 놓여 있다. 아 나의 생각은 얼마나 어리석게 다음과 같이 불평하는가! '당신은 정말로 누구이시며, 당신의 영광은 얼마나 크시며, 당신은 얼마나 가치를 인정받기를 바라고 계십니까?' 그리고 나는 믿음으로 대답할 것이다. 나는 내가 누구를 믿고 있는지 알고 있으며, 그가 측량할 수 없는 자비로 나를 자녀삼아 주셨으며, 약속에서 신실하시고 행함에서 능력을 드러내셨다는 것을 확신한다. 그가 자신이 원하시는 대로 행하시는 것이 마땅하다. 이것이 곧 우리가 우리 나라에서 감옥에 이르기까지 우리를 위해 견고히 세워진 내가 간구하고 우리가 붙잡고 있는 끊어지지 않는 삼겹줄이다. 그러므로 안심하고 영원히 복되신 위대하신 영광의 하나님 앞으로 나아가자. 아멘."

이런 믿음과 신뢰에 대해 많은 사람이 순종이 그것에 포함된다고 간절히 주장했다. 그러나 그들은 그것의 방법과 관련해서는 다양하게 표현했다. 소시누스와 그를 절대적으로 따르는 사람들은 믿음의 순종을 믿음의 본질적인 형태로 만들었는데, 그것은 에피스코피우스(Episcopius)에 의해 거부되었다. 교황주의자들은 믿음을 내적으로 형성된 믿음과 자비로 형성된 믿음으로 구분하였는데, 그것은 똑같은 목적을 가지고 있다. 그것들 모두 자비나 순종이 없고 결과적으로 쓸모가 없는 (우리의 의무로서 요구되고 결과적으로 하나님께 용납이 되는) 참된 복음적인 믿음이 있을 수 있다는 전제 위에 세워졌기 때문이다. 소시누스주의자들은 순종을 절대적으로 믿음의 본질로 삼지 않으며 의롭다 판단을 받도록 하는 것으로만 사용한다. 그러므로 그들은 이런 목적을 성취하기 위해 "행위없는 믿음은 죽은 것이다"라고 주장한다. 그러나 우리가 의무로서 복음에서 요구하고 있는 믿음이 죽은 믿음일 뿐이라는 그들의 주장은 기괴한 상상의 결과일 뿐이다. 다른 사람들은 순종과 자비와 하나님께 대한 사랑이 믿음의 본질에 포함되어야 한다고 주장하는 반면에, 이런 순종이 믿음의 형태라고 직접적으로 주장하지 않으면서 의롭다 하심을 받도록 하는 믿음의 완전성에 속하는 것이라고 주장한다. 그러나 그들은 이런 순종의 행위와 순종의 지속적인 과정이 마치 우리의 첫 번째 칭의를 위해 필요한 것처럼 요구되고 있다는 의미로 말하고 있지 않다.

다른 사람들은 하나님에 대한 순종과 자비와 사랑이 믿음의 본질에 포함되어야 한다고 주장한다. 그러나 그들은 이런 순종이 믿음의 형식(본질)이라고 직접적으로 주장하지는 않는다. 오히려 그들은 그것이 의롭게 칭한다는 차원에서 믿음을 완벽하게 만드는 데 속한다고 주장한다. 그리고 그들은 이런 순종에 의해 계속된 행위와 순종의 과정이 마치 우리의 첫 번째 칭의를 위해 필요한 것처럼 요구되는 것이라고 말하지 않고, 단지 순종의 진정한 능동적인 목적일 뿐이라고 주장한다. 그리고 이 사실에 입각하여 오늘날 사람들이 그러하듯이 만약 자신들이 누구인지 알았더라면 다르게 생각했을 사람들에게 비난의 짐을 지운다. 나는 오직 믿음으로 말미암은 칭의를 믿는 사람들의 원리에 따르면 의롭다 칭하는 믿음에 모든 일에 있어서 하나님께 순종하고자 하는 마음의 신실한 목적이 없을 수 있다는 것이 얼마나 불가능한 것인지에 대해 간략하게 진술할 것이다.

첫째로, 그들은 믿음은 "우리 자신들에게 속한 것이 아니라 하나님의 선물"이며, 하나님의 능력의 지극히 크심으로 말미암아 사람들의 마음에 일어나는 은혜라고 믿는다. 그리고 그런 은혜를 죽어있고, 움직이지 않고, 열매가 없고, 하나님의 영광의 위대한 목적에 기여하지 못하는 것이라고 생각하는 것은 불가능하다. 그런 은혜를 자신의 형상 속에 받아들인 사람들의 영혼이 변화되는 것은 하나님 자신의 지혜와 선하심과 사랑을 반영하고 있다.

둘째로, 그들의 마음에 깊이 뿌리를 내려 습관이 된 이런 은혜가 그들 안에 있는 영적인 생명의 원리이며, 이런 원리는 우리로 하여금 하나님을 위해 살도록 하는 다른 모든 은혜와 실제로 구분되지 않으며, 다른 모든 은혜가 없는 곳에 마음에 습관으로 자리 잡고 있는 믿음 곧 복음적인 믿음이 있을 수 있다는 것은 전적으로 불가능하다. 그리고 마음이 보편적 순종을 위해 준비되고, 기울어지고, 확정되지 않는 곳에 칭의를 위한 이런 믿음이 활동한다는 것은 불가능하다.

셋째로, 그러므로 다른 모든 은혜와 분리되고 그 전체의 본질에 있어서 다른 모든 은혜와 일치하지 않는 상상으로 만들어진 어떤 믿음이나 신뢰나 혹은 확신이 하나님의 특별한 선물인 믿음이며 복음 안에서 의무의 방법으로 우리에게 요구될 수 있다는 것은 부인된다. 그리고 비록 어떤 사람들이 그들의 놀라운 잔꾀와 상상력을 발휘하여 "사람들이 생명과 구원을 위해 그리스도를 믿을 수 있고 신뢰할 수 있는 반면에 의롭다 하심을 받게 되지 않을 수도 있다"고 말하지만, 이런 주장은 복음에 매우 파괴적인 입장이며, 모든 경건한 영혼에 온갖 상처를 주고,

하나님이 자기 아들 예수 그리스도에 대해 주신 기록을 전적으로 부인하는 것이다. 그리고 비록 그들이 그리스도에 대해 견고한 믿음과 신뢰를 고백하지만 의롭다 하심을 받지 못한 많은 사람의 경험이 사실이라고 주장하고 있지만, 이런 주장은 그들의 목적에 아무런 기여도 하지 못한다. 그들이 고백하는 것이 무엇이든지 그것들은 하나님의 시각과 심판의 관점에서 본 것이 아닐 뿐 아니라, 그들이 만약 복음을 따르고 있다면 그들의 양심에 따라 그 빛과 규율에 의해 이런 고백의 어리석음과 잘못을 지적하는 것은 어려운 것이 아니기 때문이다.

그러므로 우리는 우리가 의롭다 하심을 받는 믿음은 오직 성령에 참여하고 그에 의해 그리스도와 연합되어 그들의 본성이 갱신되고 그들 안에 모든 은혜의 원리와 순종의 목적이 있는 사람들이 아니고서는 어떤 사람에게도 발견될 수 없다고 말한다. 우리는 오직 이런 믿음에 생명과 형태를 줄 수 있는 것은 자비나 어떤 순종과 같은 다른 어떤 은혜가 아니며, 다른 모든 은혜에 생명과 효력을 주며 모든 복음적인 순종에 형태를 주는 것은 이런 믿음이라고 말한다. 그리고 이것은 그들의 뿌리와 원리에 있어서 적어도 의롭다 하심을 받을 사람들 안에 있는 이 모든 은혜를 믿음이 칭의에 미치는 것과 마찬가지로 영향을 미치는 것처럼 만들려고 하는 우리의 적대자들에게 기여하는 것은 아무 것도 없다. 또한 우리가 믿음으로 말미암아 의롭다 하심을 얻는다고 주장하고 그것을 설명할 때 우리를 비난하는 로마주의자들에 대해 우리가 말할 수 있는 것은, 우리가 믿음으로 의롭다 하심을 얻는다고 말할 때 믿음은 다른 모든 은혜와 순종을 배제하는 것이 아니라 포함하고 있다는 것이다. 그렇지 않다면, 어떤 다른 은혜의 본질도 우리의 칭의에서 믿음에 할당된 역할 곧 그리스도를 영접하고, 그리스도에 의해 생명의 약속을 받고, 이로 말미암아 하나님께 영광을 돌리는 역할을 할 수 없기 때문이다. 그래서 그들이 우리의 칭의를 다른 어떤 은혜나 혹은 합쳐진 모든 은혜에 할당하는 성경구절을 제시할 수 있을 때, 그들은 또한 그 것들이 믿음으로 할당될 수 있다는 것을 주목해야 할 것이다.

그리고 이것은 특별히 회개에도 적용이 된다. 회개는 믿음처럼 우 리의 칭의에 똑같이 필요한 것으로 가장 열렬하게 주장이 된다. 그들 은 이것은 구원받기를 원하는 모든 사람을 회개로 부르고 있는 수많 은 성경의 증거들로부터 어렵지 않게 증명이 된다고 말한다. 특별히 행 11:38, 39, 3:19이 가장 많이 인용된다. 그러나 그들이 증명해야 하는 것은 회개가 의롭다 하심을 얻으려는 사람들에게 믿음과 마찬가지로 똑같이 필요하다는 것이 아니라, 회개가 그들의 칭의에서 똑같이 사용 되고 있는가 하는 것이다. 사도는 다른 곳에서 세례(침례)는 회개와 마 찬가지로 믿음과 결합이 되어 있는 것으로 언급한다(행 2:38, 39). 그 리고 다른 곳에서 그것은 명확하게 똑같은 조건으로 할당되어 있다. 그 러므로 대부분 고대의 학자들은 세례(침례)가 믿음이나 회개와 마찬가 지로 구원에 필수적이라고 결론을 내렸다. 그러나 그들 중 어느 누구도 세례(침례)가 칭의에서 믿음과 마찬가지로 사용될 수 있는 것으로 보 지 않았다. 그러나 새언약의 필요한 조건이 무엇이든지 그것은 칭의에 필수적인 조건이라는 주장이 제기 되었다. 그렇지 않다면 어떤 사람도 그런 필수조건의 결여로 말미암아 의롭다 하심을 받을 수 없으며, 계속 해서 칭의의 상태에 있을 수 없고, 구원받을 수 없을 것이기 때문이다. 이것은 그들이 새언약의 필수조건을 그것이 없으면 어떤 사람도 구원 받을 수 없는 것으로 이해했기 때문이다. 그런데 믿음뿐 아니라 회개 도 이런 본질에 속한다. 그러므로 회개도 똑같이 우리의 칭의의 조건이 된다. 조건이라는 단어의 의미의 모호성은 몇몇 사람들의 글에서 현재 우리가 묻고 있는 질문에 많은 혼란이 일어나도록 했다. 위의 논리에 따른다면 최종적 견인도 새언약의 필수조건이기 때문에 이 또한 칭의의 필수조건이라고 말할 수 있다. 그들은 믿음과 회개가 절대적으로 이런 조건들이며, 순종 또한 이런 조건에 속한다고 말한다. 그런데 이런 주장은 우리가 이 세상에서 살면서 계속해서 이 세상 끝까지 순종하며 선을 행하며 사는 것을 전제한다. 이렇게 볼 때 견인도 우리의 칭의의 필수적인 조건이 된다. 그리고 만약 그렇다면, 어느 누구도 이 세상에 사는 동안 의롭다 하심을 받을 수 없다. 그것은 성취될 때까지 조건으로서 제 역할을 하지 못할 것이기 때문이다. 어느 누구도 이 세상에서 의롭다 하심을 얻을 수 없다면 칭의에 대해 논쟁하는 것 자체가 아무런 의미가 없을 것이다. 그러나 성경과 경험은 사실이 그렇지 않다는 것을 증거하고 있다.

그들이 새언약에서 구원의 명확한 조건인 최종적 견인이 사실상 우리의 첫 번째 칭의의 조건이 아니라 우리의 칭의를 계속해서 이어가는 조건이라고 말한다면, 그들은 새언약에 필요한 것은 무엇이든지 우리의 칭의의 필수적인 조건이라는 그들의 대원칙을 포기하는 것이다. 우리가 취급하고 있는 것은 오직 그들이 첫 번째 칭의라고 부르는 것이기 때문이다. 그리고 우리의 칭의를 계속해서 이어가는 것은 오직 우리의 칭의와 똑같은 원인들에 의지한다는 것이 후에 선언될 것이다. 그러나 의롭다 하심을 받을 사람들에게 요구되는 것이 무엇이든지 그들의 칭의가 달려있는 조건이라는 주장은 아직 증명되지 않았고 앞으로도 증명될 수 없을 것이다. 우리는 비록 그것이 단지 도구의 인과율이라고 할지라도, 우리의 칭의의 인과율에 영향을 미치는 것만을 조건으로 허락한다. 이것을 우리는 오직 믿음에만 할당한다. 그리고 우리가 그렇게 하기 때문에 우리의 적대자들보다도 더욱더 우리 자신에 칭의를 할당하고 있다고 비난을 받는다. 우리가 믿음을 우리의 칭의의 조건 곧 없어서는 않되는 원인(causa sine qua non)이라고 말할 때 우리는 오직 우리 자신의 믿음에만 도구의 효율성을 할당하고 있기 때문이다. 그러나 우리는 무게가 있고 지혜로운 사람들은 그들의 주장이 사실과 다르다는 것을 알지 않을 수 없기 때문에 그들의 주장에 별로 신경을 쓰지 않을 것이라고 판단한다. 적대자들은 믿음에 칭의를 위한 조건 곧 유일한 원인이라는 그럴듯한 표현을 붙이자마자 곧장 다른 모든 은혜와 순종의 행위를 믿음과 똑같은 상태로 취급하고, 칭의에서 똑같이 사용하기 때문이다. 그들은 겉으로 보기에 금같은 것을 논쟁의 불 속에 집어넣어 개인적이며 내적인 의라는 송아지를 불 속에서 끄집어내어 그것을 마치 하나님 앞에서 의롭다 하심을 받을 수 있는 "복음적 언약의 수단(virtute foederis evangelici)"인 것처럼 주장을 한다. 그 결과 우리에게 전가되는 그리스도의 의는 하늘로 사라져 버리고 그것이 어떻게 되었는지 그들은 알지 못한다.

지금까지 우리는 의롭다 하심을 얻는 믿음의 본질과 그 행위들에 대해 간략하게 살펴보았다. 이제 나는 그것을 정확하게 정의를 내리려고 나를 고통스럽게 하지 않을 것이다. 지금까지 내가 살펴본 것이 내가 내리는 어떤 정의보다도 내가 그것을 어떻게 생각하고 있는지 잘 보여줄 것이다. 그리고 사실 많은 학식있는 사람들이 의롭다 칭하는 믿음에 대해 수없이 정의를 내려왔으며, 그것들이 너무 다양하고 서로 일치하지 않아서 오히려 진리를 아는 데 유익하지 못한 경우들이 많았다. 비록 새로운 논쟁들과 분쟁들이 일어났을 때 모든 사람이 이것에 대해 정확하게 정의를 내리려고 노력해왔지만, 참된 신자가 그들 안에서 자신의 경험과 일치하는 것을 찾기에 여간 어려운 일이 아니다. 나는 이런 정의들에 대해 어떤 평가도 내리지 않겠다. 나는 믿음의 본질에 대한 논쟁에서 잭슨(Jackson) 박사만큼 더 노력한 사람을 알지 못한다. 그러나 그가 이 모든 것을 다 했을 때 그는 내가 알기에 의롭다 하심을 얻는 믿음의 본질에 대해 쉽게 받아들일 수 없는 정의를 내렸다. 그럼에도 불구하고 그 책은 전반적으로 경건하고 건전하다. 그는 우리에게 "마침내 여기에서 우리는 의인이 사는 믿음을 이 세상과 이 세상이 줄 수 있는 모든 만족보다 하나님의 자비와 사랑, 혹은 일반적으로 하나님의 거룩한 말씀 안에 나타난 영적인 양식을 견고하고 지속적으로 붙잡는 것이며, 그것은 그리스도의 영에 의해 사람의 영혼이나 마음에 일어난 그것들에 대한 달콤함을 맛보는 데 기인한다고 정의를 내릴 수 있다"고 말했기 때문이다. 여기에다 그는 "이런 표현들은 몇몇 사람들이 생각하듯이 정의된 주제와 동일하지 않은 은유가 아니라 주제와 정확하게 일치하는 선지자 다윗의 표현들이다"라는 말을 더한다. 그리스도를 영접하고, 그에게 기대고, 우리 자신과 우리의 짐을 그에게 맡기고, 주님이 얼마나 은혜로운지를 맛보는 것 등과 같은 살아있는 믿음에 대한 성경적 표현들에 대해 많은 사람이 비난해왔다. 나는 후에 기회가 있을 때 이것들에 대해, 그리고 가장 정확한 정의를 내리는 것처럼 행세하지만 사실 믿음의 본질과 사역과 대상을 파괴하고 배제하는 사람들이 제시하고 있는 것보다 이것들에 대해 더 잘 이해하고 있는 영적으로 각성된 사람들이 제시하는 것에 대해 살펴볼 것이다.

제 3 장
칭의에서 믿음의 용도
믿음의 특별한 대상을 분명히 밝힘

의롭다 하심을 받는 믿음에 대해 앞에서 살펴본 내용은 칭의에서 그것이 어떻게 사용되는지 충분히 드러내고 있다. 그리고 나는 일반적으로 그런 목적으로 관찰된 것에 많은 것을 더하지 않을 것이다. 하지만 믿음에 대한 이런 사용이 몇몇 다양한 곳에서, 몇몇 다양한 방법으로 서로 일치되지 않게 표현되고 주장되고 있으므로 여기에서 다루어야 할 필요가 있다. 그리고 나는 가능한 짧게 이 문제에 대해 언급할 것이다. 이런 것들은 칭의의 본질에 대한 논쟁에 속하는 것이 아니라, 단지 관련된 다른 개념들에 종속된 것이기 때문이다.

칭의에서 믿음의 용도

사람들은 논쟁의 주된 문제에 자신들의 이해를 고정시킬 때 그것과 관련하여 믿음의 용도가 무엇인지 표현한다. 그들이 주장하는 것이 칭의의 본질일 때 그것과 관련된 믿음의 용도가 그들이 주장하는 것임이 인정되어야 한다. 그리고 만약 그 교리의 본질에 속한 어떤 특별한 것이 인정되지 않는다면, 그들은 믿음의 용도에 대한 자신들의 개념이 땅에 떨어졌다는 것을 부인할 수 없을 것이다. 이것은 믿음을 우리의 칭의의 도구나, 조건이나, "유일한 원인"이나, 우리를 성향적으로 준비시키는 것이나, 공로적 원인으로 주장하는 모든 사람에게 해당된다. 믿음의 용도에 대한 이 모든 개념은 칭의의 본질과 주된 원인들에 대한 사람들의 개념에 맞춰지고 동화되기 때문이다. 그리고 칭의 그 자체의 원인들과 전체적인 본성과 관련된 사전의 판단에 기초하지 않고 그들의 진실성과 적합성에 대해 어떤 시험이나 결정도 내려질 수 없다. 그러므로 마치 어떤 기초 위에 세워졌는지 파악하지 않고 집의 겉 모습만 보고 논쟁하는 것처럼, 때때로 이런 부류에 속해 있는 문제에 대해 논쟁하는 것 자체가 헛되고 끝이 없는 것이지만, 나는 우리의 칭의에서 믿음의 용도에 대한 다양한 개념들에 대해 이런 개념들의 논쟁의 핵심이 놓여 있는 것에 의지해서 그것들의 진실성과 적절성에 대해 논쟁하기보다 이런 개념들이 무엇을 의도하는지를 파악하고 이해하기 위해 간략하게 말할 것이다.

개신교 신학자들은 최근까지 믿음이 우리의 칭의 도구적 원인이라고 한 목소리로 주장해왔다. 많은 공적인 개신교회들의 신앙고백서들은 믿음에 대해 그렇게 표현하고 있다. 믿음의 본질과 용도에 대한 그들의 이런 개념은 처음에는 로마교회의 사람들로부터 반대를 받았다. 후에 소시누스주의자들은 그것은 거짓되거나 부적절하다고 부인하였다(Socin. Miscellan. Smalcius adv. Frantz. disput. 4; Schlichting. adver. Meisner. de Justificat.). 그리고 최근에 우리 중에 이런 표현을 싫어하는 사람들이 나타났다. 이들은 에피스코피우스(Episcopius)

와 쿠르셀라이우스(Curcellæus)와 그들과 같은 길을 걷는 사람들이다. 건전하고 온건한 사람들은 이런 개념과 표현을 사실이 아닌 것으로 거부하기보다 부적절한 것으로 거절한다. 그리고 이런 경우에 우리가 취할 수 있는 가장 안전한 길은 실체 혹은 문제가 무엇인지 파악하는 것이다. 할수만 있다면 표현의 적절성에 대한 논쟁에 관여하기보다 피하는 것이 더 나을 것이다. 이들에 대해 지칠줄 모르고 주장하는 것은 틀림없이 우리로 하여금 끊임없는 논쟁에 빠지게 할 것이다. 그리고 어느 누구도 그들이 주장하는 것을 인정하는 듯한 모습을 보이고 싶지 않을 것이다. 만약 가르치는 우리의 목적이 성경의 목적과 똑같다면, – 곧 신자들에게 그리스도 안에 있는 하나님에 대한 지식의 빛을 전달하려는 것이라면 – 우리는 때때로 개념적이고 인위적인 학문들에서 포괄적으로 사용되고 있는 인위적인 규칙들과 구분들의 시험을 통과할 수 없는 표현들을 사용하기 위해 싸워야 할 것이다.

그리고 지체없이 우리의 칭의에서 믿음의 도구적 성격을 비성경적 개념으로 거부하는 사람들은 마치 자신들이 한숨에 그것을 주장했던 그토록 많은 학자들의 이유들과 논증들을 날려버릴 수 있는 것처럼 자신들이 확신하고 있는 것을 점검하려 들지 않을 것이라고 나는 생각한다. 문제가 단지 그것이 무엇을 의미하는가가 아니기 때문에 도구라는 용어나 단어가 성경에서 이런 목적으로 발견되지 않는다고 주장하는 것만으로 충분하지 않기 때문이다. 똑같은 근거로 우리가 신적 본질 안에 있는 위격들의 삼위성에 대해 부인할 수 있으며, 이것을 인정하지 않고는 성경의 단 할 줄도 올바로 이해할 수 없기 때문이다.

믿음이 우리의 칭의에서 도구적 원인이라고 주장하는 사람들은 두 가지 목적으로 그렇게 주장한다.

첫째로, 그들은 이를 통해 절대적으로 믿음으로 의롭다 하심을 받게 된다고 말하고 있는 성경의 표현들의 의미를 선포하려고 한다. 그리고 그것은 도구나 형식이나 행동의 양식을 지시한다. 롬 3:28은 "그러므로 우리는 사람이 '믿음으로' 의롭다 하심을 받게 된다고 결론을 내린다($Λογιζόμεθα$ οὖν $πίστει$ $δικαιοῦσθει$ ἄνθρωπον)"고 말한다. 22절은 "믿음을 통해"($Διὰ$ $πίστεως$), 롬 1:17과 갈 3:8은 "믿음에 의해"(Ἐκ $πίστεως$), 엡 2:8은 "믿음을 통해"($Διὰ$ $τῆς$ $πίστεως$), 롬 3:30은 "믿음으로, 믿음을 통해", 곧 믿음으로(fide), 믿음에 의해(ex fide), 믿음을 통해(per fidem) 우리가 의롭다 하심을 받게 된다고 말한다. 성경 어느 곳에서도 우리가 "믿음 때문에(Propter fidem, $διὰ$ $πίστιν$)" 의롭다 하심을 받게 된다고 언급되어 있지 않다.

문제는 "이 표현들의 의미를 가장 적절하고 명확하고 편리하게 선포하는 방법이 무엇인가?"하는 것이다. 일반적인 개신교 신학자들은 믿음을 도구적 원인이라고 판단한다. 일종의 인과율 때문에 그들은 믿음에 대해 가장 낮고 비천한 도구적인 것이라고 분명히 언급한다. 이 표현들은 어떤 다른 의무의 은혜가 아니라 하나님 앞에서 우리의 칭의에 대한 믿음에 사용된다. 그러므로 우리의 칭의에서 믿음의 적절한 일이나 임무가 이 표현들이 의도하는 것이다. 그리고 디아($διὰ$)는 신약성경 전체에서 속격으로 사용될 경우 어느 곳에서도 도구적인 효율성을 의미하는 것 이외에 다른 의미로 사용되지 않았다. 거룩한 삼위일체의 신적인 사역에서 제 이위의 사역은 때때로 주요한 효율적 원인으로 표현되었다. 비록 절대적으로 하나님이나 아버지께 적용될 수도 있지만, 그것은 위격의 질서에 따른 거룩한 삼위일체의 사역의 질서를 지시하는 것일 수 있다. "이는 만물이 주로 말미암고($\varDelta \iota' \alpha \grave{\upsilon} \tau o \tilde{\upsilon}$)" (롬 11:36).

또한 "율법의 행위에 의한 것($\grave{\epsilon} \xi \, \check{\epsilon} \rho \gamma \omega \nu \, \nu \acute{o} \mu o \upsilon$)"과 "믿음의 행위에 의한 것($\grave{\epsilon} \xi \, \grave{\alpha} \kappa o \tilde{\eta} \varsigma \, \pi \acute{\iota} \sigma \tau \epsilon \omega \varsigma$)"은 전적으로 반대된다(갈 3:2). 하지만 사람이 "율법의 행위로($\grave{\epsilon} \xi \, \check{\epsilon} \rho \gamma \omega \nu \, \nu \acute{o} \mu o \upsilon$)" 의롭다 하심을 받게 되지 못한다고 말할 때, 그 표현의 의미는 우리의 칭의에서 모든 종류의 그런 행위의 모든 효율성을 제거하는 것임을 모든 사람이 인정한다. 그러므로 이것에 반대하여 우리가 "믿음으로($\grave{\epsilon} \kappa \, \pi \acute{\iota} \sigma \tau \epsilon \omega \varsigma$)" 의롭다 하심을 받게 된다고 말할 때 그것은 도구적인 효율성을 의도하는 것이라는 결론이 나온다. 그러므로 나의 논쟁은 믿음이 우리의 칭의의 도구이거나 도구적인 원인이라는 것과 관련된 것이 아니다. 나는 도구와 도구적 원인의 본질과 종류에 대해 온갖 혼란스럽게 의미없는 용어들과 구분들을 만들어 아무런 관련도 없는 추상적인 논쟁을 하는 데 빠져들고 싶지 않다.

하지만 나는 성경에서 자주 사용되는 "믿음으로($\pi \acute{\iota} \sigma \tau \epsilon \iota$), 믿음에 의해($\grave{\epsilon} \kappa \, \pi \acute{\iota} \sigma \tau \epsilon \omega \varsigma$), 믿음을 통해($\delta \iota \grave{\alpha} \, \pi \acute{\iota} \sigma \tau \epsilon \omega \varsigma$)"와 같은 성경적인 표현들의 의미와 의도에 대해 그들 안에 포함되어 있는 인과율과 다른 종류의 해석이 확실히 배제되고, 그 자체로 어떤 인과성을 가지고 있지 않다는 것을 고려할 때 우리가 일상적으로 사용하고 이해하는 사물들에 대한 모든 개념들 중에서 도구나 도구적 원인을 지칭하는 것 이외에 다른 것을 의미하지 않는다고 판단한다.

하지만 만약 믿음이 칭의의 도구적 원인이라면, 그것은 하나님의 도구이든지 신자들 자신들의 도구이든지 둘 중의 하나일 수 있다. 그것이 하나님의 도구가 아니라는 것은 분명하다. 그것은 하나님이 우리에게 돌리신 의무이기 때문이다. 그리고 믿는 것은 우리 자신의 행위이다. 믿는 것은 하나님이 아니라 우리이다. 우리의 어떤 행위도 하나님의 사역의 도구일 수 없다. 그리고 만약 믿음이 효율성을 가지고 있기 때문에 우리의 도구라면, 우리는 어떤 의미에서 우리 자신이 칭의의 효율적인 원인이며 우리 스스로 의롭게 한다고 언급될 수 있는데, 이것은 하나님의 은혜와 그리스도의 보혈을 모욕하는 것이다.

나는 고백하건데 이런 종류의 예외들에 많은 무게를 두지 않는다. 먼저, 그들의 주장에도 불구하고 성경은 "하나님이 믿음으로 우리를 의롭다 하신다"고 명확히 선포하고 있기 때문이다. 롬 3:30은 "할례자도 믿음으로 말미암아($\dot{\epsilon}\kappa$ $\pi\dot{\iota}\sigma\tau\epsilon\omega\varsigma$) 또한 무할례자도 믿음으로 말미암아($\delta\iota\dot{\alpha}$ $\tau\tilde{\eta}\varsigma$ $\pi\dot{\iota}\sigma\tau\epsilon\omega\varsigma$) 의롭다 하실 하나님은 한 분이시니라"고 말하고 있다. 갈 3:8은 "또 하나님이 이방을 믿음으로 말미암아 의로 정하실 것을 성경이 미리 알고"라고 말하고 있다. 행 15:9에서 하나님이 "믿음으로 사람들의 마음을 깨끗하게 하신다"고 말하는데, 여기에서 믿음은 어떤 의미에서 우리의 칭의를 위한 하나님의 도구라고 언급될 수 있다. 한 편으로 믿음은 우리 편에서 우리가 의롭다 하심을 받을 수 있는 하나님이 계획하시고 정하신 수단이며 방법이고, 다른 한 편으로 하나님이 우리에게 그것을 부여하시고 우리 안에서 역사하셔서 우리로 하여금 의롭다 하심을 받을 수 있도록 일하시기 때문이다. "우리는 은혜로 말미암아 믿음을 통해 구원을 받으며 그것이 우리에게 난 것이 아니라 하나님의 선물"이기 때문이다(엡 2:8). 만약 어떤 사람이 이런 이유들 때문이거나 혹은 우리의 칭의를 일으키는 하나님의 작정과 활동과 관련하여 믿음은 그 위치나 방법에 있어서 - 복음 (롬 1:16)과 복음의 사역자들(고후 5:18, 딤전 4:6)과 성례들(롬 4:11, 딛 3:5)

과 마찬가지로 몇몇 장소와 종류에서 - 우리의 칭의에 이르게 하는 하나님의 도구라고 말한다면, 아마 그는 그것을 부인하는 사람들과 마찬가지로 이와 관련된 하나님의 사역을 올바르게 이해하는 데 많은 기여를 할 것이다.

그러나 여기에서 주로 의도되고 있는 것은 믿음은 믿는 자들의 도구라는 것이다. 하지만 그들은 믿음으로 말미암아 스스로 의롭다 하심을 받게 된다고 말하는 것은 아니다. 그것은 실질적인 물리적 활동에 의해 칭의의 효과를 생산하지 못할 뿐 아니라 그렇게 할 수도 없는데, 그것이 순수하게 하나님의 주권적 행위이기 때문이다. 그리고 그것은 도덕적으로 칭의를 얻는 도구가 될 수 없다. 그리고 그것은 주체에 성향적으로 영향을 미치는 칭의의 내적이며 형식적인 원인이 될 수 없는데, 그 안에 "본성적인 실체(rerum natura)"가 없기 때문이다. 그리고 그것은 하나님이 정하시고 구성하신 것 이외에 칭의의 효과와 관련하여 어떤 다른 물리적이거나 도덕적인 것을 가지고 있지 못하다.

믿음의 도구성에서 유일한 주된 원인이신 하나님 이외에 어떤 사람에게 칭의의 효과를 돌릴 수 어떤 논리적인 근거도 없다. 칭의의 효과는 오직 자신의 자유롭고 주권적인 은혜의 방법으로 자신이 선하게 여기시는 바에 따라 사건들의 질서를 세우시고 서로 관련를 맺게 하시는 하나님에게서 나온다. 롬 3:24은 "하나님의 은혜로 값없이 의롭다 하심을 얻은 자"($\Delta\iota\kappa\alpha\iota o\acute{u}\mu\varepsilon\nu o\iota \ \delta\omega\rho\varepsilon\grave{\alpha}\nu \ \tau\tilde{\eta} \ \alpha\grave{u}\tau o\tilde{u} \ \chi\acute{\alpha}\rho\iota\tau\iota$)가 되었으며, 25절은 하나님이 예수를 "그의 피로써 믿음으로 말미암은($\Delta\iota\grave{\alpha} \ \tau\tilde{\eta}\varsigma \ \pi\acute{\iota}\sigma\tau\varepsilon\omega\varsigma \ \grave{\varepsilon}\nu \ \tau\tilde{\omega} \ \alpha\grave{u}\tau o\tilde{u} \ \alpha\H{\iota}\mu\alpha\tau\iota$)" 화목제물로 세우셨다고 말한다. 그러므로 우리가 계속해서 살펴보겠지만, 도구적인 방법으로 믿음을 사용하여 은혜로 값없이 의롭다 하심을 받을 수 있는 것

은 하나님이 믿음의 용도와 활동을 그런 목적을 이루도록 우리의 의무로 작정하셨기 때문이다.

따라서 내가 식별할 수 있는 한 믿음이 우리의 칭의의 도구적 원인이라는 것을 부인하고, 다른 근거로 믿음이 칭의 조건이라고 주장는 사람들은 그들이 이것이 우리가 첫 번째로 살펴 본 "믿음으로($\pi\iota\sigma\tau\epsilon\iota$), 믿음에 의해($\dot{\epsilon}\kappa\ \pi\iota\sigma\tau\epsilon\omega\varsigma$), 믿음을 통해($\delta\iota\dot{\alpha}\ \tau\tilde{\eta}\varsigma\ \pi\iota\sigma\tau\epsilon\omega\varsigma$)"라는 표현들에 대한 더 자연스러운 주석이라는 것을 증명할 수 없다면, 이 진리를 실제로 이해하는 데 아무런 기여도 하지 못한다. 우리가 이 문제와 관련해서 행하는 모든 것은 우리가 다른 열매를 얻으려고 헤매거나 불확실한 추론의 미로에서 길을 잃지 않으려고 한다면 성경의 명제들과 표현들을 올바로 이해하려고 노력하는 것일 뿐이다.

둘째로, 그들은 칭의에서 믿음의 용도를 성경에 표현된 대로 그리스도나 그의 의와 그로 말미암은 죄 사함을 붙잡고 받아들이는 것으로 선포하려는 것이다. 우리의 칭의에서 이런 믿음의 용도를 표현하고 있는 단어들은 "람바노($\lambda\alpha\mu\beta\dot{\alpha}\nu\omega$), 파라람바노($\pi\alpha\rho\alpha\lambda\alpha\mu\beta\dot{\alpha}\nu\omega$), 카타람바노($\kappa\alpha\tau\alpha\lambda\alpha\mu\beta\dot{\alpha}\nu\omega$)"이다. 그리고 성경에서 이 단어들은 우리에게 제공되거나 주어지거나 인정된 것을 취하거나 받아들이거나, 잡거나 붙잡아서 우리의 것으로 만드는 것을 의미하는 것으로 지속적으로 사용되고 있다. 그리고 에피남바노마이($\dot{\epsilon}\pi\iota\lambda\alpha\mu\beta\dot{\alpha}\nu\omega\mu\alpha\iota$) 또한 같은 의미로 사용되고 있다(히 2:16). 마찬가지로 우리는 믿음으로 "그리스도"(요 1:12, 골 2:6)와 "은혜의 풍성함과 의의 선물"(롬 5:17)"과 "약속의 말씀"(행 2:41)과 "하나님의 말씀"(행 8:14, 살전 1:6, 2:13)과 "그리스도의 보혈로 말미암은 구속"(롬 5:11)과 "죄 사함"(행 10:43, 26:18)과 "성령의 약속"(갈 3:14)과 "약속들"(히 9:15)을 받는다고 언급되어 있다. 그러므로 우리가 믿음으로 받는 것 이외에 우리의 칭의에 협력할 수 있는 것은 없다. 그리고 불신앙은 "받지 않는 것"으로 표현된다(요 1:11, 3:11, 12:48, 14:17). 그러므로 우리가 의롭다 하심을 받는 우리의 칭의에서 믿음의 대상은 하나님으로부터 우리에게 제시되고 부여되고 주어진다.

그리고 믿음의 용도는 그것을 붙잡고 받아들여서 그것이 우리의 것이 되도록 하는 것이다. 우리는 우리에게 제공된 외적인 것들을 우리 손으로 붙잡는다. 그러므로 그것은 받아들이는 도구인데, 이것를 통해 우리는 어떤 것을 붙잡아서 우리의 것으로 삼으며, 손은 우리의 모든 지체들 중에서 본성적으로 특별히 그런 역할을 한다. 손은 다른 역할을 할 수도 있고 다른 지체들 또한 서로 다른 역할로 손처럼 몸에게 유용하지만, 오직 손만이 주어진 것을 받아들이고 붙잡아서 우리의 것으로 삼고 우리와 함께 머물러 있도록 하는 도구이다. 그러므로 우리가 의롭다 하심을 받는 의는 복음의 약속 안에서 우리에게 제공된 하나님의 선물이지만, 믿음의 용도와 역할은 이 의를 받아들이거나 붙잡거나 소유하는 것이다. 그러므로 나는 믿음에 대해 도구라는 표현보다 어떻게 더 나은 표현을 할 수 있는지, 어떤 다른 개념으로 믿음에 대해 우리의 지성에 더 밝은 이해의 빛을 비추어줄 수 있는지 모른다.

물론 다른 이유나 용도 때문에 믿음에 대해 다른 개념으로 표현할 수 있는 사람이 있을 수 있다. 하지만 현재 우리가 묻고 있는 질문은 "어떻게 믿음이 그리스도와 구속과 의의 선물을 받는 것으로 선포될 수 있으며, 이것이 우리의 칭의에서 믿음의 유일한 용도임을 증명할 수 있는가?"하는 것이다. 믿음에 대해 모든 것을 자신의 작정을 따라 일하시는 하나님이 이런 목적을 위해 정하신 도구라는 것보다 더 잘 표현할 수 있는 사람이 있다면 인정을 받을 수도 있을 것이다. 우리의 칭의의 형식적인 원인이나 이유를 우리 자신이나 우리의 내적인 의에 두고, 직접적이든 정당한 결론으로든 우리의 칭의를 위한 그리스도의 의의 모든 전가를 부인하는 모든 사람은 믿음의 이 일에 도구라는 것을 받아들일 수 없고, 이렇게 생각하도록 압력을 받지 않는다는 것은 사실이다. 그들은 우리가 의롭다 하심을 받게 되는 우리의 것이 아닌 의를 선물로 받는다는 것을 인정하지 않고, 의가 받아들여지는 어떤 도구도 허락할 수 없기 때문이다. 그들이 말하는 의 그 자체가 추정하고 상상 속에서 만들어 낸 키메라요 소설에 불과하기 때문에 그것은 아무런 실질적인 내용을 가질 수 없고 실제로 얻을 수 있는 것은 아무 것도 없다.

그러므로 이 글의 처음에서 언급한 것처럼 우리의 칭의에서 믿음의 용도를 도구적 원인으로 선포한 것의 진실성과 적절성은 그들이 서거나 무너질 수 있는 칭의의 본질과 주요한 원인들과 관련된 이 교리의 본질에 속한다. 만약 우리가 오직 믿음으로만 붙잡고 받을 수 있는 그리스도의 의의 전가를 통해 의롭다 하심을 받게 된다면, 믿음이 우리의 칭의의 도구적 원인으로 간주되는 것이 충분히 정당하다는 것은 부인될 수 없을 것이다. 그리고 만약 우리가 우리 자신의 내적이며 복음적인 의로 의롭다 하심을 받게 된다면, 믿음은 그런 의의 전가의 조건이거나, 그것이 들어오도록 하는 성향이거나, 그것을 얻는 데 협력하는 공로이지 도구가 될 수 없다.

그런데 믿음을 칭의의 도구적 원인으로 보는 데는 두 가지 이점이 있다. 첫째로, 그것은 우리의 칭의에서 믿음의 용도에 대해 성경이 선포하고 있는 것을 가장 적절하고 가장 잘 표현하고 있다는 것이다. 둘째로, 믿음에 대한 어떤 개념도 이것보다 시간의 순서상 칭의 이전에 믿음이 있어야 한다는 것을 더 잘 표현할 수 있는 개념은 없다. 만약 사람이 의롭다 하심을 받는 믿음으로 참된 신자가 될 수 없다면, 그것은 의롭다 하심을 받는 것이 될 수 없다.

어떤 사람들은 믿음이 우리의 칭의의 조건이며 그렇지 않은 것을 생각할 수 없다고 주장한다. 나는 전에 말했던 것처럼 내용에 대해 서로 의견이 일치하는 한 용어나 표현에 대해 어떤 사람과도 논쟁하지 않을 것이라고 다시 말한다. 그리고 믿음이 우리의 칭의의 조건이라고 불릴 수 있는 명백한 이유가 있다. 그것이 우리가 의롭다 하심을 받기 위해 하나님이 우리 편에서 요구하시는 의무라는 것 이외에 어떤 다른 것도 의도할 수 없기 때문이다. 그리고 성경 전체가 이것을 증거한다. 하지만 이것은 그 용도에 있어서 믿음이 우리가 그리스도와 그의 의를 붙잡거나 받는 도구일 수 있다는 것을 방해하지 않는다. 그러나 믿음이 우리의 칭의의 조건이며, 우리가 새언약의 조건으로서 믿음으로 의롭다 하심을 얻기 때문에 이 단어의 사전적 의미에서 우리가 칭의의 도구적 원인으로 주장해 온 것을 배제하고 칭의에서 믿음에 또 다른 용도를 부여하는 것은 쉽게 받아들일 수 없다. 그것은 이 교리 그 자체의 본질을 바꾸는 것을 전제하기 때문이다.

믿음은 성경 어디에서도 칭의에서 이런 의미로 사용되지 않는다. 우리가 그 의미를 시험하고 측정할 수 있는 어떤 확실한 규칙이나 표준을 가지고 있지 않은 것은 아니지만, 나는 이것에 대해 더 이상 논쟁하지 않을 것이다. 그것은 먼저 사람이 기뻐하는 의미가 될 수 없고, 그런 의미는 다른 목적들을 위한 논쟁으로 바뀔 수 있다. 가령, 믿음이 우리의 칭의의 조건이라는 전제 아래 어떤 사람들은 믿음을 그리스도의 의의 전가에 선행하여 우리에게 전가되는 종속적인 의로 바꾸어 버리며, 이런 의미에서 믿음은 칭의의 조건이라고 주장한다. 반면에 어떤 사람들은 우리의 칭의에서 믿음에 대해 그것의 효율성이나 위엄을 축소시키는 척 하면서 앞에서 말했던 칭의의 조건으로서 그것의 본성과 효율성에 대해 우리에게 불확실한 것으로 남겨둔다. 그리고 그런 개념들은 실재의 참된 의미를 표현하지 못하며 오히려 어둡게 할 뿐이다.

만약 우리가 (성경에 포함되어 있는 내용들을 사람들에게 밝히 알려주고 전달하려고) 성경 어디에서도 사용되지 않은 단어들을 종교에 받아들여야 한다면, 법률가들이나 소요학파에서 만들어 낸 인위적이고 관념적인 표현들로써 이 단어들을 왜곡시키지 말아야 한다. 이 단어들이 속해 있는 언어와 관련되어 가장 인정받는 저자들이 이 단어들을 어떤 의미로 사용하며, 우리들 사이에서 이 단어들의 어떤 의미가 가장 평범하고 보편적으로 사용되고 있는지가 이 단어들의 의미를 결정해야 한다. 그것들의 의미가 서로 동의하는 어떤 확실하게 결정된 규칙에 따라 생산되지 않은 단어들이 교회의 교리에 들어오게 되었을 때 사람들의 마음에 어떤 혼란이 생기는지는 알려져 있다.

가령, "공로"라는 단어는 "어떤 수단에 의해"(quovis modo) 얻거나 획득하는 것을 지시하는 것으로 몇몇 고대작가들에 의해 소개되었다. (이 사실은 그들에 의해 이 단어가 사용된 의미를 볼 때 분명하다.) 하지만 이 단어를 그런 정확한 의미에 한정지을만한 설득력있는 이유가 없기 때문에 이 단어는 기독교를 타락시킨 큰 부패의 기회를 제공하였다. 그러므로 우리는 이 경우에서처럼 어떤 단어의 용도를 받아들이기 전에 그것이 무엇을 의미하는지 이해할 수 있는 최선의 수단을 사용해야 한다.

"조건"(conditio)은 최고의 라틴 작가들 사이에서 그리스어 "카타스타시스($\kappa\alpha\tau\dot{\alpha}\sigma\tau\alpha\sigma\iota\varsigma$), 툭세($\tau\dot{\upsilon}\chi\eta$), 악시아($\dot{\alpha}\xi\dot{\iota}\alpha$), 아이티아($\alpha\dot{\iota}\tau\dot{\iota}\alpha$), 순세케($\sigma\upsilon\nu\theta\dot{\eta}\kappa\eta$)"와 같은 단어들에 대한 상대적 표현으로 다양하게 사용되었다. 곧 그것은 "신분"(status), "행운"(fortuna), "위엄"(dignitas), "원인"(causa), "언약을 맺다"(pactum initum)와 같은 표현으로 사용되었다. 그것이 여기에서 이것들 중 어떤 의미로 사용되었는지 결정하기는 쉽지 않다. 우리들 사이에 일반적으로 그것은 때때로 사람들의 상태와 자질을 지시하는 카타스타시스($\kappa\alpha\tau\dot{\alpha}\sigma\tau\alpha\sigma\iota\varsigma$)와 악시아($\dot{\alpha}\xi\dot{\iota}\alpha$)를 의미하기도 하고, 때때로 이루어진 것에 대한 가치를 고려하는 것을 지시하는 아이티아($\alpha\dot{\iota}\tau\dot{\iota}\alpha$)나 순세케($\sigma\upsilon\nu\theta\dot{\eta}\kappa\eta$)를 의미하기도 한다.

그러나 여기에서 그것은 매우 다양한 것들에 적용된다. 때때로 그것은 어떤 것을 얻거나 획득하는 주된 원인을 표현하기도 한다. 어떤 사람이 다른 사람에게 백 파운드를 빌려주는 조건은 그가 이자와 더불어 빌려준 돈을 갚겠다는 것이며, 어떤 사람이 다른 사람에게 땅을 넘겨주는 조건은 그가 그 땅에 대한 값을 치르는 것인 것처럼, 조건은 가치를 고려하는 것이다. 그리고 때때로 그것은 어떤 활동이 달려있는 주요한 원인에 더해진 것을 의미하기도 한다. 가령, 어떤 사람은 그가 어떤 장소에 가거나 와서 그것을 요구한다는 조건으로 백 파운드를 넘겨준다. 이것은 가치를 고려한 것이 아니라 주요한 원인의 결과이거나 약속한 사람의 의지이다. 그리고 구입하거나, 확득하거나, 가치를 고려하거나, 어떤 곳에 있거나, 어떤 것에 대한 조건은 그 정도와 다양성에서 끝이 없다. 그러므로 우리는 조건이라는 단어가 사용될 때마다 그것이 의도하는 바가 특정하게 선포되지 않는다면, 그것이 의미하는 바를 명확히 알 수 없다. 그리고 비록 이것이 우리가 믿음으로 의롭다 하심을 받게 되는 방법에서 조건이라는 단어를 배제하기에 충분한 근거를 제공하지 않지만, 그것은 우리가 그 의미를 분명히 해서 우리가 다루고 있는 내용 이외에 어떤 것도 배제할 것을 요구한다. 이런 조치가 없이 이 단어가 적용되는 모든 것마다 애매모호하고 불확실할 것이다.

가령, 믿음과 새로운 순종은 새언약의 조건이라고 일반적으로 언급된다. 하지만 '조건'이라는 단어의 애매한 의미와 다양한 용도 때문에 우리는 이 주장이 의도하는 바가 무엇인지 확실히 이해할 수 없다. 만약 그것이 새언약 안에서, 새언약에 의해 반드시 요구되는 것이 우리에게 죽은 자들 가운데 부활하신 그리스도로 말미암아 선한 양심이 하나님을 향하고, 하나님께 영광을 돌리고, 우리가 그 모든 유익을 충만히 즐기는 것 이외에 더 이상 다른 것이 아니라면, 그것은 의심할 것 없이 사실이다. 그러나 만약 그것이 그들이 어떤 은혜나 자비나 그 특권에 참여하기 전에 우리가 행해야 하며, 그들을 얻는 주요한 원인이 되며, 어떤 사람이 말하는 것처럼 그들 모두가 우리의 믿음과 순종에 대한 보답이라는 의미에서 언약의 조건이라는 것을 의미한다면, 그것은 가장 잘못되고 성경의 명확한 증거들에 반대될 뿐 아니라 언약 그 자체의 본성을 파괴한다. 만약 그것이 이런 것들이 비록 언약 안에서 약속되고 하나님의 은혜로 우리 안에서 일어나지만, 여전히 영광 안에서 언약의 충만한 목적에 참여하고 즐기기 위해 우리에게 요구되는 의무들이라는 것을 의미한다면, 그것은 우리가 주장하고 있는 진리이다.

그러나 만약 그것이 믿음과 새로운 순종이, 곧 우리가 행하는 의의 행위들이 전자는 칭의를 얻을 수 있는 수단으로 하나님이 정하셨고, 후자도 똑같은 목적이나 똑같은 정도의 효력을 내거나 똑같은 결과를 내도록 하나님이 정하셨다는 차원에서 언약의 조건이라는 것을 의미한다면, 이것은 전적으로 사도가 이 주제에 대해 명확히 계획한 전체의 범위와 반대되는 것이다. 그러나 믿음이 우리의 칭의의 조건이라고 말할 때, 그것은 믿음이 "없어서는 안되는 원인(causa sine qua non)"이라는 것 이외에 더 이상을 의미하지 않는다고 할 때 그것은 충분히 쉽게 이해할 수 있다고 언급될 것이다. 그러나 우리는 아직 불확실한 것에서 의도한 것을 명백히 이해하는 것으로 옮겨가지 못했다. "없어서는 안되는 원인들(causae sine quibus non)"은 좀 더 크거나 더 엄격하고 정확하게 받아들여질 수 있기 때문이다.

이 분야의 전문가들은 일반적으로 그것들을 일반적으로 세분화 한다. 좀 더 큰 의미에서 그렇게 불리는 것들은 모두 효율성이나 공로의 차원에서 주요한 원인들보다 못하며 그것들이 없이는 아무 것도 하지 못하지만, 그것들과 연합하여 효과를 생산해 내는 데 물리적이거나 도덕적으로 실질적이며 효과적으로 영향을 끼치는 원인들이다. 그리고 만약 우리가 조건을 이런 의미에서 "없어서는 안되는 원인"으로 받아들인다면, 우리는 우리의 칭의와 관련하여 그것의 용도나 효율성이나 공로에 대해 무엇이라고 말할지 여전히 모르게 된다.

만약 그것이 더 엄격하게 반드시 있지만 어떤 종류의 인과성도 가지고 있지 않고, 수용하는 도구적 성질도 지니지 않은 것으로 받아들여진다면, 나는 그것이 어떻게 하나님이 작정하신 규칙이 될 수 있는지 이해할 수 없다. 하나님이 도덕적이든 영적이든 어떤 목적에 맞게 정하신 모든 것을 그 정하심으로 말미암아 그 목적과 관련하여 상징적이며 교훈적인 효율성을 가지든지, 능동적인 효율성을 가지든지 그에 맞는 보상을 가지기 때문이다. 일반적으로, 다소 멀리 자연적인 것들의 질서에 참여하고 있어서 이런 관점에서 하나님이 법으로 정하지 않으셨으며, 도덕적이나 영적인 어떤 종류의 인과율도 가지고 있지 않으면서 그런 목적이 필수적인 것들이 있을 수 있다. 가령, 우리가 숨쉬는 공기는 말씀을 선포하는 데 필수적이며 결과적으로 "없어서는 안 되는 원인(causa sine qua non)"이다. 하지만 그것은 말씀을 선포하는 것과 관련해서 하나님이 정하신 규칙은 아니다.

그러나 하나님이 어떤 특별한 영적인 목적을 위해 정하신 모든 것은 언급된 이런저런 방식으로든 효율성이나 활동을 가진다. 그들은 그 내적인 효율성에서 주요한 원인과 협력하든지, 오직 그 효율성에서 주요한 원리와 반대되는 장애물들과 반대들을 제거하는 데 활동하기 때문이다. 그리고 이것은 엄밀히 말해서 신적인 규칙들 가운데 있는 어떤 곳에서든 "없어서는 안되는(sine quibus non)" 모든 원인을 배제한다. 하나님은 아무 것도 하지 않을 목적을 위해 어떤 것을 임명하지 않으신다. 하나님의 성례들은 단순히 표징들($\sigma\eta\mu\epsilon\tilde{\iota}\alpha$)이 아니라 하나님이 정하셔서 그것들이 스스로 포함하고 있지 않은 은혜를 나타난다. 말씀을 선포하는 것은 그것의 모든 목적을 달성하는 데 실질적인 효력을 가진다. 하나님이 우리 안에서 역사하시고 우리에게 요구하시는 모든 은혜와 의무도 마찬가지이다. 이 모든 것을 통해 우리는 "빛 가운데서 성도들의 유업을 이을 수 있는 자격을 갖추게 된다." 그리고 우리의 모든 순종은 그가 은혜 안에 정하신 대로 영생에 이르는 보답을 얻는다. 그러므로 믿음은 우리가 의롭다 하심을 받기 위해 하나님이 우리에게 요구하시는 것 이상을 의미하지 않을 때 우리의 칭의의 조건으로 허락받을 수 있는 것처럼 우리의 칭의에서 그 용도에 대한 선언을 그것이 칭의 조건이라는 것에 한정시키는 것은 그것의 정확한 의미에 대해 의견의 일치가 없을 때 오직 무익한 논쟁이나 다툼을 일으킬 뿐이다.

칭의에서 믿음의 특별한 대상

우리의 칭의에서 믿음과 믿음의 용도와 관련된 이 글을 마치면서 그 특별한 대상과 관련해서 몇 가지가 더해져야 한다. 비록 믿음의 본질과 대상에 대해 일반적인 차원에서 이미 언급한 것이 그 특별한 대상을 진술하기에 충분하지만, 특별한 개념과 용어들과 관련해서 이 문제에 대해 아직 질문과 논쟁이 있기 때문이다. 그리고 이것은 "우리의 칭의에서 의롭다 하심을 받는 믿음이나 믿음의 용도가 그가 우리를 위해 행하신 충족과 더불어 그리스도를 제사장으로서 뿐 아니라 왕과 제사장으로서 똑같은 방법으로, 똑같은 목적으로 고려해야 하는가?"하는 문제이다. 나는 이 질문을 간략하게 다룰 것인데, 이는 그것이 단지 최근에 제기된 논쟁이며 우리를 세우기보다 호기심만을 자극하는 사변적인 문제이기 때문이다. 하지만 내가 알고 있는 어떤 개혁교회의 공적인 고백서들도 이런 용어로 표현하고 있지 않기 때문에 이 문제에 대해 어떤 사람도 자신의 이해를 자유롭게 표현할 수 있다. 그러므로 이런 목적으로 나는 다음과 같이 말한다.

1. 우리가 그리스도를 영접함으로 의롭다 하심을 얻게 되는 믿음은 주로 그의 위격과 관련되어 있는데, 그리스도는 이 모든 목적을 달성하시기 위해 하나님이 정하신 것이다. 믿음은 보통 처음에는 그의 위격을 절대적으로 고려하지 않는데, 믿음의 형식적인 대상은 제시된 하나님의 진리 그 자체이며, 그 안에 제시된 것이 아니기 때문이다. 그러므로 믿음은 약속에 제시된 대로 그리스도를 고려하고 받아들인다. 그리고 약속은 그 자체로 믿음이 동의하는 형식적인 대상이다.

2. 우리는 약속에서 그의 사역 중 어느 하나에 대한 고려를 배제한 상태에서 그리스도를 받아들이지 않는다. 우리는 어느 때든 그의 모든

사역과 더불어 그리스도를 고려해야 한다. 그러므로 우리가 왕이나 선지자가 아니라 제사장이신 그리스도만을 받아들인다면, 그것은 믿음이 아니라 불신앙이다. 그것은 그리스도를 받아들이는 것이 아니라 거부하는 것이다.

3. 칭의를 위해 형식적으로 그리스도를 받아들이는 데 있어서 우리가 분명히 계획하는 것은 그것으로 말미암아 의롭다 하심을 받게 되는 것이며 더 이상 다른 것이 아니다. 그런데 의롭다 하심을 받게 되는 것은 죄책으로부터 자유로워지거나, 우리의 모든 죄가 용서를 받거나, 우리가 하나님 앞에서 나타났을 때 받아들여질 수 있는 의를 가지거나, 하늘의 유업을 받을 수 있는 권리를 소유하는 것이다. 모든 신자는 자신의 본성을 개혁하고, 자신의 인격을 거룩하게 하며, 모든 거룩한 순종으로 하나님을 위해 살 수 있는 능력과 관련된 계획들에 똑같이 관심을 가진다. 그러나 앞에서 언급했던 것들은 모두 자신을 그리스도께 적용하거나 칭의를 위해 그리스도를 받아들이는 데 있어서 목표하거나 계획하는 것이다.

4. 그러므로 우리가 의롭다 하심을 받게 되는 일이나 사역에서 의롭다 하심을 받는 믿음은 오직 제사장으로서 그리스도만을 고려하는데, 이는 그가 그 일을 감당하신 언약의 보증인이시기 때문이다. 그의 다른 사역에 대한 고려가 배제되는 것은 아니지만, 그런 사역은 형식적으로 의롭다 하심을 받는 믿음의 대상이 아니다.

5. 우리가 그리스도의 제사장으로서의 사역이나, 그리스도의 보혈이나, 그리스도의 충족이 믿음이 칭의에서 유일하게 고려하는 것이라고 말할 때, 우리는 그 주장 안에 그것에 의지하거나 그것들이 우리의 칭의에서 효력을 발생하는 데 협력하는 모든 것을 배제하지 않고 실제

로 포함시킨다.

첫째로, 우리를 위해 우리에게 그리스도를 주시는 하나님의 "값없는 은혜"와 호의. 이로 말미암아 우리는 의롭다 하심을 받는다고 자주 언급된다(롬 3:24, 엡 2:8, 딛 3:7). 그의 지혜와 사랑과 의와 능력은 지금까지 선포되었듯이 똑같이 고려된다.

둘째로, 그리스도 안에 있는 것은 무엇이든지 그가 그일을 감당하시는 데 사전에 필요하거나, 그 결과이거나, 필수적으로 그 일에 수반된다. 그의 성육신과 그의 순종의 전체 과정과 그의 부활과 그의 승천과 그의 높아지심과 그의 중보가 그런 것들이다. 이 모든 것에 대한 고려는 그가 제사장직을 감당하시는 것과 분리될 수 없기 때문이다. 그리고 칭의는 분명하거나 실질적으로 그것들과 연관된다(창 3:15, 요일 3:8, 히 2:14-16, 롬 4:25, 행 5:31, 히 7:27, 롬 8:34). 하지만 우리의 칭의에 그것들에 대한 관련성이 언급되는 곳마다 그것들은 절대적이 아니라 그의 희생과 충족과 관련해서 고려된다.

셋째로, 주 그리스도의 희생과 의를 우리에게 적용시키는 모든 수단이 또한 그 안에 포함되어 있다. 그 주요한 효율적인 원인이신 성령이 그러하다. 그러므로 우리는 "주 예수의 이름과 우리 하나님의 영으로 의롭다 하심을 받는다"고 언급된다(고전 6:11). 그리고 하나님 편에서 우리의 칭의의 도구적인 원인은 "복음의 약속"이다(갈 3:22, 23).

그러므로 이런 주장으로 우리가 의롭다 하심을 받는 믿음의 대상을 의롭다 하심을 받는 것과 관련하여 축소시킨다는 것은 부당한 주장이다. 사실 우리는 그리스도의 중보사역 전체를 고려하며 그의 왕이요 선지자로서의 사역을 배제하지 않는다. 우리는 우리의 칭의에서 그리스도의 그런 사역보다 우리의 역할에 대해 더 많이 언급할 뿐이다. 그리고 이런 주장은 다음과 같이 증명될 수 있다.

(1) 복음에 따라 의롭다 하심을 받거나 의롭다 하심을 추구하는 모든 사람의 경험으로부터. 의롭다 하심을 추구하거나 의롭다 하심을 받기 위한 의를 추구하는 사람들은 우리가 이 글의 앞에서 선언했던 것처럼 자신들이 "하나님 앞에서 죄책이 있으며"(ὑπόδικοι τῷ Θεῷ), 율법의 저주 아래 하나님의 진노를 받고 있다는 것을 전제한다(롬 3:19). 그들은 모두 하나님이 타락 후 그리스도의 성육신과 고통을 통해 구원을 제시했던 아담이 처해 있던 것과 똑같은 상태에 놓여 있다(창 3:15). 그리고 의롭다 하심을 추구하는 것은 이런 저주받은 상태와 조건에서 벗어나려고 하는 것이다. 그런 사람들은 또한 다른 계획들과 열망들을 가지고 있고, 가지고 있어야 한다. 그들이 의롭다 하심을 받기 전에 놓여 있던 상태가 죄책과 진노의 상태였을 뿐 아니라, 그들의 본성의 부패를 통해 죄의 권세가 그들 안에서 지배하고 있고, 그들의 전체 영혼들이 오염되어 있는 상태에서 의롭게 될 뿐 아니라 거룩하게 되고자 하는 계획을 세우고 열망하기 때문이다.

그러나 하나님 앞에서 그들의 죄책과 의의 부족과 이런 상태에서 구원받아 의롭다 하심을 받으려고 할 때 그들은 "자신의 보혈로 믿음으로 말미암아 화목제물이 되신" 그리스도를 고려하지 않을 수 없다. 거룩하게 되고자 하는 그들의 계획에서 그들은 특별히 그리스도의 왕이요 선지자로서의 사역을 고려한다. 그러나 그들이 죄책으로부터 자유와 하나님의 용납과 하나님이 보시기에 의롭다 하심을 얻고자 할 때, 곧 정죄로부터 자유를 얻고 심판에 이르지 않으려고 할 때, 그들이 믿음으로 바라보고 획득해야 하는 것은 오직 십자가에 달리신 그리스도, 광야의 "구리뱀"처럼 높이 달리신 그리스도와 그가 이루신 화해와 그가 값으신 구속과 그가 자신들의 죄를 지시고 자신들을 위해 죄와 저주가 되신 것과 죄를 끝내시고 영원한 의를 가져오신 그의 순종뿐이다.

만약 어떤 사람에게 다른 경험이 있다면, 나는 그런 것이 있을 수 있는지 의문이다. 나는 죄에 대한 각성이 실질적인 칭의의 유일한 사전적 조건이라고 말하지 않는다. 나는 그것은 단지 죄인을 칭의의 주요한 대상이 되게 하는 것일 뿐이라고 말한다. 그러므로 실제로 죄에 대한 각성과 그와 수반된 모든 것을 가지고 있지 않은 어떤 사람도 의롭다 하심을 받는 사람으로 고려되지 말아야 한다. 사도가 묘사한 것처럼 "하나님 앞에서 죄책이 있고" 그의 "입이 막혀서" 어떤 간청이나 방어나 변명을 할 수 없는 이런 상태에 있는 죄인이 있고 그가 이런 상태에서 구원을 받으려고 한다고, 곧 복음을 따라 의롭다 하심을 받고자 한다고 생각해 보자. 그는 지혜롭게 똑같은 사도가 제시하고 있는 것과 다른 과정을 택하지도 택할 수도 없을 것이다.

"그러므로 율법의 행위로 그의 앞에서 의롭다 하심을 얻을 육체가 없나니 율법으로는 죄를 깨달음이니라 이제는 율법 외에 하나님의 한 의가 나타났으니 율법과 선지자들에게 증거를 받은 것이라 곧 예수 그리스도를 믿음으로 말미암아 모든 믿는 자에게 미치는 하나님의 의니 차별이 없느니라 모든 사람이 죄를 범하였으매 하나님의 영광에 이르지 못하더니 그리스도 예수 안에 있는 속량으로 말미암아 하나님의 은혜로 값없이 의롭다 하심을 얻은 자 되었느니라 이 예수를 하나님이 그의 피로써 믿음으로 말미암은 화목제물로 세우셨으니 이는 하나님이 길이 참으시는 중에 전에 지은 죄를 간과하심으로 자기의 의로우심을 나타내려 하심이니"(롬 3:20-25).

그러므로 나는 그의 모든 순종의 유일한 규칙인 하나님의 율법에서 어떤 소망이나 구원을 찾지 못한 죄책이 있고, 정죄받은 죄인이 구원을 받거나 의롭다 하심을 받기 위해 믿음으로 스스로 취한 것이 의롭다 하심을 받는 믿음의 특별한 대상이라고 말한다. 하지만 이것은 그리스도 안에 있는 구속이나 그의 보혈로 말미암아 믿음을 통한 회목제물로 제시된 그리스도를 통한 것으로 오직 하나님의 은혜로 말미암은 것이다. 이것이 그러하든지, 그렇지 않다면 사도가 자신이 제시한 그런 상태에 놓여 있는 사람들의 영혼들과 양심들을 올바로 인도하는 것이 아니다. 그가 하나님 앞에서 의롭다 하심을 받고자 하는 사람들을 향해 제시하고 있는 믿음의 대상은 오직 그리스도의 보혈이다. 믿음은 특별히 은혜와 구속과 화해와 그리스도의 보혈을 통한 모든 것을 고려하고 초점을 맞춘다. 이것은 내가 실수하지 않는 한 하나님 앞에서 자신들의 칭의를 위한 믿음의 행동에 대해 자신의 경험을 관찰한 사람들이 확증할 것이다.

(2) 성경은 의롭다 하심을 받게 하는 믿음은 오직 그리스도의 제사장으로서의 사역과 활동을 고려한다는 것을 분명히 선언한다. 그들의 모든 죄와 죄악이 용서받고 그들이 하나님께 용납되는 옛날 교회의 칭의의 위대한 표현인 화목제에서 그들의 믿음의 행동은 자신들의 모든 죄를 대제사장을 통해 희생제물의 머리 위에 부여하는 것에 제한되었다(레 16). "자기 지식으로" (곧 그에 대한 믿음으로) "나의 의로운 종이 많은 사람을 의롭게 하며 또 그들의 죄악을 친히 담당하리로다"(사 53:11). 믿음이 죄인들의 칭의와 관련해서 그리스도에 대해 고려하는 유일한 것은 그가 "그들의 죄악을 담당하셨다는 것"이다. 죄책이 있고 죄를 깨닫게 된 죄인들은 불뱀에 물렸던 사람들이 구리뱀을 바라보았던 것처럼 믿음으로 십자가 위에 달리신 그를 바라본다(요 3:14, 15).

사도는 우리의 칭의에서 믿음의 본질과 행동에 대해 다음과 같이 표현한다. "그리스도 예수 안에 있는 속량으로 말미암아 하나님의 은혜로 값없이 의롭다 하심을 얻은 자 되었느니라 이 예수를 하나님이 그의 피로써 믿음으로 말미암은 화목제물로 세우셨으니"(롬 3:24, 25). 그가 화목제물이시고, 그가 우리를 위해 자신의 피를 흘리셨고, 우리가 그로 말미암아 속량을 받았기 때문에 그는 우리의 칭의와 관련하여 우리의 믿음의 특별한 대상이시다. 똑같은 목적으로 롬 5:9, 10, 엡 1:7, 골 1:14, 엡 2:13-16, 롬 8:3, 4을 보라. "하나님이 죄를 알지도 못하신 이를 우리를 대신하여 죄로 삼으신 것은 우리로 하여금 그 안에서 하나님의 의가 되게 하려 하심이라"(고후 5:21). 우리가 칭의에서 찾는 것은 하나님의 의에 참여하는 것, 곧 하나님의 의가 되는 것이며, 그것은 우리 안에 있는 것이 아니라 다른 분, 곧 그리스도 예수 안에 있는 것이다.

칭의의 수단이며 원인으로서 우리의 믿음에 제시된 것은 오직 그가 우리를 위해 죄가 되셨거나 죄를 위해 희생제물이 되셨다는 것이다. 이 속에서 우리 죄의 모든 죄책은 그 위에 놓여졌으며, 그는 우리의 모든 죄악을 감당하셨다. 그러므로 이것은 칭의에서 믿음의 특별한 대상이다. 그리고 성경에서 우리가 그리스도의 보혈로 말미암아 죄 사함을 받고 구속을 받으며, 십자가에 달리신 분으로서 그에 대한 믿음을 통해 의롭다 하심을 받으라고 요청을 받는 곳마다 칭의에서 믿음의 대상은 한정되고 결정된다.

반대. 그러나 이런 증거들 중 어느 곳에서도 우리가 오직 그리스도의 보혈에 대한 믿음으로 의롭다 하심을 받는다고 할 때 그것이 그리스도의 다른 사역들과 행위들을 배제하고, 그것들은 그의 제사장으로서의 사역과 그것에 속한 것과 똑같은 방법으로, 똑같은 목적으로 믿음의 대상이 되지 말아야 한다고 주장하고 있지 않다는 반대가 있을 수 있다.

대답. 이런 반대는 일반적으로 오직 믿음으로 말미암은 칭의의 교리에 대해 반대하는 데서 나온다. 곧 성경에서 혹은 이신칭의를 생산해 내는 증거들 중 어떤 곳에서도 '오직'이라는 그런 배타적인 용어가 발견되지 않는다는 것이다. 하지만 비록 그 단어가 음절로 이런 목적을 위해 사용된 것은 아니지만, 우리가 후에 살펴 보겠지만 그것과 똑같은 예외적인 표현들이 있다고 진리에 대한 확실한 증거를 가지고 대답할 수 있다. 그것은 다음과 같은 특별한 경우에 나타난다.

첫째로, 우리의 칭의가 우리의 죄에 대한 화목제물로서 그리스도의 보혈에 대한 우리의 믿음으로, 우리를 위해 십자가에 달리신 분으로 그를 믿는 것으로 말미암는다는 것을 명백히 기술하고 있는 곳 어디에서도 우리의 칭의는 그를 우리의 왕이요 주나 선지자로서 받아들이는 것으로 언급하고 있지 않다. 그러므로 전자의 표현들이 후자에 대한 고려를 실질적으로 배제하고 있다는 것이 분명하다.

둘째로, 나는 그리스도의 왕이요 선지자로서의 사역에 대한 고려가 행위가 믿음과 은혜에 반대되어 배제되는 것처럼 배제된다고 말하지 않는다. 그것들은 우리가 우리의 이해의 부족으로 "이 일에 아무런 관계가 없으니 네 일이나 하라"는 식의 적극적인 부정처럼 배제되지 않기 때문이다. 오히려 그리스도의 이런 직분들에 대해 우리는 단지 우리가 의롭다 하심을 받는 믿음의 대상으로서 이것들이 포함되지 않는다고 말할 뿐이다. 그러므로 그의 보혈로 의롭다 하심을 받기위해 믿는 것이 마음의 적극적인 행위로서 그의 다른 사역들을 배제하는 것이라는 주장은 불경건한 상상이다.

(3) 이런 사역들 자체에 대한 고려나 그것들 중 특별한 어떤 행동도 죄를 깨닫고 의롭다 하심을 얻으려고 추구하는 영혼과 양심에 위로를 주지 못한다. 우리는 칭의의 전 과정에서 의롭다 하심을 받고자 하는 사람의 상태와 그가 무엇을 추구하고 있으며 무엇을 추구해야 하는지에서 시선을 떼지 말아야 한다. 그들이 추구하는 것은 죄 사함과 오직 하나님 앞에서 의롭다 하심을 받는 것이다. 그러므로 어떤 식으로든 그들에게 이런 안식을 주기에 적합하지 않은 것은 의롭다 하심을 받게 하는 믿음의 대상이 아니며 대상이 될 수 없다. 이런 안식은 오직 그리스도 안에서만 발견될 수 있다. 사실이다. 하지만 어떤 조건 아래서 그런가? 죄인이 바라는 것은 어떻게 화해나 구속을 통해 하나님께 받아들여지며, 하나님과 평화를 이루고, 하나님의 모든 진노에서 벗어나는가이다. 그런데 이것은 누군가 자신을 대신하여 하나님을 향해, 하나님과 더불어 행하는 행동 이외에 다른 것으로 이루어질 수 없다. 해결해야할 문제는 하나님의 진노를 돌리고 하나님께 받아들여지는 것이기 때문이다. "멀리 있던" 우리가 "가까워지는 것"은 그리스도의 보혈로 말미암은 것이다. 그리스도의 보혈로써 "원수"였던 우리가 화해하게 된다(16절). 그리스도의 보혈로써 우리는 속량을 받는다(롬 3:24, 25, 엡 1:7 등). 그러므로 이것이 믿음의 대상이다.

왕이요 선지자로서 그리스도의 모든 행위는 모두 하나님에게서, 곧 우리를 향하신 하나님의 이름과 권위에서 나온 것이다. 이것들 중 어떤 것도 그것들 덕택에 우리가 하나님께 받아들여지는 것을 기대할 수 있도록 우리를 대신하여 하나님께 드려지는 것이 아니다. 그것들은 그 자체로 모두 선하고 복되고 거룩하며, 우리의 구원에서 탁월하게 하나님께 영광을 돌리게 하는 경향이 있다. 그렇다. 그것들은 그가 하신 죄에 대한 구속과 충족과 마찬가지로 하나님의 은혜를 찬미하는 우리의 구원에 필수적이다. 이것들에서 생명의 길이 우리에게 제시되며, 은혜가 전달되며, 우리의 인격이 거룩해지며, 보상이 주어지기 때문이다. 그렇다. 주 그리스도는 자신의 왕권을 행사하심으로써 죄인들을 용서하시고 의롭다 선언하신다. 그가 왕으로서 칭의의 법을 정하신 것은 아니다. 그것은 최초의 약속으로 주어지고 수립되었으며, 그는 그것을 실행에 옮기셨다(요 3:16). 오직 그들에게 전가된 그의 구속과 의 덕택에 그는 죄인들을 용서하시고 의롭다 선언하신다. 하지만 그것들은 오직 우리를 대신해서 하나님께 드린 그의 제사장으로서의 행위이다. 그가 순종과 수난과 자신을 드리신 것처럼 이 땅에서 교회를 위해 하나님과 함께 하신 것은 무엇이든지, 그가 하나님 앞에서 우리를 위해 중보하시고 나타나시는 것처럼 하늘에서 행하시는 것은 무엇이든지 전적으로 그의 제사장으로서의 사역에 속한다. 그리고 죄를 깨달은 죄인의 영혼은 죄의 상태에서 구원을 받고 하나님께 용납되는 것을 추구할 때 오직 이 사역에서 안식을 찾는다. 그러므로 그에게 안식과 평강을 줄 수 있는 그의 믿음의 특별한 대상은 오직 이 사역 안에서 발견된다. 그리고 이것에 대한 고려는 그 자체로 이런 차이를 결정하기에 충분하다.

이런 주장에 다양한 반대들이 있는데, 나는 여기에서 자세히 다루지 않을 것이다. 그런 반대들의 핵심적인 내용이 그것과 더불어 토론하는 것이 더 적절한 다른 주제들에서도 나타나기 때문이다. 일반적으로 의롭다 하심을 받는 믿음은 구원하는 믿음과 똑같다는 주장이 있을 수 있고, 우리는 믿음의 이런저런 부분으로 말미암아 의롭다 하심을 받는 것이 아니라, 일반적으로 믿음으로 말미암아, 본질적으로 믿음의 전체적인 은혜로 말미암아 구원을 받는다고 말할 수 있다. 그리고 성경의 많은 구절에서 명백히 나타나듯이 이런 의미에서 믿음은 그의 모든 사역에서 그리스도를 고려할 뿐 아니라, 그 안에는 순종 그 자체도 포함된다. 그러므로 우리가 믿음의 대상을 제사장으로서의 그리스도의 사역과 그 결과와 열매에 한정지어야 할 어떤 이유도 없다.

대답. 1. 어떤 신자 안에서든 구원하는 믿음과 의롭다 하심을 받는 믿음은 하나이며 똑같다. 구원하는 것과 의롭다 하심을 받는 것을 구분하는 것은 단지 그 분명한 활동과 효과의 차원에서 외적으로 지칭하는 것일 뿐이다. 하지만 구원하는 믿음은 그 자체로 칭의에서 어떤 다른 곳에는 없는 특별한 방식으로 행동하고 특별한 용도를 가지고 있다.

2. 그러므로 비록 구원하는 믿음이 일반적으로 묘사될 때 그 형식이나 본질로서가 아니라 원인에 포함되어 있는 필연적인 결과로서, 열매 맺는 즙 안에 있는 열매로서 계속해서 순종을 포함하며, 그리스도와 그의 보혈과 그의 의에 대한 어떤 분명한 언급이 없고 복음의 모든 행위와 의무와 목적에 적용되는 곳에서 그 본질과 행위의 차원에서 종종 언급되지만, 이것은 우리의 칭의에서 믿음이 그 의무와 위치와 행위와 관련해서 특별한 대상을 가지고 있다는 것을 전혀 증명하지 못한다. 만약 칭의가 믿음으로 말미암는다고 기록되어 있는 곳에서 죄 사함과 하나님께 받아들여지기 위해 믿음이 의지해야 하는 어떤 다른 대상을 가지고 있다는 것이 증명될 수 있다면, 이런 반대는 어느 정도 힘이 있을 것이다. 하지만 그럴 수 없다.

3. 이것은 우리가 본질적인 차원에서 믿음이 아니라 믿음의 일부로 말미암아 의롭다 하심을 받을 수 있다고 말하는 것이 아니다. 우리는 다른 사람들이 관찰해왔듯이 그런 특별한 방식으로 활동하는 믿음의 전적인 은혜로 말미암아 의롭다 하심을 받기 때문이다. 그러나 진리는

우리가 이런 질문에 대해 토론할 것을 주장할 필요가 없다는 것이다. 그것의 참된 의미는 그리스도의 어떤 사역이 의롭다 하심을 받는 믿음이나, 우리의 칭의에서 믿음의 대상에서 배제될 수 있는가가 아니라, 그리스도를 우리의 주와 왕으로서 받아들인다는 명목 아래 우리 자신에게 속한 것을 이 일에 대한 효율적이거나 조건적인 것으로 받아들일 수 있는가 하는 것이다. 의롭다 하심을 받는 믿음이 그리스도를 받아들이는 것이라는 것이 인정될 수 있는 것처럼, 우리의 칭의의 어떤 원인으로, 칭의의 공로적이거나 획득하거나 내용적이거나 형식적이거나 나타나는 원인으로 축소될 수 있는 그리스도의 위격이나, 그의 어떤 사역이나, 어떤 사역을 감당하는 어떤 행위에 속한 것은 무엇이든지 그것이 그렇게 하는 한 자유롭게 의롭다 하심을 받는 믿음의 대상에 속하는 것으로 받아들여져야 한다. 그리고 나는 "그리스도의 어떤 부분이 의롭다 하심을 받는 믿음의 대상으로 평가되어야 하며, 어떤 부분이 그렇지 않은 것으로 평가되어야 하는가?"와, "믿음과 구분되거나 믿음에 포함되는 순종이 믿음과 똑같은 방식으로 하나님 앞에서 우리의 칭의 조건이 될 수 있는가?"와 같은 아무런 유익이 없는 질문을 하는 어떤 사람과도 논쟁을 하지 않을 것이다. 이것이 의도하는 것은 그 자체로 할 수 있는 것보다 더 특별한 역할을 하는 척하면서 동의를 끌어내기 위해 만들어 낸 다른 질문들과 다르지 않다. 그러므로 이 문제도 어떤 다른 차원이 아닌 이런 차원에서 조사될 것이다.

제 4 장
칭의에 대해
성경에서 이 단어의 개념과 의미

  칭의의 본질에 대해 올바로 이해하려면 '칭의(Justitication, 稱義)'와 '의롭다 칭하다(justify)'는 단어의 올바른 의미가 조사되어야 한다. 이 문제에서 일치되지 않는다면 이 문제에 대한 우리 논의가 논쟁에서 자유로워지는 것은 불가능하기 때문이다. 이 단어가 쓰이는 다양한 의미를 살펴보라. 그러면 그들이 주장하는 의미가 모순되게 받아들여지거나, 거부되는 모든 문제가 해결될 것이다. 그리고 우리가 후에 더 살펴보겠지만 이 문제에 있어서 실질적인 해결책이 따라 올 것이다. 어떤 사람들은 이 단어를 어떤 의미로, 다른 사람들은 다른 의미로 사용하는 것이 이 문제나 하나님 앞에서 우리의 칭의와 관련되어 서로 모순되는 교리들을 주장하게 된 것 같다. 그러나 이 단어들이 명확히 무엇을 의미하는지에 대해 충분이 의견의 일치가 있으며, 따라서 그것들의 참된 의미가 이미 많은 사람에 의해 선포되고 확증되었다. 하지만 이 단어들에 대해 올바로 진술하는 것이 대부분의 사람들이 이해하는 것보다 이 교리 자체나 의미하는 내용 그 자체에 대해 주로 논쟁이 되어왔던 것을 결정하는 것보다 더 중요하고, 적어도 성경에서 이 단어들의 의미를 선포하고 확증하기 위해 아직 더해져야 할 것이 남아있기 때문에 나는 내가 할 수 있는 한 부지런히 이 문제에 대한 나의 관찰을 제시할 것이다.

칭의에 대해

"칭의(justificatio)"라는 라틴어 단어의 파생어와 합성어는 스콜라 신학자들이 말하는 것처럼 물리적인 움직임과 변환에 의해 내적인 불의에서 똑같이 내적인 의로 내적으로 변화되는 것을 의미하는 것 같다. 그것이 이와 같은 합성어의 의미이기 때문이다. 가령, 성화(sanctification)와 죽이는 것(mortification)과 살리는 것(vivification) 등은 모두 해당되는 주체 안에서 일어나는 실질적인 내적 변화를 지시한다. 이에 대해 로마 학교 전체는 칭의(justification) 대신에 의화(justifaction, 義化), 곧 전에 내적이며 습관적으로 정의롭지 못하고 의롭지 못한 사람이 은혜의 원리나 습관의 주입으로 내적으로 의롭다 하심을 받게 되는 것을 주장한다. 비록 이것이 이 단어의 올바른 의미이지만, 우리는 성경이 가르치는 칭의의 원인과 본질에 대해 다루고 있는 우리의 논쟁에서 이 문제에 대해 말하거나 말할 수 없다.

그리고 이 단어의 이런 표면상의 의미는 고대의 일부 학자들을 속일 수 있었는데, 특별히 칭의라는 이름 아래 우리 자신의 어떤 행위와 관련이 없는 값없고 은혜로 말미암은 성화의 교리를 선언했던 어거스틴이 그 대표적이다. 그러나 그들 중 어떤 사람도 하나님 앞에의 칭의에 대해 우리 안에 주입되거나 우리가 행한 어떤 은혜의 내적인 습관으로 말미암아 우리가 죄 사함을 받고 의롭다 하심을 받는 것으로 생각하지 않았기 때문이다. 그러므로 우리가 그것에 대해 적절히 혹은 지적으로 말할 수 있기 전에 이 주제는 이 단어의 성경적인 사용과 의미로 말미암아 결정되어야 한다. 만약 성경에서 사람을 의롭다고 여기는 것이 그들을 주관적이고 내적으로 의롭게 하는 것을 의미한다면, 우리가 칭의의 본질과 원인들에 대해 가르치는 것에 실수가 있다는 것을 인정해야 한다. 그리고 만약 그것이 그런 것을 의미하지 않는다면, 그들에 대한 은혜의 주입과 내적인 의로 말미암은 칭의에 대한 그들의 모든 논쟁은 땅에 떨어질 것이다.

그러므로 모든 개신교 신학자들은 (그리고 소시누스주의자들도 모두 이에 동의한다) 이 단어들의 용도와 의미는 법적인 선언을 의미하는 법적인 것이라는 데 동의한다. 오직 소시누스주의자들과 어떤 다른 사람들은 칭의가 오직 죄 사함에만 해당되는 것으로 주장하는데, 이것은 전혀 이 단어가 의미하는 것이 아니다. 그러나 이 단어의 의미는 재판에서 죄가 없고 의롭다고 선언하는 것이다. 그리고 이 경우에 죄 사함은 필연적으로 수반된다.

"유스티피카티오(Justificatio)"와 "유스티피코(justifico)"라는 단어에 대해 라틴어에서 이 단어를 사용한 어떤 선한 작가도 전에 그렇지 않았던 사람을 어떤 수단으로 내적으로 의롭게 만드는 것으로 사용하지 않았다. 하지만 이 단어들이 어떤 의미를 전달하기 위해 만들어지고 주조되었는지 이해하지 못한다면, 우리는 이 단어들이 선포하고 의미하고자 하는 것들의 본질을 제대로 알 수 없다. 그리고 이 단어들은 법이나 정의를 의미하는 "유스"(jus)와 "유스툼"(justum)에서 파생되었기 때문에 물리적 활동이나 주입보다 법적인 행위로 보아야 한다.

"유스티피카리"(Justificari)는 "의롭다고 평가를 받거나 인정을 받거나 판단 받는 것"을 의미한다. 가령, 어떤 사람이 양자로 받아들여졌을 때 그는 입양한 사람에 의해 법적으로 "정당한 아들(justus filius)"이 된다. 부다이우스(Budaeus)는 이 사실을 다음과 같이 잘 선언하고 있다. "입양을 하려는 사람은 입양될 사람을 정당하게 자기 아들로서 받아들일 것인지 질문을 받는다." 이에 대해 그는 "나는 어떤 사람들이 주장하는 것처럼 진짜 아들이 아니며, 그런 차원에서 모든 면에서 아들이 아니지만 참된 아들의 권리를 획득했으므로 자연적이며 법적으로 아들로서 인정을 받는다는 것을 알고 있다"고 대답한다(Cajus Lib. F. de Adopt. De Arrogatione loquens).

그러므로 양자에 의해 어떤 사람이 그 안에 어떤 내적인 변화도 이루어지지 않고 참 아들로 평가받고 선포되고 판단되며 합법적인 아들의 모든 권리를 가지는 것처럼, 칭의에 의해 우리는 마치 우리가 완벽히 의로운 것처럼 평가되고 선포되고 선언을 받는다. 그리고 칭의와 은혜로 말미암은 양자는 본질상 똑같은 은혜이다. 그것들은 단지 똑같은 은혜를 그것들이 가져오는 다른 효과나 특권들 때문에 다른 이름을 사용하고 있는 것뿐이다.

성경에서 칭의의 개념과 의미

그러나 이 단어들의 참되고 진정한 의미는 그것들을 설명하고 있는 성경의 원어의 의해 결정되어야 한다. 히브리어로 이 단어는 "차다크(צָדַק)"이다. 이 단어는 70인역에서 "디카이온 아포파이노($\Delta i\kappa\alpha\iota o\nu$ $\grave{\alpha}\pi o\varphi\alpha i\nu\omega$)" (욥 27:5), "디카이오스 아나파이노마이($\Delta i\kappa\alpha\iota o\varsigma \grave{\alpha}\nu\alpha \varphi\alpha i\nu o\mu\alpha\iota$)"(13:18), "디아카온 크리노($\Delta i\kappa\alpha\iota o\nu \kappa\rho i\nu\omega$)"(잠 17:

15)로 표현되는데, 이것은 어떤 사람이 의롭다는 것을 보여주거나 선포하고, 의로운 것으로 나타내고, 어떤 사람을 의롭다고 판단하는 것을 의미한다. 그리고 그 의미는 "보라 내가 내 사정을 진술하였거니와 내가 정의롭다 하심을 얻을 줄 아노라"는 욥 3:18에서도 잘 표현되어 있다. 욥은 하나님께 자신의 사정을 아뢸 때 하나님은 무죄이든 정죄이든 선언하실 준비되어 계신다는 것을 알고 있었다. 그리고 그는 자신이 의롭다 하심을 얻을 것을, 곧 죄가 없으며 의롭다고 선고받을 것을 확신하고 있었다. 그리고 이런 의미는 다른 본문을 이해하는 데도 함축적인 의미가 있다. 보통 그것들은 그것을 "디아키오오(δικαιόω)"로 표현하는데, 이에 대해 나는 후에 말할 것이다. "차다크(צָדַק)"가 (칭의나 의롭다 칭하는 표현에서처럼) 히필(Hiphil)로 표현될 때 그것은 다른 사람을 향한 행동을 의미하며, "히츠타다크"(הִצְטַדָּק)처럼 히트파엘(Hithpael)로 사용될 때는 자신에게 영향을 미치는 상호적인 행동을 의미한다. 오직 여기에서 이 단어들의 참된 의미가 결정된다. 그리고 나는 어떤 곳이든, 어떤 경우든 이 단어는 다른 사람에게 영향을 미치는 행동을 의미할 때 죄가 없다거나 의롭다고 평가하고 선포하거나, 선언하거나, 의가 전가 되었다는 의미 이외에 어떤 다른 의미로도 사용되지 않는다고 말한다. 그리고 이것이 우리가 주장하는 이 단어의 사법적인 의미이다. 곧 이것이 이 단어의 지속적인 용도이며 의미이고, 이 단어는 결코 내적으로 의롭게 만든다거나, 용서한다는 의미로 사용되지 않는다. 따라서 칭의가 오직 죄 사함을 의미한다는 어떤 사람들의 주장은 헛된 것인데, 이는 이 단어는 성경 어느 한 곳에서도 이런 의미로 쓰이지 않기 때문이다.

거의 모든 곳에서 이 의미는 절대적으로 의문의 여지가 없으며, 어떤 논쟁도 허용하지 않고, 이 의미에 대한 왜곡은 다른 모든 곳에서 이 단어의 지속적인 용도와 의미에 해를 끼치지 않을 수 없다. 그러므로 내적인 은혜의 주입이 어떤 의미이든, 혹은 그것이 아무리 칭의라고 불려도, 그것은 칭의가 아니며 칭의일 수 없다. 이 단어는 어느 것에서도 그런 것을 의미하지 않는다. 그러므로 로마교회의 사람들은 그리스도의 의의 전가를 통한 이신칭의를 반대할 뿐 아니라, 실제로 칭의가 있다는 것 자체를 부인하고 있다. 그들이 내적인 은혜의 주입에 두고 있는 첫 번째 칭의는 칭의가 있다는 것 자체를 부인하는 것이며, 이후에 우리가 살펴보겠지만 어떤 죄의 면제나 사함을 고려하지 않은 채 행위의 공로에 두는 두 번째 칭의는 복음적 칭의와 조화를 이루지 못한다.

그러므로 사람들을 향한 하나님의 행위이든, 하나님을 향한 사람들의 행위이든, 사람들 사이에서 사람들의 행위이든, 다른 사람을 향한 어떤 한 사람의 행위이든, 칭의는 언제나 법적인 의미로 사용되며 신체적인 활동이나 주입이나 변환을 의미하지 않는다. "누구든지 송사나 재판할 일이 있어 내게로 오는 자에게 내가 정의 베풀기를 원하노라"(삼하 15:4). 여기에서 "내가 정의를 베풀기 원하노라(וְהִצְדַּקְתִּיו)"는 곧 내가 그를 재판하여 그가 의롭다면 의롭다고 선언할 것이다"라는 의미이다. 신 25:1은 "사람들 사이에 시비가 생겨 재판을 청하면 재판장은 그들을 재판하여 의인은 의롭다 하고 악인은 정죄할 것이며"라고 말한다. 여기에서 "곧 의인은 의롭다하고(וְהִצְדִּיקוּ אֶת־הַצַּדִּיק)"는 그의 편에서 선고를 한다는 뜻이며, 이와 반대로 "악인은 정죄할 것이며(וְהִרְשִׁיעוּ אֶת־הָרָשָׁע)"는 이 단어가 의미하는 것처럼 악인은 악인으로 여기는 것, 곧 그가 악하다고 판단하고 선언하고 선포하는 것이다. 이로 말미암아 그는 법적으로, 법의 눈에 의해 의인이 선포와 사면으로 의롭다 함을 받게 되는 것처럼 악하다고 선포되고 정죄를 받는 것이다.

그는 "이것이 의인을 용서할 것이다"라고 말하지 않는데, 이것은 의롭다 함을 받는다는 단어의 반대적인 의미뿐 아니라, 그것이 본래 의미하는 것 모두를 전복시키기 때문이다. 그리고 "히츠디크(הצדיק)"가 어떤 사람에게 은혜나 의의 원리를 주입시키는 것이라면, "히르쉬아(הרשע)"는 그에게 악을 주입시키는 것이 된다. 잠언 17:15은 "악인을 의롭다 하고 의인을 악하다"고 말하면서 똑같은 전도현상이 일어나는 것에 대해 지적하고 있다. 그는 악인을 내적으로 의롭게 만들지 못하며, 악인을 내적으로 불의의 상태에서 의의 상태로 바꾸지 못한다. 오히려 어떤 근거나 이유나 기초없이 어떤 사람을 재판에서 죄없다 하거나 그를 의롭다고 선언하는 것은 하나님을 가증히 여기는 것이다. 그리고 비록 이것이 사람들에 대한 재판에 대해 말하는 것이지만, 하나님의 재판 또한 이런 진리를 따른다. 비록 그가 경건하지 못한 자들을, 곧 본질상 그런 자들을 의롭다고 선언하시지만, 그는 전가에 의해 그들의 것이 된 완벽한 근거와 고려 위에서 그렇게 하신다. 그리고 그의 은혜의 또 다른 행위로 말미암아 그들은 그들의 본성의 혁신을 통해 의의 의로운 호의의 대상이 되며, 실질적이며 내적으로 그들은 불의에서 거룩으로 변화될 수 있다.

그리고 이런 것들은 오직 하나님께만 독특한 것으로, 사람들에게서 닮거나 같은 것을 찾을 수 없다. 경건치 않은 어떤 사람이 그리스도의 의의 전가로 말미암아 의롭다 하심을 받거나, 그가 사면되고 의롭다고 선포되는 것은 후에 선포되겠지만 사람들의 행동에서 찾을 수 없는 하나님의 의와 지혜와 주권의 기초와 원리 위에서 세워진 것이다. 그리고 더욱이 하나님이 그에게 전가된 의 때문에 경건하지 않은 사람을 의롭다 하셨을 때 하나님은 동시에 그의 은혜의 능력으로 그를 내적이며 주관적으로 의롭게 하시나 거룩하게 하시는데, 사람들은 서로를 향해 이런 것을 할 수 없다. 그리고 사람은 그들이 지속적으로 더 나빠질 수 있고 악에서 더 완고해 질 수 있는 악한 방법으로 악한 사람들을 의롭다고 선언할 수 있는 반면에, 하나님이 불경건한 자들을 의롭다 하실 때 그것에는 개인적인의 불의와 거룩하지 못함에서 의와 거룩함이 반드시 오류가 없이 수반된다.

똑같은 방식으로 이 단어는 사 5:23에도 사용된다. "그들은 뇌물로 말미암아 악인을 의롭다 하고 의인에게서 그 공의를 빼앗는도다." 사 1:8, 9은 "나를 의롭다 하시는 이가 가까이 계시니 나와 다툴 자가 누구냐 나와 함께 설지어다 나의 대적이 누구냐 내게 가까이 나아올지어다 보라 주 여호와께서 나를 도우시리니 나를 정죄할 자 누구냐"라고 말한다. 여기에서 우리는 이 단어의 올바른 의미가 온전히 선포되고 있는 것을 보는데, 그것은 재판에서 죄가 없다고 의롭다고 선언하는 것이다. 그리고 똑같은 의미가 앞에서 살펴보았던 정반대의 선언에서 온전히 나타난다. 왕상 8:31, 32 "만약 어떤 사람이 그 이웃에게 범죄함으로 맹세시킴을 받고 그가 와서 이 성전에 있는 주의 제단 앞에서 맹세하거든 주는 하늘에서 들으시고 행하시되 주의 종들을 심판하사 악한 자의 죄를 정하여 그 행위대로 그 머리에 돌리시고 의로운 자를 의롭다 하사 그의 의로운 바대로 갚으시옵소서." 여기에서 "악한 자의 죄를 정죄한다는 것(לְהַרְשִׁיעַ רָשָׁע)"은 그의 악함에 대해 그에게 책임을 묻고, 그의 머리에 그가 행한 바를 가져오며, "의로운 자를 의롭다고 선언하는 것(וּלְהַצְדִּיק צַדִּיק)"이다.

똑같은 단어들이 대하 6:22, 23에서도 반복된다. 시 82:3은 "가난한 자와 고아를 위하여 판단하며 곤란한 자와 빈궁한 자에게 공의를 베풀지며(עָנִי וָרָשׁ הַצְדִּיקוּ)"라고 말한다. 여기에서 그들에게 "공의를 베푼다"는 것은 그들이 처한 억울한 사정과 그들이 받고 있는 억압을 듣고 그들에게 죄가 없음을 선언하는 것이다. 출 23:7은 "나는 악인을 의롭다 하지 아니하겠노라(כִּי לֹא־אַצְדִּיק רָשָׁע)"고 선언하는데, 이것은 악인을 죄가 없는 것으로 의로운 것으로 선언하지 않겠다는 의미이다. 욥 27:5은 "나는 결코 너희를 옳다 하지 아니하겠고(חָלִילָה לִּי אִם־אַצְדִּיק אֶתְכֶם)"라고 말하는데, 이것은 마치 네가 의로운 것처럼 너희 편에서 결코 선포하지 않겠다는 의미이다. 사 53:11은 "나의 의로운 종이 자기 지식으로 많은 사람을 의롭게 하며(יַצְדִּיק)"라고 말한다. 그리고 "그가 그들의 죄악을 친히 담당하리로다"라는 그 이유가 더해진다. 그들은 이로 말미암아 죄가 없으며 의롭다고 선언된다.

한 편으로, 이 단어가 상호간의 행동을 지시하는 히트파엘로 사용될 때 그것은 사람이 스스로 의롭게 여긴다는 것을 의미할 수 있다. 창 44:16은 "유다가 말하되 우리가 내 주께 무슨 말을 하오리이까 무슨 설명을 하오리이까 우리가 어떻게 우리의 정직함을 나타내리이까(וּמַה־נִּצְטַדָּק) 하나님이 종들의 죄악을 찾아 내셨으니"라고 말한다. 그들은 자신들이 죄인이 아니라는 것을 주장할 수 있는 어떤 것도 제시할 수 없었다.

다른 한 편으로, 분사가 다른 사람들의 칭의의 외적인 도구적 원인을 지시하는 것으로 사용될 때 오직 이 때만 그 의미에 대한 의심이 있을 수 있다. 단 12:3은 "많은 사람을 옳은 데로 돌아오게 한 자(וּמַצְדִּיקֵי הָרַבִּים)는 별과 같이 영원토록 빛나리라"고 말한다. 이것은 복음의 설교자들이 "자신들과 다른 사람들을 구원한다"고(딤전 4:16) 언급되고 있는 것과 똑같은 의미이다. 사람들은 자신들의 거룩뿐 아니라 다른 사람들의 칭의의 도구적 원인이 될 수 있기 때문이다.

그러므로 비록 "차다크(צדק)가 칼(Kal)로 사용될 때 내적인 의와 관계될 수 있는 "의롭다(justum esse)"와 때때로 "의롭게 행하다(juste agree)"를 의미할 수 있지만, 이것이 다른 사람을 향한 어떤 행동을 지시할 때 그것은 어떤 사람이 죄가 없다거나, 죄가 제하여졌다거나, 죄가 깨끗하게 되었다거나, 의롭게 되었다고 평가하고, 선언하고, 선포하고, 판단하는 것 이외에 어떤 것도 의미하지 않는다. 그러므로 구약에서 앞에서 언급된 칭의 이외에 다른 종류의 칭의는 있을 수 없다.

"디카이오오(Δικαιόω)"는 신약에서 똑같은 목적으로 사용되는 단어이며 오직 이 의미로만 사용된다. 그리고 어떤 선한 저자도 이 단어를 어떤 적용으로 내적인 의를 생산하여 사람을 의롭게 만드는 것으로 사용하지 않고 있다. 오히려 그들은 이 단어를 죄가 없으며, 의롭다고 판단하고 평가하고 선언하거나, 이와 반대로 정죄를 선언하는 것으로 사용한다. 가령, 수이다스(Suidas)는 "그것은 처벌하다와 의롭다 여기다는 두 가지 의미를 가지고 있다(Δικαιοῦν δυὸ δηλοῖ, τὸ τε κολάζειν, καὶ τὸ δίκαιον νομίζειν)"고 말한다. 그는 이 단어의 이런 의미를 헤로도투스(Hetodotus)와 압피아누스(Appianus)와 요세푸스(Josephus)의 예를 들어 확증한다. 그리고 또한 디카이오사이(Δικαιῶσαι), 아이티아티케(αἰτιατικῆ), 카타디카사이(καταδικάσαι), 콜라사이(κολάσαι), 디카이온 노미사이(δίκαιον νομίσαι)가 대격과 함께 어떤 주체나 사람에게 사용되거나 영향을 미칠 때, 그것은 정죄하고 처벌하거나 의롭다고 평가하고 선언하는 것 둘 중의 하나를 의미하며, 그는 후자적 의미에서 다양한 예를 든다.

헤시키우스(Hesychius)는 오직 첫 번째 의미만을 언급한다. 디카이우메논($\Delta\iota\kappa\alpha\iota\upsilon\acute{\upsilon}\mu\epsilon\nu\upsilon\nu$), 콜라조메논($\kappa\upsilon\lambda\alpha\zeta\acute{\upsilon}\mu\epsilon\nu\upsilon\nu$), 디카이오사이($\delta\iota\kappa\alpha\iota\widetilde{\omega}\sigma\alpha\iota$), 콜라사이($\kappa\upsilon\lambda\acute{\alpha}\sigma\alpha\iota$). 그들은 법적인 것 이외에 이 단어의 어떤 의미에 대해서도 생각하지 않았다. 그리고 우리의 언어에서 의롭다 함을 받는다는 것은 일반적으로 심판을 받고 선고를 받는 것으로 사용되며, 스코틀랜드 사람들 사이에서도 같은 의미로 사용된다. 에드워드 6세 때 레이스(Leith)가 항복하면서 두 나라 사이에 맺어진 평화조약 중 하나는 "만약 어떤 사람이 범죄를 저지른다면, 그는 법에 따라 심판을 받고 의롭다 함을 받아야 한다"는 것이었다. 그리고 일반적으로 "디카이우스사이($\delta\iota\kappa\alpha\upsilon\widetilde{\upsilon}\sigma\theta\alpha\iota$)"는 "법적으로 의롭다고 심판을 받는 것(jus in judicio auferre)을 의미하며, "디카이오사이($\delta\iota\kappa\alpha\iota\widetilde{\omega}\sigma\alpha\iota$)"는 "의롭다고 판단하고 선언하고 선포하는 것(justum censere, declarare pronuntiare)"이다. 그리고 성경에서 어떻게 이 단어가 "정죄하다(condemnare)"와 반대가 되는지 우리는 곧 볼 것이다.

그러나 우리는 우리가 구약에서 "히즈디크(הִצְדִּיק)"의 용도를 살펴본 것처럼 신약에서 이 단어의 용도를 더 분명히 고려할 수 있다. 그리고 우리가 조사하는 것은 이 단어가 신약에서 법적인 의미로 법적인 행위를 지시하는 것으로 사용되었는지, 아니면 물리적인 의미로 내적인 변화나 변환을 지시하는 것으로, 곧 의의 습관의 주입으로 이에 기초하여 어떤 사람을 의롭다고 지칭한 것인지, 혹은 그것이 죄 사함을 의미하는 것은 아닌지 살펴보려는 것이다. 하지만 우리는 이것을 배제할 수도 있다. 어떤 사람도 지금까지 "디카이오오($\delta\iota\kappa\alpha\acute{\iota}\omega$)"를 죄 사함을

의미하는 것으로 사용하는 것을 좋아하지 않았기 때문이다. 오히려 그
것은 신약에서 오직 우리의 칭의를 표현하는 데 적용된 유일한 단어이
기 때문이다. 만약 그것이 오직 전자의 의미로만 사용된다면, 칭의라는
이름으로 로마교회의 사람들이 주장하는 것은 무엇이든지 아무리 선
하고 유용하고 필수적이라 하더라도 그것은 칭의가 아니며 칭의라고
불릴 수도 없다. 그것은 오직 이 단어가 의미하고 있는 것과 다른 본성
에 속한 것이기 때문이다.

　　마 11:19, "지혜는 그 행한 일로 인하여 옳다 함을 얻느니라(Ἐδι
καιώθη ἡ Σοφία)." 이것은 의롭게 된다는 의미가 아니라 의롭다
고 승인받고 선언받는다는 의미이다. 마 12:37, "네 말로 의롭다 하심
을 받고(Ἐκ τῶν λόγων σου δικαιωθήσῃ) 네 말로 정죄함을 받
으리라." 이것은 "네 말로 정죄함을 받으리라(καὶ ἐκ τῶν λόγων
σου καταδικασθήσῃ)는 반대의 결과에서 나타나듯이 네 말로 의
롭게 된다는 것이 아니라, 네 말에 따라 판단을 받는다는 것을 의미한
다. 눅 7:29, "이 말씀을 듣고 하나님을 의롭다 하되." 이것은 틀림없이
하나님을 의롭게 한다는 것이 아니라, 그의 의로우심을 인정하고 선포
한다는 의미이다. 눅 10:29, "그 사람이 자기를 옳게 보이려고(Ὁ δὲ
θέλων δικαιοῦν ἑαυτόν)." 이것은 그가 자신의 의로움을 선언하
고 주장하고 싶어하는 것을 의미한다. 눅 16:15, "너희는 사람 앞에서
스스로 옳다 하는 자들이나"에서도 이 단어는 똑같은 목적으로 사용되
고 있다. 곧 그들은 자기 자신들을 내적으로 의롭게 하려는 것이 아니
라, 자신들의 상태에서 인정을 받고 싶어하는 것이다. 우리 구주는 마
찬가지로 눅 18:14에서 "이에 저 바리새인이 아니고 이 사람이 의롭
다 하심을 받고(δεδικαιωμένος) 그의 집으로 내려갔느니라"고 말

씀하신다. 곧 그는 자기 죄를 고백하고 죄를 사해 달라고 요청하여 죄 사함을 받았다.

행 13:38, 39과 롬 2:13은 "율법을 행하는 자라야 의롭다 하심을 얻느니라($O\acute{\iota}\ \pi o\iota\eta\tau a\grave{\iota}\ \tau o\tilde{\upsilon}\ \nu\acute{o}\mu o\upsilon\ \delta\iota\kappa a\iota\omega\theta\acute{\eta}\sigma o\nu\tau a\iota$)"고 선언한다. 이것은 하나님 앞에서 우리의 칭의의 본질에 대해 직접적으로 선포하고 있으며 이 단어의 의미에 대해 의문을 제기하지 못하게 한다. 칭의는 율법에 따라 내적인 칭의의 전체적인 효과로서 따라 나오기 때문이다. 그러므로 그것은 우리를 의롭게 만드는 것이 아니다. 그것은 논쟁의 여지가 없다. 롬 3:4, "주께서 주의 말씀에 의롭다 하심을 얻으시고($\H{O}\pi\omega\varsigma\ \H{a}\nu\ \delta\iota\kappa a\iota\omega\theta\tilde{\eta}\varsigma\ \grave{\epsilon}\nu\ \tau o\tilde{\iota}\varsigma\ \lambda\acute{o}\gamma o\iota\varsigma\ \sigma o\upsilon$)"라고 말하는 것처럼 이 단어는 하나님께 대해서도 사용된다. 그리고 이 단어에 어떤 다른 의미를 부여하는 것은 신성모독이다. 마찬가지 방법으로, 똑같은 단어가 고전 4:1, 딤전 3:16, 롬 3:20, 26, 28, 30, 4:2, 5, 5:1, 9, 6:7, 8:30, 갈 2:16, 17, 3:11, 24, 5:4, 딛 3:7, 약 2:21, 24, 25에서도 사용된다. 그리고 이것들 중 어떤 경우도 어떤 다른 의미를 받아들이거나, 의의 습관이나 원리의 주입이나 어떤 내적인 변환으로 어떤 사람을 의롭게 만든다는 것을 의미할 수 없다.

그러므로 성경의 많은 구절에서 벨라르민이 인정하듯이 우리가 주장하는 단어들이 어떤 사람을 의롭다고 선언하거나 법적으로 선포하는 것을 의미한다는 것은 아니다. 오히려 그것들이 사용되는 모든 곳에서 그것들은 법적인 의미 외에 어떤 다른 것을 의미할 수 없다는 것이다. 특별히 이것은 하나님 앞에서의 칭의가 언급되는 곳에서 명백하다. 그리고 내가 판단할 때 이런 한 가지 고려가 칭의의 본질에 대한 로마교회의 사람들의 모든 가식을 물리치기에 충분하기 때문에 나는 이런 관찰에 대해 반대하는 주장에 대해 살펴보고 그런 반대를 제거할 것이다.

루도비쿠스 드 블랑((Ludovicus de Blanc)은 칭의에 대한 자신의 논문(Thes. de Usu et Acceptatione Vocis, Justificandi)에서 화해적인 노력으로 교황주의자들에게 "디카이오오($\delta\iota\kappa\alpha\iota\acute{o}\omega$)"가 그들이 주장하는 것처럼 신약의 다양한 곳에서 "갱신하다", "거룩하게 하다", "거룩이나 의의 습관을 주입하다"를 의미한다는 것을 인정한다. 그리고 그가 화해하려는 목적으로 관련되어 있는 예들에 근거하여 그런 양보를 하고 있다는 것 이외에 다른 생각을 할 여지가 없다. 그리고 그가 양보하고 있는 것에 대해 다른 학자에 의해 더 나은 지지를 받을 수 있는 주장이 나올 수 있을 것이라는 기대도 하지 말아야 한다. 그러므로 나는 그가 이런 목적을 위해 주장하고 있는 모든 예를 살펴보고 그 차이에 대한 결정을 독자들에게 맡길 것이다. 물론 나는 다음과 같은 전제를 가지고 있는데, 그것은 비합리적인 요구가 아니다. 곧 나는 그가 그 의미가 불확실하다고 언급하고 있는 어떤 곳이나 모든 곳에 기초하여 그 의미가 확실하고 의문의 여지가 없는 많은 구절에 대해 의문을 제기할 수 없다고 생각한다.

그가 언급하는 첫 번째 구절은 사도 바울이 친히 "또 미리 정하신 그들을 또한 부르시고 부르신 그들을 또한 의롭다 하시고 의롭다 하신 그들을 또한 영화롭게 하셨느니라"(롬 8:30)고 언급한 말씀이다. 그가 이 구절에서 의롭다 하심을 받는 것을 작정된 사람들이 내적으로 거룩해지는 것을 의미하는 내적인 사역이라고 주장하는 이유는 다음과 같다. 그는 "거룩한 사도는 은혜로운 특권들을 나열하면서 우리가 죄에 대해 종 노릇 하는 데서 자유로워지고 참된 내적인 의와 거룩으로 장식이 되는 우리의 성화에 대한 언급을 생략하려 하지 않았을 것이다. 하지만 만약 의롭다 하심을 받게 된다는 것에 이런 성화가 포함되지 않는다면, 그것은 전적으로 제거되고 만다. 어떤 사람이 주장하는 것처럼 그것을 영화의 머리로 지칭하는 것은 어불성설이다."

대답. 1. 우리의 본성이 영적으로 깨끗하게 되고 정화되고 생명과 거룩과 하나님의 순종에 대한 원리를 부여 받게 되는 성화의 은혜는 의심할 여지없이 크고 탁월한 특권이며, 어느 누구도 그것이 없이 구원을 받을 수 없다. 그리스도의 보혈로 말미암은 구속 또한 같은 본성에 속해 있다. 그리고 이 둘 다 사도는 셀 수 없이 다른 곳에서 선포하고 권하고 주장하고 있다. 그러나 그는 이곳에서 둘 다 혹은 어느 하나를 언급해야 했다. 그리고 그가 하지 않은 것에 대해 나는 감히 판단하지 않을 것이다.

2. 만약 성화가 여기에서 표현되어 있는 특권들 중 어느 하나에 포함되거나 포함시키려 했다면, 작정을 제외하고 의롭다 하심을 얻는다는 것보다 더 축소될 가능성이 있는 특권은 없었을 것이다. 사실 그것은 소명이 명확히 포함되어 있는 것 같다. 소명이 우리에게 영적인 생명이나 믿음 그 자체의 거룩한 원리가 전달되는 유효적 소명을 의미한다면, 그 안에 그 직접적인 원인의 결과로서 우리의 성화가 급진적으로 포함되어 있다. 그러므로 우리는 "성도로 부르심을 받았다"고 언급되는데(롬 1:7), 이것은 "그리스도 안에서 거룩하게 되는 것"(고전 1:2)과 똑같다. 그리고 많은 다른 구절에서 성화가 소명에 포함되어 있다.

3. 우리의 성화는 영적인 생명의 원리가 주입되고, 그것이 거룩과 의와 순종의 의무들을 증가시키고, 그로 말미암아 우리가 영광에 적합하게 되며, 영광 그 자체와 본질상 똑같이 되는 것이다. 그러므로 우리

안에 있는 그런 진보는 "영광에서 영광에 이르는 것"으로 언급되며(고후 3:18), 영광 그 자체는 "생명의 은혜"라고 불린다(벧전 3:17). 그러므로 성화는 우리가 의롭다 하심을 받게 된다기보다 영화롭게 된다고 말하는 것이 더 적절한데, 그것이 본성이 다른 특권이기 때문이다. 그러나 본문이 우리에게 그렇게 하도록 요구하지 않는 한 우리가 이 단어의 일반적인 용도와 의미에서 떠나야 할 어떤 이유도 없다.

그가 이런 의도로 지적하는 또 다른 본문은 "너희 중에 이와 같은 자들이 있더니 주 예수 그리스도의 이름과 우리 하나님의 성령 안에서 씻음과 거룩함과 의롭다 하심을 받았느니라"(고전 6:11)는 말씀이다. 그는 다음과 같은 이유를 들어 여기에서 칭의는 은혜의 내적인 원리를 주입시킴으로써 우리를 내적으로 의롭게 하는 것이라고 주장한다. 1. 여기에서 칭의는 성령 안에서 의롭다 하심을 받는 것으로 언급되고 있다. 하지만 우리를 새롭게 하시는 것은 성령의 사역이다. 2. 그는 "사도가 언급하는 칭의는 이전의 모습이 아닌 변화된 고린도 사람들의 모습을 나타내는 것이 분명하다"고 말한다. 그들은 하나님의 나라를 상속할 수 없는 음행하는 자들이었고 술 취한 자들이었다. 하지만 그들은 이제 변화되었다. 이것은 칭의가 은혜의 내적이며 실질적인 은혜의 사역인 것을 의미한다. 3. 만약 여기에서 칭의가 오직 죄에 대한 처벌에서 면제되는 것만을 의미한다면, 사도의 논리는 불완전하며 깨지기 쉽다. 그가 더 큰 것을 말한 후에 그것을 강화하기 위해 더 작은 것을 말하고 있으며, 그것은 단지 죄에 대한 처벌에서 자유롭게 되는 것보다 죄로부터 씻김을 받는 것을 더 의미하기 때문이다.

대답. 1. 이 모든 이유는 성화되는 것과 의롭다 하심을 받는 것이 똑같다는 것을 증명하지 못한다. 여기에서 주장하고 있는 것이 후자라면 더욱더 그러하다. 그러나 사도는 이 둘을 명확하게 구분한다. 그리고 이 저자가 주목한 것처럼 사도는 더 작은 것에서 더 큰 것으로 나간다. 그리고 이 구절에서 우리가 의롭다 하심을 얻는 것을 은혜의 습관이나 원리를 주입시키는 것이나, 우리가 내적으로 의롭게 되는 복음적인 의로 말미암아 우리가 내적으로 의롭게 되는 것으로 설명하는 것은 우리의 성화를 의미하며 어떤 다른 것이 아니다. 그렇다. 그리고 성화는 여기에서 씻음과 구분된다. "너희는 씻음과 거룩함을 받았다." 그러므로 그것은 이 구절에서 특별히 은혜와 거룩의 적극적인 습관을 지시하며, 그가 의롭다 하심을 받았다는 것으로 표현하고 싶어하는 것과 그 본질상 다른 것을 선포할 수 없다.

2. 칭의는 하나님의 은혜와 그리스도의 보혈을 적용시키는 주요한 효율적인 원인으로서 하나님의 영에 그 원인을 돌린다. 이로 말미암아 우리는 우리의 영혼과 양심에 의롭다 하심을 얻는다. 그리고 그는 또한 우리가 의롭다 하심을 받는 믿음이 작동하도록 하신다. 그러므로 비록 우리가 성령으로 말미암아 의롭다 하심을 얻는다 하더라도, 그것은 우리의 칭의가 우리의 본성의 혁신에 놓여 있다는 것은 아니다.

3. 이 고린도 사람들 안에서 일어난 변화는 그것이 내적인 효력에 있어서 물리적인 한 사도는 그들의 씻음과 거룩함에 명확히 그 원인을 돌리고 있다. 그러므로 이런 변화가 그들이 의롭다 하심을 받는 것으로 표현된다고 추측할 어떤 필요도 없다. 그리고 우리의 성화의 참된 전체 사역과 본성은 주장된 것 같은 실질적인 변화에, 곧 우리 본성의 혁신에 놓여 있다. 그러나 언급된 악한 습관들과 행위들 때문에 그들은 정죄의 상태에 있으며, 그런 상태에서 천국에 대한 아무런 권리도 소유하고 있지 못하지만, 칭의를 통해 그런 상태에서 그들이 하나

님과 평화를 누리고 영생에 대한 권리를 가질 수 있는 다른 상태로 변화되고 전환된다.

4. 세 번째 이유는 의롭다 하심을 받는 것이 오직 "죄 때문에 받는 처벌에서 자유로워지는 것"만을 의미하는 것으로 여기는 실수에 기인한다. 그것은 죄를 전가하지 않는 것과 의를 전가하는 것 둘 다로 이루어져 있으며, 양자의 특권과 하늘의 기업에 대한 권리를 수반한다. 그리고 비록 이런 특권들을 제시하는 데 있어서 사도는 좀 더 작은 특권에서 더 큰 특권으로의 과정을 의도하는 것처럼 보이지 않고, 우리가 성화와 칭의와 같은 예수 그리스도로 말미암은 하나님의 은혜의 말할 수 없는 효과들을 비교하고, 어떤 것이 가장 크고 어떤 것이 가장 작은 것인지 결정하는 것은 안전하지 못하지만, 성경의 논리를 따라 이 문제 그 자체를 마땅히 고려할 때 우리는 이생에서 우리의 칭의에 놓여 있는 것보다 더 큰 자비나 특권에 참여할 수 없다고 말할 수 있다. 그리고 독자는 보통 사람보다 탁월하고 솔직하고 판단력이 있는 이 학자가 제시하고 있는 이 구절이 얼마나 그의 주장을 지지하고 있지 않은지 보면서 "칭의"와 "의롭다 칭하다"가 실질적인 내적 사역과 물리적인 활동을 의미하는 구절을 찾는 것이 얼마나 불가능한지 볼 수 있다.

그는 "우리를 구원하시되 우리가 행한 바 의로운 행위로 말미암지 않고 오직 그의 긍휼하심을 따라 중생의 씻음과 성령의 새롭게 하심으로 하셨나니 우리 구주 예수 그리스도로 말미암아 우리에게 그 성령을 부어주사 우리로 그의 은혜를 힘입어 의롭다 하심을 얻어 영생의 소망을 따라 상속자가 되게 하려 하심이라"는 딛 3:5-7을 더한다. 그가 여기에서 칭의가 내적인 은혜의 주입을 의미한다는 것을 증명하기 위해 홀로 주장하는 논리는 이것이다. 곧 사도가 먼저 "하나님이 우리를 그의 긍휼하심을 따라 중생의 씻음과 성령의 새롭게 하심으로 우리를 구원하셨다"는 것을 주장하고, 이후에 우리가 "그의 은혜로 우리가 의롭다 하심을 받았다"는 것을 주장한다는 것이다. 그는 우리가 의롭다 하심을 얻기 위해 중생하고 새롭게 되는 것이 필수적이라고 추측한다. 그리고 그렇다면 우리의 칭의는 또한 우리의 성화를 포함하고 구성요소로 가지고 있다는 것이다.

대답. 분명한 진리는 사도가 우리의 칭의 이전에 성령으로 말미암은 우리의 성화나 중생이나 혁신의 필요성에 대해 한 마디도 말하고 있지 않다는 것이다. 그리고 그의 추측은 전체적으로 이런 논증의 힘에 의존하고 있다. 사실 그는 우리의 중생과 혁신과 칭의와 우리의 구원의 수단을 우리가 이후에 사용할 우리 자신의 어떤 행위와도 반대되는 것으로 모두 똑같이 은혜와 긍휼하심에 부여하고 있다. 그리고 그는 자신이 언급하고 있는 것들에 어떤 우선순위나 연결성에 대해 암시하고 있지 않다. 단지 그는 칭의와 양자와의 관계를 언급하고 있는데 칭의는 본성상 우선성을 가진다. "우리로 그의 은혜로 힘입어 의롭다 하심을 얻어 영생의 소망을 따라 상속자가 되게 하려 하심이라."

그가 언급한 모든 것은 분리될 수 없다. 어떤 사람도 의롭다 하심을 얻지 못하고 성령으로 중생하거나 새롭게 되지 못한다. 어떤 사람도 성령으로 새롭게 되지 않고 의롭다 하심을 얻지 못한다. 그리고 그것들은 모두 똑같이 우리가 행한 의의 어떤 행위와도 반대되는 하나님의 주권적인 은혜로 말미암은 것이다. 그리고 우리는 칭의에서뿐 아니라 성화에서도 하나님의 은혜의 자유를 간청한다. 그러나 경건하지 않은 자를 의롭다 하시는 하나님 앞에서 우리가 의롭다 하심을 얻으려면 거룩하게 되는 것이 필수적이라고 사도는 이 구절이나 다른 어떤 구절에서도 말하지 않는다. 그리고 설령 하나님이 그렇게 하셨더라도 의롭다 하심을 받는 것이 거룩하게 되거나 우리 안에 내적인 거룩과 의가 일어나도록 하는 것이 아니다. 그리고 이것들의 명확한 분리를 지적하고 있는 증거들 또한 이런 주장을 증명하지 못하며, 더 큰 힘이나 증거를 제시하고 있는 것은 발견되지 않는다.

그가 "디카이오오($\delta\iota\kappa\alpha\iota\acute{o}\omega$)"의 이런 의미를 증명하기 위해 제시하고 있는 마지막 본문은 "의로운 자는 그대로 의를 행하고(O $\delta\acute{\iota}\kappa\alpha\iota\sigma\varsigma$ $\delta\iota\kappa\alpha\alpha\iota\omega\theta\acute{\eta}\tau\omega$ $\overset{}{\epsilon}\tau\iota$, Qui justus est, justificetur adhuc)"라고 말하는 계 22:11이다. 그리고 이 구절은 모든 로마 사람들이 인용하고 있는 것이다. 그리고 우리 저자는 개신교도들 중에서 이 단어가 여기에서 법적으로 사용될 수 없으며, 의롭다 하심을 받는다는 것은 계속해서 경건과 의를 행하고 커가는 것임을 인정하지 않는 사람은 없을 것이라고 말한다.

대답. 그러나 (1) 이 표현은 다양하게 읽혀지기 때문에 이 표현에 기초한 논증에는 큰 반대가 있다. 많은 고대 사본들은 벌게이트가 "더 의롭다 하심을 받게 하라(justificetur adhuc)"라고 표현하고 있는 것처럼 "의로운 자로 더 의롭다 하심을 받게 하라(O $\delta\acute{\iota}\kappa\alpha\iota\sigma\varsigma$ $\delta\iota\kappa\alpha\alpha\iota\omega\theta\acute{\eta}\tau\omega$ $\overset{}{\epsilon}\tau\iota$)"가 아니라, 지금 내 앞에 있는 사본에서처럼 "의로운 자로 계속해서 의를 행하게 하라($\Delta\iota\kappa\alpha\iota\sigma\sigma\acute{u}\nu\eta\nu$ $\pi\sigma\iota\eta\sigma\acute{\alpha}$ $\tau\omega$ $\overset{}{\epsilon}\tau\iota$)"로 표현하고 있다. 가령, 스티븐스(Stephens)가 다른 모든 사본보다 칭찬하고 있는 콤플루텐시아(Complutensia) 판 사본과 그가 사용했던 또 다른 고대 사본에도 그렇게 표현되어 있다. 후터루스(Hutterus)가 출판한 시리아와 아랍어 사본과 우리가 출판한 폴리글롯(Polyglot)에서도 그렇게 표현되어 있다. 키프리안(Cyprian) 또한

"의로운 자는 선한 인내로써 계속해서 의를 더 행하고, 거룩한 자는 더 거룩을 행한다"고 말한다. 그리고 나는 "의를 행하다($\delta\iota\kappa\alpha\alpha\iota\omega\theta\acute{\eta}\tau\omega$)"는 표현의 참된 의미는 이어지는 "거룩을 행하다($\acute{\alpha}\gamma\iota\alpha\sigma\theta\acute{\eta}\tau\omega$)"는 것을 따르고 있다는 것을 의심하지 않는다. 그리고 "의를 행하다($\delta\iota\kappa\alpha\iota o\sigma\acute{\upsilon}\nu\eta\nu\ \pi o\iota\epsilon\tilde{\iota}\nu$)"는 표현은 특별히 사도가 사용한 것으로 신약에서 사도 이외에 어느 곳에서도 사용되지 않는다. (그리고 다른 저자도 사용하고 있지 않다.) 그리고 그는 "의를 행하는 자는 의롭고('O $\pi o\iota\tilde{\omega}\nu\ \delta\iota\kappa\alpha\iota o\sigma\acute{\upsilon}\nu\eta\nu, \delta\iota\kappa\alpha\iota\acute{o}\varsigma\ \breve{\epsilon}\sigma\tau\iota$)"라고 요일 2:29, 3:7에서 이 표현을 분명히 사용하고 있다.

(2) 벌게이트가 "의로운 자로 더 의롭다 하심을 받게 하라"고 표현하고 있는 것처럼 의롭다 하심을 받는 것은 - 디카오세토($\delta\iota\kappa\alpha\iota\omega\theta\acute{\eta}\tau\omega$)가 표현하고 있는 것처럼 - 우리가 후에 보여주겠지만 그것의 시작도 지속도 우리에게 의무로 여겨지지 않고, 정도에 있어서 증가될 수도 없는 하나님의 행위를 고려하고 있다.

(3) 사람들은 일반적으로 내적인 의로부터 "의로운 사람들($\delta\acute{\iota}\kappa\alpha\iota o\iota$)"이라고 언급된다. 그리고 만약 사도가 이 구절에서 이런 의로움을 의도했다면, 그는 "의로운 사람(ὁ $\delta\acute{\iota}\kappa\alpha\iota o\varsigma$)"이 아니라 "의롭다 여김을 받는 사람(ὁ $\delta\iota\kappa\alpha\iota\omega\theta\epsilon\acute{\iota}\varsigma$)"이라고 말했을 것이다. 이 모든 것은 이 구절에 대한 벌게이트의 표현보다 콤플루텐시아와 시리아와 아랍어 판의 표현을 선호하고 있다. 그리고 설령 벌게이트가 받아들여진다고 해도, 이것은 의로운 자는 자신의 의로운 상태를 스스로 확신할 수 있고, 하나님과 사람과 앞에서 그런 상태를 드러내도록 계속해서 의를 행한다는 것 이외에 다른 것을 의도할 수 없다.

그런데 "디카이오오($\delta\iota\kappa\alpha\iota\acute{o}\omega$)"와 "디카이우마이($\delta\iota\kappa\alpha\iota o\tilde{\upsilon}\mu\alpha\iota$)"

는 신약에서 서른 여섯 번 사용되고 있으며, 이것들이 그것들의 법적인 의미에 대해 반대가 제기될 수 있는 모든 구절이며, 이런 반대가 얼마나 비효율적인지는 편견이 없는 판단자에게 명확히 드러날 것이다.

하지만 똑같은 목적을 달성할 수 있는 다른 고려들도 제시될 수 있다. 서로 반대되는 개념인 칭의와 정죄가 그 예이다. 이 구절들을 설명하는 과정에서 관찰될 수 있듯이 사 50:8, 9, 잠 17:15, 롬 5:16, 18, 8:33, 34과 다른 많은 구절에서 이 문제가 나타난다. 정죄가 정죄를 받는 사람에게 악함의 습관을 주입시키고, 전에 의로웠던 사람을 내적으로 악하게 만드는 것이 아니라 사람에게 그의 악함에 대해 선고를 내리는 것인 것처럼, 칭의는 은혜의 원리를 주입시켜서 사람을 내적인 불의에서 의로 바꾸는 것이 아니라 그를 의롭다고 선포하는 것이다.

더욱이 우리가 주장하고 있는 것은 성경에서 자주 비슷한 용어로 표현되고 있는데, 그것은 절대적으로 의의 습관의 주입과 같은 개념을 배제하고 있다. 사도는 롬 6:6, 11에서 "일한 것이 없이 의롭다 여김을 받는 것"이라는 말로 이 사실을 표현하고 있고, 같은 구절에서 "죄 사함"과 "죄가 가리어지는 것"과 같이 "축복"이라고 불린다. 그것은 또한 "하나님과 화목하게 되는 것"으로 불린다(롬 5:9, 10). "그리스도의 피로 말미암아 의롭다 하심을 받는 것"은 "그의 죽음으로 말미암아 화목하게 되는 것"과 같은 것이다. "그러면 이제 우리가 그의 피로 말미암아 의롭다 하심을 받았으니 더욱 그로 말미암아 진노하심에서 구원을 받을 것이니 곧 우리가 원수 되었을 때 그의 아들의 죽음으로 말미암아 하나님과 화목하게 되었은즉 화목하게 된 자로서는 더욱 그의 살아나심으로 말미암아 구원을 받을 것이니라." 고후 5:20, 21을 보라. 화목은 은혜의 습관을 주입하는 것이 아니라, 모든 적대감과 범죄의 원인들이 제거됨으로써 평화와 사랑을 누리는 것이다.

"구원하다(save)"와 "구원(salvation)"은 똑같은 목적으로 사용된다. "그가 자기 백성을 그들의 죄에서 구원할 자이심이라"(마 1:21)와 "또 모세의 율법으로 너희가 의롭다 하심을 얻지 못하던 모든 일에도 이 사람을 힘입어 믿는 자마다 의롭다 하심을 얻는 이것이라"(행 13:38)는 같은 것이다. "이는 우리가 율법의 행위로써가 아니고 그리스도를 믿음으로써 의롭다 하심을 얻으려 함이라"(갈 2:16)와 "그러나 우리는 그들이 우리와 동일하게 주 예수의 은혜로 구원 받는 줄을 믿노라 하시니라"(행 15:11)는 같은 것이다. 엡 2:8, 9, "너희는 그 은혜를 인하여 믿음으로 말미암아 구원을 받았으니……행위에서 난 것이 아니니"라는 것은 우리가 이렇게 의롭다 하심을 얻었다는 것이다. 그것은 또한 그것의 결과인 용서나 "죄 사함"으로(롬 4:5, 6), "속량을 받는 것"으로(5:11), "심판이나 정죄에 이르지 않는 것"으로(요 5:24), "죄와 죄악을 지워주시는 것"으로(43:25, 시 51:9, 사 44:22, 렘 18:23, 행 3:19, "모든 죄를 깊은 바다에 던지시는 것"으로, 똑같이 중요한 의미를 지닌 다양한 다른 표현들로(미 7:19) 표현된다. 사도는 그것의 효과들을 선언하면서 "많은 사람이 의롭게 될 것($\Delta \iota \kappa \alpha \iota o \iota \ \kappa \alpha \tau \alpha \sigma \tau \alpha \theta \acute{\eta} \sigma o \nu \tau \alpha \iota \ o \acute{\iota} \ \pi o \lambda \lambda o \acute{\iota}$)"(롬 5:19)이라고 말한다. "의롭다 하심을 받게 된다는 것($\Delta \iota \kappa \alpha \iota o \varsigma \ \kappa \alpha \theta \acute{\iota} \sigma \tau \alpha \tau \alpha \iota$)"은 공개적인 법정에서 열린 재판에서 죄가 없으며 의롭다고 선포되는 것이다.

그러므로 칭의에 관한 모든 것이 법적인 구조나 법적인 재판과 선고로 제시되고 있다는 것이 관찰될 수 있다. (1) 칭의는 심판을 전제한다. 이에 대해 시편기자는 주의 법에 따라 심판을 받지 않기를 기도하고 있다(시 143:2). (2) 재판장은 하나님 자신이다(사 50:7, 8, 롬 8:33). (3)

하나님이 앉아서 심판하시는 재판석은 "은혜의 보좌"(히 4:16)이다. "그러나 여호와께서 기다리시나니 이는 너희에게 은혜를 베풀려 하심이요 일어나시리니 이는 너희를 긍휼히 여기려 하심이라 대저 여호와는 정의의 하나님이심이라"(사 30:18). (4) 죄책이 있는 사람. 이 사람은 죄로 말미암아 하나님의 심판에 노출되어 있으며(ὑπόδικος τῷ Θεῷ), 죄에 대한 각성으로 말미암아 입이 닫혀진(τῷ δικαιώματι τοῦ Θεοῦ) 죄인이다(롬 3:19, 1:32). (5) 기소하는 것들은 죄책이 있는 사람을 송사할 준비가 되어 있다. 그들을 송사하는 것은 율법(요 5:45)과 양심(롬 2:15)과 사탄(슥 3:1, 계 12:10)이다. (6) 송사의 내용은 율법의 형태로 기록되어 죄를 지은 사람을 심판하기 위해 재판장의 심판대 앞에 놓여진다(골 2:14). (7) 죄책이 있는 사람을 위해 복음 안에서 간청할 수 있는 것이 준비되어 있다. 이것은 은혜이며 그리스도의 보혈과 그의 속죄와 언약의 중보자로서 영원한 의를 가져오신 그리스도의 속량으로 말미암은 것이다(롬 3:23-25, 단 9:24, 엡 1:7). (8) 죄인은 오직 이것에 자신을 맡기며 다른 모든 변명이나 방어할 거리를 버린다(시 130:2, 3), 143:2, 욥 9:2, 3, 42:5-7, 눅 18:13, 롬 3:24, 25, 5:11, 16-19, 8:1-3, 32, 22, 사 53:5, 6, 히 9:13-15, 10:1-13, 벧전 2:24, 요일 1:7). 죄인은 하나님께 제시할 수 있는 다른 어떤 간청도 가지고 있지 않다. 하나님과 자신을 아는 사람은 어떤 다른 것을 제시하거나 자신을 맡기려 하지 않을 것이다. 그리고 내가 추측할 때 그는 다른 어떤 방어수단도 신뢰하지 않을 것이다. 심지어 하늘의 모든 천사도 그를 위해 간청할 수 없다. (9) 이런 간청이 효과가 있으려면 우리는 아버지께 대언해 주실 분이 필요하며, 그는 우리를 위해 자신이 화목하게 하신 것을 기초로 간청하신다(요일 2:1, 2). (10) 그리스도의 속량과 보혈과 희생과 의 때문에 죄가 없다는 선고가 나오며, 하나님은 호의 가운데 그를 받아주신다(욥 33:24, 시 32:1, 2, 롬 3:23-25, 8:1, 33, 34, 고후 5:21, 갈 3:13, 14).

죄인의 칭의에서 이런 과정에 대한 선포가 어떤 용도가 있는지 어느 정도 앞에서 선포되었다. 그리고 만약 많은 사람이 구원받을 모든 사람을 의롭다 하는 데 있어서 이 모든 것이 협력하고 필요하다는 것을 진지하게 생각한다면, 그들은 자신들이 하고 있는 것처럼 죄와 죄책에서 벗어나는 방법에 대해 그렇게 가볍게 생각하지 않았을 것이다. 이런 생각에서 사도는 그로 하여금 사람들과 더불어 그토록 간절하게 화해를 추구하도록 했던 "주의 두려우심"을 배웠다(고후 5:10, 11).

나는 성경에서 이 단어들의 의미에 대해 그렇게 오랫동안 주장해오지 않았지만, 그 의미에 대한 올바른 이해는 자비의 습관을 주입하는 것을 하나님 앞에서 우리의 칭의의 형식적인 원인이라고 주장하는 로마 사람들의 가식을 배제할 뿐 아니라, 자신들의 개인적이며 내적인 의를 하나님 앞에서 의롭다 하심을 얻는 데서 어떤 역할이나 고려를 해야 할지에 대해 조언을 할 수 있을 것이라고 생각한다.

THE DOCTRINE

OF

JUSTIFICATION BY FAITH

THROUGH

THE IMPUTATION OF THE RIGHTEOUSNESS OF CHRIST

EXPLAINED, CONFIRMED, AND VINDICATED

제 5 장
첫 번째 칭의와 두 번째 칭의의 구분
칭의의 지속성에 대한 견해에 대해 살펴 봄

우리가 칭의의 본성과 원인들을 직접 살펴보기 전에 우리가 다루고 있는 주제에 대한 애매모호함과 오해를 불식시키기 위해 사전에 생각해야 할 몇 가지가 있다. 그러므로 우리가 유일하게 주장하고 있는 복음적인 칭의는 오직 하나이며 한 번에 완성되었다고 말한다. 우리는 하나 이외에 어떤 다른 칭의가 있다는 것에 대해 어떤 사람과도 다투지 않을 것이다. 또 다른 칭의를 찾는 사람들은 자신들 멋대로 자신들이 원하는 것을 칭의에 부여하거나 칭의를 자신들의 원하는 것에 맞추려는 것이다. 그러므로 이런 본질에 속한 것이 무엇인지 살펴보자.

첫 번째 칭의와 두 번째 칭의의 구분

로마교회의 사람들은 자신들의 칭의의 전체 교리의 근거를 이중적 칭의의 구분에 두는데, 그들이 그것을 첫 번째 칭의와 두 번째 칭의라고 부른다. 첫 번째 칭의는 은혜나 자비의 내적인 원리나 습관을 우리에게 주입하거나 전달하는 것이라고 그들은 말한다. 이로 말미암아 원죄는 소멸되며 죄의 모든 습관은 추방된다고 그들은 말한다. 이런 칭의는 믿음으로 말미암으며, 그리스도의 순종과 충족은 그것의 유일한 공로적 원인이라고 그들은 말한다. 오직 그들은 칭의를 준비시키고 성향을 가지게 하는 것에 대해 많은 것을 논쟁한다. 이런 용어로 트렌트 종교회의(The Council of Trent)는 호시우스(Hosius)와 안드라디우스(Andradius)가 고백한 것처럼 "정성적 공로(meritum de congruo)"라는 스콜라적인 교리, 곧 하나님은 자신의 뜻에 따라 인간의 부족한 행위를 완전한 공로로 인정해 주신다"는 교리를 지지하였다.

그리고 그들이 설명하고 있듯이 많은 부분 의견의 일치를 보이지만, 공의회는 이런 그들의 첫 번째 칭의와 관련해 공로라는 말을 조심스럽게 피하고 있다. 그리고 여기에서 믿음의 사용은 (그들에게 있어서 그것은 신적인 예시에 일반적으로 동의하는 것 이상이 아닌데) 이런 준비에서 중요한 역할을 감당한다. 그러므로 그들에 따르면 "믿음으로 의롭다 하심을 받는다는 것"은 이런 종류의 믿음으로 "은혜를 만드는 은혜(gratiam gratum facientem)", 곧 죄를 몰아내고 우리로 하여금 하나님께 받아들여질 수 있도록 하는 은혜의 습관을 받을 수 있도록 마음을 준비시키는 것이다. 그것과 수반되어야 하는 참회와 회개의 다른 의무들과 더불어 이것을 믿을 때 우리에게 우리가 의롭다 하심을 얻을 수 있는 은혜를 주시는 것은 하나님의 지혜와 선하심과 신실하심에 적합하고 일치하는 것이다. 그리고 그들에 따르면 이것이 사도 바울이 칭의의 획득의 과정에서 모든 율법의 행위를 배제하고 있는 자신의 서신서들에서 다루고 있는 칭의다.

두 번째 칭의는 그것의 효과이거나 결과이며 그것의 올바른 형식적 원인은 이런 은혜와 사랑의 원리에서 나오는 선행이다. 그러므로 그것들은 신자들이 하나님 앞에서 의롭다 하심을 얻는 의이며, 이 의의 공로로 그들은 영생을 얻는다. 그들은 그것을 행위의 의라고 부르며, 사도 야고보가 이것을 주장했다고 생각한다. 그들은 이것이 우리를 "불의한 자들 중에서 의로운 자들(justos ex injustis)"이 되게 하며, 이로 말미암아 다른 사람들이 우리를 따른다고 지속적으로 주장한다. 이것이 그들 대부분이 외관상 모순되는 것처럼 보이는 사도 바울과 사도 야고보를 조화시키려고 취하는 방법이기 때문이다. 그들은 바울은 오직 첫 번째 칭의를 다루고 있으므로 모든 행위를 배제하고 있다고 말한다. 그리고 그것은 앞에서 언급된 방식으로 믿음으로 얻는 것이다. 그러나 그들은 야고보는 두 번째 칭의에 대해 말하고 있는데, 그것은 행위로 얻는 것이라고 말한다. Bellar., lib. ii. cap. 16, and lib iv. cap. 18을 보라. 그리고 이것이 트렌트 종교회의 6조 10장에서 명확히 선포하고 있는 것이다.

그러나 이런 구분은 오직 복음의 전체 교리를 혼란시키려는 목적으로 만들어진 것이다. 그리스도의 피에 대한 믿음으로 말미암아 하나님의 값없는 은혜를 통해 얻는 칭의는 그것으로 텅비게 된다. 성화는 칭의로 바뀌어 버리며, 그 열매는 공로가 되어 부패되어 버린다. 사도가 명확히 표현했듯이 은혜로 말미암은 죄 사함과 의의 전가에 놓여 있는 복음적 칭의의 전체적인 본성과 오직 그 단어가 의미하는 것처럼 믿는 것에 기초해서 믿는 죄인을 의롭다고 선포하는 것은 전적으로 그런 주장으로 말미암아 무너진다.

그런데 절대적으로 그들이 의미하는 대로는 아니지만, 이런 구분을 받아들이는 다른 사람들이 있다. 소시누스주의자들이 그들이다. 물론 우리의 내적인 의를 하나님 앞에서 우리의 칭의의 원인이나 어떤 영향을 미치는 것으로 주장하는 모든 사람은 어떤 의미에서든 이런 구분을 받아들일 것이다. 그들은 본성의 순서상 진실로 은혜롭고 복음적인 행위 이전에 존재하는 칭의를 허락하고 있기 때문이다. 그러나 그런 행위에 대한 결과로서 그것의 형식적인 원인의 차이에 따라 적어도 본성이나 종류에서는 아니라도 차이가 있는 칭의가 있을 수 있다. 그러나 그들은 대부분 그것이 의도하는 것은 오직 우리의 칭의를 지속시키고 정도에 있어서 칭의를 증가시키는 것일 뿐이라고 말한다. 그리고 그것은 이전의 칭의에서 나온 새로운 순종이다. 그리고 만약 그들이 성화를 칭의로 바꾸고 그 뿌리나 열매에서 진보를 이루거나 향상시키는 것을 새로운 칭의로 여길 수 있도록 허락받는다면, 내가 아는 한 그들은 둘 뿐 아니라 이십 개의 칭의도 만들어 낼 것이다. "속 사람은 날마다 새로워지며"(고후 4:16), 신자들은 은혜가 더해짐에 따라 힘을 얻고, "영광에서 영광으로 변화되고"(고후 3:18, 벧후 1:5-8), "하나님께서 자라게 하심으로 자라나며"(골 2:19), 모든 일에서 "머리이신 그에게까지 자라기"(엡 4:15) 때문이다. 그리고 만약 그들의 칭의가 여기에 놓여 있다면, 그들은 날마다 새롭게 의롭다 하심을 받아야 할 것이다.

그러므로 나는 다음과 같은 두 가지를 할 것이다. 1. 이 구분이 비성경적이며 비합리적이라는 것을 보여줄 것이다. 2. 우리의 칭의를 지속한다는 것이 무엇이며 그것이 무엇에 의존하고 있는지 선포할 것이다.

1. 그리스도의 피에 대한 믿음으로 말미암은 칭의는 그것의 본질과 관련된 것이나 그것의 나타남과 선언과 관련된 것으로 고려될 수 있다. 칭의는 두 가지 차원에서 나타난다. 첫째로, 이생에서 처음으로 나타난다. 둘째로, 심판 날 엄숙하고 완전하게 선포된다. 이것에 대해 우리는

나중에 다룰 것이다. 이생에서 칭의가 나타나는 것은 의롭다 하심을 받은 사람의 영혼과 양심이나 다른 사람들, 곧 교회나 세상을 고려한다. 그리고 이들 각각은 비록 하나님 앞에서 우리의 칭의는 언제나 하나이며 똑같지만 그들에게 할당된 칭의라는 이름을 가지고 있다. 그러나 사람은 실제로 하나님 앞에서 의롭다 하심을 얻었지만, 자신의 마음으로 그것에 대한 증거나 확신을 가지고 있지 못할 수 있다. 그러므로 그런 증거나 확신은 우리가 의롭다 하심을 얻는 믿음의 본질에 속한 것이 아니며 우리의 칭의에 반드시 수반되는 것은 아니다. 그러나 이렇게 어떤 사람의 자신의 칭의가 자신에게 나타나는 것은, 비록 그것이 하나님 앞에서 절대적으로 자신의 칭의에 필수적이지 않은 많은 특별한 원인들에 의존하지만, 그것이 획득되었을 때 두 번째 칭의는 아니다. 그것은 단지 전자가 성령으로 그의 양심에 적용된 것일 뿐이다. 또한 다른 사람들과 관련하여 칭의가 나타날 때가 있는데, 그것은 마찬가지 방식으로 하나님 앞에서 절대적으로 우리의 칭의가 의존하는 것과 다른 원인들에 의존한다. 그것은 사도 야고보가 우리에게 가르쳤듯이 전적으로 우리가 의롭다 하심을 받은 믿음의 가시적인 효과들에 의존하기 때문이다. 그러나 그것은 오직 하나님을 영화롭게 하고, 다른 사람들에게 유익을 주고, 우리 자신의 보상을 증가시키려고 증거되고 선포된 하나님 앞에서 우리가 받은 하나의 칭의일 뿐이다.

또한 성경에 언급된 하나님 앞에서 두 가지 칭의가 있다. 첫째로, "율법의 행위로 말미암은 것"이다(롬 2:13, 10:5, 마 19:16-19). 여기에는 우리의 본성과 우리의 영혼의 모든 기능과 우리의 도덕적인 활동의 모든 원리 안에서 내용과 방법에 있어서 그 모든 의무와 모든 명령에 대한 완벽한 순종과 더불어 하나님의 전체 법에 대한 절대적인 일치가 요구된다. 율법에 기록된 모든 것을 계속해서 행하지 않는 사람은 저주를 받고, 어느 한 계명이라도 어긴 사람은 전체 율법을 어긴 죄책이 있기 때문이다. 그러므로 사도는 모든 사람이 죄를 범하였으므로 어느 누구도 율법으로 의롭다 하심을 얻을 수 없다고 결론을 내린다.

둘째로, 그리스도의 보혈에 대한 믿음을 통한 은혜로 말미암은 칭의가 있는데, 이것이 우리가 다루고 있는 것이다. 그리고 칭의의 이런 방법은 직접적으로 모순되는 용어들에 기초한 다른 방법과 반대되며 서로 조화를 이루거나 역할을 할 수 없다. 그러나 우리가 후에 보여줄 것처럼 이것들을 섞어서 혼합하는 것은 첫 번째 칭의와 두 번째 칭의를 구분하여 도달하려는 목적과 똑같은 것이다. 그러나 그것이 어떤 의도를 가지고 있든지 우리가 하나님 앞에서 예수 그리스도를 통해 가질 수 있는 칭의는 오직 하나이며 충만하고 완전한 것이며, 이런 구분은 헛되고 우스운 것일 뿐이다. 그 이유는 다음과 같다.

(1) 교황주의자들이 설명한 바에 따르면 그것은 그리스도의 공로를 놀라울 정도로 훼손시킨다. 그것은 그리스도의 공로에 대해 오직 자비의 습관을 주입시키는 것 이외에 우리를 향해 아무런 효과도 남기지 않기 때문이다. 이런 일이 일어날 때 우리의 구원과 관련하여 남는 것은 전부 우리 스스로 하는 것뿐이다. 그리스도는 오직 우리에게 최초의 은혜를 주셔서 우리로 하여금 그 은혜로 말미암아, 그 은혜를 가지고 영생을 얻게 하실 뿐이다. 그리스도의 공로는 그 효과가 첫 번째 칭의에 한정되기 때문에 그것을 따르는 어떤 은혜나 특권이나 자비나 영광에 어떤 직접적인 영향도 미치지 못한다. 그들은 모두 오직 행위로 말미암은 두 번째 칭의의 효과일 뿐이다. 그러나 이것은 공개적으로 성경의 모든 주장을 반대하는 것이다. 비록 은혜와 영광 안에서 우리가 누

리는 복음적 특권들에서 하나님이 정하신 순서에 따라 어느 하나가 다른 하나보다 앞설 수 있지만, 그것들은 모두 그리스도의 죽음과 순종의 직접적인 결과들이기 때문이다. 그리스도는 "우리를 위해 영원한 속죄를 이루셨으며"(히 9:12), "자기에게 순종하는 모든 자에게 영원한 구원의 근원이 되시고"(5:9), "한 번 드리심으로 거룩하게 된 자를 영원히 완벽하게 하시는" 분이시다.

그리고 우리 자신의 내적이며 개인적인 의를 통해 두 번째 칭의가 아니라도 두 번째 칭의를 허락하는 사람들도 또한 비록 그들과 똑같은 정도는 아니라도 죄를 짓고 있다. 그들은 첫 번째 칭의 이후에 죄에 대한 모든 책임에서 우리가 자유로워지고, 하나님이 우리를 심판하실 때 우리의 최종적인 사면과 보상이 의존하고 있는 마치 완성되고 완벽한 것처럼 심판 때 받아들여지는 의를 두 번째 칭의에 돌리고 있는 반면에, 그리스도의 충족과 공로의 직접적인 효력은 첫 번째 칭의에 부여되고 있는 것이 분명하기 때문이다. 이것이 성경이 가르치고 있는 것인지 아닌지 우리는 후에 살펴볼 것이다.

(2) 더욱이 이 구분은 영적이며 영원한 선을 획득하는 공로를 그리스도의 보혈보다 내적인 은혜로 말미암아 일하는 우리 자신에게 돌리고 있다. 그들에 따르면 그리스도의 보혈은 오직 우리를 위한 첫 번째 은혜와 칭의를 획득하는 것뿐이다. 그것은 오직 이것에 대해 공로적 원인이다. 혹은 다른 사람들이 표현했듯이 우리는 과거의 죄 사함에 대해서만 그리스도의 보혈의 공로에 참여하게 되며, 이런 은혜로 말미암아 우리는 스스로 다른 것, 곧 두 번째 완벽한 칭의와 지속적인 하나님의 호의와 그 모든 열매를 영생과 영광을 획득하고 얻게 된다. 그러므로 우리의 행위는 적어도 그리스도의 공로를 완벽하게 하고 완성시키

며, 우리의 행위가 없이 그리스도의 공로는 불완전하다. 그리고 하나님의 호의와 은혜의 모든 효력이 포함되어 있는 칭의의 지속성을 우리 자신의 개인적인 의에 부여하고, 그것을 하나님 앞에서 간청할 수 있는 최종적인 칭의로 여기는 사람들은 내가 가장 잘 이해하는 한 그들의 발자취를 따르고 있다.

그러나 이와 같은 것들은 논쟁의 여지가 있을 수 있다. 그리고 이와 같은 논쟁에서 그것이 사람들의 마음과 전통과 편견과 정교한 논쟁에 거의 믿을 수 없을 만큼 영향을 미쳐서 그들로 하여금 자신들과 자신들의 상태와 관련하여 그들이 싸우고 있는 것들에 대해 실질적으로 생각하는 데서 벗어나게 한다. 만약 그런 사람들이 어떤 수단으로 자신에게 돌아와 자신들이 어떻게 어떤 수단으로 지극히 높으신 하나님 앞에 나타나며, 율법의 선언과 죄로 말미암은 저주에서 자유로워질 수 있는지, 곧 자신들이 서 있는 하나님의 심판대 앞에서 간청할만한 의가 있는지 생각할 수 있는 여유가 있다면, 특별히 이와 같은 것들에 대한 실질적인 감각이 성령의 각성시키는 능력으로 그들의 마음에 심겨진다면, 자신들의 개인적인 의의 강력한 효력에 대한 모든 정교한 논쟁들과 간청들은 그들의 마음 속에서 조수에 밀려가는 물처럼 떠내려가서 그것들 뒤에 진흙과 불순물 외에 아무 것도 남지 않을 것이다.

(3) 로마교회의 사람들이 사용하고 향상시킨 두 가지 칭의에 대한 이런 구분은 사실 우리에게 아무런 칭의도 남기지 않는다. 그 가지들이 성화에 대해서는 무엇인가 있을 수도 있지만, 칭의에 대해서는 아무 것도 없다. 은혜의 습관이나 원리를 주입하고 죄의 모든 습관을 제거하는 그들이 주장하는 첫 번째 칭의는 성화이지 다른 어떤 것도 아니다. 그리고 우리는 우리의 칭의는 그런 의미에서, 만약 어떤 사람이

칭의를 그런 의미로 받아들인다면, 그리스도의 의의 전가에 놓여 있다고 결코 주장하지 않는다. 그리고 앞에서 선포한 것처럼 이런 칭의는, 만약 어떤 사람이 그것을 그렇게 부를 필요가 있다면, 점진적으로 그자체로뿐 아니라 그 열매에서 있어서 증가할 수 있다. 그러나 이 단어의 일반적인 개념과 관련하여 우리를 개인적이며 내적으로 의롭게 만드는 것을 우리의 칭의라고 부를 뿐 아니라, 이것이 성경에서 선포되어 있는 그리스도의 보혈에 대한 믿음을 통한 칭의라고 주장하는 것은 종교에서 유일하게 참되고 복음적인 칭의를 배제하는 것이다. 이런 구분의 두 번째 가치는 그 안에 율법으로 말미암은 칭의와 같은 것을 많이 가지고 있지만, 복음 안에 선포된 것은 아무 것도 가지고 있지 않다는 것이다. 그러므로 이런 구분은 우리에게 두 가지 칭의를 가져다 주는 대신에 복음에 따라 아무 것도 남겨주지 않는다.

(4) 성경에는 이런 구분에 대한 어떤 지지도 없기 때문이다. 사실 우리가 앞에서 주목했던 것처럼 성경에는 이중적 칭의에 대한 언급이 있다. 곧 하나는 율법으로 말미암은 칭의이며, 다른 하나는 복음에 따른 칭의이다. 그러나 이것들 중 어떤 것도 어떤 근거로든 - 율법에 따르든 복음에 따르든 - 똑같은 종류의 것에 대해 첫 번째와 두 번째로 구분되지 않는다. 성경에는 이에 대해 아무런 언급도 없다. 이런 두 번째 칭의는 이 주제에 대해 야고보 사도가 다루고 있는 것에 결코 적용될 수 없기 때문이다. 그는 칭의에 대해 다루고 있지만, 첫 번째 혹은 두 번째 칭의의 증가나 칭의에 더해지는 것에 대해 한 마디도 말하고 있지 않다. 더욱이 그는 믿음에 대해 자랑하지만 행함이 없는 사람에 대해 분명이 말하고 있다. 그것은 죽은 믿음이다. 그러나 우리 대적자들의 고백에 따라 첫 번째 칭의를 가지고 있는 사람은 자비로 형성되고 살아난

참되고 살아있는 믿음을 가지고 있다. 그리고 그는 바울이 사용한 아브라함의 칭의에 대해 똑같은 증거를 사용한다. 그러므로 그는 관점은 다르지만 똑같은 것 이외에 다른 것을 의도하지 않는다.

그리고 어떤 신자도 자신의 경험으로 그들이 주장하는 것에 대해 조금도 배울 수 없고, 그것은 그 의미를 왜곡할 계획이 없다면 건전한 마음으로 성경을 읽는 어떤 사람의 마음 속에도 들어올 수 없을 것이다. 그리고 사람들이 그들에 대한 성경적인 근거가 없이 인위적인 구분을 만들어 내고, 그 구분을 그들이 다루고 있는 교리에 속한 것으로 끼워 넣는 것은 영적인 진리에 해를 끼치는 것이다. 이런 구분은 사람들이 집중해야 하는 실체에서 사람들의 마음을 분산시키고 온갖 종류의 사람들로 하여금 끝없는 논쟁과 다툼에 빠지게 하려는 것 이외에 어떤 다른 목적에도 기여하지 못한다. 만약 이런 구분의 저자들이 하나님 앞에서 우리의 칭의에 대해 언급하고 있는 성경의 본문들을 잘 살펴보고 자신들이 구분하고 있는 각각의 내용을 살펴본다면, 자신들이 얼마나 믿을 수 없을 만큼 길을 잃어버렸는지 발견하게 될 것이다.

(5) 성경에는 만약 그들을 그것을 그렇게 부를 필요가 있다면 우리의 첫 번째 칭의로 볼 수 있는 것들이 있지만, 그것은 그들이 꾸며낸 두 번째 칭의에 대한 어떤 여지도 남기지 않는다. 이런 거짓된 구분의 유일한 기초는 성경이 명확히 선포하고 있는 그리스도의 보혈로 말미암은 우리의 칭의에 속하는 것들을 부인하는 것이다. 첫 번째 칭의에 속한 것에 대한 몇 가지 예를 들어보자. 그러면 우리는 그들의 근거가 얼마나 없는지, 곧 그들의 가식적인 두 번째 칭의에 남아 있는 것이 아무 것도 없다는 것을 빠르게 볼 것이다.

[1] 우리는 그 안에서 "우리 죄에 대한" 완전한 "사함과 용서"를 받

는다(롬 4:6, 7, 엡 1:7, 4:32, 행 26:18). [2] 이로 말미암아 우리는 "의롭다 하심을 받게 된다"(롬 5:19, 10:4). [3] 우리는 정죄와 심판과 죽음에서 해방된다(요 3:16, 19, 5:25, 롬 8:1) [4] 우리는 하나님과 화목하게 된다(롬 5:9, 10, 고후 5:21). [5] 우리는 하나님과 평화를 누리고 그의 사랑에 대한 감각으로 그것에 의존한 이점과 위로와 더불어 우리가 은혜로 말미암아 서 있는 호의 속으로 들어간다(롬 5:1-5). [6] 우리는 이와 더불어 양자가 되며 그 모든 특권을 받는다(요 1:12). [7] 특별히 우리는 영광의 모든 기업에 대한 권리와 자격을 얻는다(행 26:18, 롬 8:17). [8] 여기에 영생이 따라온다(롬 8:30, 6:23). 우리는 이것들에 대해서는 기회가 있을 때 다시 직접 다룰 것이다. 그리고 만약 그들의 두 번째 칭의를 위해 할 수 있는 어떤 것이 있다면, 그들로 하여금 그것을 그들 자신들의 것으로 받아들이게 하라. 이것들은 모두 우리 것이거나 우리가 주장하는 칭의에 속해 있다.

그러므로 첫 번째 칭의가 두 번째 칭의를 전복시켜서 그것을 불필요한 것이 되게 하거나, 두 번째 칭의가 본질적으로 첫 번째 칭의에 속하는 것을 제거함으로써 첫 번째 칭의를 파괴시킨다는 것은 명백하다. 그러므로 우리는 그것들이 조화를 이루지 못하기 때문이 어느 하나를 버려야 한다. 그러나 이런 소설 같은 인위적인 구분과 더 많은 다른 구분들을 지지하는 것은 하나님의 은혜의 교리와 그리스도 보혈에 대한 믿음으로 말미암은 칭의를 싫어하는 것이다. 어떤 사람들은 자신들의 가식적인 구분들에 기초하여 이것을 내쫓고 그 대신에 자신의 의의 옷을 입고 그것을 자랑하려고 노력한다.

칭의의 지속성에 대해

2. 그러나 우리의 칭의의 지속성에 대해 주장하는 것에는 실제로 더 큰 어려움이 있는 것 같다. 값없이 의롭다 하심을 받은 사람들은 영화롭게 될 때까지 그 상태에 계속해서 머물러 있기 때문이다. 칭의로 말미암아 그들은 실제로 새로운 영적인 상태와 조건으로 바뀌게 되며, 하나님과 그리스도와 율법과 복음과 새로운 관계를 가지게 된다. 그리고 그들이 이런 상태를 지속적으로 유지하기 위해 무엇을 의존해야 하며, 그들이 끝까지 의롭다 하심을 유지하기 위해 무엇이 필요한지에 대한 질문이 있다. 그리고 이것은 어떤 사람들이 말하는 것처럼 믿음뿐 아니라 신실한 순종의 행위이다. 그리고 그것들이 의롭다 하심을 받은 모든 사람에게 그들이 그 즉시 다음으로 이어지는 이 땅의 영광에서 칭의 상태에 머물러 있는 동안 요구되지 않는다는 것을 어느 누구도 부인할 수 없다. 그러나 우리가 처음 하나님 앞에서 의롭다 하심을 받았을 때 믿음이 즉시 그 위치와 역할에서 벗어나서 그 일이 행위로 넘어가 우리의 칭의의 지속성이 그리스도와 그의 의에 대한 우리의 갱신된 믿음이 아니라, 우리 자신의 개인적인 순종에 의존하는지는 우리가 살펴볼 가치가 있다. 오직 나는 의롭다 하심을 받은 사람에게 개인적인 순종이 요구된다는 것에 대해서는 절대적으로 동의하지만, 여기에서 차이점은 칭의의 교리의 본질과 관련된 것이 아니라, 하나님의 은혜의 성향과 성숙을 위한 우리의 의무의 순서에 대한 우리의 개념들을 표현하는 방법과 관련된 것임을 독자들이 알기를 바란다. 이 문제와 관련해서 나는 다른 사람들이 그러하듯이 나의 자유를 사용할 것이다. 그리고 나는 계속되는 관찰에서 이 문제에 대한 나의 생각을 제시할 것이다.

(1) 칭의는 비록 칭의가 권리와 자격을 주는 모든 것을 완전히 소유하는 것에 대해서는 아니지만, 그 모든 원인과 결과에서 한 번에 완

성되는 일이다.

[1] 우리의 과거와 현재와 미래의 모든 죄가 즉시 예수 그리스도께 전가되고 부여되었다. 그것이 어떤 의미가 있는지에 대해 우리는 후에 살펴볼 것이다. "그가 찔림은 우리의 허물 때문이요 그가 상함은 우리의 죄악 때문이라 그가 징계를 받음으로 우리는 평화를 누리고 그가 채찍에 맞음으로 우리는 나음을 받았도다 우리는 다 양 같아서 그릇 행하여 각기 제 길로 갔거늘 여호와께서는 우리 모두의 죄악을 그에게 담당시키셨도다"(사 53:5, 6). "친히 나무에 달려 그 몸으로 우리 죄를 담당하셨으니"(벧전 2:24). 불분명한 주장들은 예외나 제한없이 모든 사람에게 똑같이 그러하다. 우리의 모든 죄는 그 위에 놓여졌으며, 그는 그것들 모두를 즉시 짊어지셨고, 따라서 모든 사람을 위해 한 번에 죽으셨다.

[2] 그러므로 그는 한 번에 "허물을 그치시고 죄를 끝내시며 죄악을 용서하시고 영원한 의를 드러내셨다"(단 9:24). 한 번에 그는 우리의 모든 죄를 감당하셨다. 그는 "친히 우리의 죄를 사하시고" "지극히 높으신 보좌 우편에 앉으셨다"(히 1:3). 그리고 "우리는 예수 그리스도께서 자기 몸을 단번에 드리심으로 거룩함을 얻거나" 하나님께 드려진다(히 10:10). 그는 "한 번의 제사로 거룩하게 된 자들을 온전하게 하셨다." (곧 그는 그들을 영적인 상태와 관련해서 완성하셨다). 그는 결코 처음부터 끝까지 우리의 죄를 사하시기 위해 실제로 이미 감당하신 것보다 더 하지 않으실 것이다. "죄를 위해 더 이상 제사를 드릴 것이 남아있지 않기 때문이다(14절). 나는 여기에 기초해서가 아니라, 칭의의 공로적 원인이 즉시 완성되었고 결코 더 이상 갱신되거나 반복될 수 없는 의미에서만 우리의 칭의가 완성되었다고 말한다. 모든 질문은 오직 믿음

에 의한 것이든, 우리가 행하는 의의 행위에 의한 것이든 칭의를 우리의 영혼과 양심에 새롭게 적용하는 것과 관련된 것이다.

[3] 우리가 의롭다 하심을 받은 믿음으로 실질적으로 그리스도나 그의 이름을 믿음으로써 우리는 그를 영접한다. 그리고 그것으로 말미암아 우리의 첫 번째 칭의에 기초하여 우리는 "하나님의 자녀들", 곧 "하나님의 상속자요 그리스도와 함께 한 상속자"가 된다(롬 8:17). 이로 말미암아 우리는 그의 중보의 모든 유익에 대한 권리을 가지고 참여한다. 그리고 그것은 한 번에 완전히 의롭다 하심을 받는 것이다. "그 안에서 우리가 완성되기" 때문이다(골 2:10). 그에 대한 믿음으로 말미암아 우리는 "죄 사함"과 몫, 혹은 "거룩하게 된 모든 자들 가운데 기업"을 받으며(행 26:18), "우리가 율법으로 의롭다 하심을 받을 수 없는 모든 것에서 즉시 의롭다 하심을 받는다"(행 13:39). 그렇다. 하나님은 이것에 기초해서 "그리스도 안에서 하늘에 속한 모든 신령한 복으로 우리를 축복하신다"(엡 1:3). 이 모든 것은 우리가 처음 그를 믿는 것과 절대적으로 분리될 수 없으며, 따라서 우리의 칭의는 한 번에 완성된다.

[4] 구체적으로 우리가 믿을 때 우리의 모든 죄가 사함을 받는다. "하나님이 그와 함께 살리시고 우리의 모든 죄를 사하셨다"(골 2:13-15). "그 안에서 우리는 그의 은혜의 풍성함을 따라 그의 피로 말미암아 속량 곧 죄 사함을 받았다"(엡 1:7). 이 한 구절은 죄 사함에 나타난 하나님의 값없는 은혜와 그것을 획득하는 그리스도의 충족에 반대하는 사람들이 제시하고 있는 모든 심통한 반대를 무너뜨린다.

[5] 따라서 그렇게 의롭다 하심을 받은 사람들에 대해 송사할 수 있는 것은 아무 것도 없다. "믿는 자는 영생을 가졌고 정죄에 이르지 아니하며 사망에서 생명으로 옮겼기" 때문이다(요 5:24). 그리고 하나님이

택하신 자를 누가 송사할 것인가? 의롭다 하신 이는 하나님이시며 죽으신 이는 그리스도이시다"(롬 8:33, 34). 그리고 "그리스도 예수 안에 있는 자들에게는 정죄함이 없다"(롬 8:1). "믿음으로 말미암아 의롭다 하심을 받았으므로 우리는 하나님과 화평을 누린다"(롬 5:1).

[6] 그리고 우리는 이에 기초해서 이생에서 우리가 누릴 수 있는 축복을 받는다"(롬 4:5, 6). 이 모든 것을 볼 때 우리의 칭의가 한 번에 완성된 것처럼 보인다.

[7] 그럴 수밖에 없다. 그렇지 않다면 어떤 사람도 이 세상에서 의롭다 하심을 받을 수 없다. 어떤 시간도 할당되거나 순종의 정도가 더해질 수 없다. 먼저 믿지 않는 어떤 사람도 하나님 앞에서 의롭다 하심을 받을 수 없다. 성경은 어느 곳에서도 그런 시간이나 정도를 할당하고 있지 않기 때문이다. 그리고 어떤 사람도 이생에서 하나님이 보시기에 완전히 의롭다 하심을 받을 수 없다고 말하는 것은 칭의에 대해 성경이 가르치고 있는 모든 것을 전복시키고, 그와 더불어 하나님과 누리는 모든 화평과 신자들의 위로를 전복시키는 것이다. 그러나 자신의 법적인 심판에서 죄가 없다고 선고를 받은 사람은 자기를 고발한 모든 법의 송사로부터 즉시 자유를 얻는다.

(2) 이런 완벽한 칭의에 기초하여 신자들은 하나님께 보편적인 순종을 해야 한다. 율법은 믿음으로 폐기되지 않고 수립된다. 율법은 그것이 요구하는 어떤 것에서 그 의무를 제거하는 해석에 의해, 율법의 요구하는 정도나 방법과 관련해서 폐기되고 제기되지 않는다. 율법이 그렇게 되는 것은 가능하지 않다. 율법은 하나님과 사람의 본성이 서로를 향해 필수적으로 요구하는 순종의 규칙에 불과하기 때문이다. 그리고 율법에서 완벽한 순종을 요구하는 능력을 배제하는 것은 최악의 반

율법주의이며 하나님의 율법을 가장 심하게 경멸하는 것이다. 그것은 그렇지 않은 것을 마치 그런 것처럼 받아들여서 율법의 목적을 무시하는 것이다. 율법이 전적으로 폐기되면 죄도 없어지는데, 율법이 없는 곳에는 허물도 없기 때문이다. 그렇지 않다면 율법이 처음 제정되었을 때 요구했던 것과 똑같은 순종이 똑같은 정도로 요구되어야 한다. 이 둘 사이에 중간은 없다. 그리고 살아 있는 어떤 사람도 자신의 양심으로 판단하거나 정죄하지 못하게 할 힘이 없으며, 어떤 형편에 있든지 율법의 완벽한 요구에 도달하지 못한다는 것을 확신하지 않을 수 없다.

(3) 그러므로 의롭다 하심을 받을 사람들이 순종해야 하는 적극적인 계명들과 금지들에서 율법의 명령하는 힘은 그들이 율법의 저주 아래 있을 때와 마찬가지로 그것들을 지키지 못하는 것은 무엇이든지 본성상 참으로, 정당하게 죄가 되게 한다. 그들은 이렇게 되지 않을 수 없다. 율법의 저주 아래 있으면서 의롭다 하심을 받는 것은 모순이 되지만, 율법의 명령 아래 있으면서 의롭다 하심을 받는 것은 모순이 아니기 때문이다. 그러나 죄의 본질을 율법을 어기는 것이 되게 하는 것은 순종을 요구하는 율법의 명령하는 힘이지 율법의 저주에 대한 혐오가 아니다. 그러므로 한 번에 얻는 완전한 칭의는 비록 죄인에게서 율법의 저주로 말미암은 처벌에서 면제해 주지만, 다른 사람들에게 죄인 것이 그들에게는 죄가 아닌 것처럼 의롭다 하심을 받은 사람들에게서 율법의 명령하는 권위를 제거하지 않는다. 롬 8:1, 33, 34을 보라.

그러므로 만약 그들이 말 그대로 자신들의 의롭게 된 상태를 몰수당하거나, 은혜언약에서 행위언약으로 바뀔 수 있는 죄에 빠지지 않는다면, 믿는 죄인들은 처음 의롭다 하심을 받을 때 모든 미래의 죄가 율법의 저주에 대한 실질적인 의무와 관련해서 사함을 받는다. 우리는 하나님이 자신의 신실함 속에서 그들을 그 모든 것에서 보존하실 것이라고 믿는다. 그리고 비록 죄는 실질적으로 범하기 전에 실질적으로 용서받을 수 없지만, 율법의 저주에 대한 의무는 의롭다 하심을 받은 사람들 안에서 그들이 실질적으로 범하기 전에 의롭다 하심을 받게 된 상태나 은혜언약의 조건과 조화를 이루는 죄에서 실질적으로 제거된다. 하나님은 이런 의미에서 한 번에 "그들의 모든 죄악을 사하시며 그들의 모든 병을 고치시고 그들의 생명을 파멸에서 속량하시고 그들에게 인자와 긍휼로 관을 씌우신다"(시 103:3, 4). 미래의 죄는 범해질 때 죄가 없는 것처럼 용서를 받는 것은 아니다. 율법의 명령하는 힘이 폐지되지 않는다면 그런 일은 일어날 수 없다. 의롭다 하심을 받은 사람들에게 율법의 저주나 저주하는 힘이 제거된다.

여전히 죄의 참된 본질은 의롭다 하심을 받은 사람들 안에서 율법에 일치하지 않거나 어기는 것이며, 그것은 날마다 실질적으로 용서를 받을 필요가 있다. 살아있으면서 죄를 짓지 않는 사람은 없기 때문이다. 그리고 만약 우리가 죄가 없다고 말한다면, 우리는 우리를 속이는 자들이다. 어떤 사람도 의롭다 하심을 받은 사람들보다 더 죄책에 대해 느끼고, 죄에 대해 더 고통스러워하고, 죄 사함을 위해 더 간구하지 않는다. 이것이 사도가 히 10:1-4, 10, 14에서 선포한 대로 그리스도의 희생제사가 신자들의 영혼에 적용된 결과이기 때문이다. 의롭다 하심을 받는 것은 율법의 저주와 관련하여 죄인에게서 죄에 대해 양심이 정죄하는 것을 제거하지만, 죄인 안에서 죄를 정죄하는 양심을 제거하지는 않는다. 그것은 하나님과 자신과 율법과 복음에 대해 생각할 때 죄인 편에서는 회개를, 하나님 편에서는 실질적인 용서를 요구한다.

그러므로 칭의의 하나의 본질적인 부분은 우리의 죄 사함에 놓여 있고, 죄는 실질적으로 범하기 전에 실질적으로 용서받을 수 없는 반면에, 우리의 현재의 질문은 "우리가 의롭다 하심을 받은 후에 죄의 간섭에도 불구하고, 이로 말미암아 그런 죄가 실질적으로 용서를 받고, 우리가 하나님께 받아들여지는 상태를 지속하고, 생명과 영생에 대한 권리를 간섭받지 않는 칭의의 지속성은 어디에 의존하는가?"하는 문제이다. 칭의는 완벽한 의를 전가함으로써, 천국의 기업의 자격과 권리를 부여함으로써, 과거의 모든 죄에 대한 실질적인 용서와 미래의 죄에 대한 실질적 용서로써 한 번에 완성된다. 그러나 "어떻게, 어떤 수단으로, 어떤 조건으로, 이런 상태가 한 번에 의롭다 하심을 얻고, 이로 말미암아 그들의 의는 영원하며, 생명과 영광에 대한 그들의 권리는 파기될 수 없고, 그들의 모든 죄가 실질적으로 용서를 받는가?"가 조사되어야 한다.

이 질문에 대한 대답으로 나는 말한다. (1) 의롭다 하신 분은 하나님이시다. 그러므로 우리의 칭의의 지속성은 또한 그의 행위이다. 그리고 이것은 그의 편에서 그의 작정의 불변성과 모든 것이 확실하게 정해져 있는 영원한 언약의 불변성과 그의 약속의 신실성과 그의 은혜의 효율성과 그리스도의 화해에 대한 그의 기뻐하심과 그의 중보의 힘과 믿는 자들에게 돌이킬 수 없는 성령을 주시는 것에 의존하는데, 이것들은 우리가 현재 살펴보려는 것이 아니다.

(2) 어떤 사람들은 우리 편에서 우리의 칭의의 이런 상태의 지속성은 선행의 조건에 의존한다고, 곧 그들의 칭의에서 믿음 그 자체와 똑같이 고려되고 사용된다고 말한다. 우리의 칭의 그 자체에서 믿음에 무엇인가 특별한 것이 있다고 그들은 말한다. 그러나 우리의 칭의 지속성에 대해 그들은 믿음과 행위는 똑같이 영향을 미친다고 말한다. 그렇

다. 어떤 사람들은 특별한 방식으로, 곧 행위가 믿음으로 행해져야 한다는 조건으로 칭의를 분명히 행위에 돌린다. 나는 우리의 칭의의 지속성이 우리의 칭의 그 자체와 마찬가지로 어떤 다른 것에 의존한다는 것을 이해할 수 없다. 비록 칭의와 칭의의 지속성에서 믿음의 활동과 효과가 그 의무와 의무를 감당하는 데 있어서 다양하지만, 칭의에 오직 믿음이 필요한 것처럼 칭의의 지속성에도 오직 믿음이 필요하며, 다른 것이 있을 수 없다. 이런 주장을 분명히 하기 위해 두 가지가 관찰되어야 한다.

[1] 우리의 칭의의 지속성은 의의 전가와 죄 사함을 지속하는 것이다. 비록 우리가 아직 전가된 의가 무엇인지 살펴보지 않았지만, 나는 의의 전가가 우리의 칭의와 일치한다고 계속해서 생각한다. 그러나 우리의 칭의에서 하나님이 의를 우리에게 전가하시는 것은 사도에 의해 매우 분명이 인정되고 있으므로 의심하지 말아야 한다. 그런데 의의 전가에서 하나님의 첫 번째 행위는 반복될 수 없다. 그리고 칭의 이후에 죄에 대한 실질적인 용서는 의의 전가의 효과이며 결과이다. 만약 어떤 사람이 죄를 지었다면 화목제물이 있다. "내가 속량했으니 그를 구원하라." 그러므로 이런 실질적인 용서에 그 원인인 의를 적용하는 것 이외에 어떤 것도 요구되지 않는다. 그리고 이것은 오직 믿음으로 이루어진다.

[2] 우리의 칭의의 지속성은 우리의 절대적인 칭의와 마찬가지로 하나님 앞에서 혹은 하나님의 눈 앞에서 일어난다. 우리는 칭의의 지속성에 대한 감각과 증거에 대해 우리의 영혼이 하나님과 화평을 누리고, 그 결과 다른 사람들에게 그것을 증거하고 나타내는 것이 아니라, 하나님이 보시기에 칭의가 지속되는 것으로 말하고 있다. 그러므로 그것의

수단이나 조건이나 원인이 무엇이든지 하나님 앞에서 간청이 될 수 있어야 하고 간청이 되어야 한다.

그러므로 질문은 "의롭다 하심을 받은 사람이 죄를 짓고 (그는 매일 더 많이 혹은 더 적게 죄를 지을 수 있다), 그의 양심이 자신의 의롭게 된 상태와 하나님께 받은 호의와 영광에 대한 자격이 위험에 처하거나 방해를 받을 수 있다고 느낄 때, 그는 자신의 상태와 자신의 죄 사함을 지속하기 위해 무엇을 해야 하고, 무엇에 호소하고, 무엇을 사용할 수 있는가?"하는 것이다. 이것은 자신의 순종이나 개인적인 의나 새 언약의 조건을 성취하는 것이 아니라는 것은 첫째로 신자들 자신의 경험과, 둘째로 성경의 증거와, 셋째로 성경에 기록된 사람들의 예를 볼 때 분명하다.

첫째로, 믿는 사람들의 경험을 살펴보자. 그들의 양심은 지속적으로 살아있었다. 그들이 자신들의 죄 사함을 지속하고 하나님 앞에서 용납되기 위해 스스로 취하는 것은 무엇이며, 하나님께 간청하는 것은 무엇인가? 그것이 그리스도의 피를 통한 주권적이 은혜와 자비가 아니라면 어떤 것인가? 그들이 이런 목적으로 간청하는 모든 논쟁은 하나님의 이름과 그의 자비와 긍휼하심과 신실하심과 부드러운 연민과 언약과 약속들에서 취한 것이 아니며, 이것들 모두는 주 그리스도와 오직 그의 중보 안에서 나타나고 일어난 것이 아닌가? 그들은 자신들의 죄가 사함을 받고, 자신들이 모든 면에서 자격이 없지만 하나님께 받아들여질 것이라는 신뢰와 확신을 오직 이곳에 두지 않았는가? 어떤 다른 생각이 그들의 마음 속에 들어왔는가? 그들은 이런 목적을 이루고자 자신들의 의와 순종과 의무들에 호소했는가? 그들은 세리의 기도를 버리고 바리새인의 기도를 택했는가? 그것은 오직 믿음으로 말미암은 것이 아닌가? 그것은 그들이 그리스도의 중보를 통해 하나님의 자비나 은혜를 자신들에게 적용한 은혜이다. 여기에서 믿음이 그 자체로 경건한 슬픔과 회개와 겸손과 자기 판단과 혐오와 간절한 기도와 간구로써 하나님으로부터 평강의 응답을 받기 위해 겸손히 기다리는 것과 새롭게 된 순종에 참여하는 것과 더불어 일하고 행동한다는 것은 사실이다. 그러나 우리가 의롭다 하심을 받은 상태를 지속하기 위해 그리스도의 보혈의 은혜에 적용시키는 것은 오직 믿음이며, 믿음은 앞에서 언급된 다른 방식들과 결과들로 표현된다. 그러므로 믿는 영혼은 그것들 중 어떤 것에서도 목표하는 자비를 기대하지 못한다.

둘째로, 성경은 이것을 우리의 칭의를 지속시키는 유일한 방법이라고 명확히 선언한다. "나의 자녀들아 내가 이것을 너희에게 씀은 너희로 죄를 범하지 않게 하려 함이라 만약 누가 죄를 범하여도 아버지 앞에서 우리에게 대언자가 있으니 곧 의로우신 예수 그리스도시라 그는 우리 죄를 위한 화목제물이니 우리만을 위할 뿐 아니요 온 세상의 죄를 위하심이라"(요일 2:1, 2). 그들이 죄를 짓지 않는 것은 의롭다 하심을 받은 사람들에게 요구된다. 죄를 짓지 않는 것은 그들의 의무이다. 그러나 그것은 만약 어떤 일에서든지 그들이 자기 의무에서 실패하면, 그들이 즉시 자신들의 칭의에 대한 특권을 잃어버리는 것처럼 요구되지 않는다. 그러므로 만약 어떤 사람이 (살면서 죄를 짓지 않은 사람은 없기 때문에) 죄를 짓는다면, 그는 자신의 죄를 사함 받고 하나님께 지속적으로 받아들여지려면, 곧 자신의 칭의를 지속하려면 어떤 방식을 취하고 무엇에 자신을 맡겨야 하는가? 이 경우 사도가 제시하고 있는 길은 우리의 죄를 위해 그가 드리신 화목제물에 기초하여 아버지 앞에서 우리의 대언자로서 주 예수 그리스도께 믿음으로 우리의 영혼을 맡기는 것 이외에 다른 것이 없다. 그의 대제사장직인 수난과 중보라는 이중적인 행위를 고려할 때 그는 우리의 절대적 칭의에서 우리의 믿음의 대상이시다. 그러므로 그는 우리의 칭의의 지속성과 관련하여 우리의 믿음의 대상이시다. 그러므로 우리가 의롭다 하심을 받은 상태에서 우리의 전체적인 진보는 그 모든 정도에 있어서 오직 믿음에 기초한다.

"하나님이 의롭다 하심을 받은 사람들에게 무엇을 요구하시는가?"는 우리가 묻는 질문이 아니다. 율법이나 복음에 의해 요구되고 있는 어떤 은혜나 의무도 그 내용과 수행 방법상 의무로 요구되지 않는 것은 없다. 그것들이 생략되는 곳에 죄책이 있으며, 하나님께 인정하거나 고백하지 않으면 죄가 가중된다는 것을 우리는 인정한다. 그러므로 특별히 신자들은 자신들이 죄를 지었다는 것을 깨달을 때마다 믿음과 은혜로 경건하게 회개하고, 죄에 대해 겸비하며, 하나님 앞에서 죄에 대해 지속적이며 깊이 있게 고백한다. 그리고 이런 의무들은 우리가 칭의를 지속적으로 유지하는 데 필수적이다. 의롭다 하심을 받은 사람은 이런 의무들과 반대되는 죄와 악과 조화를 이룰 수 없기 때문이다. 그러므로 사도는 "우리가 육신대로 살면 반드시 죽을 것"이라는 것을 긍정한다(롬 8:13). 자연적인 삶을 즉시 파괴하는 불이나 다른 것들에 빠지는 것은 조심해서 피하지 않는 사람은 살 수 없다. 그러나 이것들은 생명이 의지하고 있는 것들이 아니다. 그리고 최선을 다해 의무를 감당하는 것과 우리의 칭의를 지속하는 것은 아무런 관계가 없다. 오직 우리는 그런 의무를 감당함으로써 칭의를 지속하는 데 반대하고 파괴하는 것들에서 보호를 받는다.

그러나 유일한 질문은 "순종의 차원에서 우리에게 어떤 의무가 요구되는가?"가 아니라, "우리의 칭의의 지속성이 의지하는 것은 무엇인가?"하는 것이다. 만약 이것이 칭의의 지속성이 우리 자신의 순종과 선행에 의존하거나, 우리 자신의 순종과 선행이 우리의 칭의가 지속되는 조건이라는 것을 의도한다면, 곧 하나님이 의롭다 하심을 받은 사람들에게 필수불가결하게 선행과 순종을 요구하셔서 의롭다 하심을 받은 상태가 그것들을 무시하는 것과 조화를 이루지 못하는 것을 의도한다면, 이것은 실제로 받아들여질 것이며, 나는 자신들의 마음의 생각을 표현하려고 선택한 방식에 대해 어떤 사람과도 다투지 않을 것이다. 그러나 "우리가 우리의 의롭다 하심을 받은 상태를 지속하려면, 곧 우리가 죄 사함을 받고 하나님께 용납 받는 상태를 유지하려면, 우리가 즉시 의무의 방식으로 무엇을 해야 하는가?"하는 질문이 제기된다면, 우리는 오직 믿음이라고 대답한다. "오직 의인은 믿음으로 말미암아 살기" 때문이다(롬 1:17).

그리고 사도는 이런 하나님의 증거를 우리의 첫 번째 혹은 절대적인 칭의가 오직 믿음으로 말미암는다는 것을 증명하는 데 적용하는 것처럼, 우리의 칭의를 지속하는 데도 그것을 적용한다. 그것은 오직 똑같은 수단이다. "나의 의인은 믿음으로 말미암아 살리라 또한 뒤로 물러가면 내 마음이 그를 기뻐하지 아니하리라 하셨느니라 우리는 뒤로 물러가 멸망할 자가 아니요 오직 영혼을 구원함에 이르는 믿음을 가진 자니라"(히 10:38, 39). 뒤로 물러가 멸망하는 것은 의롭다 하심을 받은 상태를 잃어버리는 것을 포함하는데, 그것은 실제로 그러하거나 고백으로 그러하다. 이에 반대하면서 사도는 "영혼을 구원하는 믿음", 곧 칭의를 끝까지 지속하는 것에 대해 말한다. 그리고 바로 여기에서 "의인은 믿음으로 살며", 이 생명을 상실하는 것은 오직 불신앙으로 말미암을 수 있다. 그러므로 "우리가 지금 육체 가운데 사는 것은 우리를 사랑하사 우리를 위하여 자기를 주신 하나님의 아들을 믿는 믿음 가운데 사는 것이다"(갈 2:20).

우리가 지금 육체 가운데 인도하고 있는 삶은 우리의 칭의를 지속하며 의와 하나님이 받으시는 삶을 사는 것이다. 이것은 다음 표현이 선포하고 있듯이 율법의 행위로 사는 것과 반대된다. "내가 하나님의 은혜를 폐하지 아니하노니 만약 의롭다 하심을 받게 되는 것이 율법으로 말미암으면 그리스도가 헛되이 죽으셨느니라"(21절). 그리고 이 삶은 "우리를 사랑하셔서 자기 자신을 우리를 위해 주신", 곧 우리 죄를 위해 화목제물이 되신 그리스도를 믿음으로 사는 것이다. 그러므로 이것은 이 생명을 유지하고 우리의 칭의를 지속하기 위해 우리 편에서 취하는 유일한 길이요 수단이요 원인이다. 그리고 여기에서 우리는 "하나님의 능력으로 구원에 이르는 믿음으로 보호를 받는다."

또한 만약 우리의 칭의의 지속성이 우리 자신의 순종의 행위에 의존한다면, 어떤 사람들이 말하는 것처럼 그리스도의 의는 처음에는 오직 우리의 칭의나 우리의 첫 번째 칭의와 관련해서 우리에게 전가된다. 그리고 이것은 사실 로마 학파의 교리이다. 그들은 그리스도의 의는 그것 때문에 하나님이 우리에게 의롭다 하시는 은혜를 주실만큼 우리에게 전가되며, 그로 말미암아 죄 사함이 그런 의미로 주어진다고 가르친다. 그러므로 그들은 그리스도의 의가 우리의 칭의의 공로적 원인이라는 것을 허락한다. 그러나 그것을 추정하거나 그 은혜를 받을 때 우리는 받은 은혜 덕택에 우리가 행하는 행위로 말미암아 하나님 앞에서 계속해서 의롭다 하심을 받는다. 그리고 비록 그들 중 일부가 지극히 교만해져서 바스쿠에즈(Vasquez)가 말한 것처럼 이런 은혜와 은혜의 행위가 우리로 하여금 두 번째 칭의와 영원한 생명을 받을 자격이 있게 하여 그리스도의 의를 더 이상 고려할 필요는 없게 한다고 주장하지만, 그들 중 많은 사람은 여전히 그것들이 공로가 되는 것은 그리스도의 공로에 대한 고려에서 나온다는 것을 인정한다(1, 2, q. 114, disp. 222, cap. 3). 그리고 우리의 칭의의 지속성이 공로라는 애매한 용어를 배제한 채 우리 자신의 행위에 의존한다는 것을 긍정하는 사람들 중 어떤 사람들의 판단은 그 본질에 있어서 똑같다. 우리 자신의 행위나 불완전한 순종이 하나님께 받아들여지고, 우리의 칭의의 지속성이 그것에 의존하는 것은 그리스도의 의 때문이라고 그들은 말하기 때문이다.

그러나 사도는 우리에게 다른 근거를 제시한다(롬 5:1-3). 그는 세 가지를 구분하는데 1. 하나님의 은혜에 우리가 나가는 것이며, 2. 우리가 그 은혜에 서 있는 것이고, 3. 우리가 모든 반대를 이기고 그 상태에서 영광을 받는 것이다. 첫 번째로 그는 우리의 절대적인 칭의를 표현하며, 두 번째로 우리가 그것으로 말미암아 받아들여진 상태를 지속하는 것을, 세 번째로 우리가 만나는 모든 반대에도 불구하고 그것의 지속성에 대해 확신하는 것이다. 그리고 그는 이 모든 것을 똑같이 다른 어떤 원인이나 조건을 섞지 않고 믿음에 돌린다. 그리고 우리는 똑같은 목적을 표현하는 다른 구절들에도 호소할 수 있다.

셋째로, 성경에 기록된 믿고 의롭다 하심을 받은 사람들의 예들은 모두 똑같은 진리를 증거하고 있다. 하나님 앞에서 아브라함의 칭의의 지속성은 오직 믿음으로 말미암은 것임이 선포되었다(롬 4:3). 창세기 15:6로부터 사도가 인용한 아브라함의 칭의의 예는 절대적으로 의롭다 하심을 받은지 오랜 후에 일어난 것이었기 때문이다. 그리고 만약 우리의 첫 번째 칭의와 그것의 지속성이 절대적으로 똑같은 원인에 의존하지 않았다면, 여기에서 주장되고 있는 것처럼 아브라함의 예는 칭의의 방법과 수단을 증명하기 위한 예가 될 수 없었을 것이다. 그리고 다윗은 일반적으로 자신의 행위와 반대로 값없이 죄 사함을 받은 사람의 축복에 대해 노래할 뿐 아니라, 자신의 특별한 경우를 들어 자신의 칭의와 하나님 앞에서 자신이 받아들여지는 것을 오직 은혜와 자비와 용서에 돌리고 있는데, 그것은 오직 믿음으로 받는 것이었다(롬 4:6, 7, 시 130:3-5, 143:2). 다른 모든 행위와 순종의 의무들은 우리가 의롭다 하심을 받은 상태를 지속하는 데 있어서 그 효과가 달려있는 원인이나 수단이나 조건이 아니라, 그것의 필수적인 효과와 열매로서 믿음을 수반한다. 약속을 완전히 성취하는 것은 믿음으로 인내하며 기다리는 것이다(히 6:12, 15).

그러므로 이 논쟁에서 우리가 관심을 가지고 있는 것은 오직 하나의 칭의이며 오직 한 종류의 칭의이다. 성경은 더 이상의 칭의에 대해 말하고 있지 않으며, 그것은 경건하지 못한 사람이 믿음으로 의롭다 하심을 받는 것이다. 그리고 우리는 다른 어떤 칭의에 대한 고려도 받아들이지 않을 것이다. 만약 종류가 똑같다면, 똑같은 사람이 때때로 똑같은 종류의 칭의로 의롭다 하심을 받거나, 적어도 한 번 이상 의롭다 하심을 받아야 하고, 정당한 이유로 자주 세례(침례) 받아야 한다. 만약 그것이 똑같은 종류가 아니라면, 똑같은 사람이 두 종류의 칭의로 하나님 앞에서 의롭다 하심을 받아야 하는데, 이런 칭의에 대해 성경은 전적으로 침묵하고 있다. 그러므로 우리의 칭의의 지속성은 오직 우리의 칭의와 똑같은 원인에 달려있다.

제 6 장
복음적인 개인적인 의
최종적인 심판과 칭의와의 관계

우리가 첫 번째와 두 번째 칭의와 칭의의 지속성에 대해 대화한 것들은 칭의에 필수적으로 포함되어 있지 않은 것에서 우리가 다루고 있는 주요한 주제를 분명히 하려는 것 이외에 다른 계획을 가지고 있지 않다. 실제로 이질적이거나 그렇지 않다면 필요하지 않는 모든 것이 칭의와 분리될 때까지 우리는 하나님 앞에서 우리의 칭의의 본질과 원인들에 대한 질문의 참된 성격을 올바로 이해할 수 없기 때문이다. 우리는 오직 하나의 칭의, 곧 그로 말미암아 하나님이 한 번에 값없이 자신의 은혜로 그리스도의 피에 대한 믿음으로 각성된 죄인이 의롭다 하심을 받는 칭의를 의도하고 있기 때문이다. 칭의에 대해 어떤 사람이 무엇이라고 부르든지 관심이 없으며, 믿는 사람들의 양심도 관심이 없을 것이다.

복음적인 개인적인 의

그러므로 우리는 또한 똑같은 목적으로 우리 자신의 개인적인 의와 그에 기초한 칭의에 대해 보통 논쟁이 되고 있는 것을 간략하게 고려하고, 심판 날에 이루어질 선언적 칭의라고 불리는 것도 고려해야 한다. 그리고 나는 이곳에서 고려하고 있는 주요한 주제가 관련이 없는 주제들과 섞이지 않는데 필요한 논의 이외에 더 이상 나가지 않을 것이다. 우리 자신의 개인적인 의가 하나님 앞에서 우리의 칭의에 어떤 영향을 미칠지는 후에 구체적으로 논의될 것이다. 여기에서 우리는 단지 그것을 방해하고 그것에 대한 올바른 이해를 방해하는 것과 같은 칭의의 개념만을 고려할 것이다. 그러나 나는 이것에 대해 그것은 교리 그 자체의 실체에 대한 것이라기보다는 오히려 우리가 단지 부분적으로 알고 있는 영적인 것들에 대한 우리의 개념들의 표현의 차이에 속해 있다고 말한다. 그리고 그런 차이를 기초로 그것이 없이는 한 순간도 보존될 수 없는 마음의 자유를 서로 인정하면서 긍휼이 깨어지는 것은 없을 것이다.

그러므로 어떤 사람이 우리의 복음적인 개인적 의에 기초하여 복음적인 칭의(evangelical justification)가 있다고 주장하는 것이 이해가 된다. 그들은 복음적인 칭의와 그리스도의 의의 전가를 통해 믿음으로 말미암은 칭의를 구분하고, 이런 의미에서 그들은 복음적인 칭의를 허락한다. 그리스도의 의는 우리의 법적인 의이며, 그로 말미암아 우리는 그의 충족과 공로 덕택으로 죄 사함을 받고 율법의 정죄에서 자유를 얻기 때문이다. 그러나 더 나아가서 그들은 우리에게 요구되는 개인적이며 내적인 의가 있는 것처럼 그에 기초한 복음으로 말미암은 칭의가 있다고 말한다. 우리의 믿음과 그것에 대한 간구로 말미암아 우리는 불신앙에 대한 책망에서 의롭다 하심을 얻으며, 우리의 신실함과 그것에 대한 간구로 말미암아 우리는 위선에 대한 책망에서 의롭다 하심을 받으며, 다른 모든 은혜와 의무로 말미암아 반대되는 죄에 대한 책망에서 직접 죄를 범했든 요구 조건에 미치지 못했든 그런 죄들이 은혜언약의 조건과 조화를 이루지 못하는 한 의롭다 하심을 받기 때문이라는 것이다. 이것이 우리가 그리스도의 충족으로 말미암아 죄 사함을 받고 은혜의 습관이 우리에게 주입되어 이런 일을 할 수 있게 된다는 추정에 기초해서 우리가 행위로 받는다고 어떤 사람이 말하는 두 번째 칭의와 어떻게 다른지 그렇게 말하는 사람들에 의해 선포된다.

어떤 사람들은 이런 내적이며 개인적이고 복음적인 의는 우리 편에서 우리가 법적으로 의롭다 하심을 받는 조건이거나, 그리스도의 의가 우리의 칭의나 죄 사함을 위해 전가되는 조건이라고 더한다. 그리고 그리스도의 충족과 공로를 거절하는 사람들은 그것을 하나님 앞에서 우리가 절대적으로 의롭다 하심을 얻는 유일하고 전체적인 조건으로 만든다. 모든 소시누스주의자들은 지속적으로 그렇게 말한다. 그들은 그리스도에 대한 우리의 순종이 우리의 칭의의 공로적이거나 효율적인 원인이라는 것을 부인한다. 그들은 단지 그것이 없이는 우리가 그 유익의 참여자가 될 수 없도록 하나님이 작정하신 조건일 뿐이라고 말한다. 소시누스는 "우리의 행위는 비록 그것이 없으면 하나님 앞에서 의롭다 하심을 받을 수 없는 효력이나 공로나 원인은 아니라도 그리스도가 정하신 순종이다"라고 말한다(De Justificat. p. 17). 또한 그는 "우리는 삶의 거룩이나 순결함이 하나님 앞에서 우리의 칭의의 결과라고 믿지 않으며, 그것이 하나님 앞에서 우리의 칭의의 효율적이거나 추동적(推動的)인 원인이라고 긍정하지 않으며, 오직 그것이 없이는 우리에게 칭의가 일어나지 않도록 하나님이 정하신 원인이라고 확신한다"라고 말했다(p. 14).

그리고 이런 목적으로 그들의 모든 글에서 그들은 자신들이 믿음의 형식과 본질로 여기는 우리의 개인적인 의와 거룩이나 그리스도의 명령에 대한 우리의 순종이 우리가 칭의나 죄 사함을 얻는 조건이라고 주장한다. 그리고 사실 그의 충족과 공로에 대한 부인과 더불어 그리스도의 위격에 대한 그들의 의견이 무엇인지 고려할 때 그들이 자신들의 마음 속에 칭의에 대해 어떤 다른 생각을 형성하는 것은 불가능하다. 그러나 그리스도의 위격과 중보에 대한 그들의 견해에 대해 고려하지 않은 채 우리 중에 어떤 사람들이 그들과 다르지 않다는 것이 무슨 의미인지 나는 모른다. 이 문제나 은혜나 하나님께 대한 회심이나 칭의나 우리의 종교의 비슷한 조항들에 대한 그들의 모든 개념은 그들의 그리스도의 위격에 대한 가설에서 필수적으로 나온 것에 불과하다.

현재 나는 단지 우리 자신의 개인적인 의의 효과나 그로 말미암아 우리에게 주어지는 것으로 주장되는 특별한 복음적인 칭의를 살펴볼 것이다. 이에 대해 우리는 다음과 같은 것을 주목할 수 있다.

1. 비록 예수 그리스도로 말미암아 그들에게 공급되는 은혜의 도움을 통해서이기는 하지만, 하나님은 복음 안에서, 복음으로 말미암아 믿는 모든 자에게 신실한 순종을 요구하고 있다는 것이다. 하나님은 사실 모든 사람에게 순종과 의무들과 의의 행위들을 요구하고 있다. 그러나 믿기 전에 행한 것들은 하나님 앞에서 우리의 칭의에 대한 어떤 인과적 관계성에서 배제된다. 적어도 어떤 사람이 (우리가 전에 말했던 상태에 도달하게 하는) 믿는 것에 대한 준비의 방식으로 그런 행위의 필요성에 대해 무엇이라고 말하든지, 그것들 중 어떤 것도 그들을 복음적인 행위나 믿음의 순종으로 주변까지도 데려다 주지 못한다. 그러나

그런 행위가 모든 신자에게 필수적이라는 것은 모두 인정한다. 어떤 근거로, 어떤 목적으로 그런지 우리는 후에 조사할 것이다. 그것들은 엡 2:10에서 선언되고 있다.

2. 이런 순종이나 의의 행위로 말미암아 성경에서 신자들이 의롭다 하심을 받고 개인적이며 내적으로 의롭다 하심을 받는 것은 마찬가지로 인정된다(눅 1:6, 요 3:7). 그러나 이런 칭함은 성경 어디에서도 습관적으로 내적인 은혜의 관점에서 그들에게 주어지지 않으며, 다음과 같은 표현들에서처럼 오직 순종의 의무의 열매라는 차원에서 주어진다. "그들은 모두 하나님의 모든 명령과 규례를 흠없이 지킴으로써 하나님 앞에서 의롭다 하심을 받았다." 그들이 의롭다 하심을 받은 것은 전자의 결과, 곧 그들의 행위의 결과이다. "의롭게 행하는 자가 의롭다 하심을 받는다." 이런 칭함은 행함에서 온 것이다. 그리고 그것이 실질적인 의가 아니라 습관적인 것임을, 곧 그가 말하는 것처럼 하나님 앞에서 우리의 칭의의 형식적인 원인이라는 것을 증명하고자 노력하는 벨라르민은 성경에서 어떤 사람이 습관적인 의로 의롭다 하심을 받았다는 어느 한 구절도 제시할 수 없었다(De Justificat., lib. ii. cap. 15). 그는 단지 다음과 같은 터무니없는 논증으로 그것을 증명하려고 시도했다. 곧 그는 "우리는 우리 안에서 실질적이지는 않지만 습관적으로 의를 행하는 성례전들을 통해 의롭다 하심을 받는다"고 주장한다. 그리고 이것은 우리 자신의 의에 기초하여 의롭다 하심을 받으려고 하는 모든 시도가 얼마나 불충분한지를 보여주기에 충분하다. 그것은 칭의의 주요한 부분에 해당되는 것에 접근하지도 못하기 때문이다.

3. 습관적이며 실질적인 의로 간주되고 있는 이런 내적인 의는 우리의 거룩과 같은 것이다. 그리고 그것들 사이에 어떤 차이도 없으며 단

지 똑같은 것의 다양한 이름에 불과하다. 우리의 성화는 우리의 본성을 삶의 갱신이나 그리스도 안에서 하나님께 대한 순종과 의의 행위로 표현되는 우리의 본성의 내적인 혁신이기 때문이다. 그러나 성화와 칭의는 이것들 중 어느 하나가 다른 것에 미치는 인과성이 어떠하든지 성경에서 영구히 분리된다. 그리고 교황주의자들이 하는 것처럼 이것들을 혼동한 사람들은 칭의 본질에 대해 논쟁하는 것이 아니라, 사실 칭의와 같은 것이 존재하지 않는다는 것을 증명하려고 노력한다. 그들은 칭의를 강화하는 데 가장 큰 역할을 미치는 죄 사함을 칭의에 속하지 않는 내적인 은혜의 주입을 통해 칭의에서 배제하고 구분한다.

4. 이런 내적이며 개인적인 의로 말미암아 우리가 의롭다 하심을 받는다는 주장은 몇 가지 방식으로 언급될 수 있다.

(1) 우리 양심 안에서 그것은 우리가 그리스도 예수 안에서 하나님의 은혜에 참여하고 있으며, 우리가 하나님께 용납이 되었다는 것을 우리 안에서, 우리에게 증거하고 있는 한 우리의 평강에 적지 않은 영향을 미친다. 가령, 사도는 "우리가 세상에서 특별히 너희에 대하여 하나님의 거룩함과 진실함으로 행하되 육체의 지혜로 하지 아니하고 하나님의 은혜로 행함은 우리의 양심이 증언하는 바니 이것은 우리의 자랑이라"고 말한다(고후 1:12). 그러나 그는 하나님 앞에서 자신의 칭의와 관련하여 이것을 신뢰하는 것을 거부한다. 그는 "내가 자책할 아무 것도 깨닫지 못하나 이로 말미암아 의롭다 하심을 얻지 못하노라 다만 나를 심판하실 이는 주시니라"고 말하고 있기 때문이다(고전 4:4).

(2) 이로 말미암아 우리가 사람들 앞에서 의롭다고 인정을 받을 수 있다. 곧 우리는 이로 말미암아 악에 대해 우리의 책임이라고 비난 받지 않으며, 의롭고 책망할 것이 없는 것으로 인정받을 수 있다. 복음을

고백하는 사람들도 악을 행하는 자들처럼 비난을 받았고 비난을 받을 수 있는 세상에서 살고 있기 때문이다. 우리가 절대적으로 눈 멀지 아니하고 악함으로 마음이 강퍅해진 사람들에게서 비난 받지 않을 수 있는 비결은 거룩하고 풍성하게 열매 맺는 선한 삶을 사는 것이다(벧전 2:12, 3:16). 교회도 마찬가지이다. 우리는 신앙을 고백하지만 죽어있고 열매 맺지 못하는 그리스도인이 아니라, 다른 사람들과 똑같이 값진 믿음에 참여해야 한다. "너희 행위로 너의 믿음을 내게 보이라"(약 2).

(3) 그러므로 이 의는 믿는 모든 형제들의 큰 고소자인 사탄의 모든 송사에 대항하여 우리의 칭의를 위해 호소할 수 있다. 그가 욥을 송사했던 것처럼 (하나님 앞에서) 우리의 양심에 개인적으로 송사를 하든, 자신의 도구들을 사용하여 우리를 온갖 책망과 비난으로 송사를 하든 (오늘날 어떤 사람들은 심하게 이것을 경험하고 있다) 이 의는 우리의 칭의를 위해 호소할 수 있다.

우리의 개인적인 의가 적당한 위치와 용도에서 허락되는 이런 것들을 추정할 때 (우리가 후에 더 자세히 살펴보겠지만) 나는 신자들이 이런 개인적이며 내적인 의로 말미암아 하나님의 눈 앞에서 의롭다 하심을 받는 복음적인 의가 있으며, 하나님 앞에서 우리의 절대적인 칭의가 그리스도의 의의 전가에 의존하지 않는다는 것을 이해하지 못한다. 그 이유는 다음과 같다.

1. 사전에 하나님이 보시기에 의롭다 하심을 받지 않은 사람은 이런 개인적인 의를 가지고 있지 않다. 그것은 전적으로 예수 그리스도로 말미암은 하나님에 대한 참되고 구원하는 믿음에서 나오는 믿음의 순종이다. 전에 말했던 것처럼 믿음 이전의 행위는 우리의 칭의에 아무런 기여도 하지 못한다는 것에 대해 일반적인 동의가 있으며, 우리

는 이런 행위가 칭의의 조건도, 칭의에 이르는 성향도, 칭의를 준비시키는 것도 아니며, 모든 참된 신자는 믿을 때 즉시 의롭다 하심을 받는다는 것을 증명하였기 때문이다. 그리고 복음에서 요구되는 믿음에 따라 참된 신자가 된 사람이 의롭다고 여겨지지 않는 어떤 순간도 없다. 그는 이것을 통해 우리의 칭의의 기초이신 그리스도와 연합될 뿐 아니라, 성경 전체가 믿는 사람은 의롭다 하심을 얻으며, 참된 믿음과 칭의 사이에는 하나님의 규례로 오류가 없는 연결이 있다는 것을 증거하고 있기 때문이다. 그러므로 이런 개인적인 의는 칭의의 결과이기 때문에 하나님 앞에서 우리의 칭의 조건이 될 수 없다. 두 번째 칭의나 칭의의 시작과 지속성의 다른 원인들에 대한 추정으로 이에 대해 제기될 수 있는 반대는 이미 반박되었다.

2. 하나님 앞에서 칭의는 하나님 앞에서 송사를 받는 데서부터 자유를 얻고 면제받는 것이다. 적어도 그곳에는 그것이 포함되어 있다. 그리고 이런 송사의 도구는 율법이거나 복음이다. 그러나 율법도, 복음도 하나님 앞에서나 하나님의 눈 앞에서 참된 신자들을 불신앙이나 위선 등과 같은 것으로 송사하지 않는다. 하나님이 한 번 자신 앞에서 의롭다 하신 하나님의 택한 자를 아무도 송사할 수 없기 때문이다. 사탄이나, 때때로 실수로 교회나, 세상은 욥의 경우에서처럼 그들을 송사할 수 있다. 그리고 이런 송사에 대해 이 의에 호소할 수 있다. 그러나 하나님 앞에서 송사를 받는 것은 곧 율법이나 복음으로 하나님께 친히 송사를 받는 것이며, 하나님의 심판은 진리를 따른다. 만약 이 송사가 율법에 의한 것이라면, 우리는 율법에 의해 의롭다 하심을 받아야 한다. 그러나 신실한 순종에 호소하는 것만으로 율법으로 말미암아 의롭다 하심을 받을 수 없다. 완전하고 완벽한 것 이외에 어떤 것도 율법의 요

구를 충족시킬 수 없다. 그리고 복음이 하나님 앞에서 어떤 사람을 송사하는 곳에서 우리가 복음을 거짓된 송사의 도구가 되도록 허락하지 않는다면 하나님 앞에서 어떤 칭의도 있을 수 없다. 복음이 정죄하는 사람을 무엇이 의롭다 하심을 얻게 할 수 있겠는가? 만약 그것이 복음으로 말미암아 율법의 송사로부터 의롭다 하심을 얻는 것이라면, 그것은 그리스도의 죽음을 아무런 효력이 없는 것이 되게 할 것이며, 송사가 없는 칭의는 추정될 수 없다.

3. 개인적인 의에 기초한 그런 칭의는 전적으로 필요없고 쓸모없다. 이것은 성경이 하나님 앞에서 그리스도의 보혈에 대한 믿음으로 말미암은 칭의를 주장하고 있는 것에서 쉽게 증명될 수 있다. 그러나 이것에 대해서는 전에 다른 문제를 다룰 때 언급되었다. 그것을 생각하라. 그러면 우리의 개인적인 의에 기초한 이런 새로운 칭의는 칭의 이전에 있든 칭의에 종속된 것이든, 칭의의 결과이든 칭의를 완성시키는 것이든 어느 곳에서도 지지도 받지 못하고 아무 쓸모없을 것이다.

4. 이런 추정된 복음적인 칭의는 율법으로 말미암은 것이든 복음 안에서 제공되는 것이든 성경에 언급된 어떤 칭의의 본성도 가지고 있지 않다. 율법으로 말미암은 칭의는 이것이다. 곧 율법의 행위를 하는 사람은 그 안에서 살 것이다. 이것은 하는 척만 하는 것이다. 그리고 복음적인 칭의는 이것과 모든 면에서 반대된다. 그 안에서 의롭다 하심을 받은 사람이 송사를 받는 것은 사실이다. 곧 그는 죄를 지으며 하나님의 영광에 이르지 못한다. 그러나 신자는 불신자이며, 신실한 사람은 위선자이며, 선한 열매를 맺는 사람은 전적으로 열매를 맺지 못한다는 것은 거짓이다. 그리고 이런 잘못된 송사는 하나님의 이름으로, 하나님 앞에서 드러나게 될 것이다. 참되고 복음적인 칭의에서 우리가 송사받

지 않는 것은 죄 사함을 받고, 의롭다 하심을 받았기 때문이다. 개인적인 의에 기초해서 의롭다 하심을 받으려는 사람은 죄책에서 벗어나지 못하며, 온 세상은 하나님 앞에서 죄에 대한 책임이 있다. 그러나 참되고 복음적인 칭의에서 우리의 죄책이 없어지는데, 우리가 죄가 없고 의롭다는 증거는 이것에 의존한다. 그러므로 개인적인 의에 호소하는 것은 율법이 허락하지 않으며 복음이 거부하는 것이다.

5. 만약 우리가 우리 자신의 의에 기초해서 하나님 앞에서 의롭다 하심을 받으며 그 때문에 하나님에 의해 의롭다고 선언을 받는다면, 하나님은 우리 안에 있는 어떤 것에 기초해서 우리를 심판하시며 그것에 기초하여 죄가 없다고 선언하셔야 한다. 칭의는 법적인 행위이며 하나님의 심판은 진리에 따른 것이기 때문이다. 그러나 하나님이 우리의 개인적인 의에 기초해서 우리를 심판하시며 우리를 의롭다고 선언하신다는 것은 시편기자가 믿는 것도(시 130:2, 3), 세리가 믿는 것도 아니다(눅 18:13). 이런 우리의 개인적인 의는 그리스도의 보혈에 대한 믿음으로 말미암은 우리의 칭의에 부차적인 의이거나 부차적인 것이라고 말할 수 없다. 하나님은 경건하지 못한 자를 의롭다 하시고 일하지 않은 자에게 의를 전가하시기 때문이다. 그리고 더욱이 그것은 우리의 칭의에 대한 어떤 고려에서도 분명히 제거되기 때문이다(엡 2:7, 8).

7. 우리가 이런 복음적인 의로 말미암아 의롭다 하심을 받는다고 말하는 이런 개인적이며 내적인 의는 우리 자신의 의이다. 개인적인 의와 우리 자신의 의는 똑같은 표현들이다. 그러나 우리 자신의 의는 하나님 앞에서 어떤 칭의의 내용적인 원인이 아니다. (1) 그렇게 되는 것은 부적절하며(사 64:6), (2) 그것은 우리가 의롭다 하심을 받는 의에 직접적으로 반대되고, 그런 목적을 이루기에 부적절하기 때문이다(빌

3:9, 롬 10:3, 4).

　우리 자신의 의가 율법의 의이지만, 이 개인적인 의는 복음적인 것이라고 언급될 수 있다. 그러나 (1) 우리의 개인적인 의가 우리 자신의 의가 아닌 어떤 다른 것이라는 것을 증명하는 것은 어려울 것이다. 그리고 우리의 개인적인 의가 앞에서 인용된 구절들에서 우리의 칭의에 참여하는 것은 명확히 거절되고 있다. (2) 칭의의 효율적인 원인과 동기와 특별한 목적의 관점에서 복음적인 의는 칭의 형식적인 원인의 관점에서 법적인 것이며 칭의에 이르는 우리의 의무이다. 그것에 속하는 어떤 의무도 일반적으로 우리가 "주 하나님만을 섬기라"는 첫 번째 계명의 관점에서 우리가 하지 않아도 되는 예는 없다. 하나님의 본질적인 진실하심과 주권적인 권위를 인정할 때 우리는 하나님이 계시하실 모든 것을 믿어야 하고, 하나님이 명령하실 모든 것에서 순종해야 한다. (3) 우리의 칭의에 참여하는 것이 거부되는 선행은 "그리스도 안에서 피조된" 우리가 감당해야 할 것들이며(엡 2:8-10), "우리가 행하는 의의 행위"이고(딛 3:5), 율법의 행위로 결코 의를 추구하지 않았던 이방인들도 하는 것이다(롬 9:30). 그러나 이것들은 그것들 자체로 명확한 것이라 말할 수 있다. 하나님은 믿는 모든 자 안에서 복음에서 복음적인 의를 요구하신다. 이것은 그리스도도, 그리스도의 의도 아니다. 그는 우리의 법적인 의라고 말할 수 있지만, 그는 우리의 복음적인 의는 아니다. 그리고 우리가 어떤 의로 의롭다 하심을 받는 한 우리는 그것으로 의롭다 하심을 받는다. 이런 복음적인 의에 따라 우리는 시험을 받아야 하기 때문이다. 만약 우리가 그것을 가지고 있다면, 우리는 죄가 없다고 선언될 것이다. 만약 우리가 그것을 가지고 있지 않다면, 우리는 정죄를 받을 것이다. 그러므로 그것에 따른 칭의가 있다.

나는 대답한다. 1. 이 의견을 주장하는 저자들이나 사람들에 따르면, 나는 주 그리스도가 우리의 법적인 의이신 것과 마찬가지로 우리의 복음적인 의이시라는 것을 보지 않을 수 없다. 그들이 판단할 때 그는 그의 의가 우리에게 적절하게 전가됨으로써가 아니라, 그가 우리를 위해 행하시고 고난을 받으신 것의 열매들이 전달됨으로써 우리의 법적인 의이시기 때문이다. 그리고 또한 그는 우리의 복음적인 의이신데, 우리의 거룩이 그가 우리를 위해 행하시고 고난받으신 것의 결과나 열매이기 때문이다(엡 5:26, 27, 딛 2:14).

2. 적어도 자연의 질서상 실질적으로 이 복음적인 의를 가지기 전에 의롭다 하심을 받은 사람들을 제외하고 어느 누구도 이 복음적인 의를 가지지 못한다. 그것은 믿는 모든 자에게 요구되고 그것에 기초하여 의롭다 하심을 받는 것이기 때문이다. 그리고 우리는 그가 의롭다 하심을 받은 후에 어떻게 의롭다 하심을 받는지 많이 살펴볼 필요가 없다.

3. 앞으로 살펴보겠지만, 하나님은 우리의 칭의를 다른 사람들 앞에서, 심지어 자신이 보시기에 증거하게 하시려고 이런 개인적인 의를 정하셨지만, 이생에서 하나님 앞에서 우리의 칭의를 위해 이런 개인적인 의를 정하지 않으셨다. 하나님은 칭의가 일어난 사람의 값없는 칭의 때문에 그의 개인적인 의를 받아주시고 승인하신다. 하나님은 이렇게 아벨과 그의 제사를 받으셨다. 그러나 우리는 그것으로 하나님이 보시기에 어떤 실질적인 송사에서 벗어나거나, 그것 때문에 죄 사함을 받지 않는다. 그리고 소시누스주의자들이 하는 것처럼 이런 개인적인 의를 칭의 조건으로 만들어 칭의 전체를 죄 사함에 두는 사람들은 우리의 칭의에서 그리스도의 의에 어떤 자리도 남기지 않는다.

4. 만약 우리가 어떤 의미에서 하나님이 보시기에 이런 개인적으

로 의로 말미암아 의롭다 하심을 받는다면, 우리는 하나님 앞에서 자랑할 거리를 가지게 된다. 우리는 절대적이 아니라 공로로 말미암아 의롭다 하심을 받게 될 것이다. 우리는 자신들의 칭의를 위해 똑같이 호소할 수 없는 다른 사람들과의 비교를 통해 의롭다 하심을 받을 것이다. 그러나 이 모든 자랑은 배제된다. 그리고 이런 개인적인 의가 어떤 사람에게는 하나님의 값없는 은혜이며 선물에 속하는 반면에 다른 사람들에게는 그렇지 않다고 말하는 것으로 안도하지 못할 것이다. 우리는 하나님의 은혜가 아니라 우리의 의무로 우리의 칭의를 위해 호소해야 하기 때문이다.

5. 자신의 어떤 행위나 순종이나 의에 대한 고려없이 하나님의 은혜로 그리스도의 피에 대한 믿음으로 말미암아 값없이 의롭다 하심을 받은 사람이 있다고 생각해 보자. 그러면 우리는 자유롭게 다음과 같은 것을 인정하게 될 것이다. (1) 하나님은 필수불가결하게 그의 개인적인 순종을 요구하시는데, 그것은 복음적인 의라고 불릴 수 있다. (2) 하나님이 그리스도 안에서 이렇게 행한 의를 승인하고 받아주신다. (3) 이로 말미암아 우리가 의롭다 하심을 받은 믿음은 하나님과 사람들 앞에서 증거가 되고, 증명이 되고 나타난다. (4) 이 의는 사탄이나 세상이나 우리의 양심이 하는 어떤 송사에 대항하여 호소될 수 있다. (5) 이것에 기초해서 우리는 마지막 날에 의롭다고 선포될 것이며, 그것이 없이 어느 누구도 그렇게 선포될 수 없을 것이다. 그리고 만약 어떤 사람이 이것으로 복음적인 칭의에 이를 수 있다고 결론을 내리고, 그 이름으로 하나님이 우리의 의를 받아주신다고 부르는 것이 적합하다고 생각한다면, 나는 그들과 결코 다투지 않을 것이다. 그리고 사망에 이르는 죄책이 있고 저주를 받아야 하는 죄인이 어떻게 용서를 받고 의롭

다 하심을 얻을 수 있는가가 아니라, - 이것은 오직 그에게 전가된 그리스도의 의로 말미암은 것이다 - 복음적인 믿음이나 그리스도에 대한 믿음을 소유한 사람이 어떻게 심판을 받고 그것에 기초하여 의롭다 하심을 받을 수 있는가라는 질문이 제기될 때마다 우리는 그것은 자신의 개인적이며 신실한 순종에 의한 것이어야 한다는 것을 인정한다. 그리고 이런 것들은 어떤 사람들과 싸우거나 어떤 사람의 의견에 반대하려는 것이 아니라, 오직 주요한 문제에서 그것에 속하지 않은 것들을 제거하려는 목적으로 언급된 것이다.

최종적인 심판과 칭의와의 관계

또한 심판 날 선언적 칭의라고 불리는 것과 관련하여 우리의 질문을 명확히 하기 위해 몇 가지 말을 더할 것이다. 그 선언이 어떤 본성을 지니고 있든지 그 선언이 선포되는 사람은 (1) 이 세상에서 하나님 앞에서 실제로, 완전히 의롭다 하심을 받았으며, (2) 심지어 영광 가운데 복된 부활에 이를 때까지 칭의의 모든 유익에 참여하고 있다. 그는 "영광스러운 것으로 다시 살아난다"(고전 15:43). (3) 영혼들은 오래 전부터 하나님과 복된 안식을 누리고 있었으며, 모든 수고와 모든 죄에서 벗어나서 자유를 누리고 있었다. 실질적으로 전체 인격이 영원한 영광 가운데 실제로 받아들여졌다. 그러므로 이런 판단은 믿는 자들이 하나님의 영광에 이르고 영원히 새롭게 되었다는 선언에 불과하다.

그리고 (성경 어디에도 그렇게 부르지 않기 때문에) 이런 판단은 새로운 칭의로 축소되지 않으면서도 그 장엄한 목적들을 충분히 드러낸다. 하나님은 율법을 주실 뿐 아니라 자신이 정하신 그리스도로 말미암은 구원의 방식을 통해 자신의 지혜와 의를 드러내시고, 율법을 범하고 복음을 경멸한 사람들을 공적으로 각성시키시며, 자신의 섭리로 세상을 다스리심으로써 의와 능력과 지혜를 나타내시며, 대부분 이생에서 모든 사람을 향한 그의 길은 깊고, 그의 발자취는 감추어져 있다. 그리고 하나님은 궁극적으로 만물을 창조하시고 인도하시는 데 나타난 자신의 영광과 똑같은 경향이 있는 다른 것들과 더불어 모든 믿는 사람으로 하여금 은혜의 영광을 찬미하게 하신다.

그러므로 어떤 사람들이 마치 매우 큰 무게가 있는 것처럼 주장하고 있는 다음과 같은 주장이 얼마나 힘이 없는 것인지 나타난다. 그들은 "모두가 마지막 날에 이생에서 하나님께 의롭다 하심을 받은 것과 똑같은 방법으로, 똑같은 근거로 심판을 받을 것이다. 그러나 모두가 마지막 날에 오직 믿음이 아니라 행위로 심판을 받을 것이다. 그러므로 오직 믿음이 아니라 행위로 모두가 이생에서 하나님 앞에서 의롭다 하심을 받는다"고 말한다.

1. 우리가 마지막 날에 "행위로(ex operibus)" 심판을 받는다고 어느 곳에서도 언급되어 있지 않다. 단지 하나님이 사람들에게 "행위에 따라(secundum opera)" 갚으실 것이라고 언급되어 있다. 그러나 하나님은 이생에서 어떤 사람도 "행위에 따라" 의롭다고 칭하지 않으신다. 우리는 우리가 행한 의의 행위에 따라서가 아니라 값없이 하나님의 은혜로 의롭다 하심을 받는다. 그리고 모든 곳에서 우리가 이생에서 "믿음으로(ex fide)", "믿음을 통해(per fidem)", "믿음에 의해(secundum fidem)" 의롭다 하심을 받지, 어느 곳에서도 "믿음 때문에(propter)" 의롭다 하심을 받는다고 언급되어 있지 않다. 그리고 우리는 이런 차이가 지속적으로 주목되는 성경의 표현들에서 떠나지 말아야 한다.

2. 성경은 하나님 앞에서 우리의 칭의를 지속적으로 행위가 아닌 믿음에 돌리고 있으며, 마지막 날 심판은 믿음에 대한 어떤 언급도 없이 행위에 따른다고 언급하고 있다. 그러므로 사람이 믿음과 행위와 관련하여 이생에서 의롭다 하심을 받는 것과 똑같은 방법으로 마지막 날에 심판을 받는다는 것은 다소 이상하다.

3. 만약 칭의와 영원한 심판이 절대적으로 똑같은 근거와 이유와 원인에서 나온다면, 그리고 만약 사람들이 마지막 날 행위로 정죄 받을 것을 행하지 않았다면, 그들은 이생에서 의롭다 하심을 받아야 한다. 그러나 율법이나 복음이 결코 알려지지 않은 많은 사람이 자연의 빛을 어긴 것에 대해서만 정죄를 받을 것이다(롬 2:12). 그러므로 그리스도나 복음에 대한 어떤 지식도 가지고 있지 않은 사람들에게는 자연의 빛을 어긴 것을 피하는 것으로 그들의 칭의에 충분할 것이다.

4. 하나님이 사람에게 그들의 행위에 따라 그들의 죄를 용서해주시고, 그들에게 하늘에 속한 기업과 더불어 자녀의 권리를 주신다는 이런 명제는 복음에 낯설 뿐 아니라, 복음에 모순되고 복음을 파괴시키며, 이것들이 언급된 구약과 신약에 나오는 성경의 모든 명백한 증거들과 반대된다. 그러나 하나님이 마지막 심판 때 행위에 따라 모든 사람을 심판하신다는 것은 사실이며 성경이 긍정하고 있다.

5. 그리스도로 말미암아 이생에서 우리가 의롭다 하심을 받을 때 그리스도는 우리의 화목제물이시며 대언자로서 고려되신다. 그는 우리 죄를 위한 속량이 되셨으며 영원한 의를 가져오셨다. 그러나 마지막 날과 마지막 심판 때 그는 오직 재판장으로서 간주되신다.

6. 우리의 칭의에서 하나님의 목적은 그의 은혜의 영광이다(엡 1:6). 그러나 마지막 심판에서 하나님의 목적은 그의 보상이 있는 의

의 영광이다(딤후 4:8).

7. 최종적인 심판에서 항의할 수 있는 것은 오직 가시적인 교회에 속해 있다(마 7, 25). 그리고 이 때 믿음의 간구는 모든 사람에게 공통적이고, 모든 사람에 의해 똑같이 이루어진다. 이런 믿음의 간구 위에 그것이 신실한지, 참된 믿음인지, 단지 죽어있고 열매맺지 못하는 것인지 심판을 받는다. 그리고 이런 심판은 오직 그것의 열매와 결과에 의해 이루어진다. 그리고 그렇지 않으면 그것은 모든 사람을 향한 공적인 선언으로 선포될 수 없다. 그렇지 않다면, 우리가 의롭다 하심을 받는 믿음은 마지막 날에 심판을 받지 않는다. 막 16:16과 더불어 요 5:24를 보라.

THE DOCTRINE

OF

JUSTIFICATION BY FAITH

THROUGH

THE IMPUTATION OF THE RIGHTEOUSNESS OF CHRIST

EXPLAINED, CONFIRMED, AND VINDICATED

제 7 장
전가와 그 본질
특별히 그리스도의 의의 전가에 대해

죄인의 칭의에 대해 처음 기록된 것은 아브라함에 대한 것이다. 그 이전에도 처음부터 의롭다 하심을 받은 다른 사람들이 있었다. 그리고 그들이 그러했다는 것은 충분한 증거가 있다는 것이 인정된다. 그러나 그의 칭의와 칭의의 분명한 방법이 거룩한 책에 최초로 기록되는 특권은 믿음의 조상을 위한 것이었다. "아브라함이 여호와를 믿으니 여호와께서 이를 그의 의로 여기셨다"(창 15:6). 바야흐세베하(בָהּ וַיַּחְשְׁבֶ) 곧 의가 그의 "구좌에 넣어졌다(accounted)", 혹은 그에게 "전가(轉嫁)되었다(imputed)." 엘로기스세(Ελογίσθη), 곧 그의 것으로 "셈이 되고(counted), 계산되고(reckoned), 전가되었다(imputed)." 그리고 만약 "오직 그만을 위해 그것이 그에게 전가되었다고 기록된 것이 아니라고 믿는다면, 그것은 전가될 우리를 위해 기록되었다"(롬 4:23, 24). 그러므로 성경에서 칭의의 본질에 대한 최초의 명백한 선언은 그것이 전가로 말미암은 것, 곧 무엇인가가 의롭다 하심을 받기 위해 전가되었다는 것을 보여준다. 그리고 이것은 앞으로 의롭다 하심을 받을 모든 사람을 위해 선행하는 예로서 기록되었다. 그가 의롭다 하심을 받았던 것처럼 우리도 의롭다 하심을 받는다. 다른 것은 없다.

신약에는 이 교리에 대한 더 충분하고 분명한 선언의 필요성이 있었다. 그것은 복음으로 말미암아 빛을 보게 될 하늘에 속한 진리의 신비 중 첫 번째이며 가장 중요한 부분이었기 때문이다. 그리고 더욱이 처음부터 그것에 대한 강력하고 위험한 반대가 있었다. 칭의의 이 문제와 이 교리와 그것에 필수적으로 속한 것은 롬 9:31, 10:3, 4에서 분명히 선언이 되었듯이 유대교회가 하나님에게서 떨어져나가고, 그리스도와 복음을 거절하며, 자신들의 죄 가운데 망하게 된 것이기 때문이다. 그리고 마찬가지 방법으로 그것을 싫어하고 그것에 반대하는 것은 후에 갈라디아에 있던 교회들이 그러했던 것처럼 그들의 권세와 속임수에 떨어진 고백하는 교회가 계속해서 그리스도와 복음에서 배교하게 되는 주요한 원인이었고 원인일 것이다. 그러나 이런 상태에서 칭의의 교리는 사도 바울에 의해 특별한 방법으로 완전히 선포되고 진술되며 방어되었다. 그리고 그는 특별히 우리가 의의 전가로 말미암아 의롭다 하심을 받는 의를 가지고 있거나, 우리의 칭의는 죄를 전가하지 않고 의가 전가되는 것에 놓여 있다는 것을 긍정하고 증명함으로써 그렇게 한다.

그러나 비록 최초로 기록된 칭의 예는 - 세상 끝까지 의롭다 하심을 받을 모든 사람의 칭의를 위한 예로서 기록된 예는 - 전가와 전가된 의로 표현되어 있고, 이 교리는 유대의 교회의 영원한 복지나 그들의 파멸이 달려있는 중요한 문제로서 사도에 의해 표현되고 있지만, 오늘날 종교에서 우리에게 의의 전가나 전가된 의보다 더 악의적으로 비난을 받고 조롱을 당하는 것이 없다. 우리 중 어떤 사람들은 그것은 "추정된 의나 꿈이나 환상이나 연극이나 상상"에 불과하다고 말한다. 소시누스 는 그것은 "끔찍하고 혐오스럽고 악하고 가증스러운 것"이라고 말한 다. 그리고 매우 다양한 원리들을 근거로 매일 그것에 대한 반대가 일 어나고 있다. 그리고 그것에 반대하는 사람들은 그 대신에 무엇을 세울 지 결코 일치하지 않는다.

그러나 이 교리의 무게와 중요성은 그것이 사실이든 거짓이든 모든 면에서 인정된다. 그것은 그리스도인의 실천과 거의 혹은 아무런 관계 가 없는 개념들과 용어들과 사변에 대한 논쟁이 아니다. 그것은 우리 의 영원한 복지나 파멸과 더불어 현재 우리의 모든 의무에 직접적으로 영향을 미치는 것이다. 이 의의 전가를 거부하는 사람들은 그것에 대한 믿음과 교리가 복음적인 순종이나 개인적인 의와 선행의 필요성을 전 복시켜서 반율법주의와 삶의 방종을 가져온다고 주장한다. 그들은 그 것을 믿고 그것에 실천을 조화시키는 사람들 안에서 필연적으로 구원 이 파괴된다고 주장한다. 그러나 그것을 믿는 사람들은 그리스도의 의 의 전가 이외에 어떤 다른 방식으로 하나님 앞에서 의롭다 하심을 받는 다는 것이 불가능하다고 판단하기 때문에 그것이 없이는 어느 누구도 구원을 받을 수 없다고 판단한다.

그러므로 최근에 한 학자는 그리스도의 의의 전가에 대한 자신의 논 의에 대해 다음과 같이 결론을 내린다. "그러므로 그리스도의 의의 전 가에 대해 그것이 없이는 어느 누구도 구원받지 못했으며, 어느 누구도 구원받을 수 없다"(Justificat. Paulin. cap. viii.). 그들은 그들에 의 해 선포되었듯이 그리스도의 의의 전가의 교리를 이해할 수 없거나 부 인하는 사람들은 구원에서 배제된다고 생각하고 판단하지 않는다. 단지 그들은 그 의가 실제로 전가되지 않은 사람들은 구원받을 수 없다고 판단한다. 그리고 그들은 그것을 자신들이 하나님께 받아들여지고 영원한 구원을 얻는 근거로서 여기고 있는 한 다르게 판단할 수 없다. 설명이 된 대로 이 교리를 믿거나 믿지 않는 것과 즐기고 즐기지 못하는 것은 크게 다르다.

나는 많은 사람이 이해하거나 인정하는 것보다 하나님에게서 더 큰 은혜를 받고 있으며, 그들이 믿는 것보다 자신들 안에서 더 큰 은혜의 효력을 가지고 있다는 것을 결코 의심하지 않는다. 사람들은 그들이 교리적으로 부인하는 교리를 통해 실제로 구원받을 수 있다. 그리고 그들은 의견상 자신들이 전가되었다는 것을 부인하는 의의 전가로 말미암아 의롭다 하심을 받을 수 있다. 그리스도의 의의 전가에 대한 믿음은 그들이 복음의 진리에 주는 일반적인 동의에 포함되고, 그리스도에 대한 그런 의존은 그리스도의 의의 전가에 기인할 수 있으며, 그리스도의 의의 전가에 의해 구원받는 방법에 대한 그들의 실수가 그들이 실제로 그리스도의 의의 전가에 참여하는 것을 빼앗지 않을 수 있기 때문이다.

그리고 내가 칭의에 대해 보고 읽은 (그것들 중 어떤 것은 부당한 공격과 문제로 가득 차 있는) 많은 논쟁에도 불구하고, 나는 그것들의 저자들이 (만약 그리스도의 전체적인 공로와 충족을 부인하는 소시누스주의자들이 아니라면) 자신들의 죄에 대해 사함을 받고 하나님께 용납받기 위해 그리스도의 중보를 실제로 신뢰하지 않고 자신들의 행위나 순종을 믿고 있다고 믿지 않는다. 그리고 나는 그들이 자신들의 입장을 명확히 선포할 때까지 그들이 그리스도의 중보에 대해 반대하고 있다고 믿지 않을 것이다. 그러나 거룩과 의의 행위의 필요성과 관련한 그리스도의 의의 전가의 교리의 위험성에 대한 반대에 대해 우리는 후에 다루어야 한다.

이 문제에 있어서 개혁교회들의 판단은 모두에게 알려져 있으며, 만약 우리가 헛된 비방가들이 제시한 주장들을 활성화시키고 영속화하려고 하지 않는다면, 고백이 되어야 한다. 특별히 잉글랜드 교회는 자신의 교리에서 그리스도의 의의 전가에 대해 보통 구분이 되듯이 능동적이며 수동적으로 구분하여 분명히 표현하고 있다. 그것이 더 이상 증명이 될 필요가 전적으로 없다는 것은 최근에 교회가 출간한 신앙고백과 설교집들과 공적으로 선포된 다른 글들에서 충분히 표현되었다. 그리고 나는 이와 다르게 생각하고 있는 척 하는 사람들과 논쟁하지 않을 것이다. 햇빛이 싫다고 해가 비치고 있다는 것을 부인하는 사람들과 논쟁하는 것은 무의미하기 때문이다. 그러므로 이 주제에 대해 제시하면서 나는 오랜 잉글랜드 교회의 교리에서 조금도 벗어나지 않을 것이다. 그렇다. 나는 하나님이 힘을 주시는 대로 이 교리를 선포하고 방어하는 것 이외에 어떤 다른 계획도 없다.

사실 학식이 있고 건전하며 정통주의적인 사람들 사이에 (그 용어가 마음에 들지 않는다면) 그리스도의 의의 전가로 말미암은 칭의 교리를 설명하는 방법에 있어서 다양한 차이가 있을 수 있다. 그러나 그들 모두는 그 본질에 있어서, 곧 하나님의 은혜와 그리스도의 영예와 사람의 영혼의 평강이 다른 무엇보다도 관련되어 있는 이 모든 것에서 일치한다. 가능한 한 나는 이런 차이점들 중에서 나 자신과 관련된 것은 피할 것이다. 이 교리의 본질이 공개적으로 반대를 받거나 거절이 되지 않는 한 그들과 다투는 것은 아무런 의미가 없기 때문이다. 도대체 온 집이 불에 타고 있는데 집 안의 방의 배열과 꾸미는 것에 대해 논쟁하는 것은 무슨 의미가 있는가? 불이 꺼지고 난 후 우리는 얼마든지 방을 배열하고 꾸미는 최선의 방법에 대해 논의할 수 있다.

그리스도의 의의 전가로 말미암은 칭의 교리를 반대하는 두 큰 무리가 있다. 곧 교황주의자들과 소시누스주의자들이다. 그러나 그들은 다른 원리들에 기초하고 있으며, 다른 목적들을 가지고 있다. 전자의 계획은 자신들의 공로를 높이려는 것이며, 후자의 계획은 그리스도의 공포를 파괴하려는 것이다. 그러나 단체로 반대하는 이들 이외에도 우리는 경우에 따라 이들로부터 담대하게 빌려서 자신들의 견해를 주장하는 많은 침입자를 가지고 있다. 우리는 논의가 진행됨에 따라 이들 모두를, 그들 중 일부와 그들 자신들의 견해를 표현하는 방법이 아니라, 그들이 진리를 반대하는 한 그들 모두를 다룰 것이다. 종교와 경건을 가장하여 자신들이 지지하지 않는 사람들이 사용하는 표현들을 비난하고, 단어들에 대해 다투고, 견해들에 대해 반대하고, 이를 기초로 서로 비방하며, 세상을 향해 자신들이 무엇인가 큰 업적을 이루거나 승리한 것처럼 하는 사람들을 보는 것은 지혜로운 사람들이 경멸하고, 선한 사람들이 탄식하는 것이기 때문이다.

이것은 복음의 진리를 가르치고 교회를 세우는 방법이 아니기 때문이다. 그러나 일반적으로 제기되고 있는 주제의 중요성과 진리에 대해 제기되는 반대의 심각성과 진리 안에서 올바로 교육을 받아야 하는 신자들의 영혼의 소중함은 이 교리에 대한 새로운 선언과 증명을 요구하고 있다. 그리고 나는 한 편으로 어떤 교회의 생명과 지속성과, 다른 한 편으로 교회의 배교나 파괴가 종교의 이 조항에 담겨있는 진리를 탁월하게 보존하거나 거부하는 데 달려있다는 확신 아래 내가 본래 시도하려고 했던 것을 할 것이다. 그리고 나는 이 교리에 대해 전에 잉글랜드 교회가 고백하고 수용하고 믿었던 대로 다음과 같은 것을 살펴 볼 것이다.

우리가 고려하려는 첫 번째 것은 "전가하다"와 "전가"라는 단어의 의미이다. 단순히 이것에 대한 분명한 선언만으로도 우리가 주장하고 있는 전가에 대한 다양한 비난들이 헛되고 근거가 없다는 것이 나타날 것이다.

이런 목적으로 사용된 첫 번째 단어인 "하사브(חָשַׁב)"는 어떤 물건이나 내용이 어떤 사람의 것이라고 생각하고 평가하고 판단하거나 언급하는 것이다. 전가하거나 전가를 받는 것은 선하거나 악한 것일 수 있다. 렘 7:18, 17:4, 시 106:31을 보라. "그것이 그에게 의로 셈이 되고 여겨지고 전가되었다(וַתֵּחָשֶׁב לוֹ לִצְדָקָה)"는 것은 이런 혹은 저런 선하거나 악한 것이 그에게 속한 것으로, 그의 것으로 판단되고 평가되는 것을 의미한다. 70인역은 신약의 저자들이 또한 그렇게 했듯이 그것을 "로기조(λογιζω)"와 "로기조마이(λογίζομαι)"로 표현한다. 그리고 이것들은 "평가하고(reputare), 전가하고(imputare), 받아들이고(acceptum ferre), 입증하고(tribuere), 여기고(assignare), 돌리는 것(ascribere)"으로 표현된다.

그러나 이 단어들 사이에 다른 의미가 있다. 특별히 의롭다 평가를 받는 것과 의를 전가받는 것은 원인과 결과에서 다르다. 어떤 사람이 의롭다 평가를 받는 것, 곧 의롭다 판단을 받거나 여김을 받는 것은 그렇게 평가할 수 있는 근거가 있어야 한다. 그렇지 않다면 어리석은 사람이 지혜롭다고 평가를 받거나 지혜로운 사람이 어리석다고 평가를 받는 것처럼 그것은 실수이며 올바른 판단이 아니다. 그러므로 의롭다 평가를 받는 사람은 그런 평가의 기초로서 자신의 의를 가지고 있거나 자신에게 사전에 전가된 다른 의를 가지고 있어야 한다. 그러므로 어떤 자신의 의도 가지고 있지 않은 사람에게 의를 전가하는 것은 실제로 의롭지 않은 사람을 의롭다고 평가하는 것이 아니라, 그가 정당하고 올바르게 의롭다고 여겨지고 판단받거나 평가받도록 그에게 의를 전달하는 것이다.

"임푸따레(Imputare)"는 라틴 사람들 사이에서 우리 신학자들이 그 단어를 사용한 의미로 사용되었다. "가장 나쁜 것은 당신이 어떤 것에 대한 부패하지 않은 믿음이 당신에게 생겼을 때 그것을 위대한 저자의 공로로 돌렸다는 것이다"(Senec. ad Mart.). 그리고 플리니는 우리의 공통의 부모에 대한 자신의 변명에서 "우리는 우리의 잘못을 그에게 돌리고, 우리의 허물을 그에게 전가시킨다"고 말했다(Plin., lib. xviii. cap. 1).

그들의 의미에서 어떤 것을 다른 사람에게 전가시키는 것은 만약 그것이 악하다면 그에게 그것에 대한 책임을 지우고, 그에게 그것으로 짐을 지우는 것이다. 가령, 플리니는 "우리의 허물을 땅에 전가하거나, 땅에 우리의 허물에 대한 책임을 지운다"고 말한다. 만약 그것이 선하다면, 그것은 원래 그것이 그의 것이든 아니든 그것을 그의 것으로 그에게 돌린다. "위대한 저자에게 전가시킨다(Magno authori imputata)." 바스쿠에즈(Vasquez)는 이 단어의 의미를 정의하려고 시도하면서 이 단어를 "평가하다(reputare)"와 혼동한다. "누군가에게 어떤 것을 전가하거나(imputare) 평가한다(reputare)는 것은 똑같은 것이며, 그것에 속하고 그것에 이르는 것들 사이에서 셈을 하고 점검하는 것과 똑같다"(Thom. 22, tom. ii. disp. 132). 이것이 "평가하는 것(reputare)"이라는 것은 옳다. 그러나 "전가하는 것"(imputare)은 이런 셈이나 평가를 가지 전에 어떤 사람에게 속하는 행위를 포함한다.

그러나 실제로 전가되기 전에 우리의 것이었던 것이 우리에게 전가될 수 있다면 그 단어는 이중적인 의미를 가져야 하는데, 이것이 라틴 저자들이 주고 있는 예들에서 보여주는 의미이기 때문이다. 그리고

1. 그런 전가가 있기 전에 실제로 우리의 것이었던 것을 우리에게 전가하는 것은 그 안에 두 가지를 포함한다. (1) 그렇게 전가된 것이 정말로, 진실로 우리의 것이거나 우리 안에 있다는 것을 인정하거나 판단하는 것이다. 지혜나 학식을 어떤 사람에게 전가하는 사람은 먼저 그가 지혜롭거나 학식이 있다는 것을 인정한다. (2) 그것이 선한 것이든 악한 것이든 그것에 따라 그들을 다룬다. 가령, 어떤 사람은 어떤 재판에서 의로운 것으로 발견되었기 때문에 죄가 없는 것으로 인정을 받는다. 먼저, 그는 의로운 것으로 판단을 받고 여겨진다. 그런 다음에 그는 의로운 사람으로 취급을 받는다. 곧 그의 의로움이 그에게 전가된다. 이런 예에 대해 창 30:33을 보라.

2. 그런 전가가 있기 이전에 우리의 것이 아닌 것을 우리에게 전가하는 것 또한 그 안에 두 가지를 포함한다. (1) 어떤 것을 어떤 정당한 근거와 기초 위에서 인정하거나 기증하여 우리 것이 되게 하는 것. 어떤 것이 정당하게 우리의 것으로 취급 받을 수 있기 전에 그것이 우리의 것이 되어야 하기 때문이다. (2) 그렇게 우리의 것이 된 것에 따라 우리를 취급하려고 하거나 실질적으로 취급하는 것. 우리가 취급하는 이 문제에 있어서 가장 거룩하시고 의로우신 하나님은 그들의 자연의 질서상 칭의 이전에 참되고 완전하게 의롭다 하심을 받을 수 있는 참되고 완전한 의가 그들에게 없는 한 어떤 사람도 의롭다고, 곧 죄가 없고 의롭다고 선언하실 수 없으며, 그들에게 영생에 이르는 자격과 권리를 부여하실 수 없기 때문이다. 그러나 이런 것들은 예들을 통해 더 분명

해 질 것이며 그렇게 하는 것이 필수적이다.

(1) 그런 전가 이전에 실제로 우리의 것이며, 우리 안에 내재되어 있고, 우리가 행한 것을 셈하는 전가가 있다. 그리고 이것은 선한 것이나 악한 것일 수 있다. 이것에 대한 규칙과 본성은 다음과 같이 제시되고 표현된다. "의인의 공의도 자기에게로 돌아가고 악인의 악도 자기에게로 돌아가리라"(겔 18:20). 우리는 두 종류의 예를 가지고 있다. 첫째로, 죄를 지은 사람을 죄인으로 판단하고 선포하는 것. 시므이가 이런 전가의 예이다(삼하 19:19). 그는 왕에게 "내 주여 내게 죄를 돌리지 마옵소서(אַל־יַחֲשָׁב־לִי אֲדֹנִי עָוֹן) 종의 패역한 일을 기억하지 마시오며 왕의 마음에 두지 마옵소서 왕의 종 내가 범죄한 줄을 아옵기에"라고 간청했다. 여기에서 창 15:6에 나오는 의의 전가를 표현할 때 사용되었던 단어가 사용되었다. 그는 자신이 죄인이며 죄에 대한 책임이 있다는 것을 인정하고 있다. 그러나 그는 자신이 죄로 말미암아 받아야 마땅한 형벌을 받지 않게 해달라고 간청하고 있다. 마찬가지로 스데반은 자신에게 돌을 던지고 실제로 죄책이 있는 사람들에게 죄를 전가하지 말아달라고 간청하고 있다. "이 죄를 그들에게 돌리지 마옵소서"(행 7:60). 곧 그는 그들이 지은 죄를 그들에게 전가하지 말아달라고 요청하고 있다. 반면에 스데반과 똑같은 원인과 똑같은 종류의 죽임을 당했던 여호야다의 아들 스가랴는 자신들을 죽인 자들의 죄에 대한 책임을 그들에게 돌려달라고 기도하였다(대하 24:22). 그러므로 죄를 전가하는 것은 죄를 지은 사람에게 그 죄에 대한 책임을 돌리는 것이며 그 공적에 따라 그들을 취급하는 것이다.

어떤 사람에게 선한 것을 전가하는 것은 그것을 그들의 것으로 판단하고 인정하는 것이며, 그것에 기초하여 하나님의 법에 따라 그들을 취급하는 것이다. "의로운 자의 의는 그에게 있을 것이다." 가령, 야곱은 라반에게 자신의 의로 말미암아 자신이 마땅히 대가를 받아야 한다고 주장하였다(창 30:33). 그리고 우리는 "그 때 비느하스가 일어서서 중재하니 이에 재앙이 그쳤도다 이 일이 그의 의로 인정되었으니 대대로 영원까지로다"라고 말하는 시 106:30, 31절에서 하나님이 사람들을 다루실 때 나타나는 그것에 대한 한 예를 볼 수 있다. 이렇게 고백했음에도 그는 자신이 행한 것에 대해 충분한 확신을 가지고 있지 못했던 것 같다. 그러나 그의 마음을 아시고 그가 어떻게 자신의 영으로 인도함을 받고 있는지 아시는 하나님은 그의 행동을 의로운 것으로 승인하셨고 그런 인정에 합당한 보상을 그에게 주셨다.

　이런 전가와 관련해서 그것에 이르기 전에 우리의 것이 무엇이든지, 그 위에 하나님의 행동이 나타나 있으며, 실제로 있는 것보다 더하거나 덜한 어떤 것도 우리에게 전가될 수 없다는 것이 주목되어야 한다. 그것에 이르는 이런 전가는 두 부분 혹은 두 가지로 구성되어 있기 때문이다. 첫째로 그것이 우리의 것이며, 우리 안에 있거나 우리에게 속해 있다는 판단이며, 둘째로 그것에 따라 우리를 다루려고 하시거나 실제로 다루시는 것이다. 그러므로 우리 것인 어떤 것을 우리에게 전가하시는 데 있어서 하나님은 그것을 있는 그대로 이외에 다른 어떤 것으로 여기지 않으신다. 그는 불완전한 의를 완전한 의로 여기지 않으신다. 그렇게 하는 것은 판단되는 것에 대해 실수하거나, 그것에 대한 판단 그 자체가 잘못된 것이다. 그러므로 만약 어떤 사람들이 말하는 것처럼 우리 자신의 믿음과 순종이 우리에게 의로 전가된다면, 그것들은 불완전하기 때문에 불완전한 의로 전가되어야 하며 완벽한 의로 전가되지 말아야 한다. 진리에 따른 하나님의 판단이 이 전가에 들어있기 때문이다.

그리고 불완전한 의를 불완전한 의로 여기면서 우리에게 전가하는 것은 이 문제에 있어서 우리를 온전히 세우지 못할 것이다. (인간적인 법으로 복음의 신비를 해석하기 위해 소설로 바꾸면서) 어떤 사람들이 주장하는 채무면제(acceptilation)는 모든 전가뿐 아니라 그리스도의 충족과 공로를 전복시킨다. 그리고 이런 전가는 사도가 선포하듯이(롬 11:6) 어떤 은혜와의 혼합도 없이 단순히 정의의 행동이라는 것이 관찰되어야 한다. 그것은 다음과 같은 두 부분으로 구성되어 있기 때문이다. 첫째로 진실로 우리 안에 있는 것을 우리 안에 있는 것으로 인정하고 판단하는 것이며, 둘째로 그것에 따라 우리를 다루려고 하는 것이며, 이 둘 다 정의의 행동이다.

(2) 적어도 이후에 나오는 것과 똑같은 방식은 아니지만, 그런 전가 이전에 우리의 것이 아닌 것을 우리에게 전가하는 것은 또한 그것이 나오는 근거들과 원인들에 따라 다양하다. 단지 이런 종류의 어떤 전가도 어떤 것이 전가된 사람들이 자신들에게 전가된 것을 친히 한 것으로 간주되지 않는다는 것이 관찰되어야 한다. 그것은 전가하는 것이 아니라 잘못 판단하는 것이며, 실제로 은혜로운 전가의 전체 본성을 전적으로 전복시키는 것이다. 그러나 그것은 그런 전가가 없었더라도 그것이 우리의 것이었다면 했을 모든 목표와 목적에 맞게 전에 우리의 것이 아니었던 것을 전가로 우리의 것이 되게 하는 것이다.

어떤 사람들이 전가의 교리에 대한 비난의 근거로 제시하는 것은 그들이 명백히 실수하고 있다는 것을 드러낸다. 그들은 "만약 우리의 죄가 그리스도에게 전가되었다면, 그는 우리가 잘못한 것을 하신 것으로 간주되어서 지금까지 죄인이있던 사람들 중에서 가장 큰 죄인이 되실 것이다. 그리고 다른 한 편으로 만약 그의 의가 우리에게 전가된다면, 우리는 그가 행하신 것을 한 것으로 간주되어서 죄 사함을 받을 필요가 없을 것이다"라고 말한다. 그러나 이것은 그런 판단이 나올 수 없는 전가의 본질과 반대되는 것이다. 그러나 정반대로 우리는 우리에게 전가된 것 중 어떤 것도 하지 않았으며, 그리스도는 자신에게 전가되었던 어떤 것도 하지 않으셨다.

이런 전가의 본질을 더 분명히 선포하기 위해 나는 몇 가지 종류의 전가와 그것이 나오는 몇 가지 근거를 고려할 것이다. 그런 전가에 이르기 전에 우리의 것이 아니었던 것이 우리에게 이렇게 전가되는 것은 1. 정당하게 나오든지(Ex Justitia), 2. 자발적인 보증인에서 나오든지(Ex voluntaria sponsione), 3. 해를 받은 데서 나오든지(Ex injuria), 4. 은혜에서 나온 것이다(Ex gratia). 그리고 이 모든 것에 대한 예가 제시될 것이다. 나는 마치 그것들 중 일부가 내가 협력하고 있는 것으로 나타낼 것과 똑같은 전가에서 협력하고 있지 않는 것처럼 그것들을 분리해서 다루지 않을 것이다. 그러나 나는 몇 종류의 전가를 모든 전가의 다음 원인인 것으로 언급할 것이다.

1. 원래, 개인적으로, 내적으로 우리의 것이 아닌 것들이 "권리로서(ex justitia)" 곧 의의 규칙으로 우리에게 전가될 수 있다. 그리고 이것은 그것을 소유할 사람들과 이중적인 관계에서 일어날 수 있다. (1) 언약의 관계이며, (2) 자연적인 관계이다.

(1) 어느 하나에 의해 이루어진 것들이 그들 사이의 "언약의 관계 때문에(propter relationem fœderalem)" 다른 사람들에게 전가될 수 있다. 가령, 우리가 후에 더 자세히 선포하겠지만, 아담의 죄는 그의 모든 후손에게 전가되었고 전가된다. 그리고 이것의 근거는 우리 모두가

우리의 머리요 대표자로서 그와 똑같은 언약 안에 서 있었다는 것이다. 우리가 아담으로부터 얻은 본성의 타락과 부패는 첫 번째 종류의 전가로, 곧 그 전가 이전에 우리 것이었던 것의 전가로 우리에게 전가된다. 그러나 그의 실질적인 죄는 전에 없었던 것이 전가에 의해 우리 것이 되는 것으로 우리에게 전가된다.

그러므로 벨라르민은 "아담의 죄는 마치 그들이 모두 똑같은 죄를 범한 것처럼 그의 모든 후손에게 전가된다"고 말한다(De Amiss. Grat., lib. iv. cap. 10). 그리고 그는 여기에서 칭의에 대한 자신의 책들에서 격렬하게 반대했던 전가의 참된 본질을 우리에게 제시한다. 그가 인정하고 있듯이 마치 우리가 그것을 범한 것처럼 그 죄가 우리에게 전가되었다는 것은 그 죄가 우리에게 새겨지고 마치 우리가 그것을 범한 것처럼 우리를 취급하는 것을 포함하는데, 이것은 사도의 교리이다(롬 5).

(2) 정당하게 그들과 실제로 죄책에 접촉한 사람들과의 자연적인 관계 때문에(ex justitia propter relationem naturalem) 죄가 다른 사람에게 전가되는 것이 있다. 그러나 이것은 단지 그것이 외적이며 일시적인 효과들에 대해서만 그러하다. 가령, 하나님은 광야에서 반역한 이스라엘 사람들의 자녀들에 대해 말씀하셨다. "너희 자녀들은 너희 반역한 죄를 지고 사십 년을 광야에서 방황하는 자가 되리라"(민 14:33). 이것은 곧 그들과 너희와의 관계와 그들에 대한 너희의 참여 때문에 너희 죄가 너희 자녀들에게 전가되어 그들이 광야에서 너희가 범한 죄 때문에 고통을 받을 것이라는 의미이다. 그리고 이것은 성경의 다른 구절들에서 하나님의 정의로 말미암은 똑같은 절차가 자주 선포되고 있는 것처럼 단지 그들 사이의 관계 때문에 일어난 일이다. 그러므로 그것에

대한 정당한 근거가 있는 곳에서 전가는 정의의 행동이다.

2. 전가는 어느 한 사람이 값없이, 기꺼이 다른 사람을 위해 책임을 질 때 정당하게 "자발적인 보증인"에서 나올 수 있다. 우리는 사도가 오네시모를 대신하여 빌레몬에게 간구하고 있는 부탁에서 이에 대한 예를 가질 수 있다. "그가 만약 네게 불의를 하였거나 네게 빚진 것이 있으면 그것을 내 앞으로 계산하라($\tau o \tilde{v} \tau o \ \dot{\epsilon} \mu o \iota \ \dot{\epsilon} \lambda \lambda \acute{o} \gamma \epsilon \iota$)"(18절). 그는 곧 그것을 나에게 전가하라고, 그것을 나의 구좌로 돌리라고 부탁하고 있다. 그는 오네시모가 빌레몬에게 했을 두 가지 일에 대해 추정한다. (1) 해를 끼치거나 잘못한 일들(Injuriarum). "만약 그가 너를 부당하게 대했거나, 만약 그가 처벌을 받을 만큼 너에게 잘못을 했다면". (2) 손해를 끼친 일(Damni). "만약 그가 너에게 어떤 것을 빚졌거나, 너희 채무자라면". 이것은 그가 갚아야 한다는 것을 의미한다. 사도는 오네시모를 위해 친히 자발적인 보증인이 되어 이 상태에 끼어든다. "나 바울은 친필로 쓰노니 내가 갚으려니와($E \gamma \grave{\omega} \ \alpha \pi o \tau \acute{\iota} \sigma \omega$)." 바울은 그 모든 빚을 책임지겠다고 말한다. 그리고 그는 오네시모의 빚을 자신에게 돌림으로써 이것을 했다. 그 죄는 중범죄가 아니라 대신 갚겠다는 문서에 서명함으로써 제거될 수 있는 죄였기 때문이다.

그리고 그에게 그것들을 전가하는 것은 단지 그것들을 자발적으로 떠맡음으로 이루어졌다. 그는 "그가 행한 것을 나에게 돌리라 내가 갚겠다"고 말한다. 그러므로 오네시모에게 책임을 물을 수 있는 것은 아무 것도 없었다. 마찬가지로 유다는 야곱에게 베냐민의 안전을 책임지겠다고 약속하고 실패할 경우 그 죄에 대한 책임을 영원히 지겠다고 맹세했다. "내가 그를 위하여 담보가 되오리니 아버지께서 내 손에 찾으소서 만약 그를 아버지께 데려다가 아버지 앞에 두지 아니하면 내가 영원히 죄를 지리이다"(창 43:9). 여기에서 "내가 영원히 죄를 질 것이라 (וְחָטָאתִי לְךָ כָּל־הַיָּמִים)"는 말은 우리가 말했듯이 죄에 대한 책임을 지겠 다는 의미이다. 그리고 그는 다시 요셉에게 이 사실을 알린다(창 44:32).

이것이 보증인의 본성과 임무인 것 같다. 그가 취하는 것은 마치 그 가 본래 개인적으로 그것에 관여되어 있는 것처럼 정당하게 그의 손에 서 요구된다. 그리고 이런 자발적인 보증인은 우리의 죄가 그리스도께 전가되는 하나의 근거였다. 그는 죄를 지은 교회 전체를 스스로 취하 셔서 하나님과 율법을 거슬러 그들이 행한 것에 책임을 지셨다. 그러 므로 그 전가는 근본적으로 언약에 의해 자발적인 보증인이 되신 데서 나왔다. 곧 그것은 그가 자발적으로 취하신 것에 그 기초를 두고 있다. 그러나 그것을 전제할 때 그것은 실질적으로 "정의로운 것"이었다. 그 가 그것에 대해 책임을 지시고 자신이 취하신 것을 감당하시며 하나님 의 의와 거룩의 영광을 크게 드러내신 것은 의로운 것이기 때문이다.

3. "해 받은 데서 나온(ex injuria)" 전가가 있는데, 그것은 그가 죄 책이 없는 어떤 것에 대한 책임이 그에게 주어졌을 때 일어난다. 가령, 밧세바는 다윗에게 "그렇지 아니하면 내 주 왕께서 그의 조상들과 함 께 잘 때에 나와 내 아들 솔로몬은 죄인이(חַטָּאִים) 되리이다"(왕상 1:21)라고 말한다. 이것은 우리가 "죄를 범한 사람으로, 죄책이 있는 사람으로 취급을 받을 것이며, 죄가 우리에게 전가되어 파멸에 이르게 될 것이다. 우리는 죄인이다. 곧 우리는 죄인으로서 여김을 받고 그에 따라 취급을 받을 것이다"라고 말하는 것이다. 그리고 성경의 표현에서 죄인이라는 칭호는 죄의 내재뿐 아니라 죄의 전가에 이어 나온다. 그리 고 이것은 사도가 "그가 우리를 위해 죄가 되셨다"(고후 5:21)고 말씀

하신 구절에서 빛을 줄 것이다. 이런 종류의 전가는 하나님의 심판에 어떤 위치도 가지고 있지 않다. 의인도 악인과 마찬가지로 하나님으로 멀리 떨어질 수 있다.

4. "오직 은혜에서(ex mera gratia)", 곧 오직 은혜와 호의에서 나오는 전가가 있다. 그리고 이것은 사전에 이 전가에 이르게 하는 것이 우리의 것도, 우리 안에 내재하는 것도, 우리가 행한 것도 아니고, 우리가 그것에 대한 권리나 자격을 가지고 있지 않은 것이 우리에게 인정되고 우리의 것이 되고, 우리가 그것에 따라 심판을 받고 취급을 받을 때 일어난다. 사도가 매우 강하게 호소하고, 매우 자주 주장하는 이 전가는 두 측면을 가지고 있는데, 하나는 부정적으로 죄를 전가하지 않는 것이며, 다른 하나는 긍정적으로 의를 전가하는 것이다(롬 4). 그는 이 둘을 긍정하며 그것이 우리 안에 있는 어떤 것에 대한 고려없이 오직 은혜로 말미암았다고 선언한다. 그리고 만약 이런 종류의 전가가 우리가 취급하는 것 이외에 어떤 다른 경우에서 온전히 나타나지 않는다면, 그것은 그 기초가 독특하게 그리스도의 중보에 놓여 있으며, 사람들 사이에서 이와 동등할 수 있는 다른 사건이 없기 때문이다.

지금까지 논의한 전가의 본질들과 근거들에서 우리가 주장하는 진리에 빛을 줄 수 있는, 적어도 논쟁이 되고 있는 문제를 올바로 이해하며 진술할 수 있도록 하는 다양한 것들이 분명히 나타났다.

1. 우리 자신의 행위가 우리에게 전가되는 것과 행위없이 믿음으로 의가 전가되는 것의 차이가 분명해졌다. 행위가 우리에게 전가되는 것은 어떤 행위이든, 믿음 그 자체가 행위로 여겨지든 우리 안에 있는 순종의 행위로 그런 전가가 있기 전에 우리의 것이었던 것이 전가되는 것이지만, 믿음으로 의가 전가되거나 믿음으로 말미암아 하나님의 의가

전가되는 것은 그 전가 덕택에 우리의 것이 아니었던 것이 우리의 것으로 전가되는 것이다. 그리고 이 두 전가는 그들의 전체 종류에 있어서 다르다. 전자는 그런 판단이 내려지기 전에 실제로 우리의 안에 있는 것을 우리 안에 있는 것으로 판단하는 것인 반면에, 후자는 전에 우리의 것이 아니었던 것을 우리에게 전달하는 것이다. 그리고 어떤 사람도 만약 그가 취급하고 있는 의가 전가로 말미암아 우리의 것이 되고, 사전에 우리의 것이 아니었다는 것을 인정하지 않는다면 사도의 논의를 이해할 수 없다. 곧 그는 그것에 대해 어떤 것도 이해할 수 없다.

2. 행위가 전가되는 것은 어떤 행위이든 믿음 그 자체가 행위로 여겨지든, 믿음의 모든 순종이 행위로 여겨지든 "은혜에서(ex gratia)" 나온 것이 아니라 "권리에서(ex justita)" 나온 것이다. 우리에게 믿음을 부여하고 우리 안에서 순종을 일으키는 것이 아무리 은혜로 말미암았다고 하더라도, 그것을 우리 안에 있는 것으로, 우리의 것으로 우리에게 전가하는 것은 의의 행동이다. 이런 전가는 앞에서 보여주었듯이 실제로 정말로 우리 안에 있는 것들이나 우리의 것에 따라 우리를 취급하고 판단하는 것에 불과하다. 이것은 그런 전가에 대해 주어진 묘사에서 나타나듯이 정의의 행동이다.

그러나 사도가 언급하고 있는 의의 전가는 그가 "그의 은혜의 선물(δωρεὰν τῇ χάριτι αὐτοῦ)"이라고 온전히 선포하고 있듯이 "오직 은혜로(ex mera gratia)" 우리의 것이 된 것이다. 그리고 더욱이 그는 이 두 종류의 전가는 조화를 이루지 못하며 어떤 혼합도 있을 수 없으므로 어느 하나에 속해야 한다고 선언한다. "만약 은혜로 된 것이면 행위로 말미암지 않음이니 그렇지 않으면 은혜가 은혜 되지 못하느니라 그러나 만약 행위로 된 것이면 은혜로 말미암지 않음이니 그렇지 않으면 행위가 행위 되지 못하느니라"(롬 11:6, KJV). 가령, 만약 믿음 그 자체가 우리의 행위로서 우리에게 전가된다면, 그것은 그런 전가가 있기 전에 우리의 것이었기 때문에 그것은 단지 우리 안에 있고 우리의 것이었던 것을 인정하는 것이다. 그것은 우리의 것을 우리의 것으로 인정하는 것뿐인데, 이는 우리의 것이 아니었던 것을 우리의 것으로 인정하는 것은 전가가 아니라 실수이기 때문이다.

그러나 이것은 행위로 말미암은 "정당하게" 주어진 칭의이다. 그러므로 단지 은혜에서 나온 것은 사도의 규칙에 따르면 아무런 위치도 차지할 수 없다. 그러므로 우리 안에 있는 것을 우리의 것으로 전가하는 것은 사도의 의미에서 은혜를 박탈하는 것이다. 그리고 다른 한 편으로, 만약 그리스도의 의가 우리에게 전가된다면, 그것은 "오직 은혜로(ex mera gratia)" 말미암은 것이다. 그런 전가가 있기 전에 우리의 것이 아니었던 것이 우리에게 전가되며, 그로 말미암아 우리에게 전달되기 때문이다. 그리고 여기에서 행위에 대한 어떤 자리도, 행위에 대한 어떤 주장도 있을 수 없다. 전가의 기초가 우리 자신 안에 있다는 것과 다른 데 있다는 것은 화해될 수 없는 것이다.

3. 이 두 종류의 전가는 우리에게 전가되는 것이 무엇이든지 있는 것이 전가되는 것이지 없는 것이 전가되는 것이 아니라는 점에서 일치한다. 만약 우리에게 전가되는 것이 완벽한 의라면, 그것은 그렇게 여겨지며 판단된다. 그리고 우리는 곧 완벽한 의를 가지고 있는 사람으로 취급을 받는다. 그리고 만약 우리에게 전가되는 의가 불완전하거나 불완전하게 전가된다면, 그것은 전가된 그대로 판단을 받아야 한다. 그리고 우리는 불완전한 의를 가지고 있으며 어떤 다른 것을 가지고 있지 않은 사람으로 취급을 받아야 한다. 그러므로 우리의 내적인

의가 불완전하고, 그것이 우리에게 전가된다면 (우리는 그로 말미암아 불쌍히 여김을 받든지 경멸을 당하며 다른 것은 생각할 수 없다), 우리는 판단에 어떤 오류가 없다면 그런 의로 완벽하게 의로운 것으로 받아들여질 수 없다.

4. 그러므로 (많은 사람이 이해할 수도 없고 이해하려고도 하지 않는) 우리가 주장하는 전가의 참된 본질은 분명하며, 그것은 부정적이며 긍정적으로 나타난다.

(1) 부정적으로. 첫째로, 그것을 진정으로 실제로 그렇지 않은 사람들을 의롭다고 판단하거나 여기는 것이 아니다. 그런 판단은 앞에서 언급된 전가의 근거들 중 어느 것에 대해서도 내려질 수 없다. 그것은 "정의로운(ex injuria)" 본질을 가지고 있다. 그렇지 않다면 잘못 책임을 묻는 것이며, 그것은 그런 것과 본질적을 다르다. 전자는 선한 것이지만 후자는 악한 것이기 때문이다. 그러므로 교황주의자들과 다른 사람들의 요란한 외침은 오직 무지나 악의에서 나온 것이다. 그들은 목이 쉴 때까지 우리는 하나님이 악하고 죄를 짓고 오염된 사람들을 의롭다 여기신다는 것을 인정한다고 외친다. 그러나 이것은 우리가 하나님 앞에서 우리 자신의 내적으로 의로 말미암아 의롭다 하심을 받는다고 주장하는 사람들을 무겁게 짓누른다. 그렇다면 실제로 의롭지 않는 사람이 의롭다 하심을 받게 되는데, 완벽하게 의롭지 못한 사람은 하나님 앞에서 의롭다 하심을 받을 수 없기 때문이다.

둘째로, 하나님이 그렇다고 선언하실만한 정당하고 충분한 근거가 없이 어떤 사람도 의롭다는 선언을 받을 수 없다. 하나님은 오직 그렇지 않은 어떤 사람도 의롭다고 선언하지 않으신다. 전체 질문은 "그가 어떻게 의롭다 하심을 받을 수 있는가?"에 달려있다.

셋째로, 그것은 의롭다 하심을 받는 사람들에게 다른 사람의 의를 전달하거나 주입하여서 그들이 그로 말미암아 완벽하고 내적으로 의롭다 하심을 받게 되는 것이 아니다. 어떤 사람의 의가 다른 사람에게 전달되어서 그의 주관적이며 내적인 의가 되는 것은 불가능하기 때문이다. 그러나 다른 한 편으로 한 사람의 의가 결코 다른 사람의 의가 될 수 없다고 말하는 것은 큰 실수이다. 그것은 모든 전가를 부인하는 것이기 때문이다.

그러므로 (2) 긍정적으로. 이 전가는 "오직 하나님의 은혜로 말미암은(ex mera gratia)", 곧 오직 그의 사랑과 은혜에서 나온 하나님의 행위이다. 이로 말미암아 그리스도의 중보를 기초로 하나님은 참되고 실질적이며 완벽한 의를, 곧 그리스도 자신의 의를 믿는 모든 사람에게 효과적으로 인정하고 기증하시며, 자신의 은혜로우신 행동으로 그것을 그들의 것으로 셈하셔서 그들을 죄책에서 벗어나게 하시고, 그들에게 영생에 이르는 권리와 자격을 부여하신다.

5. 그러므로 이 전가에서 그것의 효과들 중 일부가 아니라 내용 그 자체가 먼저 우리에게 전가되며, 그것은 그런 전가를 통해 우리의 것이 된다. 그리스도의 의, 곧 그의 순종과 고통은 오직 그 효과의 관점에서 우리에게 전가된다고 말하는 것은 우리가 그 이익은 가지고 있지만 더 이상은 아니라고 말하는 것이다. 그러나 그런 주장은 전가 그 자체를 부인하는 것이다. 소시누스주의자들은 그렇게 말한다. 그러나 그들은 자신들이 그로 말미암아 모든 참되고 실질적인 전가를 전복시키고 있다는 것을 충분히 잘 알며 솔직하게 인정한다. 쉴리히팅기우스기우스(Schlichtingius)는 "사실 우리는 그리스도의 의를 통해 의롭다 하심을 받지 않는다. 실제로 그의 의가 우리의 의가 되는 것이 아니

라, 그리스도의 의가 우리의 칭의의 원인이 되는 것으로 충분하다. 그리고 우리는 또한 우리의 의가 충만해져서 선한 의에 도달하는 한 그리스도의 의가 우리의 의라는 것을 당신에게 인정할 수 있다. 그리고 우리는 당신이 진실로 우리에게 속하는 것만을 우리의 것으로 돌리고 인정한다는 것을 알고 있다"고 말한다(Disp. pro Socin. ad Meisner. p. 250). 그리고 우리 중 어떤 사람이 그렇게 큰 확신을 가지고 이 진리에 대한 개신교 교리, 곧 잉글랜드 교회의 교리를 반박하는 자신들의 논쟁적인 글들에서 이 사람들의 의미와 단어들을 취하는 것을 보는 것은 유쾌하지 못하다.

그리스도의 의가 그 효과들과 관련해서 우리에게 전가된다는 것은 그 안에 다음과 같은 건전한 의미를 가지고 있다. 곧 그 효과들이 그런 전가 때문에 우리의 것이 된다는 것이다. 하나님은 실제로 그것의 모든 효과가 우리에게 실제로 전달되도록 그것을 우리에게 전가하시고 우리의 것으로 인정하신다. 그러나 그리스도의 의가 우리에게 전가되지 않고 오직 그 효과들만 전가된다고 말하는 것은 실제로 모든 전가를 전복시키는 것이다. (우리가 살펴 볼 것처럼) 그리스도의 의의 효과들이 우리에게 전가된다고 말하는 것은 적절할 수 없기 때문이다. 그리고 그의 의 자체가 전가되지 않는다면, 전가는 이 문제에 있어 아무런 위치도 가지지 못하며, 왜 사도가 그가 했던 것처럼 그토록 자주 그것을 주장했는지 이해될 수 없다(롬 4).

그러므로 그리스도의 의의 전가를 명확히 반대하고 오직 그 효력들이나 유익들에 참여하는 것만을 주장하는 소시누스주의자들은 유일하게 우리에게 전가될 수 있는 그런 종류의 그리스도의 의, 곧 그리스도의 충족과 공로에서 나오는 의를 (혹은 그로 말미암아 이루어진 그리스도의 의가 충족적이거나 공로적이라는 것을) 지혜롭게 부인한다. 그들이 오직 그리스도의 의가 놓여 있다고 허락하는 것은 우리가 그것을 통해 어떤 유익을 얻든지 우리에게 전가될 수 없다는 것이 쉽게 인정될 것이기 때문이다. 그러나 나는 그리스도의 의가 주로 우리를 위하거나 우리를 대신한 그의 충족에 놓여 있다는 것을 인정하는 사람들이 어떻게 내용 그 자체의 전가없이 우리에게 그것의 효과들의 전가에 대해 생각할 수 있는지 이해하지 못한다. 우리가 그 유익에 참여하는 것은 그것이 우리의 것이 되었기 때문이다.

그러나 그것의 전가와 예들에 대한 묘사에서 내용 그 자체가 전가되지 않는다면 어떤 것의 전가도 있을 수 없고, 내용 그 자체의 전가에 기초한 것 이외에 어떤 것에 대한 효력에도 참여할 수 없는 것 같다. 그러므로 우리의 특별한 경우에서 우리가 내용 그 자체가 전가되는 것을 인정하지 않는다면, 그리스도의 의에 대한 어떤 전가도 허락되지 않으며, 우리도 그런 전가의 전제와 기초가 없이 그것의 어떤 효과에도 참여할 수 없다. 최근에 어떤 사람들이 교황주의자들과 소시누스주의자들의 글에서 뽑아낸 주제넘는 트집들에 대해서는 후에 필요가 있을 때 살펴볼 것이다. 그들은 만약 그렇다면, 우리가 그리스도 자신처럼 의로워지며, 우리가 세상을 구속하고 다른 사람들의 죄를 충족시켰고, 죄 사함은 불가능하며, 개인적인 의는 불필요하게 된다고 주장한다.

우리가 증명하려고 목표로 하는 전부는 그리스도의 의 그 자체가 우리에게 전가되었으며, 그렇지 않다면 우리의 칭의의 문제에서 어떤 전가도 없다는 것이다. 전가가 있는가 없는가는 다음에 살펴볼 또 다른 문제이다. 앞에서 지적했던 것처럼 그리스도의 의의 효과들이 우리에게 전가된다고 말하는 것은 적절하지 않기 때문이다. 가령, 죄 사함은 그리스도의 의의 위대한 효과이다. 우리의 죄는 그 때문에 용서를 받는다. 하나님은 그리스도를 위해 우리의 모든 죄를 용서하신다. 그러나 죄 사함은 우리에게 전가된다고 말할 수 없으며 전가되지도 않는다. 양자와 칭의와 하나님과의 화평과 모든 은혜와 영광은 그리스도의 의의 효과들이다. 그러나 이런 것들은 우리에게 전가되지 않으며 전가될 수 없다는 것은 그것들의 본성상 분명하다. 그러나 우리는 우리에게 그리스도의 의가 전가되었기 때문에 그것들 모두에 참여한다. 그리고 다른 것이 있을 수 없다.

지금까지 그리스도의 의의 전가의 본질에 대해 충분히 언급하였다. 그것의 근거들과 이유들과 원인들에 대해 우리는 다음에 살펴볼 것이다. 그리고 나는 우리가 우리의 조사에서 이것들에 무지한 어떤 사람들이 상상하는 것과 같은 것은 없다는 것을 발견할 것이라는 것을 의심하지 않는다. 그러나 반대로 이 중요한 진리는 복음의 신비의 근본적인 원리들과 혼합될 수 없으며, 그리스도 예수 안에 있는 하나님의 은혜와 분리될 수 없다는 것을 발견하리라는 것을 의심하지 않다.

제 8 장
교회의 죄가 그리스도께 전가되는 근거들, 그리스도의 보증인직의 본성, 새언약의 원인들, 하나의 신비적인 위격인 그리스도와 교회, 그 결과들

생명의 칭의를 위해 그리스도의 의가 신자들에게 전가되어야 한다는 것을 믿는 사람들은 또한 만장일치로 모든 신자의 죄가 그리스도께 전가되었다는 것을 믿는다. 그리고 그들은 그것에 대해 증거하는 성경의 많은 증거에 의존하여 이것을 주장하는데, 그것들 중 일부가 후에 주장되고 확증될 것이다. 현재 우리는 단지 이것들의 일반적인 개념에 대해 살펴보고 후에 증명이 될 것의 본질에 대해 선언할 것이다. 그리고 처음에 우리는 하나님의 이 경륜의 기초와 그것의 가치나 그것이 결정되는 근거를 살펴볼 것이다. 그리고 그것에 대한 이해가 없이는 내용 그 자체가 잘 이해될 수 없을 것이다.

교회의 죄가 그리스도께 전가되는 근거들

이것의 주된 기초는 그리스도와 교회가 하나님의 신비로운 위격이라는 것이다. 그리고 그들은 성령의 연합시키는 효력을 통해 실제로 합쳐져 그런 상태가 된다. 사도가 선언한 것처럼 그는 머리이시며 신자들은 그 한 위격의 지체들이다(고전 12:12, 13). 그러므로 그가 하신 것이 마치 그들이 한 것처럼 그들에게 전가되는 것처럼, 그들이 죄 때문에 받아야 할 것 또한 그에게 책임이 주어졌다. 한 학식있는 수사는 그것을 다음과 같이 표현한다. "우리의 진리는 그가 친히 우리의 육체와 연합하셔서 우리와 친밀한 관계를 맺으시고 우리와 연합되어서 (ἐνωθεὶς) 우리를 자신의 소유가 되게 하셨다는 것을 지지한다." 그는 또한 "그가 우리의 위격 안에서 우리의 육체로 옷 입으셨다"고 말한다(Montacut. Origin. Ecclesiast.).

고대 사람들은 똑같은 목적으로 말한다. "그러므로 그는 친히 신적인 능력으로 인간의 연약함을 지키셨다. 하나님이 친히 우리가 되시는 동안 우리는 그의 것이 된다"(Leo. Serm. Xvii). 그는 또한 "우리의 머리이신 주 예수 그리스도는 자신의 육체 안에 변화시킬 모든 지체를 지니고 계신다. 그것은 한 때 시편에서 제기되었던 것이며, 그가 친히 십자가에서 구속받을 자들을 위해 부르짖으셨던 것이다"(Serm. Xvi). 그리고 어거스틴 또한 똑같은 목적으로 말한다. "우리는 머리의 입에서 나오는 육체의 소리를 듣는다. 교회가 그를 위해 고난을 받을 때 그가 교회 안에서 고난을 받으시는 것처럼, 교회는 그가 교회를 위해 고난을 받으실 때 그 안에서 고난을 받았다. 우리가 고난을 받으시는 그리스도 안에서 '나의 하나님 나의 하나님 어찌하여 나를 버리시나이까 나를 보소서'라고 말하는 교회의 소리를 듣는 것처럼, 우리는 고난 받는 교회 안에서 '사울아 사울아 네가 어찌하여 나를 핍박하느냐'고 말씀하시는 그리스도의 음성을 듣는다"(Epist. cxx. ad Honoratum).

그러나 우리는 여전히 약간 뒤로 물러나 이 문제에 대한 고대교회의 의미를 살펴볼 수 있다. 이레나이우스(Irenaeus)는 "그리스도는 자신 안에서 아담에서 흩어지고 생성된 모든 족속의 인간들을 반복하셨다(recapitulates). 그러므로 그는 바울에 의해 미래의 모형인 아담 자신으로 언급되었다"고 말한다(lib. iii. cap. 33). 그는 다시 "모든 족속의 사람들을 처음부터 끝까지 자신 안에서 반복하신 분(recapitulans)은 그들의 죽음까지 반복하신다(recapitulates est)"고 말한다. 이런 반복에서 그가 엡 1:10에서 언급된 "다 함께 하나로 모으시는 것($\alpha\nu\alpha\kappa\epsilon\varphi\alpha\lambda\alpha\iota\omega\sigma\iota\varsigma$)"을 고려하고 있다는 것은 의심의 여지가 없다. 그리고 오리겐(Origen)이 수수께끼처럼 "첫 번째 아담의 영혼은 그에게 주어졌을 때 그리스도의 영혼이었다"고 말했을 때 의도했던 것일 수 있다. 그리고 키프리안(Cyprian)은 편지 62편에서 성만찬 의식을 행하는 것과 관련하여 "그가 우리의 죄를 짊어지실 때 우리 모두는 그리스도를 짊어졌다"고 말한다. "그가 우리를 짊어지셨다"는 것은 그가 우리의 죄를 짊어지셨을 때 우리의 인격 안에서 고난을 받으셨다는 것이다. 그러므로 아다나시우스(Athanasius)는 그가 십자가에서 사용하셨던 목소리에 대해 "우리는 그리스도가 고난을 받으실 때 그 안에서 똑같이 고난을 받았다"는 것을 긍정한다.

유세비우스(Eusebius)는 이런 목적으로 많은 것을 말한다(Demonstrat. Evangel. lib. x. cap. 1). "내 영혼을 치유하소서 내가 당신께 죄를 지었나이다"라는 시편기자의 말을 설명하고 그것을 고난받는 우리 구주께 적용하면서 "그가 자신에게 우리의 죄를 지셨기 때문이라고", 우리의 죄를 자신에게 전달하셔서 자신의 것이 되게 하셨기 때문이라고 말한다. 그러므로 그는 "우리의 죄를 자신의 것이 되게 하셨다"는 말을 더한다. 그가 다음과 같은 말로 내가 증명하려고 하는 것을 온전히 표현하고 있기 때문에 나는 비록 길지만 그것을 인용한다.

"그렇다면 어떻게 우리의 죄가 그의 죄가 되었는가? 어떻게 그가 우리의 죄악을 지셨는가? 사도가 '너희는 그리스도의 몸이며 서로의 지체이다'라고 말한 것처럼 우리가 그의 지체가 된 데서 나온 것인가? 그리고 한 지체가 고난을 받을 때 모든 지체도 고난을 받는다. 그러므로 많은 지체가 죄를 짓고 고난을 받을 때 그는 똑같은 몸에서 연민의 법에 따라 (하나님의 말씀이신 그 분이 종의 형체를 취하시고 우리 가운데 거하심으로써 우리 모두와 똑같은 본성을 지니셨기 때문에) 고난받는 지체들의 슬픔과 고통을 친히 취하시고 그들의 모든 죄악을 자신의 것으로 삼으셨다. 그리고 인간의 법을 따라 (똑같은 몸으로) 우리를 위해 우리의 슬픔과 수고를 지셨다. 그리고 하나님의 어린양은 우리를 위해 이것들을 하셨을 뿐 아니라 우리를 위해 고문을 당하시고 처벌을 받으셨다. 그것은 그가 결코 자신을 위해 하신 것이 아니며, 우리는 우리의 수많은 죄 때문에 고난을 받고 처벌을 받는다. 그리고 이로 말미암아 그는 우리의 죄 사함의 원인이 되셨다. 곧 그는 우리가 마땅히 받아야 할 것을 자신에게 돌리셔서 죽음과 채찍과 비난을 받으셨기 때문이다. 그는 자신에게 우리가 받아야 할 저주를 돌리셔서 우리를 위한 저주가 되셨다. 그가 우리의 영혼을 속량하는 대속물이 되신 것이 아니라면 무엇인가? 그러므로 하나님의 말씀은 우리의 인격 안에서 값없이 자신을 우리에게, 우리를 자신에게 연합시키셔서 우리의 죄나 고통을 자신의 것이 되게 하셨다고 말한다. '주여, 내가 말하나이다. 나를 긍휼히 여기소서. 나의 영혼을 치료하소서. 내가 당신께 죄를 지었나이다.'"

우리의 죄가 그리스도께 전달되어 그의 것이 되었으며, 그로 말미암아 그가 우리의 죄 때문에 우리가 받아야 할 처벌을 받으셨다는 것과,

그런 정의가 실현된 근거는 그와 우리와의 연합이라는 것은 이 글에서 충분히 선포되었다. 크리소스톰의 설교집 14, 마 5장에 대한 설교에서 그 학식있고 열정적인 저자는 설교 마지막 부분에서 "그는 자신의 육체 안에 모든 육체를 취하시고 십자가를 지셨으며, 모든 육체가 그 안에서 십자가를 졌다"고 말한다. 그는 교회에 대해 말한다. 그는 다른 설교에서도 종종 "그가 우리를 짊어지셨다", "그가 십자가에서 자신과 함께 우리를 취하셨다", "우리는 모두 그 안에서 십자가를 졌다"고 말하며, 프라스퍼(Prosper)가 말한 것처럼 "그리스도 안에서 십자가를 지지 않은 사람은 그리스도의 십자가로 말미암아 구원받지 못한다"고 말한다(Resp. ad cap., Gal. cap. Ix).

그러므로 나는 이것이 교회의 죄가 그리스도께 전가되는 기초라고, 곧 그와 교회는 하나의 위격이라고 말한다. 그리고 그 근거들에 대해 우리는 살펴보아야 한다.

그러나 이에 대해 다양한 토론이 이어지며, 다양한 질문이 제기된다. 그것은 어떤 위격인가? 그것은 어떤 의미에서 그런가? 그 단어는 얼마나 많은 의미로 사용될 수 있는가? 그것의 참된 개념이 무엇인가? 자연적인 위격은 무엇인가? 법적이거나 시민적이거나 정치적인 위격은 무엇인가? 이것들에 대한 설명에서 어떤 사람들은 실수한다. 그리고 만약 우리가 이 분야에 들어가려고 한다면, 우리는 논쟁하고 격론을 버릴 것을 두려워하지 말아야 한다. 그러나 나는 이것들은 우리가 현재 하려는 것이 아니라는 것을 말해야 한다. 그리고 그리스도와 교회의 연합은 예를 들어 설명하려 할수록 애매해 진다. 그리스도와 신자들은 하나의 자연적인 위격도, 법적이거나 정치적인 위격도, 사람들의 법이나 관습이나 용례가 알거나 허락하는 위격도 아니기 때문이다.

그들은 하나의 신비적인 위격이다. 그것에 대해 비록 자연적이거나 정치적인 연합에서 발견되는 비슷한 불완전한 사례들이 있지만, 그와 우리와 사이에 일어나는 연합은 그 본성과 이유와 원인의 관점에서 사람들 사이에 일어나는 어떤 위격적인 연합에서도 찾을 수 없는 것이다. 그리고 우리의 연약한 이해로 하늘의 신비들의 깊이를 이해할 수 없기 때문에 그것은 다양한 종류와 본성의 연합과 비교된다. 가령, 그것은 남편과 아내와의 연합에 비유된다. 이 비유는 남편과 아내 사이에 단지 도덕적인 연합을 주는 상호 간의 애정이 아니라, 첫 남자의 살과 뼈에서 첫 여자가 나왔으며, 하나님이 이것을 근거로 가정이라는 기초적인 사회를 제정하셨다는 것에 주목한다. 사도는 엡 5:25-32에서 이것에 대해 자세히 선포한다. 그는 이를 기초로 우리는 그의 몸과 그의 육체와 그의 뼈의 지체라고, 우리는 이브가 아담의 살과 뼈에서 나왔을 때 아담과 가졌던 관계와 마찬가지로 그리스도와 한 몸인 관계를 가진다고 결론을 내린다.

또한 그것은 똑같은 몸의 머리와 지체와의 연합이나(고린 12:12), 지배하거나 정치적인 머리와 그것의 정치적인 지체들의 정치적인 연합과 비교된다. 그러나 그것은 전적으로 자연적인 머리와 그 지체의 연합과 똑같은 의미로 사용되지 않는다(엡 4:15, 골 2:19). 그리고 또한 그것은 포도나무와 그 가지처럼 자연 속에서 있는 다양한 것들과 비교되기도 한다. 그리고 그것은 아담과 그의 후손 사이의 관계나, 하나님이 정하신 제도와 창조의 법과 비교되기도 한다(롬 5:12 등). 그리고 성령은 오직 보편적이거나 일반적인 연합의 개념과 일치하는 대상들 안에 존재하는 다양한 유사성을 사용하여 그리스도와 신자들과의 연합을 나타냄으로써 그것이 이것들 중 어느 하나로 축소되지 않고, 축소멸 수도 없다는 것을 충분히 드러내신다. 그리고 이것은 그것의 원인들과 그것이 나오는 근거들을 고려할 때 더 분명해 질 것이다. 그러나 여기에서 언급된 것들이 나올 때마다 자세히 다루는 것은 많은 시간과 부지런함이 요구되기 때문에 나는 단지 간략하게 그 핵심만을 제시할 것이다.

1. 이 연합의 다른 모든 원인 중 첫 번째 원천이나 원인은 타락한 인류의 회복과 구원에 대해 아버지와 아들 사이에 맺어진 영원한 언약에 놓여 있다. 여기에서 다른 것들 중에서 그것의 효과들처럼 (이 연합의 기초인) 우리의 본성을 취하시는 것이 계획되었다. 이런 언약과 작정과 약속의 본성과 조건들에 대해 나는 다른 곳에서 선포하였다. 그러므로 여기에서 그것들은 다시 언급되지 않을 것이다. 그러나 그곳에서 나오고, 아버지와 아들 사이에 맺어진 무한한 지혜에서 나온 작정의 결과이며, 성령으로 효력이 발생하는 그리스도와 교회와의 관계는 어떠한 것이든 다른 모든 연합이나 관계와 구분되어야 한다.

2. 주 그리스도는 그가 취하셨던 본성과 관련하여 이 언약을 근거로 은혜와 영광으로 작정되셨다. 그는 "창세 전에" "작정($\pi\rho o\varepsilon\gamma\nu\omega\sigma\mu\varepsilon\nu o\varsigma$)" 혹은 예정되셨다(벧전 1:20). 곧 그는 자신의 임무와 관련해서 작정되셨던 것처럼 그것에 이르는 데 필요하고 그것의 결과로서 나오는 모든 은혜와 영광과 관련해서 작정되셨다. 그리스도의 인성의 모든 은혜와 영광은 값없이 하나님이 작정하신 결과였다. 하나님은 영원 전에 그것이 시간 속에서 받는 모든 것에 참여하도록 그것을 선택하셨다. 그리고 우리의 본성의 그 부분이 영광스럽게 높임을 받을 수 있는 어떤 다른 원인도 할당될 수 없다.

3. 그가 작정되신 이 은혜와 영광은 두 가지였다. (1) 그에게 특별한

것과 (2) 그에 의해, 그를 통해 교회에 전달될 것.

(1) 위격적인 연합의 은혜($\chi \acute{\alpha} \rho \iota \varsigma \ \acute{\epsilon} \nu \acute{\omega} \sigma \epsilon \omega \varsigma$)은 첫 번째 종류에 속했다. 그것은 오직 그의 본성에 가득 차 있는 하나님의 지혜의 결과였다. (창조든 섭리든 은혜든 하나님의 어떤 작품에서도 이와 비슷하거나 닮은 것은 없다). "은혜와 진리가 충만하더라." 그리고 중보자로서 그의 모든 위격적인 영광과 능력과 권세와 위엄이 그것에 속해있으며, 그가 하나님 오른 편으로 높임을 받으셨을 때 이 모든 것이 나타났다. 이것들은 그에게 특별한 것이며, 이 모든 것은 그의 영원한 작정의 결과였다.

(2) 그러나 그는 절대적으로 작정되셨을 뿐 아니라, 그 안에서 그에 의해 교회에 전달될 그 은혜와 영광의 대해서도 작정되셨다. 그리고 그는 다음과 같은 차원에서 그러하셨다.

[1] 우리가 예정을 받은 형식과 예가 되는 원인으로서. 우리는 "많은 형제 중에 맏아들이 되신 하나님의 아들의 형상을 본받도록 미리 정함을 받았기" 때문이다(롬 8:29). 그러므로 그는 심지어 "자신의 영광스러운 몸처럼 되게 하시고", "나타나실 때 우리가 모든 면에서 그와 같이 되게 하시려고" "우리의 악한 몸을 바꾸실 것"이다(빌 3:21, 요일 3:2).

[2] 모든 은혜와 영광을 우리에게 전달하는 수단과 원인으로서. 우리는 "창세 전에 거룩하게 되게 하시려고 그 안에서 택함을 받았으며, 그로 말미암아 자녀들이 되도록 미리 정함을 받았기" 때문이다(엡 1:3-5). 그는 그 안에서 택함을 받는 사람들을 위해 하늘에 속한 모든 영적인 축복을 획득하는 유일한 수단으로 계획되셨다.

[3] 그러므로 그는 이런 의미에서 교회의 머리로서 작정되셨는데, 이는 모든 것을 머리이신 그에게 모으려는 것이 하나님의 계획이었기

때문이다(엡 1:10).

[4] 하나님의 모든 택자는 그의 영원한 작정과 계획 속에서, 아버지와 아들 사이의 영원한 언약에서 죄와 율법과 사망에서 구원받고 하나님을 즐길 수 있도록 그에게 주어졌다. "그들은 아버지의 것이었는데 내게 주셨으며"(요 17:6). 그러므로 그들을 향한 그의 사랑은 그들 안에 어떤 선이나 사랑이 있기 전에 그가 그들을 사랑하셔서 그들을 위해 자신을 위해 주신 사랑이었다(엡 5:25, 26, 갈 2:20, 계 1:5, 6).

[5] 이런 하나님의 계획을 실행하고 영원한 언약을 성취하려고 때가 찼을 때 그는 친히 우리의 본성을 취하셨으며, 그것을 자신의 위격적인 본질로 삼으셨다. 이로 말미암아 그와 택함을 받은 자녀들 사이에 맺어진 특별한 관계에 대해 사도는 히 2:10-17에서 자세히 선포한다. 그러나 나는 독자들이 이 구절들에 대해 내가 강해한 것을 참고하기 바란다.

[6] 이런 기초 위에서 그는 새언약의 보증이 되셨다. "예수는 더 나은 언약의 보증이 되셨느니라"(히 7:22). 우리의 죄가 그리스도께 전가되는 근본적인 근거에 대한 모든 고려 중에서 나는 오직 이것만이 그의 보증인직의 본성과 그가 보증을 선 언약에 대한 실수를 제거할 수 있다고 주장할 것이다. 그리고 나는 내가 그 글을 쓸 때 현재 우리가 다루고 있는 주제를 다룰 것을 조금도 고려하거나 전망하지 못했지만, 이 서신서의 7장에서 사도가 제시하고 있는 본문에 대해 아직 출판은 안했지만 내가 강해한 것에서 거의 바꾸지 않고 이 주제와 관련해 제시하고자 하는 것을 빌려올 것이다.

그리스도의 보증인직의 본성

"엥구스(ἔγγυος)" 곧 "보증(surety)"이라는 단어는 이곳 이외에 성경 어디에서도 발견되지 않는다. 그러나 어떤 사람들이 이곳은 주 그리스도가 보증이라고 불리신 유일한 구절이기 때문에 보증에 대해 지나치게 강조하지 않는 것이 이롭다는 주장은 비합리적이며 불합리하다. 그 이유는 다음과 같다. 첫째로, 이 한 구절은 하나님의 계시이며 똑같은 목적으로 제시되고 있는 이십 개의 증언들과 똑같은 권위를 가지고 있다. 신적인 증거는 단 한 가지라도 우리의 믿음을 요구하며 백 가지의 증거와 마찬가지로 우리를 속이는 데서 지켜준다. 둘째로, 이 단어의 의미는 그것의 용도와 사람들 사이에서 그것이 무엇을 의미하는지를 통해 알려져 있다. 그러므로 비록 그것이 단 한 번 사용되었다고 하더라도 그것의 의미와 중요성에 대해 어떤 의심도 있을 수 없다. 그리고 이것은 논의에서 벗어날 어려움과 위험을 제거해 준다. 셋째로, 사도는 이 구절에서 의도하는 것을 명확히 선포하고 있으며, 성경의 다른 구절들은 풍성하게 그것을 가르치고 있다. 그러므로 한 번 사용한 이 단어는 이 주제에 대해 빛을 비춰주고 있지 그것을 왜곡시키고 있지 않다.

　　"엥구스(ἔγγυος)"라는 단어의 의미가 무엇인지 밝혀줄 수 있는 몇 가지가 더해질 수 있다. "구알론(Γύαλον)"은 "손 바닥(vola manûs, the palm of the hand)"을 의미한다. 그러므로 "엥구스(ἔγγυος)" 혹은 "에이스 토 구알론(εἰς τὸ γύαλον)"은 "손에 넘겨주는 것"을 의미한다. "엥구에테스(Ἐγγυητής)"도 똑같은 의미이다. 그러므로 보증이 된다는 것은 손을 치는 것으로 해석된다. "내 아들아 만약 네가 네 친구를 위해 보증이 되거나, 만약 낯선 자의 손을 쳐서 언약을 맺었다면"(잠 6:1, KJV). 70인역에서 "엥구아오(ἐγγυάω)"로 번역한 "아라브(עָרַב)"도(잠 6:1, 17:18, 20:16) 마찬가지이다. 그리고 "디엥구아오 (διεγγυάω)"(느 5:3)로 번역된 "아라브(עָרַב)"는 본래 어떤 것들이나 사람들을 혼합하거나 섞는 것을 의미한다. 그러므로 이렇게 혼합하고 섞는 것은 보증인과 그가 보증을 하려는 사람 사이에서 일어나는 것이며, 이로 말미암아 보증을 목적으로 그들은 섞여서 한 인격이 되며, 그 것은 보증을 위하거나 보증하는 데 사용된다.

그리고 보증(עָרַב)을 했거나 보증이 되는 사람은 자신이 그렇게 하는 사람에 대해 그에게 무슨 일이 일어나든지 책임을 져야 했다. 가령, 창 43:9에서 유다는 베냐민에 대해 자기 아버지에게 이렇게 맹세했다. "내가 그를 위하여 보증이 되리니(אָנֹכִי אֶעֶרְבֶנּוּ) 아버지께서 내 손에서 그를 요구하소서." 그의 안전과 보존과 관련해서 그를 위한 보증이 됨으로써 그는 그에게 일어날 모든 것에 대해 스스로 책임을 지겠다고 약속한다. 그는 "내가 만약 그를 아버지께 데려다가 아버지 앞에 두지 아니하면 내가 영원토록 비난을 받으리이다"라고 말을 더한다. 그리고 이런 근거 위에서 그는 요셉에게 그가 풀려나 자기 아버지께 돌아갈 수 있도록 자신이 그를 대신하여 종이 되고 속박이 되게 해달라고 간청한다(창 44:32, 33). 보증에는 보증을 서 준 사람이 책임져야 할 모든 것을 범죄든 공적인 일이든 책임질 것이 요구된다. 보증인은 보증을 서 주는 사람이 책임져야 할 것을 정당하고 법적으로 책임을 지는 사람이다. 그리고 이 단어는 다른 의미로 사용될 수 없다. 욥 18:3, 잠 4:1, 11:15, 17:18, 20:16, 27:13을 보라.

가령, 바울은 오네시모를 위해 빌레몬에게 보증이 되었다(18절). "엥구에(Ἐγγύη)"는 "약속한 사물이나 사람에 대해 다른 사람에게 안전을 보장하는 것(sponsio, expromissio, fidejussio)"이다. 이것은 어떤 경우에는 맹세하고 간청하는 것으로 표현된다. 랍사게는 원하는 것을 성취하기 위해 "간청하고(אֵן הִתְעָרֶב)" 요구한다(사 36:8). 그러므로 "아라본(עֵרָבֹון, ἀρραβών)"은 맹세하고 간청하는 것이다(엡 1:14). 그러므로 "엥구스(ἔγγυος)"는 자발적으로 다른 사람이 마땅히 받아야 할 것에 대해 책임지거나 감당하거나 갚겠다고 그 사람이 책임져야 할 원인이나 조건을 정당하고 합법적으로 자신의 것으로 받아들이는 것이다. 사도는 여기에서 이 단어를 이런 의미로 사용한다. 그러므로 다른 의미는 없다.

그리스도의 이런 보증인직의 본질에 대한 우리의 현재의 조사에서 다음과 같은 질문 하나로 전체의 문제가 해결될 수 있다. "주 그리스도는 하나님 편에서 언약의 약속이 성취되어야 한다는 것을 우리에게 확신시키려고 오직 하나님을 위해 우리를 향한 보증이 되셨는가?", 아니면 "우리에게 속한 것이 아니더라도 주로 우리 편에서 우리에게 약속이 성취되기 위해 요구되는 것을 행하셨는가?"하는 질문이다. 이것들 중 첫 번째 것은 소시누스주의자들에게 강력히 지지를 받았는데, 그로티우스(Grotius)와 하몬드(Hammond)가 이 구절에 대한 자신들의 주석에서 이런 입장을 따랐다.

쉴리히팅기우스는 이렇게 말한다. "그리스도는 언약의 중보자라고 불리시는데, 이는 그가 하나님의 이름으로 우리에게 간청하시기 때문이다. 하나님이 언약으로 약속하신 것은 지켜질 것이라고 믿어진다. 그는 사실 우리를 위해 하나님께 간청하지 않으시며 우리의 빚을 자신의 것으로 받아들이지 않으신다. 사실 우리가 그리스도를 보낸 것이 아니라 하나님이 그리스도의 이름으로 우리에게 오셨으며, 우리와 더불어 언약을 맺으셨고, 전에 비준된 약속들을 보증하시고 자신 안에서 받아주신다. 그러므로 그는 중보자이실 뿐 아니라 언약의 중보자라고 불리신다. 그러나 그리스도는 그것이 영원한 말씀으로 전에 견고하게 비준되고 약속되었을 뿐 아니라, 자신의 임무가 죄없고 거룩한 완벽한 생명으로, 하나님의 계획대로 그 일을 수행하고, 자신이 주장한 참된 가르침을 위해 죽기까지 고난을 받고 견디심으로써 약속된 것을 믿음으로 지키시는 한 신적인 진리로 맺어진 언약을 위해 간청하신다."

이것은 쉬리히팅기우스의 논의를 요약한 것이다. 똑같은 목적으로 하몬드 박사는 그는 언약의 약속을 확증하시려고 하나님을 위한 보증인이 되셨다고 그 구절을 해석한다.

그러나 고대와 현대의 로마교회와 개신교회의 일반적인 주석가들은 이 구절에 대해 주 그리스도는 언약의 보증으로서 우리를 위해 하나님께 보증이나 보증인이 되셨으며, 하나님을 위해 우리를 위한 보증이나 보증인이 되지 않으셨다고 인정한다. 그리고 이것이 교회의 믿음과 위로가 크게 관련되어 있는 매우 중요한 문제이기 때문에 나는 이 문제에 대해 조금 더 논의할 것이다.

첫째로, 그리스도가 단지 우리를 향한 하나님을 위한 보증이셨다는 것을 증명하려고 제시된 논증에 대해 살펴볼 수 있다. 그런데 이것은 보증이라는 일의 본질에서도, 그리스도가 보증이 되신 언약의 본질에서도, 그가 보증으로서 감당하신 일의 본질에서도 지지를 받을 수 없다. 그러나 제시되고 있는 유일한 논증은 우리가 하나님께 언약의 보증으로서 그리스도를 준 것이 아니라, 하나님이 그를 우리에게 주셨다는 것이다. 그러므로 그는 우리의 빚을 갚으시거나 우리에게 요구되는 것에 대해 책임을 지시도록 우리를 위한 보증이 되신 것이 아니라, 하나님과 그의 약속들의 성취하기 위한 보증이시라는 것이다.

그러나 이 논증에는 아무런 힘도 없다. 그것은 그가 감당하고 일하도록 계획되거나 계획될 수 있는 보증인의 본질에 속하지 않기 때문이다. 아무리 그가 그 일을 감당하도록 계획되거나 유도되었다 하더라도 그가 자발적으로 그 임무와 사역을 받아들이는 것이 필요한 모든 것이었다. 그가 어떤 근거나 이유나 고려로 그렇게 하셨든 자신의 의지로 자발적으로 받아들이신 것은 그의 보증이 되는 것이었다. 그리고 그리스도는 교회를 위해 이것을 하셨다. "하나님이 번제와 속죄제를 기뻐하지 않으셨다"고, 그가 그것들을 요구하시는 속죄를 하기에 충분한 것으로 받아들이시기를 기뻐하지 않으셨다고 언급되었을 때 그는 우리를 위해 언약을 맺고 그 언약이 효력이 발생하도록 하기 위해 "하나님이여 보시옵소서 내가 하나님의 뜻을 행하러 왔나이다"라고 말씀하셨기(히 10:5, 7) 때문이다.

그는 기꺼이 자발적으로 자신의 풍부한 선과 사랑에서 자신이 우리를 위해 속량하시겠다고 하셨으며, 그 안에서 그는 우리의 보증이 되셨다. 따라서 그가 이것을 감당하신 것은 그가 그 안에 나타내신 사랑에 기인한다(갈 2:20, 요일 3:16, 계 1:5). 그리고 더 나아가서 그가 우리의 보증이 되셨다는 데는 그가 우리의 본성이나 아브라함의 후손의 본성을 취하셨다는 것이 들어있다. 그러므로 비록 우리가 그를 그렇게 임명하지도 임명할 수도 없었지만, 그는 우리로부터 그렇게 되실 수 있는 것을 취하셨다. 그것은 마치 그가 우리의 보증이 되신 참된 이유와 관련해서 우리가 그로 하여금 그런 사역을 감당하시도록 계획한 것과 같다. 그러므로 이 문제에서 아버지와 그 사이에 사전에 맺어진 언약에도 불구하고, 이것은 그가 친히 자발적으로 우리의 보증이 되시고, 그런 목적을 위해 자신에게 우리의 본성을 취하시기로 하신 것이었다. 그리고 이것이 그가 이 일을 감당하신 형식적인 이유였다.

만약 다른 사람들이 그로 하여금 보증을 하시도록 계획하거나 임명하지 않는다면, 그가 다른 사람들을 위한 보증이 되실 수 없다는 것은 사실 근거가 부족하며, 모든 보편적인 경험과 반대되는 것이다. 세상에서 보증인직과 관련된 주요한 예들은 그것이 다른 사람들을 위해 보증하는 사람이 그들에 의해 강제된 것이 아니라 자발적으로 이루어진다는 보여준다. 그리고 그렇게 할 때 보증을 받는 사람뿐 아니라 보증이 되는 대상 또한 고려된다. 유다가 자발적으로 베냐민을 위한 보증이 되었을 때 그는 자기 형제의 안전만큼이나 자기 아버지의 만족을 고려했다. 그리고 주 그리스도는 우리를 위해 보증이 되셨을 때 우리의 안전 이전에 하나님의 영광을 고려하셨다.

둘째로, 우리는 그가 하나님을 위해 우리를 향한 보증이 되지 않으셨으며 되실 수도 없으셨다는 것을 분명히 보여주는 논증들을 생각할 수 있다. 그 이유는 다음과 같다.

1. "엥구스(Ἔγγυος)" 혹은 "엥구에테스(ἐγγυητής)" 혹은 "보증(surety)"은 어떤 사람이 실제로 혹은 명성에 있어서 결함이 있는 다른 사람을 위해 받아들이는 것이다. 받아들이는 것이 무엇이든지 약속의 말에서든, 중재하는 사람의 손에 실질적인 안전을 맡기는 것이든, 다른 사람에게 생명과 몸을 맡기는 것이든 그것은 보증을 받는 사람의 결함을 고려한다. 모든 선한 저자들과 일반적인 언어의 용도에서 그런 사람은 "보증인(sponsor 혹은 fidejussor)"이라고 불린다. 만약 어떤 사람이 절대적으로 신용이 있고 모든 면에서 명성에 의문의 여지가 없다면, 치명적인 경우가 아니라면 보증인이 필요없다. 그 능력이나 명성이 의심가는 사람을 위해 보증인이 필요하다. 그것은 "나의 것으로 받아들

여서 갚아주거나 갚아줄 것"을 의미한다. 그리고 "엥구스(ἔγγους)"가 형용사로 사용될 때 그것은 때때로 해결할 수 없는 다른 사람을 위해 갚아 주는 것(satisdationibus obnoxious)"을 의미한다.

2. 그러므로 하나님은 그의 편에 어떤 결함이 있다고 상상할 수 없기 때문에 어떤 보증도 가지고 계시지 않는다. 사실 어떤 말이나 약속이 하나님의 말이나 약속인지 아닌지에 대한 질문이 있을 수 있다. 이것에 대해 확신시키는 것은 보증인의 사역이 아니라, 단지 그것이 그러하다는 것을 증거하는 사람이나 수단, 곧 증인이다. 그러나 제시된 것이 그의 말씀이나 약속이라는 것을 전제할 때 그의 편에서 어떤 결함이 있을 것이며, 그가 그것을 행하실 것이라는 보증인이 필요하다는 어떤 상상도 두려움도 있을 수 없다. 그는 자신의 말씀을 확증하시기 위해, 곧 자신이 하신 약속대로 하실 것이라는 것을 증거하시기 위해 증인들을 사용하신다.

마찬가지로 주 그리스도는 그의 증인이셨다. 사 53:10은 "나 여호와가 말하노라 너희는 나의 증인, 나의 종으로 택함을 입었나니"라고 말한다. 그러므로 "그는 자신이 진리에 대해", 곧 하나님의 약속들의 진리에 대해 "증거하시기 위해 세상에 오셨다"는 것을 인정하신다(요 18:37). 그는 조상들에게 주신 하나님의 약속들의 진실함을 위해 할례의 추종자가 되셨다(롬 15:8). 그러나 그는 하나님을 위한 보증인이 되지 않으셨으며 되실 수 없으셨다. 증인과 보증인의 거리와 차이는 충분히 넓다. 보증인은 그가 보증을 서는 사람보다 혹은 보증이 필요없는 사람보다 더 많은 능력이나 더 많은 신용과 명성이 있어야 하기 때문이다. 혹은 적어도 그는 그들의 신용에 더해 줄 것이 있어야 하며, 그가 없는 것보다 그의 신용을 더 좋게 만들 수 있어야 한다. 하나님을 위해 이런 것은 있을 수 없으며, 그의 모든 사역에서 아버지의 종이셨던 주 그리스도 자신에게도 이런 일은 있을 수 없다.

그리고 사도는 어떤 수단으로든 어떤 다른 것에 확신을 주는 어떤 사람에 대해 일반적이며 부적절한 의미로 이 단어를 사용하지 않는다. 그가 특별히 그리스도를 위해 그런 어떤 것도 돌리지 않고 있기 때문이다. 그런 의미에서 모든 선지자들과 사도들은 하나님을 위한 보증인들이었으며, 그들 중 많은 사람이 자신들의 목숨을 바침으로써 그의 말씀과 약속들의 진실성을 확증하였다. 그러나 그가 의도한 보증인은 그들 스스로 할 수 없거나 적어도 자신들에게 요구되는 것을 할 수 있는 것으로 간주되지 않는 다른 사람들을 위해 취하는 것이다.

3. 사도는 전에 언약의 문제에서 하나님의 보증인이 누구이시며, 그것이 무엇을 의미하며, 그가 어떤 다른 것을 가지시는 것이 얼마나 불가능한지 자세히 다루었다. 그리고 하나님은 친히 맹세로써 개입하시는 것만을 인정하신다. "그는 더 이상 큰 것으로 맹세하실 수 없기 때문에 자신으로 맹세하셨다"(히 6:13, 14). 그러므로 만약 하나님이 자신 이외에 어떤 다른 보증인을 주신다면, 그는 자신보다 더 커야 한다. 이것은 모든 면에서 불가능하기 때문에 그는 오직 자신으로 맹세하신다. 그는 우리가 그것이 그의 말씀이라는 것을 알고 믿을 수 있도록 우리를 향해 자신의 진리를 선언하시고 증거하시려고 많은 것을 사용하실 수 있고 사용하신다. 가령, 주 그리스도는 자신의 사역에서 하나님이 진리에 대한 주요한 증인이셨다. 그러나 그는 자신 이외에 다른 보증인을 가질 수 없으셨다.

4. 그러므로 그가 이 문제에 있어서 우리로 하여금 자신의 약속들에 대한 믿음에 대해 온전한 확신에 도달하게 할 뿐 아니라, 그 속에서

강한 위로를 받게 하려 하실 때 그는 그의 약속과 맹세가 선포하고 있듯이 그것을 전적으로 자신의 작정의 불변성에 호소하신다(히 6:18, 19). 그러므로 하나님은 그런 의미에서 어떤 보증인도 가지실 수 없으며, 우리는 우리의 믿음을 가장 높은 정도로 확증하기 위해 그의 편에서 어떤 보증인도 필요로 하지 않으신다.

5. 우리는 모든 면에서 우리를 위한 혹은 우리를 대신 할 보증인이 필요하다. 그리고 그런 보증인의 개입이 없이는 하나님과 우리 사이의 어떤 언약도 견고하거나 안정적일 수 없거나, 모든 것이 질서잡혀 있고 확실한 영원한 언약이 될 수 없다. 아담과 맺어진 첫 번째 언약에서 어떤 보증인도 없었지만, 하나님과 사람은 직접적으로 언약을 맺은 자들이었다. 그리고 비록 그런 상태와 조건에서 언약의 모든 조건을 행하고 충족시킬 수 있었지만, 그것은 깨어졌고 무효화되었다. 만약 하나님의 약속이 실패해서 이런 일이 일어났다면, 새로운 언약을 맺을 때 그 언약이 안정되고 영원한 것이 되려면, 그가 자신을 위해 보증인이 되시는 것은 필수적이었다. 그러나 이런 상상을 하는 것은 거짓되고 신성을 모독하는 것이다. 실패하고 그 언약을 깬 것은 오직 사람이었다. 그러므로 새언약을 맺고, 그것이 전자와 마찬가지로 무효화되지 않으려면, 우리가 우리를 위한 보증인을 가지는 것은 필수적이었다. 만약 우리를 위한 중보자가 없었기 때문에 우리가 그것의 조건에 대해 책임질 수 있는 그 모든 능력에도 불구하고 그 첫 번째 언약이 확고하고 안정적이지 않았다면, 우리의 본성이 부패하고 죄를 지은 지금은 어떤 다른 보증인이 얼마나 더 필요하겠는가! 그러므로 우리는 오직 우리를 위한 보증인이 필요하다. 오직 우리는 그가 필요하다. 그리고 그가 없다면 언약은 우리 편에서 확고하지 않으며 깨지지 않을 수 없다. 그러므로 이

언약의 보증인은 우리를 위해 하나님과 더불어 보증인이 되셔야 한다.

6. 사도가 이곳에서 취급하고 있는 것은 그리스도의 제사장직이며 오직 그것만을 다루고 있다. 그러므로 그는 제사장이신 것처럼 보증인이시며 우리를 위해 하나님과 더불어 그 사역을 감당하고 계신다. 쉴리히팅기우스도 이것을 관찰하고 자신의 거짓된 주장에 어떤 반론이 제기될 줄 알고서 이것을 제거하고자 노력한다. 그는 다음과 같이 말한다.

"더 나아가서 한 거룩한 저자가 왜 그리스도의 제사장직에 대해 이전과 이후의 글에서 갑자기 언약의 중보자이신 그를 제사장으로 부르지 않았으며, 사전에 맺어진 언약에 따라 왜 예수가 제사장이 되었다고 말하지 않았는지는 다른 사람에게 놀랍게 여겨질 수 있다. 이것을 파악하려면 사실 전체적인 논의를 알아야 한다. 나는 보증인이라는 단어 안에 그리스도의 제사장직이 포함되어 있다는 것은 믿을 만하다는 것을 알고 있다. 사실 보증인은 다른 사람의 이름으로 무엇인가를 약속하고 다른 사람을 위해 자신의 믿음을 제시하는 것일 뿐 아니라, 만약 그런 일이 일어난다면 다른 사람의 이름으로 자신이 약속한 것을 지킨다는 것을 의미한다. 인간사에서 만약 보증인이 약속한 것이 지켜지지 않는다면, 그것은 사실 계약 위반이다. (전에 이렇게 하지 않기로 약속했기 때문이다.) 그리스도가 보증한 사람은 자신이 받은 약속이 그리스도 자신을 통해 주어진 것임을 우리에게 보여준다. 그리고 그것은 특별히 제사장이신 그리스도와 연결되어 있다."

대답 1. 그리스도가 보증인이라는 것을 자신의 상상에 따라 그리는 사람에게 사도가 왜 그를 그렇게 부르고 그의 제사장직에 대해 묘사하면서 그것에 속해 있는 것으로 그를 그렇게 소개했는지 사실 이상하게 여길 수 있다. 그러나 보증인이 감당하는 일과 임무가 무엇이며, 보증인이 되신 주 그리스도가 누구이신지 인정하라. 그러면 그의 제사장 직분이 소개될 때 그것에 대해 언급하는 것보다 더 적절하고 연관성 있는 곳이 없다는 것을 알게 될 것이다.

대답 2. 그는 그리스도의 보증인직에 대한 자신의 설명에서 그리스도를 하나님을 위한 보증인이 되게 함으로써 사람들 사이에 사용되는 보증인의 본질과 개념과 모순되게 한다. 그는 보증인은 관여하고 보증을 서주는 사람 안에 있는 결함과 무능력을 전제한다는 것을 인정한다. 그는 그들이 빚진 것을 갚아주어야 하고 그들이 할 수 없는 것을 해주어야 한다. 그리고 만약 이것이 이곳에서 보증인의 개념이 아니라면, 사도는 성경 다른 어떤 곳에서도 사용되지 않는 것을 사용하여 우리에게 그것이 사람들 사이에서 의미하고 있지 않은 무엇인가를 가르쳐 주고 있는 것이다. 그런데 그런 주장은 불가능하고 불합리하다. 그가 그것을 사용하는 유일한 이유는 다른 경우들에서 사람들이 사용하고 있는 이 단어의 본질과 개념으로 우리가 그것의 의미를 이해하고, 그것이 무엇을 의도하는지, 그 단어로 그가 주 예수께 무엇을 돌리고 있는지 이해 할 수 있도록 하는 것이다.

대답 3. 그는 그 직분의 본질을 전복시키지 않고 사도가 그의 제사장직을 묘사하면서 그리스도를 보증인으로 언급한 것을 풀 수 있는 방법을 가지고 있지 않다. 제사장으로서 그리스도가 하나님의 위한 보증인이셨다는 이 불합리한 개념을 확신시키기 위해 그는 우리로 하여금 그리스도의 제사장직이 그가 우리에게 하나님의 약속들이 효력을 발생하도록 하시거나, 그가 우리에게 약속된 선한 것들을 효과적으로 전달하신다는 것을 믿도록 해야 하기 때문이다. 이런 잘못된 개념이 실제로 그리스도의 제사장직을 파괴시킨다는 것을 나는 다른 곳에서 간파하고 반박하였다. 그러므로 주 그리스도가 제사장으로서 언약의 보증인이시며, 그리스도의 모든 제사장으로서의 활동이 하나님을 그것들의 직접적인 대상으로 가지며, 우리를 대신하여 그와 더불어 행해지는 것임을 고려할 때 그는 또한 우리를 위한 보증인이셨다.

그리스도의 중보직과 새언약과의 관계

주 그리스도는 우리를 위한 보증인으로서 우리가 언약의 유익들과 그 안에서 준비되어 있고, 제시되어 있으며, 약속되어 있는 은혜와 영광을 하나님의 지혜로 정해진 방법과 방식으로 즐길 수 있도록 자신의 풍성한 은혜와 사랑을 따라 자발적으로 우리 편에서 요구되는 모든 것을 감당하셨다. 그리고 이것은 두 가지로 축소될 수 있다. 첫째로, 그는 첫 번째 언약을 거스른 우리의 허물에 대해 책임을 지셨다. 둘째로, 그는 새언약의 은혜를 값주고 사시고 획득하셨다. "그는 아브라함의 축복이 우리에게 올 수 있도록 우리를 위해 저주가 되셨다"(갈 3:13-15).

(1) 그는 언약의 보증인으로서 그것의 유익들에 참여하게 될 사람들의 모든 죄를 책임지셨다, 곧 그는 그들의 죄로 말미암은 처벌을 받으시고, 자신을 그들의 죄를 사하기 위한 화목제물로 주시고, 자신의 피의 대가로 율법과 율법의 저주 아래 있는 그들의 비참하고 속박된 상태에서 그들을 구속하셨다(사 53:4-6, 10, 마 20:28, 딤전 2:6, 고전 6:20, 롬 3:25, 26, 히 10:5-8, 롬 8:2, 3, 고후 5:19-21, 갈 3:13). 그리고 언약 안에서 준비된 은혜와 영광이 우리에게 전달되려면 이것은 절대적으로 필요했다. 만약 그가 이것을 취하시고 행하지 않으신다면, 하나님의 의와 신실하심은 죄인들이, 곧 그에게서 배교하고, 그의 권위

를 경멸하고, 그를 향해 반역하여 그로 말미암아 율법의 선고와 저주 아래 있는 자들이 다시 그의 호의로 받아들여지고 은혜와 영광에 참여하게 되는 것을 허락할 수 없었을 것이다. 그러므로 주 그리스도는 친히 언약의 보증인으로서 이것을 취하셨다.

(2) 이 언약 안에 받아들여진 사람들은 그들로 하여금 그 조건에 응하고, 그 조건을 성취하며, 그 안에서 하나님이 요구하시는 순종을 할 수 있는 은혜를 받아야 한다. 그는 그들을 새로운 피조물로 만드시고, 그들로 하여금 영적인 생명의 새로운 원리들에서 하나님께 순종하고 신실하게 그것들을 끝까지 지킬 수 있게 하시는 성령과 모든 공급되어야 하는 은혜를 그들을 위해 획득하셨다. 그러므로 그는 더 나은 언약의 보증인이셨다. 그러나 이것에 속하는 모든 것은 내가 말했던 것처럼 그것들이 나온 곳에서 우리의 현재의 목적에 맞게 자세히 다루어질 것이다.

그러나 어떤 사람들은 이것들에 대해 다른 개념들을 가지고 있다. 그들은 "그리스도는 자신의 죽음과 그에 대한 자신의 순종으로 자신을 하나님께 향기로운 희생제물로 드리셨으며, 우리를 위한 새언약을 획득하셨다"고 말한다. 또한 어떤 사람은 말한다. "우리가 그리스도의 죽음으로 가진 모든 것은 은혜언약으로 말미암은 것이다. 그가 이 언약 안에서 하나님이 요구하시고 값없이 그에게 감당하고 고난받으라고 주신 것을 감당하시고 고난을 받으셨기 때문이다. 그가 위하여 죽으신 사람들의 죄와 관련해서 하나님의 정의가 그런 것을 요구하고, 그들을 대신하여 그가 고난을 받으신 것이 아니다. 오히려 그것은 하나님의 자유로운 지혜와 주권으로 그에게 임명된 것이었다. 이것에 기초해서 하나님은 옛언약의 조건을 면제하시고, 우리의 이성에 맞고 우리의 능력으로 가능하며, 모든 면에서 우리에게 유익이 되는 조건으로 사람과 새 언약을 맺는 것을 기뻐하셨다. 이 조건은 믿음과 신실한 순종이나, 그 안에 포함되어 있는 하나님의 뜻에 순종하고 영생이나 미래의 보상의 약속으로 격려하고 있는 신적인 계시의 진리에 동의하는 것이다. 우리 의 칭의와 양자와 미래의 영광은 이런 조건을 행하는 데 달려있다. 그 것은 그가 우리의 죄를 용서하시고 마치 우리가 완벽하게 의로운 것처 럼 우리를 받아주시는 하나님 앞에서 의이기 때문이다."

그러므로 그들이 그리스도의 죽음에 돌리고 있는 우리를 위한 새 언약을 이렇게 획득함으로써 그들은 그것으로 옛언약이나 율법의 폐 기하거나, 적어도 그것을 손상시켜서 그것이 더 이상 우리에게 죄없는 순종이나 처벌을 요구하거나, 하나님 앞에서 우리를 칭의에 이르게 하 는 완벽한 의를 요구하지 않으며, 그것의 준수에 복음의 모든 약속이 달려있는 우리의 현재의 상태와 조건에 맞는 새로운 순종의 법을 제정 하는 것을 의도한다.

다른 사람들은 그리스도의 죽음 안에 율법이나 율법이 요구하는 것 에 따라 하나님께 드려진 것이 아니라, 절대적으로 하나님께 드려진 실 질적인 충족이 있었다고 말한다. 곧 그는 그의 정의나 율법의 저주에 대한 어떤 고려도 없이 하나님이 기뻐하시고 만족하시는 것을 행하셨 다는 것이다. 그리고 그들은 이것을 근거로 우리가 그 유익들에 참여 하는 한 그리스도의 전체 의가 우리에게 전가되었으며, 더욱이 그것들 이 우리에게 전달되는 방법은 자신의 죽음으로 주 그리스도가 획득하 신 새언약에 의한 것이었다고 더한다. 이 언약의 조건들은 언약 그 자 체에서 세워졌는데, 하나님은 그것에 의존하여 그것의 모든 유익과 효 과를 우리에게 부여하실 것이다. 그리고 그것은 믿음과 순종이다. 그러므로 주 그리스도가 우리를 위해 행하신 것은 하나님이 그것과 관련하여 우리의 믿음과 순종을 기초로 우리가 짓거나 하지 않은 모든 죄를 풀어주시고 용서하신다는 의미에서 우리의 법적인 의로 받아들여진다. 이런 용서를 기초로 우리의 칭의나 구원에 어떤 적극적인 완벽한 의도 필요하지 않다. 오히려 우리의 개인적인 의가 그리스도가 획득하신 새언약 덕택에 그 대신에 하나님께 받아들여진다. 이것이 쿠르셸라이우스(Curcellaeus)와 그와 함께 하거나 그를 따르는 사람들이 이와 관련해 주장하는 교리이다.

이런 의견에는 살펴 볼 필요가 있는 다양한 것들이 있다. 그리고 그들은 전부는 아니더라도 논의를 계속하는 동안 우리에게 나타날 것이다. 우리는 여기에서 오직 우리가 언약의 보증인으로서 주 그리스도에 대해 지금까지 논의한 것에 대해서만 살펴볼 것이다. 그들이 주장하고 있는 모든 것의 기초에는 그리스도가 자신의 죽음으로 우리를 위한 새언약을 획득하셨다는 것이다. 그리고 그것이 한 사람이 말한 것처럼 우리가 그로 말미암아 가지고 있는 모든 것이다. 그러나 만약 그것이 그렇지 않다는 것을 증명하려면, 우리는 그것이 무엇이 있는 것처럼 보지 말아야 한다. 오히려 다음과 같은 것들이 관찰되어야 한다.

(1) 새언약을 획득하는 조건들이 애매모호하다. 내가 알기에 주 그리스도가 어떻게 그것을 획득하셨는지에 대해, 곧 그가 그것에 대한 공로적 원인으로서 자신의 충족과 순종으로 그렇게 하셨는지, 혹은 어떤 다른 종류의 인과율이 있는지에 대해 어느 누구도 밝히고 있지 않다. 만약 이것이 진술되지 않았다면, 새언약이 그리스도의 죽음과 어떤 관계를 의도하고 있는지 전적으로 불확실하다. 그리고 우리가 그것에 새언약을 빚고 있다고 말하는 것은 이 문제를 해결하는 것이 아니라,

조건들을 더 애매모호하게 만든다. 그리고 그것이 그 언약을 구성하고 있거나 그 유익들을 전달하는 것을 의도하고 있는지 불확실하다. 그리고 하나님이 그리스도가 하신 일을 기뻐하시고, 그를 기초로 사람과 새 언약을 맺으신다는 것은 일반적인 것이다. 그리스도의 전체적인 충족과 공로를 거절하는 사람들도 이것을 인정할 수 있다. 만약 그것이 주 그리스도가 자신의 순종과 고난으로 새언약을 맺고 수립하는 것을 획득하셨다는 것을 의미하고, 그것이 그가 획득하신 모든 것이며 그의 죽음의 전체적인 결과라면, 그들이 말하는 것은 이해될 수 있지만, 그리스도의 중보의 전체적인 본질은 그로 말미암아 전복된다.

(2) 그것이 우리 종교의 근본적인 조항과 관련된 것이며 교회의 영원한 복지가 달려있는 반면에 성경에는 그것에 대한 어떤 언급도 없다는 점에서 이런 의견은 큰 편견에 빠진 것이다. 만약 그들의 말이 옳다면, 그것이 그리스도의 죽음의 유일한 효과라고 말하는 것은 이상하지 않다. 그러나 성경에서 다양한 것들이 그리스도의 죽음과 효과들과 열매들로 제시되고 있지만, 이것이 그렇다는 것은 분명한 말이나, 어떤 정당하거나 합법적인 결과로서 이것을 허락하는 것은 어느 곳에서도 언급되어 있지 않다. 우리의 구속과 죄 사함과 우리의 본성의 갱신과 우리의 성화와 칭의와 하나님과의 화평과 영생은 거의 셀 수도 없이 많은 곳에서 모두 함께 때로는 몇 가지로 그리스도의 죽음의 효과나 유익으로 돌려지고 있다. 그러나 그리스도가 자신의 죽음으로 새언약을 획득하시고 얻으셨다거나, 하나님이 사람들과 새언약에 들어가셨다는 것은 성경 어디에서도 언급되어 있지 않다. 그렇다. 우리가 보겠지만, 오히려 그것과 반대되고 그것과 조화를 이루지 못하는 것이 자주 주장되고 있다.

(3) 이에 대한 진리를 분명히 하기 위해 우리는 이것과 관련된 그리스도의 죽음의 참되고 실질적인 의미와 더불어 새언약의 몇 가지 개념들과 원인들을 고려해야 한다. 그리고 그것은 우리에게 다양하게 나타난다.

[1] 하나님의 작정 안에서 그것의 조건들과 유익들을 계획하고 준비하는 데서. 그리고 이것은 비록 영원한 작정의 본질을 가지고 있지만 어떤 사람이 추측하는 것처럼 선택의 교리와 같지 않다. 그것은 은혜와 영광이 준비된 주체나 사람을 고려하고 있는 것이며, 이것은 그것들을 전달하는 방식과 방법과 관련하여 그 은혜와 영광을 준비시키는 것이기 때문이다. 어떤 학식있는 사람들은 그에 의해 준비된 방법과 수단으로 예수 그리스도를 통해 택자에게 은혜와 영광을 주시려는 하나님의 뜻에서 나온 이런 작정과 목적은 형식적으로 은혜언약이거나, 적어도 그 안에 언약의 본질이 놓여 있다고 판단한다. 그러나 하나님의 이런 목적이나 작정은 성경에서 언약이라고 불리지 않고, 단지 언약의 원천과 기초로서 제시된다(엡 1:3-12).

완전히 은혜언약으로 받아들여지려면, 그것을 성취하는 수단과 능력과, 우리가 그것에 참여하고 그것의 유익을 누릴 수 있는 방법을 제시하는 것과 더불어 하나님의 뜻으로 말미암은 이런 작정에 대한 선포가 요구된다. 그러나 새언약을 획득하는 원인에 대한 탐구에서 그것은 고려해야 하는 첫 번째 것이다. 이 원천에서 나오지 않은 어떤 것도 이 언약을 획득하는 원인이 될 수 없다. 이것에 대한 하나님의 계획과 그 조건들과 유익들을 준비시키는 것은 하나님의 생각 안에 있었다. 그러나 그것은 성경 어디에서도 그리스도의 죽음이나 중보의 효과로서 인정되고 있지 않으며, 그것을 거기에 돌리는 것은 영원한 은혜와 사랑의 전체적인 자유를 전복시키는 것이다. 그리고 하나님의 이런 작정과 계획과 같은 절대적으로 영원한 어떤 것도 외적이고 일시적인 어떤 것의 결과이거나 그것에 의해 획득될 수 없다.

[2] 그것은 그의 뜻의 이런 작정을 성취하는 것과 관련하여 아버지와 아들 사이에 일어나는 언약의 관계 속에서 고려되어야 한다. 이것들이 무엇이며, 이것들이 어디에 놓여 있는지 대해 나는 다른 곳에서 자세히 선포했다(Exercitat., vol. ii.19). 그리고 나는 이것을 절대적으로 은혜언약이라고 부르지 않을 것이다. 그리고 그것은 성경에서 그렇게 불리지 않는다. 그러나 어떤 사람들은 여전히 중보자 언약과 은혜언약을 구분하지 못하는데, 이는 언약의 약속들이 절대적으로 그리스도와 맺어진 것으로 언급되어 있기 때문이다(갈 3:16). 그리고 그는 이 언약이 주는 모든 은혜의 첫 번째 주체($\pi\rho\tilde{\omega}\tau o\nu\ \delta\epsilon\kappa\tau\iota\kappa\acute{o}\nu$)이시다.

그러나 중보자 언약에서 그리스도는 자신을 위해 홀로 서시며, 교회의 대표자로서가 아니라 오직 자신을 위해 언약을 맺으신다. 그러나 그는 이것을 은혜언약에서 하신다. 그러나 이것은 그것이 성취되는 모든 방법과 수단과 목적과 관련해서 성취하기로 계획된 것이다. 그리고 모든 것은 하나님의 지혜와 은혜와 의와 능력의 영원한 영광을 나타내도록 만들어져 있다. 그러므로 은혜언약은 이 중보자 언약이나 혹은 하나님 아버지와 아들 사이에 중보의 사역을 취하기로 맺어진 언약의 원인이 아닌 어떤 수단이나 원인에 의해 획득될 수 없었다. 그리고 이것은 성경 어디에서도 그리스도의 죽음에 돌려지고 있지 않다. 그러므로 그것을 주장하는 것은 모든 영적인 이유와 이해에 반대되는 것이다. 누가 그리스도가 자신의 죽음으로 하나님과 자신이 죽으셔야 하는 사람 사이에 언약을 획득하셔야 했다고 생각할 있는가?

[3] 특별한 계시로 그것을 선언하는 것과 관련해서. 비록 성경에서 언약을 맺는 것은 그것을 사람들에게 실제로 시행하고 적용하는 것에 주로 적용되고 있지만, 우리는 이것을 하나님이 언약을 맺으시거나 세우시는 것으로 부를 수 있다(삼하 23:5, 렘 32:40). 이런 하나님의 은혜에 대한 선언과 중보자 언약 안에서 세워진 계획이 효력을 발생하게 하는 것이 다른 어떤 것보다도 은혜언약이라고 불린다. 그리고 이것에는 두 가지가 있다.

첫째로, 유일하고 절대적인 약속의 방법으로. 그것은 먼저 아담에게, 후에는 아브라함에게 선포되고 맺어졌다. 이 약속은 전에 선포되었던 하나님의 작정이나, 타락과 그들이 자신들의 첫 번째 언약의 상태를 깨뜨릴 것을 전제로 죄인들을 다루시는 것과 관련하여 하나님이 자유롭게 자신의 뜻에 따라 계획하시고 결정하신 것이 선포된 것이다. 여기에서 하나님의 은혜와 뜻이 유일한 원인이었다(히 8:8). 그리고 그리스도의 죽음은 그것을 획득하는 수단일 수 없었다. 그 자신이, 그리고 그가 우리를 위해 하셨던 모든 것이 그 약속의 실체였다. 그리고 이 약속, 곧 그의 주권적인 지혜와 기뻐하심을 따라 준비되고 계획된 방법과 조건으로 그리스도의 중보를 통해 죄인들에게 은혜와 영광을 전달하시려는 하나님의 뜻의 목적이나 작정을 선포하고 있는 이 약속이 비록 그것이 우리에게 완전히 전달되기 위해 더해져야 하는 것이 있었지만 형식적으로 새언약이다.

그런데 은혜의 전체 언약이 실질적으로 놓여 있는 첫 번째 약속의 실체는 직접적으로 그의 죽음을 통해 죄와 비참함에 빠져있는 사람들을 회복시키기 위해 그를 보내시는 것이었다(창 3:15). 그러므로 만약 그와 그의 중보와 그의 죽음과 그것은 모든 효과가 언약의 약속에, 곧 언약 그 자체에 포함되어 있다면, 그의 죽음은 그 언약을 획득하는 원인이 아니며, 우리는 그 언약에 대해 그것에 빚지고 있지 않다.

둘째로, 추가적으로 우리가 그와 언약의 상태에 들어가거나, 그 유익들에 참여하게 되는 방법과 수단을 정하시는 것이 하나님의 뜻이었다. 이것이 실질적으로 절대적인 약속에 포함되어 있다는 것은 (하나님의 모든 약속은 무언으로 우리 안에 믿음과 순종을 요구한다) 우리 편에서 요구되는 조건의 방식으로 다른 곳들에서 표현되어 있다. 이것은 언약이 아니라 우리가 그것에 참여하기 위한 우리 편에서의 조건이다. 그리고 이런 조건을 구성하는 것은 그리스도의 죽음의 효과에 의해 획득되는 것이 아니다. 그것은 단지 하나님의 주권적인 은혜와 지혜의 결과이다. 우리에게 부여되고, 우리에게 전달되고, 우리 안에서 은혜로 말미암아 일어나는 것들은 모두 그리스도의 죽음의 효과들이다. 그러나 그들을 언약의 조건들로 만드는 것은 단지 주권적인 지혜와 은혜의 행동이다. "하나님이 세상을 사랑하셔서 독생자를 보내셔서 죽게 하신 것"은 믿음과 회개를 구원의 수단이 되게 하려는 것이 아니라, 그의 모든 택자가 믿고 믿는 모든 자가 "멸망하지 않고 영생을 얻게 하려는 것"이었다.

그러나 언약의 이런 조건들이 아버지와 아들 사이에 맺어진 언약을 고려하고 있다는 것은 인정된다. 그 안에서 그것들은 하나님의 은혜의 영광을 찬미하기 위해 세워졌다. 그러므로 비록 그것들이 그의 죽음을 획득하는 것은 아니었지만, 그의 죽음이 없이는 그것들 또한 없었을 것이다. 그러므로 하나님이 새언약을 만드신 유일한 원인은 그리스도를 우리의 중보자로서 주신 것과 똑같다. 곧 성경의 모든 곳에서 표현되어 있는 것처럼 하나님의 목적과 계획과 선하심과 은혜와 사랑이 그것이다.

[4] 언약의 은혜와 유익들과 특권들을 어떤 사람들에게 실질적으로 적용하여, 그로 말미암아 그들이 그것들에 실제로 참여하거나 하나님과 언약을 맺게 되는 것으로 고려될 수 있다. 그리고 성경에서 오직 이것만이 하나님이 어떤 사람과 언약을 맺으시는 의도이다. 그것은 일반계시나 언약의 조건들과 본성을 선포하는 것이 아니다. (어떤 사람들은 자신들이 가장 잘 알고 있는 근거에 따라 그것을 보편적 조건적 언약이라고 부르는데, 그 이유는 어떤 사람과 언약을 맺는 바로 그 형식적인 본질은 그것을 실질적으로 받아들이고, 그것의 유익들에 참여하게 하려는 것이기 때문이다. 오히려 그것에 대한 성경의 모든 예들이 선포하고 있듯이 하나님이 어떤 사람과 언약을 맺으시는 것은 순종이라는 처방에 수반되는 그 언약의 은혜를 전달하시려는 것이었다.

그러므로 "은혜언약은 그리스도의 죽음과 어떤 관계가 있으며, 그것에 어떤 영향을 미치는가?"라는 질문이 제기될 수 있다.

나는 그가 이 언약의 보증이시라고 언급되고 있는 것을 전제로 세 가지를 생각할 수 있다고 대답한다.

첫째로, 그 언약은 그것의 은혜와 영광이 하나님의 작정 안에서 준비되어 있고, 그것의 조건들은 중보자 언약으로 고정되어 있으며, 그것은 약속으로 선포되었기 때문에 그로 말미암아 확증되고 비준되고 돌이킬 수 없다는 것이다. 우리 사도는 이것을 히 9:15-20에서 자세히 주장하고 있으며, 그는 그의 죽음과 희생을 상징하는 그의 피를 옛언약이 확증되고 거룩하게 되고 드려지거나 수립된 희생제사들과 그들의 피와 비교하고 있다(18, 19절). 그런데 이런 희생제사들은 그 언약을 획득하거나 하나님을 설득하여 그것에 들어가게 하는 것이 아니라,

단지 그것을 비준하고 확증하는 것이었다. 그리고 이것은 새언약에서 그리스도의 피로 이루어졌다.

둘째로, 그는 이것으로 말미암아 새언약 안에서 의도되고 계획되고 준비된 효과들과 열매들과 유익들과 은혜가 실질적으로 성취되고 죄인들에게 전달되도록 하나님의 의와 지혜 안에서 요구되는 모든 것을 감당하고 행하셨다. 그러므로 비록 그는 자신의 죽음으로 우리를 위해 언약을 획득하지 않으셨지만, 그는 자신의 위격과 중보와 삶과 죽음으로 언약의 모든 은혜가 우리에게 효력이 발생되도록 하시는 유일한 원인이며 수단이셨다.

셋째로, 그 모든 유익이 그로 말미암아 획득되었기 때문이다. 곧 하나님이 자신의 뜻의 작정 안에서 준비하시고, 중보자 언약 안에서 이것이 전달되는 방법과 관련하여 고정하시고, 그것에 대한 약속들로 제시하신 모든 은혜와 자비와 특권들과 영광은 그의 죽음으로 말미암아 구입되고 획득되었고, 그의 중보사역의 다른 것들과 더불어 그 덕택에 효과적으로 전달되거나 적용된다. 그리고 이것은 그 조건을 획득하는 것과 관련하여 엉터리로 제시된 것보다 훨씬 더 탁월하게 새언약을 획득하는 것이다. 만약 그가 이것 이외에 더 이상 다른 것을 획득하지 못하셨다면, 만약 우리가 오직 이것만을 그의 중보에 빚졌다면, 하나님이 그것에 기초하여 누구든지 믿는 자는 구원을 받을 것이라는 규칙과 법과 약속을 인정하고 세우셨다면, 그로 말미암아 어느 누구도 구원받지 못하는 것이 가능했다. 그렇다. 만약 그가 더 이상 하지 않으셨다면, 우리의 상태와 조건을 고려할 때 어떤 사람이 그렇게 되는 것은 불가능했다.

이것들을 요약하면, 이것은 새언약이 그리스도의 죽음에 의해 획득되었다고 할 때 그것들 중 어떤 측면이 고려되어야 하는가 하는 문제이다. 만약 그것이 언약 안에서 준비되고 그것에 대한 약속들 안에서 제시된 모든 은혜와 영광을 실질적으로 전달하는 것이라고 말한다면, 그것은 틀림없이 사실이다. 언약 안에서 약속된 모든 은혜와 영광은 예수 그리스도로 말미암아 교회를 위해 구입되었다. 이런 의미에서 그는 자신의 죽음으로 새언약을 획득하셨다. 전체 성경은 첫 약속에서 끝까지 이 사실에 대해 증거하고 있다. "하나님이 하늘에 속한 모든 신령한 복으로 축복하시는 것"은 오직 그 안에서이다. 언약 안에서 언급되거나 약속된 모든 선한 것은 분명히 혹은 정당한 결과로 요약될 수 있으며, 그것들 모두에 대해 증명하는 것은 어려운 문제가 아니며, 함께 혹은 몇 가지로 증명할 수 있고, 그것들은 모두 그리스도의 순종과 죽음으로 말미암아 우리를 위해 획득되었다.

그러나 이것이 이곳에서 의도하고 있는 것이 아니다. 이런 의견을 가지고 있는 대부분의 사람들은 하나님께 대한 회심과 죄 사함과 성화와 칭의와 양자 등에 있는 언약의 은혜는 그리스도의 죽음의 결과나 그것이 획득한 것임을 부인하기 때문이다. 그리고 그들은 다른 한편으로 하나님이 언약을 맺으신 것은 사람들에게 그들의 회복을 위한 조건을 제시하기 위한 것이었다고 선언한다. 그러나 여기에 다음과 같은 사실이 있다.

(1) 주 그리스도 자신과 그의 전체 중보 사역은 잃어버린 죄인들을 위한 회복과 구원을 위해 하나님이 정하신 것으로 언약의 첫 번째 주된 약속이다. 그러므로 그가 육체로 나타나시고, 그 안에서 중보 사역을 감당하시고, 이를 통해 우리를 구원하시는 것은 실제적으로 이 전체 언약에 포함되어 있는 첫 번째 약속의 주제였다. 마찬가지로 하나님은

그 언약을 아브라함에게 갱신하셨고 엄숙하게 맹세로 확증하셨다(갈 3:16, 17). 그리고 그리스도는 자신의 죽음으로 자신이 죽으실 것과 자신이 육체로 태어나실 것이나 자신이 죽기 위해 세상에 오실 것이라는 약속을 획득하지 않으셨다.

(2) 이 언약을 맺는 것은 또한 (그리스도 자신을 죽기 위해 보내시는 것과 같이) 성경 모든 곳에서 오직 하나님의 사랑과 은혜와 지혜에 돌려지고 있다. 그리고 그것은 모든 은혜와 영광을 실질적으로 전달하는 것과 마찬가지로 그리스도의 죽음에 돌려지고 있지 않다. 약속을 주거나, 그리스도를 보내거나, 언약을 맺는 것이 분명하거나 실질적으로 언급되어 있는 모든 구절을 살펴보라. 그러면 그것들 중 어느 곳에서도 그것들은 오직 하나님의 은혜와 사랑과 지혜 이외에 다른 어떤 원인에 돌려지고 있지 않으며, 모든 것이 그리스도의 중보로 말미암아 우리에게 효과가 나타나는 것을 볼 수 있을 것이다.

(3) 그리스도의 죽음의 유일한 목적을 논쟁이 되고 있는 이런 의미로 새언약을 획득하는 것에 두는 것은 사실 그리스도의 죽음과 언약 그 자체의 모든 가치를 버리는 것이다. 그 이유는 다음과 같다.

첫째로, 그들이 의도하는 언약은 모든 사람에게 생명과 구원을 위한 새로운 조건들을 만들고 제시하는 것 이외에 다른 것이 아니다. 그런데 이런 조건들을 받아들이고 성취하는 것이 유효적인 은혜로 말미암아 결코 결정되지 않는 사람들의 의지에 달려 있다면, 그리스도가 자신의 죽음으로 하신 모든 것에도 불구하고 어떤 죄인도 그로 말미암아 구원받지 못하며, 이에 대한 하나님의 목적과 계획은 좌절될 것이다.

둘째로, 이런 조건들의 실질적인 이점은 하나님이 이제 그리스도를 위해 율법에서 요구되는 것보다 낮은 순종을 받아주셔서 그리스도의 은혜가 모든 것을 율법에서 선포된 하나님의 거룩과 의에 일치되도록 끌어 올리지 않고 모든 것을 우리의 현재 상태에 맞게 낮춘다는 데 있다는 것이다. 그런데 어떤 것도 이것보다 그리스도와 복음을 더 불명예스럽게 하는 것은 없다. 그것은 율법이 요구하는 거룩이나 거룩에 이를 것을 요구하는 율법의 의무를 무효화시키고, 그것을 대체할 수 있는 어떤 것도 제시하지 않고 비교할 가치조차 없는 것을 받아들이게 함으로써 그리스도를 죄의 저자가 되게 하는 것이기 때문이다. 그리고 하나님이 많은 실수와 죄와 조화를 이룰 수 있는 순종의 법을 사람들에게 정의롭고 명예롭게 주실 수 있으셨음에도 불구하고 그들에게 순종을 법으로 주시고 그것을 어겼을 때 가장 엄격한 처벌을 하시는 것은 하나님의 지혜와 선하심과 불변성과 조화를 이루지 못한다. 그가 지금 그것을 하실 수 있으시다면 전에도 하실 수 있으셨기 때문이다. 그리고 그것이 하나님의 성품의 영광을 반영하는 것과 얼마나 거리가 먼가는 쉽게 나타날 것이다. 그리고 이런 어리석은 상상은 주 그리스도는 율법을 파괴하러 오신 것이 아니라 율법을 성취하러 오셨으며, 그가 율법의 완성이시고, 믿음으로 율법이 폐기되는 것이 아니라 세워진다는 성경의 증거들과 조화를 이루지 못한다.

마지막으로, 주 그리스도는 새언약의 중보자시요 보증인이셨으며, 그 안에서 그로 말미암아 그것은 비준되고 확증되고 수립되었다. 그러므로 그로 말미암아 새언약은 획득된 것이 아니었다. 그의 모든 임무는 그런 중보직에 속해 있고, 그 언약을 세우고 그것이 효과적이 되게 하는 중보의 어떤 행동이 어떻게 그 언약을 획득할 수 있는지 잘 이해되지 않는다.

7. 그러나 이제 다시 본론으로 돌아와야 한다. 그들이 하나의 신비

적인 위격이 되도록 하는 그리스도와 신자들을 연합시키는 모든 선행하는 원인들의 핵심이며, 그들의 죄가 그에게 전가되고, 그의 의가 그들에게 전가되는 완벽한 기초가 되게 하는 것은 그의 영, 그 안에 거하시는 똑같은 영이 그들에게 전달되어 신비적인 몸 전체와 그것의 모든 지체 안에 거하시고 살리시고 안내하는 것이다. 그러나 이것에 대해서는 최근에 많이 말했기 때문에 나는 더 이상 그것을 언급하지 않을 것이다.

하나의 신비적인 위격인 그리스도와 교회; 그 결과들

우리가 고려하는 것은 율법의 저자이시며 모든 인간의 최고의 통치자로서 하나님의 거룩하시고 지혜로우신 처분에 따라 그리스도는 그들의 일시적이고 영원한 운명과 관련하여 자신의 동의에 의해 중보자로서 사역을 감당하시려고 교회와 하나의 신비적인 위격이 되시거나 교회의 위격을 취하셨으며 택자의 모든 죄를 자신에게 전가시켰다는 것이다. 그러므로 그것이 모든 시대의 교회의 믿음과 언어였으며, 처음부터 그가 육체로 나타나실 것에 대한 모든 약속들과 더불어 성경의 분명한 증거들에서 나오고 그것들에 기초를 두고 있다는 것은 명확하며 부인할 수 없다. 그러므로 소시누스주의자들조차도 그가 겪으신 죽음과 더불어 이생에서 그에게 일어난 모든 악하고 고통스러운 것이 우리의 죄 때문에 일어난 것인 한 우리의 죄가 그리스도께 전가되었으며, 그가 그것에 대한 처벌을 받으셨다고 언급될 수 있다는 것을 인정한다. 그러나 이런 인정에도 불구하고 그들은 그의 충족이나 그가 우리의 죄로 말미암은 처벌을 받으셨다는 것을 분명히 부인한다. 그리고 그들은 또한 우리의 죄가 그에게 전가되었다는 것도 부인한다.

다른 사람들은 우리의 죄가 "허물의 관점에서(quoad reatum culpæ)"가 아니라 형벌의 관점에서(quoad reatum pœnæ) 그에게 전가되었다고 말한다. 그러나 나는 이런 구분은 나에게 아무런 의미도 주지 못한다는 것을 인정해야 한다. 그것의 실체는 포이아르덴티우스(Feuardentius)에 의해 주장되었으며(Dialog v. p. 467) 많은 사람이 그를 따랐다. 그가 그것으로 증명하려는 것은 주 그리스도는 하나님의 보좌 앞에서 우리의 죄에 대해 하나님의 정의를 만족시키려고 우리의 죄의 짐을 지신 채 나타나지 않으셨다는 것이다. 그러므로 "죄책(reatus, guilt)"은 벨라르민이 구분한 것처럼 "형벌을 받아야 마땅한 것(dignitatem pœnæ)"이나 "형벌을 받아야 할 의무(obligationem ad pœnam)"를 의미할 수 있는데, 그리스도에게는 오직 후자만이 받아들여질 수 있다는 것이다(De Amiss. Grat., lib. vii. cap. 7).

그리고 그와 다른 사람들이 주장하는 주된 견해는 만약 우리의 죄가 그들이 말하는 것처럼 허물의 죄책의 관점에서 그리스도께 전가된다면, 그는 그것에 의해 오염되어야 하며, 그로 말미암아 실제로 죄인으로 여김을 받아야 한다는 것이다. 그리고 만약 우리의 죄가 변환의 방식으로 그리스도께 전달되어 내적이며 주관적으로 그의 것이 된다면, 이것은 사실일 것이다. 그러나 그것이 오직 전가로 그렇게 되는 것은 그런 거짓된 주장을 지지하지 않는다. 그러나 내적인 오염이 없는 법적인 불결함의 개념이 있다. 그러므로 속죄를 위해 유월절 양을 드리고 그 양을 태우는 성직자는 불결하다고 언급되었다(민 19:7, 8). 그러나 이것에 기초해서 그들은 그리스도는 하나님의 특별한 명령에 따라 죽으셨고 고난을 받으셨으며, 그의 죽음과 고난은 우리의 죄 때문이거나 정의가 요구한 것이 아니었다고 말한다. 그러나 그것은 그리스도의 충족을 전적으로 전복시키는 것이다.

그러므로 이런 구분이 의도하는 것은 그리스도께 우리의 죄책이 전가되는 것을 부인하는 것이다. 그렇다면 나는 우리의 죄가 어떤 관용할 수 있는 의미로 그에게 전가된다고 말할 수 있는지 이해할 수 없다. 그러나 우리는 인위적인 구분들과 어떤 사람들이 이런 용어들에 부여하기를 기뻐하는 의미에 얽매이지 않는다. 그러므로 나는 먼저 "죄책(guilt)", "죄책이 있는(guilty)" 것과 같은 단어들의 의미를 살펴볼 것이다. 이로 말미암아 우리는 이 구분이 의도하는 것이 무엇인지 판단할 수 있을 것이다.

히브리인들은 "아삼(אשם)" 이외에 죄책이나 죄책이 있는 것을 의미하는 어떤 다른 단어를 가지고 있지 않다. 그리고 그들은 이 단어를 죄와 죄에 따른 죄책과 죄로 말미암은 처벌과 죄를 위한 희생 모두를 의미하는 것으로 사용한다. 그들은 피 흘린 죄에 대해서는 죄책을 의미하는 어떤 단어도 사용하지 않으며, 단지 "그에게 피를 돌리라(דם לו)"고 말한다. 가령, 다윗은 "피 흘린 것들에서(מדמים) 나를 건지소서"라고 말하며, 그것은 "피 흘린 죄에서"로 번역되었다(시 51:14). 그리고 피 흘린 죄를 지은 사람은 통치자의 손이나 하나님 자신으로부터 죽임을 당하도록 하나님이 정하셨기 때문에 이런 일이 일어났다. 그러나 "아삼(אשם)은 어디에서도 죄책으로 사용되지 않았으며, 단지 의도된 죄와 처벌과의 관계를 의미한다. 그리고 구약에서 그것의 또 다른 의미를 찾으려는 것은 헛되다.

신약에서 죄책이 있는 사람은 "휴포디코스(ὑπόδικος)", 곧 죄로 말미암아 심판과 보복을 받게 되는 사람으로 언급되고 있다. 그는 토인들이 말하는 것처럼 "공의가 살지 못하게 하는 사람(ἡ δίκη ζῆν οὐκ εἴασεν)", 곧 공의로 처벌을 받지 않을 수 없는 사람이다(행 28:4). 그리고 그는 "엔노코스(ἔνοχος)", 곧 죄책이 있는 사람으로 똑같은 의미를 가지고 있다(고전 11:27). 그는 "오페일로(ὀφείλω)", 곧 공의에 빚을 진 사람이다(마 23:18). 죄책이 있다는 것은 죄로 말미암아 공의와 보복과 처벌을 받지 않을 수 없는 것이다.

라틴어로 죄책이 있는 것을 의미하는 "레우스(reus)"는 좀 더 큰 의미를 가지고 있다. "범죄를 했거나", "범죄 때문에 처벌을 받거나", "빚을 지었거나", "약속을 받았거나", "보증인이 된" 사람이 "레우스"라고 불린다. 특별히 모든 보증인은 법에서 "레우스"라 불린다. 어떤 다른 사람을 위해 약속한 문제에 대해 자신이 약속하는 사람이 "레우스"이다. 그리고 최고의 라틴 저자들의 글에서도 이 단어는 똑같이 쓰인다. "모든 선장은 어떤 잘못된 일이 일어나면 그것이 자신에게 전가된 것처럼 자신에게 주어진 일을 돌본다"(Liv. De Bello Punic. lib. v. 30). 그리고 똑같은 저자는 다시 "그는 다른 사람의 잘못에 대해 자신이 죄에 대한 책임을 지고 고난을 받는다"고 말한다(B. P., lib. iv. 22). 그러므로 라틴어로 "레우스"는 자신이나 어떤 다른 사람을 위해 처벌을 받거나 돈을 내주는 사람이다.

"레아투스(Reatus)"는 라틴어에 최근에 들어온 단어이며 "레우스(reus)"에서 파생되었다. 가령, 쿠인틸리안(Quintilian)은 사라진 단어들과 새로운 단어들에 대한 자신의 글에서 "지금은 오래되었지만 한 때 새로운 단어였으며 신선하게 사용되었던 단어들이 있다. 가령, 레아투스(죄가 있는 사람들) 중 최고인 메살라, 무네라리우스(검투사들) 중 최고인 아우구스트스가 그것이다." 여기에서 그는 "피라티카(piratica)", "무지카(musica)"와 같은 단어를 더한다. 그러나 "레아투스"는 처음에 만들어졌을 때 지금 적용되는 것과 같은 의미를 가지고 있지 않았다. 나는 단지 우리가 사람들이 인위적으로 단어들을 사용한 것을 따를 어떤 이유도 가지고 있지 않다는 것을 보여주려고 그것을 언급한다. 어떤 법률가들은 그것을 "프로 크리미네(pro crimine), 곧 처벌을 받게 되는 잘못"으로 사용하였다.

그러나 오랫동안 사용하여 확정된 이 단어의 원래의 의미는 먼저 죄를 지어 기소를 당한 후에 죄 사함이나 정죄를 받기 이전의 "레우스"인 사람의 외적인 상태와 조건을 표현하는 것이었다. 로마인들 중에 어떤 공적인 기소에 의해 "레이(rei, 죄수)"가 된 사람들은 누추한 모습과 슬픈 용모를 하고 그들의 머리와 수염은 깎지 못하게 했다. 이로 말미암아 관습과 용례상 자신들의 신념 때문에 재판을 받는 사람들은 연민의 대상이 되기도 했다. 그리고 밀로(Milo)는 외모상 자신이 소심하고 추하게 보일 수 있는 이런 관례를 따르는 것을 거부했기 때문에 추방형을 당했다. 그들은 이런 슬프고 고통스러운 상태를 "레아투스"라고 불렀으며 다른 어떤 것이 아니었다. 후에 정부의 인기가 떨어진 후에 그것은 재판을 받기 위해 구금되어 있는 사람들의 상태를 의미하게 되었으며, 오직 그런 차원에서만 다른 의미로 사용되었다. 그리고 만약 이 단어가 우리의 현재의 논증에 사용된다면, 그것은 죄에 대해 깨달은 후 칭의에 이르기 전 사람들의 상태를 표현한다. 그것이 그들의 "레아투스", 곧 아무리 자부심이 있는 사람이라도 자신들의 내적인 슬픔과 마음의 고뇌를 어떤 외적인 증거로 표현하지 않을 수 없는 상태이다. 이것을 넘어서 우리는 이 단어를 사용하지 말아야 하고, 우리가 그것으로 지금 표현하고자 하는 것 그 자체를 고려해야 한다.

죄책은 성경에서 죄인이 처벌을 받게 되는 율법의 요구에 따라 죄에 대해 고려한 것이다. 그리고 죄책이 있다는 것은 모든 것 중 최고의 법제정가이시며 심판자이신 하나님께 죄에 대해 처벌을 받게 된다(ὑπόδικος τῷ Θεῷ)는 것이다. 그러므로 죄책이나 "레아투스"는 "정당하든 부당하든 자신 안에 받아들이거나 전가된 허물 때문에 형벌을 받아야 할 의무(obligatio ad pœnam, propter culpam, aut admissam in se, aut imputatum, justè aut injustè)"라고 잘 정의된다. 가령, 밧세바는 다윗에게 그녀와 그녀의 아들이 "하타임(חַטָּאִים)", 곧 죄책이 있는 것으로 여겨지거나, 자신들에게 책임이 주어진 어떤 악에 대해 처벌을 받게 되었다고 말한다(왕상 1:21). 그리고 "형벌을 받아야 마땅한 것(dignitatem pœnæ)"과 "형벌을 받아야 할 의무(obligationem ad pœnam)"의 구분은 단지 똑같은 것을 다양하게 표현한 것에 불과하다. 둘 다 단지 죄와 법의 요구와의 관계를 표현하고 있기 때문이다. 혹은 설령 그것들이 다르게 생각될 수 있더라도 그것들은 분리될 수 없다. "형벌을 받아야 마땅한 것(dignitas pœnæ)"이 아닌 곳에서 "형벌을 받아야 할 의무(obligatio ad pœnam)"가 있을 수 없기 때문이다.

더욱이 "허물의 죄책(reatus culpæ)"과 "형벌의 죄책(reatus pœnæ)"을 구분하는 것에는 어떤 무게감도 없다. "허물의 죄책(reatus culpæ)"은 "허물 때문에 형벌을 받아야 마땅한 것(dignitas pœnæ propter culpam)" 이외에 다른 것이 아니기 때문이다.

죄는 또 다른 고려해야 할 것을 가지고 있다. 곧 죄는 율법을 어기고 그것이 영혼에 가져오는 더러운 것으로 오염시키는 것과 같은 형식적인 본성을 가지고 있다. 그러나 죄책에는 율법의 요구에 따른 처벌을 고려하는 것 이외에 다른 것이 없다. 그러므로 사실 "허물의 죄책

(reatus culpæ)"은 "형벌의 죄책(reatus pœnæ)"이다. 곧 죄책은 형벌을 요구한다. 그리고 이런 "허물의 죄책(reatus culpæ)"이 없는 곳에 소위 어떤 "형벌(pœnæ)"도 있을 수 없다. "형벌(pœnæ)"은 "죄로 말미암은 복수(vindicta noxæ)"이기 때문이다. 그러므로 "허물의 죄책" 혹은 죄책이 있는 죄가 없는 곳에서 "형벌의 죄책", 곧 죄에 대한 처벌이 있을 수 없다. "허물의 죄책"이 없이 고려되는 "형벌의 죄책"은 죄가 일어날 경우 고통의 악을 받는 것에 불과한데, 이것은 소시누스주의자들이 그리스도의 고난에 대해 받아들이는 것이다. 그러나 이것은 그리스도의 충족을 무효화시킨다.

그리고 만약 "레아투스"에 대한 이런 구분이 죄와 처벌에 대한 형식적인 고려로 받아들여진다면, 구분된 것 둘 다 똑같은 의미를 가지고 있어야 한다. 그렇지 않다면 그것의 본질 자체가 애매하게 된다. 그러나 "형벌의 죄책(reatus pœnæ)"은 죄인이 하나님의 심판을 받게 되는(ὑπόδικος τῷ Θεῷ) 율법의 선언에 따라 형벌을 받게 되는 것이며, "허물의 죄책(reatus culpæ)"은 실제로 죄를 짓게 되는 것이라는 주장은 불합리하다. 그러므로 죄책의 전가가 없는 곳에서 어떤 죄의 전가도 있을 수 없다. 죄에 대한 고려없이 죄책에 대해 형벌을 내린다는 것은 한갓 소설에 불과하기 때문이다. 자연 세계에 그런 것은 없다. 형벌과 관계 되지 않은 어떤 죄책도 없다.

그러므로 우리가 여기에서 긍정하는 것은 우리의 죄가 그리스도께 전이되었으며, 그로 말미암아 그가 아쉠(אָשֵׁם)이 되고, 휴도디코스 토데오(ὑπόδικος τῷ Θεῷ)가 되고, "레우스(reus)"가 되었다는 것, 곧 우리의 죄에 대해 하나님께 책임을 지고 하나님의 공의에 따른 형벌을 받게 되셨다는 것이다. 그는 "다른 사람의 허물로 말미암은 죄책(alie næ culpæ reus)"을 지셨다. 곧 그는 완벽하게 무죄하셨지만, 우리의 죄책을 짊어지셨으며 우리가 받아야 할 형벌을 받게 되셨다. 그러므로 만약 그가 다른 사람들의 가장 큰 빚에 대한 보증인이 되셨다면, 그는 비록 단 일 파딩도 빚지지 않으셨지만 세상에서 가장 큰 빚쟁이가 되실 수 있으셨다. 마찬가지로 오네시모의 빚을 떠안았을 때 전에 아무런 빚도 지지 않은 바울은 빌레몬에게 빚쟁이가 되었다.

그리고 죄가 그리스도께 전가될 때 두 가지가 함께 일어난다. 첫째로, 그것을 전가하시는 하나님의 행동. 둘째로, 자발적으로 그것을 취하시거나 그것의 책임을 받아들이시는 그리스도 자신의 행동.

(1) 우리의 죄에 대한 죄책을 그리스도께 이렇게 전가하시는 하나님의 행동은 그가 "우리의 모든 죄악을 그에게 담당시키셨다", "죄를 알지도 못하시는 자를 우리를 위해 죄가 되게 하셨다" 등과 같은 표현에서 나타난다.

[1] 하나님은 자신의 거룩한 법이 준수되도록 돌보시고, 그것을 어긴 자들을 처벌하시는 권한이 속해 있는 모든 것에 대한 최고의 통치자시요, 법제정가시요, 심판자로서 그것을 어기는 것을 전제로 사람들의 죄에 대해 책임을 지시는 그리스도의 보증인직을 받아들이셨다(히 10:5-7).

[2] 이런 목적으로 하나님은 그리스도를 율법 아래 있게 하시거나 율법의 권세 아래 두셔서 그가 취하신 사람들의 죄로 말미암은 형벌을 그에게 요구하시고 가하셨다(갈 3:13, 4:4, 5).

[3] 이렇게 그리스도를 화목제물로 세우시고 우리의 죄악을 감당하셔서 하나님의 의를 선포하게 하시려고 일반적인 보증인직에서 나타나듯이 하나님은 우리의 죄에 대한 죄책이 그에게 옮겨지게 하셔서

자신의 의로우신 심판의 행위로 그를 죄책이 있는 사람으로 받으시고 여기셨다.

(2) 주 그리스도가 교회를 의해 하나님의 공의의 보좌 앞에 나타나셔서 그들이 송사를 받는 모든 것에 대해 책임지시려면 그들을 위한 보증인의 상태와 조건을 자발적으로 받으시거나 취하시는 것이 요구되었다. 그리고 그는 이것을 절대적으로 감당하셨다. 그는 자신의 뜻으로 자신과 교회가 하나의 신비적인 위격이 되게 하는 하나님의 이 모든 사역에 협력하셨다. 그는 우리의 죄를 감당하실 때 자신의 사랑과 은혜로 보증인으로서 하나님 앞에서 우리를 대신하여 서셨다. 곧 그는 우리가 받아야 할 죄로 말미암은 형벌을 스스로 받으셨다. 그러므로 그가 우리를 하나님께로 이끄시려고 고난을 받으신 것은, 의인으로서 불의한 자를 위해 고난을 받으신 것은 정당하고 의롭게 되었다.

만약 그것이 그렇지 않았다면, 나는 신자들의 죄에 대한 죄책이 어떻게 되었을지 알고 싶다. 만약 그것이 그리스도에게로 옮겨지지 않았다면, 그것은 그들에게 계속해서 머물러 있든지, 그것은 아무 것도 아니었을 것이다. 죄책이 죄에 대한 값없는 용서로 제거되었다고 언급될 수 있을 것이다. 그러나 그렇다면 그것에 대한 어떤 형벌도 필요없었을 것이다. 그리고 그것은 사실 소시누스주의자들이 주장하는 것이다. 그러나 그것은 받아들여질 수 없다. 만약 형벌이 죄책에 대한 것이 아니라면, 그것은 형벌이 아니기 때문이다.

그러나 만약 우리의 죄에 대한 죄책이 그리스도께 전가되었다면, 그는 그것으로 말미암아 죄인이 되셨을 것이라고 우리가 주장한 것에 대해 강한 반대가 제기되었다. 어떤 사람을 진실로 죄인이 되게 하는 것은 죄에 대한 죄책이기 때문이다. 이것은 그 자체를 위해서가 아니라 우리를 향한 그의 의의 전가를 반대하기 위해 벨라르민에 의해 제기되었다(lib. ii., De Justificat.). 그리고 그것은 똑같은 목적으로 다른 사람들에 의해 제기되었다. 그는 "만약 우리가 그리스도의 의의 전가로 말미암아 의롭다 하심을 받고 하나님의 자녀가 된다면, 그가 우리의 죄에 대한 죄책이나 우리의 불의가 그에게 전가됨으로써 죄인이 되셨다는 것이다. 그가 마귀의 자녀가 되셨다고 생각하는 것은 두려운 일이다"라고 말했다. 그리고 똑같은 반대가 많은 이유로 내가 진심으로 참기 어려운 예들과 더불어 제시되었다. 그러나 나는 대답한다.

[1] 그리스도가 행하시거나 고난 받으신 어떤 것도, 그가 취하시거나 겪으신 어떤 것도 그를 주관적으로, 내적으로 그것에 따라 개인적으로 죄인이 되게 하시거나, 자신의 어떤 죄에 대해 죄책을 가지시게 하지 못한다는 것보다 더 절대적으로 사실이고, 더 거룩하거나 확신을 가지고 우리에게 믿어지는 것은 없다. 다른 사람들이 지은 허물에 대한 죄책이나 책망을 감당하는 것(alienæ culpæ reus)이 만약 그가 어리석거나 일정하지 못하게 취하지 않으셨다면 어떤 사람을 죄인으로 만들지 못한다. 그러나 그리스도가 자신 안에 죄에 속한 어떤 것을 허용하신다면, 그것은 절대적으로 그의 위격적 연합과 조화를 이루지 못할 뿐 아니라, 그로 하여금 다른 자신의 모든 의무를 감당하기에 부적합하게 만들 것이다(히 7:25, 26). 그리고 나는 소시누스와 크렐리우스(Crellius)와 그로티우스가 어떤 의미에서 그리스도가 자신의 죄 때문에 고난을 받으셨다는 것을 인정하고, 그것이 적극적으로 부인되고 있는 구절로부터 그것을 증명하려고 하는 것은 나에게 언제나 혐오스럽게 느껴진다고 고백한다(히 7:27). 이것은 거룩하게 고정되어 있어야 하며, 어떤 추정에 근거하여 무엇이든지 반대의 것을 도출하기 위해 사

용될 수 있는 단어나 생각은 없다.

[2] 지금까지 어느 누구도 죄가 아담으로부터 우리에게 전이되거나 전파된 것처럼 우리로부터 그리스도께 전이되거나 전파된다고 꿈꾸지 않았다. 아담은 우리에게 공통의 위격이었다. 그러나 우리는 그리스도께 공통의 위격이 아니다. 그렇다. 그가 우리에게 공통의 위격이시다. 그리고 우리의 죄가 그에게 전가된 것은 어떤 악한 결과가 이어질 수 없는 신적인 섭리에서 나온 독특한 행위이다.

[3] 우리의 죄가 그리스도께 전가되어 이로 말미암아 그것이 우리의 죄이기를 그치고 절대적으로 그의 죄가 된다고 상상하는 것은 우리가 주장하는 것을 전복시키는 것이다. 그런 추정에 따르면 그리스도는 우리의 죄 때문에 고난 받으실 수 없는데, 그가 고난 받으시기 전에 그것이 우리의 죄이기를 그치기 때문이다. 그러나 우리의 죄에 대한 죄책이 그에게 전가되어서 그것에 대한 그의 고난을 통해 우리는 죄 사함을 받게 된다.

이런 것들을 전제하면서 나는 다음과 같이 말한다.

첫째로, 죄에는 율법이 명령한 부분을 어기는 것과 율법의 조치에 따라 형벌을 받는 것이 있다. 죄에게 그 형식적인 본성을 주는 것은 첫 번째 것이다. 그리고 그것이 주관적이 아닌 곳에서 어떤 사람도 형식적으로 죄인이 될 수 없다. 아무리 어떤 사람이 어떤 특별한 목표나 목적으로 그렇게 불릴 수 있더라도, 그것이 없다면 무엇이 그에게 전가되든지 어떤 사람도 형식적으로 죄인일 수 없다. 그리고 그것이 있는 곳에서 형벌과 관련하여 아무리 죄를 전가하지 않는다고 하더라도, 그 사람은 형식적으로 죄인인 데서 자유로울 수 없다. 밧세바가 다윗에게 그녀와 그녀의 아들 솔로몬이 자신들이 송사하는 범죄로 말미암아 "하타임

(חטאים)", 곧 죄인들이 되었다고 말했을 때, 그리고 유다가 야곱에게 베냐민에게 어떤 악한 일이 일어난다면 (그 일이 자기에게 전가되기 때문에) 자신이 그 앞에서 죄인이 될 것이라고 말했을 때 그것들 중 어떤 것도 그로 말미암아 형식적으로 죄인이 되게 할 수 없었다.

그러나 시므이가 다윗이 자신에게 죄를 전가하지 않아서 그로 말미암아 자신이 현재의 처벌을 피할 수 있기를 바랬을 때 그렇게 전가하지 않는 것이 그를 형식적으로 죄인이 되지 못하게 하지 못했다. 그러므로 죄는 율법이 명령하는 부분을 어기는 차원에서 고려될 때 그것이 악한 원리나 습관의 전파에 의해 일어나지 않는다면 어느 한 사람에게서 다른 사람에게로 전달될 수 없다. 그러나 그 안에 내재하는 것으로서 어느 한 사람의 개인적인 죄는 다른 사람의 개인적인 죄가 될 수 없다. 아담은 자신의 개인적인 죄로 말미암아 악하고 부패하고 타락한 본성을 그의 모든 후손에게 전달하였다. 그리고 더욱이 그의 실질적인 죄에 대한 죄책이 마치 그것이 그들 모두에 의해 범해진 것처럼 그들에게 전가되었다. 그러나 그의 특별한 개인적인 죄는 그것의 죄책이 그들에게 전가되는 것과 다른 어떤 방식이 아니라면 그들 중 어느 한 사람의 개인적인 죄가 되지 않았고 될 수 없었다.

그러므로 우리의 죄는 그것이 율법의 명령하는 부분을 어긴 것이라는 차원에서 주관적으로 그의 것이 된다는 의미에서 그리스도께 전가되지도 전가될 수도 없다. 이 경우에 죄가 물리적으로 전이되거나 주입되는 것은 자연적으로, 영적으로 불가능하다. 그리고 언급된 혐오스러운 결과들은 오직 그런 추정에 의존한다. 그러나 죄에 대한 죄책은 오직 율법이 요구하는 것과 관련하여 죄의 외적인 측면만 고려한 것이다. 이것은 죄와 분리될 수 있다. 그리고 만약 이것이 그렇지 않았다면,

어느 죄인도 용서를 받거나 구원 받지 못했을 것이다. 그러므로 그것은 전가에 의해 다른 사람의 것이 될 수 있지만, 다른 사람이 그로 말미암아 형식적으로 죄인이 되는 것은 아니다. 이것이 그리스도께 전가되었던 것이며, 그로 말미암아 그는 율법의 저주를 받게 되셨다. 율법은 죄책이 없는 어떤 사람도 저주할 수 없으며 그렇게 하지도 않기 때문이다(신 27:26).

둘째로, 그리스도의 의가 우리에게 전가되는 것과 우리의 죄가 그리스도께 전가되는 것 사이에 큰 차이가 있다. 그러므로 그는 우리가 후자에 의해 의롭다 하심을 받는 것과 똑같은 방법으로 전자에 의해 죄인이 되신다고 말할 수 없다. 우리의 죄는 오직 그가 우리의 보증인이신 기간 동안 그것을 제거하시고 파괴하시고 폐지하시기 위한 목적으로 그리스도께 전가되었다. 그것은 절대적으로 그의 개인적인 상태와 조건에 어떤 변화를 일으키도록 그에게 결코 전가되지 않았다. 그러나 그의 의는 우리에게 전가되어 우리와 함께 머물러 있고, 언제나 우리의 것이 되고, 우리와 하나님과의 관계와 관련하여 우리의 상태와 조건에 전체적인 변화를 일으킨다. 우리의 죄는 절대적이 아니라, 오직 그가 그것을 파괴하실 특별한 목적으로 보증인이 되신 기간 동안 그에게 전가되었으며, 그는 자신의 의가 영원히 우리의 것이 되게 하는 조건으로 그 직분을 취하셨다. 그러나 그가 자신의 의무를 우리에게 전가하실 때는 모든 것이 달랐다. 그것은 일시적인 능력 아래서가 아니라 우리를 절대적으로 고려하고, 우리와 함께 영원히 머물러 있으며, 하나님과 우리의 상태와 조건을 변화시키는데, 그것은 놀라운 은혜의 결과이다.

그러나 만약 우리의 죄가 그것의 죄책과 관련하여 그리스도께 전가되었다면, 하나님은 그리스도를 미워하셔야 한다고 언급될 수 있다. 그는 죄책이 있는 사람을 미워하시기 때문이다. 나는 사실 내가 트집을 잡는 것으로 여기는 것들을 어떻게 언급해야 하는지 잘 모르겠다. 그들은 복음의 신비 중 좋아하지 않는 어떤 부분이 있다면 그것을 증폭시킨다. 그러나 문제가 제기되었기 때문에 이에 대해 답할 것이다.

첫째로, 주 그리스도가 친히 우리의 죄에 대한 죄책을 지신 것은 지극히 높으신 하나님께 드리는 순종의 행위였다는 것은 확실하다(히 10:5, 6). 그리고 그것에 대해 "아버지는 그를 사랑하셨다"(요 10:17, 18). 그러므로 하나님이 자신의 뜻에 대한 지극히 높은 순종의 행위로 우리의 죄를 짊어지시고 그것을 갚으신 그리스도를 미워하실 어떤 이유도 없다.

둘째로, 하나님은 이 문제에서 입법자요, 통치자요, 재판장으로서 간주되신다. 그런데 아무리 엄격한 재판장이라도 재판장으로서, 비록 그가 전가에 의해서가 아니라 본래 죄책이 있는 사람이라도, 죄책이 있는 사람을 미워할 것이 요구되지 않는다. 그는 재판장으로서 죄책을 고려하고 형벌을 선언하는 것 이상을 하지 않는다.

셋째로, 그러나 유다가 자의로 베냐민을 위해 보증인이 되었던 것처럼 영웅적인 관대함으로 다른 사람의 목숨을 대신하기로 한 사람(Ἀντίψυχος)이 있다고 하자. 그는 죽어야 한다면 기꺼이 죽을 것이며 목이 잘릴 것이다. 그런데 그의 생명을 취해야 하는 하늘 아래 있는 아무리 잔인한 폭군이라도 그런 경우에 그를 미워할 수 있을까? 오히려 그의 가치와 미덕을 칭찬하지 않을까? 그리스도는 곧 그런 분으로 고난을 받으셨으며 다른 것이 아니었다.

넷째로, 이런 반대의 모든 힘은 미워한다는 단어의 애매모호함에 달려있다. 그것은 마음으로 미워하고 혐오하거나, 단지 하나님 안에서 대부분 그러하듯이 처벌하시려는 뜻을 의미할 수 있다. 죄책이 그리스도께 전가되었을 때 하나님이 첫 번째 의미로 그리스도를 미워하셔야 할 아무런 근거도 없다. 그로 말미암아 그는 "자신의 허물이 아니라 다른 사람의 허물로 말미암은 죄책(non propriæ sed alienæ culpæ reus)"을 지셨기 때문이다. 내적인 죄는 영혼을 오염시키고, 가증스럽게 만들며, 오직 하나님의 혐오하는 대상이 되게 한다. 그러나 완벽하게 죄가 없으시고, 거룩하시며, 흠이 없으시고, 자신 안에 오염되어 있지 않으시며, 어떤 죄도 짓지 않으시고, 그의 입에 어떤 궤사도 발견되지 않으신 그 분에게 다른 사람들의 죄에 대한 죄책을 지시고, 그로 말미암아 특별히 죄를 속죄하시고 파괴시키셔서 하나님의 영광과 무한한 지혜와 은혜와 선하심과 자비와 의를 나타내시려는 하나님의 계획을 따르고 성취하는 것보다 하나님이 보시기에 그를 더 영광스럽고 사랑스럽게 만들 수 있는 것은 없었다. 그러나 죄가 전가된 곳에서 하나님 안에 처벌하시려는 뜻이 계시다는 것에 대해 어느 누구도 부인할 수 없을 것이다. 그러나 그들은 그것을 가지고 공개적으로 그리스도의 충족을 부인한다.

우리가 지금까지 주장한 진리를 확증시킬 수 있는 몇 가지 논증을 제시하면서 이와 관련된 논의를 마칠 것이다.

1. 죄에 대한 죄책이 그리스도께 전가되지 않았다면, 죄는 어떤 의미로든 그에게 전가되지 않았는데, 죄에 대한 처벌은 죄가 아니기 때문이다. 그리고 다른 생각을 가지고 있는 사람들은 전가된 죄에 무엇이 속했는지 선포할 수 없다. 그러나 성경은 "하나님이 우리 모두의 죄악을 그에게 담당시키셨고", "그를 우리를 위해 죄가 되게 하셨다"고 분명히 말하고 있는데, 그것은 전가가 아니라면 어떤 다른 방식으로 일

어날 수 없었다.

2. 개인적으로 접촉이 되었든 전가로 되었든 죄에 대한 죄책이 없이 어떤 형벌도 있을 수 없다. 내용적으로 악하고 고통스러운 것을 형벌의 형식적인 원인이 되게 하는 것은 오직 죄책뿐이며 다른 것은 없다. 그러므로 내용과 의견의 조화를 완전히 잘 이해하고 자유롭게 자신들의 생각을 표현하는 사람들은 이것들 중 어느 하나가 부인된다면 다른 것도 또한 부인되어야 하고, 어느 하나가 받아들여진다면 둘 다 받아들여져야 한다고 지속적으로 선언한다. 만약 죄책이 그리스도께 전가되지 않았다면, 그는 그들이 충분히 원하는 만큼 죄에 대한 형벌을 감당할 수 없으셨을 것이다. 그는 죄가 일어날 경우 고난을 받으실 수도 있으셨지만, 죄로 말미암은 형벌을 받으실 수는 없으셨을 것이다. 그리고 만약 죄에 대한 죄책이 그에게 전가되었다는 것이 인정된다면, 그들은 그가 죄에 대한 형벌을 받으셨다는 것을 부인할 수 없을 것이다. 그리고 만약 그가 죄에 대한 형벌을 받으셨다면, 죄에 대한 죄책이 그에게 전가되었다는 것을 부인할 수 없을 것이다. 이것들은 분리되지 않고 관계되어 있기 때문이다.

3. 그리스도는 갈 3:13, 14에서 명확히 선포되고 있는 것처럼 우리를 위해 저주가, 율법의 저주가 되셨다. 그러나 율법의 저주는 오직 죄에 대한 죄책을 고려한다. 그러므로 죄책이 없는 곳에서 율법의 저주는 어떤 의미로는 일어날 수 없으며, 죄책이 있는 곳에서 율법의 저주는 분리되지 않고 수반된다(신 27:26).

4. 그들이 단어들과 의미에 대해 공개적으로 왜곡하지 않고는 성경의 명백한 증거들은 이런 목적으로 회피될 수 없다. 가령, 하나님은 "우리의 모든 죄악을 그에게 담당시키셨다"고 언급되고 있다. 그는 우

리의 죄악을 자신의 짐으로 짊어지셨다. 하나님은 "우리의 모든 죄악을(אֵת עֲוֹן כֻּלָּנוּ)" (죄책을) 그에게 감당시키셨다(사 53:6). 그리고 "그는 그들의 죄악을 친히 감당하셨다(וַעֲוֹנֹתָם הוּא יִסְבֹּל)". 이 때 죄악은 "죄책"을 의미한다. 죄악(iniquity)으로 번역되는 "바자으(עָוֹן)"가 죄를 지시하는 다른 단어와 결합되었을 때 죄책(guilt)을 의도하고 있기 때문이다(11절). 가령, 시 32:5은 "주께서 내 죄악을 사하셨나이다"라고 말한다. 이 때 "내 죄악"은 "나의 죄의 죄악(עֲוֹן חַטָּאתִי)", 곧 죄에 대한 죄책을 의미하며, 용서에 의해 제거되는 것은 오직 그것이다. "그의 영혼이 죄에 대한 죄책을 위한 제물이 되셨다", "그가 죄가 되셨다", "죄가 그의 육체 안에서 정죄를 받았다" 등과 같은 표현에서도 마찬가지이다.

5. 이것은 전에 선포되었던 것처럼 구약의 모든 희생제사에서도, 특별히 대속죄일 날 드려졌던 아사살 염소에 대한 규례와 함께 희생제사에서도 나타난다.

6. 만약 우리가 최근의 한 작가인 호(Ho)의 주해를 받아들이지 않는다면, 이것에 대한 추정없이 어떻게 주 그리스도가 우리의 대속물이 되시며, 우리를 대신하실 수 있는지 이해가 될 수 없다. 그는 주 그리스도가 우리를 대신하여 얼마나 많은 것을 하셨는지 셈하면서 그것의 의미는 우리를 도우셨다는 것일 뿐이라고 말한다. 그 이상으로 만약 그가 더 우습고 의미없는 어떤 것을 만들어낼 수 있었다면, 그는 이 일에서 독보적인 역할을 했을 것이다.

THE DOCTRINE

OF

JUSTIFICATION BY FAITH

THROUGH

THE IMPUTATION OF THE RIGHTEOUSNESS OF CHRIST

EXPLAINED, CONFIRMED, AND VINDICATED

제 9 장
칭의의 형식적인 원인
혹은 신자들이 하나님 앞에서 의롭다 하심을
받는 근거인 의 – 반대들에 대해 대답함

칭의론에 대한 주요한 차이들은 다음과 같이 세 가지로 축소될 수 있다.

1. 칭의의 본질 – 곧, 칭의가 내적인 은혜의 습관이나 의의 전로 말미암아 의롭다 하심을 받은 사람의 내적인 변화에 놓여 있는가, 혹은 칭의가 그런 사람을 의롭다 판단하고 여기고 선포하고 발표하여, 그로 말미암아 그를 모든 죄에서 사면하고 그에게 생명에 이르는 권리와 자격을 주는 사법적인 행위인가?

여기에서 우리는 다른 모든 사람, 곧 개신교도들과 소시누스주의자들은 이 단어의 사법적 의미와 그것이 의미하는 내용의 본질에 대해 일치하므로 로마교회의 사람들만 다룰 것이다. 그리고 나는 우리의 현재 계획이 요구하는 한 이것을 이미 말했으며, 부정할 수 없는 진리에 대한 증거를 가지고 말했기를 바란다. 그리고 그것은 우리가 너무 오랫동안 주장해 온 시대에 뒤떨어지고 오래 전에 충분히 반박된 의견일 수 없다. 나는 그렇지 않다고 생각하고, 이런 논쟁에서 교황주의자들을 피하려는 사람들은 경멸보다 더 큰 두려움을 나타낼 것이다. 이 모든 것이 끝났을 때 그리스도의 피를 통한 값없는 칭의와 그의 의의 전가가 사람들이 마음에 자리를 잡을 수 없다면, 칭의에 대한 교황주의 교리가 그것에 수반되는 모든 것과 결과와 더불어 세상에 다시 돌아오게 될 것이다.

율법이나 복음에 대한 어떤 지식이 우리 중에 계속되는 동안 사람들의 양심은 어느 때나 다른 때 살아있을 수도 죽어 있을 수도 있고, 죄에 대한 책임과 위험을 실제로 느낄 수 있을 것이다. 그러므로 마음의 그런 고통과 불안을 결코 원하지 않을지라도 사람들로 하여금 어떤 안식을 주고 충족시키는 것을 찾게 할 것이다. 그리고 그런 상태에 있는 사람들이 어떤 시도인들 안 하겠는가?(미 6:6, 7). 그러므로 이런 경우에 만약 지치고 무거운 짐을 지고 가고 있는 죄인들의 고통받는 양심에 참되고 유일한 구원의 방책이 그들의 눈에 감추어져 있다면, - 만약 그들이 율법의 선언에 반대하고 믿지 않는 자들에게 머물러 있는 하나님의 진노의 폭풍을 피할 수 있는 안식처를 찾을 수 있도록 하나님의 공의와 자신들의 영혼들 사이에 개입하는 것에 대한 아무런 인식이나 신뢰도 가지고 있지 않다면, - 그들은 틀림없이 자신들을 현재 편안하게 해주고 자신들에게 구원을 줄 수 있는 어떤 것을 취할 것이다.

그러므로 자신의 모든 날을 하나님의 의에 대한 무지로 산 많은 사람이 때때로 자신의 병상에 누워있거나 죽어가는 시간에 개종하여 로마주의자들이 자신들에게 제시하는 안식과 평화의 방법을 신뢰하게 된다. 그들은 자신들의 열정의 명성에 유익한 때가 올 때까지 - 사실 기독교가 수치를 당할 때까지 기다리기 때문이다. 그러나 어느 때든 사람들의 양심이 불안해지고 무지해지거나, 복음에서 제시되어 있는 하늘의 위로를 믿지 않게 되었을 때 그들은 왜곡되었지만 오랜 세월의 경험과 셀 수 없이 많은 수의 경건한 영혼들이 따랐던 것을 치료책으로 여겨서 자신들을 맡길 준비가 되어있다. 고해성사나 면죄선언이나 대체지불이나 성도들과 천사들로부터 도움을 받는 것이나 특별히 복된 마리아로부터 도움을 받는 것과 다른 요소들과 더불어 그들의 칭의론이 그런 것이다. 이것들 모두는 연옥불로 데워졌으며, 무지하고 어둡고 죄 가운데 사로잡혀 있는 사람들에게 확신있게 제공된다. 그리고 어느 누구도 자신있게 이것들을 경멸하지 못하게 하라. 만약 복음적 칭의에 대한 진리가 한 번 우리 가운데서 불신되거나 사람들 마음에서 나온 어떤 인위적인 것들로 말미암아 무력화된다면, 그들은 어느 한 때나 다른 때 이런 것들을 받아들이지 않을 수 없을 것이다.

어떤 사람들이 현재 우리에게 제공하고 있는 새로운 칭의의 방식은 실제로 죄로 말미암아 고통을 받고 있고 진지하게 자신이 어떻게 하나님과 화해하고 안식을 얻을 수 있는지를 묻는 사람들의 양심에 결코 적합하지도 안식이나 만족을 줄 수 없다. 그러므로 나는 어떤 사람이 그것을 반대하든 만약 우리가 그리스도의 피에 대한 믿음과 그의 의가 우리에게 전가됨으로써 얻는 옛적의 칭의론을 잃어버린다면, 공적인 종교의 고백은 빠르게 교황주의나 무신론이나 적어도 그것의 옆집에 있는 것(καὶ ταῦτα μὲν δὴ ταῦτα)으로 빠지게 될 것이라고 담대히 말한다.

2. 두 번째 주요한 논쟁은 로마교회 사람들이 표현하고 진술한 것처럼 칭의의 형식적인 원인에 대한 것이다. 그리고 몇몇 개신교 신학자들은 이 문제와 관련해서 그들과의 차이를 논쟁하는 데 이 용어를 사용하

는 것에 동의했다. 그리고 나는 표현의 문제를 가지고 다투지 않을 것이다. 로마주의자들은 우리가 탐구하고 있는 것을 그렇게 부를 것이다. 우리 중 어떤 사람들은 전가된 그리스도의 의를, 어떤 사람들은 그리스도의 의의 전가를 우리의 칭의의 형식적인 원인이라고 말한다. 그러나 어떤 사람들은 그리스도의 의 이외에 어떤 칭의의 어떤 형식적인 원인도 없다고 말한다. 비록 나는 마지막에 언급된 것이 가장 적절하고 의미있다고 판단하지만, 나는 이런 표현들 중 어떤 것에도 관심이 없다.

오직 우리가 관심을 가지고 있는 질문의 실체는 "믿는 신자가 하나님 앞에서 의롭다 하심을 받거나, 그가 하나님께 받아들여지고, 그의 죄가 사함을 받고, 은혜와 호의 가운데 받아들여지고, 그에게 하늘의 기업에 대한 권한이 주어지는 의가 무엇인가?"하는 것이다. 나는 그것이 복음 안에서, 복음에 의해 죄를 깨달은 죄인들이 찾는 것의 실체를 포함하고 있다는 것을 알기 때문에 이 문제를 결코 다른 방식으로 묻지 않을 것이다. 그리고 우리의 죄가 사함을 받고 하나님께 받아들여지는 것을 직접적으로 획득하는 원인은 그리스도의 충족과 공로라는 것에 대해 소시누스주의자들을 제외하고 모두가 동의한다. 그러나 어떤 사람들이 그런 용서를 사용하고 있지만 내용 그 자체를 거부하거나 믿지 않고 있다는 것은 부인될 수 없다. 그러나 우리는 그들이 더 분명하게 자신들의 생각을 표현할 때까지 그것을 주목할 필요는 없다.

그러나 우리가 묻고 있는 의 자체에 대해 그것이 우리에게 전가된 그리스도의 의라는 것을 부인하는 사람들 사이에도 차이가 있는 것 같다. 로마교회의 사람들은 은혜의 습관이 주입되고 그것으로 말미암아 죄가 축출되고 우리의 본성이 새로워질 때, 곧 그들이 첫 번째 칭의라고 부르는 것이 일어날 때 우리는 우리 자신의 의의 행위로써 하나님 앞에서 실제로 의롭다 하심을 받는다고 분명히 말하기 때문이다. 이것에 기초해서 그들은 정량적(meritum de condigno)인 영생의 보답과 더불어 이들 행위의 공로와 충족에 대해 논쟁한다.

소시누스주의자들과 같은 다른 사람들은 우리 행위 안에 있는 모든 공로를 공개적으로 부인한다. 오직 약간의 사람들만이 내가 생각하기에 그 단어의 고대성에 대한 존경에서, 그것이 의미하는 애매함의 안식처 아래서 희미하게 그것과의 조화를 시도해왔다. 그러나 이런 목적으로 그들이 주장하는 것의 실체에 있어서 내가 아는 한 그들은 모두 일치한다. 교황주의자들이 "행위의 의(justitia operum)"라고 부르는 것을 그들은 개인적이고 내적이며 복음적인 의라고 부르기 때문이다. 그리고 이것에 대해서는 우리가 전에 말했기 때문이다. 그리고 교황주의자들은 행위의 이 의는 절대적으로 완전하지 못하고, 그 자체로 하나님 앞에서 우리를 의롭다 할 수 없지만, 그 모든 가치와 위엄을 이런 목적을 위해 그리스도의 공로에 빚지고 있다고 말하는 반면에, 그들은 이런 복음적인 의가 우리가 죄 사함을 받고, 하나님 앞에서 우리가 받아들여지는 그리스도의 의의 유익을 얻는 조건이라는 것을 인정한다. 그러나 우리가 하나님 앞에서 의롭다 하심을 받는 어떤 다른 의에 대해 인정하지 않는 사람들에게 있어서 우리가 이런 의의 조건 아래 그리스도의 의의 유익에 참여하게 된다고 말하거나, 우리로 하여금 하나님께 받아들여지게 하는 이 의를 만드는 것이 그리스도의 의라고 말하는 그 의미는 똑같다. 그러나 이것들에 대해서는 후에 더 구체적으로 살펴보아야 한다.

3. 이 문제에서 일치하지 않는 세 번째 질문은 의롭다 하심을 받는 사람이 어느 한가지 혹은 다른 방식으로 그리스도의 의에 참여해야 할

필요가 있다는 추정 아래 "우리 편에서 이것에 이르는 데 필요한 것이 무엇인가?"하는 것이다. 어떤 사람들은 이것은 오직 믿음이라고 말한다. 다른 사람들은 믿음과 행위이며, 이 둘이 똑같은 종류의 필요성의 용도를 가진다고 말한다. 현재 우리가 지금 생각해 보려고 하는 것은 두 번째 제안된 것이다. 그리고 사실 여기에 하나님 앞에서 우리의 칭의에 대한 전체 논쟁의 본질이 놓여 있으며, 다른 모든 부차적인 질문들에 대한 결정은 이 문제에 대한 결정과 진술에 달려있다.

그러므로 이것이 내가 여기에서 주장하는 것이다. 곧 신자들에게 전가되는 그리스도의 의는 (우리를 위한 그의 순종과 고난에서) 그들이 그의 영에 의해 그와 연합될 때 그들이 하나님 앞에서 의롭다 하심을 받는 의이며, 이런 근거로 그들의 죄는 사함을 받고 그들에게 하늘의 기업에 대한 권리가 부여된다.

이 입장은 우리가 주장하는 이 중요한 복음적 진리의 조항에서 그 교리의 본질이 분명하고 완전하게 표현하는 것이다. 그리고 나는 그것을 표현하기 위해 이 입장을 선택했는데, 그것이 학식있는 다베난트(Davenant)가 방어하려고 선택한 주제이며 개혁교회의 공통된 교리이기 때문이다. 이것은 칭의를 온전히 방어하기 위한 믿음의 방패이다. 그것이 안전하게 보전이 되는 한, 우리는 좀 덜 관심을 가지고 있는 것들에 대해 가장 적절하게 진술하고 선포하는 것에 대해 학자들 사이에 존재하는 차이점들을 가지고 문제를 삼을 필요가 없다. 이것은 고통받고 있는 양심이 안식과 평안을 찾는 피난처, 유일한 피난처이다.

이런 주장을 확증하려고 나는 다음과 같은 세 가지를 할 것이다. I. 그것을 설명하는 데 필요한 것이 무엇인지 생각할 것이다. II. 그것에 대한 가장 중요한 일반적인 반대들에 대해 대답할 것이다. III. 그것의 진실성을 성경의 논쟁들과 증거들을 가지고 증명할 것이다.

I. 이들 중 첫 번째 것, 혹은 이런 주장을 설명하는 데 필요한 것이 무엇인가에 대해서는 우리의 이전 논의에서 충분히 언급되었다. 이곳에서는 이들의 핵심적이 내용만이 제시될 것이다.

1. 주장하고 있는 전가의 기초는 연합이다. 이에 대해 이미 선포한 대로 많은 근거와 원인이 있다. 그러나 우리가 이 전가의 기초로서 직접적으로 고려하고 있는 것은 주 그리스도와 신자들이 실제로 연합되어 하나의 신비적인 몸을 이루는 것이다. 이것은 성령으로 말미암아 교회의 머리로서 그 안에 완전히 충만하게 거하는 것이며, 그가 모든 신자 안에서 그들의 정도 따라 거하시는 것이며, 그로 말미암아 그들은 그의 신비적인 몸의 지체가 되는 것이다. 그리스도와 신자들 사이에 그런 연합이 있다는 것은 보편적 교회의 신앙이며 모든 시대에 걸쳐 그래왔다. 오늘날 그것을 거부하거나 그것에 의문을 제거하는 것처럼 보이는 사람들은 자신들이 무슨 말을 하고 있는지 모르거나, 자신들의 생각이 아들과 성령의 신적인 위격을 부인하는 자신들의 교회에 의해 영향을 받고 있는 것이다. 이런 연합을 전제로 이성은 주장이 되고 있는 전가가 합리적이라는 것과, 적어도 사람들 사이에 어떤 자연적이거나 정치적인 것들에서도 예를 찾아볼 수 없는 그것에 대한 특별한 근거가 있다는 것을 인정할 것이다.

2. 전가의 본질에 대해서는 전에 충분이 언급되었다. 그리고 나는 그것의 의미를 알고자 하는 독자에게 그것을 언급한다.

3. 전가된 것은 그리스도의 의이다. 그리고 간략하게 나는 이것으로 말미암아 그가 교회를 위해 행하시고 고난을 받으신 모든 것에서 하나님께 전적으로 순종하셨다는 것을 이해한다. 이것은 하나님 앞에서

그들의 유일한 의가 되고 생명의 칭의에 이르도록 신자들에게 전가 된다고 나는 말한다.

만약 이 진리를 설명하는 데 있어서 이것들을 넘어서 어떤 차이나 경쟁을 불러일으키는 어떤 표현들이 사용되었다면, 비록 그것들이 사실이고 반대들을 방어할 수 있는 것이라도, 나는 이런 표현들에 관심이 없다. 제시된 진리의 실체는 내가 그것을 방어하려고 택한 것이며, 이것이 인정되거나 동의되는 곳에서 나는 이 진리를 선언하는 그들의 방식과 방법에 대해 어떤 사람들과 다투지 않을 것이며, 어떤 사람들이 이 문제와 관련해서 사용하는 용어들과 표현들을 방어하지 않을 것이다.

가령, 어떤 사람은 "그리스도가 행하시고 고난을 받으신 것이 우리에게 전가되어 우리는 하나님이 보시기에 그 안에서 우리가 스스로 행하고 고난을 받은 것으로 판단되고 인정받는다"고 말했다. 나는 이런 표현에 관심을 보이지 않을 것이다. 비록 그것이 건전한 의미를 가질 수 있고 고대의 몇 사람들에 의해 사용되었지만, 그것에 대한 반대가 있고, 우리가 주장하는 진리의 실체가 그렇게 말하지 않아도 더 잘 표현될 수 있기 때문에, 우리는 이런 표현에 대해 논쟁하지 않을 것이다. 우리는 하나님이 그리스도가 행하시고 고난을 받으신 것을 우리가 행하고 고난 받은 것으로 판단하시거나 여기시는 것이 아니라, 단지 그가 우리를 대신하여 행하시고 고난을 받으셨다고 말하기 때문이다. 이것을 기초로 하나님은 그들이 믿을 때 신자들에게 그것을 인정하시고 기증하셔서 그들이 자신 앞에서 의롭다 하심을 받게 하신다. 그리고 똑같은 본성을 지닌 다른 많은 표현에 대해서도 똑같이 언급될 수 있다.

II. 이런 것들이 전제될 때 나는 우리가 주장하는 전가에 대해 제기되는 일반적인 반대들에 대해 계속해서 고려한다. 그리고 나는 그것들 중 주요하고, 다른 모든 것이 그것에 따라 해결될 수 있는 몇 가지만을 주장할 것이다. 이런 종류의 사람에게 어떤 사람이 만들어 제시한 모든 것을 살펴보는 것은 끝이 없기 때문이다. 그리고 우리는 이 문제에 있어서 우리와 함께 조화를 이루어야 하는 몇 가지 일반적인 것을 살펴볼 것이다.

1. 칭의론은 복음의 신비의 한 부분, 탁월한 한 부분이다. 그러므로 그것이 어떤 사람들이 그렇다고 주장하는 것처럼 이성의 일반적인 개념에 드러나지 않더라도 놀라운 것이 아니다. 그런 신비들을 참으로 영적으로 이해하는 데 더 많은 것이 필요하다. 그렇다. 만약 우리가 복음을 버리려고 의도하지 않는다면, 부패한 이성과 신적이며 초자연적인 계시가 부족한 사람의 마음은 모든 그런 진리를 좋아하지 않으며, 그것에 적대적이 된다는 것이 인정되어야 한다. 성경은 직접적으로 그렇다고 인정하고 있다(롬 8:7, 고전 2:14).

2. 그러므로 사람들의 마음과 생각은 복음적인 진리들을 반대하고 그것들에 대해 비난하는 것들로 놀라울 정도로 풍성하다. 그들은 이런 목적을 위해 끊임없이 간교한 반대들을 생산해 내는데, 자신들도 더 나은 것을 모르기 때문에 스스로 해결할 수 없다고 판단한다. 육적인 진리에 대한 잘못된 개념 아래서 한 번 자유를 얻으면 자유롭고 담대하게 영적인 신비들에 대항하여 활동하는 이성은 그 논증에 있어서 정교하고 반대를 생산해 내는 데서 풍성하기 때문이다. 가령, 삼위일체 교리를 반대하는 데 있어서 소시누스주의자들의 정교함은 얼마나 끝이 없으며, 그들은 대답할 수 없는 논리를 만들어 내는 데 얼마나 성공하고 있는가! 그것들의 안식처 아래서 그들은 성경이 가장 분명하게 증거하

고 있는 것들과 모든 경우에 반복해서 증거하고 있는 것들의 힘을 경멸한다. 마찬가지 방식으로 그들은 옛적의 펠라기우스주의자들이 그의 은혜의 교리를 다루었던 것처럼 그리스도의 충족의 교리를 다룬다. 그러므로 성경에서 분명히 계시되어 있고 충분히 증거되어 있는 어떤 복음적인 신비들에 대해 간교하거나 설득력이 있는 반대들의 출현에 놀랄 사람은 그것들을 안정적으로 고백하지 못할 것이다.

3. 이 진리에 대해 제기되는 반대들의 대부분은 앞에서 관찰되었듯이 하나님의 은혜의 사역의 질서와 의무의 방식으로 우리가 이 진리를 따른 것에 대한 올바른 이해의 부족에서 나온다. 그것들은 그것들의 올바른 위치와 질서에서 조화를 이루고 있을 뿐 아니라, 상호간에 서로 종속되어 있으며, 진정으로 믿은 사람들의 경험에서 그러한 것으로 발견되고 있는 것들이 서로 조화를 이루고 있지 않는 것으로 반대하는 데 놓여 있기 때문이다. 그 예들은 전에 제시되었으며, 다른 예들은 곧 나타날 것이다. 우리가 이것들을 고려할 때 우리는 그런 반대들이 어디에서 나오고, 어떤 힘을 가지고 있는지 볼 수 있을 것이다.

4. 우리가 주장하는 진리에 제기되는 반대들은 모두 추측하건데 그것들을 받아들인 결과에서 나온 것이라는 것을 고려하자. 그리고 이것은 단지 논쟁들을 영속화시키고 논쟁들을 끝이 없게 만드는 것에 불과한 것처럼, 나는 내가 관찰하기에 상대가 논증을 통해 끌어낸 결과들이 비합리적이라는 것에 힘을 주고 반대하는 자들에게 불이익을 주기 위해 자신의 전제들과 질문을 정교하게 다듬지 않는 사람을 결코 만나본 적이 없다. 그리고 아무리 선한 사람이라도 이런 과정에 지치거나 부끄러워하지 않을 것이다.

1. "그리스도의 의의 전가는 하나님 편에서 모든 죄 사함을 전복시킨

다"는 반대가 있다. 이것은 소시누스가 주장한 것이다(De Servatore, lib. iv. cap. 2-4). 그리고 다른 사람들 또한 이런 반대를 사용한다. 이런 전가가 없이는 어떤 죄 사함도 있을 수 없다고 변함없이 믿는 사람들에게 이것은 확실한 고발인 것 같다. 그러나 "자신에게 절대적으로 완벽하게 전가되어 자신 것이 된 의를 가지고 있는 사람은 용서도 필요 없고, 용서받아야 할 죄도 가지고 있지 않으며, 용서가 필요할 수도 없다"고 말한다. 그러나 이런 반대가 우리의 계속되는 논쟁들 중에 하나를 확증하려 할 때 우리에게 다시 나타날 것이기 때문에 나는 여기에서 그것을 간략하게 말할 것이다.

(1) 그로티우스는 이런 반대를 할 것이다. 그는 "우리가 그리스도께서 우리를 위해 두 가지, 곧 처벌에서의 자유와 보상을 획득하셨거나 가져 오셨다고 말하는 반면에, 고대 교회는 그것들 중 하나를 구별하여 그의 충족에 돌리고, 다른 하나는 그의 공로에 돌린다. 충족은 죄를 (우리에게서 그에게로) 옮기는 데 놓여 있고, 공로는 우리를 위해 행하신 그의 가장 완벽한 순종을 우리에게 전가하는 데 놓여 있다"고 말한다(Præfat. ad lib. de Satisfact). 그의 판단에서 죄 사함과 의의 전가는 그리스도의 충족과 공로처럼 조화를 이루고 있다. 그리고 그것들은 실제로 그러하다.

(2) 우리가 죄인들이 아니었다면 하나님 앞에서 우리를 의롭다 하는 그리스도의 의의 전가가 필요없었을 것이다. 그러므로 그리스도의 의의 전가의 첫 번째 목표는 죄 사함이다. 그리고 그리스도의 의의 전가가 없었다면, 우리는 가장 완벽한 의의 전가로 말미암아 의롭다 하심을 받게 되지 못했을 것이다. 그러므로 이것들, 곧 그리스도의 충족이 죄 사함을 위해 우리에게 전가되어야 한다는 것과 그리스도의 순종이 우리를 하나님 앞에서 의롭다 하기 위해 우리에게 전가되어야 한

다는 것은 조화를 이루고 있다. 그리고 그것들은 조화를 이룰 뿐 아니라, 그것들 중 어느 것도 단독으로는 우리의 칭의에 충분하지 않았다.

2. 똑같은 저자들과 다른 사람들은 "그리스도의 의의 전가는 죄에 대한 사함이나 용서를 위한 죄 사함의 모든 필요성을 전복시키며 불필요한 것이 되게 한다. 그리스도의 의의 전가로 말미암아 하나님 앞에서 완벽히 정당하고 의롭다고 여김을 받는 사람이 죄 사함 받아야 할 어떤 필요가 있는가? 만약 그리스도가 택자들 안에 있는 모든 죄를 충족시키셨다면, 만약 우리의 보증인으로 그가 우리의 모든 빚을 갚으셨다면, 만약 그의 의가 우리가 회개하기 전에 우리의 것이 되었다면, 모든 회개는 필요없을 것이다"라고 말한다. 그리고 똑같은 저자는 앞에서 언급된 곳에서 이것들을 확대한다.

대답. (1) 우리가 본성의 순서상 우리에게 대한 그리스도의 의의 전가로 말미암은 우리의 칭의 이전에 복음적인 믿음이 필요하다는 것이 기억되어야 하는데, 그것은 우리의 칭의가 계속되기 위한 조건이다. 그러므로 그것을 위해 우리에게 필요한 것은 무엇이든지 똑같은 방법으로 믿기 위해 우리에게 요구된다. 이것들 중에 죄에 대해 슬퍼하고 죄에 대해 회개하는 것이 들어있다. 올바른 방법으로 죄에 대해 깨닫고 죄의 악과 죄책을 느낀 사람은, – 그 자체의 본성에 있어서 그것이 거룩한 법의 계명적인 부분과 반대되고, 그 필수적인 결과로서 하나님의 진노와 저주 아래 있다는 것을 느낀 사람은 누구나 – 자신의 마음에 자신이 그런 일에 관여되어 있다는 것에 당혹스러워하지 않을 수 없으며, 그의 마음의 태도는 수치와 공포와 슬픔과 다른 고통스러운 감정들을 수반할 것이다.

이런 이유 때문에 이런 상태에서 전적으로 벗어나려고 하는 결심과 신실한 노력이 따를 것이다. 그렇게 할 수 있는 시간과 공간이 있다면 삶을 개혁하려 할 것이다. 그리고 참된 회개는 죄에 대해 느끼고, 죄에 대해 슬퍼하고, 죄에 대해 두려워하고, 죄를 피하고 삶을 개혁하려고 하는 데 놓여 있다. 이런 회개는 주로 율법에서 나오기 때문에 보통 율법적이라고 불리지만, 더 나아가서 그것에 우리가 전에 묘사한 복음에 대한 일시적인 믿음이 요구된다. 그리고 참된 회개는 (아합과 니느웨 사람들에서처럼) 보통 죄를 고백하고, 죄에 대해 겸비하고, 삶을 바꾸는 것과 같은 큰 효과를 내는 것처럼 보통 참된 구원받는 믿음과 그것으로 말미암은 칭의에 선행한다.

그러므로 참된 회개의 필요성은 그리스도의 의의 전가론에 의해 결코 약화되지 않는다. 오히려 그것은 그로 말미암아 강화되고 효력을 낸다. 참된 회개가 없이 복음의 순서상 그리스도의 의의 전가에 참여하는 것은 획득될 수 없다. 그리고 이것은 구약에서 죄에 대한 위협으로 주어진 심판과 처벌을 돌리는 수단과 조건으로 매우 자주 제시되고 있는 것이다. 그것은 그 종류상 참되고 신실하기 때문이다. 그리고 소시누스주의자들은 칭의를 위해 어떤 다른 회개를 요구하지 않는다. 그들이 그모든 특별한 원인에서 참된 복음적 회개를 부인하는 것처럼, 본성상 믿음에 선행할 수 있거나 선행하는 것은 그들이 요구하는 전부이다. 그러나 그들이 제시하는 이런 반대는 이유가 없으며 헛된 망상에 불과하다.

(2) 의롭다 하심을 받는 믿음은 그 본성상 전적인 복음적 회개의 원리를 포함하고 있어서 사람이 참된 신자이면서 동시에 참으로 회개하지 않는다는 것은 전적으로 불가능하다. 그러므로 그것들은 자주 성경에서 하나님의 동시적인 의무로 묘사된다. 그렇다. 회개에 대한 복음의 요청은 회개로 말미암아 행동하는 믿음에 대한 요청이다. 그러므로 죄

사함이 연결되어 있는 회개를 요청하는 유일한 이유는(행 2:38) 믿음의 대상인 약속이 제안하고 있기 때문이다(39절). 그리고 사람이 죄에 대해 가지고 있는 개념들과 감정들이 죄에 대한 슬픔과 죄에 대한 회개와 더불어 율법적으로 각성이 되어 그것들의 새로운 원리로서 믿음이 들어옴으로써 살아나고 복음적이 되고 그들에게 새로운 동기들을 주었을 때 복음적(evangelical)이 된다. 그러므로 믿음이 회개없이 존재하는 것은 불가능하다.

그러므로 믿음이 처음 작동하여 오직 칭의에 이르게 되는 것은 그리스도 안에서 하나님의 은혜와 그로 말미암은 구원의 방식을 고려하지만, 이것은 시간의 순서상 믿음이 자기를 낮추고, 경건하게 슬퍼하며, 죄로부터 하나님께로 돌아서게 하는 것을 선행하는 것으로 생각되지 않는다. 그리고 그것이 실질적이며 그 자체 안에 그것들 모두를 포함하고 있기 때문에 그럴 수 없다. 그러나 복음적 회개는 회개에 어떤 직접적인 영향을 미치는 우리의 칭의의 조건이 아니다. 그리고 어느 곳에서도 우리가 회개로 말미암아 의롭다 하심을 받는다고 언급되어 있지 않으며, 회개가 오직 영혼이 고려하는 유일한 대상이라고 말하고 있지 않고, 회개의 결과로서가 아니면 그리스도 예수 안에 있는 그의 지혜와 은혜의 길과 사역 때문에 하나님께 직접적으로 영광을 돌리지 않으며, 우리의 칭의에 분명하게 요구되고 있고 유일하게 칭의에 요구되고 있는 것은 그런 식으로 그리스도를 받아들이는 것이 아니다.

그러나 회개는 의롭다 하심을 받는 모든 사람 안에서 의롭다 하심을 받을 때 그것이 발휘되는 뿌리와 원리와 촉진제로서 역할을 한다. 그리고 회개는 특별히 죄 사함과 관련해서 제시되며, 회개가 없이 우리가 우리의 영혼 안에서 죄 사함에 대한 어떤 참된 의식이나 위로를 가지는 것이 불가능하다. 그러나 회개는 우리의 죄가 용서를 받고, 우리가 그것에 참여하게 되는 의의 한 부분으로서 역할을 하지 않는다. 이것들은 우리의 칭의에 대한 하나님의 방법과 복음 안에서 서술된 우리의 의무의 질서에 분명히 나타나 있고, 또한 믿는 자들의 경험에서도 나타난다. 그러므로 그것들이 복음적인 것이 되게 하는 믿음으로 일어나는 감정들의 성화와 더불어 믿음에 이르게 하는 복음적 회개의 필요성과, 그 안에 하나님께 대한 보편적인 회심의 원리를 포함하고 있는 것으로 믿음의 본질과, 특별히 그곳에서 나오는 은혜와 더불어 그 주요한 동기로서 하나님과 예수 그리스도의 사랑을 가지고 있는 회개를 고려할 때, 이 모든 것은 우리가 주장하고 있는 교리 안에 있는 것으로 추측되며, 참된 회개의 필요성은 그 적합한 기초 위에 흔들리지 않고 고정되어 있다.

(3) 택자들 안에서 그리스도의 고난에 대해 반대로 언급되고 있는 것에 대해 나는 어떤 사람이 그것을 사용했는지 모르며, 나는 그것에 대해 다투지 않을 것이다. 그는 그들을 대신하여 고난을 받으셨다. 이 사실에 대해 고대와 현대의 모든 저자는 매우 분명하게 그가 자신의 고난 속에서 교회의 위격을 짊어지셨다고 표현했다. 그 의미는 전에 선포되었던 것이다. 그리스도와 신자들은 하나의 신비적인 위격이며, 영적으로 살아있는 머리이며 몸이며 지체들이다. 나는 이것들이 거절될 수 없다고 생각한다. 곧 그렇게 하는 것은 교회와 교회의 믿음을 전복시키는 것이다. 그러므로 그가 행하시고 고난을 받으신 것은 그들에게 전가된다. 그리고 언약의 보증인으로서 그는 우리의 모든 빚을 갚으셨거나, 우리의 모든 잘못에 대해 책임을 지셨으며, 그의 의가 실질적으로 우리에게 전달되었다는 것이 인정된다. 어떤 사람들은 "이미 모든

것이 우리를 위해 이루어졌다면 왜 회개가 필요한가? 필요없다"고 말한다. 그러나 왜 그런가? 왜 우리는 복음의 다른 부분을 배제한 채 어느 한 부분만 동의해야 하는가? 이런 것들이 우리에게 전달되도록 하기 위해 어떤 길과 방법과 순서로 해야 할지 정하는 것은 하나님께 달려있지 않은가? 그렇다. 그의 지혜와 은혜의 계획을 생각할 때 다음과 같은 두 가지가 필수적이었다.

[1] 그가 이런 전체의 경륜 속에서 모든 것을 "자신의 영광을 찬미하게 하시려고"(엡 1:6) 정하셨다는 것을 생각할 때 그가 자신이 그 안에서 영광을 받으시는 길과 방법으로 그리스도의 이 의가 우리에게 전달되어 우리의 것이 되게 하셨다는 것이다. 이것은 우리 편에서는 믿음으로 이루어져야 했다. 그것은 그러하다. 다른 것일 수 없다. 우리가 의롭다 하심을 받는 믿음은 우리가 하나님께 그의 지혜와 은혜와 사랑의 영광을 돌리는 것이며, 그렇게 하는 것은 무엇이든지 믿음으로 하는 것이며, 어떤 다른 것으로 하지 않는다.

[2] 우리의 본성이 그런 상태로 계속해서 있을 때 하나님의 영광과 우리 자신의 선을 위해 그리스도의 의에 참여하거나 그것의 어떤 유익에 참여할 수 없을 만큼 부패하고 타락한 반면에, 그것이 마찬가지 방식으로 갱신되고 변화되어야 하는 것은 필수적이었다. 그것이 그렇게 되지 않는다면, 우리를 자신에게로 전적으로 회복시키시려는 그리스도의 중보를 통한 하나님의 계획은 획득될 수 없었다. 그러므로 믿음이 그것의 형식적인 고려 아래서 첫 번째 목적, 곧 하나님께 영광을 돌리는 데 필요했던 것처럼, 이 후자의 목적을 위해서도 이 믿음이 그 안에 우리가 참여자들이 되는 신적 본질이 놓여 있는 이 모든 다른 은혜의 씨앗을 수반하고 포함하는 것은 필수적이었다.

그러므로 내용 그 자체나 그리스도의 의를 우리에게 전달하는 것뿐
아니라, 그것의 길과 방법과 수단도 하나님의 주권적인 질서와 처분에
의존한다. 그러므로 비록 그리스도가 교회의 모든 죄에 대해 하나님의
공의를 충족시키셨고, 공통의 위격으로서 (어떤 사람도 자신의 지성으
로 중보자이시며 보증인이신 그 분이 어떤 의미에서 공통의 위격이셨
다는 것을 부인할 수 없기 때문에) 그렇게 하셨고, 비록 그가 우리 모
든 빚을 갚으셨지만, 그가 행하시고 고난을 받으신 것에 이 사람 혹은
저 사람이 구체적으로 참여하는 것은 하나님이 그런 목적을 위해 계획
하신 길과 방법과 질서에 의존한다. 이것이, 오직 이것이 그들의 질서
와 그들의 목적들과 더불어 우리에게 요구되는 모든 의무에 대한 참
된 필요성을 준다.

3. "우리가 방어하는 그리스도의 의의 전가가 믿음 그 자체의 필요
성을 전복시킨다"는 반대가 있다. 사실 "무엇인가 던져 놓으면 누군가
는 걸릴 것이다"라는 것이 이 모든 반대가 계획하는 것이다. 이런 주장
을 하는 사람들은 나름대로 이유를 가지고 있다. 그들은 "이런 추측을
하면 그리스도의 의는 우리가 믿기 전에 우리 것이 된다. 그리스도가
마치 우리가 스스로 충족시킨 것처럼 우리의 죄를 위해 충족시키셨기
때문이다. 그리고 스스로 자신의 모든 죄를 충족시킨 것으로 여김을 받
는 사람은 믿든 믿지 않든 이 모든 죄에서 사면을 받고 의로운 것으로
인정을 받는다. 그리고 그가 믿어야 할 어떤 근거나 이유도 없다. 그러
므로 만약 하나님이 판단하실 때 우리가 그 안에 그것을 행한 것으로
여김을 받기 때문에 그리스도의 의가 실제로 우리의 것이라면, 그것은
우리가 믿기 전에 우리의 것이다. 그렇지 않다면, 의 그 자체가 믿음으
로 우리의 것이 결코 될 수 없다는 것은 분명하다. 그리고 오직 그것의

열매들과 효과들은 우리가 믿는 것에 달려 있고, 그로 말미암아 우리는 그것들에 참여하게 될 수 있다. 그렇다. 만약 그리스도가 우리를 위해 그런 충족을 하셨다고 거짓으로 제기된다면, 어떤 이후의 전가가 없이도 그것은 실제로 우리의 것이다. 그가 우리를 위해, 우리를 대신하여 행하셨다면, 하나님 편에서 이후에 어떤 전가나 우리 편에서 믿음이 없다고 해서 우리가 용서받고 사면 받은 것으로 여겨지지 않는 것은 가장 크게 공의가 손상되는 것이기 때문이다"라고 말한다.

나는 이것들을 소시누스의 글에서 인용하였다(De Servatore, lib. iv. cap. 2-5). 그리고 나는 비록 다른 목적을 위한 것이기는 하지만 나보다 앞서 간 다른 사람들이 이런 주장에 동조하는 것을 발견하지 않았다면 이런 인용을 하지 않았을 것이다. 그는 다른 사람들이 어느 정도 자신에게 배우고 있는 것처럼 확신을 가지고 결론을 내린다. 그가 자신의 적대자들에게 그리스도의 충족과 그것이 신자들에게 전가되는 것에 대해 말하면서 "이런 당신의 견해는 사실 부패하고 형편이 없다. 사람들이 인기가 높아지면 질수록 오류는 더 치명적이 된다. 나는 신이 존재한다는 것을 믿지 않는다"라고 말한다. 그리고 사실 그의 악마적인 간계는 복음의 모든 신비에 대한 그의 비방에서 풍성하게 나타난다.

그리고 그는 자신이 반대하고 있는 것들 중에서 어떤 다른 것에 대해 스스로 모순을 범할 정도로 그것들 중 어느 하나를 주장해야 할 의무가 없었다. 그리스도의 신성과 그의 충족과 희생과 공로와 의를 부인하고, 그의 중보의 전체 본질을 전복시키고 반대하려는 그의 생각을 가로 막을 수 있는 것은 아무 것도 없었기 때문이다. 그러나 나는 어떻게 다른 사람들이 이런 종류로 그가 만들어 낸 것을 사용할 수 있는지 다소 의아하다. 만약 그들이 그것들의 성향을 올바로 고려했다면, 그들은 그것들이 자신들이 소유하고 있는 것처럼 보이는 것을 절대적으로 파괴하고 있는 것을 발견할 것이다. 그리스도의 의의 전가를 반대하고 있는 것이 그 예이다. 만약 그것이 실질적으로는 그렇지 않지만 그 안에 어떤 힘을 가지고 있다면, 그것은 그리스도의 충족이 불가능하다는 것을 증명하는 것이며, 그는 그렇게 그것을 의도했다. 그러나 그것은 쉽게 제거될 것이다.

나는 먼저 일반적으로 이런 반대의 전체 오류는 우리의 칭의의 이런 신비 안에 들어있는 하나님의 은혜의 계획과 방법의 어느 한 부분으로 다른 부분을 반대하게 하거나, 그것의 어느 한 부분을 전체로 받아들여서 그 효과와 완전성에서 다른 어떤 것에 의존하게 하는 데 놓여 있다고 대답한다. 이것에 대해 우리는 우리의 이전의 논의들에서 경고했다. 그것의 전체는 그리스도의 충족이 그런 것이 있다면 우리 편에서 믿는 것이 없이 그 전체의 효과를 가져야 한다는 추측이다. 그러나 그것은 복음 안에서 하나님의 뜻을 전체적으로 선언하는 것과 반대된다. 그러나 나는 주로 이런 반대를 기쁘게 사용하지만, 그리스도의 충족을 부인하지 않는 사람들을 고려할 것이다. 그리고 나는 말한다.

(1) 주 그리스도가 우리를 위해 죽으셨고 자신을 화목제물로 주셨을 때 "하나님은 우리의 모든 죄를 그에게 두셨고"(사 53:6), 그는 "나무 위에서 자신의 몸으로 그 모든 죄를 감당하셨다"(벧전 2:24). 그러므로 그는 우리를 대신하여 고난을 받으셨으며 우리의 모든 죄에 대해 완전히 충족시키셨다. 그는 "자신을 제물로 드려 죄를 없이하시려고 나타나셨으며"(히 9:26), "거룩하게 된 자들을 한 번의 제사로 영원히 온전하게 하셨다"(히 10:14). 그리스도가 그렇게 자신을 한 번 드리심으로써 자신들의 죄가 실질적이며 절대적으로 충족되지 않은 사람들은 자

신들의 죄가 영원히 사함을 받지 못하게 될 것이다. "그가 더 이상 죽지 않으시기 때문에 더 이상 죄를 위한 제사도 없기" 때문이다. 죄에 대한 제사를 반복하는 것은 그리스도를 계속해서 새롭게 십자가에 못 박는 것이며 기독교의 기초를 전복시키는 것이다.

(2) 구원을 받는 세상의 죄를 위해 한 번에 드려진 이런 충만하고 완전한 충족에도 불구하고 모든 사람은 계속해서 똑같이 "진노의 자녀"로 태어나며, 그들이 믿지 않는 동안 "하나님의 진노가 그들 위에 머물러 있다"(요 3:36). 곧 그들은 율법의 저주를 받게 되고 저주 아래 놓여 있다. 그러므로 그런 충족은 유일한 것이기 때문에 하나님의 계획 안에서 이런 충족이 이루어진 어떤 사람도 그리스도 안에서 고난을 받았고, 그의 충족에 참여하고, 어떤 방법이나 수단으로든 하나님이 이런 충족을 그에게 전가시키는 행동을 하시기 이전에 그것에 참여했다고 말할 수 없다. 이것은 그리스도의 보혈로 말미암은 우리의 칭의에 대한 단지 하나님의 은혜의 목적의 한 부분이기 때문이다. 곧 그가 자신의 죽음으로 우리의 죄를 위해 충족시키셨다는 것이며, 그것은 하나님의 똑같은 목적 안에서 그것에 속해 있는 것과 분리될 수 없다. 그러므로 그리스도의 충족에 대한 입장이나 인정에서 어떤 논쟁도 그것이 우리에게 전가되는 결론적인 행동을 부정하거나, 그것을 믿고 받아들이는 우리의 믿음을 부정하는 것으로 제기될 수 없는데, 이것은 그리스도가 그런 충족을 하셔야 한다는 것과 마찬가지로 하나님이 정하신 것이다.

(3) 그러므로 주 그리스도가 우리를 위해 갚으셨다는 것은 마치 우리가 스스로 갚은 것처럼 진실로 갚으신 것이다. 그러므로 그는 "내가 훔치지 않은 것을 회복하게 되었나이다(אֲשֶׁר לֹא גָזַלְתִּי אָז אָשִׁיב)"라고 말씀하신다(시 69:5). 그는 하나님의 영광을 망치지 않으셨다. 그는 본

성상 우리가 해야 할 것을 자신에게 돌리셨다. 그리고 그가 행하시고 고난을 받으신 것은 우리를 대신하여 행하시고 고난을 받으신 것이다. 그러나 우리의 죄를 그에게 부과하신 하나님의 행위는 그가 행하시고 고난을 받으신 것에 대해 우리에게 어떤 실질적인 권리와 자격을 부여하지 않았다. 그것들은 즉시 그것에 의존해서나 그것 덕택에 우리의 것이 되거나 우리의 것으로 여겨지지 않는다. 하나님이 자신의 영광을 위해 그것에 선행할 뿐 아니라 그것의 수단으로 어떤 다른 것을 정하셨기 때문이다. 이것들은 그들의 존재와 질서에 있어서 하나님의 작정에 의존한다.

(4) 그러나 이런 충족이 절대적으로 그 사건을 연기하고 그것이 우리를 위한 것인지 아닌지 불확실하게 하는 조건으로 우리를 위해 이루어졌다고 언급될 수 없다. 그런 계약은 돈 문제를 해결하는 데는 옳을 수 있다. 어떤 사람이 결코 이루어질 수 없는 조건을 제시하면서 다른 사람의 빚을 탕감해 달라고 많은 돈을 내놓을 수 있다. 그가 그런 조건을 절대 성취될 수 없기 때문에 자기가 낸 돈은 결국 자신에게 돌아 올 수밖에 없으며, 자신은 어떤 손해나 상처도 입지 않기 때문이다. 그러나 범죄나 죄에 대해 형벌을 받는 것에 있어서는 어떤 올바른 계약도 그것의 사건과 효율성을 절대적으로 불확실하며 성취될지 되지 않을지도 모르는 조건에 의존하게 하지 않는다. 만약 그 조건이 실패하면 고난을 받은 사람에게 어떤 보상도 이루어 질 수 없기 때문이다. 그러므로 그리스도의 충족을 그것이 이루어진 사람들에게 적용하는 것이 하나님의 목적을 성취하는 안전하고 확실한 방법이다.

(5) 하나님은 그리스도의 충족과 의가 우리에게 전가되는 직접적인 기초가 있을 수 있도록 정하셨다. 그것에 의존해서 우리는 그가 우리를

대신하여 행하시고 고난 받으신 것이 우리에게 인정되고 기부되고 전가됨으로써 우리가 그 안에 행하고 고난 받았다거나, 그것에 참여하여 그것이 우리의 것이 될 수 있다고 말할 수 있다. 그리고 이것이 우리가 다투는 전부이다. 이것은 우리가 믿음으로 그와 하나의 신비적인 몸으로 실질적으로 연합되는 것이다. 믿음의 필요성은 본래 이런 연합에 의존한다. 그리고 만약 우리가 여기에서 하나님이 그리스도로 말미암은 우리의 칭의에서 높이기로 계획하신 특별한 영광에 맞게, 하나님께 대한 우리의 순종과 우리의 본성이 혁신되어 그의 형상에 이르게 하는 모든 목적에 맞게 믿음의 필요성을 주장할 수 있다면, 그것은 충분히 모든 반대를 안전하게 이길 것이다. 그리스도의 충족에 대한 우리의 실질적인 참여는 하나님이 정하신 것에 따라 우리가 믿음으로 그의 신비적인 몸에 실질적으로 들어가는 것에 의존한다.

4. 그러나 "만약 그리스도의 의가 우리의 것이 된다면, 우리는 그처럼 세상의 구세주가 되거나, 그가 하셨던 것처럼 다른 사람을 구원한다고 말할 수 있다. 그는 자신의 의로 세상의 구세주이셨으며, 다른 사람들을 구원하셨으며, 다른 어떤 것도 아니기 때문이다"라는 반대가 있다. 이런 반대는 앞에 나온 것과 똑같이 현학적인 비방에 불과하다.

(1) 그리스도의 의는 마치 그 안에 있는 것처럼 우리에게 내적으로 주관적으로 우리의 것이 되도록 주입되지 않으며, 다른 사람들을 구원하는 효과를 내는 데 필수적으로 요구되지 않는다. 우리가 다른 사람들과 관련하여 우리 안에 내재되어 있는 어떤 능력이나 자질 덕택에 무엇을 할 수 있거나 한다고 말하든지, 우리는 오직 우리 자신의 이익으로, 우리의 것으로 여겨지는 것의 덕택으로 다른 사람들에게나 다른 사람들을 위해 아무 것도 하지 않는다고 말할 수 있다. 우리 자신의 어떤 이

익이 다른 사람에게 유익이 되게 하기 위해 그것은 우리 자신에 의해 일어나야 한다는 것은 절대적으로 필수적이다.

(2) 설령 그리스도의 의가 우리에게 주입되고 내적으로 우리의 것이 될 수 있더라도, 우리는 그로 말미암아 다른 사람들의 구세주가 될 수 없으며 구세주라고 말할 수 없다. 우리 개인 안에 있는 우리의 본성은 "인류를 대표하는 머리(subjectum capax)"가 아니거나, 그런 목적을 위해 사용할 수 있고 효과적인 의를 받거나 보유할 수 없기 때문이다. 이런 능력은 위격적 연합으로 그리스도 안에서 그의 의에 주어졌으며 어떤 다른 방법이 없다. 인간의 본성으로 행하신 그리스도 자신의 의는 만약 그것이 하나님이시며 사람이신 분의 의가 아니었다면 교회의 칭의와 구원을 위해 충분하지 않았을 것이다. "하나님이 자신의 피로써 자신의 교회를 구속하셨기" 때문이다.

(3) 그리스도의 의가 우리에게 이렇게 전가되는 것은 그 목적과 용도에 있어서 하나님의 뜻에서 나온 것이다. 그리고 이것은 그의 의가 전가되는 사람들에게 의가 되는 것이며 어떤 다른 것도 아니다.

(4) 우리는 절대적으로 전체 교회를 위해 이루어진 그리스도의 의가 각각의 모든 신자에게 전가된다고 말하는 것이 아니라, 하나님의 뜻을 따라 그들 각자의 모든 사람을 위한 충족이 구체적으로 그들에게 전가된다고 말한다. 곧 그것은 일반적인 목적이 아니라 각자 모든 사람의 구체적인 이익에 따라 전가된다. 모든 각자의 신자는 자신의 생명의 떡을 가지고 있으며, 모든 사람은 똑같은 의로 말미암아 의롭다 하심을 받는다.

(5) 사도는 우리가 후에 증명하겠지만 아담의 실질적인 죄가 우리에게 전가되어 정죄에 이르는 것처럼, 그리스도의 순종이 우리에게 전

가되어 생명의 칭의에 이르게 한다고 선언한다. 그러나 아담의 죄는 어떤 사람에게 전가되어 그가 그로 말미암아 세상에 있는 다른 모든 사람에게 죄와 정죄의 원인이 되는 것이 아니라, 오직 그가 그로 말미암아 하나님 앞에서 죄책이 있게 되는 것이다. 그리고 그것은 다른 편에서도 그러하다. 그리고 우리가 우리 안에 내재되어 있지 않고 오직 우리에게 전가된 아담의 실질적인 죄로 말미암아 죄책이 있게 된 것처럼, 우리는 우리 안에 내재되어 있는 것이 아니라 오직 우리에게 전가된 그리스도의 의로 말미암아 의롭다 하심을 받게 된다. 그리고 그것은 그가 자신을 위해서가 아니라 우리를 위해서 의를 이루셨기 때문에 우리에게 전가된다.

5. "만약 우리가 그리스도가 행하신 것이 각자 모든 신자에게 개인적으로 전가되는 것을 주장하거나, 만약 어떤 신자가 그리스도의 의의 개인적인 행동으로 개인적으로 의롭다 하심을 받게 된다면, 많은 불합리한 것이 따라나올 것이다"라는 언급이 있다. 그러나 그들이 불합리하다고 생각하는 것들에서 어떤 의견을 반대하려는 계획이 따라나온다면, 그들은 그럴 수 있을 것이라는 식으로 진술하는 것에 불과하다. 그리고 때때로 아무리 가치가 있고 솔직한 사람이라도 논쟁이 불붙었을 때 이것에서 자유롭지 못하다. 개인적인 전가에 대해 나는 그것을 잘 이해하지 못하기 때문이다. 모든 전가는 무엇이든 어떤 종류이든 사람을 향한 것이며 사람의 행위이다. 그러나 이것들 중 어떤 것으로도 개인적인 전가라고 불릴 수 없다. 그리고 만약 사람들에게 해당되지 않는 전가가 허락된다면, 곧 모든 신자에 대한 전가가 허락된다면, 그것이 어떤 것인지 내가 아는 한 아직 선포되지 않았다.

어떤 사람이 "각자 모든 신자는 그리스도의 의의 개별적인 행동으로 개인적으로 의롭다 하심을 받게 된다"라는 식으로 전가를 주장했는지 나는 모른다. 나는 자신의 생각을 그렇게 표현한 어떤 사람에 대해 읽어 본 적도 들어본 적도 없다. 그렇게 주장한 사람들이 있을 수도 있겠지만, 나는 그들이 주장한 것을 방어하려 하지 않을 것이다. 그것은 그리스도가 어떤 경우에도 우리에게 요구되는 모든 개인적인 행동을 하셨다고 추측하는 것일 뿐 아니라, 이런 행동이 내적으로 우리의 것이 된다는 것이다. 그러나 이 둘 다 거짓이며 불가능하다. 이 전가에서 사실 주장하고 있는 것은 오직 주 그리스도가 그들을 위해, 그들을 대신해서 율법에 대한 대답으로 언약의 중보자요 보증인으로서 행하시고 고난을 받으신 것은 생명의 칭의에 이르도록 그들 각자 모두에게 전가되었다는 것이다.

그리고 이것은 그런 제안이 없더라도 다음과 같은 것을 고려할 때 그런 목적을 이루기에 충분하다.

(1) 그것이 충족이 되고 공로가 되고 많은 사람에게 전가될 수 있도록 이런 순종을 하신 분의 위엄을 생각할 때.

(2) 그 모든 수단에서 전체 율법에 완벽하게 일치하고 성취하고 충족시키는 순종의 본질 그 자체를 생각할 때. 이것은 전체 교회의 대표자가 율법에 대해 책임을 지도록 하시는 하나님의 주권적인 권위의 행동을 전제할 때 그의 의가 그들의 것이 되고 모든 면에서 그들의 칭의에 충분하게 되는 근거이다.

(3) 공적인 분이시요 우리의 보증인으로서 그리스도가 행하시고 고난을 받으신 것이 마치 우리 자신이 행한 것처럼 우리의 것이 되게 하신 하나님의 계획을 생각할 때. 마찬가지로 아담의 죄는 그가 공적인 사람이요 그의 모든 후손을 대표하고 있는 동안 마치 우리가 그런 실질

적인 죄를 범한 것처럼 우리 모두에게 전가되었다. 벨라르민은 자주 이 것을 인정한다. "우리는 최초의 사람 안에서 그가 죄를 지었을 때 죄를 지었으며, 그가 허물을 범했을 때 우리도 또한 허물을 범했다. 사실 우리는 아담의 불순종으로 죄인들이 되었으며, 그의 불순종이 없었다면 우리의 불순종도 없었을 것이다"(De Amiss. Grat. et Stat. Peccat., lib. v. cap. 18). 그리고 그는 다른 곳에서 아담의 실질적인 죄가 마치 우리가 실질적으로 그 죄를 범한 것처럼, 곧 하나님의 전체 율법을 어긴 것처럼 우리에게 전가되었다는 것을 인정한다.

그리고 이것이 사도가 그리스도의 의가 신자들에게 전가되었다는 것을 설명하는 방법이며, 그것은 선한 근거들 때문에 다른 것과 마찬가지로 불합리한 것으로 비난 받을 수 있다. 그러므로 하나님이 주 그리스도가 행하시고 참으신 바로 그 행동을 우리가 행하고 그가 참으신 율법의 형벌을 우리가 참은 것처럼 판단하신다고 말하고 있지 않다. 이것은 모든 전가를 전복시키는 것이기 때문이다. 그러나 하나님은 그리스도가 행하시고 고난을 받으신 것을 그들이 한 것처럼 생명의 칭의를 위해 신자들에게 전가시키신다. 그리고 공적인 사람으로서 그의 의는 아담의 죄가 그가 공적인 사람인 동안 전가에 의해 그의 모든 후손의 죄가 된 것처럼 전가로 말미암아 그들의 것이 된다.

이곳에서 그들이 주장하는 것처럼 실제로 불합리한 어떤 것도 나오지 않는다. 그리스도는 우리가 우리의 상황에서 의무로 해야 하는 모든 개별적인 행동을 자신의 위격으로 행하지 않으셨다. 그리고 그가 그렇게 하셔야 할 어떤 필요도 없으셨다. 이런 전가는 내가 보여준 것처럼 다른 기초들 위에 서 있다. 그리고 모든 구원받는 사람의 하나님 앞에서의 의는 중보자로서 그의 공적인 능력에 있어서 그리스도의 의와 실체와 수에 있어서 똑같다. 이런 반대는 그것이 그의 것이었으며, 신인(神人)으로서의 의였으므로 그의 위격을 고려하거나 관련된 특별한 본성을 가지고 있다는 것을 인정함으로써 스스로 무너지기 때문이다. 그것은 그리스도가 자신의 공적인 능력으로 행하셨거나 효력을 나타내신 것과 똑같은 것이다.

그러나 그것을 절대적으로 그의 것으로 생각하는 것과 우리의 것이 된 것으로 생각하는 것은 큰 차이가 있다. 그것은 그 안에 형식적으로 내재되어 있던 것이며 단지 내용적으로 우리에게 전가된 것이다. 그것은 능동적으로 그의 것이지만 수동적으로 우리의 것이 된 것이다. 그것은 오직 그 자신의 것과 관련해서 전체 교회를 위해 신인의 위격 안에서 일어난 것이었지만 각각의 개별적인 신자에게 전가된 것이다. 우리에게 전가된 아담의 죄는 비록 그것이 그에게 속한 것이었지만 한 대표자의 죄가 아니라 우리 각자 모두의 개별적인 죄이다. 그러나 이런 반대는 후에 그것이 일어난 곳에서 다루어져야 한다. 그리고 이런 전제 아래 우리가 어떤 것을 행할 수 있는 능력 안에 있기 오랜 전에 이루어졌던 것을 행한 것으로 여김을 받아야 된다는 결론이 나오지 않는다. 우리가 어떤 그런 능력 안에 있기 전에 우리를 위해, 우리를 대신하여 이루어진 것은 아담의 죄와 마찬가지로 우리에게 전가될 수 있다. 그러나 사람들이 그들이 실질적으로 존재하기 전에 자신들을 위하고 자신들의 이름으로 행해진 것을 행한 것으로 언급될 수 있으므로 그 안에 아무런 불합리한 것도 없다고 언급될 수 있는 많은 의미가 있다.

그런데 그리스도가 우리가 받아야 할 것과 "똑같은(idem) 것"을 행하시고 고난을 받지 않으셨다는 주장이 있다. 그는 율법이 요구하는 것을 행하셨고, 율법이 불순종하는 자들에게 위협을 가하는 것에 대한 고난을 받으셨으며, 그것이 우리가 해야 할 것의 전부였다는 것이다. 그러나 그것은 쉽게 증명될 수도, 그런 논쟁들은 매우 갑자기 대답이 될 수도 없으며, 오히려 정반대의 것이 확증된다. 그리스도가 보증인직을 감당하셨다거나 새언약의 보증인이셨다는 것은 성경이 매우 분명히 인정하고 있어서 그것은 거부될 수 없다. 그리고 국가적이고 재정적인 것뿐 아니라 범죄를 범한 경우에도 보증인들이 있을 수 있다는 것은 전에 증명되었다. 중보자로서 그리스도의 의의 독창성은 단지 형식적이며 내적으로 그의 것인 그의 의는 그에게 특별히 속한 것이었으며, 그 안에 내재되어 있는 것으로 그것과 그의 위격과의 관련해서 나오는 부수적인 것들은 그것이 전가되는 사람들에게 전달될 수 없다는 것을 증명한다.

6. 더욱이 "그리스도의 의의 추측된 전가를 받아들인다면 모든 신자는 율법의 행위로 의롭다 하심을 받게 된다. 그리스도의 순종은 법적인 의였으며, 만약 그것이 우리에게 전가된다면, 우리는 율법으로 말미암아 의롭다 하심을 받게 된다는 것이다. 그런데 그것은 성경의 많은 곳에서 분명히 증거하고 있는 것과 반대된다"는 주장이 있다.

대답 (1) 나는 어떤 학자들의 글에서도 그리스도의 의가 우리의 법적인 의라는 것보다 더 자주 언급되고 있는 어떤 것도 알지 못한다. 그러나 내가 생각할 때 그들은 이런 비난에서 자유로울 수 있다.

(2) 만약 이것이 성경에서 부인되고 있는 것처럼 율법이나 율법의 행위로 말미암아 의롭다 하심을 받는 참된 의미로 이어진다면, 우리가 이런 그리스도의 의의 전가 이외에 율법으로 말미암아 의롭다 하심을 받는 의무에서 자유로워질 수 있는 어떤 방법도 볼 수 없는 사람들의 연약함은 가련하지 않을 수 없다.

(3) "율법의 행위로 어떤 사람도 의롭다 하심을 받을 수 없다"라고 주장하는 성경은 똑같은 방식으로 "믿음으로 우리는 율법을 무효화시키는 것이 아니라 율법을 세우며", "율법의 의가 우리 안에서 성취되며", "그리스도께서 율법을 파괴하려 오신 것이 아니라 율법을 성취하러 오셨으며", "율법의 목적은 믿는 자들에게 의가 되게 하려는 것"이라고 주장한다. 그리고 우리는 율법이 성취되어야 하며, 그렇지 않으면 우리가 의롭다 하심을 받을 수 없다는 것을 후에 증명할 것이다.

(4) 우리는 성경이 말하고 있는 의미 그대로 율법이나 율법의 행위로 의롭다 하심을 받지 못한다. 그리고 그것에 대해 새로운 의미를 만들어 내는 것은 안전하지 못하다. 성경에서 그것의 의미는 오직 "율법을 행하는 자라야 의롭다 하심을 받을 것이며"(롬 2:13), "율법의 일을 행하는 자는 그 일로 산다"(롬 10:5)는 것, 곧 개인적인 의무의 방식으로 오직 율법이 요구하는 것을 행하는 자가 산다는 것이다. 그러나 만약 내적이고 개인적인 순종의 방식으로 율법을 성취하지 못하는 우리가 우리에게 전가된 그리스도의 의로 말미암아 의롭다 하심을 받는다면, 우리는 율법이 아니라 그리스도로 말미암아 의롭다 하심을 받는다.

그러나 이것이 안식을 주지 못할 것이라는 말이 있다. 만약 그의 순종이 우리에게 전가되어 하나님이 그리스도가 하신 것을 우리가 한 것처럼 판단하신다면, 그것은 내용상 모두 한 가지이며, 우리는 마치 우리 자신이 율법에 죄없는 순종을 한 것처럼 율법으로 의롭다 하심을 받는다. 나는 이것을 이해할 수 없다고 고백한다. 이런 칭의의 본질은 여기에서 형식적으로 우리가 이해할 수 없는 방식으로 제시된다. 오직 이것에서 이런 추론이 내려지지만, 내가 판단할 때 이런 추론은 그런 식으로 나올 수 없다. 그것이 어떤 본질을 지녔든지 다른 사람의 의가 우리에게 전가된다는 것을 인정한다면, 성경적인 의미에서 율법과 율법의 행위로 말미암은 모든 칭의는 영원히 사라진다. 전가를 받아들이는 것은 율법에서 의롭다 하는 모든 힘을 빼앗아 버린다. 율법은 본래적이며 내적으로 자신의 것이 아닌 의가 아니면 어느 누구도 의롭다 할 수 없기 때문이다. "그것들을 행하는 자는 그것들 안에서 살 것이다." 만약 전가된 의가 우리의 칭의의 근거와 기초이며 그런 전가에 의해 우리의 것이 된다면, 칭의가 은혜에서 나오고 율법에서 나오지 않는다고 당신은 진술하지 않을 수 없다.

그러나 나는 하나님이 심판하실 때 그리스도가 하신 것을 개인적으로 우리가 한 것으로 인정해 주신다고 말하는 어떤 사람도 알지 못한다. 그리고 그것은 곧 하나님이 우리가 결코 하지 않을 것을 우리가 한 것처럼 판단하신다고 하는 것은 잘못이라는 의미를 가질 수 있다. 그러나 그리스도가 우리를 위해, 우리를 대신하여 하신 것은 우리가 믿음으로 그와 하나의 신비적인 위격으로 연합되기 때문에 우리에게 전가되고 전달된다. 그리고 이를 기초로 우리는 의롭다 하심을 받는다. 그리고 비록 우리가 의롭다 하심을 받을 수 있도록 율법이 수립되고 완성되고 성취되지만, 이것은 절대적으로 율법이나 율법의 행위로 말미암은 모든 칭의를 전복시킨다.

그리고 어떤 사람도 진실하게 진술된 그리스도의 의의 전가를 생각할 때 자신의 구원을 공로로 얻는다고 말할 수 없다. 충족과 공로는 형식적으로 그 안에 내재되어 있는 그리스도의 의의 부속물이다. 그리고 그 자체로 그것은 다른 사람에게 전이될 수 없다. 그러므로 그것이 개별적인 신자들에게 전가되었기 때문에 그것은 오직 하나님의 아들의 위격 안에서만 존재하는 속성들을 수반하고 있지 않다. 그러나 이것은 여기에서 반복되어야만 했던 많은 것처럼 이전에 언급되었다.

나는 지금까지 이곳에서 그들에 대한 대답이 진리를 더 잘 설명해 줄 수 있기 때문에 다양한 반대들을 살펴보았다. 이제 나는 성경의 논증들과 증거들을 통해 이 진리를 계속해서 확증할 것이다.

THE DOCTRINE

OF

JUSTIFICATION BY FAITH

THROUGH

THE IMPUTATION OF THE RIGHTEOUSNESS OF CHRIST

EXPLAINED, CONFIRMED, AND VINDICATED

제 10 장
그리스도의 의의 전가로 말미암은
칭의를 위한 추가적인 논증들
우리 자신의 개인적인 의의 본성과 용도를 통한
첫 번째 논증

 III. **그들이 믿을 때** 죄를 깨닫게 된 죄인들의 칭의가 있다. 이것에 기초하여 그들의 죄는 용서받으며, 그들은 하나님께 받아들여지고, 천국의 기업에 대한 권리가 그들에게 제공된다. 그들은 자신들의 믿음으로 혹은 예수 그리스도를 믿음으로 이런 상태에 즉시 들어가게 된다. 그리고 그것은 실질적으로 하나님과 화평한 상태이다. 나는 현재 이것들을 인정한다. 그리고 그것들은 내가 현재 논증에서 주장할 모든 것의 기초이다. 그리고 나는 그것들을 주목하는데, 어떤 사람들은 내가 가장 잘 이해하기에 그들이 이생에서 믿을 때 죄인들에게 어떤 실질적인 칭의가 일어난다는 것을 부인하는 것 같기 때문이다. 그들은 칭의를 그 실행에 있어서 심판 날까지 연기된 복음에서 선포된 단지 일반적인 조건적 선언에 불과한 것으로 여기기 때문이다. 사람들이 이 세상에 있는 동안 칭의의 전체 조건이 성취되지 않기 때문에 그들은 그것에 참여할 수 없거나 실질적이며 절대적으로 의롭다 하심을 받을 수 없다. 여기에

서 사실 이생에서 어떤 사람에게도 예수 그리스도로 말미암은 하나님
과의 안식과 화평에 대해 확신하는 실질적인 상태는 없다는 결과가 나
온다. 나는 현재 이것에 대해 논쟁하지 않을 것이다. 그것은 나에게 전
체 복음을, 곧 우리 주 예수 그리스도의 은혜와 신자들의 모든 위로를
전복시키려는 것처럼 보이기 때문이다. 그리고 나는 우리가 이것에 대
해 싸우도록 부르심을 받지 않았기를 소망한다.

우리의 질문은 "어떻게 각성된 죄인들이 믿을 때 죄 사함과 하나님
이 받아주시는 것과 영생에 대한 권리를 얻을 수 있는가?"하는 것이
다. 그리고 만약 이것이 그들에게 그리스도의 의가 전가되는 것 이외
에 어떤 다른 방식으로 이루어질 수 없다면, 그들은 오직 이것으로 말
미암아 하나님이 보시기에 의롭다 하심을 받는다. 그리고 이런 주장은
어떤 사람을 의롭다 하는 데 요구되는 의가 있다는 전제에서 진행된
다. 하나님이 어떤 사람의 칭의에서 그가 자신이 책임을 져야 하는 모
든 죄에서 사함을 받았고, 자신이 보시기에 의로운 상태로 서 있다고
선언하시는 반면에, 어떤 사람이 그렇게 사함을 받고 선언이 될 수 있
는 의에 대한 고려가 반드시 있어야 하는 데 하나님의 심판은 진리를
따르기 때문이다.

우리의 개인적인 의로 의롭다 하심을 받을 수 있는가?

우리는 전에 성경이 우리에게 제시하고 있는 믿음으로 죄인이 의롭
다 하심을 받는 법적인 절차에서 이것을 충분히 증명하였다. 그리고 만
약 오직 우리에게 전가된 그리스도의 의 이외에 우리가 의롭다 하심을
받는 다른 의가 없다면, 우리는 그것으로 말미암아 의롭다 하심을 받아
야 하며 그렇지 않다면 다른 방법은 없다. 그리고 만약 어떤 그런 다른

의가 있다면, 그것은 우리 안에 내재되어 있고, 우리로 말미암아 일어나는 우리 자신의 의밖에 없다. 이 두 종류의 내적이고 전가된 의와 우리 자신의 의와 그리스도의 의가 추구하는 목적에 따라 의의 전체 본성을 나누기 때문이다. 그리고 우리가 하나님 앞에서 의롭다 하심을 받을 수 있는 그런 내적인 의가 없다는 것과 그런 우리 자신의 의가 없다는 것을 나는 먼저 증명할 것이다. 그리고 나는 먼저 성경의 분명한 증거들을 통해, 그런 다음에 내용 그 자체를 살펴봄으로써 그렇게 할 것이다. 나는 이런 목적을 위해 두 가지를 전제로 제시할 것이다.

1. 나는 우리 자신의 이런 의를 절대적으로 그 자체로서가 아니라, 이 의가 이 의와 그리스도의 충족과 공로와 관련해서 향상되고 진보될 수 있는 것으로 고려할 것이다. 많은 사람이 우리의 내적인 의는 그 자체로 하나님이 보시기에 우리를 의롭다 하시기에 충분하지 않은 것으로 인정하지만, 우리의 내적인 의가 그리스도의 공로로부터 그것에 전달되는 가치를 가지고 있는 것으로 받아들일 것이다. 그러므로 우리의 내적인 의는 그런 목적으로 받아들여지며 영생을 얻을 가치가 있는 것으로 판단된다. 우리는 그리스도가 우리를 위해 우리가 그렇게 될 수 있는 은혜를 공로로 얻지 않으셨고, 또한 우리의 행위가 보상과 관련하여 그런 위엄을 지닐 수 있도록 공로로 얻지 않으셨다면, 생명과 구원을 공로로 얻을 수 없었다. 그러므로 우리는 이 의에 합리적으로 전달될 수 있다고 생각될 수 있는 어떤 가치든 그리스도의 공로를 고려해서 허락할 것이다.

2. 모든 종류와 분파의 사람들이 - 교황주의자들과 소시누스주의자들과 다른 사람들에게서 쉽게 나타나듯이 - 우리의 칭의를 우리 자신의 의에 돌리는 다양한 방법을 취해서 어떤 분파도 그것에 일치하지 않

고, 그들 중에서도 많은 사람이 똑같은 생각을 가지고 있지 않은 반면에, 나는 계속되는 논쟁에서 가능한 한 그들 모두를 고려할 것이다. 나의 계획은 그리스도의 의가 우리가 의롭다 하심을 받는 유일한 의로 여김을 받도록 우리의 개인적인 의가 하나님 앞에서 우리의 칭의에 아무런 참여도 하지 못한다는 것을 증명하는 것이다.

그리고 첫째로, 우리는 이런 목적을 위해 제시될 수 있는 수많은 증거들 중 몇 가지를 제시할 것이다. "여호와여 주께서 죄악을 지켜보실진대 주여 누가 서리이까 그러나 사유하심이 주께 있음은 주를 경외하게 하심이니이다"(시 130:3, 4). 이 말에는 사람이 어떻게 하나님 앞에서 의롭다 하심을 받을 수 있으며, 어떻게 그가 설 수 있으며, 곧 하나님의 앞에서 그가 어떻게 서고 받아들여질 수 있으며, 시 1:5에서 "악인들은 심판에 견디지 못하며"라고 그들의 재판에서 사면을 받지 못한다고 설명이 되어있는 것처럼 어떻게 그가 심판에서 설 수 있는지에 대한 질문이 포함되어 있다.

이런 목적을 위해 먼저 제시하는 것은 자신의 순종이다. 이것이 율법이 먼저 그에게 요구하는 것이며, 이것이 그의 양심이 그에게 요구하는 것이기 때문이다. 그러나 시편기자는 어떤 사람도 자신의 순종으로 자신의 칭의를 위해 성공적으로 간청할 수 없다고 분명히 선언한다. 그리고 그 이유는 아무리 최선의 사람이 최선의 순종을 드린다고 해도 그들 안에는 그들의 주 하나님을 대적하는 죄악들이 발견되기 때문이다. 그리고 만약 사람들이 하나님 앞에서 의롭다 하심을 받든 정죄를 받든 심판을 받게 된다면, 그들은 자신들이 한 순종을 제시하고 설명해야 할 것이다. 그러나 그 때 다른 곳에서 말했듯이 어떤 사람도 "설 수" 없으며, 어떤 사람도 "의롭다 하심"을 받을 수 없다. 그러므로 아무리 지혜롭고 아무리 안전한 과정이라도 하나님 앞에서 우리의 칭의와 관련하여 우리의 죄가 나타나고 들려지지 않도록 전적으로 이런 간청을 버리고 우리 자신의 순종을 고집스럽게 주장하지 말아야 한다. 어떤 사람도 자신의 순종에 기초하여 그런 주장을 할 수 없다. 그리고 만약 고집을 부린다면 아무리 훌륭한 사람이라도 시편기자가 선언했듯이 재판에서 버림을 받을 것이다.

이런 재판에서 죄인이 서는 데 두 가지가 필요하다. 1. 그의 죄악이 발견되지 말아야 한다. 만약 발견된다면, 그는 영원히 잃어버릴 것이다. 2. 재판을 견딜 수 있는 의가 생산되고 그에 기초한 간청이 있어야 한다. 칭의는 의롭다 할 수 있는 의에 기초하기 때문이다. 이것들 중 첫 번째 것에 대해 시편기자는 그것은 사함이나 용서를 통해 있어야 한다고 우리에게 말한다. "그러나 사유하심이 주께 있음은." 사유하심에, 곧 그리스도의 피를 통한 사함에 우리의 죄악과 관련된 율법의 정죄하는 선언에 대항하는 우리의 유일한 안식이 놓여 있다. 그 안에서 "우리는 그의 피로 말미암은 속량 곧 죄 사함을 받았다"(엡 1:7). 우리의 죄악 때문에 우리 자신의 순종은 죄 사함의 근거가 될 수 없다. 그러므로 똑같은 시편기자는 "내가 주 여호와의 능하신 행적을 가지고 오겠사오며 주의 공의만 전하겠나이다"라는 말씀으로 우리를 안내한다(시 71:16). 그 자신의 의가 아니라 자신의 의와 반대되는 하나님의 의가 이런 경우에게 그가 주장할 수 있는 유일한 간구의 수단이다.

만약 어떤 사람도 하나님의 심판대 앞에서 자신의 개인적인 죄악 때문에 자신의 순종으로 하나님 앞에서 의롭다 하심을 받을 수 있도록 설 수 없다면, 만약 그 경우에 우리가 유일하게 간구할 수 있는 것은 하나님의 의, 오직 하나님의 의이며 우리 자신의 의가 아니라면, 어떤 신자들 안에서도 그들이 의롭다 하심을 받을 수 있는 어떤 개인적이며 내적인 의도 없다. 그리고 그것은 증명될 수 있는 것이다.

똑같은 사람이 시 143:2에서 다시 똑같은 것을 더 분명하고 직접적으로 주장한다. "주의 종에게 심판을 행하지 마소서 주의 눈 앞에는 의로운 인생이 하나도 없나이다." 이 증거는 더욱더 고려되어야 하는데, 그것이 율법에서 나온 것처럼(출 34:7) 복음에 전달되었고, 사도가 두 번이나 똑같은 목적을 주장하기 때문이다(롬 3:20, 갈 2:16). 하나님께 이런 간구를 드리는 사람은 자신을 그의 종으로 고백한다. "주의 종에게 심판을 행하지 마소서." 하나님을 사랑하고 하나님을 경외하는 그는 신실하게 모든 순종을 드렸다. 그는 율법적인 것, 율법이 요구하는 것, 오직 율법의 힘으로만 이루어진 것을 제외하고 어떤 행동도 하지 않고, 모든 사람이 우리의 칭의에서 배제될 것이라고 인정하고, 많은 사람이 판단할 할 때 오직 배제되는 행동만을 하는 위선자도 불신자도 중생하지 않은 자도 아니었다.

다윗이 그런 사람이었다. 그는 회심하고, 참된 신자이고, 하나님의 영을 가졌고, 자신의 순종에서 특별한 은혜의 도우심을 가지고 있었을 뿐 아니라, "하나님의 마음에 합한 자"라는 자신의 정직성에 대한 증거를 가지고 있었다. 그리고 그는 자신의 양심에 자신의 정직과 올바름과 개인적인 의에 대한 이런 증거를 가지고 있어서 자주 그것들을 공언하고, 그것들의 진실성에 대해 하나님께 호소하고, 그것들을 자신과 자신의 적대자들 사이에 판단의 근거로 간청한다. 그러므로 우리는 내적이고 개인적인 의에서 가장 탁월했던 신실하고 탁월한 한 신자의 예에서 우리가 진술하고 있는 한 사례를 가진다.

이런 상황 아래서 하나님과 자신의 양심으로 자신의 순종의 정직성과 탁월성에 대한 증거를 가지고 있는 이 사람은 자신이 어떻게 "하나님 앞에서 설 수 있는지", "그가 보실 때 의롭다 하심을 받을 수 있는지" 생각한다. 왜 그는 지금 자신의 공로에 호소를 하고 있지 않은가? 그리고 만약 "댓가에 따른 것"(ex condigno)이 아니라면 적어도 "호의를 베풀어서라도"(ex congruo) 그는 사면을 받고 의롭다 하심을 받을 자격이 있지 않은가? 그러나 그는 자신들을 의롭다 하고 다른 사람들을 경멸하는 일반적인 사람들이 하는 간구를 포기했다.

그러나 그가 어떤 사람들이 지금 가지고 있는 자신의 행위의 공로에 대해 그런 확신을 가지고 있지 않다고 생각해 보자. 그렇다면 왜 그는 자신의 모든 것이 정돈되어 있고 확실한 새언약, 하나님이 자신과 맺은 영원한 언약의 조건을 지켰다는 것에 호소하면서 자신이 의롭다 하심을 받을지 그렇지 않을지 자유롭게 하나님의 심판에 들어가서 심판대 앞에서 내놓으려 하지 않았는가? 그리스도로 말미암은 그 언약의 획득과 언약의 조건을 생각할 때 (나는 그리스도가 치르신 것의 가치가 구약까지 확장된다고 생각하기 때문에) 이것은 그에게 요구되는 모든 것이었기 때문이다. 그가 그것에 대해 아무런 언급도 하지 않았다는 것을 볼 때 그가 자신을 가장 큰 위험 속에서 자신을 서게 하는 데 자신의 개인적인 거룩과 의에 대한 어떤 필요성도 보지 못하거나, 아무 것도 남겨두지 않은 사람들 중의 한 명이었다는 것은 두렵지 아니한가? 적어도 그는 자신을 의롭다 여겨달라고 자신의 의무와 행위로써 자신의 믿음에 호소할 수 있었을 것이다. 그러나 그 이유가 무엇이든지, 그는 그 모든 것을 배제하고 심판을 받을 때 그것들에 의지하지 않는다. 그는 믿는 자는 "심판에 이르지 아니한다"고 약속되어 있기 때문에(요 5:24) "주의 종에게 심판을 행하지 마소서"라고 말한다.

그리고 만약 이 거룩한 사람이 자신의 모든 개인적이며 내적인 의에 대한 고려를 버리고, 어떤 곳에서도 하나님 앞에서 자신의 칭의에 어떤 식으로든 사용될 수 있는 것으로 주장하고 있지 않다면, 우리는 그들이 의롭다 하심을 받을 수 있는 그런 의는 없다고 안전하게 결론을 내릴 수 있다. 그리고 만약 사람들이 자신들의 논쟁에서 자신들을 숨길 수 있는 그늘과 보호막을 버리기를 원한다면, – 만약 자신들과 다른 사람들을 기만할 수 있는 속임수들과 구분들을 버리고, 어떻게 자신들이 감히 자신들의 의와 순종으로 하나님 앞에서 의롭다 하심을 받을 수 있겠는가라고 우리에게 분명히 말한다면 – 우리는 지금 우리가 이해하는 것보다 그들의 마음을 더 잘 이해해야 한다.

이런 목적에 맞게 어느 정도 확신을 가지고 말하고 있는 한 사람이 있다고 나는 고백하는데 그 사람은 제수이트인 바스쿠에즈이다. "내적인 의는 영혼을 의롭고 거룩하게 하거나 하나님의 아들처럼 회복시켜서 그 의 자체로써 영혼으로 하여금 상속자가 되고 영원한 영광을 받을 가치가 있는 것이 되게 한다. 더욱이 하나님은 이런 본성의 의가 영원한 행복을 얻을 가치가 없도록 하실 수 없다"(1, 2, disp. 204, cap. 4). 다윗이 자신의 내적인 의의 가치에 대해 얼마나 많이 무지한지 발견해야 하고, 하나님 앞에서 자신의 심판에 대해 자신이 얼마나 크게 소심한지 발견해야 하는 반면에, 하나님이 그가 영원한 축복을 받을 가치가 없고 가치가 없어야 하는 것과 다르게 주문하실 수 없다는 것이 슬프지 아니한가?

시편기자가 자신이 사면을 받을지 의롭다 하심을 받을지 심판해 달라고 자신의 순종을 제시하지 않은 이유는 다음과 같은 일반적인 금언에 잘 나타난다. "주께서 보실 때" 혹은 주 앞에서 "어떤 산 자도 의롭다 하심을 받지 못할 것이다." 이것은 절대적으로나 칭의의 어떤 한 방법이나 원인의 차원에서 말하고 있는 것이다. 만약 그것이 절대적인 차원이라면, 이런 일은 영원히 그치며 사실 하나님 앞에서 칭의와 같은 것은 없을 것이다. 그러나 그것은 성경 전체와 모순되는 것이며 복음을 파괴하는 것이다. 그러므로 그것은 우리 자신의 순종과 행위와 관련되어 언급되었다. 그는 자신이 절대적으로 하나님의 심판을 받지 않게 해 달라고 기도하고 있지 않다. 그것은 세상에 대한 그의 통치를 버리는 것이기 때문이다. 따라서 그는 자신의 의무들과 순종에 기초해서 심판하지 말아달라고 기도하는 것이다.

그러나 만약 이런 의무들과 순종이 어떤 의무나 방식으로든 우리에게 칭의에 이르는 의로서 요구되는 것이라면, 그가 그것들로 말미암거나 그것들에 기초한 심판을 거부해야 할 어떤 이유도 없었다. 그러나 성령은 "어떤 살아있는 사람도" 자신의 행위나 순종으로 "하나님이 보시기에 의롭다 하심을 받을 수 없다"는 것을 매우 적극적으로 주장하고 있는 반면에, 어떤 사람이 마치 그가 정반대의 것, 곧 우리가 우리 자신의 행위로 하나님이 보시기에 의롭다 하심을 받을 수 있다고 주장한 것처럼 야고보 사도를 해석하는 것은 놀라운 일이라고 나는 고백한다. 사실 그는 그런 말을 하지 않았기 때문이다. 그러므로 이것이 영원한 진리의 규칙이다. 곧, 자신의 순종으로 말미암거나 자신의 순종에 기초하여 어떤 살아있는 사람도 하나님이 보시기에 의롭다 하심을 받을 수 없다는 것이다.

"만약 하나님이 율법에 의하거나 율법에 따라 어떤 사람을 그들 자신의 순종으로 심판하신다면, 사실 어느 누구도 하나님 앞에서 의롭다 하심을 받을 수 없다. 그러나 하나님이 복음과 새언약의 조건에 따라 판단하시기 때문에 사람들은 자신들의 의무들과 행위들과 순종으로 의롭다 하심을 받을 수 있다”는 말이 있을 수 있다.

대답 (1) “어떤 살아있는 사람도” 자신의 행위나 순종으로 “하나님이 보시기에 의롭다 하심을 받을 수 없다”는 부정적인 주장은 일반적이고 제한이 없는 것이다. 그리고 그것을 이런저런 판단의 방식으로 제한하는 것은 구분하는 것이 아니라 성령을 거스르는 것이다.

(2) 그 표현에서 분명히 나타나있듯이 여기에서 의도하고 있는 심판은 단지 칭의와 관련된 것이다. 그러나 의나 칭의와 관련하여 그것들에 대해 올바로 판단할 수 있는 규칙이나 척도인 율법이 아니고는 우리의 행위나 순종에 대한 어떤 심판도 없다. 만약 그것들이 율법에 의한 재판을 견디지 못한다면, 그것들은 하나님이 보시기에 의와 칭의와 관련하여 어떤 심판도 견디지 못할 것이다.

(3) 시편기자의 기도와 간구는 이런 전제 아래 다음과 같은 목적을 가지고 있다. “오, 주여. 당신의 종을 율법에 의하거나 율법에 따라 심판하지 마시고 복음의 규칙에 따라 나의 행위와 순종으로 나를 판단하소서.” 그것에 대해 그는 “당신이 보실 때 어떤 살아있는 사람도 의롭다 하심을 받을 수 없기 때문”이라고 그 이유를 제시한다. 그리고 그는 그것이 자신의 의도와 얼마나 먼지 선포할 필요가 없었다.

(4) 복음에 따른 칭의에 이르는 하나님의 심판은 우리 자신의 순종의 행위가 아니라 그리스도의 의와 믿음으로 말미암아 우리가 그 의에 참여하는 것에 기초로 진행된다. 그리고 그것은 너무 분명해서 적당히 거절될 수 없다. 그러므로 이런 반대에도 불구하고 우리는 다음과 같이 주장한다. 만약 하나님의 가장 거룩한 종이 신실하고 열매 맺는 순종의 길을 걷고, 하나님이 이에 대해 친히 인정하시고, 자신의 양심이 증거

한다면, 곧 그들이 자신의 신실성에 대한 가장 큰 증거들을 가지고 있고, 사실 그들이 하나님의 종인 동안 하나님 앞에서 의롭다 하심을 받기 위해 어떤 의미로든 그로 말미암은 의에 대한 모든 생각을 버렸다면, 어떤 사람 안에든 그런 의는 없는 것이며, 우리가 의롭다 하심을 받을 수 있는 것은 오직 우리에게 전가된 그리스도의 의로 말미암은 것이다. 그러나 그들 모두가 여기에서 제시된 하나님이 보실 때 어떤 살아 있는 사람도 의롭다 하심을 받을 수 없다는 일반적인 규칙 때문에 그리하고, 그리해야 한다는 것은 이 증거에 분명히 인정된다.

나는 많은 학자들이 하나님 앞에서 우리의 칭의에서 개인적인 의와 행위의 역할에 대해 주장하고, 자신이 해 본 이후에 스스로 시편기자의 이 방법을 택하고, 다니엘이 했던 것처럼 교회의 이름으로 "우리가 주 앞에 간구하옵는 것은 우리의 공의를 의지하는 것이 아니요 주의 큰 긍휼을 의지하여 함이니이다"(단 9:18)라고 울부짖을 수 있다는 것을 결코 의심하지 않는다. 그리고 욥은 (우리가 전에 관찰했던 것처럼) 사탄과 사람들의 비난에 자신이 의롭다는 것을 증거하려고 자신의 신앙과 정직과 개인적인 의를 오랫동안 간절히 방어한 후에, 하나님 앞에서 자신 사정을 아뢸 수 있도록 부르심을 받았을 때 자신이 어떤 근거로 하나님 앞에서 의롭다 하심을 받을 것으로 기대되는지를 선포한 후에 자신이 이전에 간구했던 모든 것을 버리고 스스로 시편기자가 취했던 것과 똑같은 자세를 취한다(욥 40:4, 42:6).

특별한 경우에 하나님의 섭리 안에서 어떤 특별한 목적과 관련해서 사람이 하나님 앞에서 자신의 정직과 순종에 호소할 수 있다는 것은 사실이다. 히스기야는 자신의 생명을 연장시켜 달라고 기도했을 때 그렇게 했다. "여호와여 구하오니 내가 주 앞에서 진실과 전심으로 행하며 주의 목전에서 선하게 행한 것을 기억하옵소서"(사 38:3). 나는 이것이 일시적인 구원이나 하나님의 영광과 관련되어 있는 어떤 다른 특별한 목적과 관련해서 있을 수 있다고 말한다. 그것은 히스기야의 생명이 연장되는 데서 잘 나타난다. 그가 큰 열정과 근면으로 종교를 개혁하고 하나님에 대한 참된 예배를 회복한 반면에, 그가 젊은 나이에 죽는 것은 그가 한 모든 행위가 수많은 우상을 섬기는 사람들에게 하나님이 노하신 증거로 오해될 수 있기 때문이다. 그러나 어떤 사람도 자신의 절대적인 칭의를 위해 하나님 앞에서 이런 호소를 하지 않았다. 가령, 느헤미야는 하나님을 예배하고 자기 집이 하나님을 섬긴 것에 대한 큰 경쟁에서 자신의 적대자들에 대항하여 자신의 의로움을 증거하기 위해 하나님 앞에서 그것을 기억해 달라고 요청하지만, 하나님이 자신을 개인적으로 받아주시는 것에 대해서는 용서하시는 자비에 호소한다. "주의 크신 은혜대로 나를 아끼시옵소서"(느 13:22).

우리는 교회의 이름으로 말하고 있는 선지자 이사야에게서 똑같은 목적을 지닌 다른 증거를 가지고 있다. "우리는 다 부정한 자 같아서 우리의 의는 다 더러운 옷 같으며 우리는 다 잎사귀같이 시들므로 우리의 죄악이 바람같이 우리를 몰아가나이다"(사 64:6). 선지자가 이곳에서 백성들의 죄를 깊이 고백하고 있는 것은 사실이다. 그러나 그는 자신들을 그들과 함께 결합시키고 자기가 말하고 있는 사람들이 가지고 있는 특별한 이익에 대해 주장한다. 곧 하나님은 그들의 아버지이시고 그들은 그의 백성이라는 것이다(사 63:16, 64:8, 9). 그리고 하나님의 자녀인 모든 사람의 의는 그들이 아무리 정도에 있어서 다르고, 그들 중 어떤 사람들은 다른 사람들보다 더 의로울 수 있지만 똑같은 종류에 속해 있다. 그러나 그 모든 것은 우리가 그것 때문에 하나님이 보실 때 정당하게 칭의를 기대할 수 없는 것으로 묘사된다. 그러나 우리의 내적인 의의 본성에 대한 고려는 우리의 현재의 논의를 확증하는 두 번째 방법에 속해있지만, 나는 여기에서 더 이상 이 증거를 주장하지 않을 것이다.

또한 똑같은 목적으로 언급될 수 있는 많은 다른 사람들이 있지만 나는 전적으로 생략할 것이다. 곧 하나님의 성도들이나 교회가 자신들의 죄에 대해 겸손히 인정하고 고백할 때 스스로 오직 그리스도의 중보와 피를 통해 베풀어지는 하나님의 자비와 은혜를 받아들이는 이 모든 것과, 그들 안에 있는 어떤 선이나, 그들의 의나, 그들의 행위 때문이 아니라, - 그는 그것에 대한 고려가 그들을 향한 그의 은혜의 어떤 행위에 영향을 미치는 것을 배제하신다 - 하나님이 자신을 위해 자신의 이름을 위해 우리의 죄악을 용서하시고 제하시겠다고 약속하신 이 모든 것과, 하나님이 자신의 기쁨을 오직 그들 안에서 표현하시고, 자신의 자비를 소망하고 자신의 이름을 신뢰하고 자신을 자신들의 유일한 피난처로 받아들이고, 어떤 다른 것을 신뢰하거나 자신들 안에서 영광을 받는 사람들에게 저주를 선언하는 자들을 인정하시는 이 모든 것은 자신들을 고아처럼, 소망이 없는 자처럼, 잃어버린 자처럼 하나님을 선택하는 자들에게 주시는 독특한 약속들을 포함하고 있다.

이런 목적으로 더 이상 증거들을 제시하지 않더라도 그들은 아무리 훌륭한 하나님의 성도들이라도 어떤 의미에서든 하나님 앞에서 의롭다 하심을 받을 수 있는 자신들의 의를 가지고 있지 않다는 것을 충분히 증명한다. 그들 모두는 언급된 곳에서 자신들 안에 있는 모든 것과 자신들이 해왔고 할 수 있는 모든 것을 다해도 자신들의 그런 의가 있다는 것을 거부하고 자신들을 오직 은혜와 자비에 맡기고 있기 때문이다. 그리고 전에 우리가 증명했던 것처럼 하나님은 어떤 사람의 칭의에 있어서 그들을 의롭다고 선언하시고 자신 앞에서 받아들일 수 있는 의에 대해 그들에게 은혜를 베풀어 주시는 반면에, 그들은 모두 우리 안에 내재되어 있지 않고 우리에게 전가된 의를 고려한다.

바로 여기에 칭의의 이런 내용에 있어서 우리가 살펴보고 있는 모든 것의 실체가 놓여 있다. "하나님 앞에서 우리의 칭의에서 자질들과 조건들과 원인들과 우리의 행위와 순종이 어떤 종류로 참여하는가?"와 같은 모든 다른 논쟁들은 단지 사람들이 쉽게 사색한 것에 불과하다. 자신을 하나님 앞에서 내려놓은 각성된 죄인들의 양심은 실질적으로 모든 것이 이와 같은 한 가지 요점으로, 곧 "개인적인 내적인 의를 신뢰해야 하는가, 아니면 그것을 완전히 버리고 자신을 오직 하나님의 은혜와 그리스도의 의에 맡겨야 하는가?"하는 요점으로 축소되는 것을 발견한다. 그는 다른 것들에는 관심이 없다. 그리고 사람들로 하여금 자신들이 기뻐하는 대로 자신의 의를 높이게 하라. 사람들로 하여금 자신의 의를 공로가 있거나 법적이 아니라 오직 복음적인 것으로, 오직 새언약의 조건을 성취하고, 그것이 없이는 자신이 의롭다 하심을 받을 수 없는 원인인 것처럼 착각하게 하라. 그러나 자신의 마음으로 하나님 앞에서 칭의와 관련하여 자신의 의를 신뢰하게 하고 이 문제에서 속지 않게 하는 것은 쉽지 않을 것이다.

우리의 개인적이며 내적인 의의 본질과 용도

현재의 논증의 두 번째 부분은 내용 그 자체의 본질이나 우리 자신의 이런 개인적이며 내적인 의에 대해 그것이 무엇이며, 그것이 어디에 있고, 우리의 칭의에서 어떤 용도가 있는지 고려하는 데서 나온다. 그리고 이런 목적으로 다음과 같은 것이 관찰될 수 있다.

우리는 전에 선포되었던 것처럼 믿는 모든 사람 안에 내적인 의가 있다는 것을 인정한다. "성령의 열매는 모든 선함과 의와 진리에 있기 때문이다"(엡 5:9). "우리는 죄로부터 해방되어 의의 종이 되었다"(엡 5:9). 그리고 "의와 경건과 믿음과 사랑과 인내와 온유함을 따르는 것"이 우리의 의무이다(딤전 6:11). 그리고 비록 의가 대부분 다른 은혜들과 의무들과 구분되는 특별한 은혜나 의무로 받아들여지지만, 우리는 그것이 하나님 앞에서 우리의 순종 전체로 받아들여질 수 있다는 것을 인정한다. 그리고 그 단어는 성경에서 우리 자신의 의와 하나님의 의와 반대되는 곳에서 사용된다.

그리고 그것은 습관적이거나 실질적인 것이다. 신자들은 "하나님을 따라 의와 참된 거룩 안에서 지으심을 받는 새 사람을 입었고"(엡 4:24), "그리스도 예수 안에서 선한 일을 위해 하나님에 의해 지으심을 받은 자이기"(엡 2:10) 때문에 그들 안에는 내재되어 있는 습관적인 의가 있다. 그리고 우리가 피조함을 받은 선한 일이나 예수 그리스도로 말미암아 하나님을 찬미할 수 있는 의의 열매에 놓여 있는 실질적인 의가 있다. 그리고 이런 의에 대해 다음과 같은 것이 관찰될 수 있다. 첫째로, 사람들은 성경에서 그것으로 정의롭거나 의롭다고 언급되지만, 어떤 사람도 하나님 앞에서 그것으로 의롭다 하심을 받을 수 없다. 둘째로, 그것은 본성의 순서상 그것에 선행하여 실질적으로 의롭다 하심을 받은 사람들을 제외하고 어떤 사람에게 돌려지거나 그 안에서 발견될 수 없다.

이것은 모든 개혁 교회들과 신학자들의 지속적인 교리이기 때문에 하나님 앞에서 우리의 칭의에 이르는 그리스도의 의의 전가를 믿는 그들이나 그들 중 어떤 사람들을 향해 반대하는 공개적인 비방이 있다. 가령, 벨라르민은 그들 중 어느 누구도 내적인 의 그 자체나 그것의 필요성을 부인한 사람이 없음에도 불구하고 어떤 개신교 작가들도 오직 부처(Bucer)와 켐니치우스(Chemnitius)를 제외하고 내적인 의를 인정하는 사람이 없다고 주장한다. 그러나 그들이 내적인 거룩과 우리가 의롭다 하심을 받는 의를 언제나 주의 깊게 구분하며 자신들을 표현하는 방법에서 그에 대한 어떤 변명이 있을 수 있다. 그러나 우리는 어느 한 사람에게서 설령 우리가 그것을 백 번 인정하더라도 그가 우리를 믿게 할 수 없다는 말을 듣는다. 이것은 다소 심한 것이다. 비록 그가 단지 어느 한 사람에게 말하더라도, 책임은 그가 부인하는 그리스도의 의의 전가를 주장하는 모든 사람에게 똑같이 떨어지며, 적어도 모든 개신교 신학자들이 자신들이 무엇을 말하는지 모를 만큼 어리석거나, 어느 하나를 말하고 다른 것을 믿을 만큼 정직하지 못한 것으로 나타나기 때문이다.

그러나 그는 다양한 이유로 자신의 비난을 정당화하려고 노력한다. 그리고 첫째로, 그는 "내적인 의는 그것으로 말미암아 우리가 의롭다 하심을 받게 되는 것, 곧 그것이 새언약에 요구되는 우리의 칭의의 조건이라는 것 이외에 어떤 다른 이유로 우리의 것이 될 수 없다. 이것이 거부된다면, 모든 내적인 의가 거부된다"고 말한다. 그러나 이것이 어떻게 증명이 되는가? 모든 신자가 내적으로 의롭지만, 이 내적인 의는 그의 칭의의 조건이 아니라 그것의 결과이며, 그것은 어느 곳에서도 새언약 안에서 우리 칭의의 조건으로 요구되지 않는다고 말한다면 무슨일이 일어날까? 어떻게 그와 반대되는 것이 나타날 수 있는가?

성경은 믿는 모든 사람 안에 그런 내적인 의가 있다는 것을 분명히 인정하지만, 우리는 행위가 아니라 믿음으로 하나님 앞에서 의롭다 하심을 받는다는 것을 분명히 인정한다. 그러므로 그것이 우리의 칭의 조건이며 칭의에 앞선다는 것은 명백히 사도의 가르침에 반대되는 것이다. "일을 아니할지라도 경건하지 아니한 자를 의롭다 하시는 이를 믿는 자에게는 그의 믿음을 의로 여기시나니"(롬 4:5). 그리고 그것은 언약의 전체 은혜가 달려있는 언약 그 자체의 조건이 아니다. 그것은 의롭다는 지칭이 주로 나오는 습관적인 것이며, 언약의 조건이 아니라 언약 그 자체의 은혜에서 나온 것이다(렘 31:33, 32:39, 겔 36:25-27). 만약 그것이 그것의 실질적인 활동에 있어서 언약의 목적을 완성하기 위해 필수불가결하게 언약으로 받아들여진 모든 것에 요구되는 것이라면, 우리는 동의한다. 그러나 그렇다고 해서 그것이 우리의 칭의의 조건이라는 결론이 나오지 않을 것이다.

또한 "모든 의는 그것을 시험하는 율법과 규칙을 고려하며, 판단을 받는 규칙에 따라 율법이 요구하는 것을 다 한 사람은 의롭다"라는 주장이 있다. 그러나 첫째로, 이것은 우리가 유일하게 고려하고 있는 성경이 하나님 앞에서 우리의 칭의를 표현하는 방법이 아니다. 곧 우리가 판단을 받는 율법의 요구에 따라 우리 자신의 의를 가져와야 한다는 주장은 복음에 낯설고 예수 그리스도로 말미암은 하나님의 은혜를 파괴한다. 둘째로, 모든 의가 그것의 규칙으로 율법을 고려한다는 것은 인정된다. 그리고 우리가 말하는 율법은 도덕법이다. 그것은 의의 유일하고 영원하며 변하지 않는 규칙이기 때문에 만약 우리의 의가 그 실체에 있어서 그것과 일치하지 않는다면, 그것은 의가 아니다. 그러나 그것이 습관적인 것인 한 의로울 수 있다. 그것은 하나님의 형상이 새롭게 되고, 율법이 마음에 새겨지는 데 놓여 있다. 그것의 모든 실질적인 의무는 그 실체에 있어서 율법의 요구하는 것이다. 그러나 그것이 우리에게 전달되고 우리가 그것을 행하는 방법과 관련해서 그로 말미암아 획득되고 집행되는 모든 은혜와 자비의 저자요 원천으로서 예수 그리스도로 말미암은 하나님에 대한 믿음과 그에 대한 사랑에서 그것은 복음을 고려한다.

그곳에서 무엇이 나올 수 있는가? 왜 자신이 판단을 받는 율법이 요구하는 것들을 행하는 자는 의로운가? 그는 틀림없이 의롭다. "율법을 듣는 자들이 하나님 앞에서 의로운 것이 아니라 율법을 행하는 자들이 의롭다 하심을 받을 것"이기 때문이다(롬 2:13). "모세가 기록하되 율법으로 말미암아 의를 행하는 사람은 그 의로 살리라 하였거니와"(롬 10:5). 그러나 비록 우리가 대화하고 있는 의가 율법이 요구하는 것이지만, 틀림없이 그러하지만, - 그것은 우리 마음 속에 있는 법 이외에 다른 것이 아니며, 이것에서 우리는 하나님의 도를 행하고 하나님의 계명이나 명령을 지키기 때문이다 - 어떤 사람도 그것으로 의롭다 하심을 받을 수 있을 만큼 율법을 지키지 못한다. 그러나 만약 우리의 의가 우리가 판단을 받는 율법과 규칙을 충족시키지 않는다면, 그것은 의가 아니라고 말할 수 있다. 모든 의는 그것이 요구하는 율법을 충족시켜야 하기 때문이다.

그리고 나는 그것이 완전한 의가 아니며, 그것은 우리가 율법으로 의롭다 하심을 받을 수 있거나 율법에 기초해서 안전하다고 판단을 받을 만큼 규칙과 율법을 충족시키지 못한다는 것은 가장 사실이라고 말한다. 그러나 그것이 율법을 충족시키는 한 그것은 의이다. 곧 불완전하게 그러하며, 따라서 불완전한 의이다. 그러나 그것은 이 의를 가지고 있는 자들에게 절대적이거나 비교적 차원에서 의롭다는 칭호를 붙여준다. 그러므로 그것은 우리가 이 의로 말미암아 의롭다 하심을 받는 은혜의 법이거나 복음이라고 언급된다. 그러나 우리가 복음으로 도덕법이 요구하지 않는 어떤 의로 말미암아 의롭다 하심을 받는다는 것은 증명되지 않을 것이다. 그리고 은혜의 율법이나 복음은 어떤 곳에서도 우리가 하나님 앞에서 의롭다 하심을 받을 수 있는 이 의를 우리에게 요구하거나 처방하지 않는다.

그것은 의롭다 하심을 받을 모든 사람 안에서 그리스도에 대한 믿음을 요구하거나, 그것에 대해 약속된 대로 그를 영접할 것을 요구한다. 그것은 마찬가지 방법으로 믿는 모든 자 안에서 "죽은 행실로부터 회개할 것"을 요구한다. 그것은 또한 믿음의 열매나 하나님께 대한 회심이나 회개나 예수 그리스도로 말미암아 하나님을 찬미할 수 있도록 의의 행위로 끝까지 참고 견딜 것도 요구한다. 그리고 이 모든 것은 당신이 기뻐한다면 복음에 따른 하나님께 대한 우리의 순종으로서 우리의 복음적인 의라고 불릴 수 있다. 그러나 그것이 놓여 있는 은혜들과 의무들이 도덕법의 명령을 충족시키지 못하는 것처럼 복음의 명령을 완벽하게 충족시키지 못한다. 복음이 율법의 거룩을 누그러뜨리며, 율법이 죄로 여기는 것을 죄로 여기지 않게 하거나, 율법이 인정하는 것보다 하나님의 사랑 안에서 의도나 정도에 있어서 더 낮은 것을 인정하게 한다는 것은 경건하지 못한 상상이다.

그리고 복음이 하나님 앞에서 우리의 칭의의 조건으로서, 그래서 칭의에 선행하는 것으로서 이 모든 것을 전적으로 똑같이 요구한다는 것은 아직 증명되지 않았으며, 앞으로도 증명되지 못할 것이다. 그러므로 "이것은 그것을 요구하는 복음적인 법에 따른 우리의 의이며, 이것으로 우리는 의롭다 하심을 받는다. 곧 우리는 그 율법에서 요구되는 조건을 행하지 않은 것에 대해 죄책이 없는 것이 된다." 그리고 이것들은 매우 분명한 것으로 언급되고 있다. 의심의 여지없이 그것들은 저자에게 그렇게 보이는 것 같다. 그러나 그것은 우리에게 미묘하고 당혹스러운 것이다. 그러나 나는 우리의 것으로 생각되고, 우리로 말미암아 일어난 우리의 믿음과 순종과 의가, 비록 그것들 모두가 복음 안에서 선포된 은혜에 따라 예수 그리스도를 통해 하나님께 받아들여졌음에도 불구하고, 그 내용과 방법과 정도에 있어서 우리에게 요구하고 있는 복음의 명령을 완벽하게 충족시킨다는 것을 전적으로 부인하고, 그것들이 하나님 앞에서 우리의 칭의의 원인이나 조건이 되는 것은 전적으로 불가능하다고 주장한다.

그러나 이것들을 설명하는 데 있어서 똑같은 저자는 "우리의 불구가 되고 불완전한 의는 마치 그것이 모든 면에서 절대적이고 완벽한 것처럼 우리의 구원을 위해 받아들여진다. 그리스도가 자신의 가장 완벽한 의로 공로를 얻었으므로 그것은 그러해야 한다"라고 더한다. 그러나 우리가 대화하고 있는 것은 구원이 아니라 칭의이며, 순종의 행위나 의는 구원에 대해 그것들이 칭의에 대해 가지고 있는 것과는 다른 관점을 가지고 있다는 것은 성경에서 너무 분명하고, 너무 자주 표현되어있기 때문에 부드럽게나마 부인될 수 없다. 그리고 만약 이 연약하고 불완전한 우리의 의가 모든 면에서 하나님 앞에서 완벽한 것으로 여겨지고 받아들여진다면, 그것은 하나님이 그것을 완벽하다고 판단하셔서 자신이 보실 때 가장 정의롭고 의롭다고 선언하시든가, 하나님이 그것을 완전하고 완벽하다고 판단하지 않으시지만 그로 말미암아 완벽하게 의롭다고 우리에게 선언하시는 것이다. 그리고 나는 이 둘 다 인정될 수 없다고 생각한다.

이 둘은 인정되지 않지만, "그리스도는 우리의 이 장애가 있고 불완전한 의가 모든 면에서 완벽하게 받아들여지도록 자신의 완벽하고 가장 완전한 의와 순종으로 획득하셨다"는 언급이 있을 수 있다. 그리고 만약 그것이 그렇다면, 어떤 사람들은 이 연약하고 장애가 있고 불완전한 의를 의지하지 않고 자신의 칭의를 위해 곧장 그리스도의 가장 완벽한 의를 취하는 것이 가장 좋다고 생각할 수도 있을 것이다. 그리고 나는 성경이 그들로 하여금 그 길을 택하도록 격려하고 있다고 확신한다. 그리고 그들은 그 자체로 의롭다 할 수 없지만 그리스도의 공로를 통해 은혜와 용서에 나가야 하는 의가 결코 자신들을 의롭다 할 수 없을 것이라고 생각할 준비가 되어 있을 것이다.

그러나 그리스도의 공로에 기초하여 우리의 불완전한 의를 칭의로 받아주신다는 설명은 어디에서 나온 것인가? 이것은 내가 식별할 수 있는 한 하나님이 불완전한 것을 완전한 것으로 판단하셔서 그렇지 않을 때 우리를 완벽하게 의롭다고 선언하셨든, 하나님이 의를 계속해서 있는 그대로 불완전한 것으로 판단하셨지만 우리에게 이 불완전한 의로 완벽하게 의롭다고 선언하셨든 단지 그리스도가 공로를 쌓으셨고 획득하셨기 때문이라는 것이다. 이것들은 우리의 칭의에 요구되는 의가 있다는 것이나, 우리가 하나님이 보시기에 하나님의 심판에 따라 하나님 앞에서 의롭다고 선포될 수 있다는 것을 부인할 수 없는 사람들이 걷는 평범한 길이다. 그러나 우리에게 그리스도의 의가 전가되는 것을 부인하는 것은 우리로 하여금 사람이 자신의 양심으로 정당화할 수 없고 자만으로 들끓지 않는다면, 자신이 그로 말미암아 완벽하게 의롭다고 생각하거나 상상할 수 없을 만큼 연약하고 불완전한 것을 제외하고 이런 목적에 이를 수 있도록 하는 어떤 다른 의도 허락하지 않는 것이다.

그리고 "우리의 이 의가 그리스도의 의에 종속되어 있다는 것을 보지 못하는 사람은 눈이 멀어있다"는 말을 더하지만, 나는 이런 비난의 심각함에도 불구하고 다른 생각을 가지고 있다는 것을 인정해야 한다. 여기에서 진술되고 있듯이 나에게는 그리스도의 의가 우리 자신의 의에 종속되어 있으며 그 반대는 아닌 것처럼 여겨진다. 모든 것의 목적이 우리가 하나님께 의로운 것으로 받아들여지는 것이기 때문이다. 그러나 이런 생각에 따르면 우리가 즉시 하나님께 의로운 것으로 받아들여지는 것은 우리 자신의 의이다. 오직 그리스도는 자신의 의로써 우리의 의가 받아들여질 수 있는 자격을 얻었을 뿐이며, 따라서 그리스도의 의는 하나님 앞에서 우리의 칭의에 목적과 관련해서 우리의 의에 종속되어 있다.

그러나 이런 논의에서 벗어난 것에서 돌아가서 우리는 우리의 논쟁을 계속할 것이다. 성경에 따라 우리가 신자들 안에서 허락하는 이런 개인적이고 내적인 의는 그것에 의해 혹은 그것으로 우리가 하나님 앞에서 의롭다 하심을 받을 수 있는 것이 아니다. 그것은 완전하지 않고 우리에게 주어진 순종의 어떤 규칙도 완벽히 충족시키지 못하기 때문이다. 그러므로 그것은 하나님 앞에서 우리를 칭의에 이르게 하는 우리의 의가 될 수 없다. 그러므로 우리는 우리에게 전가된 그리스도의 의로 말미암아 의롭다 하심을 받거나, 어떤 의에 대한 고려없이 의롭다 하심을 받거나, 전혀 의롭다 하심을 받을 수 없다. 그리고 그것은 세 가지 불완전함을 수반한다.

1. 우리의 내적이고 개인적은 의는 그 원리와 관련하여 우리 안에 습관적으로 머물러 있기 때문이다.

(1) 우리가 이 세상에 있는 동안 똑같은 주체 안에 그것과 더불어 머물러 있는 반대되는 죄의 원리가 있다. 그것들 중 어떤 것도 가장 높은 정도를 유지할 수 없는 동안 반대되는 자질들이 똑같은 주체 안에 있을 수 있는데, 이것이 그런 경우이다. "육체의 소욕은 성령을 거스르고 성령은 육체를 거스르나니 이 둘이 서로 대적함으로 너희가 원하는 것을 하지 못하게 하려 함이니라"(갈 5:17).

(2) 우리의 영혼의 기능 중 어떤 것도 우리가 이 세상에 있는 동안 완벽하게 새롭게 되지 않는다. "우리의 속 사람은 날마다 새로워진다"(고후 4:16). 그리고 우리는 언제나 육체와 영의 모든 오염에서 우리 자신을 깨끗하게 해야 한다(고후 7:1). 그리고 우리 마음의 어둠 속에서 내적으로 거하는 죄의 잔재들에 대해 성경이 무엇이라고 말하든지 신자들이 자신의 경험으로 자신들 안에서 무엇을 발견하든지 바로 여기에 속해 있다. 그러므로 아무리 최선을 다해도 우리는 단지 부분적으로 알고 무지해서 마음의 사악함과 감정의 혼돈으로 길을 잃고 방황할 준비가 되어 있다(히 5:2).

나는 어떤 사람이 하나님이 보실 때 어떻게 자신의 의에 대해 호소할 수 있다고 생각하고, 자신이 어떻게 이런 단순한 이유 때문에 자신의 내적인 습관이나 원리의 불완전함에도 불구하고 그것으로 의롭다 하심을 받을 수 있다고 추측하는지 이해하지 못한다. 그런 개념은 하나님과 우리 자신에 대한 무지나 전자와 후자에 대한 올바른 생각의 부족에서 나온다. 그리고 나는 어떻게 수천 개의 구분들이 하나님 앞에서 우리의 칭의에 대한 어떤 고려에서 그것을 안전하게 소개할 수 있는지 이해할 수 없다. 영적인 빛으로 어느 정도 자신의 마음과 영혼을 탐구할 수 있는 사람은 자신의 어떤 가치로 무장되어 할 수 있는 것보다 "하나님이여 이 죄인을 불쌍히 여기소서"하고 더 잘 간구할 수 있다는 것을 발견할 것이다. "사람이 어찌 깨끗하겠느냐 여인에게서 난 자가 어찌 의롭겠느냐"(욥 15:14-16, 4:18, 19).

그러므로 그레고리(Gregory)는 "우리가 종종 말했듯이 모든 칭의는 분명하게 판단을 받아서 인간의 불의가 깨달아졌을 때 일어난다"고 말한다(Job ix., lib. ix., cap. 14). 버나드는 똑같은 목적으로 거의 똑같은 말로 말한다. "하나님 앞에서 우리의 모든 의에 대해 무엇이라 할 수 있는가? 선지자도 '오염된 것'으로 판단을 받지 않았는가? 그리고 만약 분명하게 판단을 받는다면 우리의 모든 의는 불의인 것으로, 더 가지고 있지 않은 것으로 발견될 것이다"(Serm. i. fest. omn. sanct.). 사람은 어떤 의미로든 심판을 받을 때 다소 불의한 것처럼 보일 수 있는 의로 말미암아 의롭다 하심을 받을 수 없다.

2. 우리의 내적이고 개인적인 의는 내적이든 외적이든 그 모든 행동과 의무와 관련하여 불완전하다. 우리의 거룩한 것들에도 죄악이 붙어있으며, 우리의 모든 "의는 더러운 옷과 같다"(사 64:6). 만약 사람이 아무리 선한 사람이라도 자신이 지금까지 행한 행위 중에서 가장 선한 것을 선택하고 그것으로 하나님께 심판을 받는다면, 만약 오직 이 개념 아래서 그가 하나님이 받아주시는 것과 관련하여 자신에게 요구하는 조건을 충족시켰어야 했다면, 그것을 버리고 오직 은혜와 자비를 선택하는 것이 가장 지혜로운 과정일 것이다. (적어도 벨라르민의 판단에도 그러했을 것이다.)

3. 우리의 개인적이며 내적인 의는 그것에 실질적인 죄가 유입됨으로써 불완전하다. 그러므로 우리 구주는 우리에게 계속해서 "우리의 죄 사함"을 위해 기도하라"고 가르치셨고, "우리가 죄가 없다고 말하

면 스스로 속이는 것인데" "많은 것에서 우리가 모든 것을 범하기 때문이라"고 말씀하신다. 그리고 이 문제에 있어서 그것이 약하고 장애가 있고 불완전하다는 것을 알고 있는 사람들이 어떻게 확신을 가지고 이 의에 호소할 수 있겠는가? 나는 이것들을 자세히 다룰 수 있지만 단지 개략적으로 언급하였으며, 사실 이 논쟁에서 우리는 이것들을 크게 고려하고 있다. 그러나 비록 신자들의 이 의가 다른 이유들 때문에 하나님과 사람의 마음을 기쁘게 하는 포도나무 열매와 같지만, 하나님 앞에서 우리의 칭의와 관련해서 그것은 이 진리의 무게를 조금이라도 견딜 수 없는 포도나무 줄기와 같다는 것을 나타내려고 충분히 말하였다.

우리의 칭의와 관련해서 우리의 내적이며 개인적인 의와 그것의 영향력에 대해 두 가지가 주장된다.

1. 그것은 절대적으로 완벽하고 완전하다는 것이다. 그러므로 어떤 사람들은 자신들이 이생에서 완벽하고 죄가 없다고 말한다. 그들은 죄를 죽이고 은혜 안에 자라나는 것에 더 이상 관심이 없다. 그리고 사실 이것은 하나님 앞에서 우리의 칭의를 우리의 내적이며 개인적인 의에 돌리는 유일하게 합리적인 가식이다. 어떤 사람의 의가 그러하다면, 오직 그가 죄인이었다는 것 이외에 그것으로 하나님 앞에서 의롭다 하심을 받는 것을 방해할 수 있는 것이 무엇인가? 그것은 전체 시장을 망가뜨릴 수 있다. 그러나 이런 헛된 상상은 성경과 주님에 대한 두려움을 알고 있고 주님 앞에서 겸손히 걷는 것이 무엇인지 아는 모든 사람의 경험에 반대되는 것이다. 그러므로 나는 이런 주장을 반박하려고 수고하지 않을 것이다.

2. "비록 이 의가 도덕법을 정확히 성취하는 것은 아니지만, 그것은 새언약의 조건을 성취하는 것이거나, 은혜의 율법과 칭의에서 우리에

게 요구되는 모든 것을 충족시키는 것이다"라는 주장이 있다.

대답 (1) 이것은 우리가 지금 거절한 오만한 죄없는 완전에 대한 주장과 마찬가지로 전적으로 죄와 죄에 대한 용서를 제거한다. 만약 우리의 순종이 시험을 받고 측량을 받고 심판을 받는 유일한 법과 규칙이라면, 우리 안에 어떤 죄도 없으며 용서에 대한 어떤 필요도 없기 때문이다. 그가 심판을 받아야 하는 자신의 순종의 규칙과 법을 완전히 충족시키고 정확하게 지키는 것 이외에 절대적으로 죄에서 벗어나는 것이 더 이상 요구되지 않는다. 그러므로 이런 추측에 따르면 죄도, 죄 사함에 대한 어떤 필요도 없다. 하나님의 도덕법과 관련해서 죄와 용서 둘 다 계속해서 필요하다고 말하는 것은 이 의가 결코 충족시키지 못하는 법이 우리의 순종의 규칙이라고 고백하는 것이다. 그러므로 어느 누구도 그것으로 하나님이 보시기에 의롭다 하심을 받을 수 없다.

(2) 비록 이 의가 우리 주 예수 그리스도의 은혜로 말미암아 의롭다 하심을 받은 사람들 안에서 받아들여지지만, 우리에게 복음 안에서 요구되고 제시되어 있는 대로 그것의 모든 행동과 의무와 더불어 그것의 원리를 생각하라. 그러면 그것들은 합해서든 몇 가지로든 율법의 명령을 충족시키지 못하는 것처럼 복음의 명령을 충족시키지 못한다. 그러므로 그것들 모두는 복음의 규칙이나 율법의 규칙에 정확하게 일치 되는 데 놓여 있는 의를 이루지 못한다. 우리의 어떤 의무를 요구하는 복음이 하나님에 대한 사랑을 전제하고, 그 안에서 완전성의 내용이나 방법이나 정도에 있어서 율법이 요구하는 것을 경감시키는 것을 상상하는 것은 경건하지 못하기 때문이다.

복음은 율법이 요구하는 것보다 하나님에 대해 더 낮은 정도의 사랑이나 덜 완전한 사랑을 요구하는가? 결코 그럴 수 없다. 우리의 본성은 내적인 상태와 모든 다른 의무에 대해서도 똑같이 말할 수 있다. 그러므로 비록 이 의가 후에 선포될 방법과 목적으로 의롭다 하심을 받는 사람들 안에서 받아들여지지만, (하나님이 아벨과 그의 제사를 받으셨던 것처럼) 이 의가 복음의 명령과 관련될 때 이 의와 이 의의 모든 의무는 오직 창조의 법에 따라 심판을 받아야 한다면 일어날 일만큼이나 불완전하다.

(3) 나는 어떤 사람들이 의도하는 것이 무엇인지 모른다. 한 편으로 그들은 우리 주 그리스도가 도덕법의 영적인 의미를 확장하시고 강화시켰고, 그렇게 하셨을 뿐 아니라 도덕법에 도덕법이 요구하는 것보다 더 정확한 순종의 새로운 계명을 더하셨다고 주장한다. 그러나 다른 한 편으로 그들은 그가 율법의 의무를 내려놓게 하시거나 제거하셨으므로 하나님은 율법의 의무를 복음의 용도에 맞게 적용시키신 것에 따라 그 원래의 의미와 의미에 따르면 그것들 중 한 계명도 완전히 지키지 못했던 사람을 율법이 요구하는 전체 순종을 성취한 것으로 판단하실 것이라고 주장한다. 만약 이 불완전한 의가 어떤 이유 때문에 우리가 하나님이 보시기에 의롭다 하심을 받을 수 있는 우리의 순종의 규칙을 성취한 것으로 받아들여진다면, 그것은 틀림없이 그럴 수밖에 없기 때문이다.

(4) 이 견해는 율법과 복음 사이에 어떤 구분들로도 해결될 수 없고 화해될 수 없는 차이를 둔다. 그것에 따르면 하나님은 불완전한 의를 고려하여 복음으로 사람이 완벽하게 의롭고 의롭다 하심을 받고 축복을 받는다고 선언하기 때문이다. 그리고 율법 안에서 하나님은 율법이 요구하는 모든 것을 계속해서 하지 않는 모든 사람이 저주를 받는다고 선언하고 있다. 그러나 이런 의는 우리가 오직 우리의 칭의가 달려

있는 그리스도의 충족에 기초하여 우리가 죄 사함을 얻는 새언약의 조건으로서가 아니라면 어떤 다른 것으로 고려되지 않는다고 언급된다.

대답 (1) 어떤 사람들은 사실 그렇다고 말하지만, 모든 사람이 그렇게 말하는 것은 아니며, 우리가 이 논쟁에서 관계를 맺고 있는 가장 탁월한 학자들도 그렇게 말하고 있지 않다. 그리고 우리가 진리라고 믿는 것에 대한 우리의 간구에서 우리는 언제나 그것에 반대하는 모든 개인적인 견해를 고려할 수 없다.

(2) 칭의가 오직 죄 사함에 놓여 있다는 것은 그 단어의 의미와 성경에서 그것의 지속적인 용도와 사람들 사이에서 그것의 보편적인 개념과 자신들의 양심으로 자신들이 의무를 지켜야 한다는 것을 발견한 사람들의 감각과 성경의 명확한 증거들과 반대된다. 그리고 나는 어떻게 그런 주장을 할 수 있는지 의문이 든다. 그러나 그것에 대해서는 다른 곳에서 말할 것이다.

(3) 만약 이 의가 우리가 의롭다 하심을 받는 새언약의 조건을 성취하는 것이라면, 그것은 그 자체로 의의 규칙이나 법을 정확하게 충족시키고 완전해야 한다. 그러나 그것은 그렇지 못하다. 그러므로 그것은 우리의 칭의에서 의의 자리에 있을 수 없다.

(4) 이 의가 하나님 앞에서 우리의 칭의의 조건이거나 우리가 의롭다 하심을 받는 그리스도 의에 참여하는 것이라는 주장은 증명되지 않으며 계속해서 증명되지 않을 것이다. 나는 이 개인적인 의를 우리의 칭의에 참여한다는 거짓 주장에서 배제하기 위해 두 세 가지 고려를 간략하게 더하고 이 논의를 마칠 것이다.

1. 우리의 칭의에서 하나님의 법과 하나님의 목적을 충족시키지 못하는 의는 우리가 의롭다 하심을 받게 하는 것이 아니다. 그런데 신자

들의, 심지어 그들 중 가장 훌륭한 사람들의 이런 내적인 의가 그러하다.

(1) 우리의 내적인 의가 하나님의 법을 충족시키지 못한다는 것은 그것의 불완전함에서 증명되었다. 그리고 아무리 건전한 사람이라도 그것이 정확하고 완전하게 우리의 창조의 법을 성취한다고 주장할 수 없을 것이다. 그리고 이 법은 창조주이시며 보상을 주시는 분과 순종할 수 있는 피조물 사이에 보상의 관계가 계속되는 동안 무효화될 수 없다. 그러므로 이 법을 충족시키지 않는 것은 우리를 의롭다 하지 못할 것이다. 하나님은 그것을 어기는 사람들을 의롭다 하시기 위해 그 법을 무효화시키실 수 없기 때문이다. 사도는 "우리가 행위없이 믿음으로 말미암은 칭의론이 율법을 무효화시킬 수 있는가? 결코 그럴 수 없다. 오히려 우리가 그것을 세운다"고 말한다(롬 3:21).

(2) 우리가 우리의 내적인 의와 관련해서 의롭다 하심을 받아야 한다는 것은 복음으로 말미암은 우리의 칭의에서 하나님이 목표하시는 것을 충족시키지 못한다. 이것은 우리 자신과 그 모든 경우에서 영광을 받는 모든 것과 그것을 지지할 수 있는 모든 것을 제거하여서 전체가 그리스도로 말미암은 그의 은혜를 찬미하도록 하는 것이다(롬 3:27, 고전 1:29-31). 여기에서 하나님께 영광을 돌리는 것이 어떻게 오직 믿음일 수 있는가는 그것의 본질을 묘사할 때 선포되었다. 그러나 어떤 사람도 그가 자신의 개인적인 의에 놓여 있는 그것의 조건을 성취하여 의롭다 하심을 받는 것보다 자신의 칭의에 대해 자신 안에서 자랑할 어떤 다른, 어떤 더 큰 경우도 가질 수 없다는 것은 분명하다.

2. 어떤 사람도 자신의 양심으로 자신의 내적인 의로 말미암아 계속해서 의롭다 하심을 받지 못했고, 더욱이 하나님이 보시기에 자신의

내적인 의로 말미암아 의롭다 하심을 받을 수 없다. "하나님은 우리 마음보다 크시고 모든 것을 아시기 때문이다." 어떤 사람도 자신의 양심으로 많은 일에서 완전함의 내용이나 방법에 있어서, 종류나 정도에 있어서 자신에게 요구되는 순종에서 자신이 부족한 것에 대해 책망하지 않을 만큼 세상에서 의롭고 거룩한 사람은 없다. 살면서 죄를 짓지 않는 사람은 없기 때문이다. "어떤 사람도 절대적으로 그렇게 의로울 수 없다(Nemo absolvitur se judice)." 어떤 사람에게 자신의 양심으로 자신이 자신의 개인적인 의로써 의롭다 하심을 받을 수 있는지 스스로 시험해 보게 하라. 그러면 그는 자신의 심판대에서 심판을 받게 될 것이다. 그리고 자신이 그렇게 못한다는 것을 아는 사람은 자신이 의롭다 하심을 받아야 하는 본래 내재적이 아닌 다른 의가 있어야 하며, 그렇지 않다면 하나님과 화해할 수 없다고 결론을 내린다.

그러나 "사람들은 자신들의 양심으로 이 의와 관련하여 호소할 수 있는 모든 것인 새언약의 조건을 지켰기 때문에 자신들은 의롭다 하심을 받을 수 있다"고 말할 수 있다. 그러나 나는 사람들이 자신들이 신실하게 순종하고 충족시킨 것에 대해 하나님이 받아주실 것이라는 편안한 확신을 가질 수 있다는 것을 의심하지 않는다. 그러나 그것은 그들의 칭의의 조건으로서가 아니라, 그들이 의롭다 하심을 받는 믿음의 결과로서 그것을 시험할 때이다. 그러므로 "이것은 내가 의롭다 하심을 받을 수 있기 위해 내가 하나님께 제시하는 나의 의다"라고 그들이 결정할 수 있도록 하나님이 그들의 칭의를 위해 개인적인 의를 요구하신다는 생각을 해보라. 그러면 내가 크게 실수하지 않았다면, 그들은 그것에 도달하는 데 어려움을 겪을 것이다.

3. 그들의 믿음과 경험이 성경에 기록되어 있는 옛적의 거룩한 사

람들 중 어떤 사람도 자신들의 행위에 대한 공로나 하나님 앞에서 자신들의 칭의를 위한 언약의 조건으로서 그들에게 요구되는 것을 자신들이 완벽하게 행했다는 식의 개념으로 자신들의 개인적인 의에 호소하지 않았다. 이것은 전에 언급되었다.

THE DOCTRINE

OF

JUSTIFICATION BY FAITH

THROUGH

THE IMPUTATION OF THE RIGHTEOUSNESS OF CHRIST

EXPLAINED, CONFIRMED, AND VINDICATED

제 11 장
하나님이 우리에게 요구하시는 순종의 본성
그것에 대한 율법의 영원한 의무

우리의 두 번째 논증은 우리가 하나님께 받아들여지고 하나님에 의해 인정받기 위해 하나님이 우리에게 요구하시는 순종이나 의의 본성에서 나올 수 있다. 이것은 완전히 다룬다면 큰 주제이기 때문에 나는 우리의 현재의 관심에 맞게 몇 가지 특별한 제목이나 관찰로 축소할 것이다.

　1. 하나님은 가장 완전하시고, 따라서 가장 자유로우신 분이시기 때문에 사람을 향한 그의 모든 행위와 그가 그들을 다루시는 모든 것과 그들에 대한 그의 모든 규례와 법은 그의 주권적인 뜻과 기뻐하심에 달려있다. 그들 전체 체계의 기원에 대해 어떤 다른 이유도 주어질 수 없다. 성경은 이것을 증거한다(시 115:3, 135:6, 잠 16:4, 엡 1:9, 11, 계 4:11). 모든 피조물의 존재와 실존과 자연적인 환경은 하나님의 값없는 작정과 기뻐하심의 결과이기 때문에 그들에게 속하는 모든 것은 궁극적으로 그것에 따라 결정되어야 한다.

2. 하나님의 뜻의 자유로운 행동들과 외적으로 그에게 속해 있는 것들 안에 있는 질서와 그것들 사이에서 서로의 관계를 구성하는 것들을 실행하는 것을 전제할 때 이런 관계에서 그들의 존재가 그 본성상 그 자체로 절대적으로 필요하지 않는 어떤 것들이 필요하게 될 수 있다. 모든 것의 질서와 그것들의 서로의 관계는 그것들의 존재와 마찬가지로 절대적으로 하나님의 자유로운 작정에 의존한다. 그러나 이런 작정을 전제할 때 이 모든 것은 그 질서 속에서 서로와 하나님과 필연적인 관계를 가진다.

3. 그러므로 사람과 같은 지적이고 합리적이며 도덕적인 순종을 할 수 있고 보상과 처벌이 따르는 피조물을 창조하고 효력을 발생하게 하거나 생산하는 것은 하나님의 뜻의 자유롭고 주권적인 행동이었다. 이 것을 생각할 때 그렇게 자유롭게 만들어진 사람은 그의 영혼에 영향을 미쳐 순종하게 하고 그를 그렇게 인도하는 법이나 규칙의 도덕적 도구 이외에 어떤 다른 방법으로 통치될 수 없었다. 그는 그런 작정에 따라 모든 비합리적이거나 짐승 같은 피조물들처럼 단지 물리적인 영향을 통해 하나님의 통치 아래 포함될 수 없었다. 그것을 생각하는 것은 그가 피조를 통해 받은 본질적인 기능과 능력을 부인하거나 파괴하는 것이다. 그러므로 그의 존재를 생각할 때 순종의 법이나 규칙이 그에게 제시되어서 그를 향한 하나님의 통치의 도구가 되는 것은 필수적이었다.

4. 이런 필수적인 법은 그것이 필수적인 한 하나님과의 관계에서 우리 본성의 구성에 직접적이며 피할 수 없는 영향을 미친다. 한 편으로 창조의 행위와 더불어 하나님의 본성과 존재와 속성들을 생각하고, 다른 한 편으로 하나님과 사람의 필수적인 관계와 더불어 사람의 존재와

실존과 본성에 대해 생각하라. 그러면 우리가 말하는 법은 법이 없이는 존재할 수도 없고, 보존될 수도 없는 관계의 규칙 이외에 어떤 것도 아니다. 그러므로 이 법은 그들의 구분된 본성들과 속성들에서 필연적으로 나오는 하나님과 인간의 관계와 마찬가지로 영원하며 필수불가결하고 어떤 다른 변화를 받아들이지 않는다.

5. 이 법의 실체는 사람이 절대적으로, 보편적으로, 변하지 않고, 방해 받지 않고, 신뢰와 사랑과 두려움으로, 최고 선이시요 그의 존재와 그의 존재가 누릴 수 있는 모든 현재와 미래의 유익의 최초의 저자이신 하나님을 의지하고, 자신의 이성의 빛으로든 자신에게 주어진 특별한 계시로든 그의 기뻐하시는 뜻으로 알려진 모든 것에서 보호하시고 보상을 주시고 처벌하시는 그의 무한한 지혜와 의와 전능한 능력과 관련해서 그에게 순종해야 한다는 것이다. 그리고 이 법의 구성과 수립에 있어서 그것들 사이에 존재하는 필연적인 관계와 더불어 하나님은 하나님이시고, 사람은 사람이라는 것 이외에 더 이상 요구되는 것이 없다는 것은 분명하다.

6. 이 법은 영원하고 불변하게 모든 사람에게 하나님께 순종할 것을 요구한다. 심지어 이 법이 요구하는 순종과 이 법이 순종을 요구하는 방법에 있어서도 영원하고 불변하다. 이 법이 요구하는 것의 실체와 이 법을 행하는 방법이 그 척도와 정도에 있어서 제시된 것들을 생각할 때 똑같이 필수적이며 변경될 수 없기 때문이다. 하나님은 자신을 부인할 수 없으시고, 오직 이 법이 고려하고 있는 사람의 본성도 일어날 수 있는 어떤 것으로 말미암아 그 본질에 있어서 변하지 않기 때문이다. 그리고 비록 이 법의 본래적 의무에서 하나님이 자신이 기뻐하시는 뜻에 따라 자신과 우리 사이에서 필수적으로 나오거나 일어나지 않

는 이런 관계가 없어도 있을 수도 있고 계속될 수 있는 어떤 명령을 더 하시더라도, 그것들은 하나님이 모든 일에서 절대적으로 신뢰를 받고 복종을 받으셔야 한다는 이런 법의 원리에서 벗어날 수 없을 것이다.

7. "태초부터 그의 모든 일은 하나님께 알려져 있다." 이 모든 것의 질서를 계획하실 때 하나님은 사람이 율법의 명령하는 능력을 거부하고 하나님의 도덕적 통치 아래 놓여 있는 사물의 질서를 혼란하게 하는 것을 가능하게 하셨고, 그런 일이 장차 일어날 것임을 미리 보셨다. 이것은 하나님의 무한한 의의 결과로서 이 법을 어겼을 때 받게 될 처벌을 규정할 기회를 제공하였다. 그리고 이것은 율법 그 자체와 마찬가지로 인위적인 뜻과 기뻐하심의 결과가 아니었다. 사람의 창조를 생각할 때 언급된 법은 하나님의 본성의 신적인 모든 속성에서 나오는 필수적인 것이었다. 그리고 사람이 그 법을 어길 것이라고 생각할 때 하나님은 이제 그의 지배자요 통치자로서 고려되고 있기 때문에 그의 죄와 죄를 범한 것으로 말미암은 처벌에 대한 규정은 신적인 의의 필연적인 결과이다. 율법 그 자체가 인위적이라면 그렇지 않을 수 있지만, 율법을 지키는 것은 필수적이기 때문에 율법을 범한 것에 대한 형벌 또한 필수적이었다. 그러므로 이런 형벌에 대한 규정은 율법 그 자체와 마찬가지로 하나님과 사람 사이의 상태와 관계에서 변화되거나 변경되거나 폐기될 수 없다.

8. 이것은 우리 주 그리스도가 "파괴하시려는 것이 아니라 완성하시려고" 오셨고, 믿는 자들에게 의가 되시려고 그것의 목적이 되신 그 법이다. 그는 이 법을 폐기하지 않으셨으며, 이 법은 그들의 구분된 존재와 속성에서 나오거나 필연적으로 뒤따르는 하나님과 인간 사이의 관계가 무시되지 않고 폐기될 수 없었다. 그러나 이것이 파괴될 수 없

는 것처럼 주 그리스도는 정반대의 목적, 곧 이 법이 약화된 곳에서 이 법을 수리하시고 회복시키려고 오셨다.

9. 그러므로 이 법, 곧 죄없고 완전한 순종의 법은 모든 범죄한 자에게 사망의 처벌에 대한 선고와 더불어 이 세상에서 영원히 효력을 유지하고 유지해야 한다. 하나님이 하나님이 되시고, 사람이 사람이 되는 것 이외에 그것에 더 이상 요구되는 것은 없기 때문이다. 그러나 이것은 더 증명이 될 것이다.

(1) 성경에는 이 법의 변경이나 폐기를 암시하는 어떤 것도 없고 한 단어도 없다. 그러므로 이 법이 의무로 만든 어떤 것이 의무가 아니거나, 이 법이 죄로 만든 것이 내용이나 정도에 있어서 죄가 아니거나, 이 법이 죄로 만든 것이나 이 법의 규칙으로 죄인인 사람이 법을 주실 때 약속하시거나 경고하신 처벌을 받지 않는 것은 없다. "죄의 삯은 사망이다." 만약 성경의 어떤 증거가 이 목적들 중 어느 하나를 행하는 내용이나 방식에서 생략이나 감행의 방식으로 이 법이 죄라고 정한 어떤 것이 죄가 아니라거나, 이 법이 죄라고 정한 어떤 죄나 어떤 것이 이 법이 공로나 자격으로 위협하고 있는 처벌에서 면제되는 것으로 제시될 수 있다면, 그것은 주의를 기울여야 할 것이다. 그리고 그것은 모든 사람을 향해 보편적인 힘을 가질 것이다. 그러나 이 경우에 "하나님의 어린 양을 보라"는 것 이외에 어떤 구원도 없다.

여기에 대한 예외로 이 법이 처음 아담에게 주어졌을 때 이 법은 하나님과 사람 사이의 언약의 규칙이며 도구이었지만, 곧 행위언약과 완벽한 순종이었지만, 죄가 들어왔을 때 이 법은 어떤 사람에게도 언약의 본성을 가지는 것을 그쳤다는 주장이 있다. 그리고 이 법이 그렇게 멈추었으므로 어떤 사람이 이 법의 완벽한 의를 성취하는 것이 불가능하다고 생각되기 때문에 그는 의롭다 하심을 받지 말아야 하거나, 이 법으로 말미암은 언약의 유익을 얻지 말아야 한다는 주장이 있다. 그러므로 이 법은 우리의 연약함과 이 법을 수행할 수 있는 무능력 때문에 언약으로서 우리에게 비효율적이 될 뿐 아니라, 그 본성상 비효율적이 되는 것을 그치게 되었다는 것이다. 그러나 이런 주장은 우리의 현재의 목적에도 적합하지 않은 것처럼 전적으로 증명이 되지 못한다.

[1] 우리의 논의는 언약에 따라 이 법에서 파생된 것에 대한 것이 아니라 오직 이 법의 도덕적 본성에 대한 것이다. 이 법이 법으로서 모든 사람에게 계속해서 이 법이 본래의 형벌과 더불어 완벽한 순종을 요구하고 있다는 것으로 충분하다. 그러므로 만약 이 법의 명령이 지켜지고 성취되지 않는다면, 형벌은 이 법을 범한 모든 사람 위에 떨어지는 피할 수 없는 결과가 나올 것이다. 그리고 이 법이 계속해서 이 법의 순종의 규칙이거나 우리에게 의무를 요구하는 것에 있어서 계속해서 힘이 있다는 것을 인정하는 사람들은 우리가 바라는 모든 것을 인정한다. 이 법은 이 법이 본래 제정되었을 때 요구했던 것, 곧 죄없고 완전한 순종이 이외에 어떤 순종도 요구하지 않기 때문이다. 그리고 이 법은 불순종하는 자들에게 사망의 형벌이 임할 것이라는 조건이 없이 어떤 의무도 요구하지 않고, 어떤 죄도 금지 하지 않기 때문이다.

[2] 한 때 죄인이었던 사람은 설령 후에 이 법이 요구하는 하나님께 대한 모든 순종을 했다고 하더라도 그로 말미암아 언약의 약속의 유익을 획득할 수 없다는 것은 사실이다. 그러나 그 유일한 이유는 그가 전에 죄인이었고 이 법의 저주 아래 놓여 있었기 때문이다. 그리고 어떤 사람도 이 법의 저주 아래 있으면서 동시에 이 법의 약속에 대한 권리를 가지고 있을 수 없다. 그러므로 똑같은 사람이 어떤 수단으로 죄로

말미암은 저주에서 벗어났다고 추측하는 것과 이 법이 요구하는 완전하고 죄없는 순종을 행하여 그로 말미암아 생명의 약속에 대한 권리를 얻었다는 것을 부인하는 것은 하나님의 진리를 부인하는 것이며, 그의 공의를 가장 크게 모욕하는 것이다. 예수 그리스도는 이 법으로 말미암아 의롭다 하심을 받았다. 그리고 이 법의 일을 행하는 사람은 그 안에서 산다는 변함없이 사실이다.

[3] 사람이 하나님과 사람 사이에 있는 언약의 규칙으로서 이 법을 계속해서 지키지 못했다는 것은 인정된다. 이 법은 언약이 아니라 언약의 규칙이었으며, 이 법이 그러해야 한다는 것은 이 법이 법으로서 존재하는 것에 초자연적으로 더해진 것이었다. 언약은 하나님과 인간의 필연적인 관계에서 나오는 결과의 일부분이 아닌 것들을 구성했기 때문이다. 그러므로 사람은 죄로 말미암아 공로의 박탈이라는 차원에서 이 언약을 어겼고, 자신이 얻는 어떤 유익이라는 차원에서 이 법을 취소시켰다고 말할 수 있다.

하나님이 형식적이며 절대적으로 이 법을 언약으로서 갱신하시거나 다시 주지 않으셨다는 것은 또한 사실이다. 그리고 그것이 단지 선언적인 것이 아니었다면, 시내산에서 이 법이 갱신되었기 때문에 하나님이 이 법을 언약으로서 갱신하셔야 할 어떤 필요도 없으셨다. 이 법의 전체는 영원한 권리와 진리의 표현이기 때문에 이 법이 영원히 완전한 힘을 발휘하며 머물러 있고 머물러 있어야 한다. 그러므로 이 법은 모든 사람이 이 법의 명령을 거슬러 죄를 지었고, 그로 말미암은 죄책과 순종할 수 없는 무능력으로 이 법의 약속에 참여하지 못하고, 그런 이익을 얻을 수 있는 가능성을 잃어버렸기 때문에 그들이 이 법을 통해 아무런 유익을 얻을 수 없다는 차원에서 언약으로서 깨어졌다. 그러나 이 법이 모든 사람에게 순종을 요구하는 힘과 이 법의 약속과 위협의 변할 수 없는 진리의 관점에서 이 법은 처음과 마찬가지로 똑같은 힘을 가지고 있다.

(2) 이 법을 제거하라. 그러면 사람에게 어떤 의의 표준도, 어떤 확실한 선과 악의 한계도 남지 않고, 하나님이 땅에 고정시켜 놓으신 기둥들이 바다에 떠있는 델로스의 섬처럼 이리저리 요동칠 것이다. 어떤 사람들은 사람들의 선과 악의 규칙은 본래 제정되었던 그대로 이 법이 아니라, 자연의 빛과 이성이 지시하는 것들이라고 말한다. 만약 그들이 우리의 본성과 함께 처음에 만들어지고 창조되었던 빛과 이성이 본래 제안했고 향상시켰던 옳고 그름에 대해 지시하는 것들을 의미한다면, 그들은 단지 이 법이 계속해서 모든 인간의 변경할 수 없는 순종의 규칙이라고 말하는 것이다.

그러나 만약 그들이 이 타락한 상태에서 모든 개인 안에 계속해서 존재하고, 아무리 훌륭한 사람이라도 벗어날 수 없는 전통과 관습과 편견과 온갖 종류의 정욕에 사로잡혀 있는 상태에서 남아있는 자연의 빛을 의미한다면, 그것보다 더 비합리적인 것은 없으며, 그것은 선과 악에 대한 명확한 구분을 가지고 있지 못할 뿐 아니라 많은 혼란을 내재하고 있다. 이런 근거에 따르면 어떤 사람에게 선한 것이 그 자체의 본성상 다른 사람에게 악한 것일 수 있으며, 정반대의 일도 일어날 수 있고, 지금까지 세상에 있던 모든 우상숭배자들도 이런 가식 때문에 변명을 할 수 있다.

(3) 양심은 이 법에 대해 증거한다. 세상에 있는 어떤 사람도 이 법을 발견했을 때 자신이 관심을 가지고 있는 것에 대해 자신의 양심을 설득하거나 뇌물을 주는 식으로 이 법을 따르지 않아도 된다고 결론을

내릴 수 있는 방식으로 이 법에 의해 요구되거나 금지되어 있는 어떤 선이나 악은 없다. 이 법은 선포된 대로 기소하고 용서하고 정죄하고 풀어줄 것이다. 그로 하여금 이 법과 반대로 할 수 있는 것을 하게 하라.

요약해서, 하나님은 모든 사람에 대한 자신의 최고의 통치권으로 어떤 경우에는 사물의 본질과 질서를 바꾸셔서 신적인 법의 계명들이 그들 안에서 보통 효력을 발생하는 것과 다르게 발휘되게 하실 수 있다. 하나님이 아브라함에게 자기 아들을 죽이라거나 이스라엘 사람들로 하여금 애굽 사람들에게서 빼앗으로고 명령하신 것이 그 예들이다. 그러나 이 법이 보전하고 있는 질서가 계속 유지된다고 생각할 때 그런 것은 그 안에서 명령되고 금지된 선한 것과 악한 것의 내적인 본질이며, 그것은 신적인 섭리의 주제가 아니라는 것은 심지어 스콜라 학자들도 일반적으로 인정하는 것이다.

10, 우리가 논의한 것에서 피할 수 없는 두 가지가 나온다.

(1) 모든 인간은 죄로 말미암아 타락하여 이 법이 경고한 대로 형벌을 받게 되었다. 그리고 영원한 사망인 이 형벌의 고통과 하나님 앞에 받아들여지는 것과 축복을 즐기는 것은 조화를 이루지 못한다. 그러므로 아담의 후손 중 어떤 사람도 그들 스스로든 그들을 위해서든 이 형벌을 감당하고 처리하지 않는다면 하나님 앞에서 의롭다 하심을 받거나, 하나님께 받아들여지거나, 하나님에 의해 축복을 받는 것은 전적으로 불가능하다. 여기에서 "하나님의 의($\delta\iota\kappa\alpha\acute{\iota}\omega\mu\alpha\ \tau o\hat{v}\ \Theta\varepsilon o\hat{v}$)"는 폐지되지 않고 수립되어야 한다.

(2) 하나님이 받아주시고, 하나님 앞에서 의롭다 하심을 받고, 하나님으로부터 축복이 임하려면 이 영원한 의가 우리 안에서 진리에 따라 하나님이 심판하실 때 우리가 이 의를 성취한 것으로 여김을 받고 그

에 따라서 취급을 받을 수 있어야 한다는 것이다. 여기에서 실패한다고 생각할 때 율법의 조치는 취해져도 되고 취해지지 않아도 되는 것이 아니다. 따라서 모든 것의 최고의 통치자로서 하나님의 의에서 나오는 형벌은 가해질 수도 가해지지 않을 수도 있는 것이 아니라 필수적이다.

11. 이것들 중 첫 번째와 관련해서 우리는 그리스도의 충족과 그것의 필요성을 부인하는 소시누스주의자들과 논쟁할 수 있다. 이것에 대해 나는 다른 곳에서 자세히 다루었으며 이 주제에 대해 내가 논쟁해 온 것에 대한 답을 보지 않기를 기대한다. 그것들 중 후자에 대해 우리는 어떻게 우리가 결코 그것의 권위에서 벗어날 수 없는, 이 바뀔 수 없는 법의 규칙을 따르고 그 의를 충족시킬 수 있을지 물어야 한다. 그리고 우리가 간구하는 것은 우리에게 전가된 그리스도의 순종과 의, 곧 하나님의 은혜로운 계획과 주권적인 임명과 기부로 말미암아 우리에게 인정되고 우리의 것이 되신 새언약의 보증인으로서 그의 순종이 우리가 율법의 의를 충족시킨 것으로 판단과 여김을 받는 것이다. "한 사람의 순종으로 많은 사람이 의롭게 되었다"(롬 5:19). "율법의 의가 우리 안에서 이루어지게 하려 하심이라"(롬 8:4).

그러므로 우리는 만약 율법의 의가 우리 안에서 성취될 수 있는 어떤 다른 방법이 없고, 그것이 없이는 우리가 의롭다 하심을 받을 수 없으며, 필수불가결하게 이 법을 어기는 것에 대해 경고받은 형벌을 받아야 한다면, 오직 우리에게 전가된 그리스도의 의만이 우리가 하나님이 보실 때 의롭다 하심을 받을 수 있는 유일한 의라고 논증한다. 그러나 전자가 사실이라면 후자 또한 사실이다.

12. 이 법과 이 법의 순종에 대한 본래의 의무를 이 법의 조치와 위협과 더불어 생각할 때 죄를 지었고 스스로 이 법이 요구하는 미래를

위한 순종을 할 수 없는 우리가 하나님 앞에서 의롭다 하심을 받을 수 있는 세 가지 방법 중 오직 하나의 방법만 있을 수 있다. 그리고 그것들 중 각각은 이 법과 관련하여 하나님의 주관적인 행동을 고려한다. 첫 번째 방법은 이 법을 폐지해서 이 법이 더 이상 우리로 하여금 순종이나 처벌을 요구하지 않도록 하는 것이다. 우리는 이것이 불가능하다는 것을 증명하였다. 그리고 이것을 신뢰하는 자들은 비참하게도 자신들의 영혼을 속일 것이다. 두 번째 방법은 이 법의 의무를 칭의를 목적으로 보증인이나 보편적인 수행인에게 전환하는 것이다. 이것은 이 수행인이나 보증인의 위격과 은혜를 고려할 때 복음의 신비의 실체로서 우리가 간구하는 것이다. 그리고 바로 여기에서 법 그 자체를 성취하고 세우는 것과 더불어 모든 것이 그의 본성의 모든 거룩한 속성 안에서 하나님의 영광을 찬미하는 경향이 있다(마 5:17, 롬 3:31, 8:4, 10:3, 4). 세 번째 방법은 그 법을 향한 하나님의 행동과 우리를 향한 또 다른 행동으로 말미암아 그 법이 요구하는 의의 본성이 변화되는 것이다. 그리고 우리는 우리의 현재의 논증에 반대하는 것 중에서 유일하게 남아 있는 것으로 그것을 살펴볼 것이다.

13. 그러므로 우리 자신의 개인적인 순종으로 우리는 이 법이 우리에게 요구되는 한 이 법의 의를 충족시킨다는 주장이 있다. 그러나 어떤 건전한 사람도 우리가 이 법을 충족시킬 수 있다거나, 어떤 사람도 우리가 타락한 상태에서 우리 자신의 인격으로 창조의 법에서 요구되는 하나님께 대한 그런 완전한 순종을 했다고 상상할 수 없다. 우리의 순종이 그 자체로 마치 죄가 없고 완전한 것처럼 하나님께 받아들여지기 위해서는 두 가지 전제가 있어야 한다. 비록 어떤 사람은 그리스도의 의가 있는 그대로 우리에게 전가되는 것을 허락하지 않지만, 그들

은 우리 자신의 의는 우리에게 있는 모습과 다르게 전가된다고 주장한다. 이것들 중 전자는 율법을 고려하고, 다른 하나는 우리의 순종을 고려하고 있다.

14. 이 법을 고려하는 것은 이 법을 폐기하는 것이 아니다. 비록 이것이 이런 어려움, 곧 창조의 법이 이 법의 순종과 처벌에 대한 의무에서 복음으로 말미암아 전적으로 폐기되었고, 어떤 법도 우리의 신실한 순종을 요구하는 것 이외에 계속해서 힘을 쓰지 못하며, 따라서 이 법을 행하는 의무들과 방법과 관련하여 어떤 절대적인 규칙이나 척도가 없다는 주장을 화해시키는 가장 빠른 방법인 것처럼 보이지만, 많은 사람이 이 길을 택하지 않는다. 그들은 이 법이 우리를 향한 법의 힘과 효력을 가지지 못할 정도로 폐지되었다고 말하지 않는다. 그리고 이 법이 이렇게 폐지 되는 것은 불가능하며, 어떻게 이렇게 폐지될 수 있는지 어떤 주장도 제시될 수 없다.

이 법이 그것의 규칙에 따라 우리가 하나님께 복종하고 하나님을 의지하는 주된 목적과 관련하여 사람에 의해 깨어졌고, 우리 모두에 의해 깨어졌다는 것은 사실이다. 그러나 의로운 법이 올바로 주어진 사람들의 잘못이 법 그 자체를 폐기하게 하거나 파괴시킨다고 생각하는 것은 어리석은 것이다. 선하고 의로운 법은 그것이 고려하고 있던 관계가 그치거나 파기되었을 때 의무의 어떤 힘에 대해 멈추거나 파기될 수 있다. 그러므로 사도는 "남편이 있는 여인이 그 남편 생전에는 법으로 그에게 매인 바 되나 만약 그 남편이 죽으면 남편의 법에서 벗어나느니라"고 우리에게 말한다(롬 7:2).

그러나 우리의 첫 번째 창조에서 이루어진 하나님과 우리 사이의 관계는 결코 멈출 수 없다. 그러나 이 법은 이 법을 제정하신 똑같거나 똑같은 권세를 가지고 있는 분이 이 법을 명백히 폐지하시거나, 이 법과 모순되거나 이 법을 지키는 것과 반대되는 것을 금지하지 않으셨다면 폐기될 수 없다. 모세를 통해 주신 법은 후자의 방식으로 폐기되고 취소되었다. 이 법을 제거하기 위해 만들어진 어떤 적극적인 법은 없지만, 이 법과 일치하지 않고 모순되는 복음으로 말미암은 새로운 예배 방식의 제정과 소개는 이 법에서 모든 의무를 요구하는 힘과 효력을 박탈하였다. 그러나 이런 방법 중 어떤 것도 하나님에게서 의무들이나 보상과 관련하여 순종해야 할 본래 법의 의무를 제거하지 않았다. 그리고 이 법의 폐지를 위해 어떤 직접적인 법도 만들어지지 않았으며, 하나님은 이 법과 일치하지 않거나 모순되는 도덕적으로 순종해야 할 어떤 새로운 법도 주지 않으셨다. 그렇다. 복음 안에서 그것은 세워지고 수립된 것으로 선포되었다.

이전에 관찰한 것처럼 이 법이 하나님과 사람 사이에서 언약의 도구가 되었다는 것은 사실이다. 그러므로 하나님이 실제로 이 법과 일치하지 않고 모순되는 다른 언약을 도입하셨기 때문에 이 법이 폐기되었다고 주장할 수 있는 또 다른 이유가 있다. 그러나 이것은 즉시, 그 자체로 언약의 방법으로 모든 사람을 이 법에서 자유롭게 해 주지 않는다. 이 법을 지켜야 할 의무와 관련하여 이 법의 내용이 정당하고 의로우며, 이 법이 이 법을 주시거나 만드실 수 있는 정당한 권위를 가지고 계신 분으로 말미암아 주어지고 만들어졌으며, 이 법을 지켜야 하는 사람들에게 충분히 선포되었다는 것 이외에 더 이상의 것이 필요없다. 그러나 언약 안에서 이 법은 그렇지 않다. 언약은 단순히 주권적 권위에 의해 작동되지 않으며, 언약을 맺은 사람들이 동의가 없으면 언약이 될 수 없기 때문이다.

그러므로 그가 실제로 이 언약을 지키고, 이 언약을 선택하고, 그로 말미암아 이 언약에 참여하지 않는다면 새로운 언약의 제정으로 어떤 유익도 어떤 사람에게 오지 아니하거나 옛언약에서 자유가 오지 않는다. 우리는 아담과 맺어진 첫 번째 언약을 그 안에서 동의하고 받아들였다. 그리고 우리의 죄에도 불구하고 우리는 그 안에서 머물러 있고 머물러 있어야 한다. 곧 우리는 믿음으로 새언약에 참여할 때까지 옛언약을 지켜야 하고 처벌을 받아야 하는 의무 아래 있다. 그러므로 옛언약이 폐지되었기 때문에 우리는 이 법의 의무를 성취하는 데 관심을 가지지 않아도 된다고 말할 수 없다.

15. 그리고 이 법은 새로운 해석을 받았으므로 그 조건이 훨씬 더 완화되었고 이 법에 죄가 없고 완벽한 순종을 할 필요가 없는 것으로 선포되었다고 말할 수 없다. 이 법은 우리가 죄가 없을 때 우리에게 주어졌고 우리를 그런 조건에서 계속해서 보존하려는 목적을 지니고 있기 때문에 이 법이 우리에게 죄없는 순종을 요구하지 않는다고 말하는 것은 불합리하다. 이것은 해석이 아니라 이 법의 의미를 명백히 부패시키는 것이다. 그리고 그런 것은 복음 안에서 한 번도 언급되지 않았다.

그렇다. 이 법에 대한 우리 구세주의 담화들은 절대적으로 그런 상상을 파괴시키는 것이었다. 서기관들과 바리새인들은 자신들의 잘못된 추론들과 해석들로 이 법을 사람들의 성향과 정욕에 적응시키려 했던 반면에, (이것은 자신들의 명령으로 사람들의 양심에 부담을 주려고 계획했던 모든 사람이 하나님의 명령과 관련하여 면죄부를 통해 그들의 양심에 보장을 주려고 지속적으로 노력하고 국가적으로나 실천적으로 추구해 왔던 과정이다) 그는 반대로 유대인들의 전통이 메시야가 하실 것이라고 한 것처럼 이 법의 원래의 영광을 회복시키시면서 그런 모든 거짓된 적용들과 해석들을 거부하신다.

16. 설령 규칙에 그런 것이 있더라도 이 법을 완화시키는 것은 있을 수 없다. 그런 것이 있다면, 그것은 법 전체와 관련된 것이며, 이 법의 전체의 의무를 적어도 일정 기간 동안이라도 연기시키거나, 이 법의 요구를 본래 이 법에 대한 의무를 가지고 있지 않은 다른 사람이 본래 이 법을 지켜야 할 의무를 가지고 있던 사람을 대신하여 충족시키는 데 놓여 있다. 그러므로 어떤 사람들은 주 그리스도가 우리를 위해 그 법 아래 계심으로써 그 법의 본래의 의무를 약화시키셨다고 말한다. 그러나 아무리 그들의 주장이 그럴듯하게 보여도 여기에서 그런 주장은 아무런 의미도 가질 수 없다.

17. 이 경우에 의도된 이 법을 향한 하나님의 행동은 순종과 관련하여 이 법이 요구하는 힘을 약화시키는 것이다. 이 법은 본래 모든 의무에서 그들의 실체와 수행하는 방식과 관련하여 완벽하고 죄없는 순종을 의무로 요구했었던 반면에, 지금은 계속해서 순종을 의무로 요구하지만 특별히 이 법의 완성과 완전함과 관련하여 절대적으로 똑같은 것이 아니기 때문이다. 그렇다면, 이 법은 우리를 위해 그리스도의 의 안에서 성취되든지, 그렇지 않다면 어떤 살아있는 사람도 하나님이 보시기에 의롭다 하심을 받을 수 없을 것이기 때문이다. 그러므로 이 법의 본래의 힘을 완화시키는 행동으로써 이 법은 계속해서 순종을 의무로 요구하지만 절대적으로 죄없고 완벽한 것은 아니다. 그러나 비록 이 법이 처음에 요구되었던 것보다 좀 더 낮은 강도나 정도의 하나님께 대한 사랑으로 수행되기는 하지만, 그것은 그 모든 부분에서 신실하고 보편적이라면 이 법이 우리에게 요구하는 모든 것이다. 이것이 새언약을 이루고 그리스도의 법에 따라 순종을 규칙으로 지킬 수 있도록 이 법이

지금 요구하는 모든 것이다. 이로 말미암아 이 법의 계명의 부분은 우리가 이 법에 관심을 가지고 있는 한 충족되고 성취된다. 이것들이 그렇지 않은지 우리는 곧 살펴볼 것이다.

18. 그러므로 우리의 순종과 관련된 하나님의 행위는 그 자신의 어떤 규칙이나 법에 따른 심판의 행위가 아니라, 실제적으로 사실 그렇지 않은 것을 완벽한 것으로나 완벽한 것을 대신하는 것으로 인정하거나 여기거나 셈하거나 받아들이시는 것이다.

19. 이 둘은 그리스도의 순종과 고난과 공로에 의존하고 획득한 것이 것이 더해진다. 우리의 연약하고 불완전한 순종이 마치 완전한 것처럼 받아들여지고 절대적으로 완벽한 순종을 요구하는 그 법의 힘이 제거되는 것은 바로 이런 이유 때문이라는 것이다. 그리고 이것들이 그리스도의 의의 효과들이기 때문에 그 의는 그런 이유 때문에 우리에게 전가될 수 있다고 언급된다.

20. 그러나 이런 것들이 진리인 척 채색하는 데 사용된 큰 노력에도 불구하고, 그것들은 둘 다 단지 성경에 어떤 근거를 가지고 있지 않은 사람들이 만들어내고 믿는 사람들의 경험과 일치하지 않는 소설과 상상에 불과하다. 후자에 대해 약간 살펴보면, 먼저 다음과 같은 두 가지를 자신의 마음과 양심에 새기지 않고 있는 어떤 참된 신자도 없기 때문이다.

(1) 그의 원리나 습관이나 자질이나 행동에서 완벽한 순종을 요구하는 하나님의 거룩한 법에 완벽하게 일치하는 것은 없다. 그것은 그 안에 죄의 본성을 가지고 있고, 그 자체로 그 법을 위반하는 것과 연관된 저주를 받아야 마땅하다. 그러므로 그는 그 법을 지켜야 할 의무가 어떤 것에서도 제거되거나 약화되거나 완화되었다고 이해하지 않는다.

(2) 오직 하나님으로 말미암아 자신을 의롭다 여김을 받게 하는 예수 그리스도의 중보가 없이는 그 법이 요구하는 것이나 그 법이 위협하는 것과 관련해서 아무런 위로도 없다는 것이다. 그러므로 그들은 그 법의 요구에 대해 자신들의 순종이나 그 순종이 받아지는 것에 안식하지 못하고 하나님께 받아들여지기 위해 오직 그리스도만을 신뢰해야 한다.

21. 그것들은 둘 다 교리적인 차원에서 사실이 아니다. 전자와 관련해서 (1) 기록되지 않았기 때문이다. 성경에는 순종의 본래의 법과 관련하여 하나님의 그런 어떤 세대에 대해 아무런 언급이 없다. 그리스도로 말미암은 율법의 저주에서 우리가 구원을 받는 것에 대해서는 많이 언급되어 있지만, 그 명령하는 능력이 약화되는 것에 대해서는 아무런 언급도 되어 있지 않다.

(2) 그것은 성경과 반대된다. 율법은 폐지되지 않고 완성되었으며, 무효화되지 않고 수립되었고, 율법의 의는 우리 안에서 성취되어야 한다고 분명히 인정되고 있기 때문이다.

(3) 그것은 비합리적이고 불가능한 추측이다. 그 이유는 다음과 같다.

[1] 율법은 우리에게 하나님의 거룩과 그의 피조물들의 통치에서 그의 의에 대해 우리에게 나타내고 있다. 하나님 자신이 변하는 것이나 변화하는 그림자도 없으시기 때문에 여기에서 어떤 변화도 있을 수 없다.

[2] 그것은 바뀌고 그 자체로 사람들의 빛과 능력에 적용되며, 적어도 세상에서 신자들이 있는 것만큼 의에 대해 많은 다양한 척도들을 남기는 레즈비안 규칙 이외에 어떤 의의 표준도 남기지 않을 것이다.

[3] 그것은 사람들과 하나님과의 자연적이며 도덕적인 관계인 모든 종교의 중심에 다양성을 포함하고 있다. 한 때 그것에 필요했던 모든 것이 여전히 계속해서 필요하다면 그러함에 틀림없다.

[4] 그것은 그리스도의 중보를 불명예스럽게 한다. 그것은 주된 목적으로 하나님이 우리의 창조의 법에서 요구하셨던 것보다 못한 우리의 의를 우리를 의롭다 하시기 위해 받아들이는 것을 그 주된 목적으로 삼고 있기 때문이다. 그리고 이것은 그리스도로 하여금 교회에서 죄책을 제거할 수 있는 충족과 화해의 방법이 아니라, 율법에서 그 본성과 공로를 제거하여 원래있던 것이 계속해서 존재하지 않거나, 적어도 율법이 처음 위협했던 처벌을 받게 하지 않음으로써 어떤 의미에서 그를 죄의 저자가 되게 하거나, 그로 하여금 죄에 대한 면죄부를 얻게 하는 것이다.

[5] 그것은 하나님 자신의 선하심을 반영한다. (아무리 교만해서 어떤 사람의 생각에 이와 반대되는 어떤 생각을 제시하더라도) 이 세상에서 아무리 훌륭한 사람의 순종이라도 그러하듯이 하나님이 자신의 법을 연약하고 불완전하고 매우 많은 실패와 죄를 수반한 채로 지킴으로써 충족될 수 있는 정도로 축소하셨다고 추측할 때 하나님이 처음에 완벽하게 순종하며, 한 번 어길 때 모든 인류가 멸망하는 처벌을 받게 되는 법을 주셔야 할 이유가 그의 선하심과 조화를 이루며 제시될 있는가?

22. 이 모든 것과 똑같은 종류의 다양한 다른 것들은 또한 불완전한 것을 완전한 것으로, 수많은 죄를 포함하고 있는 것을 죄가 없는 것으로 받아주실 것이라는 두 번째 추측이나 상상에서 나온 것이다. 그러나 하나님의 심판은 진리에 따른 것이다. 하나님은 그가 보시기에 불완전

해서 누더기와 같은 것을 특별히 우리에게 의의 옷과 구원의 예복으로 약속하신 완벽한 의로 여기지 않으실 것이다.

이런 논의에 필연적으로 따라오는 것은 하나님의 본래적이며 불변하는 법이 우리와 관련해서 믿는 모든 자에게 의를 위한 율법의 마침이신 그리스도의 완벽한 순종과 의의 전가로 말미암지 않고는 세워지고 성취될 수 있는 어떤 다른 방법이 없다는 것이다.

THE DOCTRINE

OF

JUSTIFICATION BY FAITH

THROUGH

THE IMPUTATION OF THE RIGHTEOUSNESS OF CHRIST

EXPLAINED, CONFIRMED, AND VINDICATED

제 12 장
율법에 대한 그리스도의 순종의
전가에 대해 선포하고 증명함

앞에서 언급된 일반적인 논증에서 구체적으로 우리가 하나님 앞에서 의롭다 하심을 받는 의의 본질적인 부분으로서 우리에게 전가된 그리스도의 능동적인 순종이나 의와 관련해서 또 다른 논의가 나온다. 그리고 그것은 다음과 같다. "주 그리스도가 우리의 보증인으로서 우리가 모두 죄를 지었기 때문에 우리를 위하시거나 우리를 대신하여 율법의 형벌을 받으시는 것이 필수적이었다면, 우리의 보증인으로서 그가 또한 우리를 위해 율법의 명령하는 부분에 순종하시는 것 또한 필수적이었다. 그리고 전자의 전가가 우리에게 하나님 앞에서 우리의 칭의를 위해 우리에게 필요했다면, 후자의 전가 또한 똑같은 목표와 목적에도 필수적이었다." 주 그리스도가 언약의 보증으로서 우리가 하나님이 보시기에 의롭다 하심을 받도록 우리가 죄로 말미암아 죄책을 일으킨 율법의 저주와 형벌을 감당하시는 것이 왜 필수적이거나, 왜 하나님이 그렇게 하셔야 했는가? 율법의 저자요 그로 말미암은 모든 인류의 최고의 통치자로서 그의 의의 영광과 명예가 율법을 어긴 사람들을 절대적으로 처벌하지 않고 내버려두는 데서 손상을 입지 않으실 수 없었는가?

그리고 만약 우리가 죄를 지었기 때문에 우리의 보증인이 우리를 대신해서 우리를 위해 율법의 형벌을 받거나 고난을 겪어야 하는 것이 하나님의 영광을 위해 필요하다면, 율법의 계명적인 부분 또한 우리에게 이에 대한 순종이 요구되는 한 우리를 위해 감당하시는 것이 하나님의 영광을 위해 필요하지 않겠는가? 그리고 우리가 율법의 형벌을 감당할 수 없는 것처럼 우리 스스로 순종의 방식으로 율법을 성취하여 이로 말미암아 의롭다 하심을 받을 수 없는 것처럼, 하나님이 율법의 제재가 율법의 형벌을 받음으로써 수립되는 것처럼 율법의 계명적인 힘과 부분이 완벽한 순종으로 세워져야 한다는 데 명예와 영광을 위해 관심을 가지시지 말아야 하는지에 대해 어떤 이유도 제공될 수 없다.

그러므로 우리가 하나님이 보시기에 의롭다 하심을 받기 위해 주 그리스도가 우리를 위해 율법의 형벌을 받으시는 것이 필수적이었고, 그가 그로 말미암아 이루신 충족이 벨라르민이 말하고 인정하는 것처럼 마치 우리 자신이 하나님을 충족시킨 것처럼 우리에게 전가되는 것이 필수적이었던 것과 똑같은 이유로, 그가 - 율법으로 말미암아 모든 것의 입법자요 최고의 통치자로서 영광과 명예를 받으실 수 있도록 - 율법에 대한 완벽한 순종으로 율법의 계명적인 부분을 성취하시는 것이 똑같이 필수적이었으며, 그것은 또한 우리의 칭의를 위해 우리에게 전가되어야 한다.

이것들 중 첫 번째 것, 곧 그리스도의 충족과 그것이 우리에게 전가되는 것과 관련하여 우리는 소시누스주의자들과 주요한 차이점이 있다. 그리고 나는 다른 곳에서 이와 관련된 진리를 증명하기 위해 매우 많이 제시하였으므로 여기에서는 똑같은 논쟁을 다시 재개하지 않을 것이다. 그러므로 비록 내가 그리스도가 우리를 대신하여 고난을 받으셨다는 것과 이 고난이 우리에게 전가되었다는 개념에 대해 약간의 다른 이해들이 있다는 것을 알고 있지만, 그것은 여기에서 당연히 인정된다. 그러나 나는 단지 여기에서 율법에 대한 그리스도의 순종과 그것이 우리에게 전가되는 것이 하나님의 앞에서 우리의 칭의에 율법의 형벌에 대한 그의 고난과 그것이 우리에게 전가되는 것이 똑같은 목적을 위해서와 마찬가지로 필수적이라는 것을 제시하는 것 이상으로 이 논쟁에 대해 더 이상 압박을 가하지 않으려 하기 때문에 이것들에 대해 주목하지 않을 것이다. 우리는 이런 전가의 본질과 전가되는 것이 형식상 무엇인가에 대해 다른 곳에서 고려하였다.

중보자이신 그리스도의 순종이 이런 식으로 우리에게 전가되는 것은 후에 성경의 증거들로써 구체적으로 증명될 것이다. 여기에서 나는 단지 앞에서 제시된 논쟁을 확증하려고 하는데, 이 작업은 보통 때보다 시간이 더 걸릴 것이다. 칭의론 전체에서 이것보다 더 격렬하고 다양하게 반대를 받고 있는 것이 없기 때문이다. 하지만 이 진리는 중요하며 승리할 것이다.

우리의 칭의를 위한 그리스도의 순종의 전가에 대해 보통 반대하면서 격렬하게 주장되는 것들은 세 가지로 요약될 수 있다. I. 그것은 불가능하다. II. 그것은 쓸모없다. III. 그것을 믿는 것은 치명적이다. 그리고 이런 반대를 강화하기 위해 사용되는 논쟁들은 비난 그 자체만큼 격렬하고 심한만큼 설득력있다면 모든 건전한 사람들의 지성에 이 교리에 대한 확신을 틀림없이 전복시켰을 것이다. 그러나 우리의 현재 논의에서 나타나겠지만 주장하는 것과 증명이 되는 것 사이에 때때로 큰 차이가 존재한다.

I. 그것은 "율법에 대한 그리스도의 순종은 율법 아래 있는 사람이 그리해야 하는 것처럼 자신 때문에 그가 마땅히 해야 하는 것이었으며, 자신을 위해 그가 해야 하는 것이었다"는 오직 한 가지 이유로 불가능하다고 주장되었다. 그런데 자신에게 필요하고 자신을 위해 행한 것은 우리를 위해 행한 것이라고 말할 수 없으며, 따라서 우리에게 전가될 수 없다.

II. "우리가 하지 않았거나 범함으로써 지은 모든 죄는 그리스도의 죽음과 충족 때문에 용서받고 우리가 의롭다 하심을 받았기 때문에 우리는 이로 말미암아 완전히 의롭게 되었다. 따라서 그리스도의 순종이 우리에게 전가되는 것은 조금도 필요없거나 쓸모없다." 그러므로 그것은 쓸모없는 것으로 주장된다.

III. 그들은 그것은 "우리 자신의 개인적인 순종의 필요성을 제거하고 반율법주의와 방종과 온갖 악을 가져오기" 때문에 치명적인 것이라고 말한다.

이런 비난의 마지막 부분에 대해 나는 적당한 장소에서 언급할 것이다. 비록 어떤 사람들이 칭의론의 이 부분에 대해 특별한 방식으로 반대하지만, 다른 사람들은 칭의론 전체에 대해 반대한다. 그리고 비록 율법에 대한 그리스도의 순종이 우리의 칭의를 위해 우리에게 전가되지 않는다는 주장을 인정하더라도, 우리는 우리가 그리스도의 충족과 공로 전체를 또한 버리지 않는다면 이런 거짓된 비난으로 말미암은 혼란에서 자유롭지 못할 것이다. 그리고 우리는 그런 비싼 가격으로 우리와 온 세상과의 평화를 사려고 하지 않는다. 그러므로 나는 적당한 장소에서 그것이 우리가 믿고 고백하는 칭의의 전체 교리와 그것의 모든 원인을 반영하기 때문에 비난의 이 부분에 대해 적절히 고려할 것이다.

I. 그리스도의 순종이 우리에게 전가되는 것이 불가능하다는 것과 관련된 이 비난의 첫 번째 부분은 소시누스의 『de Servat』, 3부 5장에서 주장되었다. 그리고 그 이래로 그가 주장한 것 외에 비록 그가 적어도 다른 사람들이 개입하는 것을 막지는 않았지만 그 이전이든 이후든 추가된 것은 없다. 그리고 그는 이 주장을 그리스도의 공로에 대한 전체 교리를 전복시키려고 노력하는 데 주요한 동력으로 삼는다. 그는 그리스도가 순종으로 방법으로 자신 때문에 마땅히 행하셔야 했고, 오직 자신을 위해 자신의 입장과 상황에서 하나님을 향해 해야 했던 의무를 감당하신 것뿐이라면, 그것은 우리를 위한 공로가 될 수 없고, 어떤 식으로든 우리에게 전가될 수 없다고 추측하기 때문이다. 그리고 똑같은 방식으로, 그의 충족과 그것이 우리에게 전가되는 교리를 약화시키려고 그는 그리스도는 자신을 위해 제사장으로서 그가 십자가에서 행하셨던 종류의 제사를 드리셨다고 주장한다(2부 22장).

그리고 그의 실질적인 의견은 그리스도의 죽음에서 제사나 희생으로 드려진 것은 무엇이든지 자신을 위한 것이었다는 것이다. 곧, 그것은 달콤한 향기가 나는 희생제사의 향기로서 그를 기쁘시게 하려고 하나님께 드린 순종의 행위였다는 것이다. 그가 우리를 위해 드리신 것은 단지 하늘에서 하나님 앞에서 자신을 나타내신 것뿐이었다. 이제 그는 더 이상 의무의 방식으로 자신을 위해 할 것을 가지고 있지 않다. 그리고 진실은 만약 그리스도의 순종이 오직 자신만을 위한 것이었다면, - 곧, 만약 그가 자신의 조건의 필요 때문에 순종을 하나님께 드린 것이며 우리를 위해 순종을 드린 것이 아니라면, - 나는 그것이 믿는 자에게 전가되기 위한 것이라고 주장할 수 없을 뿐 아니라, 그들을 위한 그의 공로를 주장하기 위해 남아있는 어떤 기초도 보지 못한다.

우리가 주장하는 것은 주 그리스도가 우리를 위해 전체 율법을 성취하셨다는 것이다. 그는 우리의 죄 때문에 율법의 형벌을 받으셨을 뿐 아니라 율법이 요구하는 완벽한 순종을 하셨다. 그리고 바로 여기에서 나는 그리스도의 능동적이며 수동적인 순종 사이의 구분에 대한 논쟁에 나 자신을 섞지 않을 것이다. 그는 영원한 성령을 통해 하나님께 자신을 드리셨을 때 자신의 고난으로 가장 높은 능동적인 순종을 하셨기 때문이다. 그리고 그의 모든 순종은 그의 인격을 생각할 때 고난과 자기 비하(卑下)의 일부분으로서 고난과 섞였다. 그러므로 "비록 그가 아들이시라도 그가 고난을 받으신 것들을 통해 순종을 배우셨다"고 언급된다. 그리고 행위와 고난이 아무리 다양한 범주가 있더라도, 성경의 증거들은 철학적인 계략들과 용어들로 규정되지 말아야 한다. 그리고 그리스도의 고난은 순전히 형벌적인 것으로 불완전하게 그의 수동적인 순종이라고 불리지 말아야 하는데, 이는 모든 의가 습관적이거나 행위적인데 고난은 이 둘 다에 속하지 않으며, 어떤 사람도 고난을 받은 것으로 의롭게 되거나 의롭다고 평가되지 않기 때문이다. 그리고 그것은 오직 순종을 요구하는 율법의 명령에 충족을 주지 않는다. 그리고 바로 여기에서 우리가 하나님 앞에서 의롭다 하심을 받을 받으려면, 단지 그리스도의 고난 이상의 것이 필요하며 어떤 의가 필요하다는 결론이 나온다.

하지만 내가 의도하는 것의 전체는 그리스도가 율법의 명령에 순종하심으로써 율법을 성취하신 것은 그가 율법의 형벌을 받으신 것처럼 우리의 칭의를 위해 우리에게 전가되어야 한다는 것이다. 나는 "우리의 중보자요 보증으로서 하나님의 전체 율법에 대한 우리 주 예수 그리스도의 순종이 오직 자신만을 위한 것이었으며 우리를 위한 것이 아니었다"는 것이나, 그가 이 일에서 하신 것은 믿는 자들에게 의를 위한 율법의 마침이 되시려는 것도, 우리 안에서 율법의 의를 성취하시려는 수단으로 하신 것도 아니라는 것은 - 특별히 그가 우리에게 주어지셨고 우리에게 나셨으며, 우리 사람들을 위해, 우리의 구원을 위해 그가 하늘에서 내려오셔서 우리에게 요구되는 것을 행하시고 고난을 받으셨다는 교회의 신앙을 고려할 때 - 모든 그리스도인의 귀에 거슬리는 것으로 판단하지 않을 수 없다. 그러나 그리스도의 순종이 우리의 칭의를 위해 우리에게 전가되었다는 것을 부인하는 어떤 사람들도 앞에서 언급된 두 번째 것, 곧 그것의 쓸모없음에 근거하여 주로 주장하는 반면에, 나는 비난의 이 부분을 단지 소시누스가 주장한 것만을 고려할텐데, 그것은 현재 이 진리를 당혹스럽게 하려고 노력하는 사람들이 주장하고 있는 것의 전체이기 때문이다.

이런 목적을 위해 그는 『De Servat.』 3부 5장에서 이렇게 주장한다. "이제 그리스도가 사람으로 나셨고, 바울이 말하고 있는 것처럼 실제로 그가 율법 아래 나셨다는 것은 분명하다. 그리고 하나님의 율법은 영원하고 불변하며 다른 사람들이 혐오하는 것이었다. 어떤 사람들이 주장하는 것처럼 그리스도가 하나님의 영원한 율법을 무시할 수 있으셨거나, 심지어 모든 사람처럼 깨뜨리기를 원하셨다면 그렇게 하실 수 있으셨다는 것은 생각하기조차 불경건하다. 사실 다른 곳에서 제시되었던 것처럼 만약 그리스도 자신이 하나님의 율법을 지키기를 꺼려하셨다면, 바울의 말이 암시하고 있는 것처럼 그는 율법을 지키지 않으실 수 있으셨으며 영원히 견고한 소망에 이르지 않으실 수 있으셨다. 그러므로 그리스도의 입장에서 사람으로 태어나신 한 다른 인간들과 다르지 않으셨다. 이런 이유 때문에 그는 심지어 다른 어떤 사람이 하나님의 율법의 지속적인 요구를 충족시킬 수 없는 것처럼 다른 사람들을 위해 충족시킬 수 없으셨다. 그 자신이 율법을 전적으로 지키셔야 했기 때문이다." 나는 우리 중 어떤 젊은 논쟁가들이 진리를 거슬러 싸우기 위해 그의 말을 무기로 사용하는 것처럼 보이기 때문에 그의 말을 소개했다.

그가 주장하는 것의 본질은 우리 주 예수 그리스도는 자신을 위해, 혹은 자신 때문에 그가 행하시는 모든 순종을 행하셔야 했다는 것이다. 그리고 그는 다음과 같은 이유로 이것을 증명하려고 노력한다. "그렇지 않다면 그는 원하셨다면 하나님의 전체 율법을 무시할 수도 있으셨고 그것을 자기가 원하시는 대로 깨뜨리실 수도 있었을 것이다." 그가 자신 때문이 아니라 우리 때문에 율법을 지키셔야 했다면, 그가 택하셨던 율법의 요구에 따라 완벽히 순종해야 할 의무는 그가 본래 자신 때문에 지키셔야 했던 것과 동일했다는 것을 생각하는 것을 잊었기 때문이었을 것이다. 그러나 그는 여기에서 "그가 하신 것은 자신을 위해 그렇게 하셨기 때문에 우리를 위하신 것일 수 없으며, 어떤 다른 사람이 의무의 방식으로 자신을 위해 행하는 것은 또한 다른 사람을 위해 행한 것으로 여겨질 수 없다"고 추론한다. 그는 그리스도의 위격을 고려할 때 그가 행하시고 고난을 받으신 것은 다른 사람이 행하거나 고난을 받은 것과 다른 본성과 효력을 지니셨다는 것을 전혀 허락하지 않을 것이기 때문이다.

그가 자신의 논의의 과정에서 더하는 것은 "그리스도가 하신 것은 무엇이든지 일반적으로 율법이 요구하지 않았더라도 하나님의 특별한 명령이었으며 자신을 위해 하신 것이었다. 그러므로 그것은 우리에게 전가될 수 없다"는 것이다. 그리고 이로 말미암아 그는 교회에서 오직 그의 교리와 본과 우리의 유익을 위해 하늘에서 그의 힘으로 하시는 것 이외에 그리스도의 중보로 말미암은 어떤 유익이든 배제한다. 그리고 그것이 그가 목표하는 것이었다. 그러나 우리는 또한 비록 그의 모든 목적을 따라 공개적으로는 아니지만 그의 논증들을 사용하는 사람들에 대해 고려할 것이다.

이와 관련된 진리를 분명히 하기 위해 다음과 같은 것들이 고려되어야 한다.

1. 우리가 취급하는 순종은 중보자이신 그리스도의 순종이었다. 하지만 "언약의 중보자"로서 그리스도의 순종은 그의 위격의 순종이었다. "하나님은 그의 피로 그의 교회를 속량하셨기" 때문이다(행 20:28). 그것은 인성으로 행해졌지만, 그것을 행하신 분은 그리스도의 위격이었다. 사람의 위격에서처럼 그의 행동 중 어떤 것은 행동의 직접적인 원리와 관련하여 육체의 행동이었으며, 어떤 것은 영혼의 행동이었다. 그러나 그것들을 행하고 성취하는 데 있어서 그것들은 위격의 행동이다. 그러므로 그의 중보에서 그리스도의 행동은 그것들의 직접적인 활동(ἐνεργήματα)과 관련해서 그의 구분된 본성들의 행동이다. 곧 어떤 것은 신성의 행동이고 어떤 것은 인성의 행동이지만, 그것들을 완성시키는 효력(ἀποτελέσματα)이 있어서 그것들은 그의 전체 위격의 행동이다. 곧 그의 행동은 그의 전체 위격의 행동이며, 그 활동의 힘은 그의 위격의 속성에 있다.

그러므로 우리가 우리를 위해 하셨다고 주장하는 그리스도의 순종은 하나님의 아들의 순종이었다. 하지만 하나님의 아들은 결코 절대적으로 "율법 아래(ὑπὸ νόμον)" 놓여 있지 않으시며, 그로 말미암아 형식적으로 율법을 지키셔야 될 수 없었다. 그는 사실 사도가 증거하는 것처럼 그의 인성으로 율법 아래 놓이셨으며, 이 안에서 이런 순종을 하셨다. "그는 여자에게 나시고 율법 아래 나셨다"(갈 4:4). 그는 여자에게 나신 것처럼 율법 아래 나셨다. 그의 위격으로 그는 "안식일의 주"로 거하셨으며(막 2:28), 따라서 온 율법의 주로 거하셨다. 그러나 순종 그 자체는 결코 그의 전 위격으로 율법 아래 계시지 아니하셨고, 계속해서 절대적으로 계실 수 없으셨던 분의 순종이었다. 신성은 율법과 같은 그 자신의 외적인 활동에 종속될 수 없으며, 율법은 신성이 "율법 아래(ὑπὸ νόμον)" 놓이셨다면 신성이 마땅히 가져야 할 권위적이고 명령하는 권세를 가질 수 없다. 그러므로 사도는 아브라함이 멜리세덱에게 십일조를 드렸을 때 그 당시 그의 허리에 있었기 때문에 "레위가 아브라함 안에서 십일조를 바쳤다"고 주장하고 있다(히 7). 그리고 그는 이곳에서 아브라함이 멜기세덱의 모형이신 주 그리스도보다 못하다는 것을 증명한다.

그러나 이로 말미암아 주 그리스도가 레위와 마찬가지로 아브라함의 허리에 계셨다고 대답될 수 없는가? 똑같은 사도가 말하고 있는 것처럼 "그는 진실로 아브라함의 후손으로 오셨다." 그러므로 그가 그의 인성의 측면에서 그러하셨다는 것은 사실이다. 그러나 그가 그의 전 위격에서 "아버지도 없고 어머니도 없고 족보도 없고 날의 시작이나 생의 끝도 없는" 멜기세덱이 모형으로 나타나신 것처럼 그는 절대적으로 아브라함의 허리에 있지 않으시고 그 안에서 십일조를 드리는 것에서 제외되셨다. 그러므로 우리가 다루는 그리스도의 순종은 아무리 인성 안에서, 인성에 의해 행해졌다고 하더라도 추상적으로 인성의 순종이 아니라, 아무리 인성이 율법에 종속되었더라도 (어떤 의미에, 어떤 목적으로 그런지는 후에 선포될 것이다) 하나님의 아들의 위격의 순종이었다.

그리고 이 순종은 자신을 위한 것이 아니었으며 자신을 위한 것일 수 없었다. 그의 전 위격이 율법을 지키셔야 되는 것이 아니었기 때문이다. 그러므로 그리스도의 순종과 그의 전 위격이 율법 아래 있는 어떤 다른 사람의 순종과 비교하는 것은 우스운 일이다. 비록 그것이 자신과 다른 사람들을 위한 것일 수 없지만, (우리는 그것이 어떤 경우에 그럴 수 있는지 보여줄 것이다) 이것은 자신 위한 것이 아니라 다른 사람들을 위한 것일 수 있고, 다른 사람들을 위한 것이어야 한다. 우리는 이것을 엄격하게 붙잡아야 한다. 만약 그리스도가 율법에 대해 하신 순종이 자신을 위한 것이었으며, 그것이 그의 위격, 그의 전체 위격의 행동이었고, 그 안에서 그의 신성이 "율법 아래 있게 되었다"면, 그것은 있을 수 없다. 비록 하나님의 사역의 순서에서 그의 낮아지심이 성경이 증거하는 것처럼 그의 영광스럽고 위대한 높아지심에 선행했다는 것이 인정되지만(빌 2:9, 눅 24:26, 롬 14:9), 절대적으로 그의 영광은 그의 위격적 연합의 직접적인 결과였기 때문이다(히 1:6, 마 2:11).

소시누스는 그리스도의 신적인 위격을 부인함으로써 이 논쟁의 힘을 회피한다고 나는 고백한다. 그러나 이 논쟁에서 나는 그것을 당연한 것으로 여기는데, 내가 다른 곳에서 그의 추종자들 중 어떤 사람도 반박할 수 없도록 그것을 증명했기 때문이다. 그리고 만약 우리가 그에 의해 부인된 진리들 위에 세울 수 없다면, 우리는 그것들로부터 어떤 것을 증명할 수 있도록 우리에게 남아있는 어느 하나의 복음적 진리의 원리도 가지고 있지 못할 것이다. 그러나 나는 논쟁이 되고 있는 이 문제에서 단지 그와 협력하고 있지만 그리스도의 위격에 대한 그의 의견을 거부하고 있는 사람들만 의도하고 있다.

2. 우리 주 예수 그리스도는 율법이 자신에 대해 가지고 있는 어떤 권위나 힘 덕택에 자신의 위격으로 자신을 위해 아무 것도 빚지지 않으신 것처럼, 그것을 자신을 위해서가 아니라 우리를 위해서 계획하시고 의도하셨다. 이전의 고려에 더해서 이것은 주장하고 있는 진리에 대해 충만하게 증거하고 있다. 만약 그가 자신을 위해 율법을 지키실 필요가 없으셨다면 - 율법에 순종하는 그의 위격이 율법 아래 있지 않았기 때문에 - 만약 그가 자신을 위해 율법을 의도하지 않으셨다면, 그것은 우리를 위한 것이거나 쓸모없는 것임에 틀림없다. 그가 이런 모든 순종을 하신 것은 우리의 인성으로 하신 것이다. 그런데 우리의 본성을 받아들이신 것은 어떤 목표와 목적과 관련해서 그가 스스로 자발적으로 하신 행동이었다. 그리고 우리의 본성을 취하신 목적이었던 것은 똑같은 방식으로 그가 그 안에서 행하신 모든 것의 목적이었다. 그런데 그가 우리의 본성을 취하신 것을 자신을 위해서가 아니라 우리를 위해서 하신 것이며, 이로 말미암아 그에게 더해진 어떤 것도 없었다. 그러므로 그의 사역에서 그는 단지 자신의 낮아지심에서 자신이 입으셨던 장막을 제거하심으로써 "자신이 창세 전에 아버지와 함께 가지셨던 영광으로 영화롭게 되실 수 있도록" 이것을 자신에게 제시하신다. 그러나 그가 우리의 본성을 취하신 것은 우리를 위해 하신 것이라는 것은 사도가 증거하고 있듯이 기독교의 기초이다(히 2:14, 빌 2:5-8).

고대 스콜라 학자들 중 어떤 사람들은 하나님의 아들이 비록 사람이 죄를 짓거나 타락하지 않았어도 성육신하셨을 것이라고 주장했다. 그리고 내가 다른 곳에서 선포했던 것처럼 오시안더(Osiander)는 똑같은 의견을 격렬하게 주장하였다. 그러나 그들 중 어떤 사람도 그가 율법 아래 있기 위해 사람이 되셔야 했으며, 그로 말미암아 이제 그가 행한 순종을 하셔야 했다고 상상하지 않았다. 그러나 그들은 즉시 그가 전체 피조물의 영광스러운 머리이셔야 했다고 판단했다. 그리스도가 이 땅에 율법에 순종하신 것은 자신을 위하신 것이 아니라, 완벽하게 순종해야 하지만 할 수 없었던 교회를 위한 것이었다는 것은 단지 그런 개념을 자신들의 사적인 관념에 희생시킬 사람들을 제외하고 모든 그리스도인의 일반적인 개념이며 가정이기 때문이다. 이것이 이 일에서 그의 유일한 목적이며 계획이라는 것은 내가 실수하지 않는다면 세상에 있는 대부분 그리스도인들의 신조의 근본적인 조항이다. 그리고 그것을 부인하는 것은 결론적으로 그의 중보 안에 있는 아버지와 아들의 모든 은혜와 사랑을 전복시킨다.

"이 순종은 그가 우리를 위한 중보자가 되시기 위해 필요한 그의 위격의 자질로서 필요했던 것이므로 자신을 위한 것이었다"는 언급이 있다. 그것은 그의 중보 사역과 관련된 그의 위격의 필수적인 구성에 속한다. 그러나 나는 이것을 적극적으로 부인한다. 주 그리스도는 위엄과 명예와 가치에 있어서 어떤 것이나 모든 것보다 더 높임을 받으신 인성과 신성의 형언할 수 없는 연합으로 말미암아 모든 면에서 중보의 전체 사역을 하시기에 적합하셨다. 이로 말미암아 그는 그의 전체의 위격에서 모든 신적인 예배와 명예의 대상이 되셨기 때문이다. "그가 첫 아들을 세상에 데려오실 때 그는 '하나님의 모든 천사들이여 그를 경배하라'고 말씀하셨기" 때문이다. 또한 중보자의 위격의 효과인 것은 그 구성에 필요한 자질이 아니다. 곧 그가 중보자로서 행하신 것은 그를 중보자가 되실 수 있도록 만드는 것이 아니다. 그러나 그가 율법에 행하신 모든 순종은 이런 본성에 속하는 것이었다. "그는 그 자체로 모든 의를 성취하시기에 적합하시기" 때문이다.

그러므로 그가 자신을 위해서 아니라 교회를 위해서 사람이 되시고 아브라함의 후손이 되셨던 반면에, - 곧 그로 말미암아 언약의 보증이 되시고 전체의 대표자가 되신 반면에 - 그가 사람으로서 일반적으로 율법에 대해 순종하시고, 아브라함의 아들로서 모세의 율법에 순종하신 것은 자신을 위하신 것이 아니라 우리를 위하신 것이었다. 그는 계획된 대로 행하셨다. 그리고 교회에 대한 고려가 없다면 그것은 그 자신에게 아무런 쓸모도 없었다. 그는 우리에게 태어나셨고, 우리에게 주어지셨으며, 우리를 위해 사셨고, 우리를 위해 죽으셨으며, 우리를 위해 순종하셨고, 우리를 위해 고난을 받으셨다. 곧 "한 사람이 순종함으로써 많은 사람이 의롭게 되었다." 이것이 "우리 주 예수 그리스도의 은혜"였다. 그리고 이것은 보편적 교회의 믿음이다. 그리고 그가 우리를 위해 하신 것은 우리에게 전가된다. 이것은 그가 우리를 위해 율법을 행하셨다는 그 개념 안에 포함되어 있으며, 그것은 그가 행하신 것이 우리에게 전가되지 않는다면 어떤 의미이든 언급될 수 없다.

그리고 나는 사람들이 자신들의 사적인 견해를 방어하기 위해 구분들과 학문적인 얼버무림으로써 기독교의 기초를 흔들지 말아야 한다고 생각한다. 그리고 나는 참된 신자들의 생각에서 "주 그리스도가 율법에 따라 하나님께 순종하심으로써 하신 것은 그가 자신의 사랑과 은혜로 그들을 위해 하시기로 계획하신 것이었다"는 확신을 빼앗는 것보다 속담이 말하고 있듯이 헤라클레스의 손에서 채를 빼앗는 것이 더 쉬울 것이라고 확신한다. 그는 자신을 위해 어떤 순종도 필요하지 않으셨다. 그는 우리를 위하지 않으셨다면 자신을 위해 순종하실 수 있는 능력으로 들어오지 않으셨다. 그러므로 그가 율법의 조건에 따라 하나님께 대한 순종으로 율법을 성취하신 것은 우리를 위한 것이었다. 그가 순종하셔야 했던 의무는 본래 그가 언약의 보증인으로서 율법의 형벌을 받으셔야 했던 의무가 전자나 후자 중 하나였던 것처럼 우리를 위한 것이었으며, 우리에게 필요한 것이었고, 자신을 위한 것이 아니며, 자신에게 필요한 것이 아니었다.

3. 더욱이 그리스도의 은혜와 사랑과 그가 우리를 위해 택하신 것과 관련해서 아버지와 아들 사이에 맺어진 언약을 고려하는 것은 그가 행하신 모든 것이 자신을 위해서가 아니라 우리를 위해서 하신 것이라는 것을 부인할 수 없도록 증명한다. 나는 이런 언약과 그리스도의 인성이 그것과 하나님의 아들의 위격과의 연합 덕택에 율법에 대한 어떤 사전적인 순종이 없이도 그것이 할 수 있는 최고의 영광에 대한 권리를 가지고 있으며, 즉시 이 영광에 들어가실 수 있으셨다는 것을 고려하는 것을 말한다. 그리고 이것은 이 연합이 시작되는 순간부터 그리스도의 전체 위격이 그 안에 존재하는 우리의 본성과 함께 그 본성을 지극히 높이는 것에 놓여 있는 천사들과 사람들의 모든 신적인 예배의 대상이 되셨다는 데서 분명하다.

그의 사전의 순종과 고난과 관련해서 그가 실질적으로 참여하게 되셨던 특별한 영광이 있었다는 것은 사실이다(빌 2:8, 9). 이 영광의 실질적인 소유는 하나님이 정하신 바에 따라 그가 자신을 위해서가 아니라 우리를 위해서 순종하시고 고난을 당하신 결과로 말미암은 것이었다. 그러나 인성 그 자체의 권리와 능력과 관련하여 인성이 할 수 있었던 모든 영광은 인성이 연합되는 순간에 그에게 이루어진 것이었다. 인성은 그 안에서 어떤 피조물이 단순한 피조를 통해 할 수 있었던 조건을 넘어서 높임을 받았기 때문이다. 그리고 그리스도의 신적인 영광의 최초의 기초는 그의 순종에 놓여 있었으며, 그것이 그가 모든 것에 대한 그의 중보적인 힘과 권세에 놓여 있는 그의 영광의 부분을 실질적으로 소유하는 유일한 방법이었다는 것은 단지 소시누스주의의 소설이다. 그 전체의 실질적인 기초는 그의 위격의 연합에 놓여 있었다. 그러므로 그는 아버지로 하여금 자신을 그가 세상이 존재하기 전에 자신과 함께 가지셨던 영광으로 (나타내심과 관련하여) 자신을 영화롭게 해달라고 기도하신다.

나는 주 그리스도가 이 세상에 계신 동안 "나그네(viator)"이셨으며 절대적으로 "소유자"가 아니셨다는 것을 인정할 것이다. 그러나 나는 그가 자신을 위해 어떤 그런 조건이 필요하셔서 그렇게 하셨다고 말하지 않는다. 그는 우리를 위한 특별한 시혜(施惠)로 말미암아 친히 나그네가 되셨다. 그러므로 그런 상태에서 그가 행하신 순종은 자신을 위한 것이 아니라 우리를 위한 것이었다.

4. 그러므로 사도가 "여자에게 나신 것은 율법 아래 놓이신 것"이라고 인정하는 것처럼 그리스도의 인성이 율법 아래($\upsilon\pi\grave{o}\ \nu\acute{o}\mu o\nu$) 놓이게 되셨다는 것이 인정된다. 이로 말미암아 순종은 그가 "나그네"이셨고, 나그네로 계신 동안 그에게 필수적인 것이 되었다. 그러나 이것은 특별한 시혜로 말미암은 것이었다. 곧 이 표현은 그가 특별한 시혜와 낮아지심으로 "여자에게 나신 것"처럼 "율법 아래" 놓이게 되셨다는 것을 암시한다(빌 2:6-8). 곧 이로 말미암아 그가 하신 순종은 우리를 위한 것이었으며 자신을 위한 것이 아니었다. 그리고 이것은 그가 율법 아래 놓이셔서 율법의 계명에 순종하셔야 했을 뿐 아니라 율법의 저주 아래 놓이셨다는 것에서 분명히 나타난다. 그러나 나는 그가 우리

를 위해 그렇게 하셨으며 자신을 위해 하신 것이라고 언급될 수 없다고 생각한다. 우리는 율법을 지켜야 했고 율법의 저주 혹은 하나님의 저주 (Οὐπόδικοι τῷ Θεῷ) 아래 놓여 있다. 우리가 영원한 죽음을 피하려면 우리를 위해 저주를 받는 것이 필요했던 것처럼 우리가 생명에 들어가려면 순종이 우리에게 필요했다. 그리스도는 우리의 보증으로서 우리를 위해 "율법 아래" 놓이셨으며, 이로 말미암아 그는 율법이 요구하는 순종과 율법이 위협하는 형벌에 놓이시고 감당하셔야 했다. 이제 누가 그가 사실 우리를 위해 율법의 형벌을 받으신 것이 아니라, 오직 자신을 위해 율법에 순종하셨다고 감히 말할 것인가? 그의 중보사역의 전체적인 조화가 그런 가정으로 말미암아 무너질 것이다.

야곱의 아들 유다는 그를 자유롭게 가게 하려고 그의 형제 베냐민 대신에 노예가 되겠다고 하였다(창 44:33). 요셉이 이 조약을 받아들이지 않을 수 있었다는 것은 의심할 여지가 없다. 그가 받아들였기 때문에 유다가 취한 봉사와 속박은 유다에게 필요하게 되었으며 그가 이렇게 하는 것이 정당하게 되었다. 그럼에도 불구하고 그가 감당하고 의무를 수행한 것은 자신을 위한 것이 아니라 자기 형제 베냐민을 위한 것이었다. 그리고 그것은 이런 이유 때문에 베냐민에게 전가되었다. 마찬가지로 사도 바울이 오네시모에 대해 빌레몬에게 "그가 만일 네게 불의를 하였거나 네게 빚진 것이 있으면 그것을 내 앞으로 계산하라 (Εἰ δέ τι ἠδίκησέ σε, ἢ ὀφείλεν, τοῦτο ἐμοὶ ἐλλόγει, ἐγὼ ἀποτίσω)"고(18절) 썼을 때, 곧 "'그가 네게 잘못한 것이 있다면', 너에게 불의하게 대했거나 해를 끼치거나, '너에게 어떤 것을 빚졌거나', 그로 말미암아 네가 손실을 입었다면, '그것을 나의 구좌로 돌리라', 그것을 모두 나에게 전가시키라, '내가 그것을 값을 것이다', 내가 그 모든 것을 책임질 것이다"라고 썼을 때 그는 빌레몬이 오네시모에게 이중적인 행동을, 하나는 "잘못을 하거나 손해를 입히고(injuriarum)", 다른 하나는 "잃어버리게 하거나 빚을 지게 했을(damni 혹은 debiti)" 수 있다는 것을 생각하는데, "어떤 사람에게 해를 끼치는 것"과 "어떤 사람에게 무엇인가를 빚지는 것"은 법에서 구분된 행동이었다. 그는 "나 바울이 친필로 쓰노니(Ἐγὼ Παῦλος ἔγραψα τῇ ἐμῇ χειρί)"라는 표현으로 자신이 친히 의무를 지고 있다는 것을, 곧 자신이 이 둘에 대해 책임지고 필요하다면 그에 상응하는 대가를 치르겠다고 밝힌다. 이로 말미암아 그는 자신의 위격으로 빌레몬을 충족시켜야 하는 의무를 지게 되었다. 그러나 그는 그것을 자신을 위해서가 아니라 오네시모를 위해 하는 것이었다. 그러므로 주 그리스도가 자신의 인성과 관련하여 종의 형체를 가지고 계신 동안 사람으로서든 이스라엘 사람으로서는 어떤 순종을 하셔야 했든, 그가 본성의 필요에 따라 자신을 위해 그렇게 하실 필요가 없으셨기 때문에 우리를 위해 자발적으로 낮추시고 규정하신 것이었다. 그것은 우리를 위한 것이었으며 자신을 위한 것이 아니었다.

5. 주 그리스도는 그의 순종에서 사인(私人)이 아니라 공인(公人)이셨다. 그는 언약의 보증인으로서, 하나님과 인간 사이의 중보자로서 순종하셨다. 나는 이것이 부인될 수 없다고 생각한다. 그는 어떤 상상으로든 그런 능력 밖에서 고려될 수 없다. 그러나 공인이 공인으로서, 곧 다른 사람들을 대표해서, 다른 사람들을 위해 행동하는 자로서 행한 것은 자신을 위해서가 아니라 다른 사람들을 위해서 한 것이다. 그리고 그가 행한 것은 다른 사람들이 그 안에 관련되어 있지 않고, 다른 사람들을 위한 것이 아니라면 아무런 쓸모나 의미도 없다. 그렇다. 그것은

어떤 사람이 공인으로서 어떤 것을 행하면서 오직 자신 만을 위해 그 일을 행한다는 것은 모순을 함축한다. 공적인 사람이 오직 자신만이 관심을 가지고 있는 일을 할 수 있지만 공인으로서 그렇게 할 수는 없다. 그러므로 소니누스와 그의 추종자들이 그리스도를 자신을 위해 드리신 분으로 만들 때 그것은 그를 자신을 위한 중보자로 만드는 것이며, 중보적인 행위로써 그의 헌신을 어리석고 불경건한 것이 되게 하는 것인 것처럼, 그의 중보적인 순종을, 공인으로서 그의 순종을 자신을 위한 것이며 다른 사람들을 위한 것이 아닌 것처럼 주장하는 것은 그 안에 오직 결코 적지 않은 불경건이 존재하는 것이다.

6. 주 그리스도가 피조물인 인성을 가지고 계시기 때문에 그의 인성이 창조의 법에 복종하지 않는 것은 불가능하다는 것이 인정된다. 창조주와 피조물이라는 존재에서 필연적으로 나오고 달려있는 관계가 있기 때문이다. 모든 합리적인 피조물은 하나님의 본성과 그 관계에서 영원히 하나님을 사랑하고, 하나님께 순종하고, 하나님을 의지하고, 하나님께 복종하고, 하나님을 자신의 목적과 축복과 보상으로 삼아야 할 의무가 있다. 그러나 창조의 법은 이런 차원에서 세상과 이 땅에서의 삶뿐 아니라 천국과 영원한 미래의 상태를 고려한다. 그리고 그리스도의 인성은 천국과 영광 속에서 이 법에 종속되어 있으며, 그것이 피조물이고 하나님이 아닌 한, 곧 그것이 자신의 존재를 가지고 있는 한 그렇지 않을 수 없다. 그리고 어떤 사람도 그리스도의 인성이 자존하게 되고 그 자체로 절대적으로 무한하게 되도록 신적인 속성들이 그리스도의 인성에 전이되는 것을 상상하지 않는다. 이것은 공개적으로 그리스도의 인성을 파괴할 것이기 때문이다. 그러나 어떤 사람도 그가 지금 사도가 의도한 의미대로 "율법 아래(ὑπὸ νόμον)" 있다고 말하지 않을

것이다. 그러나 그리스도의 인성은 그가 이 세상에 계신 동안 인성 그 자체 때문에 앞에서 언급한 의미로 율법에 종속되어 계셨다. 그리고 이 것은 이 논의를 시작할 때 언급되었던 소시누스의 반대에 대해, 곧 만약 주 그리스도가 자신을 위해 순종하지 않으셔도 되셨다면, 그는 원하신다면 전체 율법을 무시하거나 어기실 수 있으셨을 것이라는 반대에 대해 충분히 대답한다. 그것은 하나님의 아들과 위격적으로 연합되어 있어서 신적인 뜻과 영원하고 필수불가결한 사랑의 법과 하나님께 의탁하고 하나님을 의지하는 것에서 조금도 벗어날 수 없도록 되어 있는 "거룩한 것"에 대해 어리석게 상상하는 것일 뿐 아니라, 그 아래서 피조물로서 존재했고 존재하는 그리스도의 인성은 그런 추측을 하지 못하도록 충분한 안전을 제공하고 있기 때문이다.

그러나 하나님의 율법에 대해 고려해야 할 또 다른 것이 있다. 곧 앞에서 언급되었던 것처럼 하나님의 율법의 특별한 시혜로 말미암아 어떤 시기 동안 어떤 특별한 목적을 위해 율법 그 자체에 본질적으로 속하지 않은 어떤 고려들과 규칙들과 질서들이 부과되었다는 것이다. 이것은 주 그리스도가 반드시 피조물로서가 아니라 특별한 시혜로 말미암아 놓이게 되셨던 하나님의 기록된 율법의 본질이다. 율법은 이런 고려 아래서 그 자체로 우리에게 절대적이며 영원한 것이 아니라, 단지 우리가 이 세상에 있는 동안 율법에 대한 순종으로 우리가 영생을 보답으로 얻을 수 있도록 하는 특별한 목적으로 우리에게 제시되기 때문이다. 그리고 율법에 대한 의무는 이런 고려 아래서 우리가 그 보상을 즐기게 될 때 그친다는 것은 분명하다. 약속된 생명을 즐기고 있을 때 율법은 형식적으로 더 이상 우리에게 "이것을 행하라 그러면 살리라"는 명령을 요구하지 않는다.

이런 의미에서 주 그리스도는 자신을 위해 율법에 종속되지 않으셨으며, 자신을 위해 율법에 순종하셔야 되지 않으셨다. 그는 자신이 피조된 상태 덕택에 율법을 지키셔야 되지 않으셨기 때문이다. 그의 본성들이 "거룩하고 흠이 없고 오염되지 않고 죄인들과 분리된 채로" 처음 연합되었을 때 그는 그가 종속되셨던 율법에도 불구하고 영광 가운데 머물러 계실 수 있으셨다. 모든 신적인 예배의 대상이신 그분은 자신을 위해 복된 상태를 획득하시기 위해 어떤 새로운 순종도 하실 필요가 없으셨기 때문이다. 그리고 그가 단지 피조물이 되신 덕택에 자연적으로 이런 의미에서 율법에 종속되셨다면, 그는 영원히 율법에 종속되셔야 했을 것이다. 그러나 그는 그러실 수 없는데, 오직 하나님의 본성들에 의지하는 것들과 피조물이 영원하고 불변하는 것이 되기 때문이다. 그러므로 율법이 이런 의미에서 절대적이 아니라 미래의 상태와 보답의 관점에서 우리에게 주어졌던 것처럼 주 그리스도는 자발적으로 우리를 위해 율법에 자신을 종속시키셨다. 그리고 율법에 대한 그의 순종은 우리를 위한 것이었으며 자신을 위한 것이 아니었다. 몇몇 이치에 맞지 않은 비난들을 제외하고 어떤 반대도 제시되지 않았던 내가 이 주제에 대해 전에 기록했던 것들 이외에도, 이것들은 그리스도의 순종이 우리에게 전가되는 것이 불가능하다고 앞에서 제기되었던 비난의 첫 번째 부분을 반박하기에 충분하다. 그리고 그것은 사실 사도가 이로 말미암아 "우리가 모두 죄인이 되었다"고 말했던 아담의 불순종이 우리에게 전가되는 것이 불가능하다고 주장하는 것과 똑같은 것이다.

II. 그리스도의 순종이 우리에게 전가되는 것에 대해 반대하거나 비난하는 두 번째 부분은 "그것은 의롭다 하심을 받을 사람들에게 쓸모가 없다. 그들이 그들의 칭의에서 그들의 모든 죄가 사함을 받았을 때 그로 말미암아 의롭다 하심을 받아서 생명과 축복에 대한 권리나 자격을 얻었기 때문이다. 죄 사함을 받은 사람은 생략한 죄나 범한 죄에 대한 죄책이 있는 것으로 여김을 받지 않으며, 그들의 칭의에 요구되는 어떤 것도 부족하지 않기 때문이다. 그는 그가 해야 하는 모든 것을 행하고 의무의 방식으로 그에게 요구되는 어떤 것도 생략하지 않은 것으로 추측되기 때문이다. 이로 말미암아 그는 불의하게 되지 않으며, 불의하지 않다는 것은 의롭다는 것과 똑같다. 죽지 않은 사람은 살아있기 때문이다. 그리고 생명과 죽음 사이에 어떤 중간적인 상태가 없고 있을 수도 없기 때문이다. 그러므로 자신들의 모든 죄가 용서함을 받는 사람들은 칭의의 축복을 가지고 있으며, 그들에게 더 이상의 의의 전가는 필요하지도 유용하지도 않다"는 것이다. 그리고 똑같은 본질의 다양한 것들이 똑같은 목적으로 주장이 되고 있으며, 이 모든 것은 계속되는 논의에서 제거되거나 다른 곳에서 대답될 것이다.

대답. 이 진리는 신학적인 정교함보다 철학적인 정교함을 더 많이 가지고 있는 사변적인 논의보다 성경에서 더 중요하고 더 분명히 진술되어 있다. 그러므로 이런 반대는 잘 수립되고 확증된 진리는 설명할 수 없는 것처럼 보여도 모든 넘어뜨리려는 사변적인 논의에도 불구하고 의문이 제기되거나 버릴 필요가 없다는 잘 알려진 규칙으로 우리에게 주어진 것 이상의 추가적인 대답이 없이도 해소될 수 있다. 그러나 우리가 볼 것처럼 이런 논증을 하는 데 있어서 쉽게 토론할 수 없는 어려운 것은 없다. 그리고 이 논증에 포함된 주장의 내용은 칭의의 본질에 있어서 - 곧, 칭의는 그리스도의 공로와 충족의 전가를 통해 행위가 아니라 오직 믿음으로 말미암는다는 데 있어서 - 우리와 의견을 같이하는 다양한 학자들에 의해 사용되었기 때문에 나는 할 수 있는 한 간략하게 그것이 나오게 된 실수들을 살펴볼 것이다.

1. 그것은 생략했거나 범한 죄를 사함받은 사람은 자신에게 요구되는 모든 것을 행했으며 금지된 어떤 것도 범하지 않은 것으로 여김을 받는다는 전제를 포함한다. 이런 전제없이 단순히 죄를 사함받는 것이 어떤 사람을 의롭게 만들고 구성하고 지칭하지 않기 때문이다. 그러나 이것은 전적으로 다른 것이며 용서의 본질에 그런 어떤 것도 포함되지 않는다. 죄 사함에서 하나님도 사람도 죄를 지은 사람을 죄를 짓지 않았다고 판단하지 않는데, 죄 사함을 받은 사람이 그가 해야 할 모든 것을 했으며 그가 하지 말아야 할 아무 것도 하지 않은 것으로 여김을 받는다면 틀림없이 그런 일이 일어나기 때문이다. 만약 사람이 어떤 악한 행동에 대해 재판을 받게 되고 법적으로 죄를 지은 것으로 확정이 된 후에 왕이 그의 죄를 사면해주었다면, 법적인 눈으로 그는 그가 받아야 할 처벌과 관련하여 죄가 없는 사람으로 간주된다. 그러나 어떤 사람도 그가 이로 말미암아 의롭게 되거나, 실제로 그가 행하고 확정이 된 것을 하지 않은 것으로 여김을 받는다고 생각하지 않는다. 요압과 제사장 아비아달은 동시에 똑같은 죄를 지었다. 솔로몬은 요압은 그의 범죄에 대해 사형에 처하도록 명령을 내리지만 아바아달은 용서해 준다. 그가 이로 말미암아 아비아달을 의롭게 만들거나 선언하거나 구성한 것인가? 그는 정반대로 아비바달이 불의하고 죄책이 있지만 그의 잘못에 대한 처벌을 면해주었다고 표현한다(왕상 2:26).

그러므로 죄 사함은 죄책이 있는 사람으로 하여금 죄로 말미암은 분노나 진노나 처벌을 받아야 하는 데서 풀어준다. 그러나 그것은 그가 이로 말미암아, 혹은 이를 의지해서 어떤 악을 행하지 않았으며, 모든 의를 성취했다는 것으로 여겨지거나, 판단을 받거나, 받아야 한다는 것을 추측하지 않으며 조금도 추론하지 않는다. 어떤 사람들은 용서는 순종이 아니라 무죄의 의를 준다고 말한다. 그러나 그것은 절대적으로 아담이 가졌던 것과 같은 무죄의 의를 줄 수 없는데, 그가 실제로 어떤 악도 행하지 않았기 때문이다. 용서는 단지 죄책을 제거하는데, 그것은 율법의 조치에 따라 처벌에 이르는 죄를 고려한다. 그리고 명백한 실수인 이런 추측은 이 전체의 반대에 생명을 불어넣고 있다.

똑같은 방법으로 추측이 되는 것, 곧 사람이 용서를 받아 불의하지 않게 되는 것은 의롭다 하심을 받게 되는 것과 똑같다는 것에 대해 똑같이 언급될 수 있다. 불의하지 않게 되는 것은 긍정적인 차원에서 의롭거나 의롭다 하심을 받게 되는 것과 똑같기 때문이다. 그것은 그렇게 된 사람은 의롭다 함을 받기 위해 그에게 요구되는 모든 의무를 행했다고 추측하기 때문이다. 그러나 불의하지 않게 되는 것은 부정적인 차원에서 여기에서 사용되는 것처럼 그렇게 하지 않는다. 그것은 기껏해야 어떤 사람이 실질적으로 의의 규칙을 거스르는 어떤 것도 하지 않았다는 것 이외에 더 이상 추측하지 않는다. 그런데 아직 이렇게 할 수 있는 시기나 기회가 주어지지 않았기 때문에 그가 자신을 의롭다고 하는데 요구되는 의무들 중 어떤 것도 행하지 않았을 때도 이런 일이 일어날 수 있다. 그리고 무죄 상태의 아담에서 그러했는데, 그것은 우리가 완전한 죄 사함을 통해 얻을 수 있는 것들 중에서 가장 높은 것이다.

2. 그것은 율법이 죄의 경우에 처벌과 순종 둘 다를 요구하지 않으므로 이 두 관점에서 충족되지 않는다면 충족되거나 성취되거나 지키지 않아도 된다는 전제 위에서 논의를 전개하고 있다. 그렇다면 오직 우리를 율법의 형벌에서 자유롭게 하는 죄 사함은 율법이 요구하는 것에 대해, 심지어 율법이 요구하는 모든 것에 대해 순종이 있어야 한다

는 것을 필수적으로 남긴다. 그러나 이것은 내가 판단할 때 분명한 실수이며, "율법을 세우는 것이 아니라 헛되게 하는 것"이다. 그리고 나는 이것을 다음과 같이 증명할 것이다.

(1) 율법은 두 부분 혹은 권세를 가지고 있다. 첫째로, "이것을 행하라. 그러면 살리라"처럼 순종을 명령하고 요구하는 생명의 약속과 연결되어 있는 율법의 계명적인 부분. 둘째로, "네가 죄를 짓는 날에 죽을 것이라"처럼 죄인을 처벌이나 적절한 보상으로 묶는 순종을 전제로 한 제재. 그리고 모든 율법은 순종이나 불순종을 전제로 움직이며, 따라서 그 명령하고 처벌하는 힘은 그 본성과 분리되지 않는다.

(2) 우리가 말하는 이 율법은 먼저 무죄 상태에서 사람에게 주어졌다. 그러므로 그것의 최초의 힘은 오직 행동에 있었다. 그것은 오직 순종을 요구했다. 죄가 없는 사람은 오직 불순종을 전제로 처벌을 요구하는 제재에 노출될 수 없었다. 그러므로 이 율법은 실질적인 불순종을 전제로만 처벌의 요구가 실질적으로 힘이 발휘되기 때문에 우리의 최초의 부모들에게 순종과 처벌 둘 다를 요구할 수 없었다. 그것은 순종의 도덕적인 원인이자 동기였으며, 죄에서 사람을 보전하는 데 영향을 미쳤다. 이런 목적으로 그것은 "네가 먹는 날에 정령 죽으리라"고 그에게 언급되었다. 이것을 무시하고 이것이 가져야 하는 지배적인 영향을 무시하는 것이 우리의 최초의 부모들의 생각에 일어났고, 죄가 들어오는 문을 열었다. 그러나 그것은 무죄한 사람이 율법이 제재로부터 실질적으로 처벌을 받을 수 있다는 모순을 함축한다. 그것은 오직 처벌과 더불어 모든 법이 실제로 범하기 전에 그러하듯이 오직 순종을 요구하는 것이었다.

(3) 그러나 죄를 범하였을 때 (그리고 죄를 지은 모든 사람에게 그

러하듯이) 사람은 실질적으로 처벌 아래 놓이게 되었다. 이것은 사람이 처음에 순종해야 할 의무 아래 있었는가와 마찬가지로 의문의 여지가 없다. 그러나 문제는 "순종을 요구하는 율법의 최초의 의도가 멈추었는가, 아니면 계속해서 똑같이 죄인으로 하여금 순종과 처벌을 요구하고, 그 두 힘이 그를 향해 활동하고 있는가?"하는 것이다. 그리고 여기에 대해 나는 다음과 같이 말한다.

[1] 위협을 했던 처벌이 즉시 그 안에 포함되어 있던 것의 최대까지 가해졌다면, 이것은 의문의 여지가 있을 수 없다. 사람은 즉시 시간적으로, 영원히 죽임을 당했으며, 율법의 계명적인 힘과 관련하여 그가 오직 서 있을 수 있었던 상태에서 쫓겨났기 때문이다. 최종적으로 처벌을 받은 사람은 율법이 성취되었으므로 더 이상 율법에 순종하지 않아도 된다.

[2] 그러나 하나님은 자신의 지혜와 인내 가운데 사태를 다르게 다루셨다. 사람은 여전히 계속해서 그의 목적을 향해 가고 있는 "나그네(viator)"이며, 약속도 위협도 보상도 처벌도 그에게 제시될 수 없는 그의 영원하고 변할 수 없는 상태에 완전히 정착하고 있지 않다. 이런 상태에서 그는 다음과 같은 두 가지 입장에 놓여 있다. 첫째로, 죄책이 있는 사람으로서 율법이 요구하는 처벌을 완전히 받아야 한다. 둘째로, 하나님의 합리적인 피조물인 사람으로서 아직 그의 영원한 목적에 이르지 않았다.

[3] 이런 상태에서 율법은 하나님과 인간 사이의 관계를 계속하게 하는 유일한 도구이며 수단이다. 그러므로 이런 고려 아래서 우리가 그가 자신의 죄로 말미암아 자신을 하나님의 통치에서 벗어나게 했다고 말하지 않을 것이라면, 그는 계속해서 율법에 순종하지 않을 수 없다.

그러므로 사람들에 대한 하나님의 규칙과 통치가 그들이 "여행자들의 상태(statu viatorum)"에 있는 동안 계속되는 것은 율법에 의한 것이다. 율법의 명령하는 힘과 관련하여 율법의 규칙과 질서에 대한 모든 불순종과 어김은 우리를 더욱더 율법의 처벌하는 권세 아래 떨어지게 하기 때문이다.

그리고 이것들은 다를 수 없다. 그리고 어떤 살아있는 사람도, 심지어 사람들 중에서 가장 악한 사람이라도 그가 세상에 있는 동안 그가 자연의 빛이나 혹은 어떤 다른 방식으로 율법에 대해 받은 공고들에 따라 자신이 하나님의 율법에 순종하지 않아도 된다고 판단할 수 있는 사람은 없다. 자신의 잘못에 대해 처벌을 받는 악한 종은 그것이 계속해서 종으로서 그의 존재와 상태를 유지하는 처벌이라면 처벌을 통해 의무의 규칙에 따라 의무를 감당하는 데서 자유하게 되지 않는다. 그렇다. 그가 처벌을 받은 범죄와 관련하여 그가 의무를 감당해야 하는 것은 그의 처벌이 죽음에 이르는 것으로 그의 상태를 끝내는 것이 아닌 한 해체되지 않는다. 그러므로 죄 사함으로 말미암아 우리가 오직 처벌을 받아야 하는 데서 자유하게 되기 때문에 더욱이 우리의 칭의를 위해 율법이 요구하는 것에 대한 순종이 요구된다.

그리고 이것은 우리가 증명하려고 하고 있는 논증을 크게 강화한다. 우리는 죄인들이기 때문에 율법의 명령과 저주 둘 다에 노출되어 있기 때문이다. 우리는 둘 다를 충족시켜야 한다. 그렇지 않으면 우리는 의롭다 하심을 받을 수 없다. 그리고 주 그리스도가 자신의 완벽한 순종으로 말미암아 "정령 죽으리라"는 율법의 저주를 충족시킬 수 없으셨던 것처럼 그의 최상의 고통으로 말미암아 그는 "이것을 행하라. 그러면 살리라"는 율법의 명령을 충족시킬 수 없으셨다. 비록 그리스도의 고난에 최고의 순종이 있었던 것처럼 고난에 순종이 있을 수 있지만, 수난은 수난으로서 순종이 아니다. 그러므로 우리가 그리스도의 죽음이 우리의 칭의를 위해 우리에게 전가되었다고 주장하는 것처럼, 우리는 그리스도의 죽음이 우리의 의를 위해 우리에게 전가되었다는 것을 부인한다. 그리스도의 고난의 전가로 말미암아 우리의 죄가 제거되거나 사함받고, 우리가 그가 겪으신 율법의 저주에서 구원을 받았지만, 우리는 그로 말미암아 정의롭다거나 의롭다고 여김을 받을 수 없는데, 이는 우리가 율법의 명령을 성취하거나 율법이 요구하는 순종이 없이 의롭다 일컬음을 받을 수 없기 때문이다. 그로티우스는 이 전체 내용을 다음과 같은 말로 탁월하게 표현한다. "우리가 그리스도가 우리를 위해 죽으셨다고 말할 때, 오래된 교회는 보상을 그리스도의 충족에, 처벌을 그리스도의 공로에 돌렸다. 충족은 공로를 전달하는데, 가장 완벽한 순종으로 얻은 공로를 우리에게 전가하는데 놓여 있다."

(4) 언급된 반대는 또한 죄 사함이 하나님을 즐거워하는 영원한 축복에 대한 자격을 준다는 전제 위에서 제시되고 있다. 칭의가 그렇게 하며, 이 의견의 저자들에 따르면 칭의에 죄 사함 이외에 어떤 다른 의도 필요하지 않기 때문이다. 칭의가 양자와 하나님께 용납이 되는 것과 하늘의 유업에 대한 권리와 자격을 준다는 것을 나는 부인될 수 없다고 생각하며, 그것은 이미 증명이 되었다. 죄 사함은 오직 그리스도의 죽음이나 고난에 의존한다. "우리는 그리스도 안에서 그의 은혜의 풍성함을 따라 그의 피로 말미암아 속량 곧 죄 사함을 받았느니라"(엡 1:7). 그러나 처벌을 위해 고난을 받는 것은 아무 것에도 권리와 자격을 주지 않으며, 오직 무엇인가를 충족시키는 것이며, 그것은 어떤 보상도 받지 못한다. 어느 곳에서도 "이런 고난을 받으라. 그러면 살리라"고 언급

되어 있지 않다. 오히려 "이것을 하라. 그러면 살리라"고 말하고 있다.

이것들이 하나님의 규례와 정하신 것과 언약에 분리되지 않고 연결되어 있다고 나는 고백한다. 자신의 죄를 용서받은 사람은 누구나 하나님께 받아들여지며 영원한 축복에 대한 권리를 가진다. 이것들은 분리될 수 없다. 그러나 이것들은 하나이며 똑같지 않다. 그리고 그것들의 분리될 수 없는 관계 때문에 그것들은 함께 결합되어 있다. "일한 것이 없이 하나님께 의로 여기심을 받는 사람의 복에 대하여 다윗이 말한 바 불법이 사함을 받고 죄가 가리어짐을 받는 사람들은 복이 있고 주께서 그 죄를 인정하지 아니하실 사람은 복이 있도다 함과 같으니라"(롬 4:6-8). 복에 권리를 주는 것은 의의 전가이다. 하지만 죄 사함은 그것과 분리될 수 없으며, 그것의 효과는 행위나 우리 자신의 내적인 의로 말미암은 칭의 둘 다에 반대된다.

그러나 영원한 사망에 이를 수 있는 것에서 자유로워지는 것과 복되고 영원한 생명에 대한 권리와 자격을 얻는 것은 다른 것이다. 율법에서, 곧 율법의 저주에서 구속을 받는 것과 아들의 권리를 받는 것은 별개이며, 율법의 저주에서 구속을 받는 것과 아브라함의 축복이 우리에게 오는 것은 다른 것이다. 사도가 이것들을 구분한 것처럼(갈 3:13, 14, 4:4, 5), 우리 주 그리스도는 "죄 사함과 나를 믿어 거룩하게 된 무리 가운데서 기업을 (기업에 대한 권리를) 얻게 하려 함이라"고 구분하신다(행 26:8). 우리가 그리스도를 믿음으로 얻는 "죄 사함(Ἄφεσις ἁμαρτιῶν)"은 단지 죄가 우리를 정죄하지 못하도록 해산시키는 것이다. 그리고 그런 이유 때문에 "그리스도 예수 안에 있는 자들에게는 어떤 정죄도 없다." 그러나 그것은 영생이나 천국의 유업에 대한 권리와 자격을 주지 않는다. 현재의 은혜와 미래의 복의 모든 크고 영광스러운 결과들이 반드시 단지 죄 사함의 결과이며 필연적으로 따라나오는 것이라고 생각될 수 있을까? 우리는 용서받고 그로 말미암아 필연적으로 하나님의 자녀와 상속자가 되고 그리스도와 공동의 상속자가 될 수 있을까?

죄 사함은 죄인의 관점에서 하나님 안에 있는 값없고 은혜로운 행동이다. 곧 "우리는 그의 은혜의 풍성함을 따라 죄 사함을 받는다." 그러나 그리스도의 충족의 관점에서 죄 사함은 심판의 행위이다. 그에게 전가된 것으로 여겨 하나님은 심판하실 때 죄인을 사면하시기 때문이다. 그러나 사법적인 재판에서 용서는 어떤 고려하에 인정되든 오직 구원하는 것 이외에 어떤 호의나 이익이나 특권에 대한 권리와 자격을 주지 않는다. 왕의 보좌 앞에서 관용에서든 어떤 다른 고려에서든 어떤 사람이 기소된 범죄에 대한 책임에서 벗어나는 것과 그가 양자에 의해 그의 아들이 되고 그의 나라의 상속자가 되는 것은 다른 것이다.

그리고 이것들은 성경에서 우리에게 구분된 것으로 제시되며 구분된 원인들에 의존하고 있다. 이것들은 또한 대제사장 여호수아와 관련된 환상에서도 구분되고 있다. "여호와께서 자기 앞에 선 자들에게 명령하사 그 더러운 옷을 벗기라 하시고 또 여호수아에게 이르시되 내가 네 죄악을 제거하여 버렸으니 네게 아름다운 옷을 입히리라 하시기로"(슥 3:4, 5). 우리가 여기에서 하나님 앞에서 죄인의 칭의에 대한 한 예를 가지고 있다는 것이 일반적으로 인정되었다. 그리고 더러운 옷을 벗기는 것은 허물을 제거하는 것으로 설명된다. 사람의 더러운 옷이 제거되었을 때 그는 더 이상 그 옷으로 더러워지지 않는다. 하지만 그는 그것으로 옷을 입지는 않는다. 이것은, 곧 옷을 갈아입는 것은 옷을 벗는 것에 추가적인 은혜이며 호의이다. 그리고 이 옷이 무엇인가는 사

61:10에 선포된다. "이는 그가 구원의 옷을 내게 입히시며 공의의 겉옷을 내게 더하심이 신랑이 사모를 쓰며 신부가 자기 보석으로 단장함 같게 하셨음이라"(사 61:10). 그리고 사도는 이것을 빌 3:9에서 "내가 가진 의는 율법에서 난 것이 아니요 오직 그리스도를 믿음으로 말미암은 것이니 곧 믿음으로 하나님께로부터 난 의라"고 언급한다. 그러므로 이것들은, 곧 더러운 것을 제거하는 것과 우리에게 옷을 입히는 것, 혹은 죄 사함과 의의 옷은 구분된다. 전자에 의해 우리는 정죄에서 자유로워지며, 후자에 의해 우리는 구원에 대한 권리를 얻는다. 그리고 똑같은 것이 똑같은 방법으로 겔 16:6-12에 표현되어 있다.

나는 이 구절에 대해 전에 그리스도와의 교제에 대해 다루는 글에서 이런 목적으로 다루었는데, 그것은 호츠키스(Hotchkis)의 일상적인 주장에 대해 대답하는 과정에서 일어난 일이다. 그리고 그의 본래 증명되지 않은 주장과 더불어 그의 비난하는 표현을 제거하면 그의 대답은 선지서에서 언급된 옷을 갈아입는 것은 우리의 자신의 개인적인 의를 의도한다는 것이다. 그는 여기에서 하나님 앞에서 우리의 칭의를 나타내고 있다는 것을 인정하고 있기 때문이다. 그리고 그는 또한 이렇게 옷을 갈아입는 것을 "구원의 옷과 공의의 겉옷"이라고 부르는 사 61:10에 대한 그의 주석을 확증하는 과정에서 이 구절을 이렇게 강해하고 있으며, 이에 기초하여 하나님 앞에서 우리의 의 자체가 우리의 개인적인 의라고 주장한다. 이 모든 가정에 대해 나는 그가 여유가 있을 때 생각하거나 어느 때든 읽게 될 똑같은 선지가 증거하고 있는 한 구절만 가지고도 반박할 수 있다. "무릇 우리는 다 부정한 자 같아서 우리의 의는 다 더러운 옷 같으며"(사 64:6). 이런 누더기로 구원의 옷과 공의의 겉옷을 만들 수 있는 사람은 내가 알지 못하는 영적인 옷을 만드는 기술을 가지고 있다. 성경의 증거에 대해 이런 답을 내리고 있는 장에 남아 있는 것을 나는 주목하지 않을 것이다. 그것은 그가 익숙한 방식으로 나의 말을 나 자신과 다른 사람들을 비난하는 데 있어서 자신을 지지하고 있는 것처럼 보일 수 있는 의미로 악의적으로 비트는 것이다.

그러므로 이것들을 자연적인 삶과 죽음에 비교하는 것은 아무런 힘이 없다. 그리고 그것은 "그러므로 죽지 않은 자는 살아있다는 것이며, 살아있는 사람은 죽지 않은 것이다"라는 것을 직접적으로 반대한다. 삶과 죽음의 상태 사이에 어떤 구분된 상태도 없기 때문이다. 이것들은 다른 본성에 속하기 때문에 이것들을 비교하는 것은 결코 논쟁이 되지 못한다. 비록 자연적인 것들에 그런 일이 있을 수 있지만, 칭의에 대한 적절한 예가 취해질 수 있는 도덕적이며 정치적인 것들에서는 칭의가 사법적이기 때문에 그렇지 않다. 심판대에서 범죄에 대해 사면을 받는 것과 나라에 대한 권리를 얻는 것 사이에 아무런 차이가 없고, 이것들 사이에 다른 상태가 없다면, 그것은 용서받는 것과 천국의 유업에 대한 권리를 가지는 것 사이에 아무런 중간적인 상태가 없다는 것을 증명할 것이다. 그러나 이것은 어리석은 상상이다.

영생에 대한 권리가 영원한 죽음의 죄책으로부터의 자유로 이어진다는 것은 사실이다. 곧 "그들은 거룩하게 된 자들 중에서 죄 사함과 기업을 얻을 것이다." 그러나 그것은 사물의 본성에서 필연적으로 그렇지 않으면 오직 하나님이 자유롭게 정하신 것이다. 신자들은 죄 사함과 하나님의 호의와 양자와 영생에 대한 직접적인 권리와 자격을 가진다. 그러나 사물 그 자체의 본성에는 또 다른 상태가 있으며, 이것은 그렇게 하는 것이 하나님께 선하게 보인다면 실제로 그렇게 될 수 있을 것이다. 그가 정죄의 죄책 아래 있지 않으며 유업의 방법으로 영광에 이르는 직접적인 권리와 자격을 가지고 있지 않은 "상태"나 "조건"에 있다는 것을 누가 보지 못하겠는가? 하나님은 사람들의 과거의 모든 죄에 대해 용서하시고, 율법의 행위로 미래를 위한 의을 찾고 그들로 하여금 그렇게 살도록 하실 수 있으셨다. 이것이 아담의 본래의 상태에 적합할 수 있기 때문이다. 그러나 하나님은 그렇게 하지 않으셨다. 사실이다. 그러나 그가 그렇게 하실 수 있으셨던 반면에 생명과 구원에 대한 권리에 대해 사람들을 이런 상태와 조건에 두는 것은 죄 사함이 아니라 다른 원인에서 나오는 것이 분명하다. 그리고 그것은 그가 우리를 위해 율법을 성취하신 대로 그리스도의 의가 우리에게 전가되는 것이다.

그리고 사실 이것은 이 문제에 있어서 우리의 대부분의 적대자들의 의견이다. 죄 사함에 대해 그들 중 어떤 사람들은 그리스도의 공로나 충족에 대한 어떤 고려도 없이 절대적이라고 말하고, 다른 사람들은 죄 사람을 그리스도의 공로나 충족에 돌려야 한다고 주장한다. 그들은 모두 더욱이 우리의 칭의에 요구되는 행위의 의가 있다고 주장한다. 곧 그들은 단지 이것은 마치 그것이 완전한 것처럼 우리에게 전가되는 우리 자신의 완성되지 못하고 불완전한 의라고 말한다. 곧 이 의는 우리에게 없는 그리스도의 의가 전가 되는 것이 아니라 우리에게 있는 것이다.

지금까지 논의한 것에서 하나님 앞에서 우리의 칭의를 위해 우리가 죄 사함으로 얻는 율법의 정죄하는 선언에서 자유로워지는 것뿐 아니라, 더 나아가서 "율법의 의가 우리 안에서 성취되는 것" 혹은 우리가 율법이 요구하는 순종에 맞는 의를 가져야 하며, 우리가 하나님께 용납이 되는 것은 그의 은혜의 풍성함과 하늘의 유업에 대한 우리의 자격을 통해 이 의에 의지한다는 것이 분명하다. 이것은 증명이 된 것처럼 우리가 우리 안에 스스로 가지고 있지 않으며 얻을 수도 없다. 그러므로 그리스도의 완벽한 순종과 의가 우리에게 전가된다. 그렇지 않다면 우리는 하나님이 보시기에 결코 의롭다 하심을 받을 수 없다.

그리고 소시누스주의자들과 그들을 따르는 자들이 트집을 잡는 반대들은 여기에서 주장하고 있는 진리를 반대하는데 어떤 힘도 없다. 그들은 우리에게 "그리스도의 의가 어떤 사람에 전가된다면 오직 한 사람에게 전가된다. 한 사람의 똑같은 의가 많은 사람, 곧 믿는 모든 사람의 의가 된다는 것은 누가 생각할 수 있겠는가? 더욱이, 그는 그들 안에 계실 수 없으셨기 때문에 우리의 모든 관계에서 우리에게 요구되는 모든 의무를 수행하지 않으셨다"라고 우리에게 말한다. 이런 주장은 어리석고 불경건하며 복음 전체를 파괴시킨다고 나는 말한다. 여기에 있는 모든 것은 하나님의 작정에 의지하기 때문이다. "한 사람이 범죄함으로 많은 사람이 죽은 것처럼" "한 사람 그리스도 예수를 통해 은혜와 은혜의 선물이 많은 사람에게 넘친 것"은 그의 작정이었다. 그리고 "한 사람이 범죄함으로 말미암아 정죄에 이르는 심판이 모든 사람에게 이른 것처럼 한 사람의 의로 말미암아 생명의 의에 이르는 값없는 선물이 모든 사람에게 이르렀다"고 사도는 주장한다(롬 5). "하나님이 자기 아들을 죄인된 육체의 모양으로 죄를 위해 보내셔서 율법의 의가 우리 안에서 이루어지게 하셨기" 때문이다(롬 8:3, 4). 그는 "율법의 마침"이셨으며 (율법 전체의 목적이셨으며) "믿는 자들에게 의가 되셨기" 때문이다(롬 10:4).

그리스도의 전체적인 의와 순종이 그의 은혜로 말미암아 우리에게 전가되어 하나님 앞에서 우리의 완성된 의로 받아들여지고, 믿음으로 말미암아 우리에게, 결과적으로 믿는 모두에게 적용되거나 우리의 것이 되게 하는 것은 하나님이 지혜와 의와 은혜로 정하신 것이다. 그리고 비록 그가 우리의 상황과 관계 속에서 죄를 짓지 않았지만, 만약 아담의 실질적인 죄가 그에게서 우리의 본성을 받은 우리 모두에게 전가되어 정죄에 이르게 된다면, 그리스도의 실질적인 순종이 그에게서 영적인 본성을 받은 사람들에게 전가되어 생명의 칭의에 이르게 되는 것이 이상한 일인가? 더욱이 그의 위격과 관련하여 그리스도의 충족과 순종은 어떤 의미에서 무한하여, 곧 무한한 가치가 있어서 마치 그 어느 부분이 어떤 사람에게 전가되고, 또 다른 부분은 다른 사람에게 전가되는 것처럼 부분적으로 고려될 수 없고 전체가 믿는 모든 사람에게 전가된다. 그리고 이스라엘 사람들이 다윗을 향해 "우리 만 명보다 중하다"고 말할 수 있었다면, 우리는 주 그리스도와 그가 행하시고 고난을 받으신 것은 우리 모두와 우리가 할 수 있고 고난을 받을 수 있는 모든 것보다 중하다고 말할 수 있다.

또한 우리가 지금까지 고려하고 있는 우리를 향한 그리스도의 의의 전가를 반대하는 것에 협력하는 다양한 다른 실수들이 있다. 나는 그의 의에 대해 말한다. 사도는 이 경우에 "의($\delta\iota\kappa\alpha\acute{\iota}\omega\mu\alpha$)"와 "순종($\acute{\upsilon}\pi\alpha\kappa o\acute{\eta}$)"이라는 두 단어를 똑같은 의미($\acute{\iota}\sigma o\delta\upsilon\nu\alpha\mu o\~{\upsilon}\nu\tau\alpha$)로 사용하고 있다(롬 5:18, 19). 다음과 같은 것들이 그런 경우이다. 죄 사함과 칭의는 똑같다거나, 칭의가 오직 죄 사함에 놓여 있다거나, 믿음은 그 자체로 우리의 행위와 의무로서 언약의 조건이기 때문에 우리에게 의로 전가된다거나, 우리가 우리 자신의 개인적이며 내적인 의를 가지고 있어서 이런저런 방식으로 하나님 앞에서 우리가 의롭다 하심을 받게 하는 의가 된다거나, 그것이 칭의를 위한 조건이라거나, 성향이라거나, 칭의 은혜를 받게 하기에 적합하게 한다거나, 액면 그대로 칭의를 받기 위한 정량적 공로라거나 하는 주장이다. 이 모든 것은 단지 칭의에 대한 사람들의 다양한 관념들에 따라 똑같은 것을 다양하게 표현한 것일 뿐이다. 그러나 이 모든 것은 우리의 앞의 논의에서 고려되고 제거되었다.

이 논의를 마치고 우리의 주장을 확증하고 반대를 제거하기 위해 나는 우리의 복과 영생은 성경에서 때때로 그리스도의 죽음에 달려있는 것으로 기술되어 있다는 것을 인정한다. 그러나 1. 그것은 전체의 주요한 원인으로서(κατ' ἐξοχήν) 그러하며, 그것이 없이는 순종의 어떤 전가도 우리를 의롭다 하지 못한다는 것으로 그러하다. 율법의 형벌을 반드시 감당해야 했기 때문이다. 2. 그것은 다른 곳에서 언급되었던 것처럼 모든 순종을 배제하는 것이 아니라 필수불가결하게 연결되어 있는 것으로(κατὰ συγγένειαν) 그러하다. "그리스도는 생애 동안 수동적인 행동을 가지고 계셨다. 죽음에서 그는 능동적으로 고난을 받으셨다. 그 동안 땅의 한 가운데서 구원이 작동되었다"고 버나드는 말한다. 그리고 그것은 또한 증거와 나타남의 관점에서(κατ' ἐνδειξιν) 그의 부활에 달려있는 것으로 묘사된다. 그러나 그리스도의 죽음은 그의 순종과 관련해서 배타적으로 어느 곳에서도 영광의 탁월한 무게를 수반하고 있는 영생의 원인으로서 주장되지 않는다.

지금까지 우리는 우리에게 그리스도의 능동적 순종이 전가되는 것에 대해 그것의 진리가 창조의 법의 의무에 대한 이전의 논증에서 도출되는 것으로 취급하고 증명하였다. 이제 나는 다른 이유들과 증거들을 가지고 그것을 간략하게 확증할 것이다.

1. 언약의 중보자시요 보증인으로서 그리스도가 하나님께 순종하셔서 자신의 임무를 감당하시고 수행하신 것은 그가 우리를 위해 하신

것이며 그것은 우리에게 전가되었다. 이것은 이미 증명되었으며 거절될 수 없는 너무 분명한 진리이다. 그는 "우리에게 나셨고 우리에게 주어지셨다"(사 9:6). "율법이 육신으로 말미암아 연약하여 할 수 없는 그것을 하나님은 자기 아들을 죄 있는 육신의 모양으로 보내사 육신에 죄를 정죄하셔서 율법의 의가 우리 안에서 이루어지게 하셨기" 때문이다(롬 8:3, 4). 자기 아들을 보내시거나 주시는 데 나타난 하나님의 은혜와 사랑과 목적에 대해, 자신에게 계획된 구속의 사역이나 중보자나 보증인으로서의 사역 그 자체를 오셔서 감당하시는 데 나타난 아들의 사랑과 은혜와 낮아지심에 대해 언급하는 것은 이런 주장을 증거한다. 그렇다. 그것은 복음과 믿는 모든 사람의 신앙의 근본적인 원리이다. 그리스도의 신적인 위격과 충족을 부인하고 그의 중보사역 전체를 뒤엎는 사람들에 대해 우리는 현재 고려하지 않고 있다. 그러므로 그가 하신 것을 살펴보아야 한다.

(1) 우리의 보증인이시요 중보자이신 주 그리스도는 자신의 인성으로 "율법 아래(ὑπὸ νόμον)" 놓이셨다(갈 4:4). 그가 자신을 위해, 자신의 상태의 필요에서 그렇게 하지 않으셨다는 것을 우리는 전에 증명하였다. 그러므로 그것은 우리를 위한 것이었다. 그러나 율법 아래 놓이셨으므로 그는 율법에 순종하셨다. 그러므로 이것은 우리를 위한 것이었고 우리에게 전가된다. 의도된 것은 오직 사법적인 법일 뿐이라는 소시누스주의자들의 반대는 너무 경솔해서 주장될 수 없다. 그는 우리가 그 저주에서 구원을 받은 율법 아래 놓이셨다. 그리고 만약 우리가 오직 이 현재의 삶을 넘어서 영원한 것들과 어떤 것에 대한 약속들도 위협들도 없다고 주장하는 모세의 율법의 저주에서만 구원을 받는다면, 우리는 그가 우리를 위해 행하신 모든 것에도 불구하고 여전히 우

리 죄 안에 있으며 율법의 저주 아래 있다.

　　그가 오직 율법의 저주와 관련해서 율법 아래 놓이셨다는 더 미묘한 색깔의 반대도 있다. 그러나 본문에서 그리스도가 우리가 율법 아래 놓여 있는 것처럼 율법 아래 놓이셨다는 것은 분명하다. 그는 "율법 아래 있는 자들을 구속하시기 위해 율법 아래 놓이셨다." 그리고 만약 그가 우리처럼 율법 아래 놓이지 않으셨다면, 그가 율법 아래 놓이신 것에서 우리의 구속을 위해 아무런 결과도 나오지 않았을 것이다. 그러나 증명이 된 것처럼 우리는 율법의 저주뿐 아니라 율법이 요구하는 모든 순종을 해야 한다는 의무에서 율법 아래 놓여 있다. 그리고 만약 주 그리스도가 우리를 위해 율법을 감당하심으로써 오직 율법의 저주에서 우리를 구속하시고 율법에 순종해야 하는 의무는 우리에게 남겨두셨다면, 우리는 자유롭게 되지도 구원받지도 못할 것이다. 그리고 "율법 아래" 있다는 표현은 먼저 율법에 순종할 의무 아래 있으며, 오직 결과적으로 저주와 관련되어 있다는 것을 의미한다(갈 4:21). "내게 말하라 '율법 아래'(ὑπὸ νόμον)에 있고자 하는 자들아"(갈 4:21). 그들은 율법의 저주 아래 있기를 바라지 않고 오직 순종의 의무 아래 있기를 바랐는데, 그것이 모든 어법상 이 표현의 첫 번째 적절한 의미이다. 그러므로 주 그리스도가 우리를 위해 율법 아래 놓이셨기 때문에 그는 우리를 위해 율법에 완벽하게 순종하셨는데, 그것은 이로 말미암아 우리에게 전가된다. 그가 행하신 것이 우리를 위해 행하신 것이었다는 것은 오직 전가에 의존한다.

　　(2) 그가 이렇게 율법 아래 놓이신 것처럼 그는 율법에 대한 자신의 순종으로 율법을 실질적으로 성취하셨다. 그러므로 그는 자신에 대해 "내가 율법이나 선지자를 폐하러 온줄로 생각하지 말라 폐하러 온 것이

아니라 완전하게 하려 함이라"고 증언하신다(마 5:17). 유대인들은 복음서 기자가 기록한 우리 주 예수 그리스도의 이 말을 그가 행하신 것처럼 그들이 주장하는 것, 곧 그가 율법을 폐기하고 제거하셨다고 주장하는 것과 모순되는 것으로 그리스도인들을 공격한다. 그리고 마이모니데스(Maimonides)는 『율법의 기초에 대해』라는 그의 글에서 이 문제 있어서 주 그리스도를 거짓된 선지자로 여기는 많은 신성모독적인 주장을 하고 있다. 그러나 이 주장을 화해시키는 것은 분명하고 쉽다.

교회에 주어진 두 가지 율법, 곧 도덕법과 의식법이 있었다. 첫 번째 것은 우리가 증명한 대로 영원한 의무를 요구한다. 다른 것은 오직 잠시 동안 주어졌다. 이것들 중 후자가 제거되고 폐지되었다는 것을 사도는 자신의 히브리서에서 완고한 유대인들을 대항하여 구약에 나오는 반박할 수 없는 증거들을 가지고 증명한다. 그러나 율법이 그 자체로 중단되었을 때 성취되지 않고 제거되지 말아야 했다. 그러므로 우리 주 그리스도는 율법을 성취하시는 것 이외에 율법을 폐기하거나 파괴하지 않으셨다. 그는 엡 2:14-16에서 분명히 선포하고 있는 것처럼 율법을 성취하심으로써 끝내셨다.

그러나 그는 다른 무엇보다도($\kappa\alpha\tau$ ' $\grave{\varepsilon}\xi o\chi\acute{\eta}\nu$) 모든 사람이 언제나 하나님께 순종해야 한다는 차원에서 율법을 파기시키려고($\kappa\alpha\tau\alpha\lambda\acute{\upsilon}\sigma\alpha\iota$), 곧 모세의 율법을 폐지하신 것($\grave{\alpha}\theta\acute{\varepsilon}\tau\eta\sigma\iota\varsigma$)처럼 율법을 폐지하시려고($\grave{\alpha}\theta\varepsilon\tau\tilde{\eta}\sigma\alpha\iota$) 오지 않으셨다(히 9:26). "폐지하다($\grave{\alpha}\theta\varepsilon\tau\tilde{\eta}\sigma\alpha\iota$)"는 단어는 마 24:2, 26:61, 27:40, 막 13:2, 14:58, 15:29, 눅 21:6, 행 5:38, 39, 6:14, 롬 14:20, 고후 5:1, 갈 2:18에서도 대부분 대격으로 똑같은 의미로 사용되고 있다. 또한 사도는 "파괴하다($\kappa\alpha\tau\alpha\rho\gamma\tilde{\eta}\sigma\alpha\iota$)"는 단어가 그리스도와 그에 대한 믿음에서 사용되는 것을 거부한다.

"그런즉 우리가 믿음으로 말미암아 율법을 파기하느냐 그럴 수 없느니라 도리어 율법을 굳게 세우느니라(*Nόμον οὖν καταργοῦμεν διὰ τῆς πίστεως· Μὴ γένοιτο· ἀλλὰ νόμον ἱστῶμεν·*)"(롬 3:31). "율법을 굳게 세운다(*Nόμον ἱστάναι*)"는 것은 율법에 순종해야 할 의무를 확증한다. 그것은 도덕법과 관련하여 오직 믿음으로만 이루어진다. 다른 것은 율법에 순종해야 하는 어떤 힘과 관련하여 제거되었기 때문이다. 그러므로 그가 "파기하러 오지 않으셨다는 것"은 우리 주 그리스도가 인정하시는 율법이다.

그러므로 그는 계속되는 논쟁에서 우리에게 언제나 순종할 것을 요구하는 율법의 힘을 보여주며 그것에 대해 설명함으로써 이 사실을 분명히 선언한다. 주 그리스도가 이 율법을 "성취하시려고(*πληρῶσαι*)" 오셨다. 성경에서 "율법을 성취하는 것(*πληρῶσαι τὸν νόμον*)"은 다른 작가들의 글에서 "율법에 완전히 순종하는 것(*ἐμπλῆσαι τὸν νόμον*)"과 똑같다. 곧 그것은 율법의 명령에 완전히 순종하여 율법의 명령이 절대적으로 성취되는 것이다. "율법을 성취하는 것(*πληρῶσαι τὸν νόμον*)"은 율법을 완벽하게 만드는 것이 아니다. 그것은 언제나 "완벽한 율법(*νόμος τέλειος*)"이기 때문이다(약 1:25). 그것은 율법에 완전히 순종하는 것이다. 우리 구주는 똑같은 것을 "모든 의를 이루는 것(*πληρῶσαι πᾶσαν δικαιοσύνην*)"(마 3:15), 곧 이 구절이 명백히 밝히는 것처럼 하나님의 모든 계명과 제도에 순종함으로써 모든 의를 이루는 것으로 표현하신다. 사도는 "남을 사랑하는 자는 율법을 다 이루었느니라"(롬 13:8)는 표현에서 똑같은 표현을 사용한다.

2. 이에 대한 설명으로 그리스도가 자기의 가르치심으로써 율법을 성취하셨다고 주장하는 것은 헛된 반대이다. "성취하다(*πληρῶσαι*)"

와 "파기하다($\kappa\alpha\tau\alpha\lambda\dot{u}\sigma\alpha\iota$)" 사이의 반대는 그런 의미를 받아들이지 않을 것이다. 그리고 우리 구주는 친히 율법의 명령을 행하심으로써 이 렇게 "율법을 성취하시는 것"을 설명하신다(마 5:19). 그러므로 주 그 리스도는 우리의 중보자시요 보증인으로서 율법에 완벽히 순종하심으로써 율법을 성취하셨으며, 그는 우리를 위해 그것을 하셨고 우리에게 그것이 전가된다. 사도는 이 사실을 다음과 같이 분명히 인정하고 있다. "그런즉 한 범죄로 많은 사람이 정죄에 이른 것 같이 한 의로운 행 위로 말미암아 많은 사람이 의롭다 하심을 받아 생명에 이르렀느니라 한 사람이 순종하지 아니함으로 많은 사람이 죄인된 것 같이 한 사람이 순종하심으로 많은 사람이 의인이 되리라"(롬 5:19). 이 증거가 완전히 주장하고 있고 증명하고 있는 것을 나는 일반적으로 그리스도의 의가 우리의 칭의를 위해 전가되는 것과 관련된 증거들을 다루는 곳에서 언 급하였다. 여기에서 나는 단지 "그리스도의 순종으로 말미암아 우리가 의롭게 되거나" 혹은 의롭다 하심을 받았으며, 그것은 전가가 아니면 우리의 것이 될 수 없다는 것을 분명히 주장하고 있다는 것을 주목할 것이다. 나는 그리스도의 순종은 단지 그의 죽음과 고난을 의도하고 있 으며, 그리스도는 이 일에서 하나님께 순종하셨고, 사도가 말하고 있는 것처럼 그는 "죽으시기까지, 곧 십자가에 죽으시기까지 순종하셨다" (빌 2:8)고 주장하면서 이런 명백한 증거를 무시하는 것보다 더 간교한 주장을 만나본 적이 없다. 그러나 이런 주장에는 어떤 개연성도 존재하 지 않는다. 그 이유는 다음과 같다.

(1) 그리스도의 순종과 그의 고난 사이에는 아주 가까운 연합과 동 맹이 있으며, 이것들은 구분될 수 있지만 분리될 수 없다는 것이 인정 된다. 그는 잉태에서 십자가에 이르기까지 그의 순종의 전 과정에서 고

난을 겪으셨으며, 그가 떠나는 마지막 순간까지 그의 모든 고난 속에서 순종하셨다. 그러나 우리가 증명했듯이 그것들은 실제로 구분되는 것들이다. 그리고 그것들은 "고난을 받으심으로써 순종을 배우신"(히 5:8) 분 안에서 구분되었다.

(2) 롬 5장 18절에서 "순종(ὑπακοή)"과 19절에서 "의(δικαίωμα)"는 똑같다. "한 사람의 의로 말미암은 것"과 "한 사람의 순종으로 말미암은 것"은 똑같은 것이다. 그러나 고난은 고난으로서 의(δικαίωμα)가 아니다. 그렇다면 자신 때문에 고난을 받는 모든 사람이 의롭게 되어야 하며 의롭다 함을 받아야 하는데, 그렇다면 심지어 마귀도 의롭다 함을 받아야 한다.

(3) 여기에서 의도하고 있는 의와 순종은 "죄를 범하는 것(τῷ παραπτώματι)", 곧 "한 사람이 죄를 범하는 것"과 반대된다. 그러나 여기에서 의도하고 있는 죄를 범하는 것은 실질적으로 율법을 어기는 것이었다. 그러므로 그것은 순종의 과정에서 떨어지거나 그 과정 안에서 떨어지는 것(παράπτωμα)이다. 그러므로 의(δικαίωμα)는 율법의 명령에 실질적으로 순종하는 것이어야 한다. 그렇지 않다면 사도가 추론하는 힘과 반정립은 이해될 수 없다.

(4) 구체적으로, 그것은 아담의 불순종과 - "한 사람의 분순종", "한 사람의 순종"과 - 반대되는 순종이다. 하지만 아담의 불순종은 율법을 실질적으로 어기는 것이었다. 그러므로 여기에서 의도하고 있는 그리스도의 순종은 그가 율법에 능동적으로 순종하는 것이었으며, 그것이 우리가 주장하는 것이다. 그리고 나는 현재 그 힘이 다투고 있는 진리를 확증하는 데 있어서 이어지는 논증들에 포함될 것이기 때문에 더 이상 이 논증을 추구하지 않을 것이다.

제 13 장
언약들의 차이에서 칭의의 본질을 증명함

1. 두 언약을 나는 절대적으로 전체 교회에 주어지고 전체 교회를 "완전하고 완벽한 상태($εἰς\ τελειότητα$)"에 이르도록 했던 언약들로 이해한다, 그것들은 우리에게 약속들과 위협들이나 보상들과 처벌들이 연결되어 있던 행위언약 혹은 우리의 창조의 법과 최초의 약속에 계시되고 제시된 은혜언약이다. 시내산언약과 실질적으로 그리스도의 죽음으로 확증된 새언약은 그곳에서 나오는 모든 영적인 특권과 이것들 사이의 차이점과 더불어 우리의 현재 논의에 속해 있지 않다.

2. 행위언약의 전체 본질은 언약의 법과 규칙에 따라, 우리의 개인적인 순종에 따라 하나님이 우리를 받아주시고 그에게 보상을 받는다는 데 놓여 있었다. 바로 여기에 행위언약의 본질이 놓여 있다. 그리고 이런 조건에서 어떤 언약이든, 그 안에 어떤 본성을 가지고 있든, 아무리 더해지거나 변경이 되어도 여전히 똑같은 언약이며 다른 것이 아니다. 은혜언약의 본질이 포함되어 있는 약속을 새롭게 하시는 데서처

럼 하나님은 때때로 (아브라함과 다윗에서처럼) 이 언약에 다른 것들을 더하신다. 그러므로 첫 번째 언약을 집행하는 데 있어서 그 안에 어떤 변화가 있든 어떤 것이 더해지든 "이것을 행하라. 그러면 살리라"는 규칙이 유지되고 있는 한 그것은 계속해서 그 존재와 본질상 똑같은 언약이다.

3. 그러므로 이 언약에는 두 가지가 속해 있다. 첫째로, 모든 것이 하나님과 사람 사이에서 곧장 맺어졌다. 그 안에 하나님 편에서든 사람 편에서든 그들 사이에서 어떤 것을 감당할 어떤 사람도, 어떤 중보자도 없었으며, 중보자가 있을 어떤 자리도 없었다. 둘째로, 완벽하고 죄없는 순종 이외에 어떤 것도 하나님께 받아들여지거나, 그 원시적인 상태와 조건으로 언약을 보존하지 못할 것이다. 그 안에 죄 사함이나 개인적인 순종의 어떤 결함에 대한 조치도 없었다.

4. 그러므로 이 언약은 한 때 하나님과 사람 사이에 세워졌기 때문에 그 본질적인 형태가 다른 본성에 속하지 않았다면, 곧 우리 자신의 개인적인 순종이 우리가 하나님께 용납되고 의롭다 하심을 받는 규칙과 원인이 되지 않는다면 어떤 새로운 언약도 맺어질 수 없었다. 이것이 그런 동안 앞에서 관찰했듯이 언약은 아무리 그 시혜가 우리의 현재의 상황과 상태에 맞게 개혁되거나 축소될 수 있어도 여전히 똑같기 때문이다. 그 안에 어떤 은혜가 들어와도 그것은 우리의 칭의의 원인에서 모든 행위를 배제하는 것이 될 수 없다. 그러나 사도가 선포한 것처럼(롬 11:6) 새언약이 맺어진다면, 언약의 최초의 목적들과 관련해서 절대적으로 우리의 어떤 행위와 조화를 이루지 않는 은혜가 제공되어야 한다.

5. 그러므로 은혜언약은 (어떤 사람이 생각하는 것처럼) 새롭고 실

질적이며 절대적인 언약이며 옛언약의 시혜를 우리의 현재의 상태에 맞게 개혁하거나 축소하는 것이 아니라고 생각할 때 그 존재와 실재와 본질에 있어서 최초의 행위언약과 달라야 한다. 그리고 우리가 우리의 개인적인 의에 기초하여 하나님 앞에서 의롭다 하심을 받을 수 있다면 이것은 이렇게 될 수 없다. 그렇다면 우리가 하나님 앞에서 의롭다 하심을 받는 의가 우리 자신의 개인적인 의라면, 우리는 아직 첫째 언약 아래 있으며 다른 것 아래 있지 않다.

6. 그러나 새언약에서 상황은 실제로 아주 다르다. 첫째로, 그것은 은혜에 속한 것이다. 따라서 그것은 전적으로 행위를 배제한다. 곧 그것은 앞의 여러 곳에도 주장한 것처럼 은혜에 속한 것이라서 우리 자신의 행위는 하나님 앞에서 우리의 칭의 수단이 아니다. 둘째로, 그것은 중보자와 보증인을 가진다. 따라서 그것은 오직 본래 우리에게 요구되었던 우리가 스스로 할 수 없는 것과 최초의 언약의 법이 우리로 행하게 할 수 없는 것을 우리의 중보자요 보증인이 우리를 위해 행하신다는 전제 위에서만 세워진다. 그리고 만약 이것이 중보자와 보증인의 첫 번째 개념 안에 포함되지 않는다면, 그것은 그가 대신하여 감당하는 사람들이 그들에게 요구되는 것을 행하기에 전적으로 충분하지 않다는 공개적인 인식 아래 자발적으로 스스로 개입하는 중보자나 보증인의 개념 안에 포함되어 있다. 그리고 성경의 모든 진리가 이 전제에 달려있다. 주 그리스도가 우리에게 주어지셨고 우리에게 나셨다는 것과, 그가 단지 우리가 받아야 할 고난을 받으신 것이 아니라 우리가 스스로 할 수 없었던 것을 우리를 위해 행하시려고 중보자로서 오셨다는 것은 가독교의 첫 번째 개념들 중의 하나이다. 그리고 여기에서 우리 자신의 의 대신에 우리는 "하나님의 의"를 가지며, 하나님 앞에서

우리 안에서 의롭다 하심을 받게 되는 대신에 그가 "주 우리의 의"이시다. 그리고 하나님 앞에서 의롭다 하심을 받기 위해 또 다른 종류와 본성에 속하는 의가 아닌 어떤 것도 또 다른 언약을 구성하지 못한다. 그러므로 우리가 의롭다 하심을 받는 의는 우리에게 전가된 그리스도의 의이다. 그렇지 않다면 우리는 여전히 율법 아래, 행위언약 아래 있다.

어떤 사람도 우리의 개인적인 순종이 행위언약 아래 있는 것과 똑같은 방법으로 우리가 하나님 앞에서 의롭다 하심을 받는 의라고 주장하지 않을 것이라는 언급이 있을 수 있다. 그러나 그 논쟁은 그것이 그렇게 되는 방법에 대한 것이 아니라 내용 그 자체에 대해 말하고 있다. 만약 그것이 어떤 방법의 차원에서 그렇다면, 어떤 자질로든 우리는 계속해서 그 언약 아래 있다. 만약 그것이 어떤 식으로든 행위에 속해 있다면, 그것은 전혀 은혜에 속한 것이 아니다. 그러나 그 차이들은 다음과 같은 이유 때문에 언약들을 효과적으로 구분하기에 충분한 것들이라는 주장이 더해진다.

1. "완벽하고 죄없는 순종은 첫 번째 언약에서 요구되었지만, 새언약에서는 불완전하고 많은 죄와 실패를 수반하는 것이 받아들여진다."
대답. 이것은 은혜를 모욕하는 것이며 의문이 드는 것이다. 하나님 앞에서 칭의에 이르는 어떤 의도 완벽한 것이 아니라면 받아지지 않거나 받아들여질 수 없다.

2. "은혜는 새언약에서 하나님 앞에서 우리 모두가 받아들여지는 본래적인 원천이며 원인이다."

대답. 그것은 옛언약에서도 그러했다. 본래적으로 의롭게 사람을 창조하신 것은 하나님의 은혜와 인자하심과 선하심의 결과였다. 그리고 하나님을 즐거워하는 영생의 보답은 오직 하나님의 주권적인 은혜에 속해있었다. 그러나 그 당시 행위에 속한 것은 은혜에 속한 것이 아니었다. 더욱이 그것은 오늘날도 마찬가지다.

3. "그 때는 행위의 공로가 있었지만 지금은 배제되었다."

대답. 교환적 정의의 규칙에 따라 행위와 보상 사이에서 똑같은 비율로 나오는 공로는 첫 번째 언약 안에 없었다. 그리고 그것은 어떤 의미에서도 이제 그리스도의 의의 전가를 반대하는 사람들에 의해 거절되지 않는다.

4. "오직 우리의 개인적인 의가 우리의 칭의를 위해 하나님 앞에서 받아들여지기 때문에 모든 것은 이제 그리스도의 공로로 여겨진다."

대답. 이렇게 주장하는 것은 효과적으로 행위언약을 구성하기 때문에 문제는 어떤 근거나 어떤 이유 때문에 받아들여지는가가 아니라, 받아들여지는가 받아들여지지 않는가이다.

THE DOCTRINE

OF

JUSTIFICATION BY FAITH

THROUGH

THE IMPUTATION OF THE RIGHTEOUSNESS OF CHRIST

EXPLAINED, CONFIRMED, AND VINDICATED

제 14 장
칭의에 참여하는 데 있어서 모든 종류의 행위를 배제함
바울서신에서 "율법"과 율법의 "행위"가
의도하는 것

우리는 하나님 앞에서 우리의 칭의에서 어떤 종류든 모든 행위를 분명히 배제하는 것에서 우리의 네 번째 논증을 취할 것이다. 우리 자신의 어떤 행동이나 일도 우리의 칭의의 원인들이나 조건들이 아니며, 칭의의 전체는 언약의 중보자시요 보증인으로서 예수 그리스도를 통한 하나님의 값없는 은혜에서 해결된다는 것만이 우리가 주장하는 것이기 때문이다. 이런 목적으로 성경은 분명히 말하고 있다. "그러므로 사람이 의롭다 하심을 얻는 것은 율법의 행위에 있지 않고 믿음으로 되는 줄 우리가 인정하노라"(롬 3:28). "일을 아니할지라도 경건하지 아니한 자를 의롭다 하시는 이를 믿는 자에게는 그의 믿음을 의로 여기시나니"(롬 4:5). "만약 은혜로 된 것이면 행위로 말미암지 않음이니 그렇지 않으면 은혜가 은혜되지 못하느니라"(롬 11:6). "사람이 의롭다 하심을 받게 되는 것은 율법의 행위로 말미암음이 아니요 오직 예수 그리스도를 믿음으로 말미암은 줄 알므로 우리도 그리스도 예수를 믿나니 이는 우리가 율법의 행위로써가 아니고 그리스도를 믿음으로써 의롭다 하심을 얻으려 함이라 율법의 행위로써는 의롭다 하심을 얻을 육체가 없느니라"(갈 2:16). "너희는 그 은혜에 의하여 믿음으로 말미암아 구원을 받았으니 이것은 너희에게서 난 것이 아니요 하나님의 선물이라 행위에서 난 것이 아니니 이는 누구든지 자랑하지 못하게 함이라"(엡 2:8, 9). "우리를 구원하시되 우리가 행한 바 의로운 행위로 말미암지 아니하고 오직 그의 긍휼하심을 따라 중생의 씻음과 성령의 새롭게 하심으로 하셨나니"(딛 3:5).

칭의에 참여하는 데서 모든 종류의 행위를 배제함

이것들과 이와 같은 증거들은 분명하고 적극적인 표현으로 우리가 주장하는 모든 것을 주장하고 있다. 그리고 나는 언급된 본문들에서든, 어떤 다른 곳에서든 자신들에게 조금도 제공되고 있지 않은 개념들과 구분들에 그들의 지성이 미리 사로잡혀 있지 않은 어떤 편견이 없는 사람도 그 모든 의미에서 율법과 어느 때든, 어떤 수단으로든, 죄인들이나 신자들이 수행할 수 있는 무엇이든, 모든 종류의 행위는 이런저런 의미가 아니라 모든 방법과 모든 의미에서 하나님 앞에서 우리의 칭의에서 배제된다고 판단하지 않을 수 없다고 확신한다. 그렇다면 우리가 붙잡아야 하는 것은 오직 그리스도의 의이며, 그렇지 않다면 이 문제는 영원히 중단되어야 한다. 그리고 사도는 앞에서 언급된 증거들 중 하나에서, 곧 갈 2:19-21에서 이런 추론을 한다. 그는 "내가 율법으로 말미암아 율법에 대하여 죽었나니 이는 하나님에 대하여 살려 함이라 내가 그리스도와 함께 십자가에 못 박혔나니 그런즉 이제는 내가 사는 것이 아니요 오직 내 안에 그리스도께서 사시는 것이라 이제 내가 육체 가운데 사는 것은 나를 사랑하사 나를 위하여 자기 자신을 버리신 하나님의 아들을 믿는 믿음 안에서 사는 것이라 내가 하나님의 은혜를 폐하지 아니하노니 만약 의롭다 하심을 받게 되는 것이 율법으로 말미암으면 그리스도가 헛되이 죽으셨느니라"고 말하고 있기 때문이다.

우리의 대적자들은 이런 주장들에서 사도의 의미와 관련해서 자신들 안에서도 서로 대적함으로써 극단적으로 분리되며 어떤 일치도 이르지 못한다. 그들은 모든 사람의 이해에 적합하고 분명한 것에 대해, 특별히 (우리의 칭의의 문제에 있어서 서로 반대되는) 한 편으로 율법과 행위와 다른 한 편으로 믿음과 은혜와 그리스도 사이에 존재하는 반대에 대해 허락하지 않으며, 자신들이 주장하고 있는 견해들을 파괴하지 않고 허락할 수 없기 때문이다. 그러므로 우리의 현재의 논의를 확증하기 위해 이 진리에 반대하는 그들 사이에 일어나는 모순을 보여주고 그들의 다양한 추론들을 살펴볼 것이다.

1. 어떤 사람들은 의도하고 있는 것은 오직 의식법과 그 행위이거나, 후에 폐지되어야 하는 그 전체 언약을 포함하여 시내산에서 모세에게 주어진 율법이라고 말한다. 그것이 이제 일반적으로 무녀졌지만, 옛적에 스콜라 학자들이 주장했던 보편적인 견해였다. 그리고 최근에 어떤 사람도 율법이 요구하는 완벽한 순종을 할 수 없기 때문이 아니라, 그가 의도하는 율법 그 자체가 그것의 준수를 통해 어떤 사람도 의롭다 할 수 없기 때문에 사도 바울은 율법의 행위로 말미암은 칭의를 배제시키거나, 절대적으로 완벽한 행위와 죄없는 순종을 배제시킨다는 의견이 주장되었다. 그러나 이 주장은 그것은 단지 의식법일 뿐이라거나, 내용상 약속의 은혜와 구분된 그 의식들과 명령들을 준수함으로써 어떤 사람도 의롭다 할 수 없는 시내산에서 주어진 율

법과 모두 하나라는 한물 간 개념을 새롭게 포장한 것에 불과하다. 그러나 다른 모든 추론 중에서 이것이 사도의 계획에 가장 주제넘고 모순되는 것이다. 그러므로 벨라르민 자신도 이 추론을 거절했다. 사도는 그것을 행하는 자들이 의롭다 할 수 있는 율법에 대해 다루고 있기 때문이다(롬 2:13). 그리고 이런 견해를 가지고 있는 사람들은 그것을 행하는 자들을 의롭다 할 수 없는 율법에 대해 생각하고 있기 때문이다. 사도가 의도하고 있는 율법은 죄를 깨닫게 하는 것이다. 그는 우리가 율법의 행위로 의롭다 하심을 받을 수 없는 이유를 제시하는데, 그것은 "율법으로는 죄를 깨닫기 때문이다"(롬 3:20). 그리고 그는 어떤 율법으로 우리가 죄를 깨닫게 되는가에 대해 "율법이 탐내지 말라고 하지 아니하였더라면 내가 탐심을 알지 못하였으리라"(롬 7:7)고 분명히 밝히고 있는데, 이 율법은 오직 도덕법이다.

모든 죄인의 입을 막고 모든 세상을 하나님의 심판에 놓이게 하는 그가 계획하신 율법은(롬 3:19) 그들의 창조되었을 때 사람들의 마음에 새겨진 율법(롬 2:14, 15)이다. 이 율법은 "율법을 행하는 자는 그 안에 살리라"(갈 3;12, 롬 10:5)고 말한 율법이며, 모든 사람을 죄로 말미암아 저주 아래 가두는 율법이고(갈 3:31), 믿음으로 말미암아 세워지고 파기되지 않는 율법이며(롬 3:31), 의식법도 시내산 언약도 아니며, 그 의가 "우리 안에서 이루어질 수 있는" 율법이다(롬 8:4). 그리고 사도가 그가 의도하고 있는 율법의 행위없이 의롭다 하심을 받은 것에 대해 제시하고 있는 예는 아브라함의 예인데, 그것은 의식법이 주어지기 수 백년 전에 일어났던 것이다. 그러나 나는 의식법과 그 행위가 사도의 의도에서 배제된다고 말하고 있지 않다. 그 율법이 주어졌을 때 그것의 준수는 우리가 십계명의 첫 번째 판에 마땅히 드려야 할 순종의 특별한 예였기 때문이다. 그리고 그것들을 행하는 것이 우리가 하나님께 드려야 하는 도덕적인 순종의 일부분인 한 우리의 칭의에서 그것들의 행위를 배제하는 것은 또한 다른 모든 행위를 배제하는 것이기 때문이다.

그러나 그것이 오직 그것의 준수를 통해 어떤 사람도 의롭다 할 수 없는 율법을 의미하는 것이라는 주장은 아무리 올바른 방법으로 관찰했더라도 어리석은 상상이며 사도의 분명한 주장과 모순된다. 그리고 어떤 가식적인 주장을 하더라도 어거스틴은 이 견해를 분명히 거절한다. "어느 누구도 사도가 말한 율법이 어느 누구도 의롭다 하심을 받지 못하는 육체의 할례와 같은 옛언약에서 많은 모형적인 계명들을 지시하고 있다고 생각하지 않을 것이다. 그것은 그가 말한 것처럼 '율법으로는 죄를 깨닫기 때문이라'고 말하고 있는 율법이다"(Lib. de Spiritu et Litera, cap. 8). 그리고 그는 똑같은 목적으로 다시 말한다. "이 율법의 행위는 할례에 대한 계명과 육신으로 안식일을 지키고 스스로 음식을 절제하고, 소의 희생제사를 드리고, 새로운 달을 지키는 것과 같은 옛언약에는 있었지만 새언약에서는 지켜지지 않은 것이 아니라, 율법이 탐내지 말라고 말하고 있는 것을 의미하고 있으며, 어느 그리스도인도 예수 그리스도에 대한 믿음과 우리 주 예수 그리스도를 통한 하나님의 은혜가 없다면 그것이 어떤 사람도 의롭다 하지 못하는 것임을 의심하지 않는다"(Epist. 200).

2. 어떤 사람들은 사도는 오직 무죄의 율법이 요구하고 있는 완벽한 행위를 배제하고 있을 뿐이라고 말한다. 그리고 그것은 앞에 나와있는 것을 집접적으로 반대하는 의미이다. 그러나 이것은 기껏해야 소시누스주의자들을 기쁘게 하는 것일 뿐이다. 소시누스는 "바울은 이 말에

서 또한 완벽한 행위에 대해 다루고 있다. 그러므로 사실 그는 율법이 없는 행위에 대해 말하고 있다. 이것이 율법이 요구하는 행위에 대해, 율법이 요구하는 신적인 계명들에 대해 완벽하고 가장 완벽한 순종에 대해 말하고 있는 것이다. 그러나 율법이 요구하는 순종을 어느 누구도 성취할 수 없다. 그러므로 사도는 우리에게 믿음으로 의롭다 하심을 받을 것을, 곧 누구든지 지킬 수 있을 만큼, 날마다 지키고자 하는 최대의 양으로 신뢰하고 순종함으로써 의롭다 하심을 받게 될 것을 요청한다"고 소시누스는 말하고 있다.

그러나 (1) 우리는 여기에서 우리가 주장하는 것이 전체적으로 인정되고 있는 것을 발견한다. 사도가 의도하고 있는 것은 하나님의 도덕적이며 필수불가결한 율법이며, 어느 누구도 율법의 행위로 의롭다 하심을 받을 수 없고, 율법의 모든 행위가 우리의 칭의에서 배제되어야 한다는 것이다. 사도가 칭의가 "행함이 없이" 이루어진다고 말하고 있기 때문이다. 사도가 긍정하고(롬 2:13) 성경이 다른 곳에서 "율법을 행하는 자는 그 안에서 살리라"고 증거하고 있는 것처럼 이런 차원에서 행해지는 율법의 행위는 율법을 행하는 자를 의롭다 할 것이기 때문이다. 그러나 어떤 죄인도 이것을 행할 수 없기 때문에 이것에 대한 모든 고려는 우리의 칭의에서 배제된다.

(2) 율법의 완전한 행위가 우리를 의롭다 하지 못하고 율법을 충족시키지 못하는 불완전한 행위가 우리를 의롭다 한다는 것이 사도의 논쟁의 요지라는 것은 전혀 합당하지 않은 상상이다.

(3) 의도하고 있는 율법이 하나님의 도덕법이고 우리의 창조의 법이라는 것을 인정하더라도 우리가 행할 수 없는 율법의 완전한 행위가 아니라, 우리가 행할 수 있고 행하려고 노력하는 어떤 불완전한 행

위로 의롭게 될 수 있다는 것은 사도가 조금도 암시하고 있지 않은 구분이다. 어떤 것도 그의 전체 논의의 계획과 분명한 표현들에 더 낯선 것은 없다.

(4) 사도가 그가 배제하고 있는 행위로 말미암은 칭의와 믿음으로 말미암은 칭의를 반대하고 있다는 그들이 취하고 있는 얼버무리기식 입장은 이런 의미에서 전적으로 헛된 것이다. 그들은 믿음을 우리가 획득할 수 있는 불완전한 방법으로 우리가 하나님의 계명들에 순종하는 것으로 여기고 있기 때문이다. 사도가 율법과 율법의 행위로 말미암은 그런 모든 칭의를 배제했을 때 그것들을 반대하고 그것들을 대신하여 우리 자신의 믿음과 순종으로 진척시키고 있지 않으며, "하나님이 믿음으로 말미암은 화목제물로 세우신 예수 그리스도 안에 있는 속량을 통해 그의 은혜로 말미암아 값없이 의롭다 하심을 받게 되는 것"을 더하고 있기 때문이다.

3. 최근에 우리 중 어떤 사람들은 - 자신들보다 앞선 사람들을 원하지 않으면서 - 사도가 칭의에서 배제하는 행위는 오직 믿음이나 두려움이나 하나님에 대한 사랑의 내적인 원리가 없이 행해진 율법의 외적인 행위라고 주장한다. 율법의 경계에 대한 고려에서 나오는 두려움 가운데 하는 행위는 우리를 의롭다 할 수 없는 행위이다. 그러나 이 견해는 거짓될 뿐 아니라 경건하지 못하다. 그 이유는 다음과 같다.

(1) 사도는 상상할 수 있는 외적이며 두려움 가운데 행한 행위가 아닌 아브라함의 행위를 배제한다.

(2) 배제된 행위는 율법이 요구하는 행위이다. 그리고 율법은 거룩하고 의로우며 선하다. 그러나 하나님에 대한 내적인 사랑이 없이 오직 외적인 행위만을 요구하는 율법은 거룩지도 의롭지도 선하지도

않다.

(3) 율법은 믿음과 두려움과 사랑의 내적인 원리와 분리된 그런 모든 행위를 정죄한다. 그것은 우리의 모든 순종에서 우리가 우리의 온 마음으로 우리 주 하나님을 사랑해야 할 것을 요구한다. 그리고 사도는 우리는 율법이 정죄하는 행위가 아니라, 율법이 명령하는 행위로 의롭다 하심을 받게 된다고 말한다.

(4) 홀로 사람들의 마음을 아시며 그들의 모든 순종의 의무에서 홀로 그들의 마음을 고려하시는 신적인 특권을 가지고 계신 그 분이 오직 외적이며 두려움으로 섬기는 행위만을 요구하는 율법을 주신다는 것은 하나님의 명예를 크게 손상시키는 것이다. 의도하고 있는 율법이 더 많은 것을 요구한다면, 이것들은 배제되는 유일한 행위가 아니다.

4. 어떤 사람들은 일반적으로 의도하고 있는 것은 유대교적인 법이며, 그로 말미암아 전제적인 어려움이 제거된다고 생각한다. 그러나 만약 유대교적인 법이 단지 의식법이나 절대적으로 모세에 의해 주어진 율법을 의미한다면, 우리는 이런 주장의 헛됨을 보여주었다. 그러나 만약 그것이 구약 아래서 이스라엘의 교회에 주어진 전체의 율법이나 순종의 규칙을 의미한다면, 그것은 진리의 많은 것을 표현하고 있다. 곧 그것은 계획했던 것보다 더 많은 것을 의도할 수 있다.

5. 어떤 사람들은 사도가 배제하는 것은 그 보상을 은혜가 아니라 빚으로 여기는 공로에 대한 자만심을 가지고 있는 행위라고 말한다. 그러나 그런 구분은 본문이나 문맥에 나타나있지 않다. 그 이유는 다음과 같다.

(1) 사도는 그것들이 어떤 종류에 속하든 율법의 모든 행위, 곧 율법이 순종의 방식으로 우리에게 요구하는 모든 행위를 배제한다.

(2) 율법은 공로의 자만심을 가진 어떤 행위도 요구하지 않는다.

(3) 율법의 행위는 정의의 저울로 달아보았을 때 어느 하나가 다른 것에 비례해야 한다는 식의 어떤 공로도 포함하지 않았다. 그리고 오직 그런 의미에서 그것은 칭의에서 행위의 참여를 주장하는 사람들에 의해 거절된다.

(4) 사도가 배제하는 공로는 행위와 분리될 수 없는 것이다. 그러므로 공로는 행위 그 자체가 배제되지 않는다면 배제될 수 없다. 그리고 그들의 공로에 대해 두 가지가 협력한다. 첫째로, 비교를 통해 자랑하는 것이다. 곧 그것은 하나님이 보실 때 절대적인 것은 아니다. 그것은 가련한 죄인인들이 자신들의 행위에서 상상하는 "당연한 은덕 (meritum de condigno)"으로 이어지지만, 그것은 칭의를 얻는 데서 어떤 사람을 다른 사람보다 우월성을 주는 것인데, 이것은 은혜가 허락하지 않을 것이다(롬 4:2). 둘째로, 보상은 절대적으로 은혜에 속하지 않는 것이며 행위를 고려하는 것이다. 그것은 행위를 빚으로 여기며 내적인 정당성에서 나온 것이 아닌데, 그것은 창조의 법 아래서는 있을 수 없는 것이며 하나님의 약속과 관련된 어떤 정당성에서 나온 것이다(4절). 이런 두 가지로 차원에서 공로는 행위와 분리될 수 없다. 그리고 성령은 공로를 전적으로 배제하며, 공로가 분리될 수 없는 모든 행위를 배제힌다.

그러므로 (5) 사도는 오직 행위의 공로를 배제하는 것에 대해 한마디도 말하지 않지만, 어떤 행위든 모든 행위를 배제한다. 그리고 그는 행위를 받아들이는 것은 묘사된 의무에서 필요에 따라 공로를 가져오게 되며, 그것은 은혜와 조화를 이루지 못한다고 논증한다. 그리고 비록 어떤 사람들은 자신들이 우리의 칭의에서 우리의 행위의 영향을 주장함으로써 공로를 주장하고 있다고 비난 받고 있을 때 억울하고 손해를 입고 있다고 주장하지만, 자신들과 이 논쟁 그 자체를 가장 잘 이해하고 있는 사람들은 그것이 행위와 분리될 수 없다는 것을 알고 일종의 공로에 대해 그렇게 적대적이지 않다.

6. 어떤 사람들은 사도가 단지 은혜의 도움이 없이 우리 자신의 의지와 자연적인 능력의 힘으로 행한 믿기 이전에 일어난 행위만을 배제하고 있다고 주장한다. 그들은 율법에 의해 요구되는 행위는 우리가 오직 율법의 지침과 명령에 따라 행하는 것들이라고 생각한다. 그러나 믿음의 율법은 은혜의 공급이 주는 힘으로 하는 행위를 요구하는데, 그것은 배제되지 않는다. 이것은 가장 학식있고 판단력이 있는 로마교회의 사람들이 현재 일반적으로 취하고 있는 것이다. 우리 중에서 자신들의 생각을 설명하고 자신들의 의견이 교황주의자들과 일치되는 데서 벗어나기 위해 많은 구분을 사용하면서 우리의 칭의에서 행위를 주장하는 사람들이 있다. 그러므로 그들은 모든 소시누스주의자들이 마찬가지로 부인하는 것처럼 로마교회가 의미하는 식의 공로라는 이름과 내용 그 자체를 부인한다. 그러므로 그들은 공로는 사도에 의해 배제되었으며, 행위는 오직 공로적이라는 차원에서 배제된다는 이전에 얼버무렸던 것을 사용한다. 그러나 사도의 분명한 논증은 은혜와 조화를 이루지 못하는 공로가 행위를 받아들이는 것과 분리될 수 없기 때문에 행위가 배제되어야 한다는 것이었다.

그러나 로마교회는 그런 식으로 공로를 버릴 수 없다. 그러므로 그들은 공로적인 것이 아니라는 식으로 버리는 데 만족하는 행위만을 배제시키는 것을 발견하려고 하였다. 그것은 앞에서 언급된 그들이 말하는 것처럼 은혜의 도움이 없이 믿기 이전에 일어난 행위이며, 그 행위가 율법의 모든 행위라고 그들은 말한다. 그리고 그들은 어떤 면에서 오직 외적인 행위와 준수만을 의도하고 있는 우리 중에 있는 사람들보다 더 신중하고 정교하게 이것을 주장한다. 그들은 의도적으로 궁핍하고 죄에 대해 슬퍼하는 것과 같은 행위들이 이런 본성에 속한다는 것을 인정하기 때문이다. 그러나 그들은 율법의 행위는 배제되어야 한다고 주장한다. 그러나 이런 전체적인 주장과 이런 주장을 지지하고 있는 모든 현학적인 주장들은 베라르민과 다른 사람들을 대항하는 모든 개신교 작가들에 의해 토론되고 반박되어 똑같은 것들을 반복하거나 어떤 것을 그것들에 더할 필요가 없다. 그리고 사도가 의도한 율법에 대해 우리가 곧 증명하겠지만 그들이 잘못되었다는 것이 충분히 증명되었다.

그러나 이와 반대로 진리를 증명하려는 시도들에 대해 다음과 같이 정리할 수 있다.

(1) 사도는 구분과 예외없이 모든 행위를 배제한다. 그리고 우리는 율법이 우리 앞에서 구분하지 않은 곳에서 구분하지 말아야 한다.

(2) 율법의 모든 행위가 배제된다. 그러므로 믿은 후에 은혜의 도움으로 일어난 모든 행위도 배제된다. 그들은 모두 율법이 요구하는 것이기 때문이다. 시 119:3, 롬 7:22을 보라. 율법이 요구하지 않는 행위는 율법을 거스르는 죄일 뿐 아니라 하나님께 가증한 것이다.

(3) 은혜의 도움으로 행해진 회심 이후에 신자들의 행위는 사도에 의해 전적으로 배제된다. 그가 신자가 된지 오랜 세월이 지난 후에 행하고 그 안에 하나님을 찬미하는 것이 풍성한 아브라함의 행위도 마찬가지였다. 그러므로 사도는 회심 이후에 다른 모든 신자의 행위를 배제한다(갈 2:16, 고전4:4, 빌 3:9).

(4) 자랑거리가 될 수 있는 모든 행위도 배제된다(롬 4:2, 엡 2:9, 고전 1:29-31). 하지만 이런 일은 불신자들의 어떤 행위보다 중생한 자들의 선행에 더 많이 일어난다.

(5) 율법은 우리의 모든 행위에서 믿음과 사랑을 요구했다. 그러므로 율법의 모든 행위가 배제된다면, 신자들의 최선의 행위도 배제된다.

(6) 우리의 칭의에서 값없이 역사하는 은혜와 반대되는 모든 행위가 배제된다. 하지만 어떤 것이든 이런 모든 행위가 배제된다(롬 11:6).

(7) 갈라디아서에서 사도는 우리의 칭의에서 거짓 선생들이 칭의에 필수적인 것처럼 주장했던 모든 행위를 배제한다. 하지만 그들은 신자들과 은혜로 이미 하나님께 회심한 사람들의 행위의 필요성에 대해 주장했다. 그들이 이런 목적으로 선행을 주장했던 사람들은 실질적으로 이미 그렇게 했기 때문이다.

(8) 그것들은 사도가 우리의 칭의에서 배제하는 선행이다. 선하지 않거나, 그들을 의롭다 하기 위해 본질적으로 요구되는 모든 것을 포함하지 않는 행위로 의롭다 하심을 받게 된다는 것은 있을 수 없기 때문이다. 하지만 그것들은 은혜의 도움이 없이 행해진 불신자들의 모든 행위이다. 곧 그것들은 선하지 않고 하나님이 받아주시는 것이 아니며, 본질적으로 선행을 구성하는데 요구되는 것이 부족한 것이다. 그리고 사도가 우리의 칭의에서 자신의 재치로 어떤 자리를 차지하고 있다고 생각하지 못한 행위를 배재하는 것에 대해 논쟁하고 있다고 생각하는 것은 어리석은 일이다.

(9) 어떤 사람도 율법으로 의롭다 하심을 받을 수 없는 이유는 어떤 사람도 율법에 완전히 순종할 수 없기 때문이다. 완벽한 순종으로 율법은 의롭다 할 것이기 때문이다(롬 2:13, 10:5). 그러므로 절대적으로

완벽하지 않은 모든 행위가 배제된다. 그러나 우리가 앞에서 증명하였듯이 신자들의 최선의 행위는 절대적으로 완벽하지 못하다.

(10) 우리의 칭의에서 은혜의 도움으로 행한 신자들의 행위에 대해 비축된 것들이 있다면, 그것들이 칭의의 공동의 원인이 되거나 필수불가결하게 의롭다 하심을 받게 되는 것들에 종속적인 것이 될 것이다. 그것들이 우리의 칭의의 공동의 원인이라는 것은 절대적으로 인정될 수 없다. 그리고 그것들이 필연적으로 의롭다 하심을 받게 된 것들에 종속적이라는 것도 인정될 수 없다. 그것들은 칭의의 효율적인 원인일 수 없는데, 그것은 오직 하나님의 은혜와 호의이기 때문이다(롬 3:24, 25, 4:16, 엡 2:8, 9, 계 1:5). 그리고 그것들은 칭의의 공로적인 원인이 될 수 없는데, 그것은 오직 그리스도이시기 때문이다(행 13:38, 26:18, 고전 1:30, 고후 5:18-21). 그리고 그것들은 칭의의 내용적인 원인일 수 없는데, 그것은 오직 그리스도의 의이기 때문이다(롬 10:3, 4). 그것들은 믿음에 대해 믿음이 어디에서 진술되듯이 칭의의 내용적인 원인이 될 수 없는데, 이는 믿음은 우리가 믿음과 행위와의 결합에 대한 어떤 언급도 없이 그리스도의 의가 어떻게 우리에게 일어나서 전달되는지에 대한 방법을 배우는 곳마다 언급되어 있을 뿐 아니라, 우리의 칭의에 대해 서로 반대되고 모순되는 위치에 놓여 있기 때문이다(롬 3:28). 그리고 똑같은 목적을 위해 다양한 것들이 주장되고 있다.

7. 어떤 사람들은 사도가 우리의 첫 번째 칭의에서 모든 행위를 배제하지만 두 번째 칭의에서는 배제하지 않는다고 주장하거나, 어떤 사람들이 말하는 것처럼 우리의 칭의는 계속된다고 주장한다. 그러나 우리는 전에 이런 구분에 대해 살펴보았고 그것이 근거가 없다는 것을 발견했다.

그러므로 사람들이 자신들이 무엇에 집중을 해야 하고, 사도의 분명하고 자주 반복되는 주장을 반대하는 데 있어서 자신들을 지지하는 것처럼 보이는 진리를 어디에서 찾아야 하는지 모르는 불확실하고 미끄러운 상태에 자신들을 던지고 있다는 것이 분명한다.

바울서신에서 율법과 율법의 행위의 구분

그러므로 현재의 논증을 확증하는 데 있어서 나는 더 구체적으로 사도가 다루고 있는 율법과 그 행위가 의도하는 것이 무엇인지 살펴볼 것이다. 우리의 칭의와 관련해서 행위는 무엇이든지 절대적이며 보편적으로 은혜와 믿음과 하나님의 의와 그리스도의 보혈과 전적으로 조화를 이루지 못하는 것으로 반대된다. 그리고 그런 조화를 이루지 못하는 것을 증명하는 것이 사도의 분명한 계획이었다는 것을 볼 때 어떤 사람도 이것을 부인하거나 의문을 제기할 수 없다.

1. 그러므로 일반적으로 사도가 율법과 그 행위를 그가 관계를 맺어야 했던 유대인들이 율법과 율법에 대한 그들 자신의 전체적인 순종으로 이해했던 것을 의도했다는 것이 분명하다. 나는 이것이 부인될 수 없다고 생각한다. 이것에 대한 인정이 없이 그들을 반대하는 어떤 것도 증명이 될 수 없으며, 그들은 그가 가르치는 어떤 것도 이해할 수 없었을 것이기 때문이다. 이 용어들이 달라서 그는 어떤 의미로 사용하고, 그들은 다른 의미로 사용했다고 생각해보다. 그렇다면 그들에 대해 말하는 어떤 것도 올바로 결론이 내려질 수 없을 것이다. 그러므로 "율법"과 "행위"라는 용어를 사도는 자신과 자신이 관계를 해야 했던 사람들 사이에 매우 잘 알려져 있고 일치되어 있는 것으로 인정하고 있다.

2. 유대인들이 의도하고 있는 "율법"은 구약성경에서 표현하고 있

는 것이었다. 그들은 어떤 곳에서도 율법에 대해 어떤 잘못된 개념을 가지고 있는 것에 대해 책망을 받지 않았거나, 그들은 실질적으로 그러하고 성경에서 그렇게 불렸던 것을 그렇다고 여기고 있었기 때문이다. 그들의 현재의 구전적인 율법은 비록 바리새인들이 그것을 품고 있었지만 아직 부화되지 않았다.

3. 구약 아래서 "율법"은 즉시 시내산에서 주어진 율법을 지시하며, 전에 그것에 대한 어떤 구분된 언급도 없었다. 이것은 보통 절대적으로 "율법"이라고 불리었지만, 가장 빈번하게 "하나님의 법", "주의 법", 때때로 이 법을 주는 데 있어서 그가 한 특별한 사역 때문에 "모세의 법"이라고 불리었다. "너희는 내가 그에게 명령한 내 종 모세의 법을 기억하라"(말 4:4). 그리고 이것이 유대인들이 의도했던 "율법"이다.

4. 호렙에서 이렇게 주어진 율법은 세 부분으로 구분되었다. (1) "아세레트 하데바림(עֲשֶׂרֶת הַדְּבָרִים)", 곧 두 개의 돌판 위에 새겨진 십계명(신 4:13, 10:4). 율법의 이 부분은 처음에 주어졌으며, 전체 계명의 기초이고, 창조의 법에 의해 인류에게 요구되었던 완벽한 순종을 포함하고 있으며, 순종이나 처벌에 대해 필수불가결한 의무에 대한 가장 높은 주장과 더불어 교회에 받아들여졌다.

(2) "후케임(חֻקִּים)". 이 단어는 70인역에서 디카이오마타($\delta\iota\kappa\alpha\iota\acute{\omega}$ $\mu\alpha\tau\alpha$), 곧 "의로운 것들(jura)", "의식들", 혹은 "강령들"로 표현되었으며, 라틴어는 이것에서 "의로운 것들(justificationes)"로 번역하여 고대와 현대의 신학자들 사이에서 많은 실수를 낳는 기회를 제공했다. 우리는 이것을 "의식법(ceremonial law)"이라고 부른다. 사도는 율법의 이 부분을 구분하여 "규례들에 포함된", 곧 수많은 명령들에 놓여 있는 "계명들의 법($N\acute{o}\mu o\varsigma$ $\acute{\epsilon}\nu\tau o\lambda\tilde{\omega}\nu$ $\acute{\epsilon}\nu$ $\delta\acute{o}\gamma\mu\alpha\sigma\iota$)"부른다(엡 2:15).

(3) "미쉐파팀(מִשְׁפָּטִים)." 우리는 이것을 "사법적인 법(judicial law)"라고 부른다. 이런 율법에 대한 구분은 이전에 셀수 없이 많은 곳에서 사용되었던 것처럼 구약을 포괄한다. 그리고 단지 "십계명(עֲשֶׂרֶת הַדְּבָרִים)"만이 "토라(תּוֹרָה)", 곧 "율법(the law)"(마 4:4)이라는 일반적으로 단어로 표현된다.

5. 이것들이 시내산에서 교회에게 주어졌던 법의 부분들이기 때문에 그것의 전체는 지속적으로 토라, 곧 "율법"이라고 불린다. 이것은 (이 단어가 의미하는 것처럼) 하나님이 그가 서술하신 순종의 규칙으로 교회에게 주신 교훈이다. 이것이 절대적으로 취해진 곳에서 이 단어가 성경에서 지속적으로 사용되고 있는 의미이며, 이것에 기초해서 정확하게 호렙산에서 주어진 법을 의미하는 것이 아니라, 하나님이 구약 아래서 그 법을 설명하시고 확증하시고, 규칙들과 동기들과 지침들과 순종을 강화할 수 있도록 주신 모든 계시를 포괄한다.

6. 그러므로 토라, 곧 "율법"은 그 안에 하나님이 요구하시는 순종에 대한 동기들이 될 수 있는 모든 약속과 위협을 포함하여 하나님의 규례들에 의해 수반되는 모든 효력과 더불어 하나님이 구약 아래서 교회에게 주셨던 순종의 모든 규칙이다. 곧 이것이 하나님과 교회가 구약에서 "율법"이라고 불렀고, 우리 사도가 관계를 해야 했던 유대인들이 율법이라고 불렀던 것이다. 우리가 "도덕법"이라고 부르는 것은 모든 것의 기초였으며, 우리가 "사법적이며 의식적인 법"이라고 부르는 부분은 구약 아래 있는 교회가 그 때 필요로 했던 특별한 정체와 하나님을 예배하는 데 있어서 드려야 했던 순종의 특별한 경우들이었다. 그리고 성경은 이 법에 대해 다음과 같이 두 가지를 증거한다.

(1) 하나님이 교회에 요구하셨던 것은 모든 내적이며 영적이고 도

덕적인 순종의 완벽하고 완전한 규칙이었다. "여호와의 율법은 완전하여 영혼을 소성시키며 여호와의 증거는 확실하여 우둔한 자를 지혜롭게 하며"(시 19:7). 그리고 그것은 순종의 모든 외적인 의무들에 대해 내용과 방법에 있어서, 시간과 때에 있어서 그러했으며, 이 둘에서 교회는 "하나님 앞에서 받아들여질 수 있도록" 행할 수 있었다(사 8:20). 그리고 비록 율법의 도덕적인 부분의 본래의 의무들이 종종 외적인 예배의 의무들에서 구체적인 순종의 예들에 앞서 선호되지만, 전체 율법은 언제나 하나님이 교회에 요구하셨으며, 믿는 자들 안에서 받아주셨던 내적이며 외적인 모든 순종의 전체적인 규칙이었다.

(2) 이 율법, 이 순종의 규칙은 하나님이 교회에 대한 그의 통치의 규칙으로 정하시고, 그 집행에 있어서 맞추시고 시내산에서 그것의 도입으로 폐지하지 않으신 언약으로 아브라함과 맺으셨던 대로 순종할 수 있도록 하는 능력과 효력을 수반하였다. 단지 계명을 주고 명령하는 것으로써 율법 그 자체는 그 권위 아래 있는 사람들에게 그것에 순종할 수 있도록 하는 어떤 힘이나 능력도 주지 않았으며, 복음의 단순한 명령들도 마찬가지이다. 더욱이 구약에서 율법은 사람들의 지성과 양심에 그것이 처음 전달되는 방식과 그것이 요구하는 조치의 엄격함으로 말미암아 순종을 강제하며, 그들에게 두려움과 속박으로 가득 채웠으며, 더욱이 율법은 사람들에게 무거운 멍에가 되게 했던 외적인 예배의 무거운 규칙들을 수반하였다. 그러나 율법이 하나님 자신에게 받아들여질 수 있는 하나님의 모든 순종의 교리이며 가르침이며 교훈으로서 아브라함의 언약에 맞추어졌을 때 율법은 교회 안에서 순종을 획득하고 증진시키는 유효적인 은혜가 집행되는 것을 수반하게 되었다. 그리고 율법은 하나님이 구약에서 집행하신 순종에 이르는 도움과 분

리된 것으로 간주되지 말아야 한다. 그리고 그것의 효과들은 그러므로 율법 그 자체에 돌려져야 한다. 시 1, 19, 119을 보라.

이것이 사도와 그가 관계했던 사람들이 의도하는 "율법"이었다고 할 때 우리의 다음 질문은 "행위"나 "율법의 행위"는 무슨 뜻인가 하는 것이다. 그리고 나는 그들이 이를 통해 율법에 따라 하나님께 교회가 보편적으로 신실하게 순종하는 것을 의도했던 것이 분명하다고 말한다. 그리고 하나님의 율법은 다른 행위를 인정하지 않는다. 그렇다. 그것은 그 안에 하나님께 받아들여질 수 없는 어떤 결함을 가지고 있는 모든 행위를 분명히 정죄한다. 그러므로 하나님이 희생제사와 각종 제사 등의 엄격한 준수를 위해 적극적으로 주신 모든 명령에도 불구하고 사람들이 믿음과 사랑이 없이 그것들을 행했을 때 그는 하나님이 그것들이 그런 방법으로 준수되도록 "명령하지 않으셨다"고 분명히 주장한다. 그러므로 그들이 "밤낮으로 간절히 섬겼던"(행 26:7) "주의 모든 명령과 규례를 흠없이" 행할 때(눅 1:6) 그들의 개인적인 의는 이런 행위에 있었다. 그리고 그들은 이것을 자신들의 의로, 율법에 따른 자신들의 의로 여겼다. 그리고 그것은 실제로 그러했다(빌 3:6, 9). 비록 바리새인들이 율법의 교리를 크게 부패시켰고 율법의 다양한 계명들에 대해 잘못된 주석을 했지만, 그 당시 교회가 "율법의 행위"를 오직 의식적인 의무들이나 외적인 행동이나 공로에 대해 자만심을 가진 행위나 하나님에 대한 믿음과 내적인 사랑의 원리가 없이 일어난 행위나 율법의 전체 교리와 규칙에 그들 자신의 개신적인 신실한 순종이 없는 어떤 것으로 이해했다는 것은 조금이라도 상상할 여지를 남기지 않기 때문이다. 그 이유는 다음과 같다.

1. 이 모든 것은 우리의 복된 구주께 요청을 받았던 서기관이 율법

이 요구하는 순종의 본성과 더불어 율법의 의미와 계획에 대해 선포한 것에 완벽하게 진술되어 있다. "서기관 중 한 사람이 그들이 변론하는 것을 듣고 예수께서 잘 대답하신 줄을 알고 나아와 묻되 모든 계명 중에 첫째가 무엇이니이까 (혹은 율법 중 어느 계명이 크니이까, 마 22:36) 예수께서 대답하시되 첫째는 이것이니 이스라엘아 들으라 주 곧 우리 하나님은 유일한 주시라 네 마음을 다하고 목숨을 다하고 뜻을 다하고 힘을 다하여 주 너의 하나님을 사랑하라 하신 것이요 둘째는 이것이니 네 이웃을 네 자신과 같이 사랑하라 하신 것이라 이보다 더 큰 계명이 없느니라 서기관이 이르되 선생님이여 옳소이다 하나님은 한 분이시요 그 외에 다른 이가 없다 하신 말씀이 참이니이다 또 마음을 다하고 지혜를 다하고 힘을 다하여 하나님을 사랑하는 것과 또 이웃을 자기 자신과 같이 사랑하는 것이 전제로 드리는 모든 번제물과 기타 제물보다 나으니이다" (막 12:28-33).

그리고 이것은 모세에 의해 율법의 마침으로, 곧 우리의 순종의 원리로서 믿음과 사랑으로 분명하게 제시되어 있어서(신 6:4, 5) 학식있고 건전하다는 사람이 그것이 단지 의식적이거나 외적인 행위나 믿음이나 사랑없이 일어날 수 있는 것이라는 식의 율법의 어떤 다른 의미에 집중하려는 것은 놀라운 일이다. 이것은 사도가 논쟁하는 법이며, 이것은 율법의 행위가 놓여 있는 순종이다. 그리고 이것 이상으로, 순종 이상의 방식으로 하나님은 이 세상에서 어떤 사람에게도 요구하지 않으셨고 요구하지 않으실 것이다. 그러므로 사도가 칭의에서 배제하고 있는 율법과 율법의 행위는 우리가 하나님을 한 분 하나님으로, 유일하신 하나님으로 믿고 우리의 마음을 다하고 목숨을 다하여 하나님을 사랑하고 우리의 이웃을 우리 자신처럼 사랑해야 한다는 것이다. 그리고 중생한 사람이든 중생하지 않은 사람이든, 은혜로 행하든 은혜가 없이 행하든 하나님께 받아들여지기 위해 이 두 가지로 축소될 수 없는 어떤 행위가 있고 어떤 행위가 있을 수 있는지 나는 모른다.

2. 사도는 친히 자신이 우리의 칭의에서 배제한 것이 우리가 표현한 의미로 율법과 율법의 행위라고 선언한다. 그가 말하고 있는 율법은 "의의 법"(롬 9:31), 곧 우리가 하나님께 받아들여지고 정죄에서 자유롭게 되기 위해 그의 의가 "우리 안에서 성취되어야 하는" 법이며, 회심하기 이전에 판단을 하든(롬 10:3) 회심 이후에 판단을 하든(빌 3:9) 그에 대한 순종에 우리 자신의 개인적인 의가 놓여 있는 법이고, 사람이 순종하면 "살고" 하나님 앞에서 의롭다 하심을 받는 법이며(롬 2:13, 갈 3:12, 롬 10:5), "거룩하고 의롭고 선해서" 어떤 죄이든 모든 죄를 발견하여 정죄하는 법이다(롬 7:7, 9).

지금까지 논의한 것에서 우리의 현재의 논증을 확증하는 데 두 가지가 분명하다. 첫째로, 사도가 율법의 행위로는 의롭다 하심을 받을 수 있다는 것을 부인할 때 그가 의도한 율법은 우리가 곧 우리의 영혼의 전체 상태와 영혼의 구성과 관련해서 하나님이 우리에게 요구하시는 순종의 모든 행위나 의무와 더불어 하나님께 순종해야 하는 전체의 규칙이며 안내이다. 그리고 둘째로, 그가 우리의 칭의에서 그렇게 자주 분명히 배제하고 있고 하나님의 은혜와 그리스도의 보혈에 반대되는 것으로 여기고 있는 이 율법의 행위는 우리가 하나님이 우리에게 요구하시는 것들을 행할 수 있든 없든 내적이며, 초자연적이고, 외적이고, 의식적인 순종의 모든 의무이다. 그리고 이것들이 배제될 때 우리가 하나님 앞에서 의롭다 하심을 받을 수 있는 근거는 오직 우리에게 전가되는 그리스도의 의이다.

진실은 내가 식별할 수 있는 한 하나님 앞에서 우리의 칭의의 교리에 대해 오늘날 우리 중에 있는 실질적인 차이는 사도와 유대인들 사이에 있는 것과 똑같은 것이며 다른 어떤 것이 아니다. 그러나 종교에서 논쟁들은 오직 이것들을 다루는 데서 도입되는 새로운 용어들과 표현들에 의해 다양하게 되고 차이가 날 때 마치 대단히 새로운 것이 출현한 것처럼 보이게 한다. 자연과 은총에 대한 논쟁에서 이런 일이 일어나곤 했다. 그것의 참된 본질과 관련해서 사도 바울과 바리새인들 사이에 있었던 것과 이후에 어거스틴과 펠라기우스 사이에 있었던 것은 오늘날 똑같다. 그러나 그것은 이제 매우 많은 형식들과 표현들을 통해 과거에 있던 모습 그대로 모습을 드러내고 있지 않은 것 같다. 오늘날 많은 사람이 펠라기우스와 그가 가르쳤던 교리를 그가 가르쳤던 말로 정죄하지만, 그가 의도했던 내용 그 자체를 끌어안고 수용한다. 철학적인 학문에서 모든 변화의 도입은 이를 통해 일어나는 논쟁들에서 변화를 주는 것처럼 보이지만, 고대의 어떤 스콜라주의자들과 후대에 논쟁하는 자들이 그것에 입혀놓은 철학적인 표현들과 구분들과 형이상학적 개념들과 쓸데없이 기교를 부린 용어들을 제거해보라. 그러면 은총과 자연에 관한 차이가 우리 중에서 옛날에 있었고, 소시누스주의자들이 허락한 것과 모두 똑같다는 것이 발견될 것이다.

　　그러므로 사도는 하나님 앞에서 우리의 칭의에 대해 취급하면서 그것을 내용 그 자체를 표현하고 그가 관계하고 있는 사람들이 잘 이해할 수 있는 용어로 표현한다. 그리고 이것은 성령이 그것들이 계시에서 적절히 사용되도록 거룩하게 하신 것이었다. 그러므로 한 편으로 그는 우리의 칭의에 대한 참여에서 율법과 우리 자신의 행위와 우리 자신의 의를 분명히 배제한다. 그리고 칭의의 문제에 있어서 이것들에 대해 반대하고, 이것들과 조화를 이루지 못하는 것으로 여기면서 그는 칭의를 전적으로 하나님의 의에, 우리에게 전가된 의에, 그리스도의 순종에, 우리를 위해 의가 되신 그리스도께, 화목제물로서 그리스도의 보혈에, 그리스도와 구속을 받는 믿음에 돌린다. 조금이라도 성령의 조명을 받는 각성된 양심 중에 그 자체로 이것들을 분명히 이해하지 못하고, 이것들이 의도하는 것을 이해하지 못하는 양심도 없다. 그러나 종교에서 영적인 것들을 가르치는 방식에 철학적인 용어들과 개념들과 더불어 이국적인 학문이 들어옴으로써 전체 문제에 새로운 얼굴과 모습이 입혀졌다. 그리고 사도가 반대되고 모순되는 것으로 직접적으로 반대했던 것들 사이에 작품이 만들어졌다. 여기에서 준비들과 성향들과 조건들과 "정성적(de congruo) 공로"와 "정량적(de condigno) 공로"와 일련의 구분들에 대한 우리의 모든 논의가 나온다. 이것들을 발견하고 만들어 내는 데 어떤 제약이 가해지지 않는다면, (이런 일은 손쉬운 일이라 우리 중에 매일처럼 일어난다) 우리는 오래지 않아서 이것들을 통해 의도하고 있는 것을 발견하거나 올바르게 서로 이해할 수 없게 될 것이다. 어떤 사람이 거짓말을 하려할 때 그는 인위적인 구분들을 사용할 수 있으며, 이런 일은 제제가 가해질 때까지 계속해서 새롭게 일어날 것이다. 그러나 최선의 방법은 이 모든 포장을 벗기는 것이다. 그러면 우리는 하나님 앞에서 죄인의 칭의에 대한 실질적인 차이가 사도 바울 시대에 그와 유대인들 사이에 있었던 것과 똑같으며 어떤 다른 것이 아니라는 것을 곧 보게 될 것이다. 그리고 첫 번째 혹은 두 번째 칭의와 관련하여 사람들이 준비들과 조건들과 성향들과 공로라는 이름 아래서 하나님 앞에서 우리의 칭의의 인과성에 대해 지금 주장하고 싶어하는 모든 것이 마치 그가 이것들을 하나씩 부르고 있는 것처럼 효과적으로 사도에 의해 배제되었다. 이 모든 것 안에 유대인들이 사도를 반대하며 주장했던 우리 자신의 개인적인 의에 대한 호소가 오늘날 이해할 수 있는 개념들과 용어들로 표현되어 있기 때문이다. 그리고 그가 의도하고 있던 율법과 율법의 의와 행위에 대한 참된 이해가 이 논증을 결정하기에 충분하지만, 사람들은 끊임없는 논쟁을 하는 기술에서 매우 숙련되어 가고 있다.

THE DOCTRINE

OF

JUSTIFICATION BY FAITH

THROUGH

THE IMPUTATION OF THE RIGHTEOUSNESS OF CHRIST

EXPLAINED, CONFIRMED, AND VINDICATED

제 15 장
오직 믿음

우리가 주장하는 진리는 두 부분을 가지고 있다. 1. 생명의 칭의를 위해 우리에게 전가된 하나님의 의는 그의 순종으로 우리가 의롭다 하심을 받게 되는 그리스도의 의이다. 2. 우리 편에서 우리가 그 의에 참여하거나, 그로 말미암아 우리가 하나님이 주시고 전달하시는 것에 순응하거나, 우리가 받아서 사용하고 유익을 얻는 데 필요한 것은 오직 믿음이다. 비록 이 믿음은 그 자체로 모든 순종의 급진적인 원리이지만, - 그리고 매사에 행위로 그 자체를 증거하고, 증명하고, 보여주거나, 나타내지 않고, 나타낼 수도 없는 것은 무엇이든지 믿음과 똑같은 종류가 아니다 - 우리가 믿음으로 의롭다 하심을 받을 때 그 행동과 의무는 어떤 다른 은혜나 의무나 행위가 그것과 연합될 수 없거나 어떤 고려가 될 수 없는 본성에 속한 것이다. 그리고 이 둘 다 성경에서 믿음의 본성과 생명의 칭의에 이르는 믿는 것에 대해 우리에게 제시된 묘사에서 분명히 확증된다.

나는 칭의에서 믿음의 본성과 사역을 선포하는 데 사용된 많은 표현이 은유적이며, 적어도 은유적으로 여겨지고 있다는 것을 알고 있지만, 그것들은 성령이 그의 무한한 지혜 가운데 교회를 가르치시고 세우시는 데 사용하기에 적합하다고 생각하셨던 것이다. 그리고 나는 지식의 빛이 이것들을 통해 믿는 사람들의 지성에 얼마나 효과적으로 전달되는지 이해하지 못하고, 그것들이 자신들의 영적인 경험에 주고자 하는 것을 느끼지 못하는 사람들은 그것들에 대해 올바르게 생각할 수 없는 것 같다고 말하지 않을 수 없다. 그리고 우리가 어떤 재주를 가지고 있는 척 하든 우리는 영적인 것들에 대한 어떤 표현들이 은유적인지 알지 못한다. 때때로 가장 적절한 표현들이 그럴 수 있는 것 같다. 그러나 우리가 성령의 표현들을 고수하고 이런 표현들과 모순되고 반대되는 의미를 붙잡지 않는 것이 가장 안전하다.

1. 그러므로 우리가 의롭다 하심을 받을 수 있는 믿음은 신약에서 "받는 것"으로 가장 빈번하게 표현된다. 이런 믿음의 개념은 우리의 칭의에서 믿음의 용도에 대한 우리의 일반적인 고찰에서 이미 언급되었다. 그러므로 여기에서 다시 많이 언급되지 않을 것이다. 우리는 이것에 관해 두 가지를 관찰할 수 있다.

첫째로, 그것은 믿음의 전체 대상이나 우리의 칭의에 어떤 식으로든 협력하는 모든 것과 관련해서 받는 것으로 표현된다. 우리가 그리스도 자신을 받는다고 언급되고 있기 때문이다. "영접하는 자 곧 그 이름을 믿는 자들에게는 하나님의 자녀가 되는 권세를 주셨으니"(요 1:12). "그러므로 너희가 그리스도 예수를 주로 받았으니"(골 2:6). 이와 반대로 불신앙은 그를 받지 않는 것으로 표현된다(요일 1:11, 3:11, 12:48, 14:17). 그리고 그것은 "주 우리의 의"로서 우리가 의가 되신 하나님으로서 그리스도를 받는 것이다. 그리고 어떤 은혜도, 어떤 의무도 이 일에서 믿음과 어떤 협력을 가질 수 없는 것처럼 – 그리스도를 이렇게 영접하는 것은 그것들의 본성에 속하지 않고 그것들의 활동을 차지하지도 않는다 – 그것은 오직 그리스도 이외에 우리의 칭의에서 어떤 다른 의도 배제시킨다. 우리가 "믿음으로 말미암아 의롭다 하심을 받기" 때문이다. 오직 믿음만이 그리스도를 받는다. 그리고 믿음이 받는 것은 우리의 칭의의 원인이며, 이에 의지해서 우리는 하나님의 자녀들이 된다. 그러므로 우리는 그리스도의 보혈로 말미암아 이루어진 "구속을 받는데"(롬 5:11), 하나님이 "그를 그의 피에 대한 믿음으로 말미암은 화목제물로 삼으셨기" 때문이다. 그리고 이렇게 구속을 받는 것은 영혼이 그리스도의 보혈로 말미암은 구원의 방법을 인정하고, 그로 말미암아 우리 자신의 영혼에 이루어지는 구속을 획득하는 것을 포함한다. 이로 말미암아 또한 우리가 죄 사함을 받기 때문이다. "그들이 죄 사함을 받고……내 안에 있는 믿음으로"(행 26:18). 그리스도를 받을 때 우리는 구속을 받으며, 구속에서 우리는 죄 사함을 받는다. 그러나 더욱이 우리의 칭의의 효율적이며 내용적인 원인으로서 하나님의 은혜와 의 그 자체가 또한 받아들여진다. 곧 "은혜의 풍성함과 의의 선물"이 받아들여진다(롬 5:17). 그러므로 믿음은 칭의 모든 원인과 관련하여 "받는 것"으로 표현되는데, 그것이 또한 하나님 편에서 칭의 도구적 원인인 약속을 받기 때문이다(행 2:41, 히 9:15).

둘째로, 칭의의 모든 원인과 관련해서 받는 데 놓여 있는 믿음의 본성과 믿음의 행동은 믿음의 대상이 우리 자신의 것이 아니라, 믿음의 대상을 주고 받는 것으로 우리에게 제공되고 제시되고 주어져야 한다. 이것은 받는 것의 일반적인 본성에서 분명하다. 그리고 여기에서 관찰한 것처럼 어떤 다른 은혜나 의무가 믿음과 협력할 수 없는 것처럼 우리가 의롭다 하심을 받게 되는 의는 이것을 받기 이전에 우리 자신에게 속하거나, 어느 때 우리 안에 내재되어 있는 어떤 것일 수 없다. 그러므로 우리는 우리의 칭의에서 믿음의 행위가 우리에게 값없이 인정되고 주어지고 전달되고 전가된 것을 받는 것이라면, 곧 그리스도와 구속과 의의 선물과 죄 사함을 받는 것이라면, 그 때 우리의 다른 은혜들과 우리의 순종과 의무들과 행위들은 우리의 칭의에 아무런 영향을 미치치 못하며, 칭의의 어떤 원인들이나 조건들이 아니다. 그것들은 오직 칭의에 협력하는 것인 받는 것도, 받아들여지는 것도 아니기 때문이다.

2. 믿음은 "바라보는 것"으로 표현된다. "나를 바라보라 네가 구원을 받을 것이다"(사 45:22). "그 날에 사람이 자기를 지으신 이를 바라보겠으며 그의 눈이 이스라엘의 거룩하신 이를 뵙겠고"(사 12:7). "그들이 찌른 나를 바라볼 것이라"(슥 12:10). 시 123:2을 보라. "상전의 손을 바라보는 종들의 눈 같이, 여주인의 손을 바라보는 여종의 눈같이 우리의 눈이 여호와 우리 하나님을 바라보며 우리에게 은혜 베풀어 주시기를 기다리나이다." 믿음의 이런 본질은 요 3:14, 15에서도 표현되어 있다. "모세가 광야에서 뱀을 든 것 같이 인자도 들려야 하리니 이는 그를 믿는 자마다 영생을 얻게 하려 하심이니라." 그가 죽으실 때 십자가에서 높이 들리셔야 했기 때문이다(요 8:28, 12:32).

이 이야기는 민 21:8, 9에 기록되어있다. 나는 어느 누구도 불뱀이 사람을 물고 그로 말미암아 죽음이 온 것이 죄책과 그로 말미암은 불 같은 율법의 선언이라는 것을 의심하지 않을 것이라고 생각한다. 이런 일은 모형으로 그들에게 나타났기 때문이다(고전 10:11). 이렇게 뱀에 물린 사람이 어떤 다른 치료책들을 찾는다면 그는 죽었을 것이다. 오직 높이 들린 구리뱀을 바라본 사람들만이 치료되어 살았다. 이것이 하나님이 정하신 규례였기 때문이다. 곧 하나님이 오직 이런 치료 방법만을 정하셨기 때문이다. 믿음의 본성은 우리 구주께서 분명히 설명하셨듯이 이렇게 그들이 바라보는 것으로 표현된다. "인자도 들려야 하리니 이는 그를 믿는 자마다", 곧 이스라엘사람들이 광야에서 뱀을 바라보았던 것처럼 "멸망치 않을 것이다." 그리고 비록 그리스도 자신으로 말미암은 복음의 위대한 신비에 대한 이런 표현이 어떤 사람에 의해 조롱을 받거나 그들이 부르는 것처럼 노출되었지만, 그것은 실제로 성경에 있는 어떤 본문처럼 믿음과 칭의와 그리스도로 말미암은 구원을 가르치는 것이다. 그런데 만약 우리가 의롭다 하심을 받는 믿음과 우리가 의롭다 하심을 받은 믿음의 활동이 다른 무엇보다도 죄책과 그로 말미암은 우리의 잃어버린 상태에 대해 느끼면서 우리의 유일한 도움과 안식으로, 구원과 의와 생명으로 그리스도를 바라보는 것이라면, 그것은 칭의에서 무엇이든지 다른 모든 은혜와 의무를 배제한다. 이것들을 통해 우리가 바라보지 않으며, 이것들은 우리가 찾는 것들이 아니기 때문이다. 그러나 성령이 표현하시는 믿음의 본성과 활동이 그러하며, 믿는 자들은 성령의 생각을 이해한다. 어떻게 은유적으로 표현되든지 믿음은 소망이 없고, 도움이 없고, 자신들 안에서 잃어버린 사람들이 기대와 신뢰의 방법으로 행하고, 오직 그리스도 안에 있는 모든 도움과 구원을 찾는 영혼의 행동이기 때문이다. 그렇지 않다면 그 안에 아무런 진리가 없다. 그리고 이것은 또한 그리스도로 말미암은 우리의 칭의의 본성을 충분히 증명한다.

3. 믿음은 똑같은 방법으로 자주 "그리스도께 오는 것"으로 표현된다. "수고하고 무거운 짐진 자들아 다 내게로 오라"(마 11:28). 요

6:35, 37, 45, 65, 7:37을 보라. 생명과 구원을 위해 그리스도께 오는 것은 그를 믿어 생명의 칭의에 이르는 것이다. 그러나 어떤 다른 은혜나 의무는 그리스도께 오는 것이 아니다. 그러므로 그것들은 칭의에서 어떤 위치도 가지지 못한다. 죄에 대해 깨닫고, 죄의 짐으로 신음하고, 실제로 다가오는 진노에서 달아나려고 하고, 도움과 구원을 위해 그에게로 오라고 자신을 초청하는 복음 안에서 그리스도의 목소리를 들은 사람은 당신에게 이렇게 그리스도께 오는 것은 사람이 자신의 모든 의무와 의를 완전히 버리고 자신에게서 나와서 죄 사함과 하나님께 용납을 받고 하늘의 기업에 대한 권리를 얻기 위해 오직 그리스도와 그의 의를 전적으로 신뢰하고 의지하는 데 놓여 있다고 말할 것이다. 아마 어떤 사람들은 이것은 믿는 것이 아니라 애원하는 것이라고 말할 것이다. 실제로 그런지 우리는 하나님의 교회에 판단을 맡길 것이다.

4. 그것은 피난처로 "피하는 것"으로 표현된다. "우리 앞에 있는 소망을 얻으려고 피난처를 찾는 우리"(히 6:18). 잠 18:10을 보라. "여호와의 이름은 견고한 망대라 의인은 그리로 달려가서 안전함을 얻느니라." 그러므로 어떤 사람들은 믿음을 "생명의 피난처", 곧 영혼이 죄와 비참함에서 벗어나기 위해 그리스도께 피하는 것으로 정의했다. 그리고 이렇게 이해하는 것은 믿음의 본성에 많은 빛을 준다. 바로 여기에서 믿는 자는 이런 상태에 이르기 전에 자신의 잃어버린 상태를 깨닫고, 그 상태에 머물러 있다면 영원히 멸망할 것이며, 자신 안에서 그 상태에 벗어날 수 있는 아무 것도 가지고 있지 않으며, 구원을 받기 위해 어떤 다른 것에 자신을 맡겨야 하며, 이런 목적으로 자신이 자신 앞에 놓여 있고 복음의 약속 안에서 자신에게 제시되어 있는 그리스도를 고려하고, 이것이 자신의 구원과 하나님께 용납되기 위해 그 안에 하나

님의 모든 탁월한 성격을 가지고 있는 거룩하고 안전한 방법이라고 판단하는 것이 전제되어 있기 때문이다. 곧 이에 기초해서 그는 현재의 상태에서 멸망하지 않으려고 부지런하고 신속하게 피난을 위해 그리로 피한다. 그는 그것을 전적으로 신뢰하여 자신을 맡긴다. 그리고 그리스도로 말미암은 우리의 칭의의 전체의 본성은 이로 말미암아 이에 대한 수백 가지의 철학인 논쟁들보다 신자들의 초자연적인 느낌과 경험에 더 잘 선포된다.

5. 믿음은 구약에서 하나님이나(미 3:11) 그리스도께 "기대고"(아 8:5), 우리 자신과 우리의 짐을 주께 "굴리거나 던지고"(시 22:8, 37:5), (어떤 사람들은 성령이 지혜로 이렇게 표현하신 것들을 조롱한다), 하나님이나 그를 "의지하고"(대하 14:11, 시 37:7), 주께 "매달리는 것"과 같은 용어들과 개념들로 표현된다. 또한 많은 곳에서 믿음은 "신뢰하고", "소망하고", "기다리는 것"으로 표현된다. 그리고 표현된 대로 믿음으로 행동하는 사람들은 모든 곳에서 자신들을 잃어버리고, 소망이 없고, 도움이 없고, 황량하고, 가난하고, 부모가 없는 자들로 선언하고 있으며, 이에 따라 그들은 자신들의 모든 소망과 기대를 오직 하나님께 두고 있는 것이 관찰될 수 있다.

이것들에서 내가 추론하고 싶은 모든 것은 우리가 생명의 칭의를 위해서나, 우리가 의롭다 하심을 받기 위해 의무의 방법으로 우리에게 요구되는 우리가 믿는 믿음은 죄를 깨달은 죄인들이 전적으로 자신에게서 나와서 자비와 용서와 생명과 의와 구원을 위해 그리스도 안에서 하나님을 의지하고 마음으로 받아들이는 전체 영혼의 활동이라는 것이다. 그리고 이것이 우리가 주장하는 진리의 전체이다.

THE DOCTRINE

OF

JUSTIFICATION BY FAITH

THROUGH

THE IMPUTATION OF THE RIGHTEOUSNESS OF CHRIST

EXPLAINED, CONFIRMED, AND VINDICATED

제 16 장
성경의 증거들로 주장하고 있는 진리를 확증함 - 렘 23:6

우리가 지금 진행하려고 하는 것은 우리가 주장하고 있는 진리에 대해 말하고 있는 성경의 분명한 증거들, 특별히 죄인들의 칭의의 교리를 분명하고 계획적으로 다루고 있는 구절들을 살펴보는 것이다. 이것들에서 우리는 진리를 배워야 하고, 이것들에서 우리의 믿음이 결정이 되어야 하며, 이것들의 권위에 사람들의 모든 논쟁과 반대가 굴복되어야 한다. 이것들을 통해 가장 정교한 논쟁들보다 신자들의 이해에 더 많은 빛이 전달된다. 그리고 칭의에 대해 개신교도들이 쓴 모든 책 중에서 논의에서 벗어나지 않는다면 성경의 한 증거도 제시되지 않은 책을 보는 것은 문제가 없지 않다.

그리고 구체적으로 사도 바울이 복음적 칭의의 교리에 대해 가장 완전하고 분명하게 (그가 그렇게 해야 할 가장 큰 이유가 있었기 때문에) 선포하고 증명했던 반면에, 적지 않은 사람들이 이 교리에 대해 쓰면서 사도의 글에 나온 이 교리에 대한 자신들의 생각을 믿음으로 결코 선포하지 않는다. 오히려 그들은 언급되었던 것처럼 자신들의 부패한 원리들에 기초해서 그의 글들을 비난하고 반대하거나 언급하지 않더라도, 마치 그보다, 그에게 영감을 주고 안내하고 그가 쓴 모든 것에서 활동하셨던 성령보다 더 지혜로운 것처럼 그의 글들을 애매하고 위험한 실수를 하게 하는 것으로 비하하기 시작한다. 그러나 우리가 겸손하게 그로 말미암아 선포된 이 일에서 하나님의 은혜의 신비를 배우려고 겸손히 노력하지 않은 것보다 기독교의 핵심에 더 이질적인 것은 있을 수 없다. 그러나 사람들이 종교에 대한 고백에서 어떤 과정을 택하기를 기뻐하든 하나님의 기초는 견고하게 서 있다.

내가 생산하고 주장할 증거들에 대해 나는 독자들이 다음과 같은 것을 주목하기 바란다. 1. 그것들은 단지 똑같은 목적으로 주장될 수 있는 많은 것의 일부에 불과하다. 2. 특별한 경우에 해당되거나 그렇다고 주장되는 것들을 나는 전적으로 생략할 것이다. 그리고 구약에서 이 진리에 대해 제시되고 있는 대부분의 증거들이 그런 것들이다. 3. 이것들을 주해하는 데 있어서 나는 할 수 있는 한 부지런히 다음과 같은 것을 준수할 것이다.

첫째로, 신앙의 유비, 곧 성경에서 하나님의 생각과 뜻에 대해 계시하는 명확한 범위와 계획. 그리고 이것이 하나님 자신의 은혜의 자유와 부요함과 그리스도와 그의 중보의 영광과 탁월성을 높이고, 죄로 말미암은 사람의 비참하고 잃어버리고 의지할 것 없는 상태를 발견하게 하고, 생명과 의와 구원을 얻는 것과 관련해서 우리 안에 있고 우리에게 속해 있는 모든 것을 비하하고 사기를 떨어뜨리는 것이라는 것은 성경에서 서술된 대로 느끼는 어떤 사람도 부인할 수 없는 것이다. 둘째로, 예수 그리스도로 말미암은 칭의를 추구하는 사람들의 상태와 더불어 믿는 자들의 경험. 다른 일들에 있어서 나는 성경 해석의 최상의 도움들과 규칙들이 무시되지 않기를 바란다.

이 경우에 우리에게 약속되고 주어진 대로 주 예수 그리스도, 하나님의 아들의 이름에, 곧, "주 우리의 의"에 마땅히 놓여진 무게가 있다(렘 23:6). 그에게 제시되고 서술된 여호와라는 이름은 그의 신적인 위격을 완전한 지시한다. 그러므로 그가 우리의 의라고 더하는 것은 오직 그 안에서, 그로 말미암아 우리가 의를 가지거나 의롭다 하심을 받게 된다는 것을 충분히 선언한다. 그는 마찬가지로 모형적으로 멜기세덱에 의해 "의의 왕", "평강의 왕"으로 표현되었는데(히 7:2), 오직 그의 의로 말미암아 우리가 하나님과 평화를 누리기 때문이다.

소시누스주의자들 중에서 어떤 사람들은 구약에서 의가 때때로 긍휼과 친절함과 자비에 사용되었다는 것을 주목함으로써 이런 주장을 회피하고 싶어하며, 그것이 여기에서도 그렇게 쓰일 수 있다고 추측한다. 그러나 그들 중 대부분은 이런 상상의 치명적인 애매모함을 피하려고 하나님의 의를 그의 백성을 구원하고 확증하는 것으로 언급한다. 그러므로 브레니우스(Brenius)는 간략하게 "주께서 자신의 손으로 이스라엘을 심판하시고 의롭다 하시기 때문에 그렇게 불리신다"라고 말한다. 그러나 이것들은 자신들이 말하는 것이 신앙의 유비나 성경의 분명한 표현에 일치하는지에 대해 관심이 없기 때문에 마구떠드는 담대한 자들이 얼버무리는 것이다.

자신의 대답들에 대해 어느 정도 진리가 있는 것처럼 보이려는 데 더 관심이 있는 벨라르민은 먼저 왜 그가 "주 우리의 의"라고 불리시는지 다른 이유들을 제시하고, 그런 다음에 진리의 증거들을 모르는지 압도당했는지 우리가 주장하는 진리 전체를 포함하는 표현의 의미를 인정한다. 그는 "그리스도는 우리의 의의 효율적인 원인이시기 때문에 '주 우리의 의'라고 불리실 수 있다"고 - 하나님이 우리의 "힘이요 구원"이시라고 언급될 수 있다고 말한다. 다시 그는 "그리스도는 우리의 지혜와 우리의 구속과 우리의 평화이시기 때문에 우리의 의라고 언급될 수 있는데, 이는 그가 우리를 구속하셨고, 우리를 지혜롭고 의롭게 만드시고, 우리를 하나님과 화해시키기 때문이다"라고 말한다. 그리고 똑같은 본성의 다른 이유들이 다른 사람들에 의해 더해진다. 그러나 표현들에 대한 이런 주해를 신뢰하지 못하면서 그는 "그리스도는 우리를 위해 아버지를 충족시키시고, 그가 우리를 의롭다 하실 때 그 충족을 우리에게 전달해 주셔서 그것이 우리의 충족과 의라고 불릴 수 있기 때문에 우리의 의라고 언급되신다. 그리고 이런 의미에서 그것이 우리에게 주어지고 적용될 때 마치 우리 자신이 하나님을 충족시킨 것처럼 누구든지 그리스도의 의와 공로가 우리에게 전가된다고 말한다면 불합리할 것이다"라는 말을 더한다(De justificat, lib. ii. cap. 10). 이런 의미에서 우리는 그리스도는 "주 우리의 의"이시라고 말하며, 우리가 주장하는 칭의의 전체 교리에서 추기경이 인정하지 않는 어떤 중요한 것도 없으며, 우리는 어떤 사람들이 불평하고 반대하는 용어로 말한다.

그러므로 나는 그 큰 대적자로 하여금 진리의 탁월한 교리를 왜곡하지 못하게 했던 이 증거를 좀 더 살펴볼 것이다. "보라 때가 이르리니 내가 다윗에게 의로운 가지를 일으킬 것이라 그가 왕이 되어 지혜롭게 다스리며 세상에서 정의와 공의를 행할 것이며 그의 날에 유다는 구원을 받겠고 이스라엘은 평안히 살 것이며 그의 이름은 여호와 우리의 의라 일컬음을 받으리라"(렘 23:5, 6).[1] 그리스도인들 사이에서 이것은

---

1) 역자 주) 개혁한글과 KJV은 "여호와 우리의 의"라고 번역한 반면에 개역개정은 "여호와 우리의 공의"라고 번역하였다. 역자는 원문에 따라 "여호와 우리의 의"라고

하나님의 아들의 성육신과 그로 말미암은 우리의 구원에 대한 최초의 약속을 탁월하게 갱신한 것이라고 고백된다. 이 약속은 처음에 우리가 우리의 본래적인 의를 잃어버리고 오직 죄를 짓고 하나님의 영광에 이르지 못하는 자들로서 고려될 때 주어졌다. 이런 상태에서 우리가 다시 하나님께 받아들여지려면 의가 절대적으로 필요했다. 의가 없이, 완벽하고 완전한 의가 없이 우리는 결코 그렇게 되지 않으며 될 수도 없기 때문이다. 이런 상태에서 그가 "우리의 의"가 되실 것이라고, 혹은 사도가 표현한 대로 "믿는 자들에게 의를 위한 율법의 마침"이 되실 것이라는 약속이 주어졌다.

그가 그러하시다는 것은 어떤 의문도 있을 수 없다. 전체의 문제는 어떻게 그가 그러하실 수 있느냐는 것이다. 이것은 그가 우리의 의의, 곧 우리의 개인적이며 내적인 의의 효율적인 원인이시기 때문이라고 우리의 적대자들 중에 가장 냉철하고 얌전한 사람이 말하고 있다. 그러나 이 의는 그 자체로 하나님의 은혜의 효과로써 비록 완벽하고 완전하지는 않지만 선하고 거룩한 것으로 생각될 수 있거나, 우리의 것으로, 우리 안에 내재되어 있는 것으로 우리의 본성에 남아있는 부패되어 있는 것들을 수반하고 있는 것으로 고려될 수 있다.

이 의가 우리의 것이라는 차원에서 선지자는 하나님이 보시기에 "우리는 다 부정한 자 같아서 우리의 의는 더러운 옷과 같다"(사 64:6)고 주장하고 있다. 우리의 모든 의(בְּכָל־צִדְקֹתֵינוּ)는 우리의 전체적인 개인적이며 내적인 의를 구성하며, 그것은 다 더러운 옷과 같기 때문에 주 그리스도는 이곳에서 "주 우리의 의(יְהוָה צִדְקֵנוּ)"라고 불리실 수 없다. 그러므로 이 칭호가 취해진 것은 다른 종류의 의임에 틀림없다. 그리고

번역하였다.

이런 이유 때문에 이 이름이 그에게 주어지셨다. 그러므로 그는 우리의 모든 의가 그 안에 있다는 의미에서 우리의 의이시다. 그러므로 자신의 모든 의가 더러운 옷과 같다고 고백한 교회는 "주 안에서 내가 의를 가진다"(사 45:24)고 말하고, (이것이 사도가 그리스도에 대해 설명한 것이다) "오직 주 안에서 나의 의가 있다(בָּיהוָה לִי צְדָקוֹת)"고 말한다. 그리고 사도는 이 둘을 빌 3:8, 9에서 표현한다. "내가 그를 위하여 모든 것을 잃어버리고 배설물로 여김은 그리스도를 얻고 그 안에서 발견되려 함이니 내가 가진 의는 율법에서 난 것이 아니요 (이 경우에 더러운 옷과 같아서) 오직 그리스도를 믿음으로 말미암은 것이니 곧 믿음으로 하나님께로부터 난 의라"(빌 3:8, 9). 그러므로 "이스라엘 자손은 다 여호와로 말미암아 의롭다 하심을 얻고 자랑하리라"는 말이 더해진다 (사 45:25). 곧 그가 지금 계신 그대로, 그가 계셨고 행하셨던 그대로, 우리를 위해 주어지신 그대로 "우리의 의"이시며, 우리의 의는 모두 그 안에 있다. 그리고 이것은 우리 자신의 개인적이며 내적인 의를 우리의 칭의에 참여하는 데서 전적으로 제거하고 그것을 전적으로 그리스도의 의에 돌린다.

그러므로 시편기자의 다음과 같은 강조하는 표현이 나온다. "내가 주 여호와의 힘으로 가겠사오며" (거룩과 순종과 관련하여 우리의 모든 영적인 힘이 오직 그에게서 나오기 때문에) "내가 '오직 주의 의 (צְדָקָתְךָ לְבַדֶּךָ)'만 말하리이다"(시 71:16). 접미사를 반복하는 것은 오직 하나님의 의 이외에 어떤 것을 의지하고 신뢰하는 모든 것을 배제한다. 사도는 그리스도를 우리에게 의가 되게 만드는 데 있어서 "어떤 육체도 그의 앞에서 영광을 받지 못하고 영광을 돌리는 자는 주 안에서 영광을 돌리게 하시는 것"(고전 1:29, 31)이 하나님의 계획이라고 주장한다. 우리의 오직 믿음으로 말미암은 칭의와 관련해서 하나님의 의, 오직 그의 의만 언급하는 것이 모든 자랑을 배제하기 때문이다(롬 3:27). 그리고 더 나아가서 구체적인 증거들로부터 주장하는 것 이외에도 성경은 "그가 죄를 끝내시며 죄악에 대해 화해하시고 영원한 의를 가져오신다"(단 9:24)는 점에서 어떻게 그가 "주 우리의 의"이신지 분명하게 선포한다. 우리의 칭의는 이런 것들로, 곧 죄에 대해 충족시키고, 우리를 하나님과 화목하게 하여 죄를 용서하시고, 우리에게 영원한 의를 제공하심으로써 완성된다.

그러므로 그는 "주 우리의 의"이시며 마땅히 그렇게 불리신다. 그러므로 우리가 본래의 의를 잃어버리고, 우리 자신의 의가 전혀 남아있지 않고, 우리가 하나님께 받아들여지기 위해 완벽하고 완전한 의가 필요하며, 그 의가 우리 안에 있는 어떤 것이라고 자랑할 수 있는 경위를 배제하고, 주 그리스도가 우리에게 "주 우리의 의"로서 주어지시고 되셨으며, 그 안에서 우리가 우리의 모든 의를 가지며, (우리의 의는 하나님이 보시기에 더러운 옷과 같기 때문에) 이것이 죄를 끝내고 죄악에 대해 화해하며 영원한 의를 가져온다는 것을 고려할 때 우리가 하나님이 보시기에 의롭다 하심을 받고 영광을 돌리는 것은 그의 의, 오직 그의 의로 말미암은 것이다. 이것이 이 경우에 우리가 주장하는 것의 본질이다. 그러므로 그것은 성경에서 사람들로 하여금 적절성과 정확성을 가장하면서 허풍떨게 하는 철학적인 표현들과 구분들보다 신자들의 생각에 더 많은 빛과 영적인 의미를 가져오는 방식으로 성경에서 선포되고 있다.

THE DOCTRINE

OF

JUSTIFICATION BY FAITH

THROUGH

THE IMPUTATION OF THE RIGHTEOUSNESS OF CHRIST

EXPLAINED, CONFIRMED, AND VINDICATED

제 17 장
복음서에 나오는 증거들에 대해 생각함

　그리스도의 의의 전가로 말미암은 칭의의 교리가 그리스도의 생애와 죽음의 역사에 대해 쓴 복음서 기자들의 글들에서보다 신약의 이어지는 글들에서 더 충분하고 명확하게 기록된 이유들은 전에 선포되었다. 그러나 여전히 이 교리는 복음서들 안에서도 그리스도의 죽음과 부활 이전의 교회의 상태처럼 충분히 나타나고 증거되고 있다. 나는 이런 목적으로 그들의 글에서 주장할 수 있는 많은 증거 중에서 몇 가지를 고려할 것이다.

　첫째로, 우리의 복되신 구주께서 하신 설교의, 특별히 기록되어 있는 설교의 주요한 계획은 하나님 앞에서 의의 참된 본성을 선포하는 것이다. 서기관들과 바리새인들은 그가 자신의 말씀을 듣는 사람들의 양심에 확증하려고 하셨던 교리에 속박되는 것에서 벗어나 하나님 앞에서 우리의 모든 의를 율법의 행위나 율법에 대한 사람들 자신의 순종에 두었다. 그들은 이것을 사람들에게 가르쳤고, 그가 "너희는 사람 앞에서 스스로 옳다 하는 자들이나 너희 마음을 하나님이 아시나니 사람 중에 높임을 받는 그것은 하나님 앞에 미움을 받는 것이니라"(눅 16:15)고 그들을 책망하셨을 때처럼 이것에 기초해서 자신들을 의롭다고 여겼다. 이 설교에서 그는 이 사실을 분명히 하신다. 그리고 자신들의 행위 아래 있는 모든 사람은 곧 "율법의 행위로 자신들의 의를 세우려고"(롬 9:32, 10:3) 추구한다. 그러나 여전히 그들은 자신들의 양심으로 자신들이 의의 법이나 율법이 요구하는 완벽한 순종을 충족시킬 수 없다는 것을 깨닫고 있었다. 그러나 그들은 모든 사람의 방식이 똑같은 경우에 그러하듯이 자신들의 깨달음을 거슬러 안식을 찾으려고 다른 대안들을 찾으려고 하였다. 이런 목적으로 그들은 자신들의 거짓된 주석들과 해석들로 그 의미를 자신이 행할 수 있다고 스스로 자랑할 수 있는 수준으로 끌어내리고 격하시켜서 전체 율법을 부패시켰다. 우리 구주께서 비유의 방법으로 전체 사회의 원리와 실천에 대해 예를 드신 사람이 그러했으며(눅 18:11, 12), 자신이 어려서부터 그것들의 의미하는 바 대로 전체 율법을 지켰다고 주장했던 젊은이가 그러했다(마 19:20).

이런 치명적인 오류를 교회에서 뿌리뽑기 위해 우리 주 예수 그리스도는 많은 경우에 율법이 요구하는 의가 무엇인지 나타내시고, 사람이 어떤 조건으로 그로 말미암아 의롭다 하심을 받을 수 있는지 나타내시면서 율법의 참되고 영적인 의미와 의도를 제시한다. 그리고 똑같은 목적으로 다양한 다른 것들 중에서 그는 두 가지를 명확하게 선포하신다.

1. 율법은 그 계명과 금지에 있어서 모든 마음의 최초의 움직임과 금지와 더불어 마음의 규정을 고려한다. 그는 마음의 가장 내적인 생각들과 마음이 욕구하는 최초의 움직임이 그 욕구를 따르지 않고, 실질적

으로 외적인 죄의 행동으로 성취되지 않고, 매사에 그런 행동에 이르지 않더라도 직접적으로 율법에서 금지되어 있다고 주장하시기 때문이다. 그는 일곱 번째 계명에 대한 자신의 거룩한 강해에서 이렇게 하신다(마 5:27-30).

2. 그는 여섯 번째 계명에서 금지된 이유없는 분노에 대해 주장하실 때 아무리 작은 죄라도 지옥불이라는 율법의 형벌을 받을 것이라고 선언하신다. 사람들이 이런 규칙들과 우리 구주께서 주신 다른 규칙들에 따라 단지 자신들을 시험한다면, 이로 말미암아 자신들의 의와 칭의에 대해 자랑하는 것을 아마 멈출 것이다. 그러나 과거와 마찬가지로 지금도 행위로 말미암은 칭의를 주장하는 대부분의 사람들은 율법의 의미를 타락시키려고 그것을 자신들의 실천에 맞추려고 시도한다. 독자는 『기독교와 인간의 영혼들을 파괴하는 것으로 증명된 교황주의자들의 실천신학』이라는 제목으로 가장 최근에 발행된 탁월한 책에서 이것이 탁월하게 증명이 되고 있는 것을 볼 수 있다.[2] 율법의 영성은 율법이 엄격이 금지하는 것과 더불어 마음 속에서 가장 작고 인식할 수 없는 죄의 동요에 이르기까지 어떤 의미로든 행위로 말미암은 칭의를 주장하는 사람들에 의해 믿어지거나 올바로 생각되지 않는다. 그러므로 우리 구주의 설교의 주요한 계획은 하나님이 율법으로 요구하시는 의의 본질이 무엇인지를 선포하여 자기 제자들의 마음이 그 원인과 수단에 있어서, 비록 요한의 사역을 통해 준비된 그들 많은 사람이 의에 굶주리고 목말라하고 있음에도 불구하고, 아직 분명히 선포되지 아니한 또 다른 의미를 추구할 수 있도록 준비시키려는 것이었다.

---

2) 오웬은 여기에서 그의 동료였던 David Clarkson의 『The Practical Divinity of the Papists Discovered to be Destructive of Christianity and Men's Souls』를 언급하고 있다.

그러나 그는 자신이 "율법을 성취하러 오셨다"(17절)고 친히 말씀하실 때 율법이 요구하는 의의 본질이 어디에 놓여 있는지 충분히 암시하신다. 그는 보내심을 받으신대로 오셨다. 그가 보내심을 받으신대로 오셨기에 그는 자신을 위해 "우리에게 태어나시고 우리에게 주어지지 않으셨다." 이것은 율법의 의가 우리 안에서 성취될 수 있도록 율법을 성취하는 것이었다. 그리고 만약 우리가 스스로 율법의 명령하는 온전한 의미로 율법을 성취할 수 없다면, (그것은 우리 구주께서 선포하신 것처럼 폐기되지 말고 세워져야 한다) 만약 우리가 율법을 어겼을 때 율법의 저주와 형벌을 피할 수 없다면, 만약 그가 우리를 위해 율법을 성취하러 오셨다면, (이 모든 것은 그가 친히 선포하신 것이다) 그 때 그의 의가, 곧 그가 율법을 성취하시기 위해 우리를 위해 하신 것, 우리가 하나님 앞에서 의롭다 하심을 받게 되는 의가 율법을 성취한 것이다. 그리고 여기에 우리에 제시된 두 가지 의가 있다. 하나는 그리스도로 말미암아 율법이 성취된 의이며, 다른 하나는 그리스도가 친히 선포하신 대로 우리 자신이 율법에 완벽하게 순종하는 의이다. 그리고 이것들 사이에 다른 중간적인 의는 없다. 이것들 중 어느 하나를 붙잡고 신뢰할지는 죄를 깨달은 죄인들의 양심에 달려있다. 그리고 이 일에서 있어서 지침을 제공하는 것은 우리가 이 교리의 선포하는 데서 가지고 있는 주요한 계획이다.

나는 이 교리의 기초가 확실히 놓여 있는 구절들을 다 살펴보지는 않을 것이다. 그 이유는 그것들 안에 이 교리가 명확히 표현되어 있지 않기 때문이 아니다. 오히려 이 교리는 그것들 안에 명확히 표현되어 있어서 필연적으로 추론될 수 있다. 그리스도가 우리를 위해, 혹은 우리를 대신하여 죽으셨고, 우리를 위해, 혹은 우리를 대신하여 자신의 생명을 대속물로 주셨고 말하고 있는 것과 같은 구절들이 이런 종류에 속한다. 그러나 나는 현재의 논의에서 벗어나고 싶지 않으므로 이런 구절들을 지나칠 것이다.

그러나 우리 구주께서 친히 바리새인과 세리의 비유에서 표현하신 사람들이 하나님 앞에서 의롭다 하심을 받을 수 있는 방법과 수단은 똑같은 계획을 가지고 있는 모든 사람에게 안내가 된다. "또 자기를 의롭다고 믿고 다른 사람을 멸시하는 자들에게 이 비유로 이르시되 두 사람이 기도하러 성전에 올라가니 하나는 바리새인이요 하나는 세리라 바리새인은 서서 따로 기도하여 이르되 하나님이여 나는 다른 사람들 곧 토색, 불의, 간음을 하는 자들과 같지 아니하고 이 세리와 같지도 아니함을 감사하나이다 나는 이레에 두 번씩 금식하고 또 소득의 십일조를 드리나이다 하고 세리는 멀리 서서 감히 눈을 들어 하늘을 쳐다보지도 못하고 다만 가슴을 치며 이르되 하나님이여 불쌍히 여기소서 나는 죄인이로소이다 내가 너희에게 이르노니 이에 저 바리새인이 아니고 이 사람이 의롭다 하심을 받고 그의 집으로 내려갔느니라 무릇 자기를 높이는 자는 낮아지고 자기를 낮추는 자는 높아지리라 하시니라" (눅 18:9-14).

여기에서 우리 구주의 계획은 하나님 앞에서 우리의 칭의의 방법을 나타내시는 것이었다는 것은 분명하다.

1. 그가 되돌아보신 사람들에 대한 묘사에서(9절). 그들은 "자신들이 의롭거나", 자신들이 하나님 앞에서 자신들의 개인적인 의를 가지고 있다고 "스스로 믿는" 자들이었다.

2. 그가 자신이 묘사한 사람들에 대해 내리신 판단을 확증하시는 일반적인 규칙에서. "무릇 자기를 높이는 자는 낮아지고 자기를 낮추

는 자는 높아지리라"(14절). 이것이 바리새인과 그가 한 기도에 적용되는 것처럼 그것은 하나님 앞에서 우리의 칭의와 관련해서 우리 자신의 행위에 대한 모든 주장은 어떤 고려 아래서든 하나님이 경멸하시는 자기를 높이는 것이며, 바리새인에게 적용되었을 때처럼 죄에 대해 느끼는 것은 믿음으로 하나님께 받아들여지기 위해 우리 편에서 유일하게 준비하는 것임을 분명히 선언한다. 그러므로 두 사람 다 의롭다 하심을 추구하고 있는 것으로 표현된다. 우리 구주가 그런 목적으로 그들이 하나님께 호소하고 있는 것으로 표현하시기 때문이다. 곧 한 사람은 의롭다 하심을 받았지만, 다른 사람은 의롭다 하심을 받지 못했다.

이런 목적으로 바리새인이 호소한 것은 두 부분으로 이루어져있다.

1. 그는 자신이 의롭게 될 수 있는 조건을 성취했다는 것이다. 그는 정성적 공로든 정량적 공로든 어떤 공로도 언급하지 않는다. 그 당시 교회에는 오직 하나님의 언약의 두 부분, 곧 하나는 도덕적 법과 관련된 것이고 다른 하나는 의식적인 법과 관련된 두 부분이 있었던 반면에, 그는 자신이 이 두 부분의 조건을 준수했다고 주장하는데, 이것은 그가 제시한 예에서 나타난다. 그는 이런 순종에서 자신이 보통 사람들이 하는 것 이상으로 행했던 방식을 더한다. 곧 그는 이레에 두 번씩 금식을 하였다. 사람들이 행위로 말미암아 의와 칭의를 추구하기 시작할 때 그들은 재빨리 자신들의 최선의 자산이 무엇인가 특별한 것을 하는 것에, 다른 사람들보다 더 특별하고, 사실 그들에게 요구되는 것보다 더 특별한 것을 하는 데 달려있다고 생각한다. 이것은 교황주의 안에 있는 모든 바리새적인 금욕생활을 가져왔다. 그리고 그가 위선자이고 자랑하는 자이기 때문에 이 모든 것은 아무 것도 의미하지 않는다고 언급될 수 없다. 그것은 행위로 말미암은 칭의를 추구하는 모든 사

람이 그런 것처럼 보여야 한다고 대답될 수 있기 때문이다. 오직 우리 구주께서 그런 사람을 예로 드신 것이다. 그리고 이것들은 오직 그가 "자신의 의를 신뢰함으로써 자신을 높였다"는 것 외에 그의 칭의를 반대하는 심판에서 제시되지 않는다.

2. 그가 "하나님 내가 당신께 감사하나이다"라고 자신이 하나님께 행한 모든 것을 묘사하는 데 있어서. 비록 그가 이 모든 것을 했지만, 그는 이 모든 것에서 그의 은혜로 말미암아 하나님의 도우심과 후원을 받았다. 그는 자신이 다른 사람들과 많이 다르다고 평가했다. 그러나 그는 자신이 그렇게 했던 것을 자기 자신에게 돌리지 않았다. 그가 주장했던 모든 의와 거룩을 그는 하나님의 자비와 선하심에 돌렸다. 그러므로 그는 자신의 행위에서 어떤 공로도 주장하지 않았으며, 은혜의 도움 없이 자신의 힘으로 행한 어떤 행위도 주장하지 않았다. 그가 호소했던 것은 자신이 하나님의 은혜로 언약의 조건을 성취했으며 그로 말미암아 의롭다 하심을 받을 것으로 기대된다는 것이다. 그리고 사람들이 소리를 내는 기도들에서 어떤 단어들을 사용하기를 기뻐하든지 하나님은 자신 앞에서 그들의 칭의와 관련하여 그들이 신뢰하는 것에 따라 그들의 생각을 판단하신다. 그리고 만약 어떤 사람들이 자신들의 원리들에 충실하기를 바란다면, 이것이 그들이 해야 하는 기도이다.

그가 "자신을 신뢰했고" "다른 사람들을 경멸한 것"이 이 바리새인의 잘못이며 그는 그것 때문에 거절당했다라고 말한다면, 나는 대답한다. 1. 이런 책망은 그 사람의 생각을 고려하지 않고 이 의견의 시작과 경향을 고려하는 것이다. 행위로 말미암은 칭의에 대해 주장하는 것은 그 안에 다른 사람들에 대한 경멸을 포함하고 있다. "아브라함이 행위로 의롭다 하심을 받았다면 그로 말미암아 영광을 얻었을 것"이기 때문이다. 2. 그가 경멸했던 사람들은 이 세리처럼 은혜와 자비를 전적으로 신뢰하는 사람들이었다. 똑같은 생각을 가지고 있는 다른 모든 사람이 또한 그렇게 하지 않았기를 바라야 할 것이다.

이 사람의 문제는 그가 의롭다 하심을 받지 못했다는 것이다. 그리고 어떤 사람도 자신의 개인적인 의 때문에 의롭다 하심을 받을 수 없다는 것이다. 우리 구주는 우리가 모든 것을 했을 때 (곧 우리가 우리의 양심에 우리의 순종의 온전함에 대해 증거를 가지고 있을 때) 우리의 칭의를 위해 그것에 호소하는 대신에 사도가 "내가 자책할 아무 것도 깨닫지 못하나 이로 말미암아 의롭다 하심을 얻지 못하노라"(고전 4:4)고 말한 것처럼 우리는 "무익한 종($\delta o \tilde{v} \lambda o \iota \ \alpha \chi \rho \varepsilon \tilde{\iota} o \iota$)"(눅 17:10)이라고 말해야 (곧 실제로 판단하고 고백해야) 한다. 그리고 "이익을 남기지 못한 종($\delta o \tilde{v} \lambda o \varsigma \ \alpha \chi \rho \varepsilon \tilde{\iota} o \varsigma$)"이고 봉사하는 것 이외에 신뢰할 어떤 것도 가지고 있지 않은 사람은 하나님 앞에서 쫓겨났다(마 25:30). 그러므로 우리가 아무리 최선을 다해 순종해도 우리 자신이 "무익한 종($\delta o \tilde{v} \lambda o \iota \ \alpha \chi \rho \varepsilon \tilde{\iota} o \iota$)"이라고 고백하는 것은 결국 우리 안에서 우리가 하나님 앞에서 쫓겨나야 마땅하다고 고백하는 것이다.

이것에 반대해서 하나님 앞에서 칭의를 찾는 똑같은 계획 아래 있는 세리의 상태와 기도가 표현되어 있다. 그리고 그의 생각의 내적인 상태를 나타내고 표현하는 것으로 그의 외적인 행동이 언급되어 있다. "그는 멀리 서서 감히 눈을 들어 하늘을 쳐다보지도 못하고 다만 가슴을 쳤다." 이 모든 것은 낙심한, 곧 자신에게 절망한 사람을 나타낸다. 이것이 우리가 앞에서 칭의 이전에 필요하다고 주장했던 죄에 대한 각성의 본성이며 효과이다. 혐오와 슬픔과 위험에 대한 감각과 진노에 대한 두려움이 모두 그에게 있다. 요약해서 그는 자신이 하나님 앞에서 죄책이 있다고 선언하고, 그의 입은 어떤 사과나 변명에 대해 닫혀있다. 그리고 그의 기도는 자신이 죄책으로 말미암아 빠져있는 상태에서 벗어나기 위해 자신의 영혼을 주권적인 은혜와 자비에 신실하게 적용하는 것이다. 그리고 화목 곧 힐라스코마이($\iota\lambda\acute{\alpha}\sigma\kappa o\mu\alpha\iota$)라는 단어가 사용된다. 그의 전체 간구에는 다음과 같은 것이 포함된다. 1. 자기를 정죄하고 혐오하는 것. 2. 죄에 대해 혐오하고 슬퍼하는 것. 3. 자신의 칭의의 어떤 조건으로서 자신의 모든 행위를 전적으로 버리는 것. 4. 자신의 죄와 죄책과 비참함을 인정하는 것. 그리고 이것이 우리가 우리 자신을 구원을 위해 그에게 적용하는 믿음 이외에 우리 편에서 하나님 앞에서의 칭의에 요구되는 모든 것이다.

어떤 사람들은 세리가 자비와 용서를 위해 기도할 때 그가 의롭다 하심을 받았다고 언급되어 있기 때문에 여기에서 칭의는 전적으로 죄 사함에 놓여 있다는 것을 증명하려고 연약한 시도를 한다. 그러나 이런 논증에는 아무런 힘도 없다. 그 이유는 다음과 같다. 1. 칭의의 전체 본성이 여기에서 선포되어 있지 않고 오직 우리 편에서 칭의를 위해 요구되는 것만이 선포되어 있다. 칭의를 그리스도의 중보에 연관시키는 것은 전에 보여주었던 것처럼 아직 분명히 밝히 비추어지지 않았다. 2. 비록 세리가 죄책감을 깊이 느끼면서 하나님께 호소하고 있음에도 불구하고 그는 단순히 죄 사함을 위해서가 아니라 하나님이 죄인들에게 제공하실 모든 자비와 은혜를 위해 기도하고 있다. 3. 칭의라는 용어는 세리에게 적용될 때와 마찬가지로 바리새인에게도 똑같이 적용되어야 한다. 그리고 만약 칭의의 의미가 세리와 관련하여 그가 용서받았다는 것이었다면, 그것은 바리새인과 관련해서도 그가 용서받지 못했다는 똑같은 의미를 가져야 한다. 그러나 그는 그런 심부름을 하러 오지 않았다. 그는 용서받기 위해서가 아니라 의롭다 하심을 받기 위해 왔다. 그리고 그는 자신의 죄나 죄에 대한 어떤 의미에 대해 조금도 언급하고 있지 않다. 그러므로 죄 사함이 칭의에 포함되어 있지만, 의롭다 하심을 받는 것은 이곳에서 사람이 이것에 의존해서 정의롭고 의롭다고 선포되는 의와 관련이 있으며, 세리의 경우에 주권적으로 생산하는 원인, 곧 하나님의 자비에 놓여 있다.

이런 증거들이 풍부한 다른 복음서에서 몇 가지 증거들이 더해질 수 있다. "영접하는 자 곧 그 이름을 믿는 자들에게는 하나님의 자녀가 되는 권세를 주셨으니"(요 1:12). 믿음은 그리스도를 영접하는 것으로 표현된다. 그를 영접하는 것과 그의 이름을 믿는 것은 똑같은 것이다. 그것은 잃어버린 죄인들을 회복하고 구원하기 위해 하나님이 정하신 위대한 규례로서 하나님이 죄에 대한 회복제물로 세우신 분을 영접하는 것이다. 그러므로 믿음의 이 개념 안에는 다음과 같은 것이 포함된다. 1. 그리스도가 어떤 목표와 목적을 위해 우리에게 제시되시고 주시는 것. 2. 복음의 약속 안에 이런 제안이 이루어졌다는 것. 그러므로 우리가 그리스도를 영접한다고 말하는 것은 약속을 받는다는 것이다. 3. 주 그리스도가 복음의 약속 안에서 우리에게 제시되신 목적과 그가 최초의 약속에, 곧 잃어버린 죄인들을 회복하시고 구원하신다는 약속에 제시된 것과 똑같은 것이다. 4. 자신을 주시는 데는 죄에서 우리를 구원하시고 하나님께 받아들여지는 방법과 수단을 포함하여 그의 중보의 모든 열매를 주시는 것이 들어있다. 5. 그를 영접하거나 그의 이름을 믿는 것 이외에 제시된 목적에 참여하는 데 우리 편에서 요구되는 것은 아무 것도 없다. 6. 이로 말미암아 우리는 하늘의 유업을 받은 자격을 얻는다.

우리는 하나님의 자녀가 되는 권세를 가지며, 이 안에서 우리의 양자가 주장되고 칭의가 포함된다. 이렇게 그리스도를 영접하는 것이 무엇이며, 그것이 어디에 놓여 있는지 앞에서 우리가 의롭다 하심을 받는 믿음에 대해 고려할 때 선포되었다. 우리가 여기에서 논쟁하는 것은 칭의와 구원을 위해 하나님이 정하신 것으로 오직 그리스도의 이름을 믿음으로써 그리스도를 영접하는 것 이외에 하나님의 유업에 대한 권리와 자격을 얻는 데 더 이상 필요하지 않다는 것이다. 나는 비록 우리가 이 권리와 자격을 실질적으로 획득하고 소유하는 데는 더 많은 것이 필요하지만, 우리의 믿음이 우리에게 그것에 대한 우리의 본래적인 권리를 주며, 이 안에서 하나님이 우리를 받아주시는데, 이것이 우리의 칭의라고 말한다.

사실 오직 믿음만 표현되어 있지만, 다른 은혜와 행위가 배제되지 않고 있다는 언급이 있다. 그러나 그리스도를 영접하지 않는 모든 것이 배제된다. 나는 그것이 요구되는 것의 본질에 속하지 않기 때문에 실질적으로 배제된다고 말한다. 우리가 보는 것에 대해 말할 때 우리는 다른 지체들을 몸의 부분에서 배제하지 않는다. 그러나 보는 행동에 대해 말할 때 우리는 눈 이외에 모든 것을 배제한다. 그리고 그리스도를 영접하는 데 믿음이 요구된다면, 그렇게 하지 않는 모든 은혜와 의무는 칭의의 목적과 관련해서 배제된다.

"모세가 광야에서 뱀을 든 것 같이 인자도 들려야 하리니 이는 그를 믿는 자마다 영생을 얻게 하려 하심이니라 하나님이 세상을 이처럼 사랑하사 독생자를 주셨으니 이는 그를 믿는 자마다 멸망하지 않고 영생을 얻게 하려 하심이라 하나님이 그 아들을 세상에 보내신 것은 세상을 심판하려 하심이 아니요 그로 말미암아 세상이 구원을 받게 하려

하심이라 그를 믿는 자는 심판을 받지 아니하는 것이요 믿지 아니하는 자는 하나님의 독생자의 이름을 믿지 아니하므로 벌써 심판을 받은 것이니라"(요 3:14-18).

나는 몇몇 학자들의 많은 긴 논의들보다 그 자체로 신자들의 생각에 이 신비에 대해 더 나은 이해의 빛을 줄 수 있는 말씀에서 단지 몇 가지만을 관찰할 것이다. 1. 우리 구주께서 말씀하신 것은 사람들의 칭의와 이로 말미암은 영생에 대한 그들의 권리에 대한 것이다. 이것은 18절에서 분명히 표현된다. "그를 믿는 자는 심판을 받지 아니하는 것이요 믿지 아니하는 자는 벌써 심판을 받은 것이니라." 2. 우리 편에서 이런 조건이나 상태를 획득하는 수단은 세 번 적극적으로 주장하고 있듯이 어떤 더하는 것 없이 오직 믿는 것이다. 3. 이런 믿음의 본질은 다음과 같이 선포된다. (1) 그 대상이 하나님의 아들이신 그리스도 자신이시라는 것. (2) 그가 생명의 칭의에 이르는 대상이시며 아버지의 사랑과 은혜로부터 주어지고 보내지고 제시된 하나님이 정하신 분이시라는 것을 특별히 고려하는 것. (3) 불뱀에 물린 사람들이 광야에서 높이 들린 구리뱀을 바라보았던 것처럼 그를 통한 하나님의 계획이 예시되어 있는 모형에 포함되어 있는 특별한 행동으로. 우리가 칭의를 위해 그리스도를 믿는 것이 여기에 해당되며 오직 구원과 안위를 위해 그를 신뢰하는 것을 포함한다. 이것이 길이며, 이것이 정죄받은 죄인들이 의롭다 하심을 받을 수 있는 유일한 원인과 수단이며, 우리가 주장하는 것의 실재이다.

이 모든 것이 우리가 살펴보고 있는 주요한 것인 그리스도의 의가 우리에게 전가된다는 것을 증명하지 못한다는 언급이 있을 수 있다. 그러나 우리 편에서 하나님이 우리의 회복과 구원을 위해 정하신 것으로서 그리스도를 믿은 것 이외에 칭의에 요구되는 것이 아무 것도 없다면, 그것이 우리가 주장하는 것의 전부이다. 의가 없이 오직 죄 사함으로 하나님께 받아들여지고 하늘의 유업을 얻을 수 있는 권리를 얻을 수 있다는 주장은 성경과 사람들 중에 있는 칭의의 보편적인 개념에 낯설다. 그리고 우리 편에서 오직 믿음만이 칭의에 참여하는 데 요구된다는 전제 아래 이 의가 무엇이어야 하는가는 그리스도가 친히 그런 목적에 이르는 우리의 믿음에 대상으로 그토록 자주 주장하신 말씀들에 충분히 선포되었다.

이 복음서에 똑같은 목적으로 여러 번 제시되어 있는 더 구체적인 증거들을 더 하지 않아도 그가 선포하신 교리는 "'주 예수 그리스도는 세상 죄를 지고가는 하나님의 어린양이시라'는 것이다. 그는 자신을 희생제물로 드리심으로써 율법의 모든 모형적인 희생제사들에 응답하시고 성취하셨다. 그는 자신을 드리심으로써 믿는 자들이 거룩하게 되거나 영원히 완전하게 되게 하시려고 자신을 희생제물로 드리셨다. 복음 안에서 그는 십자가에서 자신의 몸으로 우리의 모든 죄를 짊어지심으로써 우리를 위해 들어올리시고 십자가에 달리신 분으로서 제시되신다. 그를 믿음으로써 우리는 영생에 대한 권리와 자격과 더불어 양자와 칭의를 얻고 심판과 정죄에서 자유를 얻는다. 믿지 않은 자는 이미 정죄를 받은 것인데 그들이 하나님의 아들의 믿지 않기 때문이다. 그리고 그가 다른 곳에서 표현하신 것처럼 그것은 그들이 그의 증거, 곧 '그가 우리에게 영생을 주셨고 이 생명이 자기 아들 안에 있다'는 것을 믿지 않는 다는 점에서 '하나님을 거짓말쟁이로 맏드는 것'이다."라고 요약될 수 있다.

그리고 비록 그가 신자들에게 사랑하고 그리스도의 명령을 지키라는 계명을 풍성히 주시지만, 그는 어떤 곳에서도 오직 믿음 이외에 우리 편에서 칭의를 위한 어떤 다른 수단이나 원인이나 조건에 대해 언급하지 않으신다. 그리고 이런 믿음은 새롭게 선포된 의미에서 그리스도를 영접하는 것이다. 그리고 이것이 이 문제에서 기독교적인 믿음의 실체이다. 그리고 우리는 때때로 우리의 칭의에서 하나님의 은혜와 사랑과 그리스도의 위격과 중보와 이것들에 대한 믿음 이외에 어떤 것을 고려해야하는가 논쟁함으로써 설명하기보다 애매하게 만든다.

제 18 장
바울서신에서 선포된 칭의의 본질
롬 3, 4, 5, 10; 고전 1:30; 고후 5:21;갈 2:16;
엡 2:8-10; 빌 3:8, 9

하나님 앞에서 우리의 칭의의 방법과 방식은 칭의의 모든 원인과 수단과 더불어 로마서 3, 4, 5장에서 사도에 의해 계획적으로 선포되고 있으며, 그것에 대한 반대들에서 확증되고 있다. 그러므로 이에 대한 그의 논의는 이 교리를 배우고자 하는 사람들이 주로 살펴보아야 하는 적절한 장소라는 것은 부인될 수 없다. 행위가 없는 믿음으로 말미암은 칭의의 교리가 오직 사도 바울의 글들에서 발견되며, 그것들은 애매하고 복잡하다는 최근 어떤 사람들이 제시하고 있는 반대들은 잘못된 것이며 기독교에 해를 끼치는 것이다. 그러므로 우리는 이곳에서 그들의 주장에 대해 조금도 고려하지 않을 것이다. 그는 "성령에 감동되어(ὑπὸ Πνεύματος ἁγίου φερόμενος)" 글을 썼다. 그리고 그가 전달한 모든 내용은 거룩한 진리이다. 따라서 그것은 우리의 믿음과 순종을 요구한다. 그리고 그가 선포한 방법과 방식은 성령이 교회를 세우시는 데 가장 유익하다고 판단하신 것이었다. 그리고 그는 자신이 선포한 복음은 자신이 선포한 대로 그들에 의해 어리석은 것으로 여김을 받지만 감추어져 있어서 그들은 그 신비를 이해할 수도 다 파악할 수도 없다고 확신있게 말했다. 그것은 "잃어버린 자들에게는 감추어져" 있었다.

그러므로 우리는 그가 하나님 앞에서 우리의 칭의에 대해 구체적으로 전한 것이 우리에게 애매하거나 어렵거나 당혹스러운 것이었다면, 그것은 그것을 계시하는 그의 방법과 방식에 어떤 결함이 있어서가 아니라, 우리의 편견이나 부패한 감정이나 아무리 최선을 다해도 그리스도 안에 있는 하나님의 은혜의 이 신비의 영광을 이해할 수 없는 우리의 이해의 연약함에서 나온 것이라고 말할 수 있다. 그러므로 우리 자신의 연약함에 대해 올바로 느끼면서 그런 모든 패역한 주장을 거절하고, 우리가 아무리 최선을 다해도 부분적으로만 알 수 있다는 것을 인정하면서 우리는 그의 영광스러운 로마서의 여러 장에서 그가 선포한 것처럼 하나님 앞에서 죄인의 칭의의 이 위대한 신비의 복된 계시를 겸손히 살필 것이다. 그리고 나는 이 경우에 이미 말한 것을 반복하거나 더 편리한 곳에서 언급될 것을 기대하지 않도록 가능한 간략하게 이 모든 일을 할 것이다.

그가 한 첫 번째 일은 모든 사람이 죄 아래 있고 하나님 앞에서 죄책이 있다는 것을 증명하는 것이다. 그는 이것을 자신의 이전의 논의의 결론으로 1:18에서나, 이로 말미암아 3:19, 23에서 자신이 분명히 확증한 것을 제시한다. 여기에 의존해서 그들 중 어떤 사람이 하나님 앞에서 어떻게 의롭다 하심을 받게 되었는지에 대한 질문이 일어난다. 그리고 칭의가 의에 대한 고려에 기초한 선언인 반면에, 그의 주요한 질문은 "이를 고려할 때 사람이 의롭다 하심을 받게 되는 의가 어떤 것인가?"하는 것이다. 그리고 이에 관해 그는 그것은 율법의 의도, 율법의 행위의 의도 아니라고 분명히 말한다. 이로 말미암아 그가 의도하는 것은 부분적으로 전에 선포되었고, 더 나아가서 우리의 논의 과정에서 나타날 것이다. 그러므로 일반적으로 그는 우리가 의롭다 하심을 받는 의는 우리 자신의 어떤 의와 반대되는 하나님의 의라고 선언한다(롬 1:17, 3:21, 22). 그리고 그는 하나님의 이 의를 세 가지 속성으로 묘사한다.

1. 그것은 "율법 밖에 있는 것($\chi\omega\rho\grave{\iota}\varsigma\ \nu\acute{o}\mu o\upsilon$)"이며(21절), 그 모든 관심에서 율법과 분리되어 있는 것이며, 그것에 아무런 영향도 가지고 있지 않은 율법이나 율법의 어떤 행위로 얻을 수 없는 것이다. 그것은 율법에 대한 우리의 순종도 아니며 그로 말미암아 얻을 수 있는 것도 아니다. 그리고 어떤 표현도 이것이 하는 것 이상으로 율법에 대한 순종을 칭의에 관여하는 것에서 더 분리시키고 배제시키는 것은 없다. 우리가 율법에 대한 순종으로 무엇을 행하고 행할 수 있든 하나님의 이 의에 참여하거나 그것이 우리의 것이 되도록 얻는 데 있어서 거절된다.

2. 그러나 그것은 "율법에게", 곧 "율법과 선지자들에게 증거를 받은 것"(21절)이다. 사도는 "율법과 선지자"로 구약에 대한 책을 구분함으로써 "율법"은 모세의 책들로 이해하고 있다는 것을 나타낸다. 그리고 이 책들에서 하나님의 이 의에 대한 증거는 네 가지 방법으로 제시된다.

(1) 우리의 칭의에 이 의가 필요한 원인들을 선언함으로써. 이것은 하나님으로부터의 우리의 배교와 그의 형상의 상실과 그로 말미암아 뒤따르는 죄의 상태에 대해 주어진 설명에서 이루어졌다. 이를 통해 우리 자신의 개인적인 의로 말미암아 하나님께 받아들여질 수 있는 모든

가능성과 소망에서 끝나게 되었기 때문이다. 죄가 들어옴으로써 우리 자신의 의는 세상 밖으로 나갔다. 그러므로 우리 자신의 의와 반대되는 "하나님의 의"라고 불리는 하나님이 준비하시고 승인하신 또 다른 의가 있어야 한다. 그렇지 않으면 하나님과 사람 사이의 모든 사랑과 호의의 관계는 영원히 멈추어야 한다.

(2) 일반적으로 하나님이 이 의가 성취되고 도입되는 복된 후손의 최초의 약속에서 선포된 대로 이 상태에서 회복되는 방식으로. 오직 그만이 "죄를 끝내시고 영원한 의(עֹלָמִים צֶדֶק)를 가져오실 수" 있으셨으며(단 9:24), 모든 시대 모든 세대에 교회의 칭의의 수단이 될 수 있는 하나님의 의이셨다.

(3) 율법의 경계들과 모든 율법을 어기는 것이 수반하는 저주를 통해 어떤 다른 의에 이르는 방법을 멈춤으로써. 이로 말미암아 사람들 앞에 그 저주에 대답하고 제거할 수 있는 우리의 칭의를 위해 제공되어야 하는 의가 있어야 한다는 것이 분명하고 완전하게 선포되었다.

(4) 하나님의 이 의가 성취되는 유일한 방법과 수단을 예표하고 표현함으로써. 그것은 모든 희생제사에서, 특별히 교회의 모든 죄가 희생 제물의 머리 위에 놓여지고 그런 상태로 내보내는 일 년에 한 번씩 대속죄일날 드리는 희생제사에서 표현되었다.

3. 그는 이 의를 우리가 이 의에 참여하는 유일한 방식이요, 우리 편에서 이 의가 우리에게 전달되는 유일한 수단으로 묘사한다. 그리고 이것은 오직 믿음으로 말미암은 것이다. "곧 예수 그리스도를 믿음으로 말미암아 모든 믿는 자에게 미치는 하나님의 의니 차별이 없느니라"(롬 3:22). 그리스도 예수에 대한 믿음은 하나님의 이 의가 우리에게 오거나 우리에게 전달되는 유일한 방법과 수단이다. 그러므로 그것은

이런 믿음을 가지고 있는 모든 사람에게 유일한 방법과 수단이며 어떤 다른 것을 생각할 수 없다. 그리고 비록 절대적으로 받아들일 때 믿음이 다양한 의미에서, 하지만 이렇게 특정화되고 제한된 것으로 그리스도 예수에 대한 믿음, 혹은 그가 부르는 것처럼 "내 안에 있는 믿음"(행 26:18)으로 사용될 수 있지만, 그것은 우리의 의와 구원을 위해 하나님이 정하신 것으로 그를 영접하고 그를 신뢰하는 것 이외에 어떤 것도 의미하지 않는다.

사도가 우리가 그리스도 예수에 대한 믿음으로 그 의에 참여하고 그 의가 우리에게 전달되는 유일한 수단과 더불어 하나님 앞에서 우리의 칭의의 유일한 수단과 원인으로 주장하고 있는 복음에 계시되어 있는 하나님의 의에 대한 이런 묘사는 완전히 우리가 주장하는 진리를 확증한다. 우리가 하나님 앞에서 의롭다 하심을 받아야 하는 의는 우리 자신의 것이 아니라 이것과 직접적으로 반대되는 하나님의 의이며, 그것이 우리에게 오거나 우리가 그것에 참여하는 유일한 방법은 예수 그리스도를 믿음으로 말미암은 것이라면, 우리 자신의 개인적이며 내적인 의나 순종은 하나님 앞에서 우리의 칭의에 어떤 참여도 하지 않기 때문이다. 이 논증은 무너지지 않고 그 힘은 우리가 우리의 마음으로 하나님의 말씀에서 하나님의 권위에 대해 마땅히 존중한다면 어떤 구분으로도 약화되지 않는다.

로마서 3:24-26

사도 바울은 지금까지 어떤 살아있는 사람도 자신들이 의롭다 하심을 받을 수 있는 자신들의 어떤 의도 가지고 있지 못하며 모두 죄책 아래 갇혀있다는 것을 완전히 증명하고, "모든 사람이 죄를 짓고 하나님의 영광에 이르지 못하는 한" 모든 사람은 자신들이 처한 운명에 머무를 수밖에 없으며, 오직 우리가 의롭다 하심을 받을 수 있는 복음 안에 완전히 계시되어 있는 하나님의 의가 있다는 것을 선포하였다. 그리고 그는 계속해서 롬 3:24-26에서 칭의의 모든 원인으로 하나님 앞에서 우리의 칭의의 본질을 선포한다. "그리스도 예수 안에 있는 속량으로 말미암아 하나님의 은혜로 값없이 의롭다 하심을 얻은 자 되었느니라 이 예수를 하나님의 그의 피로써 믿음으로 말미암은 화목제물로 세우셨으니 이는 하나님이 길이 참으시는 중에 전에 지은 죄를 간과하심으로 자기의 의로우심을 나타내려 하심이니 곧 이 때에 자기의 의로우심을 나타내사 자기도 의로우시며 또한 예수를 믿는 자를 의롭다 하려 하심이라."

우리는 어떤 곳이 있다면 바로 이곳에서 우리의 개인적인 순종이 어떤 자질이나 다른 자질 아래서 우리의 칭의에 참여하는 것이 선포될 것을 기대할 수 있고 기대해야 한다. 이전의 논의에서 사도가 오직 절대적으로 완전한 것으로나, 은혜의 도움이 없이 우리 자신의 힘으로 행한 것으로나, 공로가 있는 것으로만 율법의 행위를 배제하고 있다고 전제된다면, (그러나 아무리 이성을 가장해도 이런 일은 있을 수 없다) - 그러나 사도는 일반적으로 20절에서 구분이나 제한없이 우리의 칭의에서 모든 행위를 배제하고 있다 - 그가 우리에게 그 모든 원인에 있어서 우리의 칭의의 본질과 방법을 완전히 선포하고 있을 때 우리 자신의 의가 - 첫 번째든, 두 번째든, 그것의 연속이든, 어떤 것이나 다른 것이든 - 하나님 앞에서 우리의 칭의에 가지고 있는 어떤 위치나 고려를 할 당했거나, 적어도 율법의 행위가 절대적으로 배제되지 않도록 은혜롭거나 신실하거나 복음적인 자질 아래서 그것에 대해 어떤 언급을 했어야 했기 때문이다. 사도가 그런 것에 대해 전혀 생각하지 않았고, 마치 그것이 우리 자신의 순종의 필요성을 전복시키는 것처럼 자신의 교리에 이루어질 수 있는 어떤 반영에 대해 전혀 염려하지 않았다는 것은 분명하다. 문맥의 정황과 더불어 사도의 계획을 고려하라. 그러면 하나님 앞에서 우리의 칭의에서 우리 자신의 개인적인 의에 대한 그의 전적인 침묵으로부터의 논증은 대답할 수 없을 것이다. 그러나 이것이 전부가 아니다. 우리는 계속되는 논의에서 그가 분명히, 직접적으로 그것을 배제하고 있는 것을 발견할 것이다.

편견이 없는 모든 사람은 우리의 칭의 전체가 그리스도의 피나 중보를 통한 하나님의 값없는 은혜에 달려있으며, 우리에게 이것에 참여하게 하는 것은 오직 믿음이라는 것을 사도가 여기에서 사용하고 있는 표현보다 더 분명하고 강조적인 표현이 사용될 수 없다는 것을 생각할 필요가 있을 것이다. 그리고 내 편에서 나는 단지 이 문제에 있어서 나의 생각을 어떻게 더 분명하고 의미있게 표현하는 단어나 용어를 표현해야 할지 모르겠다고 말할 것이다. 그리고 우리 모두가 어떻게, 어떤 수단으로, 어떤 근거로, 어떤 원인들로 우리가 하나님 앞에서 의롭다 하심을 받게 되는지 단지 사도가 여기에서 주고 있는 대답을 받아들일 수 있다면, 곧 "우리가 하나님이 그의 피로써 믿음으로 말미암은 화목제물로 세우신 그리스도 예수 안에 있는 속량으로 말미암아 하나님의 은혜로 값없이 의롭다 하심을 얻은 자 되었다"는 것을 받아들일 수 있다면, 이 논쟁은 끝이 날 수 있을 것이다.

그러나 이 증거의 주요한 본문들은 구분해서 고려되어야 한다. 첫째로, 주요한 효율적인 원인이 먼저 특별한 강조나 사전의($\pi\rho o\eta\gamma o\nu$ $\mu\acute{\epsilon}\nu\eta$) 원인과 더불어 "그의 은혜로 값없이 의롭다 하심을 얻었다

($\Delta\iota\kappa\alpha\iota o\acute{\nu}\mu\epsilon\nu o\iota\ \delta\omega\rho\omega\grave{\alpha}\nu\ \tau\hat{\eta}\ \alpha\grave{\nu}\tau o\hat{\nu}\ \chi\acute{\alpha}\rho\iota\tau\iota$)"는 것으로 표현되고 있다. 하나님은 우리 칭의의 주요한 효율적인 원인이시며, 그의 은혜는 그것의 유일한 동인(動因)이다. 나는 로마교회 사람들의 반대에, 곧 그들이 "그의 은혜로($\tau\hat{\eta}\ \chi\acute{\alpha}\rho\iota\tau\iota\ \alpha\grave{\nu}\tau o\hat{\nu}$)"를 자신들이 칭의의 형식적인 원인으로 여기고 있는 하나님의 내적이며 내재해 있는 은혜를 의도하고 있는 것으로 주장하는 것에 머물러 있지 않을 것이다. 그들은 "값없이($\delta\omega\rho\epsilon\acute{\alpha}\nu$)"가 더해져 있다는 것을 전복시키는 것 이외에 자신들의 주장을 증명할 아무 것도 가지고 있지 않은데, 그들의 주장은 그것이 하나님의 값없은 은혜나 호의를 의미한다면 쓸모없는 것이 되기 때문이다. "은혜로 말미암아 값없이"라는 이 두 표현은 함께 결합되어 우리의 칭의 전체가 하나님의 값없는 은혜를 확증하고 있다는 주장을 더 크게 강조하고 있다. 이것들이 구분될 수 없는 한 전자는 우리의 칭의가 나오는 원리, 곧 은혜를 지시한다. 그리고 다른 하나는 그 활동의 방법인데, 그것은 값없이 일한다는 것이다. 더욱이 이 주제에서 하나님의 은혜는 많은 사람에 의해 부인할 수 없도록 증명이 되었던 것처럼 모든 곳에서 계속해서 그의 선하심과 사랑과 호의를 의미한다. 롬 5:15, 엡 2:4, 8, 9, 딤후 1:9, 딛 3:4, 5.

"값없이 의롭다 하심을 받았다는 것"에서 "값없이($\delta\omega\rho\epsilon\acute{\alpha}\nu$)"는 (70역에서는 히브리어 히남(חִנָּם)을 그렇게 번역한다) "값없이, 공로없이, 원인없이"로 사용되며, 때때로 "목적이 없는 것으로", 곧 사도가 "값없이"라는 단어를 사용한 것처럼(갈 2:21) 헛되게 이루어진 것이나, 값이나 보상이 없거나(창 29:15, 출 21 2, 삼하 24:24), 획득할 수 있는 원인이나 공로나 어떤 수단도 없는 곳(삼상 19:5, 시 119:4)에서 사용되었다. 이런 의미에서 그것은 "값없이($\delta\omega\rho\epsilon\acute{\alpha}\nu$)"로 표현된다(요

15:25). 이 단어의 계획은 우리 안에 있는 어떤 것도 우리의 칭의의 원인이나 조건이 될 수 있는 모든 고려를 배제하는 것이었다.

"호의($Xάρις$)"는 절대적으로 생각할 때 그것이 보여지는 사람 안에 있는 어떤 것을 고려할 수 있다. 그래서 요셉은 보디발의 눈에 은혜 혹은 호의를($χάριν$) 얻었지만(창 39:4), 그 호의를 값없이($δωρεὰν$), 어떤 고려나 원인이 없이 얻지 않았다고 언급된다. 그는 "하나님이 그와 함께 계시고 그가 행한 모든 것이 그의 손에서 번창하는 것을 보았기" 때문이다(3절). 그러나 사도가 여기에서 사용하고 있는 "그의 은혜로 값없이($Δωρεὰν τῇ αὐτοῦ χάριτι$)"라는 표현보다 더 강조적으로 오직 우리 편에서 그의 피에 대한 믿음을 통해 그것에 참여하는 수단으로 분명하게 더해진 것 이외에 하나님 앞에서 우리의 칭의를 우리 자신 안에 있는 어떤 것에 대한 모든 고려에서 자유롭게 할 수 있는 어떤 단어도 발견될 수 없다. 그리고 나는 이것이 우리 자신의 모든 행위나 순종이나 모든 조건과 준비와 공로를 배제하는 것으로 받아들여지지 않은 사람들과 더불어 그들에게 이해가 될 수 있도록 이것에 대한 나의 개념들을 계속해서 표현하는 것에 대해 절망할 것이다.

둘째로, 그는 우리 자신의 모든 의와 반대되는 것으로 하나님 앞에서 우리의 의의 원인과 수단으로 하나님의 이 의를 주장하고, 그것은 하나님 편에서 우리에게 전달되는 원인은 단지 값없고 주권적인 은혜이며, 우리 편에서 하나님이 정하신 것에 따라 우리가 받거나 실제로 우리가 의롭다 하심을 받는 하나님의 의에 참여하는 수단은 믿음으로, 그의 피에 대한 믿음으로($Διὰ τῆς πίστεως ἐν αὐτοῦ αἵματι$), 곧 오직 믿음으로라고 선언하였다. 이 목적에 다른 어떤 것도 제시되거나 어떤 다른 것도 요구되지 않는다.

그것이 오직 믿음으로 말미암는다거나 다른 은혜들이나 행위를 배제하는 우리의 칭의의 수단으로 주장되었다는 어떤 암시도 없다는 응답이 있다. 그러나 우리가 "그의 보혈에 대한 믿음으로 말미암아"라는 그 특별한 대상과 관련하여 의롭다 하심을 받는 믿음에 대해 주어진 묘사에 직접적으로 포함된 반대가 있다. 죄에 대해 이루어진 화목제물로서 그리스도의 피와 관련된 믿음은 - 오직 사도가 우리가 믿음을 통해 의롭다 하심을 받았다는 것을 인정하는 차원에서만 - 어떤 다른 은혜들이나 의무들과의 어떤 연관도 받아들이지 않기 때문이다. 그리고 하나님 앞에서 칭의를 위해 그리스도의 피에 고정하는 것은 그것들의 본성의 어떤 부분도 아니다. 그러므로 그것들은 여기에서 직접적으로 배제된다. 그리고 다르게 생각하는 사람들은 어떻게 자신들이 그것들을 칭의에 대해 명백히 타락시키고 왜곡시키지 않으면서 이 문맥에 받아들일 수 있는지 시도할 수 있다. 그리고 다른 회피, 곧 믿음으로는 오직 믿음의 은혜가 아니라 믿음과 행위와 함께 새언약에 요구되는 전제적인 순종이라는 주장은 우리의 대적자들에게 조금도 안식을 주지 못할 것이다. 우리의 행위로서 모든 행위는 무엇이든지 ("값없이 그의 은혜로 말미암아($\Delta\omega\rho\varepsilon\grave{\alpha}\nu~\tau\tilde{\eta}~\alpha\grave{\upsilon}\tau o\tilde{\upsilon}~\chi\acute{\alpha}\rho\iota\tau\iota$)") "만약 은혜로 된 것이면 행위로 말미암지 않음이니 그렇지 않으면 은혜가 은혜되지 못하느니라"(롬 11:6)는 규칙에 따라 하나님 편에서 우리의 칭의의 원인들에 대한 선포에서 배제되는 것처럼, 우리가 의롭다 하심을 받는 그 행위나 의무에서 믿음의 대상이 그리스도의 피라는 결정은 그 의무에 참여하는 것에서 절대적으로 모든 행위를 배제하기 때문이다. 칭의를 위해 그리스도의 피를 바라보는 것은 무엇이든지 믿음이며 다른 어떤 것도 아니기 때문이다. 그리고 그것을 단순한 행동이나 의무로 부르는 것에 대해 나는 독자가 의롭다 하심을 받는 믿음의 본성에 대한 우리의 이전의 논의를 참고하기 바란다.

사도는 하나님 앞에서 우리의 칭의의 본성과 원인들에 대해 그가 내린 선언에서 세 가지를 추론하는데, 이것들 모두는 그의 표현의 의미를 더욱더 설명해 준다.

1. 자랑하는 것이 배제된다. "그런즉 자랑할 데가 어디냐 있을 수 없느니라(Ποῦ οὖν ἡ καύχησις; ἐξεκλείσθη)"(롬 3:27). 여기에서 그리고 그가 아브라함에 관해 주장한 데서(롬 4:2) 적어도 그가 칭의에 대해 했던 논쟁의 큰 부분은 의롭다 하심을 받은 사람들 안에서 어떤 자랑할만하거나(καύχησις)나 자랑할만한 것들(καύχημα)을 받아들일 수 있느냐는 것이었다는 것이 분명하다. 그리고 유대인들이 자신들의 모든 소망을 자신들이 자랑할 수 있다고 생각했던 것들에, 곧 자신들의 특권들과 의에 두었다는 것은 알려져 있다. 그러나 칭의의 본질과 원인들에 대해 이루어진 선언에서 사도는 모든 자랑하는 것은 무엇이든지 전적으로 문 밖으로 내쳐진다(ἐξεκλείσθη)고 추론한다. 우리의 언어에서 자랑하는 것은 악한 것을 지칭한다. 그리고 그것은 결코 좋은 의미로 사용되지 않는다. 그러나 사도가 사용하는 단어들인 "자랑할만하다(καύχησις)"와 "자랑할만한 것들(καύχημα)"은 우리와 다른 의미를 지닐 수 있으며(ἐκ τῶν μέσων), 그것들이 적용될 때 악뿐 아니라 덕을 의미할 수 있다. 히 3:6에서 그런 의미로 사용되었다.

그러나 언제나, 모든 곳에서 자랑할만한 것들은 그것들이 속하는 것으로 생각되고 있는 사람들 안에서나 그들에게 있는 특별한 어떤 것을 고려한다. 어떤 선한 목적과 관련하여 어떤 것이 어떤 사람에게는 속해 있고 다른 사람에게는 속해 있지 않은 곳마다 "자랑할만한(καυχή

$\sigma\epsilon\omega\varsigma$) 기초"가 있다. 사도는 칭의의 문제에 있어서 이 모든 것은 전적으로 배제된다고 말한다. 그러나 다른 것보다 어느 하나에 어떤 조건이나 자질에 대한 고려가 있는 곳마다, 특별히 그것이 행위에 속한 것이라면, 그것은 그가 롬 4:2에서 인정하고 있듯이 자랑할만한 근거를 준다. 그리고 그 구절과 이 구절을 비교할 때 우리 자신의 행위가 우리의 칭의에 어떤 영향이 있는 곳마다 자랑할 근거가 있는 것 같다. 그러나 복음적인 칭의에서 어떤 종류든 그런 자랑할만한 것은 받아들여질 수 없다. 그러므로 하나님 앞에서 우리의 칭의에서 행위를 위한 어떤 곳도 없다. 만약 있다면, 어떤 종류든 하나님 앞에서든 사람 앞에서든 자랑할만한 것들이 받아들여지지 않는 것은 불가능하기 때문이다.

2. 그는 "사람은 율법의 행위가 아니라 믿음으로 의롭다 하심을 받는다"(롬 3:28)는 일반적인 추론을 한다. 우리의 칭의에 대한 사도의 이 논의에서 "율법"이 의미하는 것과 "율법의 행위"가 의미하는 것은 전에 선포되었다. 그리고 우리가 그리스도에 대한 믿음을 통해 값없이 의롭다 하심을 받는다면, 그 특별한 대상으로 그리스도의 화해를 가지고 있는 믿음은 이 일에서 어떤 다른 은혜와 믿음을 자신과 동역하는 것으로 받아들일 수 없다. 그리고 그렇게 의롭다 하심을 받았기 때문에 우리 안에 있는 어떤 차별하는 은혜들이나 행위에서 필연적으로 나오는 그런 모든 자랑하는 것은 배제되며, 그 안에서 율법의 모든 행위는 배제된다. 그러므로 우리가 의롭다 하심을 받는 것은 오직 그리스도를 믿음으로 말미암은 것이다. 모든 행위가 배제될 뿐 아니라 그것들이 들어오는 길은 사도의 논의의 방법에 의해 완전히 닫혀서 사람이 지성으로 아무리 모든 행위를 강화시켜도 하나님 앞에서 우리의 칭의를 결코 가져오게 할 수 없다.

3. 그는 여기에서 "우리는 은혜를 통해 율법을 폐하려는 것이 아니라" 세우려는 것이라고 주장한다(31절). 그리고 그것이 어떻게 이루어질 수 있으며, 어떻게 그것만이 이루어질 수 있는지 이미 선포되었다.

이것이 "어떻게 죄를 깨달은 죄책이 있는 죄인이 하나님이 보실 때 의롭다 하심을 받을 수 있는가?"라는 위대한 질문에 대해 주고 있는 결론의 실재이다. "하나님의 주권적인 은혜와 그리스도의 중보와 그리스도의 피에 대한 믿음이 그가 이것에 이르는 데 필요한 모든 것이다." 그리고 사람들이 다른 차원에서 칭의에 대해 어떤 개념을 가질 수 있든지 이와 다른 결론을 내리거나 묻는 것은 안전하지 않을 것이다. 그리고 우리는 성령보다 더 지혜롭지 못하다.

로마서 4장

4장 처음에서 그는 그가 전에 하나의 예를 들어 교리적으로 선포했던 것을 확증한다. 그리고 이것은 믿음의 조상이었던 아브라함의 칭의였으며, 그의 칭의는 그가 분명히 선언한 것처럼 우리의 칭의의 모형으로 제시되었다(2-24절). 그리고 나는 내가 우리의 논의를 고정시킬 5절까지 이르는 우리 본문에서 이 예에 대해 몇 가지 관찰할 것이다.

1. 그는 아브라함이 행위로 의롭다 하심을 받았다는 것을 부인한다(2절). (1) 이 행위는 오직 어떤 사람들이 이곳에서 우리의 칭의에서 배제된다고 주장하는 유대인의 율법의 행위가 아니었다. 그것들은 그가 시내산에서 율법이 주어지기 전 수 백년 전에 행했던 행위였기 때문이다. 그러므로 의도하는 행위는 그가 도덕적으로 하나님께 순종한 행위였다. (2) 이 행위는 아브라함이 그 목적으로 생산된 증거에서 의롭다 하심을 받았다고 언급될 때 가지고 있었던 것으로 이해되어야 한

다. 그러나 아브라함이 그 당시 가지고 있던 행위는 하나님께 대한 사랑과 믿음으로 행한 의의 행위였으며, 하나님의 영의 행위와 도움 아래서 새롭게 된 순종의 행위였고, 은혜언약에서 요구되는 행위였다. 이것들은 아브라함의 칭의에서 배제된 행위이다. 그리고 이것들이 어떤 구분이나 회피로 이룰 수 없는 것들이라는 것은 분명하고 명확하며 확실하다. 모든 아브라함의 복음적인 행위는 하나님 앞에서의 칭의에서 명확하게 배제된다.

2. 그는 아브라함의 칭의의 본성과 근거들을 선포하는 성경의 증거들을 가지고 어떤 다른 방식이 아니라 자신이 전에 선포했던 것, 곧 그리스도 예수를 믿음으로 말미암아 은혜로 의롭다 하심을 받게 되는 것 이외에 어떤 다른 방식으로 의롭다 하심을 받을 수 없었다는 것을 증명한다(3절). "아브라함이 하나님을 믿었고 (하나님의 약속과 그의 중보를 믿었고) 그것이 그에게 의로 여겨졌다"(3절). 그는 자신의 모든 행위와 이로 말미암은 개인적인 의와 반대로 앞에서 묘사된 방식으로 의롭다 하심을 받았다. (믿음으로 말미암은 것 이외에 어떤 다른 칭의는 없다.)

3. 똑같은 증거에서 그는 어떻게 자신이 하나님 앞에서 의롭다 하심을 받을 수 있는 의에 참여하게 되었는지 선포하는데, 그것은 전가에 의한 것이었다. 그것은 그에게 의로 셈해지거나 전가되었다. 전가의 본질은 전에 선포되었다.

4. 그는 4절에서 이와 반대되는 것에서 이 전가의 특별한 본질, 곧 그것이 행위와 관련이 없이 은혜에 속한 것임을 주장하고 증명한다. "이제 일하는 자에게는 그 삯이 은혜로 여겨지지 아니하고 빚으로 여겨진다." 행위가 어떤 식으로든 고려되는 곳에는 아브라함이 의롭다 하

심을 받았던 종류의 전가를 위한 어떤 여지도 없다. 그것은 은혜로 말미암은 전가였으며, 우리 자신이 사전에 한 것이 아니라 그 전가로 말미암아 우리 자신의 것이 된 것이기 때문이다. 우리 자신의 것은 우리에게 은혜의 방식으로 전가되는 것이 아니라 오직 빚의 방식으로 우리의 것으로 여김을 받는다. 우리 자신의 것은 그 모든 결과와 더불어 마땅히 우리의 것으로 여겨져야 한다. 그러므로 믿음 그 자체가 우리에게 전가되었다고 주장하고, 은혜의 전가를 어느 정도 지지하는 사람들은 있지 않은 것이 전가되면 빚으로 여겨지므로 있지 않은 것이 전가된다고 말한다. 그러므로 소시누스는 "믿음이 우리에게 전가될 때 칭의를 위해 전가되는데 믿음 그 자체는 의가 아니며 진실로 그 안에 의가 없다"고 말한다(De Servat. part iv. cap. 2).

어떤 종류의 전가가 실질적으로 단지 거짓된 상상에 불과했는지 우리는 전에 반박하였다. 그러나 모든 행위는 아브라함이 의롭다 하심을 받았던 전가와 조화를 이루지 못한다. 일을 하고 그로 말미암아 의롭다 하심을 받으려는 사람은 그가 했던 것과 다르다. 그렇다. 어떤 사람들은 "공로적이며 보상을 빚으로 만드는 공로의 견해를 가지고 행한 모든 행위는 배제되지만, 다른 행위는 배제되지 않는다"고 말한다. 이런 구분은 사도에게서 배운 것이 아니다. 보상이 빚으로 여겨지는 것이 공로요 공로적이라면, 칭의에서 모든 행위는 그렇게 되기 때문이다. 구분이나 제한없이 그는 "일하는 자에게는 보상이 은혜로 여겨지지 않고 빚으로 여겨진다"는 것을 인정하기 때문이다. 그는 행위가 빚을 보상으로 만들기 때문에 어떤 의미에서 어느 정도의 행위나 행위를 배제하는 것이 아니라, 모든 행위가 은혜로운 전가를 배제하게 되기 때문에 행위를 배제한다고 주장한다. 전가의 기초가 우리 자신 안에 있다면 은혜로 말미암은 전가가 배제되기 때문이다.

5절에서 그가 싸웠던 사도의 교리의 요약과 그가 증명했던 것이 표현된다. "일을 아니할지라도 경건하지 아니한 자를 의롭다 하시는 이를 믿는 자에게는 그의 믿음으로 의로 여기시나니." 모든 면에서 이 구절의 끝에 나오는 "그의 믿음을 의로 여기신다"는 것은 의도한 사람의 칭의를 표현하고 있는 것으로 인정된다. 그는 의롭다 하심을 받는다. 그리고 그 방법은 그의 믿음이 셈해지거나 전가되는 것이다. 그러므로 앞의 표현은 칭의 주체와 그 자질이나 그의 편에서 의롭다 하심을 받기 위해 요구되는 모든 것과 더불어 의롭다 하심을 받는 사람에 대한 묘사를 선포한다.

그리고 첫째로, 그에 대해 그는 "일을 아니한 자(ὁ μὴ ἐργαζόμενος)"로 언급된다. 그것이 일이기 때문에 그가 일을 하지 말아야 한다거나, 그가 어떤 종류든 하나님께 순종하는 어떤 의무도 행하지 말아야 한다는 것은 그의 칭의에 요구되는 것이 아니다. 세상에 있는 모든 사람이 언제나 하나님의 뜻의 빛과 지식에 따라 그 수단이 자신에게 제공된 것에 따라 모든 순종의 의무를 감당해야 하기 때문이다. 그러나 이 표현은 다루고 있는 주제로 말미암아 제한되지 말아야 한다. 곧 칭의와 관련해서 "일을 아니한 자"가 그 사람을 위한 계획은 아니지만 일의 본질상 의도하는 것이다. 일을 하는 자가 믿는 것을 통해 의롭다 하심을 받는다고 말하는 것은 그의 행위가 어떤 것이든 그의 칭의에 아무런 영향을 미치지 못하고, 하나님이 그를 의롭다 하시는 데 있어서 이에 대한 어떤 고려도 하지 않으신다고 말하는 것이다. 그러므로 일을 아니한 자만이 칭의의 주체이며 의롭다 하심을 받는 사람이다. 곧 우리가 "그의 은혜로 값없이(δωρεὰν τῇ αὐτοῦ χάριτι)" 의롭다 하심을 받는다는 것을 생각할 때 하나님은 그의 칭의에 있어서 어떤 사람의 행위도, 어떤 사람의 순종의 의무들도 고려하지 않으신다.

그리고 하나님이 그가 일을 아니한 자를 의롭다 하시며 자신의 은혜로 값없이 의롭다 하신다는 것을 명확하게 인정하실 때 나는 우리의 칭의에서 우리의 행위나 순종의 의무들이 어떤 자리를 차지할 수 있는지 이해할 수 없다. 하나님이 친히 그것들이 아무 것도 아니라고 분명히 선언하셨을 때 왜 우리가 하나님 앞에서 우리의 칭의에서 그것들이 어떤 역할을 하는지 찾아내려고 스스로 괴롭혀야 하는가? 이 표현은 어떤 식으로든 얼버무리는 식의 해석을 할 수 없다. 일을 아니한 자는 일을 아니한 자이다. 사람들로 하여금 자신들이 기뻐하는 대로 말하게 하고 자신들이 원하는 대로 구분하게 하라. 그리고 아무리 그들이 철학적인 개념들과 논쟁들로 주장을 해도 그런 하나님의 명확한 증거들에 반대하여 일어나는 것은 정당화될 수 없는 담대함이다. 그것은 하나님의 말씀이 지나가면서 소멸할 가시와 엉겅퀴에 불과하다.

그러나 사도는 더 나아가서 칭의의 주체에 대한 묘사에서 하나님은 "경건하지 아니한 자를 의롭다 하신다"고 더한다. 이것은 많은 사람 중에서 큰 진노를 일으켰던 표현이며, 이 표현 때문에 어떤 사람들은 사도 자신을 크게 불쾌해 했다. 어떤 다른 사람이 하나님이 경건하지 아니한 자를 의롭다 하신다고 말했다면, 그는 개인적으로 자신의 교리로 경건이나 거룩이나 순종이나 선행의 필요성을 전복시키는 사람으로 비난을 받았을 것이다. "하나님이 경건하지 아니한 자를 의롭다 하신다면 이것들 중 어떤 것이 필요하겠는가?"라는 질문이 제기될 수 있기 때문이다. 그러나 그가 "경건하지 아니한 자"라는 것은 하나님의 완곡어법이다. 이것은 그의 특권이며 소유이다. 그는 그 자체로 믿어지고 예배를 받으실 것이다. 그리고 이것은 이 표현에 무게와 강조를 더한다. 그리고 우리는 성령의 증거를 앞서가지 말아야 한다. 사람들로 하여금 자신들이 원하는 대로 분노하게 하라.

"그러나 그 차이는 표현의 의미에 있다." 그렇다면 비록 우리가 그것들의 올바른 의미에서 실수하더라도 서로 공격하지 않고 허락될 수 있다. 오직 "하나님이 경건하지 아니한 자를 의롭다 하신다"는 것이 인정되어야 한다. 어떤 사람들은 "그것은 전에 경건하지 아니한 자들이며 의롭다 하심을 받았을 때 계속해서 경건하지 아니한 자들이 아니다"라고 말한다. 그리고 이것은 거의 사실이다. 의롭다 하심을 받은 사람들은 전에 경건하지 않았다. 그리고 의롭다 하심을 받은 모든 사람은 동시에 즉시 경건하게 된다. 그러나 문제는 그들이 어떤 시간의 순간에 그들의 칭의에 이르기 전에 경건했는가 경건하지 않았는가이다. 그들이 경건한 것으로 고려되고 실제로 그러하다면, 하나님이 경건하지 아니한 자를 의롭다 하신다는 사도의 표현은 사실이 아니다. 하나님이 경건한 자를 제외하고 어떤 사람도 의롭다 하지 않으신다는 반대의 명제가 사실이기 때문이다. 하나님이 경건하지 않은 자를 의롭다 하신다와 하나님이 경건한 자를 제외하고 어느 누구도 의롭다 하지 않으신다는 명제는 서로 모순되기 때문이다. 여기에서 이것은 분명히 인정된 것이며, 반박할 수 없도록 결정된 것이고, 이것을 부인하는 것은 속이는 것이기 때문이다.

그러므로 비록 죄인의 칭의에서 그가 경건하게 되지만, 그는 마음을 정결하게 하고 모든 순종의 살아있는 원리인 믿음을 부여받고, 양심은 그리스도의 피로써 죽은 행실에서 깨끗하게 되기 때문이다. 그러나 이 칭의 이전에 그는 경건하지 아니하고, 경건하지 아니한 것으로,

일을 아니한 자로서, 그의 의무들과 순종이 그의 칭의에 아무 것도 기여하지 않는 자로서 고려되기 때문이다. 그는 일을 아니하기 때문에 모든 행위는 칭의를 위한 원인(cause per quam)이 되는 데서 배제되며, 그는 경건하지 아니하기 때문에 그의 칭의에서 "없어서는 않되는 원인(causa sine qua non)"에서 배제된다.

의롭다 하심을 받는 사람 편에서 그로 말미암아 그가 실질적으로 의롭다 하심을 받는 주체의 자질이나 수단은 믿음 혹은 믿는 것이다. 곧 "경건하지 아니 한 자를 의롭다 하시는 분을 믿는 것"이다. 곧 그것은 오직 믿음이다. 그것이 일을 아니한 자의 믿음이고, 그럴 뿐 아니라 그 특별한 대상이 경건하지 아니한 자를 의롭다 하시는 하나님이시라는 것은 무엇이든지 어떤 행위가 함께 일하는 것을 배제한다.

이것은 오직 믿음이다. 오직 그 단어의 문자적 의미를 사용하지 않고 오직 믿음을 표현하는 것은 불가능하다. 그러나 "일을 아니한 자에게" 믿음은 우리의 모든 행위에 반대되는 것으로 주장되고, 그 특별한 본성이 그 특별한 대상, 곧 "경건하지 아니한 자를 의롭다 하시는" 하나님 안에서 선포되고 있고, 곧 그리스도 예수 안에 있는 속량을 통한 그의 은혜로 값없이 주어지는 것으로 선포되고 있기 때문에 어떤 구분을 통해 은폐하더라도 어떤 행위가 하나님 앞에서 우리의 칭의에 조금이라도 접근할만한 장소에 남아있지 않다. 그리고 의롭다 하심을 받는 믿음의 본성은 여기에서 또한 결정된다. 그것은 신적인 계시들에 단지 동의하는 것이 아니다. 그것은 비록 이것들이 그 안에 포함되기는 하지만, 우리로 하여금 성경의 모든 계명에 순종하도록 신적인 계시들에 견고히 동의하는 것이 아니다. 그것은 그리스도의 중보를 통해 경건하지 아니한 자를 의롭다 하시는 분을 믿고 신뢰하는 것이다.

이 사람에 대해 사도는 "그의 믿음이 의로 여김을 받는다"고, 곧 그가 전에 선포된 방법과 방식으로 의롭다 하심을 받는다고 주장한다. 그러나 이 표현들의 의미에 차이가 있다. 어떤 사람들이 이것들의 의미는 우리의 행동이나 은혜나 의무나 행위로서 믿음이 전가된다는 것이라고 말한다. 다른 사람들은 의도하고 있는 것은 우리에게 마땅히 전가되는 그리스도와 의를 붙잡는 것이라고 말한다. 그러므로 그들은 믿음은 그 대상과 관련하여 직접적이 아니라 상대적으로 의롭다 하심을 받게 하거나 의로 여김을 받는다고 말하면서 이것은 비유라고 주장한다. 그리고 그들이 단지 이 표현을 똑같은 것이 선포된 많은 사람에 의해 오직 한 번 사용되었던 대로 해석할 때 이것은 마치 그들이 성경의 분명한 표현을 부인하는 것처럼 격렬히 반대를 받는다. 그러나 첫 번째 의미를 찬성하는 사람들은 모두 여기에서 믿음은 그 형태와 본질로서든, 우리의 칭의에 똑같은 영향을 미치는 필수적으로 함께 일하는 것으로든, 똑같은 방식으로 그 조건으로든 순종이나 행위를 포함하는 것으로 받아들여져야 한다고 주장한다. 그러나 그들은 여기에서 그들이 다른 사람들을 그토록 격렬하게 비판했던 은유를 받아들이는 것처럼 이 전체의 의미를 다음과 같이 제시한다. "일을 아니하지만 경건하지 않은 자를 의롭다 하시는 이를 믿는 자에게 그의 믿음과 행위가 그에게 의로 여김을 받는다." 그런데 이것은 사도가 주장하는 것을 부인하는 것일 뿐 아니라 그에게 명백한 모순을 부여하는 것이다.

그리고 나는 어떤 편견이 없는 사람도 사도의 계획과 똑같은 시기에 한 표현들과 계속되는 전체 문맥과 모순되는 의미로 이 표현을 설명하는 것에 약간 놀란다. 사도가 자신의 전체 계획을 포함하는 것을 확증하기 위해 제시하는 것은 우리가 그리스도의 보혈에 대한 믿음으로 하나님께 속한 의로 말미암아 의롭다 하심을 받는다는 것이다. 이것이 믿음 그 자체일 수 없다는 것은 곧 명백해 질 것이다. 그리고 본문의 표현들에서 어떤 표현이 모든 행위를 충분히 배제하고 있다면 모든 행위가 배제된다. 그러나 믿음은 절대적으로 우리의 단일한 은혜와 행동과 의무로서 그 안에서 순종을 포함하는 만큼 행위이다. 그리고 후자의 의미에서 그것은 모두 행위이다. 그리고 계속되는 문맥에서 그는 아브라함이 행위로 의롭다 하심을 받지 않았다는 것을 증명한다. 그러나 행위로 의롭다 하심을 받지 않았다는 것과 어떤 행위로 의롭다 하심을 받았다는 것은 - 믿음이 그 자체로 행위이고, 그 자체로 우리에게 의로 여겨지기 때문에 우리가 그 자체로 믿음에 의해 의롭다 하심을 받는다면 - 모순이다. 그러므로 나는 사도의 표현에 대한 이런 거짓된 의미에 대해 몇 가지 논증을 통해 반대할 것이다.

1. 절대적으로 믿는 것과 - 믿음은 우리의 행동이며 의무이기 때문에 - 행위는 반대되지 않는다. 믿음은 행위이며 특별한 종류의 행동이기 때문이다. 그러나 우리가 믿음으로 의롭다 하심을 받는 것에서 믿음과 행위 혹은 일하는 것은 반대된다. "일을 아니하고 믿는 자에게." 갈 2:6, 엡 2:8,9절도 마찬가지다.

2. 우리에게 전가되는 것은 하나님의 의이다. 우리가 "그리스도 안에서 하나님의 의가 되기" 때문이다(고후 5:21). "믿는 자들에게 주시는 하나님의 의"(롬 3:21). 그러나 믿음은 절대적으로 고려할 때 하나님의 의가 아니다. "하나님은 우리에게 행위가 없이 의를 전가하신다"(롬 4:6). 그러나 이중적 의, 두 종류의 의, 곧 하나님의 의와 그렇지 않은 의에 대해 어떤 암시도 없다. 그런데 믿음은 절대적으로 고려할 때 하나님의 의가 아니다. 그 이유는 다음과 같다.

(1) 하나님의 의가 계시되고 우리가 그것을 믿고 받는 것은 그 자체로 하나님의 의가 아니다. 어떤 것도 그 자체의 원인이나 수단이 될 수 없기 때문이다. 오히려 하나님의 의는 "계시되어 믿음에 이르고"(롬 1:17), 그로 말미암아 그것은 "받아들여진다"(롬 3:22, 5:11).

(2) 믿음은 믿음으로 말미암은 하나님의 의가 아니다. 우리에게 전가되는 하나님의 의는 "믿음으로 말미암은 하나님의 의"이다(롬 3:22, 빌 3:9).

(3) 하나님의 의를 추구하고 획득하고 복종하는 것은 의 그 자체가 아니다. 그것은 믿음이다(롬 9:30, 31, 10:3, 4).

(4) 우리에게 전가되는 의는 전가 이전에 우리 자신의 것이 아니었다. "그 안에서 내가 발견되려 함이니 내가 가진 의는 율법에서 난 것이 아니요"(빌 3:9). 그러나 믿음은 사람 자신의 것이다. "네 믿음을 내게 보이라 나는 행함으로 내 믿음을 네게 보이리라"(약 2:18).

(5) "하나님은" 우리에게 "의를 전가하신다"(롬 4:6). 그리고 하나님이 우리에게 전가하시는 의는 우리가 의롭다 하심을 받는 의이다. 그것은 우리가 의롭다 하심을 받을 수 있도록 우리에게 전가되기 때문이다. 그러나 우리는 그리스도의 순종과 피로 말미암아 의롭다 하심을 받는다. "한 사람이 순종하심으로 많은 사람이 의인이 되리라"(롬 5:19). "그러면 이제 우리가 그의 피로 말미암아 의롭다 하심을 받았으니"(롬 5:9). "이제 자기를 단번에 제물로 드려 죄를 없이 하시려고"(히 9:26). "나의 의로운 종이 자기 지식으로 많은 사람을 의롭게 하며 또 그들의 죄악을 친히 담당하리로다"(사 53:11). 그러나 믿음은 그리스도의 순종도 피도 아니다.

(6) 믿음은 우리가 전에 말했던 것처럼 우리 자신의 것이다. 그리고

우리 자신의 것은 우리에게 전가될 수 있다. 그러나 사도의 논의는 우리가 증명했던 것처럼 전가 이전에 우리 자신의 것이 아니었지만, 전가로 말미암아 우리의 것이 되는 것에 대한 것이다. 그것은 은혜에 속한 것이기 때문이다. 그리고 실제로 그 전가 이전에 우리 자신의 것이었던 것이 우리에게 전가되는 것은 사도의 의미에서 은혜에 속한 것이 아니다. 그렇게 전가된 것은 있는 것이 전가된 것이며 다른 어떤 것도 아니기 때문이다. 그 전가는 하나님이 그것이 누구에게 속한 것인가와 관련하여 전가된 것에 대해 판단하시는 것이기 때문이다. 가령, 브니아스의 행동은 그에게 의로 여겨졌다. 하나님이 그것을 판단하셨고, 그것을 의롭고 보상을 받을만한 행동이라고 선언하셨다. 그러므로 우리의 믿음과 순종이 우리에게 전가된다면, 그 전가는 오직 우리가 신자들이며 순종하고 있다는 하나님의 판단이다. 선지자는 "의인의 공의도 자기에게로 돌아가고 악인의 악도 자기에게로 돌아가리라"고 말한다(겔 18:20). 악인의 악이 그 위에 있거나 그에게 전가되는 것처럼 의인의 의는 그 위에 있거나 그에게 전가된다. 그리고 악인의 악은 하나님이 그의 행위가 그런 것처럼 그를 악하다고 판단할 때 그 위에 있다. 마찬가지로 사람의 의는 하나님이 그의 의에 대해 있는 그대로 판단하실 때 그 위에 있거나 그에게 전가된다. 그러므로 믿음이 절대적으로 고려할 때 믿음 그 자체 안에 포함하고 있거나 순종의 행위를 수반한 것으로 전가된다면, 그것은 우리에게 실제로 없는 완벽한 의로 여겨지거나, 실제로 있는 불완전한 의로 여기는 것이거나, 그것의 전가는 불완전한 것을 완벽한 의로 여기는 것이다. 그러나 이것들 중 어느 것도 인정될 수 없다.

[1] 그것은 완벽한 의, 율법의 요구하는 의로 우리에게 전가되지 않

는데, 그것이 그렇지 못하기 때문이다. 에피스코피우스(Episcopius)는 그의 논쟁에서 우리에게 전가되는 의는 "가장 절대적이며 가장 완전해야(absolutissima et perfectissima)"한다고 고백한다. 그리고 여기에서 그는 우리에게 의가 전가되는 것을 "아들을 믿는 자는 그 율법에 따라 마치 완벽하게 의로운 것처럼, 율법과의 그의 뜻에 따라 모든일에서 언제나 성취되는 것처럼 평가하는 것은 하나님의 생각에서 나온 호의"라고 정의한다(dispute. 45, sect. 7, 8). 그리고 어떤 사람도믿음이 그것으로 말미암아 율법의 의가 마치 우리 안에 전가된 의로 말미암은 것처럼 우리 안에서 성취되는 그런 가장 절대적이며 가장 완전한 의인 척 주장하지 않을 것이다.

[2] 그것이 우리에게 있는 그대로 불완전한 의로 전가되지 않는다.첫째로, 이것은 우리에게 어떤 유익도 되지 않을 것이기 때문이다. 우리는 시편기자의 기도에서 분명한 것처럼 불완전한 의로 하나님 앞에서 의롭다 하심을 받을 수 없기 때문이다. "주의 종에게 심판을 행하지마소서 주의 눈 앞에는 (아무리 불완전한 의를 가장 완벽하고 높은 정도로 가지고 있더라도) 의로운 인생이 하나도 없나이다"(시 143:2). 둘째로, 그 전가 이전에 우리의 것이었던 어떤 것을 있는 그대로 전가하고 더 이상 전가하지 않는 것은 이미 증명한 것처럼 사도가 묘사한 전가와 반대된다.

[3] 주장하고 있는 이 전가는 불완전한 것을 완전한 의로 판단하는 것일 수 없다. 하나님의 판단은 진리에 따른 것이기 때문이다. 그러나 어떤 것을 있는 그대로 판단하지 않는 것은 받아들여질 수 없다. 그렇지 않은 것을 그런 것처럼 판단하는 것은 속이는 것이기 때문이다.

마지막으로, 믿음이 행위로서 우리에게 전가된다면, 그것은 믿음 안에 일어난 행위이어야 한다. 어떤 다른 행위도 하나님이 받아주실 수 없기 때문이다. 그렇다면 그렇게 행한 믿음 또한 우리에게 전가되어야 한다. 그것은 또한 믿음과 선행이기 때문이다. 그러므로 그것은 그것이 나와야 하는 또 다른 믿음을 가져야 한다. 그리고 그것은 "무한히 계속될 것"이다.

계속되는 아브라함의 칭의에 대한 설명에는 하나님 앞에서 그의 믿음과 그의 의의 본성과 그것들을 믿는 모든 사람에게 적용하는 것과 더불어 우리가 주장하고 있는 문맥의 본문들을 가지고 똑같은 목적으로 정당하게 주장할 수 있는 많은 다른 것들이 있다. 그러나 성령이 이 진리에 대해 주고 있는 모든 증거를 다 살펴본다면, 글을 쓰는데 끝이 없을 것이다. 한 가지만 더 살펴보고 이 장에서 우리의 논의를 마칠 것이다.

롬 4:6-8. 사도는 본질적으로 칭의에 속해 있는 죄 사함의 예를 들면서 의의 전가를 통한 행위를 고려하지 않는 믿음으로 말미암은 우리의 칭의를 증명하려고 자신의 논증을 추구한다. 그리고 그는 사람의 축복을 죄 사함에 두고 있는 시편기자의 증거로 이것을 한다. 그의 계획은 이로 말미암아 그가 전에 했던 칭의의 완전한 본질을 선언하는 것이 아니라, 단지 그 본질적인 부분의 예를 통해 어떤 행위에 대한 고려에서 자유로운 칭의를 증명하려는 것이다. "일한 것이 없이 하나님께 의로 여기심을 받는 사람의 복에 대하여 다윗이 말한 바 (이것이 그가 이 증거를 통해 증명하려고 계획했던 유일한 것이었다) 불법이 사함을 받고 죄가 가리어짐을 받는 사람들은 복이 있고 주께서 그 죄를 인정하지 아니하실 사람은 복이 있도다 함과 같으니라."

그는 그들이 받은 복을 그들의 전체 축복이 무엇이든지 어떤 행위를 고려하거나 어떤 행위가 이것에 협력하는 것이 가능하지 않는 데 놓여 있다고 묘사한다. 그리고 그는 이곳에서 칭의와 관련해서 그 전체 축복이 놓여 있는 의를 전가하는 것과 죄를 전가하지 않는 것이 (사도는 이 둘을 구분해서 언급한다) 분리될 수 없다는 것에서 정당하게 묘사할 수 있다. 그리고 죄 사함이 칭의의 첫 번째 부분이고, 칭의의 주요한 부분이며, 의의 전가가 언제나 죄 사함에 수반되기 때문에 한 사람의 축복은 이로 말미암아 잘 묘사될 수 있다. 그렇다. 모든 영적인 축복이 그리스도 안에서 함께 가는 반면에(엡 1:3), 사람의 축복은 그것들 중 어떤 것으로 묘사될 수 있다. 그러나 의의 전가와 죄 사함은 전가된 의와 용서받은 죄가 똑같지 않은 것처럼 똑같지 않다. 그리고 사도는 그것들을 똑같은 것으로 제시하지 않으며, 이미 증명한 것처럼 둘 다 똑같이 우리의 완전한 칭의에 필요한 것으로 그것들을 구분해서 언급하고 있다.

로마서 5:12-21

"그러므로 한 사람으로 말미암아 죄가 세상에 들어오고 죄로 말미암아 사망이 들어왔나니 이와 같이 모든 사람이 죄를 지었으므로 사망이 모든 사람에게 이르렀느니라 죄가 율법이 있기 전에도 세상에 있었으나 율법이 없었을 때에는 죄를 죄로 여기지 아니하였느니라 그러나 아담으로부터 모세까지 아담의 범죄와 같은 죄를 짓지 아니한 자들까지도 사망이 왕 노릇 하였나니 아담은 오실 자의 모형이라 그러나 이 은사는 그 범죄와 같지 아니하니 곧 한 사람의 범죄를 인하여 많은 사람이 죽었은즉 더욱 하나님의 은혜와 또한 한 사람 예수 그리스도의 은혜로 말미암은 선물은 많은 사람에게 넘쳤느니라 또 이 선물은 범죄한 한 사람으로 말미암은 것과 같지 아니하니 심판은 한 사람으로 말미암아 정죄에 이르렀으나 은사는 많은 범죄로 말미암아 의롭다 하심에 이름이니라 한 사람의 범죄로 말미암아 사망이 그 한 사람을 통하여 왕 노릇 하였은즉 더욱 은혜와 의의 선물을 넘치게 받는 자들은 한 분 예수 그리스도를 통하여 생명 안에서 왕 노릇 하리로다 그런즉 한 범죄로 많은 사람이 정죄에 이른 것 같이 한 의로운 행위로 말미암아 많은 사람이 의롭다 하심을 받아 생명에 이르렀느니라 한 사람이 순종하지 아니함으로 많은 사람이 죄인 된 것 같이 한 사람이 순종하심으로 많은 사람이 의인이 되리라 율법이 들어온 것은 범죄를 더하게 하려 함이라 그러나 죄가 더한 곳에 은혜가 더욱 넘쳤나니 이는 죄가 사망 안에서 왕 노릇 한 것 같이 은혜도 또한 의로 말미암아 왕 노릇 하여 우리 주 예수 그리스도로 말미암아 영생에 이르게 하려 함이라"

사도는 롬 3:27에서 칭의의 이 문제에서 모든 자랑하는 것($\kappa\alpha\acute{\upsilon}\chi\eta\sigma\iota\varsigma$)이 배제된다고 주장한다. 그러나 여기 앞에 있는 구절에서 그는 자랑하는 것($\kappa\alpha\acute{\upsilon}\chi\eta\mu\alpha$)을 인정한다. "그리고 그럴 뿐아니라 우리가 또한 하나님 안에서 영광스러워 하느니라($O\grave{\upsilon}\ \mu\acute{o}\nu o\nu\ \delta\grave{\epsilon},\ \grave{\alpha}\lambda\lambda\grave{\alpha}\ \kappa\alpha\grave{\iota}\ \kappa\alpha\upsilon\chi\acute{\omega}\mu\epsilon\nu o\iota\ \grave{\epsilon}\nu\ \tau\tilde{\omega}\ \Theta\epsilon\tilde{\omega}$)." 그는 우리 안에서 자랑하는 것을 배제하는데, 우리 안에 우리 자신의 칭의를 획득하거나 향상시킬 수 있는 것이 아무 것도 없기 때문이다. 하나님은 자신의 은혜 안에서 자신이 제공하시는 우리의 칭의의 방법과 수단의 명망과 탁월성 때문에 자신 안에서 우리가 자랑하는 것을 허락하신다. 그리고 여기에서 우리에게 허락되는 하나님 안에서 "자랑하는 것($\kappa\alpha\acute{\upsilon}\chi\eta\mu\alpha$)"은 사도가 더 나아가서 논의하려는 것과 특별히 관련된다. "그리고 그럴 뿐 아니라($O\grave{\upsilon}\ \mu\acute{o}\nu o\nu\ \delta\grave{\epsilon}$)"는 그것이 죄 사함에 놓여 있는 한 그가 우리의 칭의와 관련해서 주요하게 취급했던 것을 포함한다. 그가 또한 의가 우리에게 전

가되는 것을 전제하고 언급하지만, 우리 안에 있는 모든 자랑하는 것을 배제하는 죄 사함으로 말미암은 우리의 칭의와 정죄로부터 우리의 자유를 전제하고 언급하고 있기 때문이다. 그러나 여기에서 그는 우리가 하나님께 영광을 돌리는 것과 우리에게 값없이 영생을 주는 권리와 자격이 달려있는 것과 관련하여 좀 더 진보한 계획을 가지고 있다. 그리고 이것은 그리스도의 의와 순종의 전가로 말미암아 생명의 칭의에 이르거나, 의를 통해 영생에 이르기까지 은혜가 통치하는 것이다.

어떤 사람들은 이곳에서 그 안에 있거나 있는 것으로 꾸며진 다양한 반복과 풍자와 은유와 다른 수사법들 때문에 사도의 논의가 애매하다고 크게 불평한다. 그러나 나는 사람들이 기독교의 일반적인 원리들과 익숙하고, 자신들 안에서 하나님으로부터 우리의 본래의 배교의 본질과 죄책을 느끼고 있고, 편견없이 "성경의 이 부분을($\tau\alpha\upsilon\tau\eta\nu$ $\tau\grave{\eta}\nu$ $\pi\epsilon\rho\iota o\chi\grave{\eta}\nu$ $\tau\tilde{\eta}\varsigma$ $\Gamma\rho\alpha\varphi\tilde{\eta}\varsigma$)" 읽고 있다면, 그들은 사도의 계획이 아담의 죄가 모든 사람에게 전가되어 정죄에 이르게 했던 것처럼 그리스도의 의나 순종이 믿는 모든 사람에게 전가되어 생명의 칭의에 이르게 한다는 것을 인정할 것이라고 생각하지 않을 수 없다. 이것에 대해 테오토렛(Theodoret)은 다음과 같이 요약한다. "그리스도께 속한 자들이 어떻게 아담에 의해 지배를 받는 자들 중에서 죽음이 치료되고, 상처가 낫고, 죄가 의롭게 되며, 저주가 축복이 되고, 정죄가 제거되고, 허물이 순종이 되며, 죽음이 생명이 되고, 지옥이 천국이 되고, 그리스도가 아담과 함께 있고, 사람이 사람들과 함께 있는지 보라"(Dial. iii).

이 표현들에 대한 주해에 대해 해석자들 사이의 차이는 몇몇 분사들과 전치사들의 쓰임과 어떤 본문이 다른 본문에 의존하느냐와 관련되어 있다. 그리고 주장하고 있는 진리에 대한 확증은 이것들 중 어떤 것에도 의존하고 있지 않다. 그러나 사도의 분명한 계획과 그의 분명한 명제들은 사람들이 단지 그것들을 받아들이기만 한다면 이 논쟁을 끝낼 수 있는 것들이다.

소시누스는 성경의 이 구절들이 그가 말한 것처럼 이 문제에서 우리를 가장 크게 지지해 줄 수 있다는 것을 인정한다. 그는 적어도 우리가 믿는 것의 큰 부분이 사도의 이 표현들에 나타나고 있다는 것을 부인할 수 없기 때문이다. 그러므로 그는 이 본문을 왜곡하고 부패시키려고 최고의 노력을 하고 있다. 그러나 비록 그의 인위적인 것들의 대부분이 이 부분에 대한 다른 사람들의 주석에 의존하고 있지만, 그는 오리겐에서 취한 것과 제롬의 작품에 존재하고 그 이전에 에라스무스(Erasmus)가 주장했던 이 서신에 대한 펠라기우스의 논평 이외에 어떤 내용이 될만한 것도 생산하지 않는다.

그가 주장하는 것이나 실재는 아담의 실질적인 범죄는 그의 후손에게 전가되지 않으며, 그로부터 부패한 본성이 그들에게 전달되지 않으며, 단지 그가 죽음의 형벌을 일으켰으며, 그 상태에서 그로부터 그들의 본성을 받은 모든 사람 또한 죽음에 이르게 되었다는 것이다. 그리고 우리 안에 있는 본성의 부패나 죄를 향한 성향에 대해 그것은 아담에게서 나온 것이 아니라 우리 자신의 많은 지속적인 행위로 말미암아 걸린 습관이라는 것이다. 마찬가지로 그리스도의 순종이나 의도 우리에게 전가되지 않는다. 단지 우리가 그에 대한 우리의 순종으로 스스로 그의 자녀가 될 때 - 그가 하나님께 대한 자신의 순종으로 자신을 위해 영생을 얻으셨던 것처럼 - 우리는 그 이익들에 참여하게 된다. 이것이 이 주제에 대해 그가 오랫동안 논쟁해 온 실체이다(De Servatore, lib. iv. cap. 6). 그러나 이것은 사도의 표현들을 설명하지 못하며, 우리가 계속되는 그것들에 대한 고려에서 볼 수 있듯이 그것들과 명백히 모순된다.

나는 사도의 전체의 논의에 대해 설명하려고 하지 않고 그 중에서도 오직 하나님 앞에서 우리의 칭의의 방법과 방식을 분명히 선언하고 있는 본문들만을 다룰 것이다.

여기에서 죄가 세상에 들어왔던 첫째 아담과 죄가 제거된 둘째 아담 사이의 비교가 제시되고 추구된다. 그리고 그것은 반대되는 것에서 (ἐκ τοῦ ἐναντίου) 비교하는 것이다. 그 안에는 어떤 것들에서는 유사성이 있고 다른 것들에서는 유사성이 없으며, 둘 다 그 안에 선포되어 있는 진리를 설명한다. 그것의 일반적인 명제는 12절에 포함되어 있다. "그러므로 한 사람으로 말미암아 죄가 세상에 들어오고 죄로 말미암아 사망이 들어왔나니 이와같이 모든 사람이 죄를 지었으므로 사망이 모든 사람에게 이르렀느니라." 죄와 심판은 한 사람으로 말미암아, 그리고 그가 후에 선언하는 것처럼 한 사람의 죄로 말미암아 세상에 들어왔다. 그러나 그것들은 그 한 사람에게만 한정되지 않고 똑같이 모든 사람에게 속해 있다. 사도는 결과와 원인의 순서를 바꾸면서 이것을 표현한다. 그는 원인 혹은 죄가 먼저 들어왔으며, 그 다음에 결과 혹은 심판이 들어왔다고 언급한다. "한 사람으로 말미암아 죄가 세상에 들어오고 죄로 말미암아 사망이 들어왔다." 그러나 그것이 모든 사람에게 적용되는 데 있어서 그는 먼저 결과를 표현하고 다음에 원인을 표현한다. "사망이 모든 사람에게 이르렀는데, 이는 모든 사람이 죄를 지었기 때문이다." 사망은 죄가 처음 들어왔을 때 모든 사람에게 이르렀다. 곧 모든 사람이 죄로 말미암은 처벌로 사망에 이르게 되었다. 지금까지 존재했고, 지금 존재하고, 앞으로 존재할 모든 사람이 그 당시 그들 자신의 인격으로 존재하지 않았다. 그러나 그들 모두는 그 당시 죄가 처음 들어왔을 때 사망에 이르렀거나 처벌을 받게 되었다. 그들은 하나님이 정하신 바에 따라 죄를 지은 한 사람 안에서 계약적으로 존재했기 때문에 그렇게 되었다. 그리고 실질적으로 그들은 처음 자연적으로 존재하게 되어 진노의 자녀로 태어났을 때 자신들의 인격으로 그 선고를 받게 되었다.

그러므로 사도가 의도한 죄가 무엇인지 명확하다. 곧 아담의 실질적인 죄는 그가 하나의 공통적인 인격으로 존재하는 동안 그 공통적인 인격으로 지은 죄이다. 비록 자연적인 출생에 의해 세상에 실질적으로 들어온 모든 사람 안에서 우리의 본성의 부패와 타락이 필연적으로 이것에 따라오지만, 그들 모두로 하여금 죄가 처음에 세상에 들어왔을 때 사망에 이르게 한 것은 오직 아담의 실질적인 죄로 말미암은 죄책이다. 죄로 말미암은 사망과 사망에 이르게 하는 죄책은 보편적으로 모든 사람과 관련해서 마찬가지이다.

여기에서 사망은 어떤 것이든 죄로 말미암은 전체적인 처벌을 구성한다. 그리고 우리는 그것에 대해 여기에서 논쟁할 필요가 없다. 곧 "죄의 삯은 사망이다"(롬 6:23). 그리고 어떤 다른 것이 없다. 죄는 어떤 것이든 하나님의 공의에 따라 하나님이 어느 때고 정하시거나 경고하신 대로 어떤 처벌이든 받아야 마땅하다. 그것은 사망이다. "네가 그것을 먹는 날에는 정녕 죽을 것이다." 그러므로 사도는 이것을 자신의 논의와 자신이 의도하는 비교의 기초로서 제시한다. 곧 아담의 실질적인 죄 안에서, 죄로 말미암아 모든 사람이 사망이나 죄로 말미암은 전체적인 처벌에 이르게 되었다. 곧 그 죄의 죄책이 그들에게 전가되었다. 죄가 전가되지 않는다는 것이 사람들이 처벌을 받거나 처벌에 이르는 데서 자유롭게 하는 것인 것처럼 죄가 어떤 사람에게 전가되는 것은 그들이 정의롭게 그 죄로 말미암은 처벌에 받게 된다는 것 이외에 어떤 것도 의도하지 않기 때문이다. 그리고 이것은 사망은 죄가 처벌을 받아야 마땅한 사람에게서 어떤 죄에 대한 죄책이 그들에게 전가되지 않고 단지 자연적인 전파를 통해 모든 사람에게 이르게 되었다는 펠라기우스적인 해석의 헛됨을 증명한다. 그것은 사도의 분명한 표현들과 모순된다. 그가 사망의 원인으로 인정하고 있는 것은 죄에 대한 죄책이지 자연적인 전파가 아니다.

죄와 사망에 대해 죄에 대한 죄책을 사망의 유일한 원인으로 언급한 후에 - 죄는 마땅히 사망에 처해져야 하며 사망은 죄로 말미암아 마땅히 받아야 하는 것이기 때문에 - 그는 모든 사람이 보편적으로 어떻게 이 처벌이나 사망의 죄책에 이르게 되었는지 선포한다. "그 안에서 모든 사람이 죄를 지었다(Ἐφ' ᾧ πάντες ἥμαρτον)." 그것은 그 안에서 모든 사람이 죄를 지은 한 사람과 관련되어 있다. 그것은 "그 안에서 모든 사람이 죽었다"(고전 15:22)거나, 혹은 곧 여기에서 그가 죄를 지었을 때 "사망이 모든 사람에게 이르렀다"는 그 결과에서 분명하다. 그리고 이것은 성경에서 특별한 것이 아닌 에피(ἐπὶ)가 엔(ἐν) 대신에 사용되고 있는 데서 나타나는 분명한 의미이다. 마 15:5, 롬 4:18, 5:2, 빌 1:3, 히 9:17을 보라. 그리고 그것은 종종 그리스어를 사용하는 최고의 작가들에 의해 종종 사용되고 있는 것이다. 가령, 헤시오드(Hesiod)는 "모든 것에서 최고의 방식(Μέτρον δ' ἐπὶ πᾶσιν ἄριστον)"이라고 말한다. 마찬가지로 그는 "그것이 너희 안에 있다(Ἐφ' ὑμῖν ἐστιν)", "이것이 내 안에 있다(Τοῦτο ἐπ' ἐμοὶ κεῖται)"고 말한다. 그리고 어거스틴은 펠라기우스 주의자들이 "에오 꾸오드(eo quod)", "쁘롭떼레아(propterea)", 곧, "- 하는 한", "- 때문에"라고 해석하는 것을 거부하면서 그들이 이렇게 이 표현을 읽는 것에 반대하였다.

그러나 나는 이 표현을 읽는 것에 대해 논쟁하지 않을 것이다. 이곳에서 아담의 죄가 그의 후손에게 전가되었다는 것을 증명하는 우리의 논증의 힘이 오직 "에피 오(ἐφ' ᾧ)"를 "그 안에(in whom)"로 해석하는 데 놓여 있다는 것은 우리의 대적자들이 사람들을 설득하기 위해 만들어 낸 것이다. 그러므로 우리는 이 표현이 "에오 꾸오드(eo quod)", "쁘롭떼레아(propterea)", "꾸안떼누스(quantenus)", 곧 "-하는 한", "- 때문에"로 더 잘 해석될 수 있다는 그들의 주장을 인정할 것이다. 오직 우리는 여기에서 "모든 사람이 죄를 지었기" 때문에 "사망이 모든 사람에게 이르렀다"고, 곧 죄로 말미암아 사망이 세상에 들어왔다고 말해야 한다.

모든 죄는 범할 때마다 율법의 본래의 규정에 따라 사망이 있어야 한다는 것은 사실이다. 그러나 현재의 질문은 "사망이 어떻게 한 번에 모든 사람에게 이르렀는가?"하는 것이다. 아담이 실제로 죄을 지음으로써 처음 사망이 들어왔을 때 어떻게 그들이 모두 사망에 이르렀는가? 그것은 그들이 실질적으로 죄를 지음으로써 온 것이 아니다. 그렇다. 사도는 다음 구절에서 사망이 결코 실질적으로 죄를 짓지 않은 사람들에게도, 혹은 아담이 죄를 지었을 때 그들의 죄가 실질적인 것처럼 이르렀다고 인정한다. 그리고 사람들의 실질적인 죄가 아담의 죄를 모방하는 것을 의도했다면, 사람들은 죄를 짓기 전에 사망에 이르렀어야 한다. 사망이 처음 세상에 들어왔을 때 오직 아담 이외에 어떤 사람도 실질적으로 죄를 짓기 전에 모든 사람에게 이르렀기 때문이다.

그러나 사람들이 죄를 짓기 전에 오직 죄에 대한 처벌인 사망에 이르게 되었다는 것은 전적으로 모순이다. 비록 하나님이 자신의 주권적인 권세로 무죄한 피조물에게 사망을 선고하실 수도 있지만, 무죄한 피조물이 사망에 이르는 죄책이 있다는 것은 불가능하다. 사망의 죄책이 있는 것은 죄를 지었다는 것이기 때문이다. 그러므로 "모든 사람이 죄를 지은 한, 혹은 죄를 지었기 때문에"라는 표현은 죄와 사망이 처음 세상에 들어왔을 때 사망에 처하게 될 죄책이 있다는 것을 표현하기 때문에 그것은 아담의 죄와 우리가 그 죄에 참여하였다는 것 외에 어떤 것도 의도하지 않는다. "우리는 사실 모두 한 사람이었다(Eramus enim omnes ille unus homo)." 그리고 이것은 그 죄에 대한 죄책이 우리에게 전가된 것으로 말미암은 것 이외에 어떤 다른 것일 수 없다. 아담의 행동은 내적이며 주관적으로 우리의 행동이 아니기 때문에 우리는 그 죄책의 전가 이외에 그 결과에 관계될 수 없다. 우리 안에 내재하지 않는 것이 우리에게 전달된다는 것은 전가로 말미암는다는 것을 의미하기 때문이다.

이것은 내가 오랫동안 주장해 온 의도된 본문의 의미를 보호 (πρόστασις)하는 것인데, 이는 사도가 그 안에서 그 전체를 비교하면서 후에 추론하고 주장하는 모든 것의 기초를 놓기 때문이다. 그리고 여기에서 어떤 사람들은 그의 논의의 역행(ἀναταπόδατον)이 존재한다고 말한다. 곧 그는 아담 편에서 명제를 제시하지만, 정반대로 그리스도 안에서 그것에 상응하는 것을 보여주지 않는다는 것이다. 그리고 오리겐은 어떤 사람의 게으름과 나태함으로 남용되지 않도록 여기에서 이렇게 말하고 있는 것이라고 사도가 침묵하는 이유를 제시한다. 그는 "한 사람으로 말미암아 죄가 세상에 들어왔고 사망이 들어온 것""처럼($\ddot{\omega}\sigma\pi\varepsilon\rho$)" (이것은 유사성의 표시이다) "한 사람으로 말미암아 의가 세상에 들어왔고 의로 말미암아 생명이 들어오는" 회복($\alpha\pi\acute{o}\delta o\sigma\iota\varsigma$)이 있어야 했다고 말한다.

그는 그것이 후에 이루어져야 할 것이 이미 이루어진 것이라고 추측하면서 사람들이 그것을 게으름과 안전을 위해 남용하지 않도록 비교를 통해 진정으로 간극을 채우는 것이라고 주장하지만, 사도는 이렇게 표현하지 않았다. 그러나 이것은 그가 이후에 이 구절에 대한 주석에서 주장하는 것의 대부분과 분명히 모순되고 그것들을 전복시키는 것이며, 사도는 그런 고려를 전제로 어떤 진리도 숨기지 않았다. 그는 19절에서 의도했던 것을 분명히 표현하고 있는 것처럼 이를 통해 어떤 사람이라도 죄에 빠지도록 지지하고 있다고 상상하는 것이 얼마나 바보스럽고 사악한 것인지 보여준다.

그러므로 어떤 사람들은 19절에서 사도가 아담과 그의 죄에 대해 인정하고 있는 것과 반대로 그리스도께 돌리고 있는 표현을 숨기고 있다는 것을 인정한다. 그러나 진리는 사도가 아담에 대해 취급하고 있는 것들에서 그가 "오실 자의 표상"이라는 것을 인정하고 있는 14절의 끝 부분에 충분히 포함되어 있다는 것이다. 그가 의와 생명을 가져오고 그것들을 사람들에게 전달하는 방법과 방식은 아담이 온 세상에 이르게 했던 죄와 사망을 가져왔던 방법과 방식에 상응했다. 그리스도의 표상인 아담이 자신의 자연적인 후손에게 죄와 사망을 어떻게 가져왔는가는 둘째 아담이신 주 그리스도가 자신의 영적인 후손에게 의와 생명을 어떻게 가져오실지를 보여준다. 그러므로 우리는 아담의 실질적인 죄가 모든 후손에게 전가되어 그들의 죄로 여겨져서 정죄에 이른다면, 둘째 아담이신 그리스도의 실질적인 순종은 그의 모든 영적인 후손에

게 (곧 모든 신자에게) 전가되어 칭의에 이르게 한다고 주장한다. 나는
이 논증의 근거가 후에 우리에게 일어날 것이기 때문에 여기에서 논증
을 압박하지 않을 것이다.

이에 대한 반대와 대답을 포함하는 다음 두 구절은 우리가 직접적
으로 관심이 없기 때문에 나는 지나칠 것이다. 15, 16절. 사도는 비교
하는 것들 사이에 유사성이 없는 것들에서 자신이 비교한 것을 계속해
서 설명한다.

"곧 한 사람의 범죄로 인하여 많은 사람이 죽었은즉 더욱 하나님의
은혜와 또는 한 사람 예수 그리스도의 은혜로 말미암은 값없는 선물이
많은 사람에게 넘쳤으리라."

한 편으로 범죄($\pi\alpha\rho\acute{\alpha}\pi\tau\omega\mu\alpha$)와 다른 한 편으로 은혜($\chi\acute{\alpha}\rho\iota\sigma\mu\alpha$)
사이에 반대가 존재한다. 곧 이 둘 사이에는 서로 반대되는 죽음과 생
명과 관련된 것이 아니라, 오직 결과와 관련된 효력의 정도와 관련
하여 차이점이 존재한다. 파랍토마($\pi\alpha\rho\acute{\alpha}\pi\tau\omega\mu\alpha$) 곧 범죄와 타락과
죄와 허물은 "한 사람의 불순종($\tau o\tilde{\upsilon}~\dot{\epsilon}\nu\grave{o}\varsigma~\pi\alpha\rho\alpha\kappa o\tilde{\eta}$)"으로 말미암
은 것이다(19절). 그러므로 아담의 최초의 죄는 일반적으로 "타락($\tau\grave{o}$
$\pi\alpha\rho\acute{\alpha}\pi\tau\omega\mu\alpha$)"이라고 불린다. 이와 반대되는 것이 "토 카리스마($\tau\grave{o}$
$\chi\acute{\alpha}\rho\iota\sigma\mu\alpha$)", 곧 "선물, 은혜의 선물, 하나님이 은혜로 주시는 유익"이
라고 불린다. 이것은 "하나님의 은혜와 또는 한 사람 예수 그리스도의
은혜로 말미암은 값없는 선물($X\acute{\alpha}\rho\iota\varsigma~\tau o\tilde{\upsilon}~\Theta\epsilon o\tilde{\upsilon},~\kappa\alpha\grave{\iota}~\delta\omega\rho\epsilon\grave{\alpha}~\dot{\epsilon}\nu$
$\chi\acute{\alpha}\rho\iota\tau\iota~\tau\tilde{\eta}~\tau o\tilde{\upsilon}~\dot{\epsilon}\nu\grave{o}\varsigma~\dot{\alpha}\nu\theta\rho\acute{\omega}\pi o\upsilon~{}^{\prime}I\eta\sigma o\tilde{\upsilon}~X\rho\iota\sigma\tau o\tilde{\upsilon}$)"이라고 표현
된다. 그러므로 비록 이 단어는 다음 구절에서 정확하게 그리스도의 의
를 의미하지만, 여기에서 그것은 아담의 타락과 그로 말미암아 죄가 들
어온 것과 반대로 우리의 칭의의 모든 원인을 의미한다.

"범죄($\tau o \hat{\upsilon} \ \pi a \rho a \pi \tau \acute{\omega} \mu a \tau o \varsigma$)", 타락의 결과와 효과는 "많은 사람이 죽었다"는 것이다. 여기에서 "많은"은 오직 한 범죄의 효과가 한 사람에게 제한되지 않았다는 것 이외에 더 이상 어떤 것도 의도하지 않는다. 그리고 우리가 이 많은 사람이 누구이며 얼마나 많은 사람인지 묻는다면, 사도는 우리에게 그들은 보편적인 모든 사람, 곧 아담의 모든 후손이라고 말한다. 이 한 사람의 범죄로 말미암아 그들이 모두 죄를 지었기 때문에 그 안에서 그들은 모두 죽었다. 곧 그들은 모두 한 사람의 범죄에 대한 처벌로 말미암아 사망에 이르게 되었다. 그리고 여기에서 또한 한 사람의 죄가 그들에게 사망에 이르게 한 원인으로 제시되고 있다는 것과 여기에서 "그들이 죽었다"거나 사망이 그 한 범죄로 말미암아 그들에게 이르렀다는 것이 명백히 선언되고 있는 것을 볼 때 "모든 사람이 죄를 지었으므로"라는 12절의 표현을 비틀어서 아담 안에서의 최초의 죄 이외에 어떤 다른 죄를 의미하지 않는 것이 얼마나 헛된 것인지 나타난다.

"값없는 선물($\tau o \hat{\upsilon} \ \chi a \rho \acute{\iota} \sigma \mu a \tau o \varsigma$)"의 효과가 이와 반대로 훨씬 더 많이 풍성한 것으로 표현된다. 주장되고 있는 것이 명백하고 분명한 것 이외에도 사도는 그리스도의 순종을 통한 은혜로 말미암은 우리의 칭의의 공정성을 그것과 아담의 죄와 불순종으로 말미암아 우리에게 일어난 정죄와 비교하여 논증하고 있는 것 같다. 모든 사람이 아담의 죄 때문에 정죄를 받는 것이 정당하고 적합하고 공정하다면, 믿는 자들이 하나님의 은혜와 값없는 선물을 통해 그리스도의 순종으로 의롭다 하심을 받는 것은 더욱더 그러하다. 그러나 그는 구체적으로 은혜로 말미암은 선물이 많은 사람에게 정죄에 이르게 하는 타락의 효과보다 더 풍성하다는 것을 후에 선포한다. 그리고 우리가 정죄에서 자유롭게 되는 것은 우리가 오직 하나님 앞에서 그로 말미암아 의롭다 하심을 받음으로써 우리가 아담의 타락과 죄로 말미암아 사망에 이르게 된 것보다 더 탁월하다. 그러나 이것은 하나님의 은혜로 말미암은 것이며 오직 예수 그리스도를 통한 은혜로 말미암은 선물이라는 것이 우리가 주장하는 것이다(16절). 이 비교하고 있는 것들 사이에 있는 또 다른 차이가 표현되거나, 오히려 앞에서 일반적으로 주장하고 있는 차이점에 대해 구체적인 예가 제시된다.

"또 이 선물은 범죄한 한 사람으로 말미암은 것과 같지 아니하니 심판은 한 사람을 인하여 정죄에 이르렀으나 은사는 많은 범죄를 인하여 의롭다 하심에 이름이니라"(16절).

"범죄한 한 사람으로($\Delta\iota'\ \dot{\epsilon}\nu\dot{o}\varsigma\ \dot{\alpha}\mu\alpha\rho\tau\dot{\eta}\sigma\alpha\nu\tau\sigma\varsigma$)"는 "한 사람의 죄($\delta\iota'\ \dot{\epsilon}\nu\dot{o}\varsigma\ \pi\alpha\rho\alpha\pi\tau\dot{\omega}\mu\alpha\tau\sigma\varsigma$)", 한 사람의 범죄, 그 한 사람의 죄와 똑같다. 우리는 크리마($\kappa\rho\tilde{\iota}\mu\alpha$)를 "심판"으로 표현한다. 대부분의 해석가들은 그것을 그것에서 파생된 "빚", "죄책", "범죄"로 해석한다. 그러므로 미쉐파트(מִשְׁפָּט)는 히브리어로 "심판(judicium)"으로 표현된다. "이 사람은 죽음이 합당하니(מִשְׁפַּט־מָוֶת לָאִישׁ הַזֶּה)"(렘 26:11). 이것은 이 사람은 죽어야 할 죄책이 있으므로 죽어야 마땅하다는 의미이다. 첫째로, 그러므로 범죄한 한 사람의($\tau\sigma\tilde{\upsilon}\ \dot{\epsilon}\nu\sigma\varsigma\ \dot{\alpha}\mu\alpha\rho\tau\dot{\eta}\sigma\alpha\nu\tau\sigma\varsigma$) 죄와 타락($\pi\alpha\rho\dot{\alpha}\pi\tau\omega\mu\alpha$)이 있다. 그것은 오직 그의 실질적인 죄였다. 그로부터 크리마($\kappa\rho\tilde{\iota}\mu\alpha$), 곧 "빚"과 "죄책"이 따라왔다. 이것은 모든 사람에게 공통적이었다. 그 한 사람의 죄 안에서, 죄로 말미암아 죄책이 모든 사람에게 왔다. 그리고 그것이 사람로 하여금 처하게 한 결과는 "정죄", 죄책으로 말미암은 정죄이다. 그리고 모든 사람에게 임한 정죄에 이르게 하는 이 죄책은 엑스 헤노스($\dot{\epsilon}\xi\ \dot{\epsilon}\nu\dot{o}\varsigma$), 곧 한 사람 혹은 한 사

람의 죄로 말미암은 것이다.

이것이 아담 편에서 사건의 순서이다. 곧 (1) 파랍토마($\Pi\alpha\rho\acute{\alpha}\pi\tau\omega\mu\alpha$), 곧 한 사람의 죄, (2) 크리마($K\rho\widehat{\iota}\mu\alpha$), 곧 이로 말미암아 모든 사람에 일어난 죄책, (3) 카타크리마($K\alpha\tau\acute{\alpha}\kappa\rho\iota\mu\alpha$), 곧, 죄책으로 말미암은 정죄. 그리고 이것들과 "반정립되는 것들" 혹은 반대되는 것들은 둘째 아담 안에서 다음과 같은 순서로 나타난다. (1) 카리스마($X\acute{\alpha}\rho\iota\sigma\mu\alpha$), 곧 하나님의 값없는 선물, (2) 도레마($\Delta\acute{\omega}\rho\eta\mu\alpha$), 곧 은혜 그 자체의 선물이나 그리스도의 의, (3) 디카이오마($\Delta\iota\kappa\alpha\acute{\iota}\omega\mu\alpha$), 혹은 조에스 다카이오시스($\delta\iota\kappa\alpha\acute{\iota}\omega\sigma\iota\varsigma\ \zeta\omega\widehat{\eta}\varsigma$), 곧 생명의 칭의.

그러나 비록 사도가 비교와 반대를 통해 설명하기 위해 이것들을 이렇게 구분하지만, 그가 이 모든 것을 통해 의도하는 것은 그가 18, 19절에서 선포한 것처럼 그리스도의 의와 순종이다. 그는 우리의 칭의의 내용에서 이것을 다음과 같이 부른다. (1) 하나님의 은혜, 은혜의 선물($\Delta\omega\rho\varepsilon\grave{\alpha}\ \tau\widehat{\eta}\varsigma\ \chi\acute{\alpha}\rho\iota\tau\sigma\varsigma$)로 말미암은 칭의의 값없고 은혜로운 인정과 관련된 카리스마($X\acute{\alpha}\rho\iota\sigma\mu\alpha$). (2) 칭의를 받는 우리와 관련된 선물($\Delta\acute{\omega}\rho\eta\mu\alpha$), 곧 칭의가 우리의 것이 되는 값없는 선물. (3) 우리를 의롭다 하는 칭의의 결과와 관련된 디카이오마($\Delta\iota\kappa\alpha\acute{\iota}\omega\mu\alpha$).

그러므로 우리에게 전가된 아담의 죄로 말미암아 죄책이 모든 사람에게 임해서 정죄에 이른 반면에 우리는 값없는 선물이 어떻게 주어졌는지 조사해야 한다. "또 이 선물은 범죄한 한 사람으로 말미암은 것과 같지 아니하니." 그리고 그것은 두 가지 사건에서 그러했다.

1. 한 사람의 범죄로 말미암아 모든 사람에게 임한 정죄. 그러나 그 한 사람의 범죄의 죄책 아래 있는 우리는 셀수 없이 더 많은 죄책을 가지고 있다. 그러므로 값없는 선물이 오직 그 한 범죄와 관련이 있고 더

이상 나가는 것을 의도하지 않았다면, 우리는 구원받을 수 없었다. 그러므로 그것은 "많은 범죄", 곧 우리의 어떤 것이든 모든 범죄와 허물에 속해 있다고 언급되고 있다.

2. 아담과 그 안에 있는 모든 후손은 하나님이 받아주실 수 있는 상태에 있었고, 하나님 자신이 그들의 보상인 영생과 축복을 획득할 수 있는 방법을 가지고 있었다. 이런 상태에서 죄가 들어옴으로써 그들은 하나님의 호의를 잃어버렸고, 사망과 정죄의 죄책을 불러일으켰는데, 그들이 똑같은 상태에 있었기 때문이다. 그러나 그들은 생명과 축복에 이르는 직접적인 권리와 자격을 잃지 않았다. 그들은 이것을 가지고 있지 않았고, 자신들에게 제시된 순종의 과정이 성취되기 전에 이것을 가질 수 없었기 때문이다. 그러므로 한 사람의 범죄로 말미암아 모든 사람에게 임했던 것은 자신들의 현재의 상태를 승인함으로써 하나님의 호의를 잃어버리고 죄와 사망의 심판이나 죄책이 임한 것이었다. 그러나 영생에 이르는 직접적인 권리는 그 한 사람의 죄로 말미암아 잃어버리지 않았다. 값없는 선물은 그렇지 않다. 그것으로 말미암아 하나의 죄에서 뿐 아니라 우리의 모든 죄에서 자유롭게 되는 것처럼 우리는 그것으로 말미암아 영생에 이르는 권리와 자격을 얻는다. 그 안에서 "은혜가 의로 말미암아 왕 노릇하여 영생에 이르게 하기" 때문이다(21절).

더 나아가서, 똑같은 진리가 17절에서 설명되고 확증된다. "한 사람의 범죄로 말미암아 사망이 그 한 사람을 통하여 왕 노릇하였은즉 더욱 은혜와 의의 선물을 넘치게 받은 자들은 한 분 예수 그리스도를 통하여 생명 안에서 왕 노릇하리로다." 사도의 계획은 이전의 구절들에 대한 우리의 관찰에서 충분히 나타났기 때문에 나는 이것에서 단지 우리의 현재의 주제에 더 직접적으로 관련이 있는 것들을 관찰할 것이다.

1. 사도가 신자들의 칭의에서 하나님의 은혜를 제시하고 있는 의($\Delta\iota\kappa\alpha\acute{\iota}\omega\mu\alpha$), 값없는 선물($\delta\acute{\omega}\rho\eta\mu\alpha$), 은혜($\chi\acute{\alpha}\rho\iota\varsigma$), 은사($\chi\acute{\alpha}\rho\iota\sigma\mu\alpha$), 은혜의 풍성함($\pi\epsilon\rho\iota\sigma\sigma\epsilon\acute{\iota}\alpha~\chi\acute{\alpha}\rho\iota\tau o\varsigma$), 의의 선물($\delta\omega\rho\epsilon\grave{\alpha}~\tau\tilde{\eta}\varsigma~\delta\iota\kappa\alpha\iota o\sigma\acute{\upsilon}\nu\eta\varsigma$)과 같은 다양한 표현들을 주목할 필요가 있다. 어떤 식으로든 은혜의 자유와 충족성과 효력을 표현할 수 있는 어떤 것도 그런 목적으로 생략되지 않는다. 그리고 비록 이 용어들 중에 어떤 것들은 서로 일치되고 그에 의해 마구 사용되고 있는 것처럼 보이지만, 그것들 모두는 특별한 어떤 것을 포함하고 있고 은혜의 전체 사역을 제시하고 있다.

의($\Delta\iota\kappa\alpha\acute{\iota}\omega\mu\alpha$)는 이 논쟁에서 재판에서 재판을 받고 있는 어떤 사람이 사면이 되거나 의롭다 하심을 받는 원인의 기초이거나 호소하고 있는 내용인 의로움($\delta\iota\kappa\alpha\iota o\lambda\acute{o}\gamma\eta\mu\alpha$)으로 사용되고 있다. 그리고 이것이 "한 사람의", 곧 그리스도의 의이다. 값없는 선물($\Delta\acute{\omega}\rho\eta\mu\alpha$)은 우리 편에서 그것을 받는 모든 공로와 조건을 배제한다. 그리고 그것은 우리가 정죄함에서 자유롭게 되는 것이며 생명의 칭의에 이르는 권리를 가지게 되는 것이다. 은혜($X\acute{\alpha}\rho\iota\varsigma$)는 롬 3:23에서 선포된 것처럼 우리의 칭의의 본래적이거나 유효적인 원인인 하나님의 값없는 은혜와 호의이다. 은사($X\acute{\alpha}\rho\iota\sigma\mu\alpha$)는 이전에 설명하였다. 은혜의 풍성함($\Pi\epsilon\rho\iota\sigma\sigma\epsilon\acute{\iota}\alpha~\chi\acute{\alpha}\rho\iota\tau o\varsigma$)은 신자들에게 효과의 확실성을 안전하게 확보해주기 위해 더해진다. 그것은 우리의 칭의에서 어떤 것도 부족하지 않은 것이다. 의의 선물($\Delta\omega\rho\epsilon\grave{\alpha}~\tau\tilde{\eta}\varsigma~\delta\iota\kappa\alpha\iota o\sigma\acute{\upsilon}\nu\eta\varsigma$)은 우리에게 전가된 의를 값없이 부여하여 후에 "그리스도의 순종"이라고 불리는 생명의 칭의에 이르는 것을 표현한다. 아무리 사람들이 자신들이 기뻐하는 만큼 지혜롭고 학식이 있더라도, 우리 모두가 아는 것보다 더 잘알고 있고, 더욱이 하나님의 영감으로 기록한 이 복된 사도가 제시하고 있는 이 복된 신비들을 생각하고 말하기를 배우는 것은 적합하다.

그리고 나는 사람들이 어떻게 그가 하나님 앞에서 우리의 칭의의 사역에 나타난 하나님의 은혜와 그리스도의 순종에 대해 세운 담을 뚫고 자신들의 순종의 행위를 도입하고 그것들 대신에 그 자리에 놓을 수 있는지 놀라지 않을 수 없다. 그러나 하나님 앞에서 우리의 칭의의 이 문제를 선포하는 데 있어서 바울와 어떤 사람들의 계획은 매우 반대되고 모순되는 것 같다. 그는 마치 이것들을 제시하고 설명하는 데서 우리 자신의 어떤 행위나 의무에 대해 조금이라도 언급하거나, 이 일에서 그것들이 가지고 있는 어떤 용도에 대해 조금이라도 언급하는 것을 자신이 결코 만족할 수 없는 것처럼 하나님의 은혜와 그리스도의 죽음과 피와 순종에 대해 전체적으로 논의하고 있다.

그러나 그들의 모든 주장은 자신들의 행위과 의무들에 대한 것이다. 그리고 그들은 성령이 하나님의 은혜를 표현하고 선포하기 위해 사용하신 것만큼이나 자신들의 주장을 합리화하기 위해 많은 용어를 만들어 내었다. 그가 자신의 논의를 채우고 있는 성령이 가르치신 앞에서 언급된 지혜의 표현들 대신에 그들의 논의는 "조건들, 준비시키는 성향들, 공로들, 원인들"과 같은 용어로 채워져 있으며, 나는 그것들이 우리의 행위를 얼마나 과시하고 있는 모른다. 내 편에서 나는 차라리 사도에게서 배우고, 나의 개념들과 표현들을 복음의 신비들에 맞추기를 선택하고, 특별히 우리의 칭의와 관련된 이 일에 있어서 아무리 그들의 가식이 그럴듯하게 보이더라도 어떤 다른 행동을 신뢰하기보다 나를 속일 수 없는 그를 신뢰할 것이다.

2. 이 구절에서 어떤 사람에게 칭의를 위해 더 이상 어떤 것도 요구

되지 않고, 그가 "은혜의 충만함과 의의 선물"을 받는 것이 분명하다. 이것이 사도가 의롭다 하심을 받는 자들에 대해 그들 편에서 요구되는 어떤 것에 대해 묘사하고 있는 것이기 때문이다. 그리고 이것이 우리가 행하는 모든 의의 행위를 배제하는 것처럼 - 우리는 그것들 중 어떤 것으로 은혜의 풍성함과 의의 선물을 받지 못하기 때문에 - 그것은 또한 우리 자신의 행동과 의무로서 믿음 그 자체가 우리의 칭의를 위해 전가되는 것을 배제한다. 믿음은 우리가 의롭다 하심을 받는 의의 선물을 받는 것이기 때문이다. 우리가 의의 선물이나 우리에게 주어진 의로 말미암아 의롭다 하심을 받는 것이 부인될 수 없기 때문이다. 우리는 이로 말미암아 생명에 대한 권리와 자격을 가지기 때문이다. 그러나 우리의 믿음은 이런 선물이 아니다. 받는 것과 받게 되는 것은 똑같지 않기 때문이다.

3. 우리의 칭의에서 발휘되는 "은혜의 풍성함(περισσεία χάριτο)"과 "넘치는 은혜(χάρις ὑπερπερισσεύουσα)"가 있는 곳에 더이상 요구되는 것이 없다. 우리를 정죄에서 자유롭게 할 뿐 아니라, 우리에게 생명에 이르는 자격을 주는 데 있어서 우리 자신의 행위와 의무로써 공급하고 보충해야 할 어떤 것이 있다면 어떻게 풍성하고 넘친다고 말할 수 있겠는가? 비록 어떤 사람들에게는 단지 내용없는 소음으로 들릴 수 있을지 모르지만, 의도된 내용들이 이런 표현들을 가득 채우고 있다.

4. 우리의 칭의를 위해 요구되는 의롭다 하심을 받아야 할 모든 사람이 받아야 하고 그것을 받는 모든 사람이 의롭다 하심을 받는 의의 선물이 있다. 그것을 받는 사람들은 "예수 그리스도로 말미암아 생명 안에서 왕 노릇할 것"이기 때문이다. 그러므로 다음과 같은 결론이 나온다.

(1) 우리가 하나님 앞에서 의롭다 하심을 받는 의는 우리 자신의 것이나, 우리 안에 내재되어 있는 것이나, 우리가 행한 것일 수 없다. 그것은 값없이 우리에게 주어진 것이며, 이 선물은 전가로 말미암은 것이기 때문이다. "일한 것이 없이 하나님께 의로 여기심을 받는 사람은 복되다"(롬 4:6). 그리고 믿음으로 우리는 이렇게 주어지고 전가된 것을 받는다. 그렇다면 우리는 이 의에 참여하는 데 아무 것도 기여하지 않는다. 이것이 사도의 의미에서 의롭다 하심을 받는 것이다.

(2) 그것은 영생에 대한 권리와 자격을 주는 의다. 그것을 받는 자들은 "생명 안에서 왕 노릇 할 것"이기 때문이다. 그러므로 그것은 오직 죄 사함에 놓여 있을 수 없는데, 그 이유는 다음과 같다. [1] 죄 사함은 어떤 관용할 수 있는 의미로도 "의의 선물"이라고 불릴 수 없다. 죄 사람과 의는 별개이다. [2] 죄 사함은 영생에 대한 권리와 자격을 주지 않는다. 자신의 죄를 사함받은 사람이 영생을 소유할 것이라는 것은 사실이다. 그러나 단지 용서받은 것 때문이 아니라, 용서받은 것을 수반하며 용서받는 것의 근거인 의의 전가를 통해서이다.

우리가 아담의 죄로 말미암아 처하게 된 정죄와 반대되고, 한 가지 죄가 아니라 모든 죄가 사함을 받고, 그 뿐 아니라 영생에 대한 권리가 우리에게 전달된다는 점에서 최초의 죄의 효력보다 은혜의 효력이 더 크다는 것을 찬미하며, 은혜로 말미암은 우리의 칭의에 대해 여기에서 제시되고 있는 묘사는 이것이다. 곧 "우리가 하나님의 은혜와 의의 선물을 받으며", 이것이 우리에게 예수 그리스도로 말미암은 생명에 이르는 권리를 준다는 것이다. 그러나 이것은 오직 믿음으로 그리스도의 의의 전가로 말미암아 의롭다 하심을 받는 것이다.

지금까지 제시한 비교를 통해 증명한 것의 결론이 롬 5:18, 19절에서 완전히 표현되고 더 나아가서 확증된다.

18절. "그런즉 한 사람의 범죄로 많은 사람이 정죄에 이른 것 같이 한 사람의 의로운 행위로 말미암아 많은 사람이 의롭다 하심을 받아 생명에 이르렀느니라." 우리가 "한 사람의 범죄로"로 읽는 표현에 대해 그리스 사본들은 다양하다. 어떤 사람들은 "한 범죄로($T\tilde{\omega}$ $\dot{\epsilon}\nu\grave{\iota}$ $\pi\alpha\rho\alpha\pi\tau\acute{\omega}\mu\alpha\tau\iota$)"라고 읽고 있으며, 베자(Beza)도 그들을 따른다. 그리고 우리 번역 난외 주에는 "한 범죄로"가 첨부되어 있다. 그러나 대부분은 "한 사람의 범죄로($\Delta\iota$ $\dot{\epsilon}\nu\grave{o}\varsigma$ $\pi\alpha\rho\alpha\pi\tau\acute{\omega}\mu\alpha\tau o\varsigma$)"로 읽고 있으며, 후에 의와 관련해서도 그렇게 읽고 있다. 하지만 이 둘 다 목적은 똑같다. 의도하고 있는 한 범죄는 한 사람의 범죄, 곧 아담의 범죄이며, 한 의는 한 사람의 의, 곧 예수 그리스도의 의이기 때문이다. "그런즉($\check{\alpha}\rho\alpha$ $o\tilde{\upsilon}\nu$)"의 도입은 삼단논법적인 추론에서 여기에서 주장하고 있는 진리의 실체라고 주장되는 것을 선언한다. 그리고 "마치 – 처럼($\dot{\omega}\varsigma$)"은 계속해서 똑같은 방식으로 비교하고 있는 것을 나타낸다.

한 편으로 주장하고 있는 것은 "한 사람의 죄나 타락으로 모든 사람이 정죄에 이르렀다($\Delta\iota$ $\dot{\epsilon}\nu\grave{o}\varsigma$ $\pi\alpha\rho\alpha\pi\tau\acute{\omega}\mu\alpha\tau o\varsigma$ $\epsilon\dot{\iota}\varsigma$ $\pi\acute{\alpha}\nu\tau\alpha\varsigma$ $\dot{\alpha}\nu\theta\rho\acute{\omega}\pi o\upsilon\varsigma$ $\epsilon\dot{\iota}\varsigma$ $\kappa\alpha\tau\acute{\alpha}\kappa\rho\iota\mu\alpha$)"는 것이다. 우리는 앞의 구절에 나오는 크리마($\kappa\rho\tilde{\iota}\mu\alpha$)를 반복하여 심판에 이르렀다고 말할 수 있다. 그러나 크리마 에이스 카타크리마($\kappa\rho\tilde{\iota}\mu\alpha$ $\epsilon\dot{\iota}\varsigma$ $\kappa\alpha\tau\acute{\alpha}\kappa\rho\iota\mu\alpha$)는 죄책을 의미하며 오직 그 의미로 쓰인다. 한 사람의 죄로 말미암아 모든 사람이 죄책을 지게 되었고 정죄에 이르게 되었다. 그 죄책은 모든 사람에게 전가되었다. 그렇지 않다면 그것은 그들을 정죄에 이르게 할 수 없으며, 그렇지 않으면 그들은 그 때문에 사망과 심판에 이를 수 없기 때문이다. 우리는 사망과 정죄가 사도의 이 논증에서 죄로 말미암은 전체의 처벌

을 의도하고 있다는 것을 증명했기 때문이다. 그러므로 이것은 그런 차원에서 명백하고 분명하다.

이에 대한 대답으로 한 사람의 의($\delta\iota\kappa\alpha\acute{\iota}\omega\mu\alpha$)는 칭의의 인과율과 관련하여 다른 사람의 범죄와 그 정죄에 이르게 하거나 정죄의 인과율과 관련하여 반대이다. "한 사람의 의로($\varDelta\iota'\ \acute{\epsilon}\nu\grave{o}\varsigma\ \delta\iota\kappa\alpha\iota\acute{\omega}\mu\alpha\tau o\varsigma$)"는 곧 칭의를 요청할 수 있는($\epsilon\acute{\iota}\varsigma\ \delta\iota\kappa\alpha\acute{\iota}\omega\sigma\iota\nu$) 의인데, 그것이 칭의에 요청되는 의($\delta\iota\kappa\alpha\acute{\iota}\omega\mu\alpha$)이기 때문이다. 우리의 번역가들은 앞에서 심판($\kappa\rho\hat{\iota}\mu\alpha$)에 대해 했던 것처럼 앞의 구절에서 값없는 선물($\chi\acute{\alpha}\rho\iota\sigma\mu\alpha$)를 반복하여 "모든 사람에게 미치는 값없는 선물"로 이것을 표현한다. 시리아 번역은 어떤 추가적인 도움없이 이 구절을 다음과 같이 표현한다. "그러므로 한 사람의 죄로 정죄가 모든 사람에게 이른 것처럼 한 사람의 의로 생명에 이르는 칭의가 모든 사람에게 이를 것이다." 그리고 이 구절의 의미는 본문에 어떤 단어를 공급하지 않고 분명히 표현된다. 그러나 원문에서 이 구절은 "정죄가 모든 사람에게($\kappa\alpha\tau\acute{\alpha}\kappa\rho\iota\mu\alpha$ $\epsilon\acute{\iota}\varsigma\ \pi\acute{\alpha}\nu\tau\alpha\varsigma\ \acute{\alpha}\nu\theta\rho\acute{\omega}\pi o\upsilon\varsigma$)"가 아니라 "모든 사람에게 정죄가($\epsilon\acute{\iota}\varsigma$ $\pi\acute{\alpha}\nu\tau\alpha\varsigma\ \acute{\alpha}\nu\theta\rho\acute{\omega}\ \pi o\upsilon\varsigma\ \epsilon\acute{\iota}\varsigma\ \kappa\alpha\rho\acute{\alpha}\kappa\rho\iota\mu\alpha$)"이다. 그러므로 후자에 사도의 의도를 충족시키기 위해 그가 앞에서 한 표현들에서 무엇인가가 더해질 수 있다. 그리고 이것은 의를 "값없이 주어"($\chi\acute{\alpha}\rho\iota\sigma\mu\alpha$, gratiosa donatio)" 칭의에 이르게 하는 것이다. 한 사람, 곧 그리스도 예수의 의는 값없이 모든 신자에게 주어져 생명의 칭의에 이르게 한다. 여기에서 언급된 "모든 사람"은 "은혜의 풍성함과 그리스도로 말미암은 의의 선물을 받은" 사람들로 묘사되고 제한되고 있기 때문이다(17절).

어떤 사람들은 여기에서 그들 중 수많은 사람이 결코 참여하지 않는 모든 사람에게 의와 생명을 일반적으로 주는 것이라고 주장한다. 그러나 그것보다 사도의 계획에 더 반대되고 모순되는 것은 있을 수 없다. 사람들은 자신들이 노출되거나 어떤 조건 아래 노출되지 않을 수 있는 식의 하나님의 작정에 따라 아담의 죄에서 정죄에 이르는 죄책을 가지지 않는다. 모든 사람은 실제로 존재하자마자 그로 말미암아 첫째 아담의 후손이 되며, 실질적으로 자신의 인격으로 하나님의 진노를 받을 수 있고, 하나님의 진노가 그에게 머물러 있다. 그리고 다른 한 편으로 둘째 아담이신 주 그리스도에 대한 믿음을 통한 그들의 관계로 말미암아 실질적으로 생명의 칭의에 참석한 사람들을 제외하고 더 이상 어떤 사람들을 의도하지 않는다.

그리고 그리스도의 죽음으로 말미암은 구속의 보편성에 대한 논쟁은 이것과 관련이 없다. 그것을 주장하는 사람들은 이것에서 생명의 칭의에 이르는 값없는 선물이 모든 사람에게 이르는 것이 필수적이라고 주장하지 않기 때문이다. 그들은 그렇지 않다는 것을 알기 때문이다. 그리고 그들이 믿는 경우에 사람들을 위해 의와 생명을 주는 것에 대해, 비록 그것은 사실이지만, 어떤 것도 이곳에서 말하고 있지 않다. 오직 믿는 자들에게 확실히 칭의가 있다는 것과 칭의 길에 대해 선포되고 있을 뿐이다. 그리고 여기에서 주장되고 있는 비유의 유비는 어떤 그런 해석도 받아들이지 않을 것이다. 한 편으로, "모든"은 아담에게서 자연적인 출생에 의해 자신들의 존재를 받은 모든 사람만을 의미하는 것이기 때문이다. 만약 어떤 사람이 그렇지 않을 것으로 추측이 될 수 있다면, 그는 그의 죄나 타락에 관계가 없을 것이다. 그리고 실질적으로 사람이신 그리스도 예수께서 그러하셨다. 그리고 다른 한 편으로 이들은 오직 그리스도에게서 영적인 생명을 받은 사람들이다. 그렇지 않은 사람이 있다고 하자. 그러면 그는 생명의 칭의에 이르는 "한 사람"의 의에 결코 참여하지 않는다. 본문에서 얻은 우리의 논증은 이것이다. 모든 사람을 정죄에 이르게 한 한 사람의 죄는 그들에게 전가된 첫째 아담의 죄였던 것처럼 모든 믿는 자에게 생명의 칭의에 이르게 하는 한 사람의 의는 그들에게 전가되는 그리스도의 의이다. 그리고 나는 사도가 이것보다 더 분명하게 주장하거나 더 명확하게 확증하고 있는 것이 무엇이 있을 수 있는지 모른다.

그러나 그것은 19절에서 더 분명히 표현된다. "한 사람이 순종하지 아니함으로 많은 사람이 죄인된 것 같이 한 사람이 순종하심으로 많은 사람이 의인되리라."

키릴루스 알렉산드리누스(Cyrillus Alexandrinus)는 이것을 잘 설명하고 있다. "첫 사람의 허물로 말미암아 우리가 처음 존재하게 되었을 때 사망에 이르게 되었던 것처럼 율법의 저자이신 그 분이 친히 율법에 자신을 내어주신 그리스도의 순종과 의를 통해 성령으로 말미암은 축복과 생명이 우리 전체 본성을 뚫고 들어오게 되었다"(Joan. lib. xi. cap. 25). 그리고 레오(Leo)는 "그러나 그가 모든 사람의 생명을 얻기 위해 모든 사람의 원인을 취하셨다. 그리고 한 사람의 죄책으로 말미암아 모든 사람이 죄인이 된 것처럼 한 사람의 무죄로 말미암아 모든 사람이 무죄가 되었다. 그러므로 인간들 안에서 칭의가 머무르게 되었고, 그곳에서 인성이 받아들여진다"(Epist. 12 ad Juvenalem).

그가 전에 "범죄($\pi\alpha\rho\acute{\alpha}\pi\tau\omega\mu\alpha$)"와 "의로운 행위($\delta\iota\kappa\alpha\acute{\iota}\omega\mu\alpha$)"로 불렸던 것을 이제 "불순종($\pi\alpha\rho\alpha\kappa o\acute{\eta}$)"과 "순종($\dot{\upsilon}\pi\alpha\kappa o\acute{\eta}$)"으로 표현한다. 아담의 불순종($\pi\alpha\rho\alpha\kappa o\acute{\eta}$)은 그가 하나님의 법을 실질적으로 어긴 것이었다. 이로 말미암아 "많은 사람이 죄인이 되었다"고, 곧 사망과

정죄에 이르는 죄인들이 되었다고 사도는 말한다. 그들이 먼저 죄인들이 되거나 죄책이 없다면 사망에 이를 수 없기 때문이다. 그리고 그들은 그의 죄책이 자신에게 전가된 사람 안에서 죄를 지었다고 여겨지지 않는다면 이런 일은 있을 수 없다. 그러므로 그는 아담의 실질적인 죄는 그렇게 모든 사람의 죄라서 그들은 모두 그로 말미암아 죄인들이 되었고 사망과 정죄에 이르게 되었다는 것을 인정한다.

그가 이에 반대로 제시하는 것은 "한 사람의 순종(ή ὑπακοή)", 곧 예수 그리스도 순종이다. 그리고 이것은 그가 하나님의 전체 율법에 드리셨던 실질적인 순종이었다. 아담의 불순종이 그가 전체 율법을 실질적으로 어기는 것이었던 것처럼 그리스도의 순종은 그가 전체 율법을 실질적으로 성취하시는 것이었다. 이것이 반정립이 요구하는 것이다.

이로 말미암아 많은 사람이 의롭다 하심을 받게 된다. 어떻게 그런 일이 일어나는가? 그 순종이 그들에게 전가됨으로써 일어난다. 사람들은 어떤 다른 방식이 아닌 아담의 불순종이 전가됨으로써 죄인들이 되기 때문이다. 그리고 이것이 우리에게 사도가 21절에서 선언한 것처럼 영생에 이르는 권리와 자격을 주는 것이다. "이는 죄가 사망 안에서 왕 노릇 한 것 같이 은혜도 또한 의로 말미암아 왕 노릇 하여." 이 의는 19절에서 말하고 있는 것처럼 "한 사람의 순종", 곧 그리스도의 순종 이외에 다른 어떤 것이 아니다. 그리고 그것은 우리에게 "온다"고, 곧 우리에게 전가된다고 언급된다. "하나님이 의롭다고 여기는 사람은 복이 있기" 때문이다. 그리고 이로 말미암아 우리는 우리가 아담의 죄로 말미암아 이르게 된 사망과 정죄에서 구원받을 뿐 아니라, 많은 범죄, 곧 모든 우리의 개인적인 범죄에 대해 용서를 받으며 하나님의 은혜를 통해 영생에 대한 권리를 얻기 때문이다. 우리는 "그리스도 예수 안에 있는 구속을 통해 그의 은혜로 말미암아 값없이 의롭다 하심을 받기" 때문이다.

그리고 사도는 이것을 매우 명확하고 충분히 전달하고 있다. 그러므로 우리가 그의 의미와 표현들에 (할 수 있는 한) 우리 자신의 의미와 표현들을 맞추는 것이 우리의 의무이다. 이것에 반대하여 제시되는 것은 반대하는 것들과 회피하는 것들과 당혹스럽게 하는 논쟁들로 구성되어 있으며 우리를 성경의 분명한 의미에서 멀어지게 한다. 그리고 죄를 깨달은 죄인의 양심은 무엇에 집중해야 자신이 안식과 만족을 얻을 수 있으며 칭의를 위해 무엇을 믿어야 하는지 모른다.

피스카톨(Piscator)은 이 장에 대한 자신의 학문적인 글과 다른 곳에서 그리스도의 순종이 우리의 칭의를 위해 전가된다는 것을 반대하는 특별한 논증을 많이 주장한다. 그러나 그것은 명백히 본문의 분명한 표현에 모순될 뿐 아니라 공개적으로 실수하고 거짓된 추측에 기초한 것이다. 우리의 구속과 화해와 죄 사함과 칭의가 종종 상징적인 방식으로 그리스도의 죽음과 피를 묘사하고 있다는 그가 주목하고 증명하는 것은 사실이다. 그 이유들은 부분적으로 전에 언급되었다. 그리고 그들에 대한 더 진보된 설명은 즉시 더해질 것이다. 그러나 이것에서 그가 우리를 위해 율법 아래 놓이셨고, 전에 율법을 성취하신 그의 생명의 순종이 칭의에 대한 어떤 인과성에서 배제되거나 우리에게 전가되지 않는다는 결론이 나오지 않는다. 그러나 이것에 반대하여 그는 다음과 같이 주장한다.

"만약 우리를 위한 그리스도의 생명의 순종이 칭의를 위해 전가된다면, 그리스도의 죽음의 사역은 우리를 위해 전가되지 않는다. 죽음은 불의한 우리를 위해 전가될 필요가 없기 때문이다"(벧전 3:18). "그러므로 만약 우리가 그의 생명을 통해 의롭다 하심을 받는다면, 그가 우리를 위해 죽으셔야 할 어떤 이유도 없으셨을 것이다. 하나님의 의는 의로운 자들을 처벌하는 것을 허락하지 않을 것이기 때문이다. 그러나 하나님은 그리스도 안에서 우리를 처벌하셨거나, 똑같은 방식으로 우리를 위해 거룩한 삶을 사셨던 그리스도를 처벌하셨다. 그리고 성경에 따르면 후자가 확실하다. 그러므로 우리는 그리스도의 거룩한 삶을 통해 의롭다 하심을 받지 않는다. 또한 그리스도는 우리를 위해 하나님의 의를 획득하시려고 죽으셨다(고후 5:21)." "그러므로 그는 죽음 이전에 의를 획득하지 않으셨다."

그러나 나는 이 전체의 논증이 분명한 실수에서 나온다고 말한다. 그것은 율법을 성취하시는 데 있어서 그리스도의 순종이나 그의 의가 먼저 우리에게 전가되고, 그런 다음에 그의 죽음의 의가 후에 일어나거나 우리에게 전가되어야 한다는 사건의 순서를 전제한다. 그리고 이런 전제 아래 그는 그것이 아무런 쓸모가 없다고 말한다. 그러나 우리의 칭의에서 그런 순서가 하나님이 정하신 것으로 주장될 수도 주장하고 있는 척 할 수도 없다. 그리스도의 삶과 율법에 대한 그의 순종이 그의 고난과 율법의 저주를 감당하는 것을 선행했다는 것은 사실이다. 그리고 그것은 그것들 사이에서 사건의 이런 순서가 자연의 법으로 볼 때 필수적이기 때문에 다른 것일 수 없다. 그러나 이것에서 그것들이 우리에게 전가되거나 적용되는 데 있어서 이 순서가 지켜져야 한다는 결론이 나오지 않는다. 이것은 그리스도의 순종과 고난의 자연적인 순서와 관련된 것이 아니라, 그것들이 적용되는 것들의 도덕적인 순서와 관련된 주권적인 지혜와 은혜의 결과이기 때문이다. 그리고 비록 우리가 그리스도의 순종이 전가되어 생명의 칭의에 이르거나 영생을 위한 자격과 권리를 얻는 것과 그리스도의 고난이 전가되어 우리가 죄 사함을 받고 정죄에서 자유하게 되는 것이 다른 행동이라는 것에 동의할 필요도 없고 동의하지도 않지만, – 이 둘로 말미암아 우리는 하나님이 정하신 바에 따라 그리스도가 모든 것 안에 모든 것이 되실 수 있도록 둘 다를 가질 수 있다 – 하나님이 죄인들을 생명의 칭의에 이르게 하시는 방법에서 그 효과들 자체와 관련하여 그리스도의 죽음을 그들에게 적용하셔서 죄 사함과 정죄에서 자유하게 하시는 것은 자연의 질서와 믿음의 역사상 생명에 이르는 권리와 자격을 얻도록 그의 순종이 우리에게 적용되는 것에 선행한다.

의롭다 하심을 받는 사람의 상태는 죄와 진노의 상태이다. 그 안에서 그는 사망과 정죄를 받는다. 이것이 죄를 깨달은 죄인이 느끼는 것이며, 먼저 그가 오직 구원받기를 추구하는 것이다. "어찌하여야 우리가 구원을 받을꼬?" 이것이 먼저 복음의 교리와 약속으로 그에게 제시되며, 그것이 적용되는 규칙이며 도구이다. 그리고 이것은 그리스도의 죽음으로 말미암은 것이다. 이것이 없이 그에게 전가된 어떤 실질적인 의도, 그리스도 자신의 순종도 그에게 안식을 주지 못할 것이다. 그는 자신이 죄를 지었다는 것과 이로 말미암아 하나님의 영광에 미치지 못하며, 율법의 정죄의 선언 아래 있다는 것을 느끼고 있기 때문이다. 그가 여기에서 구원을 받을 때까지 그에게 영생에 이르는 권리를 제공하는 것을 제시하는 것은 아무런 목적도 없다. 그러나 이것을 전제할 때 그는 더 나아가서 자신에게 자신이 의를 통해 왕 노릇 할 수 있는 자격을 줄 수 있는 것에 관심을 가지지 않을 것이다. 여기에서 나는 그 순서상 양심이 정죄에서 구원을 받는 것에 관심을 가지지 않는 것처럼 이 일에 관심을 가지지 않을 것이라고 말한다. 그리고 이 순서는 그리스도의 중보의 열매와 효과들에 대한 선언에서 표현된다. "죄악에 대해 화해가 일어나고 영원한 의를 가져오며"(단 9:24).

그리고 실질적으로 그리스도의 순종이 그의 고난을 선행한다는 것은 그의 순종의 전가에 대해 반대할 어떤 힘도 없다. 그것들이 적용되는 방법이 이로 말미암아 제시되지 않기 때문이다. 그리고 의롭다 하심을 받는 죄인들의 상태는 그들의 칭의 본성과 함께 하나님이 또한 정하신 것처럼 다르게 나타날 것을 요구한다. 그러나 그리스도의 순종과 고통이 처음부터 마지막까지 함께 일어나기 때문에 둘 다 그의 낮아지심의 상태에 속하며, 어떤 행동이나 예로도 분리될 수 없지만, 그가 그의 모든 순종에서 고난을 받으셨고 그의 모든 고난에서 순종하셨다는 것을 볼 때 단지 개념이나 상상에서만 분리될 수 있다(히 5:8).

그리고 정죄에서 자유하고 영생에 대한 권리를 얻는 우리의 칭의의 어떤 부분도 하나님이 정하신 규례와 구성에 따른다면 다른 것이 없이는 있거나 존재한다는 것은 생각할 수조차 없다. 그 전체의 효력은 그가 우리를 대신하여 하나님을 향해 하셨던 사역, 곧 죄인들이 감당해야 할 정확한 형벌과 영원한 보답으로 생명을 얻기 위해 죄인들에게 가해지는 형벌과 요구되는 의 둘 다와 관련하여 전체 율법을 지키셨던 그리스도의 전체적인 중보의 사역에 달려있다. 그리고 우리의 칭의가 성경에서 탁월함의 방법으로 그리스도의 죽음과 피 흘리심에 달려있는 것으로 묘사되고 있는 많은 이유가 있다.

1. 우리의 칭의의 주요하고 효율적인 원인으로서 하나님의 은혜와 사랑은 그 안에서 가장 탁월하고 두드러지게 나타난다. 이것은 성경에서 하나님의 사랑과 은혜를 가장 크게 드러내는 예와 부인할 수 없는 증거로서 우리에게 제시된다. 그리고 이것은 우리가 주로 우리의 칭의

에서 고려해야 하는 것이며, 그것들의 영광이 그 안에 있는 하나님의 목적이다. "이는 그가 사랑하시는 자 안에서 우리에게 거저 주시는 바 은혜의 영광을 찬송하게 하려는 것이라"(엡 1:6). 그러므로 이것이 그리스도의 순종과 그 순종이 우리에게 전가되고, 그로 말미암아 죄 사함과 의롭다 하심을 받게 된 원천이며 샘이며 유일한 원인이기 때문에 우리의 칭의에서 우리의 믿음의 일차적인 목적으로 성경 도처에서 제시되고 있으며, 직접적으로 어떤 것이든 우리 자신의 모든 행위와 반대된다. 여기에서 하나님의 계획 전체는 "은혜가 의를 통해 영생에 이르도록 왕 노릇 할 수 있게 하는 것"이다. 그러므로 이것이 그리스도의 죽음 안에서 가장 분명하고 두드러지게 나타나는 반면에 우리의 칭의는 특별한 방법으로 그것에 할당된다.

2. 그리스도 자신의 사랑과 그의 은혜가 특별히 우리의 칭의에서 높임을 받는다. "모든 사람이 아버지를 영화롭게 한 것처럼 아들을 영화롭게 하게 하려는 것이다." 자주 그것들은 이런 목적으로 표현된다(고후 8:9, 갈 2:20, 빌 2:6, 7, 계 1:5, 6). 그리고 이것들은 또한 그의 죽음에서 가장 탁월하게 높임을 받아서 그것들의 모든 효과와 열매가 특별한 방법으로 그리스도의 죽음에 돌려진다. 똑같은 결과에 협력하는 많은 것 중에서 특별히 그것이 나머지와 분리된 채로 생각될 수 없다면 그것을 그것들 중 가장 탁월한 것에 돌리는 것보다 더 일반적인 것은 없기 때문이다.

3. 이것은 주 그리스도가 행하시고 고난을 받으신 것이 우리를 위한 것이었으며 자신을 위한 것이 아니었다는 것을 가장 분명하게 증거하는 것이다. 이것에 대한 고려없이 그가 율법에 행하신 모든 순종은 오직 자신 때문에 한 것으로 간주되고, 소시누스주의자들이 상상하는

것처럼 자신이 하나님을 위해 우리와 함께 모든 것을 행하시고 우리를 위해 하나님과 함께 아무 것도 하지 않으시는 구원자가 되시기 위해 해야 했던 것으로 간주될 수 있기 때문이다. 그러나 무죄한 사람이실 뿐 아니라 하나님의 아들이신 그 분이 율법의 저주를 받고 고난을 당하신 것은 그가 행하시고 고난받으신 것이 우리를 위한 것이었으며 자신을 위한 것이 아니었다는 것을 공개적으로 증거하고 있다. 그러므로 칭의에 대한 우리의 믿음 먼저 있고 주요하게 그의 죽음과 피 흘리심으로 안내를 받는 것은 이상한 일이 아니다.

4. 그리스도의 모든 순종은 그 안에서 성취되고 우리의 칭의가 그 효력을 의존하고 있는 이어지는 그리스도의 희생을 계속해서 고려하고 있었다. 실질적인 순종의 어떤 전가도 죄인들을 아담의 죄 때문에 그들에게 내려진 정죄에서 의롭다 하심을 얻게 할 수 없는 것처럼, 비록 그리스도의 순종이 그로 하여금 고난을 받기 위해 단순히 준비하거나 자질을 갖추게 하는 것은 아니지만, 우리의 칭의에 이르게 하는 그 효력은 그의 영혼이 죄를 위한 제물로 드려질 때 따라올 그의 고난에 의존하고 있기 때문이다.

5. 앞에서 관찰한 것처럼 그리스도의 피를 통한 화해와 죄 사함은 먼저 우리가 아담의 죄로 말미암아 던져진, 곧 하나님의 호의를 잃고 사망에 이른 상태와 조건에서 구원을 받는 것을 고려한다. 그러므로 이것은 주요하게, 우선적으로 그리스도가 자신에게 부르신 잃어버린 죄를 깨달은 죄인이 찾는 것이다. 그러므로 칭의는 그리스도의 피 흘리심과 죽음의 결과로서 탁월하고 자주 제시되는데, 그것은 우리의 화해와 죄 사함의 직접적인 원인이다. 그러나 이런 고려 중 어떤 것에서도 한 사람 그리스도 예수의 순종이 우리에게 전가되지 않아서 그로 말미암

아 은혜가 의를 통해 영생에 이르도록 왕 노릇하게 되지 않는다는 결론이 나오지 않는다.

똑같은 진리가 롬 8:1-4에서 충분히 주장되고 확증된다. 그러나 다른 학식이 있고 판단력이 있는 다른 사람이 (곧, 제이콤(Jacomb) 박사가) 잘 설명하고 증명하여 그가 주장한 것에 더할 수 있는 무게 있는 것이 남아있지 않다(1부 4절, p. 587에서부터). 그리고 사실 그가 그리스도의 전가에 반대하는 가장 보편적이며 중요한 반대들에 대해 (그가 진리를 확증하는 논증들과) 그가 제시하고 있는 대답들은 편견이 없고 공평한 사람들의 마음을 정당히 만족시키기에 충분하다. 그러므로 나는 이 증거를 매우 최근에 주장이 되고 확증된 것으로 여겨서 넘어가고 (보통 그러하듯이) 유익하지 않을 수 있기 때문에 똑같은 문제를 다루지 않을 것이다.

로마서 10:3, 4

"(하나님에 대한 열정은 가지고 있지만 지식을 따르지 아니한) 그들이 하나님의 의를 알지 못하여 자기 의를 세우려고 하나님의 의에 복종하지 아니하였느니라 그리스도는 모든 믿는 자에게 의를 이루기 위하여 율법의 마침이 되시니라."

여기에서 결정된 것은 사도가 롬 9:30에서 제시하고 시작한 것이다. 그리고 그는 제시해야 했던 것이 다소 낯설고 사람들의 일반적인 이해에 적합하지 않았기 때문에 의문문으로 자신의 논의를 시작한다. "그런즉 우리가 무슨 말하리요?($Tί\ οὖν\ ἐροῦμεν$)." 그는 롬 3:5, 6:1, 7:7, 9:14에서 비슷한 경우에 이 질문을 사용한다. 이것은 14절에서처럼 "이 문제에서 하나님께 불의가 있느냐?"와 같은 것이거나,

"우리가 이것들에 대해 무슨 말을 하리요?"나, "이것은 여기에서 말해야 할 것이다"라는 의미이다. 그가 주장하려는 것은 "의를 따르지 않던 이방인들이 의, 곧 믿음에 속한 의를 얻었지만, 의의 율법을 따랐던 이스라엘은 의의 율법에, 곧 하나님 앞에서 의에 이르지 못했다는 것"이다.

여기에서 이 사건이 나타내는 것보다 더 이성에 모순되는 것이 없는 것 같다. 하나님 앞에서 어떤 의도 얻으려고 노력하지 않고 죄와 쾌락 속에 살던 이방인들이 이제 복음이 선포되었을 때 의를 얻었다. 그러나 율법의 모든 행위와 이로 말미암은 하나님께 드리는 순종의 의무들 속에서 부지런히 의를 따랐던 이스라엘이 의에 미치지 못하고 의를 얻지 못했다. 모든 준비와 모든 성향과 모든 공로는 의와 칭의와 관련하여 이방인들에게서 배제되었다. 그들 모두 안에 의를 따르려는 것이 더 많이 있든 더 적게 있든 모두 거절되었기 때문이다. 오직 경건하지 않은 자들을 의롭다 하시는 분을 믿음으로써 그들은 의를 얻거나 믿음을 얻었다. 믿음으로 의를 얻는 것과 믿음에 속한 의를 얻는 것은 똑같은 것이다. 그러므로 우리의 모든 의무와 행위처럼 어떤 식으로든 의를 따르려 하던 모든 것은 우리의 칭의에 어떤 영향을 미치는 데서 배제된다. 그리고 이것은 이 점에서, 곧 우리가 그의 은혜로 값없이 의롭다 하심을 받으며, 우리 편에서 모든 자랑이 배제된다는 점에서 하나님의 은혜의 주권과 자유를 선언하고 있다. 그들로 하여금 자신들이 원하는 대로 꾸미게 하고 자신들이 기뻐하는 대로 다투게 하라. 의를 따르지 않을 때 하나님 앞에서 칭의를 얻은 사람들은 은혜로 다른 사람의 의가 자신들에게 전가됨으로써 의를 얻는다.

"그들이 이방인의 상태에 있을 때 의를 전혀 따르지 않았지만, 복음의 진리가 그들에게 계시되었을 때 그들은 의를 따랐고 의를 얻었다는 것은 사실이다"라는 언급이 있을 수 있다. 그러나 1. 이것은 그들이 의를 얻지 못하고 단지 의를 따랐다고 말하지만, 그는 직접적으로 반대로 말하고 있는 점에서 사도와 직접적으로 모순된다. 2. 그것은 그가 이방인들과 이스라엘 사이에 두고 있는 구분을, 곧 이스라엘은 의를 따랐지만 이방인들을 의를 따르지 않았다는 구분을 제거한다. 3. 이곳에서 의를 따르는 것은 우리 자신의 의를 따르는 것이다. 곧 "그들 자신의 의를 세우려는 것"이다(롬 10:3). 그러나 이것은 결코 의를 얻는 수단과 매우 거리가 멀뿐 아니라 가장 효과적으로 파괴하고 있다.

그러므로 만약 자신들의 어떤 의를 가지고 있지 않고, 의와 거리가 매우 멀어서 의를 얻으려고 노력하지 않던 사람들이 이제 믿음으로 하나님 앞에서 의롭다 하심을 얻을 수 있는 의를 받는다면, 그들은 그리스도의 의가 자신들에게 전가되어 그렇게 되는 것이다. 그렇지 않았다면 어떤 다른 방식이 있는지 제시해 보라.

이 사건의 다른 측면인 이스라엘과 관련하여 어떤 사람들은 자신들이 원하든 원하지 않든 기뻐하지 않는 것을 들어야 한다. 그들에 대해 세 가지가 고려된다. 1. 그들의 시도. 2. 그들의 성공. 3. 그 이유.

1. 그들의 시도나 노력은 그들이 "의의 율법을 따랐다"는 것에 있다. 그들의 노력을 표현하는 단어인 디오코(*Διώκω*)는 간절하고 부지런하고 신실한 것을 의미한다. 사도는 이것으로 그들의 노력이 어떠했으며, 복음적 순종의 의무들을 수행하는 데 우리의 노력이 어떠해야 하는지 선포한다(빌 3:12). 그들은 이 일에서 게으르지 않았으며 "곧 하나님을 밤낮으로 섬겼다." 그들은 위선자들이 아니었다. 사도는 그들에 대해 이 문제에 있어서 "그들은 하나님에 대한 열정이 있었다"라고

기록한다(롬 10:2). 그리고 그들이 이렇게 노력했던 것은 "의의 율법 ($\nu\acute{o}\mu o\varsigma$ $\delta\iota\kappa\alpha\iota o\sigma\acute{v}\nu\eta\varsigma$)", 곧 하나님 앞에서 완벽한 개인적인 의를 요구하는 율법이었다. "사람이 율법을 행하면 그 안에서 살리라는 것"이다(롬 10:5). 그러므로 사도는 이곳에서 의식법에 대한 어떤 고려도 하지 않으며 단지 하나님의 뜻으로 말미암은 도덕법에서 나온 것과 그에 대한 순종만을 고려하고 있다. 그가 그것에 대해 분리해서 말할 때 그는 그것을 "규례들에 포함되어 있는 명령의 율법"이라고 부른다. 그러나 그것은 어디에서도 "의의 율법", 곧 그 의가 우리 안에서 성취되는 율법이라고 불리지 않는다(롬 8:4). 그러므로 그들이 이 의의 율법을 따른 것은 그들이 도덕법의 지침들과 계명들에 따라 순종의 모든 의무를 행하는 데 있어서 부지런했다는 것을 의미한다.

2. 이런 시도에서 문제는 그들이 "의의 율법을 얻지 못했다"($\epsilon\grave{\iota}\varsigma$ $\nu\acute{o}\mu o\nu$ $\delta\iota\kappa\alpha\iota o\sigma\acute{v}\nu\eta\varsigma$ $o\grave{v}\kappa$ $\check{\epsilon}\phi\theta\alpha\sigma\epsilon$)는 것, 곧 그들이 하나님 앞에서 이를 통해 의를 얻지 못했다는 것이다. 비록 이것이, 곧 하나님 앞에서 의롭다 하심을 받고 그 안에 사는 것이 율법의 목적이었지만, 그들은 결코 그것을 얻을 수 없었다.

3. 그들이 그토록 간절히 얻고자 노력했던 것을 얻는 데 실패한 이유에 대한 설명이 제시된다. 그리고 이것은 그들이 이중적인 차원에서 실수했다는 것을 의미한다. 첫째로, 그것을 얻는 수단에서. 둘째로, 추구되었던 의 자체에서. 첫째는 롬 9:32에서 선포된다. "이는 그들이 믿음으로 구하지 아니하고 오히려 율법의 행위로 되는 것처럼 구하였기 때문이라." 믿음과 행위는 의를 얻을 수 있는 두 가지 유일한 방법이며 그것들은 서로 반대되고 일치하지 않는다. 그러므로 어떤 사람도 이 둘 다를 가지고 의를 추구하거나 추구할 수 없다. 그들은 혼합되지 않으

며 의를 얻는 하나의 전체적인 수단이 될 수 없다. 그들은 은혜와 행위처럼 반대된다. 전자에게 속한 것은 후자에게 속하지 않는다(롬 11:6). 이 문제에서 이 둘을 섞으려는 모든 시도는 "악하게 은혜와 섞어서 더하고 잘라내려는 헛된 것"이다. 그리고 그 이유는 믿음이 추구하거나 믿음으로 얻을 수 있는 의는 우리에게 주어지고 우리에게 전가된 것이며, 믿음은 단지 받는 것이기 때문이다. 그것은 "은혜의 풍성함과 의의 선물"을 받는다. 그러나 행위로 얻을 수 있는 것은 우리 안에 내재되어 있고, 우리로 말미암아 일어나고, 우리에게 전가되지 않는 우리 자신의 것이다. 그것은 하나님의 율법과 관련한 행위 이외에 어떤 것도 아니기 때문이다.

그리고 하나님 앞에서 의가 오직 믿음으로 얻을 수 있으며, 모든 행위와 반대된다면, - 사람이 율법에 따라 율법을 행하면 그 안에서 사는 것이라면 - 우리가 하나님 앞에서 의롭다 하심을 얻는 것은 오직 믿음으로 말미암은 것이거나, 우리 편에서 이것에 요구되는 다른 어떤 것도 없다. 그리고 이 의가 어떤 본성을 지녔는지는 분명하다.

다시 하나님 앞에서 의나 칭의를 얻는 수단으로 고려될 때 믿음과 행위가 반대되고 조화를 이루지 못하는 것이 분명하다면, 우리가 똑같은 의미와 방식으로 그것들에 의해 하나님 앞에서 의롭다 하심을 받는 것은 불가능하다. 그러므로 사도 야고보가 사람이 단지 믿음만이 아니라 행위로 의롭다 하심을 받는다고 주장할 때 그가 하나님 앞에서 우리의 칭의를 의도할 수 없는데, 그곳에서 그것들이 둘 다 협력하는 것은 불가능하기 때문이다. 사도는 이곳에서 그것들이 조화를 이루지 못한다고 선언하고 있을 뿐 아니라, 그것은 서로 조화를 이루지 못하고 파괴하는 몇 가지 종류의 의를 칭의에 가져오는 것이기 때문이다. 이것은 유대인들이 범한 첫 번째 실수였으며, 여기에서 그들이 믿음이 아니라 곧 율법의 행위를 추구하는 잘못이 나오게 되었다.

그들이 범한 두 번째 실수는 사람이 하나님 앞에서 의롭다 하심을 받을 수 있는 의 그 자체에 대한 것이었다. 그들이 판단하는 의는 그들 자신의 의였기 때문이다(롬 10:3). 그들은 자신들의 순종의 의무들에 놓여 있는 자신들의 개인적인 의를 자신들이 하나님 앞에서 의롭다 하심을 받을 수 있는 유일한 의로 간주하였다. 그러므로 그들은 바리새인들이 그러했던 것처럼(눅 18:11, 12) 이것을 수립하는 데까지 나갔다. 그리고 "그들 자신의 의를 세우려는" 이런 실수는 이에 대한 그들의 계획과 더불어 그들로 하여금 오늘날 많은 사람이 그러하듯이 하나님의 의를 거부하게 만든 주요한 원인이었다.

하나님에 대한 순종으로 우리 안에서 행하거나 우리가 행한 것은 무엇이든지 우리 자신의 의이다. 비록 우리가 믿음으로, 하나님의 도우심으로 그것을 행했더라도, 그것은 주관적으로 우리 자신의 것이며 그것이 의인 한 우리 자신의 것이다. 그러나 우리 자신의 것인 모든 의는 어떤 것이든 우리가 하나님 앞에서 의롭다 하심을 받을 수 있는 의와 매우 달라서 우리가 그것을 세우려고, 곧 우리가 그것으로 의롭다 하심을 받으려고 아무리 간절히 노력해도 우리로 하여금 우리가 오직 의롭다 하심을 받을 수 있는 것에 복종하고 받아들이는 것을 거절하게 하는 효과적인 수단이다.

이것이 유대인들을 파멸시켰으며 의를 추구하는 데서 그들의 예를 따르는 모든 사람을 파멸시킬 것이다. 그러나 사람들이 어떤 다른 방식을 취하거나 이것에서 벗어나는 것은 쉽지 않다. 사도는 "그들이 자신들을 하나님의 의에 복종시키지 않았다"는 표현에서 이 사실을 암시한다. 하나님의 이 의는 사람의 교만한 생각이 전적으로 무릎을 꿇고 복종하려 하지 않는 본성에 속해 있다. 그러나 그것은 그 안에서 우리 자신의 어떤 의라도 전적으로 버리는 것을 포함하는 생각의 복종이나 굴복으로 말미암은 것 이외에 어떤 다른 방식으로 획득될 수 없다. 그리고 도덕성이나 도덕적인 의를 추구하려고 노력하는 사람들은 예수 그리스도로 말미암은 하나님의 의에 참여하는 어떤 선한 방법도 가지고 있지 않다고 긍정하는 것에 대해 다른 사람들을 비난하는 사람들은 사도의 교리, 곧 성령 자신의 교리를 분명히 조롱하고 있다.

그러므로 사도의 분명한 계획은 믿음과 믿음의 의와 행위로 말미암은 우리 자신의 의가 하나님 앞에서 우리의 칭의와 관련해서 조화를 이루지 못할 뿐 아니라, 의를 추구하는 데 있어서 수단으로서 우리 자신의 행위를 섞는 것은 우리로 하여금 전적으로 하나님의 의을 받아들이거나 복종하게 하지 못하는 것이라고 선언하는 것이다. 믿음에 속한 의는 우리 자신의 것이 아니기 때문이다. 그것은 하나님의 의, 곧 그가 우리에게 전가하시는 것이다. 그러나 행위의 의는 우리 자신의 것, 곧 우리 안에서 우리로 말미암아 일어나는 것이다. 그리고 행위가 그 자체 안에 우리 자신의 것이 아니기 때문에 우리에게 전가되는 의를 얻거나 받을 수 있는 성질이나 온유함을 가지고 있지 않고, 전가된 의를 우리 자신의 의인 율법적인 위엄에서 자신을 격하시키는 것으로 여겨서 혐오하는 것처럼, 믿음은 그 주요한 기능과 효력이 하나님께 의롭다 하심을 얻고 받아들여지기 위해 영혼의 모든 신뢰와 기대를 다른 분에게 고정시키는 데 있다는 것을 볼 때 그 자체 안에 내적인 의이거나, 그렇게 간주되거나, 그 자체로 우리에게 전가될 수 있는 어떤 자질도 온유함도 가지고 있지 않다.

여기에서 유대인들의 파멸이 있었다. 그들은 다른 분 안에서 믿음으로 하나님께 받아들여질 수 있다고 상상하기보다 하나님의 율법에 순종하는 의무들로써 자신들의 의를 위해 지속적으로 노력하는 것이 더 낫고, 더 가능하고, 자신들을 위한 더 의롭고 거룩한 방법이라고 판단했다. 자신들의 의를 가지고 있지 않았다면 자신들이 기뻐하는 대로 그들 자신이 율법으로 하나님 앞에서 설 수 있는지 그들에게 말하라. 결국 율법은 성취되지 못하고 그들은 정죄를 받을 것이다.

이런 마지막 불신앙을 무너뜨리려고 사도는 율법은 그 목적을 가져야 하고 완전히 성취되어야 하며, 그렇지 않다면 우리를 위해 하나님 앞에서 의로운 것으로 나타나는 것이 불가능하다는 것을 인정하며, 이와 더불어 그것이 그들에게 어떻게 이루어지며, 그것이 오직 어디에서 추구되어야 하는지 보여준다. 그는 "그리스도는 믿은 모든 자에게 의를 위한 율법의 마침이시라"고 말하고 있기 때문이다(롬 10:4). 우리는 그리스도가 어떤 다양한 의미에서 "율법의 마침($\tau\acute{\epsilon}\lambda o\varsigma$ $\nu\acute{o}\mu o\upsilon$)", 곧 율법을 성취하고 완성하는 것을 말하고 있는지 물음으로써 우리 자신을 괴롭힐 필요가 없다. 사도는 그리스도가 절대적으로 율법의 마침이시라고 주장하지 않고 믿는 모든 자에게 "의를 위한($\epsilon i\varsigma$ $\delta\iota\kappa\alpha\iota o\sigma\acute{\upsilon}\nu\eta\nu$)" 율법의 마침이시라고 주장함으로써 자신의 의도를 충분히 결정한다. 문제가 되는 내용은 하나님 앞에서 칭의에 이르는 의이다. 그리고 이것은 율법이 요구하는 의로 인정된다. 하나님은 율법이 정한 의 이외에 우리에게서 어떤 의도 찾지 않으신다. 율법은 의의 규칙, 곧 하나님이 의와 의의 모든 의무을 정하신 것 이외에 어떤 것도 아니다. 우리가 율법으로 의롭다 하심을 받는 것이 율법의 첫 번째이자 본래적인 목적이었다. 현재 죄를 깨닫게 하고 죄에 대해 판단하거나 정죄하는 율법의 다른 목적들은 그 본래적인 목적에 부차적인 것이었다. 유대인들은 하나님이 우리에게 요구하시는 모든 것이며 유일한 의인 율법이 요구하는 의와 율법의 이 목적을 성취하는 것을 자신들이 개인적으로 율법의 행위와 의무들을 행함으로써 추구하였다. 그러나 이것으로 말미암아 그들이 아무리 노력을 해도 이 의를 성취할 수 없었으며 율법의 이 목적을 이룰 수 없었다. 그러나 그들이 성취하지 못한다면 영원히 멸망받아야 한다. 그러므로 사도는 이 모든 것이 다른 방식으로 이루어진다고 선언한다. 곧 그리스도 안에서 그리스도로 말미암아 율법의 의는 성취되고, 그것의 목적은 하나님 앞에서 의와 관련하여 이루어진다. 그가 율법이 요구하시는 것을 성취하셨으며, 그것이 믿는 모든 자의 것으로 여겨지기 때문이다.

바로 이곳에서 사도는 우리가 하나님 앞에서 의롭다 하심을 받을 수 있는 의에 대한 전체적인 논의를 제시하고, 구체적으로 어떻게 율법의 요구에 대한 충족이 이루어질 수 있는지 언급한다. 우리가 할 수 없는 그것을 – 우리가 육체로 말미암아 연약하여 율법이 우리 안에 이룰 수 없는 그것을 – 우리가 율법의 행위와 의무로써 얻을 수 없는 그것을 그리스도가 우리를 위해 행하셨다. 그러므로 그가 "믿는 모든 자에게 의를 위한 율법의 마침이 되셨다."

율법은 우리에게 의를 요구한다. 이 의의 성취는 율법이 목표로 하는 마침이며 하나님 앞에서 우리의 칭의에 필수적이다. 이것은 우리 자신의 어떤 행위나 우리 자신의 어떤 의로 얻을 수 없다. 그러나 주 그리스도는 우리를 위해, 우리에게 율법의 마침이시다. 그리고 그가 어떻게 율법을 성취하시는 데 있어서 그의 순종과 의의 전가로 말미암지 않고 그렇게 되실 수 있는지 나는 이해할 수 없다. 나는 사도가 그렇게 선포하고 있지 않다고 확신한다.

우리가 우리 자신의 의를 수립하려고 아무리 노력해도 할 수 없는 율법의 이 목적을 성취하는 방법은 오직 믿음에 의한 것뿐이다. "그리스도가 믿는 모든 자에게 의를 위한 율법의 마침이시기" 때문이다. 여기에서 믿음에 어떤 것을 섞는 것은 의를 획득하는 그들의 자질과 온유함과 관련하여 믿음과 행위의 본성에 위배될 뿐 아니라, 만들어 낼 수 있는 어떤 것처럼 사도의 분명한 계획과 표현에 직접적으로 모순된다.

사람들로 하여금 내가 이해하지 못하는 구분들이나 (그렇게 말하는 것에 대해 부끄러워해야 하지만, 그들은 자신들이 사용하는 구분들을 이해하지 못하고 있다고 확신한다) 내가 가치있게 여기지 않는 비난들과 반대들과 거짓된 결론들을 스스로 기뻐하게 하라. 여기에서 나는 "그리스도는 모든 믿는 자에게 의를 위한 율법의 마침이시다"는 것에 영원히 나의 영혼을 고정시키고 받아들이기를 바란다. 그리고 나는 그들 모두가 하나님의 율법이 그들에게 요구하는 것이 무엇이며, 율법을 지키는 것과 율법의 목적이 이 목적을 성취하려는 그들 자신의 노력의 전적인 불충분성과 더불어 성취되어 적어도 논쟁의 시기가 끝났을 때 똑같은 피난처에 머물며 안식하는 것이 얼마나 필요한지 올바로 이해하고 있다고 생각한다.

고린도전서 1:30

이 사도의 서신에서 내가 생각할 다음 구절은 고전 1:30이다.

"너희는 하나님으로부터 나서 그리스도 예수 안에 있고 예수는 하나님으로부터 나와서 우리에게 지혜와 의로움과 거룩함과 구속함이 되셨으니."[3]

이 구절에서 사도의 계획은 우리가 하나님을 기쁘시게 하고, 하나님을 위해 살고, 하나님을 즐거워하는 데 부족한 것은 무엇이든지 우리가 예수 그리스도 안에서, 그로 말미암아 가진다는 것을 나타내는 것이다. 그리고 이것은 고전 1:26-29절이 선포하는 것처럼 하나님 편에서 단순히 값없고 주권적인 은혜에서 나온다. 우리는 이 모든 것을 우리가 그 안에(ἐξ αὐτοῦ), 곧 "그로부터", "그에게서", "그에 의해" 심겨짐으로써 가진다. 그는 그의 은혜로 말미암아 이것의 주요하고 효율적인 원인이시다. 그리고 그 효과는 우리가 "그리스도 안에", 곧 그의 신비적인 몸의 지체로서 그 안에 접붙여지거나 그와 연합되었다는 것이다. 그리고 그것이 성경에서 이 표현의 지속적인 의미이다. 우리가 이로 말미암아 얻는 유익들은 다른 표현에 설명되어 있다.

그러나 먼저, 우리가 이 유익들에 참여하게 되거나 그것들이 우리에게 전달되는 방법이 선포된다. "그는 하나님으로부터 나와서 우리에게……되었으니." 그가 친히 우리에게 이 모든 것이 되시는 것은 하나님이 정하신 것이었다. "그는 하나님으로부터 나와서(Ὃς ἐγενήθη ἡμῖν ἀπὸ Θεοῦ)"에서 "아포(ἀπὸ, 으로부터)"는 앞에 나온 "엑스(ἐξ, 안에)"와 마찬가지로 효율적인 원인이다. 그러나 예수가 어떻게 하나님으로부터 나와서 그렇게 되셨는가? 혹은 이로 말미암아 의도된 것은 어떤 하나님의 행동인가? 소시누스는 그것은 "주 그리스도가 우리에게 어떤 혹은 다른 방법으로 이 모든 것이 되셨다고 말하는 일이 일어난 것은 하나님의 섭리의 일반적인 행동"이라고 말한다. 그러나 의도하고 있는 것은 어떤 다른 것이 아니라 의에 기초한 실질적인 전가와

3) 역자 주) 고전 1:20의 "구속함"을 개혁개정은 "구원함"이라고 번역했다. 하지만 개혁한글, KJV, NIV는 "구속함"으로 번역했다. 역자는 원문에 따라 "구속함"으로 번역했다.

더불어 그리스도가 우리에게, 우리를 위해 이 모든 것이 되신 것은 하나님의 주권적인 은혜와 지혜로써 특별히 정하신 제도이다. 그러므로 우리가 어떤 이익을 가지고, 우리가 그로 말미암아 어떤 유익을 가지든지 그 모든 것은 우리 안에 있는 어떤 것이 아니라 하나님의 주권적인 은혜와 정하심에 의존한다. 우리는 우리 자신의 어떤 의도 가지고 있지 않은 반면에 하나님은 그를 우리에게 "우리의 의"가 되도록 정하셨다. 그리고 그것은 그의 의가 우리의 것이 되는 것 이외에 어떤 다른 것일 수 없다. 그가 우리에게 의가 되셔서 (그가 마찬가지로 언급된 다른 것들이신 것처럼) 우리 안에 있는 모든 자랑이 배제되고 "영광을 돌리는 자는 주 안에서 돌려야 하기" 때문이다(고전 1: 29-31).

그런데 우리가 다소 자랑할 수 있으며(롬 4:2), 자랑하는 것을 배제하지 않는(롬 3:27) 의나 의롭다 하심을 받게 되는 방법이 있다. 그리고 이것은 우리의 의가 우리 안에 내재적이지 않을 때 가능할 수 없다. 그것은 아무리 획득하거나, 값을 주고 사거나, 우리 안에 내재적인 것이라도 우리가 피조물인 동안 어떤 것이 우리 자신의 것일 수 있는 한 우리 자신의 것이기 때문이다. 그리고 주 그리스도는 우리에게 하나님의 의가 되셔서 우리 편에서나 우리 자신 안에서 모든 자랑하는 것과 영광을 받는 것이 제거될 수 있으려면, 이런 목적이 이루어지려면, 그의 의가 우리에게 전가되는 것 이외에 어떤 다른 방법이 있을 수 없다. 이로 말미암아 하나님의 은혜와 그의 위격과 중보의 명예가 높임을 받고 우리 자신을 영화롭게 하는 모든 기회가 전적으로 제거되기 때문이다. 우리는 이 증거에서 우리가 우리 자신 안에 하나님이 보시기에 모든 의가 결핍되어 있는 반면에, 우리의 모든 영광이 하나님의 은혜와 그리스도 자신의 의 안에 있는 방법으로 그리스도가 신적인 전가의 은혜의 행동으로 우리에게 하나님의 의가 되시는 것 이외에 더 이상 바라지 않는다.

벨라르민은 이 증거에 세 가지 대답을 시도하는데, 이것들 중 앞의 두 가지는 일치한다. 그리고 세 번째는 빛과 진리를 기반한 것이라고 그는 고백하며 우리가 주장하는 모든 것을 인정한다. 1. 그는 "그리스도는 우리의 의이시라고 언급되는데, 이는 하나님이 우리의 힘이시라고 언급되는 것처럼 우리의 의이시기 때문이다. 그러므로 이 표현에는 인과율을 따른 환유법이 존재한다"라고 말한다. 그리고 나는 주 그리스도가 자신의 영으로 말미암아 우리의 개인적이며 내적인 의의 효율적인 원인이시라는 것이 사실이라고 말한다. 그의 은혜로 말미암아 그것은 우리 안에 효율적이 되고 일어난다. 그는 우리의 본성을 하나님의 형상으로 갱신하시며, 그가 없이 우리는 아무 것도 할 수 없다. 그러므로 우리의 습관적이며 실질적인 의는 그에게서 온다. 그러나 이런 개인적인 의는 우리의 성화이며 어떤 다른 것이 아니다. 그리고 비록 똑같은 내적인 은혜의 내적인 습관이 그것에 적합한 활동과 더불어 때때로 우리의 성화라고 불리지만, 그것은 결코 우리의 성화와 우리의 의로 구분되지 않는다. 그러나 이곳에서 그가 우리의 의가 되신다는 것은 그가 우리의 성화가 되신다는 것과 절대적으로 구분된다. 그러므로 그것은 그리스도의 영광의 은혜로 말미암아 우리 안에서 일어나는 내적인 의이다. 그리고 우리의 성화인 그가 우리 안에서 개인적인 의가 일어나게 하시는 것과 우리가 하나님 앞에서 의롭다 하심을 받는 그의 의가 우리에게 전가되는 것은 조화를 이룰 뿐 아니라, 그것들 중 어느 하나는 다른 것이 없이 존재할 수 없다.

2. 그는 "그리스도는 그가 구속이 되시는 것처럼 우리에게 의가 되

신다고 언급된다. 그런데 그는 우리를 구속하셨기 때문에 우리의 구속이시다. 마찬가지로 그는 그로 말미암아 우리가 의롭게 되거나, 다른 사람이 말하는 것처럼 오직 그로 말미암아 우리가 의롭다 하심을 받기 때문에 우리에게 의가 되신다고 언급된다"고 주장한다. 이것은 앞에서 주장했던 것과 같은 주장이다. 곧 이 모든 표현에는 인과율에 따른 환유법이 존재한다. 그러나 "오직 그로 말미암아 우리가 의롭다 하심을 받는다"는 표현을 그들이 어떤 의도로 해석하고 있는지 나는 이해하지 못한다. 그러나 벨라르민은 여전히 진리에 더 가깝게 접근하고 있다. 우리가 그의 피로 구속을 받거나, 그가 우리를 위해 지불하신 대속으로 말미암아 우리가 죄와 사망과 지옥에서 자유함을 받거나, 그의 피로 구속을 받거나, 심지어 죄 사함을 받기 때문에 그리스도는 하나님께 우리를 위한 구속이 되셨다고 언급되고 있는 것처럼, 하나님이 우리에게 인정하신 그의 의를 통해 (우리가 하나님 앞에서 의롭다 하심을 받을 수 있도록 하나님이 그를 우리에게 의가 되게 하시는 것과, 우리가 그 안에서 하나님의 의가 되는 것과, 그의 의가 우리에게 전가되는 것은 똑같다) 우리가 의롭다 하심을 받기 때문에 그는 우리에게 의가 되신다고 언급되고 있기 때문이다.

그의 세 번째 대답은 앞에서 관찰한 것처럼 우리가 주장한 것 전체를 인정한다. 그것은 그가 렘 23:6에서 제시하고 있는 것과 똑같은 것이기 때문이다. 그곳에서 그는 앞에서 묘사된 표현에서 자신의 성화의 전체 원인을 그것들에게 맡기는 것과 똑같은 의미와 중요성으로 이것과 결합시키기 때문이다(lib. ii. cap. 10).

소시누스는 어떤 사람이라도 이것을 사용하거나 이 문제에서 이것을 주장하는 것은 목적에 매우 부적절하다는 주장과 함께 이 증거에 대한 자신의 대답을 시작한다. 그리고 사실 그의 대적자들의 논증들을 경멸하는 척하는 것이 그가 그의 모든 대답과 회피에 사용하는 주요한 술수이다. 이곳에서 나는 그와 함께 그리스도의 의의 전가를 반대하는 대부분은 사람들이 그를 따르고 있는 것을 보는 것은 유감이다. 그리고 최근에 이 증거에 대해 벨라르민을 이렇게 축소해서 사용하는 것은 소시누스가 반대하는 유일한 근거와 이유로 환영을 받고 있다. 그러나 나는 그가 반대하고 있는 것들이 학식있는 사람이라면 그것들로 말미암아 고통을 느끼거나 미혹될 수 있는지 의아해 하지 않을 수 없다. 오직 그는 "그의 의가 우리에게 전가되기 때문에 그리스도가 우리에게 의가 된다면, 그의 지혜가 우리에게 전가되고, 그의 거룩이 우리에게 전가되기 때문에 그리스도가 우리에게 지혜가 된다고 말해야 할 것이다. 그리고 어느 누구도 그리스도가 우리의 구속이 되시고 그의 구속이 우리에게 전가되어야 한다는 것을 허락하지 않을 것이다"라고 주장한다. 그러나 이런 가식적인 주장에는 어떤 힘도 진리도 없다. 그것은 오직 그리스도가 똑같은 방법과 방식으로 이 모든 일에서 하나님이 우리에게 인정하시는 것이 되셔야 한다는 전제 위에 세워진 것이기 때문이다. 그것들은 본성이 달라서 그가 그렇게 되시는 것은 전적으로 불가능하다. 그는 그의 영과 은혜로 말미암아 우리가 값없이 거룩하게 된다는 점에서 우리에게 거룩함이 되신다. 그러나 우리가 그의 영과 은혜로 말미암아 값없이 구속함을 받는다는 점에서 그가 우리에게 구속이 되신다고 말할 수 없다. 그리고 그의 영과 은혜로 말미암아 그가 우리 안에서 내적인 의가 생기도록 일하시기 때문에 우리에게 의가 되신다고 말한다면, 그것은 분명히 그가 우리에게 거룩함이 되신다고 말하는 것과 똑같은 것이다. 그리고 그 자신도 그리스도가 똑같은 방법과 방식으로 우리에게 이 모든 것이 되신다고 믿지 않는다. 그러므로 그는 그리스도가 이 모든 것이 되시는 어떤 특별한 방법도 할당하지 않고 그가 하나님 섭리 안에서 우리에게 이 모든 것이 되신다는 애매한 표현으로 이것을 구름으로 가린다. 그러나 그에게 구체적으로 어떻게 그리스도가 우리에게 거룩함이 되시는지 물으라. 그러면 그는 당신에게 그것은 그가 허락하실 하나님의 영의 어떤 일반적으로 도우심과 더불어 오직 그의 가르침과 모범으로 말미암는다고 말할 것이다.

그리고 이것은 그리스도가 우리에게 구속이 되시는 방법이 전혀 아니다. 그것은 외적인 것이며 우리 안에서 내적으로 일어나는 것이 아니다. 그리스도는 우리가 구속받을 수 있도록 자신이 행하신 것을 우리에게 전가하시거나 그것을 우리의 구좌에 넣어주셔서 우리의 것으로 여기시는 것 이외에 어떤 다른 방식으로 우리에게 구속이 되실 수 없다. 곧 그리스도는 그가 유아적으로 비난하는 것처럼 우리를 위해 구속함이 되신 것이 아니라, 우리가 구속함을 받을 수 있도록 구속을 행하셨다. 그러므로 그리스도는 사건의 본질이 요구하는 방법과 방식으로 하나님으로부터 나와서 우리에게 의가 되셨다.

어떤 사람들은 "그것은 그로 말미암아 우리가 의롭다 하심을 받기 때문이다"라고 말한다. 그러나 본문은 우리가 그로 말미암아 의롭다 하심을 받는다고 말하는 것이 아니라, 그가 하나님으로부터 나와서 우리에게 의가 되신다고 말하고 있다. 그리고 그것은 우리의 칭의가 아니라 우리가 의롭다 하심을 받는 근거와 원인과 이유이다. 의와 칭의는 별개의 것이다. 그러므로 우리는 어떻게 우리가 의롭다 하심을 받는 의를 가지게 되는지 물어야 한다. 그리고 똑같은 사도는 분명히 이것은 전가로 말미암는다고 말한다. "일한 것이 없이 하나님께 의로 여기심을 받는 사람의 복에 대하여 다윗이 말한 바"(롬 4:6). 그러므로 그리스도가 하나님으로부터 나와서 우리에게 의가 되신다는 것은 그의 의가 우리에게 전가되는 것이라는 것 이외에 어떤 다른 의미를 가질 수 없으며, 이것이 이 본문이 부인할 수 없도록 확증하고 있는 것이다.

고린도후서 5:21

우리가 주장하고 있는 진리는 이 본문에서 더 강조적으로 표현된다. "하나님이 죄를 알지도 못하신 이를 우리를 대신하여 죄로 삼으신 것은 우리로 하여금 그 안에서 하나님의 의가 되게 하려 하심이라." 이 구절에 대해 어거스틴은 다음과 같은 의미로 좀 더 쉽게 표현한다. "그는 우리의 것이 아니라 하나님의 것으로, 우리 안에 있는 것이 아니라 그 안에 있는 것으로 우리를 의롭다 하시려고 죄가 되셨다. 그는 자신의 죄 때문이 아니라 우리의 죄 때문에, 자신 안에 있는 것이 아니라 우리 안에 죄 때문에 그렇게 하셨다"(Enchirid, ad Laurent., cap. 4). 그리고 이 구절에 대한 크리소스톰의 표현도 똑같은 목적으로 앞에서 크게 인용되었다.

그리스도로 말미암은 우리의 화해에서 하나님의 의의 위대함을 설명하려고 그는 "톤 메 그논타 하마르티안($\tau\grave{o}\nu$ $\mu\grave{\eta}$ $\gamma\nu\acute{o}\nu\tau\alpha$ $\acute{\alpha}\mu\alpha\rho\tau\acute{\iota}\alpha\nu$)", 곧 "어떤 죄도 알지 못하셨던 분", 혹은 "죄를 알지 못하셨던 분"이라는 쉬운 표현으로 그를 묘사한다. 그는 죄를 그 개념과 본성에서 알고 계셨으며, 그가 겪으시고 고난을 받으신 결과로 말미암아 경험적으로 죄를 알고 계셨다. 그러나 그는 죄를 범하거나 죄책과 관련해서 죄를 모르셨으며 죄와 가장 멀리 떨어져 계셨다. 그러므로 "그가 어떤 죄도 알지 못하셨다"는 것은 벧전 2:22에서 표현된 대로 절대적으로 "그가 어떤 죄를 짓지 않으셨으며 그 입에 어떤 거짓도 없으셨다"는 것 이외에 더 이상이 아니거나, 그가 "거룩하시고 흠이 없으시고 오염되지 않으시고 죄인들과 분리되셨다"는 것이다(히 7:26). 그러나 이 표현에는 무시될 수 없는 강조하고 있는 것이 있다. 크리소스톰이 관찰한 것은 그것은 - 어떤 죄짓는 것도 말하지 않으셨을 뿐 아니라 어떤 죄도 알지 못하셨다($o\dot{\upsilon}\chi\grave{\iota}\ \tau\grave{o}\nu\ \mu\grave{\eta}\ \dot{\alpha}\mu\alpha\rho\tau\acute{\alpha}\nu o\nu\tau\alpha\ \mu\acute{o}\nu o\nu\ \lambda\acute{\epsilon}\gamma\epsilon\iota$ $\dot{\alpha}\lambda\lambda\grave{\alpha}\ \tau\grave{o}\nu\ \mu\acute{\eta}\delta\epsilon\ \gamma\nu\acute{o}\nu\tau\alpha\ \dot{\alpha}\mu\alpha\rho\tau\acute{\iota}\alpha\nu$)는 - 발전을 포함하고 있으며, 그를 따르는 다양한 학자들도 이 사실을 주목하였다. 그러므로 여기에서 하나님의 은혜의 탁월함을 배우기를 바라는 사람들은 성령이 이런 목적을 위해 사용하시기로 선택하신 이 강조적인 표현에서 자신들의 마음에 이 의미를 새겨야 할 것이다. 그리고 이런 관찰은 무시되지 말아야 한다.

"그가 그를 죄로 삼으셨다"는 것을 많은 주석가들은 "그가 죄를 위한 희생제물이 되셨다"는 것으로 해석한다. "그가 죄를 위해 고난을 받으셨다는 것은 그가 죄 때문에 고난을 받으셨다고 말하는 것이 아니다. 율법에서 죄인들을 위해 드려인 짐승은 죄가 있다고 선언되기 때문이다"(암브로스 in Locum). 마찬가지로 속죄물도 종종 "하타(חַטָּאת)"와 "아샴(אָשָׁם)", 곧 "죄"와 "허물"이나 "죄책"으로 표현된다. 그리고 나는 이런 주석에 대해 다투지 않을 것인데, 그 안에 의미되고 있는 것이 진리에 따른 것이기 때문이다. 그러나 "하마르티아($\dot{\alpha}\mu\alpha\rho\tau\acute{\iota}\alpha$)"를 "하마르톨로스($\dot{\alpha}\mu\alpha\rho\tau\omega\lambda\acute{o}\varsigma$)"로, 곧 죄를 죄인으로 (곧, 능동적이 아니라 수동적으로, 내적인 것이 아니라 전가로) 해석해야 할 더 적절한 이유가 있는데, 언어적 표현과 반정립의 힘이 이것을 요구하고 있기 때문이다.

에스티우스(Estius)는 이 구절의 다른 의미에 대해 말하면서 자신이 인정하고 있는 것으로 언급한다. "이런 이해는 크리소스톰과 다른 그리스 주석가들을 통해 설명이 된다. 죄에 강조하는 호스(ὡς)가 붙어 있는 것은 가장 큰 죄인으로 해석이 되기 때문이다. 이것은 마치 사도가 그가 우리 모두의 죄악을 자신 안에서 감당하시려고 우리 때문에 자신이 죄를 지은 것처럼, 곧 죄를 지은 사람인 것처럼 취급을 당하셨다고 말하는 것과 같다." 그리고 이것이 그리스 학자들의 해석이라면, 실재로 그런 것처럼 루터는 그리스도가 가장 큰 죄인이 되셨다고, 곧 전가로 말미암아 가장 큰 죄인이 되셨다고 주장한 첫 번째 사람이 아니었다.

그러나 우리는 속죄나 희생제사의 참된 개념이 받아들여진다면 앞의 해석을 허락할 것이다. 이것은 레 16:20, 21에서 충분히 선포된 것처럼 결코 그 사람의 죄를 희생제물에 내적으로 집어 넣는 것이 아니라 죄인의 죄책을 희생제물에게 옮겨놓는 것이기 때문이다. 나는 단지 이 표현의 이런 의미를 인정하는 것은 다툼을 피하기 위한 것임을 말해야 한다. 어떤 사람들이 하마르티아(ἁμαρτία)가 죄와 죄에 대한 희생제사를 의미한다고 말하는 반면에 그것은 허락될 수 없기 때문이다. 칼(Kal)에서 하타(חָטָא)는 "오류를 범하거나 죄를 짓거나 하나님의 법을 어기는 것"을 이미한다. 피엘(Piel)에서 그것은 반대의 의미를, 곧 "죄에서 정결하게 되다"나 "죄를 속죄하다"는 의미를 가지고 있다. 그러므로 "하타아트(חַטָּאת)"는 1 변화에서 파생된 것과 관련해서 가장 빈번하게 쓰이며 "죄"와 "허물"과 "죄책"을 의미한다. 그러나 때때로 그것은 2 변화와 사용되어 "죄에 대한 희생제사나 죄를 속죄하는 것"을 의미한다. 그리고 그것은 때때로 70인역에서 "힐라스모스(ἱλασμός)"(겔 44:27), 때때로 "엑시라스모스(ἐξιλασμός)"(출 30:10, 겔 43:22),

곧 "속죄", "속죄제", 때때로 "하그니스마($\dot{\alpha}\gamma\nu\iota\sigma\mu\alpha$)"(민 19:19)와 "하그니스모스($\dot{\alpha}\gamma\nu\iota\sigma\mu\acute{o}\varsigma$)", 곧 "정결", "깨끗하게 하는 것"으로 표현된다.

그러나 하마르티아($\dot{\alpha}\mu\alpha\rho\tau\acute{\iota}\alpha$)는 오직 이 한 곳에서 허락될 수 없다면 절대적으로 어떤 곳에서도, 어떤 선한 저자에게서도, 성경의 어느 곳에서도 죄를 위한 희생제사를 의미하지 않는다. 70인역은 하타아트(חַטָּאת)를, 그것이 죄를 의미하는 곳에서, 그것이 죄를 위한 제사를 의미하는 곳에서 지속적으로 하마르티아($\dot{\alpha}\mu\alpha\rho\tau\acute{\iota}\alpha$)로 표현하고 있는 반면에, 그들은 이 단어를 유지하면서 자신들이 하마르티아($\dot{\alpha}\mu\alpha\rho\tau\acute{\iota}\alpha$) 그 자체가 의미하지 않았고 의미할 수 없다고 알고 있는 것을 표현하기 위해 페리 하마르티아스($\pi\epsilon\rho\grave{\iota}\,\dot{\alpha}\rho\mu\alpha\tau\acute{\iota}\alpha\varsigma$)라는 생략된 표현을 만들어 내었다(레 4:3, 14, 32, 35, 5:6-11, 6:30, 8:2). 그리고 그들은 "죄의 송아지($\mu\acute{o}\sigma\chi o\varsigma\,\tau\tilde{\eta}\varsigma\,\dot{\alpha}\mu\alpha\rho\tau\acute{\iota}\alpha\varsigma$)"에서처럼 희생제사를 의미하는 것이 아니라면 명제를 결코 생략하지 않는다. 신약에서 사도는 또한 이것을 지키고 있다. 그는 이 단어로 두 번 속죄제를 표현하면서 "페리 하마르티아스($\pi\epsilon\rho\grave{\iota}\dot{\alpha}\rho\mu\alpha\rho\tau\acute{\iota}\alpha\varsigma$)"라는 표현을 두 번 사용하지만(롬 8:3, 히 10:6), 그런 목적을 위해 하마르티아($\dot{\alpha}\mu\alpha\rho\tau\acute{\iota}\alpha$)는 어떤 곳에서도 사용하지 않기 때문이다. 그러므로 이것이 이곳에서 그런 의미로 사용되고 있다면 오직 여기에서만 그렇게 사용되고 있다.

그리고 어떤 사람들이 이 단어가 라틴어의 "피아쿨룸(piaclum)", 곧 구속을 의미하는 것으로 생각하고 있는 반면에 그것은 또한 실수이다. 하마르티아($\dot{\alpha}\mu\alpha\rho\tau\acute{\iota}\alpha$)의 첫 번째 의미를 죄라고 고백하면서 이 단어가 죄를 위한 희생제사를 의미한다고 하는 것은 이 단어를 남용하는 것이라고 생각할 것이기 때문이다. 그러나 "피아쿨룸"은 마땅히 희생제사나, 죄가 속죄를 받은 어떤 것이나, 죄에 대해 충족이 이루어진다는 것을 의미한다. 그리고 이 단어가 공적인 속죄을 받아야 하고 용서받아야 할 어떤 다른 것이 아닌 죄나 범죄를 의도하는 것은 거의 남용하는 것이 아니다. 마찬가지로 버질(Virgil)은 "구속이 너무 늦게 이루어지기 때문에 죽음이 왔다"고 말한다(Æn. vi., 569).

그러나 우리는 의도된 것에 일치할 수 있는 동안 단어들에 대해 싸우지 않을 것이다. 유일한 질문은 "하나님이 어떻게 그를 죄가 되게 하셨는가?"하는 것이다. "그가 그를 죄가 되게 하셨다." 이것이 하나님의 행위가 의도하는 것이다. 그리고 이것은 그가 "우리 모두의 죄악을 그에게 두셨다"거나 그것들을 그에게서 충족시키셨다는 것으로 표현된다(사 53:6). 그리고 이것은 백성의 죄가 염소의 머리 위에 놓여진 것처럼 우리의 죄가 그에게 전가됨으로써 이루어진 것이었다. 그가 그들의 죄악을 짊어지셨으므로 죄악은 더 이상 그들의 것이 아니라 그의 것이다. 앞에서 언급된 둘 중의 하나의 의미로, 죄를 위한 희생제사나 죄인 중 하나로 죄를 취하라. 그러면 죄책이 죄에 대한 처벌 이전에 전가되는 것으로 이해되어야 할 것이다. 죄에 대한 모든 희생제사에는 짐승을 희생제사로 드려서 죽임으로써 희생제사를 마치기 전에 죄가 짐승 위에 부과되어야 하기 때문이다. 그러므로 죄에 대한 모든 제사에서 제물을 가져온 사람은 "자신의 손을 제물의 머리 위에 놓아야" 했다(레 1:4). 그리고 이것으로 말미암아 죄책이 제물에 전달된다는 것은 레 16:21에서 분명하게 선포된다. 그러므로 하나님이 주 그리스도를 우리를 위한 속죄제로 삼으셨다면, 그것은 그가 고난을 받으시기 전에 그에게 죄책이 전가됨으로 말미암은 것이었다. 그리고 죄책이 모형적으로 제물에 옮겨지지 않는다면 죄를 위한 어떤 제사도 드려질 수 없었다.

그러므로 불확실한 살인죄를 속죄하기 위한 제사가 드려질 때 율법을 따라 속죄제를 드리는 사람들은, 곧 죽임을 당한 곳 옆에 있던 도시의 장로들은 그 위에 죄책을 고백하거나 그 위에 죄책을 둘 수 있는 어떤 사람도 없었기 때문에 희생제물을 드릴 수 없었다. 그러나 피로 말미암은 처벌을 선포하기 위해 암송아지의 목을 꺾는 반면에, 그들은 자신들의 무죄를 증거하기 위해 그 위에 얹었던 자신들의 손을 씻어야 했다(신 21:1-8). 그러나 죄책의 전가가 없는 죄를 위한 희생제사는 있을 수 없었다. 그리고 이 단어가 두 번째 의미로, 곧 전가로 말미암아 하나님이 보시기에 죄인으로 사용된다면, 그것은 죄책의 전가로 말미암은 것이 틀림없다. 어떤 사람도 어떤 의미로 단순한 고난을 받았다고 해서 죄인이라고 지칭될 수 없기 때문이다. 어떤 사람도 그리스도가 자신에게 처벌이 전가되심으로써 죄가 되셨다고 말하지 않는데, 그것은 올바른 의미가 아니기 때문이다. 그러나 그들은 처벌에 대하여 죄가 그에게 전가되었다고 말하는데, 그것은 사실 죄책이 그에게 전가되었다고 말하는 것이다. 죄에 대한 죄책이 처벌이나 죄책에 수반되는 처벌을 받아야 할 의무와 관련되어 있기 때문이다. 그리고 어떤 사람이 죄에 대한 죄책이 자신에게 전가되지 않고 죄에 대해 처벌을 받는 것은 불가능하기 때문이다. 그리고 그것이 가능하다면 그것은 부당할 것이다. 곧 어떤 사람이 죄에 대해 정당하게 처벌을 받으면서 죄가 그의 것이 아닌 것은 가능하지 않기 때문이다. 그리고 그것이 내적으로 그의 것이 아니라면, 전가 이외에 어떤 다른 방식으로 그의 것이 될 수 없다. 우리는 결코 자신의 것이 될 수 없는 다른 사람의 죄 때문에 고난을 받을 수 있다. 그러나 그는 그것 때문에 처벌을 받을 수 없다. 처벌은 그 죄책에 따른 죄에 대한 보상이기 때문이다. 그리고 그것이 가능하다면, 결코 자신에게 속하지 않는 것에 대해 어떤 사람을 처벌하는 것의 의는 어디에 있는가? 더욱이 죄의 전가와 처벌하는 것은 전자가 후자에 선행한다는 점에서 구분되는 행동이다. 그러므로 전자는 오직 죄에 대한 죄책에 속한 것이다. 그러므로 주 그리스도는 우리의 죄에 대한 죄책이 그에게 전가됨으로써 우리를 위해 죄가 되셨다.

그러나 "죄책이 그리스도께 전가된다면 그는 모든 공로의 가능성에서 배제되는데, 그는 단지 자신이 마땅히 받아야 할 고통을 받으셨기 때문이다. 그러므로 그리스도의 충족의 전체 사역은 뒤집어진다. 하나님이 판단하실 때 그를 죄책이 있는 죄인으로 여기셨다면 이것은 틀림없이 그럴 수밖에 없다"는 언급이 있다. 그러나 이 표현에는 애매모호함이 있다. 그것이 하나님이 판단하실 때 그를 그 안에 내재해 있는 것으로 죄책이 있는 죄인으로 여기셨다는 것을 의미한다면, 그런 것은 의도될 수 없다. 그러나 하나님은 우리의 모든 죄를 그에게 두셨고, 판단하실 때 그 모든 죄로 말미암아 그를 내버려두지 않으셨다. 그리고 그는 자신으로 말미암아 받아셔야 할 고통을 받으신 것이 아니라 우리가 받아야 할 고통을 받으셨다. 그리고 이것을 부인하는 것은 불경한 것이다. 그렇지 않다면 그는 헛되이 죽으신 것이며, 우리는 여전히 우리 죄 안에 있을 것이다. 그리고 그의 충족이 이것에 놓여 있고, 이것이 없이는 있을 수 없는 것처럼 그것은 조금도 그의 공로를 격하시키는 것이 아니었다. 그의 위격의 무한한 위엄과 그가 우리의 죄를 충족시키기 위해 기꺼이 우리의 죄를 지신 것은 그의 상태와 조건을 변경시키지 않았으며, 이 일에서 그의 순종은 큰 공로가 있었다.

이에 대한 대답으로, 이 때문에 우리는 "그 안에서 하나님의 의"가되었다. 이것이 그가 우리를 위해 죄가 되신 목적이었다. 그리고 우리가 누구로 말미암아 그렇게 되는가? 그것은 하나님 자신으로 말미암아 그렇게 된 것이다. "의롭다 하시는 분은 하나님이시며"(롬 8:33), "의로 여기시는 분"도 하나님이시다(롬 4:6). 그러므로 의도된 것은 우리의 칭의에서 하나님의 행위이며, 하나님의 의가 되는 것은 비록 추상적인 것으로 구체적인 것을 강조적으로 표현하는 것이지만, 전에 그리스도가 우리를 위해 죄가 되신 것과 상응해서 하나님 앞에서 의롭다 하심을 받게 되는 것이다. 하나님의 의가 되는 것은 의롭다 하심을 받는 것이며, 그가 우리를 위해 죄가 되심으로써 그 안에서 의롭다 하심을 받는 것은 우리의 죄가 그에게 전가되는 것처럼 그의 의가 우리에게 전가됨으로써 의롭다 하심을 받는 것이다.

어떤 사람도 하나님이 우리의 모든 죄악을 그에게 두시는 것, 곧 우리의 죄를 그에게 전가시키는 것 이외에 그가 죄가 되시는, 특별히 그가 하나님에 의해 죄가 되시는 어떤 다른 방법을 할당할 수 없다. 그렇다면 우리는 어떻게 그 안에서 하나님의 의가 되는가? 교황주의자들은 일반적으로 "은혜의 습관을 주입시킴으로써"라고 말한다. 그렇다면 반정립의 규칙으로 말미암아 그는 죄의 습관이 주입되심으로써 우리를 위한 죄가 되셔야 한다. 그것은 신성모독적인 상상일 것이다. 다른 사람들은 "그가 우리를 위한 의를 획득하시고 구입하심으로써"라고 말한다. 그러므로 우리가 그로 말미암아 의롭다 하심을 받을 수 있다. 그러나 우리는 그 안에 있지 않을 때 의롭다 하심을 받을 수 없다. 이것은 오직 우리가 그 안에 있거나 그와 연합될 때 그의 의로 말미암아 있을 수 있다. 그 안에서 의롭다 하심을 받게 되는 것은 우리가 그와 함께 하나의 신비적인 위격이 됨으로써 그의 의로 의롭다 하심을 받게 되는 것이다.

그러므로 그리스도가 우리를 위해 죄가 되셨기 때문에 그리스도 안에서 하나님의 의가 되는 것은 우리가 그 안에 있거나 그와 연합됨으로써 그의 의가 우리에게 전가되어 의롭다 하심을 받게 되는 것 이외에 어떤 다른 것이 아니다. 이 구절에 대한 다른 모든 강해는 너무 단순하고 정교하지 않아서 이 구절의 일차적이며 분명하고 명확한 의미에서 마음을 분산시킨다.

벨라르민은 이런 해석에 반대하며, 다음은 그리스도의 의의 전가를 반대하는 그의 첫 번째 주장이다. "다섯째로 그것은 만약 진정으로 그리스도의 의가 우리에게 전가되어 우리가 의롭다 하심을 받을 수 있는 자격을 얻게 된다면, 그것은 마치 우리가 내적이며 형식적으로 의롭게 되어 그리스도 자신처럼 완벽하게 의롭다는 자격을 가지는 것이기 때문에 반박된다. 결과적으로 그것은 우리가 세상의 구속자들과 구원자들이 된다는 말인데, 이것은 가장 불합리한 것이다"(De Justificatione, lib. ii. cap. 7). 이에 대해 개신교 신학자들이 충분히 자주 대답을 했으므로 나는 우리 중 다양한 사람들이 그의 주장을 빌려 사용하기를 기뻐한다는 것 이외에 더 이상 언급하지 않을 것이다. 그들은 "그리스도의 의가 우리에게 전가되어 그로 말미암아 우리의 것이 된다면, 우리는 그리스도 자신처럼 의롭다 하심을 받게 되는데, 이는 우리가 그의 의로 말미암아 의롭다 하심을 받게 되기 때문이다"라고 말한다.

대답 1. 성경은 분명히 한 편으로 우리 자신에 대해 "무릇 우리는 다 부정한 자 같아서 우리의 의는 더러운 옷과 같다"(사 64:6)고 말하는 반면에, 다른 한 편으로 "주 안에서 우리는 의와 힘을 가지며, 주 안에서 우리는 의롭다 하심을 받고 영광을 받는다"(사 45:24, 25)고 말하고 있다.

그러므로 이성적인 사람들이 이것들에 대해 무엇이라고 비난하든지 이것들은 조화를 이룬다. 그러므로 이것들은 우리가 소시누스의 해석의 원리, 곧 우리는 어떤 것이든 우리의 이성에 맞지 않는 것처럼 보이는 것을 받아들이지 말고, 성경이 분명히 인정하고 있지 않더라도 우리의 이성에 맞는 해석을 찾아내야 한다는 원리를 받아들이지 않는다면 인정되어야 한다.

2. 그러므로 그리스도의 의가 우리에게 전가되고 우리가 그 의로 말미암아 의롭다 하심을 받게 되었더라도 우리는 우리 안에서 죄인들이다. (하나님은 우리 중 아무리 훌륭한 자들이라도 그렇다는 것을 아신다.) 따라서 우리는 그리스도처럼 의로운 것이 아니라 우리 안에서 죄인들임에도 불구하고 그 안에서 의롭다 하심을 받게 된다고 언급된다.

3. 우리가 그리스도처럼 의롭다고 말하는 것은 그리스도의 개인적인 의와 우리의 개인적인 의를 본질상 똑같은 것인지 비교하는 것이다. 그러나 이것은 어리석고 불경건한 것이다. 우리의 모든 개인적인 의에도 불구하고 우리는 죄인이기 때문이다. 그는 죄를 알지 못하셨다. 그리고 그리스도의 개인적이며 내적인 의와 우리에게 전가된 의를 비교하는 것이라면, 내적인 것과 전가는 다른 종류의 것이기 때문에 그것은 우습고 아무런 결과도 없는 것이다. 그리스도는 능동적으로 의로우셨다. 우리는 수동적으로 의롭다 하심을 받게 된다. 우리의 죄가 그에게 전가되었을 때 그는 그로 말미암아 능동적이며 내적으로 죄인인 우리처럼 죄인이 되지 않으셨으며, 단지 수동적으로 하나님의 평가에서 그렇게 되셨다. 그가 죄가 되셨지만 죄를 알지 못하셨던 것처럼, 우리는

의롭다 하심을 받게 되지만 우리 안에서 죄인이다.

4. 개인적으로 그의 것인 그리스도의 의는 하나님의 아들의 의였다. 이런 차원에서 이 의는 그 자체로 무한한 완벽성과 가치를 가진다. 그러나 그것은 오직 우리의 개인적인 부족과 관련해서 우리에게 전가된다. 곧 그것은 모든 사람을 위해 충족적인 것이 아니라 우리의 영혼이 필요로 하고 참여하게 되는 것이다. 그러므로 그런 비교를 할 수 있는 어떤 근거도 없다.

5. 우리가 이로 말미암아 세상의 구세주들과 구원자들이 될 것이라고 벨라르민이 더한 것은 그의 주장이 불합리하다는 것을 스스로 증거하고 있다. 우리는 이런 주장에 관심이 없다. 그는 직접적으로 단 4장에서 증명하려고 노력하면서 "사람이 올바르게 그 자신의 구세주요 구원자라고 부를 수 있다"고 직접적으로 말하고 있기 때문이다(De Purgator. lib. i. cap. 14). 그리고 그의 교회의 어떤 사람들은 비록 부적절하지만 성인들은 다른 사람들의 구세주들이 될 수 있다고 주장한다. 그러나 우리는 이런 것들에 관심이 없다. 그리스도의 의의 전가에서 볼 때 오직 이 의가 전가되는 사람들은 전혀 구세주들과 구원자들이 되는 것이 아니라 구속을 받고 구원을 받는다는 결론이 나온다.

또한 이 똑같은 문제와 관련해 그가 제시한 일곱 번째 논증의 헛됨을 보여주는 것도 이 증거를 확증하는 일에 속한다. 우리 중 어떤 사람들이 또한 이 논증을 사용하고 있기 때문이다. 그리고 그것은 이것이다. "우리에게 전가된 그리스도의 의로 말미암아 우리가 참으로 의롭다 하심을 받고 하나님의 자녀들이 된다고 말할 수 있다면, 그리스도는 우리의 불의의 전가로 말미암아 죄인과 마귀의 자녀가 된다고 말할 수 있다."

대답 1. 성경이 우리의 죄가 그리스도께 전가되는 것에 대해 주장하고 있는 것은 "그가 우리를 위해 죄가 되셨다"는 것이다. 크리스소톰과 테오필락트(Theophylact)와 오에쿠메니우스(Oecumenius)와 같은 그리스 주석가들은 많은 다른 사람들과 더불어 이것을 "죄인"으로 해석했다. 그러나 모두 이 표현은 오직 전가에서 취한 것이라는 것을 인정한다. 곧 우리가 의가 우리에게 전가됨으로 말미암아 그 이익을 즐길 수 있게 된 것처럼, 그는 죄를 자신에게 전가하심으로써 죄로 말미암은 처벌을 받으셨다.

2. 죄가 그리스도께 전가되는 것은 그것과 함께 죄로 오염되거나 더러운 어떤 것도 주입으로 그에게 전달되지 않는다. 그것은 불가능하다. 그러므로 그 용어는 그 안에 이것들과 관련된 어떤 것도 일어날 가능성을 포함하지 않는다. 이에 대한 생각은 불경건하며 하나님의 아들을 모욕하는 것이다. 그러나 그가 죄책의 전가를 통해 죄가 되셨다는 것은 그에게 명예와 영광을 돌리는 것이다.

3. 그리스도께 회심하기 이전의 고린도 사람들처럼 간음을 행하는 자들이나 우상을 숭배하는 자들이나 음행을 행하는 자들의 죄가 전가된다는 것은 이런 지칭으로 그를 이런 죄 아래 있게 할 수 없다. 그들은 자신들 안에서 능동적이며, 내적이고, 주체적 차원에서 죄를 지었기 때문에 죄인들이라고 불렸다. 그러나 죄를 알지 못하신 그분이 이런 죄인들의 죄책을 책임지시려고 자발적으로 취하신 것이 - 그것은 그 안에서 의의 행동이셨으며 하나님께 가장 크게 순종하신 것이었다 - 그를 우상숭배자가 되게 하셨다고 말하는 것은 우스운 상상에 불과하다.

4. 그러나 죄가 그리스도께 전가되는 것은 그가 바라시고, 바라시는 목적을 위해 그들의 죄를 취하셨던 그와 죄인들 사이에 어떤 실질적인

연합이 있기 이전에 있었다. 그러나 신자들에게 그의 의가 전가되는 것은 본성의 순서상 그들이 그와 연합되어 이로 말미암아 그의 의가 특별한 방식으로 그들의 것이 된 결과였다. 그러므로 그들이 의롭다고 인정 되는 것처럼 그가 죄인이 되셔야 한다는 것은 논리적 근거가 없다.

5. 그리고 우리는 죄가 그리스도께 전가되었을 때 "하나님이 그를 우리를 위해 죄가 되게 하셨다"는 것을 받아들인다. 그리고 이것은 그가 있을 수 없으셨던 것이지만, 이로 말미암아 그가 결과적으로 순간적인 행위로 말미암아 오직 그에 따른 처벌을 받으실 동안 죄가 되셨다는 것이다. 그러나 그의 의가 우리에게 전가되었을 때 우리는 언제나 우리의 것으로 머물러 있는 영원한 의로 말미암아 "하나님의 의가 되었다."

6. 죄로 말미암아 마귀의 자녀가 되는 것은 마귀의 일을 하는 것이다(요 8:44). 그러나 주 그리스도는 죄가 자신에게 전가되었을 때 우리의 죄를 취하심으로써 가장 높은 순종의 행동으로 하나님의 일을 하셨으며, 이로 말미암아 자신이 신들 중의 신이심을 증거하시고 마귀의 일을 멸하셨다. 그 안에서 어떤 절대적인 상태나 관계의 절대적인 변화는 이로 말미암아 따라나온다.

이곳에서 "하나님의 의"가 어떤 사람들이 주장하는 것처럼 복음에 따른 우리 자신의 믿음과 순종을 의도하고 있다는 것은 이 본문의 범위와 의미에 매우 동떨어져 있는 것이며, 나는 이 문제를 구체적으로 살피지 않을 것이다. 하나님의 의는 믿음에 계시되며 믿음으로 받아들여진다. 그러므로 그것은 믿음 그 자체가 아니다. 그리고 반정립의 힘은 이런 자만으로 말미암아 크게 전복된다. 그가 우리의 죄가 그에게 전가됨으로써 죄가 되셨고, 우리가 우리 자신의 믿음과 순종을 우리 자신에게 전가함으로써 의롭다 하심을 받게 된다는 것이 이 안에 어디에 있는가? 그러나 그리스도가 하나님이 그를 죄로 삼으셨다는 것 이외에 죄와 아무런 관련이 없으신 것처럼, 우리도 그것이 우리 안에 내재되어 있는 것이 아니라 오직 우리에게 전가되었다는 것 이외에 이 의에 아무런 관심도 없다. 더욱이 우리를 의롭다 하시는 하나님의 행동은 그가 우리를 의롭다 하시는 것이다. 그러나 이것은 우리가 증명한 것처럼 믿음과 순종의 습관이 주입됨으로써 이루어진 것이 아니다. 그리고 우리가 의롭다 하심을 받는 하나님의 의가 우리 자신의 의라고 주장하는 사람들은 어떤 하나님의 행동을 의도하는지 나는 모르겠다. 율법이 복음이 될 수 없다. 그것은 어떤 사람도 의롭다 할 수 없기 때문이다. 그리고 신자들은 그리스도 안에서 고려될 때 하나님의 이 행동의 대상이다.

갈라디아서 2:16

갈라디아 사람들에게 보내는 똑같은 사도의 서신은 전체적으로 율법의 행위가 없이 그리스도로 말미암은 칭의의 교리를 확증하고 그것을 향상시키려는 용도와 목적으로 계획되었다. 그의 전체 계획의 요약은 갈 2:16에서 사도 베드로가 실패했을 때 그에게 말을 반복하면서 제시되고 있다. "사람이 의롭다 하심을 받게 되는 것은 율법의 행위로 말미암음이 아니요 오직 예수 그리스도를 믿음으로 말미암은 줄 알므로 우리도 그리스도를 믿나니 이는 우리가 율법의 행위로써가 아니고 그리스도를 믿음으로써 의롭다 하심을 얻으려 함이라 율법의 행위로써는 의롭다 하심을 얻을 육체가 없느니라."

그가 여기에서 주장하는 것은 모든 신자 사이에 알려진 근본적인 진리의 원리였다. 그리고 이 원리에 대한 그들의 확신과 지식이 그들로 하여금 유대교에서 복음으로 넘어와서 이로 말미암아 예수 그리스도를 믿게 된 근거이며 경우였다.

그리고 이 구절에서 사도는 "사람이 어떻게, 혹은 어떤 수단으로 하나님 앞에서 의롭다 하심을 받거나 받을 수 있는가?"라는 중요한 질문을 결정한다. 사도가 말하고 있는 "사람"은 곧 유대인이나 이방인이든, 신자든 불신자든, 어떤 사람이든 관계 없다. 그리고 그가 말하고 있는 사람들은 또한 그가 편지를 쓰고 있는 갈리다이아 사람들인데, 그들은 어떤 시기에 믿고 복음을 고백했던 사람들이다.

이 질문에 주어진 대답은 긍정적이며 동시에 부정적이었으며, 둘 다 가장 큰 확신으로 모든 그리스도인의 공통적인 믿음으로 주장되었지만, 단지 미혹하는 자들에 의해 잠시 미혹되었다는 것이다. 그는 이것은 "율법의 행위 말미암아" 일어나지 않으며 일어날 수 없다고 주장한다. 사도의 이 논증에서 "율법"이 무엇을 의도하는가는 앞에서 선포되고 증명되었다. 때때로 상징적으로 모세의 법을 의도하기도 했지만, 이것은 절대적인 것이 아니다. 오히려 그것은 사람들이 율법의 의에 집착하면서 이에 따라 자신들을 하나님의 의에 맡기지 못하고 있는 현재의 예를 보여주고 있다. 그러나 그가 이 논쟁에서 의식법 그 자체를 반대하고 있는 것이지 도덕법과 그 의무들을 어떤 곳에서든지 반대하고 있지 않다고 생각하는 것은 연약한 상상이다. 율법을 지키는 것은 율법이 효력이 있는 동안 도덕법의 의무였기 때문이다.

그리고 율법의 행위는 증명이 된 것처럼 하나님의 이 율법이 서술하고 있는 방식으로, 곧 믿음과 다른 무엇보다도 하나님에 대한 사랑으로 지켜질 것을 요구하는 순종의 행위와 의무이다. 사도가 어느 누구도 지금까지 죄가 들어온 이래로 행했거나 행할 수 없는 오직 절대적으로 완벽한 행위를 배제한 것이라고 말하는 것은 그로 하여금 매우 간절하고 많은 논쟁을 한 것에 대해 어느 누구도 주장하지 않았고, 그가 자신의 모든 논의에서 언급조차 하지 않은 것으로 비판하고 있다고 추측하는 것이다. 그리고 또한 증명했던 것처럼 그가 우리의 칭의에서 공로를 위한 어떤 자리도 있을 수 없도록 모든 행위를 배제하고 있다는 것을 볼 때 오직 공로적으로 간주되는 행동을 배제하고 있다고 말할 수 없다. 그리고 그가 편지를 쓰고 있고 그들을 설득하여 그들의 오류를 확인시키고 있는 갈라디아 사람들은 그들이 신자들이었을 때 행했던 것 이외에 어떤 행위에서도 칭의를 찾지 않았다. 그러므로 모든 종류의 행위가 우리의 칭의에 참여하는 데서 배제된다. 그러므로 사도는 그가 행위를 받아들이는 것은 전체 복음을 전복시키는 것이라고 인정하는 것과 같은 우리의 칭의에서 이렇게 행위를 배제하는 것에 매우 많은 무게를 두고 있다. 그는 "의롭다 하심을 받게 되는 것이 율법으로 말미암는다면 그리스도는 헛되이 죽은 것이다"라고 말하고 있다(21절).

이런저런 종류의 행동도 아니고, 이런저런 방법으로 행동하는 것도 아니고, 이런저런 종류로 우리의 칭의에 참여하는 것이 아니라 모든 행위, 어떤 종류든 어떻게 행해지든 우리의 행위나 순종의 의무처럼 우리의 칭의에서 어떤 종류든 고려하는 데서 배제된다. 사도가 책망하는 이 갈라디아 사람들은 신자의 칭의에서 율법의 행위나 순종의 의무가 그리스도 예수에 대한 믿음과 더불어 함께 연합하고 함께 역할을 하는 것으로 받아들여질 수 없다는 것 이외에 더 이상 어떤 것도 바랄 수 없었기 때문이다. 그에 대한 믿음을 배제하고 믿음이 없는 행위에 칭의를 할당하는 것은 전혀 언급되어 있지 않으며, 그것은 어리석은 상상이기 때문이다.

이에 대한 반대로 그는 적극적으로 우리의 칭의를 오직 그리스도에 대한 믿음에 돌린다. "행위로써가 아니라 믿음으로써"라는 말은 오직 믿음으로써라는 의미이다. 개신교 신학자들은 "에안 메(ἐὰν μή, 만약 - 아니라면)"는 배제하는 것이 아니라 반대를 나타낸다는 것을 부인할 수 없도록 인정했을 뿐 아니라, 이 논쟁에서 온건한 입장을 취하는 척 하는 로마교회의 사람들로 이 사실을 인정했다. 이 구절에 대해 에스티우스의 다음과 같은 말은 새길만한 가치가 있다. "예수 그리스도에 대한 믿음을 통하지 않는다면, 문장의 작은 부분을 애매하게 표현하고 있는 것이 아니라면," (라틴 벌게이트는 에안 메(ἐὰν μή)를 "세드(sed, (그러나)"가 아니라 "세드 딴툼(sed tantum, 그러나 오직)"으로 표현한다) "그것은 라틴 사람들의 귀에 들리는 것처럼 받아들여진다면, 앞에 놓여 있는 것과 반대로 예수 그리스도에 대한 믿음이 마치 그가 율법의 행위로 구원받는 것처럼 행위로 받아들여지지 않는다면, 사람이 율법의 행위로 의롭다 하심을 받을 수 없다는 의미이다. 그러나 이런 의미는 칭의를 한 편으로 율법의 행위에 속한 것으로, 다른 한 편으로 그리스도에 대한 믿음에 속한 것으로 구분하는 것인데, 그것은 사도의 정의와 절대적인 문장과 반대되는 것이 분명하다. 그런 해석은 오직 사도의 의미와 범위와 전적으로 반대되는 것으로 반박을 받아야 한다. '니시(nisi, - 아니라면)'는 성경에서 자주 반대의 의미로 사용된다. 그러므로 그것은 '그러나 단지(sed tantum)'라고 해석되는 것이 좋다." 그는 일상적인 솔직함과 진실함에 따라 그렇게 말한다.

우리가 성령이 친히 제시하고 있는 논쟁들에 대해 분명을 받아들이지 않을 때 이 세상에서 다툼을 끝내는 것은 가능하지 않다. 이 구절에 대해 사도가 주고 있는 해석은 사람들이 자신들이 행할 수 없는 행위로, 곧 절대적으로 완벽한 행위로 의롭다 하심을 받을 수 없다는 것이 아니라, 그들 자신의 힘이 아니라 은혜의 도움이라면 그들이 행할 수 있고 행하는 행위로써 의롭다 하심을 받을 수 있고, 의롭다 하심을 받는다는 것이다. 그리고 사도가 절대적으로 어떤 것이든 모든 행위와 반대되는 것으로 제시하고 있는 그리스도에 대한 믿음은 그 안에서 그가 배제하고 있는 모든 행위를 포함하고 있으며, 그 목적이나 효과의 차원에서 그것들이 배제된다고 하는 것은 성령의 생각에 적합하다고 생각될 수 없다.

에베소서 2:8-10

"너희는 그 은혜에 의하여 믿음으로 말미암아 구원을 받았으니 이것은 너희에게서 난 것이 아니요 하나님의 선물이라 행위에서 난 것이 아니니 이는 누구든지 자랑하지 못하게 하려 함이라."

오랜 세월에 걸쳐 하나님 앞에서 우리의 칭의 교리를 전복시키기 위해 사람의 재치가 만들어 낼 수 있는 모든 회피와 속임수를 표현하는 것이 성령께 선한 것처럼 보이지 않는다면, 이 문맥에 나와있는 것보다 그것들을 더 분명하게 예방하는 것은 불가능할 것이다. 우리가 편견없이 약간만 이 문제를 고려해도 주장하고 있는 것은 분명할 것이라고 나는 생각한다.

사도의 계획이 이 장 처음에서 11절 끝까지 잃어버리고 정죄받은 죄인들이 구원을 받게 되고, 그런 상태에서 하나님이 받아주시고, 이로 말미암아 영생의 상태로 바뀌게 되는 방법을 선포하는 것임이 부인될 수 없다. 그러므로 첫 번째로 그는 그들의 자연적인 상태와 그로 말미암아 그들이 하나님의 진노 아래 놓여 있는 것에 대해 자세히 묘사한다. 그가 보통 지속적으로 우리의 죄와 비참함과 파멸에 대해 사전에 고려한 후에 하나님의 은혜가 어떠한 것인지를 선포하는 것이 사도의 방법이었기 때문이다. 그런데 다른 사람들은 이 방법을 좋아하지 않는다.

그러나 이것은 그것이 그의 방법이었다는 것을 방해하지 않는다. 이런 목적으로 그는 에베소 사람들에게 그들이 "죄와 허물로 죽었다"고 선언한다. 그는 죄가 영적인 삶과 그 모든 행동과 관련하여 그들의 영혼에 미친 힘을 표현하면서 이와 더불어 그들이 죄 가운데 살고 행동했으며, 이 모든 이유 때문에 "진노의 자녀"이거나, 영원한 정죄 아래 놓여 있다고 선언한다(1-3절). 그런 사람들이 자신들의 구원을 위해 무엇을 할 수 있는지는 아무리 많은 조건이 제시되더라도 사도의 전체 계획이 그들이 아무 것도 할 수 없다는 것을 증명하는 것임을 볼 때 나의 모든 이해를 뛰어넘는다.

그러나 그가 발견한 또 다른 이유는 우리가 그런 목적을 위해 할 수 있는 어떤 것이든 직접적이며 명확하게 반대하고 있다. "그러나 긍휼이 풍성하신 하나님이(Ὁ δὲ Θεὸς πλούσιος ὢν ἐν ἐλέει)." 그것은 우리가 할 수 있는 일이 아니다. 그것은 우리가 어떤 것도 기여할 수 있는 것이 아니다. "그러나 긍휼이 풍성하신 하나님이." 이 대조적인 것은 우리 편에 있는 모든 것을 반대하고 모든 일을 하나님께 돌리고 있다. 사람들이 이 하나님의 계시에서 안식할 수 있다면, 하나님의 교회는 현재 오염되어 있는 저 많은 그릇된 의견들과 혼란하게 하는 논쟁들에서 자유롭게 될 것이다. 그러나 그들은 자신들이 자신들의 행복에 어떻게든 참여하고 있다는 생각을 그렇게 쉽게 버리지 못할 것이다. 그러므로 우리는 우리가 죄의 상태에서 구원을 받고 하나님께 받아들여지는 원인들에 대해 할애한 것들에서 두 가지를 관찰할 수 있다.

1. 우리가 5, 8절에서 즉시 볼 수 있는 것처럼 그가 이 사역 전체를 절대적으로 은혜와 사랑과 긍휼에 할애하고 우리 편에서 어떤 것을 고려하는 것을 배제하고 있다는 것이다.

2. 그는 놀라운 방식으로 이 은혜를 확장한다. 첫째로, 그는 "긍휼(ἔλος)", "사랑(ἀγάπη)", "은혜(χάρις)", "친절(χρηστότης)"같이 그것이 의미하는 모든 이름과 자격으로 이 은혜를 표현한다. 그는 우리로 하여금 이 일에서 오직 은혜를 바라보게 하기 때문이다. 둘째로, 그는 다음처럼 예수 그리스도 안에서 그로 말미암은 우리의 구원의 유일한 원인인 하나님의 긍휼과 은혜에 부가적인 것들과 별칭들을 더함으로써 그것이 유일하고 이 일에 오직 찬미를 받으셔야 한다는 것을 묘사하고 있다. "긍휼에 풍성한(πλούσιος ἐν ἐλέει)", " 그가 우리를 사랑하신 큰 사랑(διὰ τὴν πολλὴν ἀγάπην)", "그의 자비하심으로써 그의 은혜의 지극히 풍성함(ὑπερβάλλων πλοῦτος τῆς χάριτος)(4-7절)." 사도가 하나님 앞에서 그들의 칭의의 유일한 원인으로 그리스도 안에서 하나님의 은혜와 사랑에 대한 감각으로 신자들의 생각과 마음에 깊이 영향을 미칠 계획을 가지고 있다는 것은 합리적으로 부인될 수 없다. 나는 어떤 단어들로도 은혜의 이 표현이 제시하고 있는 생각의 개념들을 표현할 수 없다고 생각한다. 지금까지 하나님의 은혜에 대해 거의 언급하지 않은 그들의 이 계획에서 같은 마음을 가지고 사도와 일치하는 것을 자신들의 의무의 어떤 부분으로 생각할지, 그것이 그 효력을 감소시키는 방식과 그가 여기에서 묘사하고 있는 방식이 경멸하는 방법이 아니라면, 판단하기 어렵지 않다.

그러나 "이것들은 사실 좋은 말이지만 단지 일반적인 것이다. 이 모든 논증 중에서 우리의 구원의 사역에서 하나님의 은혜를 찬미하고 있는 것은 아무 것도 없다"는 언급이 있을 수 있다. 그것은 많은 사람에게 그럴 수 있는 것 같다. 그러나 분명히 말해서 성경의 표현들에 적합하지도 않으며 믿는 자들의 경험에 적합하지도 않은 수백개의 사변적인 논증들보다 이 한 가지 고려가, 곧 이곳에서 이 진리와 관련하여 하나님의 은혜에 돌리는 것이 나에게 더 설득력이 있다. 여기에서 제시된대로 하나님의 은혜에 대한 올바른 이해에 사로잡혀 있고, 그 안에서 하나님의 은혜를 영광스럽게 만들고 오직 신뢰할만한 것이 되게 하는 것이 성령의 계획이라는 인식 아래 있는 사람은 어떤 사람들이 자신에게 제안하는 것처럼 이 은혜에 자신의 행위와 순종을 더하는 데 자신이 관여할 수 있다는 주장에 쉽게 미혹되지 않을 것이다. 그러나 우리는 여전히 이 구절을 더 살펴볼 수 있다.

사도가 진술하고 있는 경우와 사도가 손에 가지고 있고 에베소 사람들에게 교훈한 진리에 대해 그들 안에서 하나님의 전체 교회가 결정해야 할 문제는 "어떻게 잃어버리고 정죄받은 죄인이 하나님께 받아들여질 수 있으며, 그로 말미암아 구원을 받을 수 있는가?"하는 것이다. 그리고 이것이 우리가 이 논쟁에서 관심을 가지고 있거나 의도하고 있는 유일한 질문이다. 그리고 우리는 어떤 사람의 초청이든 자극이든 더이상 나가지 않을 것이다. 이것에 대해 그의 입장과 결정은 "우리가 은혜로 말미암아 구원을 받는다"는 것이다.

그는 때때로 우리가 그리스도로 말미암아 받는 유익들을 설명하는 과정에서 이 첫 번째 문제를 다룬다. 그러나 이것에 만족하지 못해 8절에서 똑같은 표현으로 다시 직접적으로 이것을 주장한다. 그는 사람들이 자신들 안에 있는 모든 자랑을 박탈하는 이 진리를 받아들이는 데 얼마나 느릴 수 있는지 고려하고 있는 것 같기 때문이다.

우리는 그가 우리가 구원받는다는 것을 어떻게 이해하고 있는지 살펴야 한다. 우리가 구원을 받는다는 것이 영원한 구원을 의도하고 있다면, 그것은 우리가 주장하고 있는 진리에 해를 끼치려는 것이 아니라 진척시키려는 것이다. 그러나 그것은 이곳에서 구원이 이생에서 효과적인 것과 구원의 원인들 안에 포함되어 있다는 것 이상의 다른 의미일 수 없다. 그리고 나는 "은혜로 너희가 구원을 받았다"는 표현에 비록 우선적으로는 그러지만, 오직 우리의 칭의만이 포함되어 있다고 생각하지 않는다. 하나님께 대한 회심과 성화 또한 5, 6절에서 분명하듯이 그 안에 포함되어 있다. 그리고 그것들은 우리의 칭의 그 자체와 마찬가지로 주권적인 은혜에 속해 있다.

그러나 사도는 에베소 사람들이 지금 신자들이며 신자들이기 때문에 이생에서 참여하고 있는 것에 대해 말한다. 이것은 전체 문맥에서 나타난다. 이 장을 시작할 때 아담의 모든 후손과 공통적인 그들의 상태가 본질상 어떠한지 묘사한 후에(1-3절) 그는 더 나아가서 이방인들이며 우상숭배자들이고 무신론자들인 그들의 상태에 대해 유대인들의 상태와 반대되는 것으로 선포하고 있다(11, 12절). 그들이 모든 인류와 함께 공통적으로 놓여 있고, 그들 안에서 그 비참함이 특별히 가중되어 있는 이 모든 전체적으로 비참한 상태와 조건에서 예수 그리스도로 말미암아 그들이 현재 구원을 받는 것은 그가 그들이 "구원을 받는다"고 말할 때 의도하는 것이다. 이런 상태에 대한 묘사에서 주요하게 계획되어 있는 것은 그들이 하나님의 진노 아래 놓여 있고, 하나님 앞에서 죄책이 있으며, 그의 심판을 받게 되어 있다는 것이다. 그는 3절에서 이것을 그가 칭의론을 선포하는 데 있어서 모든 곳에서 사용하고 있는 방법과 근거에 맞게 표현하고 있다(롬 3:19-24,

3:3-5). 이런 상태에서 그들은 그리스도 예수에 대한 믿음으로 말미암아 구원을 받는데, 이는 그를 영접하는 자들에게 하나님의 자녀가 되는 권세가 주어지기 때문이다(롬 1:12). "그를 믿는 자는 정죄를 받지 않는다." 곧 그는 요 3:18에서 사도가 표현한 의미로 구원을 받는다. "아들을 믿는 자는 영생을 받고(구원을 받고), 아들을 믿지 아니하는 자는 하나님의 진노가 그 위에 머물러 있다"(36절). 그리고 "구원을 받는다"와 "구원"은 이런 의미로 성경에서 자주 쓰인다. 더욱이 그는 우리에게 그가 의도하는 구원에 대해 엡 2:13에서 이 장 끝까지 이에 대해 어떤 의심도 있을 수 없도록 매우 분명히 묘사한다. 그것은 우리가 "그리스도의 피로 가까워졌다"는 것이며(13절), 그의 죽음으로 말미암아 하나님과 우리와 "화평"이 이루어졌고(14, 15절), "십자가"의 보혈로 말미암아 우리의 "화목"이 이루어졌으며(16절), 우리가 "하나님께 나아감"을 얻었고, 모든 영적인 축복이 그 위에 달려있다는 것(18-20절) 등이다.

그러므로 사도의 질문과 이에 대한 그의 결정은 하나님 앞에서 우리의 칭의의 원인들과 관련된 것이다. 그는 이것을 선포하고 긍정적이며 부정적인 차원에서 확정한다. 긍정적인 차원에서 1. 하나님 편에서 최고의 동인은 하나님의 주권적인 은혜와 사랑이다. 그는 이것을 앞에서 언급된 연관된 것들과 속성들을 가지고 설명한다. 2. 그것의 공로적이며 획득하는 원인은 이 은혜가 자신에게 영광을 돌리도록 계획하신 하나님의 작정에 따른 그의 중보의 사역에서 예수 그리스도이시다(7, 13, 16절). 3. 우리 편에서 유일한 수단이나 도구적인 원인은 믿음이다. "너희는 그 은혜에 의하여 믿음으로 말미암아 구원을 받았으니"(8절). 그리고 그가 믿음의 필요성과 용도를 주장하는 데 있어서 하나님의 은혜가 어떤 것으로든 폄하되지 않도록 "그것은 너희에게서 난 것이 아니요 하나님의 선물"이라는 표현을 더한다. 이 믿음을 우리에게 전달하는 것은 우리가 그로 말미암아 얻는 칭의와 마찬가지로 은혜에 속한 것이다. 그러므로 그는 그 전체 사역을 그리스도를 통한 하나님의 은혜에 돌리며, 우리는 오직 믿음으로 이 은혜에 참여한다.

그러나 여기에서 만족하지 않고 그는 이 사역을 부정적인 차원에서 묘사하거나 그것에 참여하는 척 할 수 있는 것을 배제한다. 그리고 여기에서 세 가지가 구분되어 서술된다. 1. 그가 그렇게 배제하는 것은 무엇인가? 2. 그가 그렇게 하는 이유. 3. 그가 이것에서 일어날 수 있는 반대를 제거하여 그 이유를 확증하는 것.

1. 그가 배제하는 것은 행위이다. "행위에서 난 것이 아니니"(9절). 그리고 그는 적어도 주요하게 자신이 의도한 행위가 어떤 것인지 선언한다. 어떤 사람들은 "율법의 행위, 모세의 율법의 행위"라고 말한다. 그러나 사도는 에베소 사람들에게 "그들이 이런 행위로 의롭다 하심을 받지 않는다"고 말할 때 어떤 행위를 의미하고 있는지 알려줘야 했다. 그들은 그 율법에서 벗어났다는 것 이외에 결코 그 율법 아래 있지 않았고, 그 율법으로 말미암아 의를 추구하지도 않았고, 그 율법에 대해 고려하지도 않았다. 그러나 그는 은혜의 도움이 없이, 믿기 이전에 오직 우리 자신의 자연적인 능력의 힘으로 일어난 행위를 의도했을 수 있다. 그러나 그는 믿기 이전에 이 에베소 사람들의 행위가 무엇이었는지 전에도, 후에도 선포한다. 그들은 죄와 허물로 죽었으며" "이 세상의 풍조를 따라 육체의 욕심을 따라 지내며 육체와 마음이 원하는 것을 했기" 때문이다(1-3절). 이런 행위가 우리의 칭의에 아무런 영향을 미치지 못한다는 것은 충분히 확실하다. 그리고 사도가 마치 어떤 사

람이 행위에서 구원을 받는다는 차원에서 행위로 말미암아 이익을 얻을 수 있는 척 할 수 있는 것처럼 우리의 칭의에서 행위를 배제하려는 어떤 이유도 가지고 있지 않다는 것이 확실하다. 그러므로 사도가 여기에서 배제하고 있는 행위는 에베소 사람들이 신자들이었을 때 그리스도와 함께 깨어나서 행한 행위들이며, 그가 10절에서 분명히 선언하고 있는 것처럼 곧 "하나님이 우리로 그 가운데서 행하도록 전에 작정하신 행위"이다. 그리고 그는 이 행위를 은혜와 반대될 뿐 아니라 믿음과 반대되는 것으로 배제한다. "믿음으로 말미암은 것이며 행위에 속한 것이 아니다." 그러므로 그는 그들의 공로를 은혜와 조화를 이루지 못하는 것으로 거절할 뿐 아니라, 하나님 앞에서 칭의의 사역에서 우리 편에서 믿음이 함께 일하거나, 믿음에서 결과가 나오는 것을 거절한다.

만약 우리가 어떤 것이든 순종의 모든 행위를 배제하고 그리스도에 대한 믿음을 통해 은혜로 말미암아 구원을 받는다면, 그 때 그런 행위는 생명의 칭의에 이르게 하는 우리의 의의 전체나 어떤 부분일 수 없다. 그러므로 우리는 또 다른 의를 가져야 하거나 영원히 멸망해야 한다. 하나님 앞에서 우리의 칭의에서 행위를 어떻게든 참여시키려고 내가 아는 많은 것이 여기에서 제공되며 많은 구분이 만들졌다. 그러나 그들이 그 경우를 자신의 것으로 삼을 때 그것들과 이런 분명하고 명백하고 신적인 증거들 중에서 어떤 것을 신뢰하는 것이 가장 안전한 방법인지 결정하는 것은 어렵지 않다.

2. 사도는 이렇게 행위를 배제하는 이유를 다음과 같이 더한다. "행위에서 난 것이 아니니 이는 누구든지 자랑하지 못하게 함이라"(9절). 하나님은 어떤 사람도 자신 안에서나 자신에게서 영광이나 자랑할 근거나 이유나 경우를 가지지 못하도록 지금까지 표현된 방식으로 그리

스도로 말미암은 우리의 칭의의 방법을 정하셨다. 그것은 고전 1:21, 30, 31, 롬 3:27에서도 마찬가지로 표현되어 있다. 우리 편에서 모든 영광과 자랑을 배제하는 것이 하나님의 계획이었다. 그리고 이것은 칭의를 위해 다른 사람들 안에 없는 어떤 것을 우리 자신에게 돌리는 데 놓여 있다. 그리고 이렇게 자랑할 수 있는 어떤 경우를 제공할 수 있는 것은 오직 행위이다. "만약 아브라함이 행위로써 의롭다 하심을 받았으면 자랑할 것이 있으려니와 하나님 앞에서는 없느니라"(롬 4:2). 그리고 그것은 오직 "믿음의 법"으로 말미암아 배제되는데(롬 3:27), 이는 믿음의 본질과 용도가 다른 사람 안에서 의를 찾는 것이기 때문이다. 그리고 모든 행위는 칭의에 적용된다면 사람들의 마음에서 이런 자랑을 일으키는 경향이 있다. 그리고 이런 본성의 어떤 자랑하는 것이 있는 곳에서 이 은혜의 사역에 있는 우리를 향하신 하나님의 계획은 우리 안에 있는 것을 좌절시킨다.

내가 여기에서 주요하게 주장하는 것은 성경에는 칭의에 행위가 참여할 수 있는 어떤 여지도 주지 않고 있어서 어떤 자랑도 그 안에 포함될 수 없다는 것이다. 교황주의자들은 그들이 부르는 것처럼 적어도 두 번째 칭의에서 행위를 칭의에 공로적인 것이 되게 한다. 어떤 사람들은 "이것은 자랑을 포함하기 때문에 받아들여지지 말아야 한다. 공로와 자랑은 분리될 수 없다"고 말한다. 그러므로 다른 사람들은 행위는 오직 "없어서는 않되는 원인(causa sine qua non)", 곧 칭의의 조건이라거나, 우리가 복음적으로 의롭다 하심을 받는 하나님 앞에서 우리의 복음적인 의라거나, 우리가 그리스도의 의에 참여하게 되는 종속적인 의라거나, 우리가 의롭다 하심을 받는 새언약에 조건에 참여한다거나, 이런저런 방식으로 칭의의 형상이나 칭의의 본질로 믿음에 포함된다고 말한다. 사람들이 이 문제에 있어서 다양하게 자신들을 표현하기 때문이다.

그러나 우리의 행위가 이런 식으로 우리의 칭의를 위해 주장되는 한 어떻게 행위가 자랑을 포함하지 않거나, "행위에서 난 것이 아니니 이는 자랑하지 못하게 하려 함이라"는 표현의 참된 의미를 표현한다고 우리가 확신할 수 있겠는가? 이 문제에서 우리 자신에게 돌릴 수 있는 어떤 것이 있는데, 그것은 자랑하는 것이다. 만약 어떤 사람들이 자신들이 무엇을 하는지 충분히 잘 알고 있고, 자신들이 행위에 돌린 것에서 자랑하지 못한다는 것을 알고 있다고 말한다면, 나는 일반적으로 그것을 받아들일 수 없다고 말해야 한다. 교황주의자들은 자신들에 대해 자랑하는 것과 가장 멀리 떨어져 있다고 주장하기 때문이다. 그러나 나는 자랑과 공로가 분리될 수 없다는 것에 매우 잘 만족하고 있다.

문제는 사람들이 자신들이 무엇을 하고 있다고 생각하는가가 아니라, 성경이 그들이 한 것에 대해 어떤 판단을 내리고 있는가이다. 그리고 우리 안에 있는 것이 또한 하나님의 은혜와 선물에 속해있고 그렇게 인정된다고 언급되어 있다면, 그것은 우리 안에 있는 모든 자랑을 배제한다. 나는 이것은 바리새인도 마찬가지였다고 말한다. 그는 끔찍하게 자랑하는 자였다. 그러므로 행위가 우리로 말미암아 일어나야 하고 "우리가 행한 의의 행위"이어야 한다면, 어떤 방식이든 사람들이 기뻐하는 방식으로 우리 안에 행위가 일어나게 해보라. 나는 그런 행위가 우리의 칭의에 들어오는 것은 그 안에 자랑을 포함하지 않을까 두렵다. 사도가 "행위에서 난 것이 아니니 이는 누구든지 자랑하지 못하게 하려 함이라"고 주장하고 있기 때문이다. 그러므로 사람들이 우리에게 자랑하는 것을 그 안에 포함할 수 없는 우리의 칭의에 우리의 행위가 들어오는 것에 대해 직접적이며 분명하고 반박할 수 없는 제한을 줄 수 없다면, 이것은 위험한 것이기 때문에 행위를 전적을 배제하는 것이 가장 안전한 과정이다. 나는 "행위에서 난 것이 아니라 이는 누구든지 자랑하지 못하게 하려 함이라"는 성령에 표현에서 어떤 실수할 위험도 보지 못한다. 우리가 충고를 받지 않은 채 미혹되어 이런 자랑하는 데 빠진다면, 우리는 그렇지 않았다면 우리가 하나님의 은혜로 말미암아 기대할 수 있는 모든 유익을 잃어버릴 것이기 때문이다.

3. 사도는 엡 2:10에서 그것이 행위에서 날 수 없으며, 더욱이 그가 선포한 것에서 제기될 수 있는 반대를 제거할 수 있는 다른 이유를 제시한다. "우리는 그가 만드신 바라 그리스도 예수 안에서 선한 일을 위하여 지으심을 받은 자니 이 일은 하나님이 전에 예비하사 우리로 그 가운데서 행하게 하려 하심이니라." 인과적 접속사가 그 소개를 암시하고 있는 그의 논의의 힘은 이것에 놓여 있다. 곧 모든 행위는 – 그가 취급하고 있는 것들인 복음적인 행위는 – 그리스도 예수 안에 있으며, 본성상 행위가 있기 전에 참으로 의롭다 하심을 받는 사람들 안에서 일어난 하나님의 은혜의 효과들이다. 그러나 그가 이 구절에서 주요하게 계획하고 있던 것은 그가 이 교리에 대해 취급하고 있는 곳마다 계속해서 생각하고 있던 것, 곧 그가 어떤 사람들이 반대할 것을 예견하고 일어날 반대를 제거하는 것이었다.

그것은 "선행이 하나님 앞에서 우리의 칭의에서 이렇게 제거된다면, 행위는 어떤 용도가 있는가? 이것은 우리가 바라는 대로 살고, 행위를 전적으로 무시하면서도 의롭다 하심을 받을 수 있다는 것이다"라는 반대이다. 그리고 어떤 사람들은 똑같은 교리에 반대하여 바로 이런 반대를 매우 격렬하게 제시한다. 우리는 이 진리에서 "하나님 앞에서 우리의 칭의가 어떤 방식이나 다른 방식으로 행위에서 난 것이 아니라면, 칭의에 행위가 사전에 요구되지 않는다면, 행위가 칭의 사전적인 조건이 아니라면, 행위는 필요가 없다. 곧 사람들은 안전하게 하나님께 대한 모든 순종을 전적으로 무시하며 살 수 있다"는 것보다 더 자주 만나는 것은 없다. 그리고 이 주제에서 사람들은 자신들을 확대하는 경향이 있는데, 그렇지 않다면 그들은 자신의 복음적인 순종에 대해 큰 증거들도 제시하지 않을 것이다. 그들이 이 반대를, 곧 사도가 가르친 은혜의 교리의 적대자들이 제시하고 있는 반대를 다루는 데 있어서 어떤 부류를 따를 것인지 주의하지 않는 것은 나에게 놀라운 일이다. 그것은 다른 곳에서 고려되어야 한다. 현재 나는 사도가 여기에서 제기하고 있는 대답이 그들에게 만족스럽지 못하다면, 여기에서 선포되고 있는 선행의 필요성과 용도의 근거들과 이유들이 그들에 의해 적절한 위치와 질서로 선행을 세우는 데 충분하다고 판단되지 않는다면, 나는 나 자신도 더 이상 그들을 만족시키려고 시도해야 한다고 여기지 않을 것이라는 것 이외에 더 이상 말하지 않을 것이다.

빌립보서 3:8, 9

"또한 모든 것을 해로 여김은 내 주 예수를 아는 지식이 가장 고상하기 때문이라 내가 그를 위하여 모든 것을 배설물로 여김은 그리스도를 얻고 그 안에서 발견되려 함이니 내가 가진 의는 율법에서 난 것이 아니요 오직 그리스도를 믿음으로 말미암은 것이니 곧 믿음으로 하나님께로부터 난 의라."

이것은 내가 주장할 마지막 증거이며, 비록 그것이 매우 중요하더라도 나는 이것을 더 간략하게 다룰 것이다. 다른 사람이 이미 최근에 이것에 대해 주장하고 방어했기 때문이다. 그리고 나는 인내를 요구하는 대답을 기대하지 않는다. 한 사람이 시도해 온 것은 결코 가볍지 않다. 그는 이 문제에 있어서 셋째 혹은 넷째에(οὔτε τρίτος οὔτε τέταρος)속한다. 그리고 내가 이 증거에서 관찰하려고 하는 것은 다음과 같이 세 가지로 축소될 수 있다.

1. 이 장의 처음부터, 그리고 이 구절들에서 사도가 계획하는 것은 우리가 하나님께 받아들여지고, 그로 말미암아 즐거워할 수 있는 원인을 가지게 되는 이유가 무엇인지 특별한 방식으로 선포하는 것이다. 그는 일반적으로 자신이 되돌아 본 유대인들이 자랑하고 즐거워했던 모든 율법적인 특권들과 이점들에 대한 반대로 믿음으로 그리스도를 소유하고 참여하는 데 이것을 고정시킨다. "그리스도 예수로 자랑하고 육체를 신뢰하지 말라"(빌 3:3).

2. 그는 우리가 즐거워 해야 할 하나님께 받아들여지기 위해 필요한 의가 있다는 것을 전제한다. 그리고 그것이 무엇이든지 그것은 그런 용납의 유일한 근거이다.

3. 그리고 이에 대해 증거하기 위해 그는 이런 목적으로 주장되고 신뢰해야 하는 두 가지 의가 있다고 선언한다. (1) "우리 자신의 의로, 이것은 율법에 속해 있다". (2) "그리스도를 믿음으로 말미암은 것으로, 믿음으로 말미암아 하나님께로부터 난 의"이다. 그는 그것들은 우리의 칭의와 하나님께 받아들여지는 목적에 대해 반대되고 조화를 이루지 못한다고 주장한다. "나에게서 난 의가 아니라 하나님께로부터 난 것"이다. 그리고 그는 이것들 사이에 중간적인 의를 인정하지 않는다.

4. 자신의 예를 들면서 그는 이것들 중 어떤 것을 자신이 붙잡고 신뢰하고 있는지 강조해서 선언한다. (그의 모든 글에서 이보다 더 강렬

하게 말하는 파토스($\pi\acute{a}\theta o\varsigma$)는 없다.) 그리고 이 주제를 다루는 데 있어서 그의 거룩한 마음으로 하여금 이것들 중 하나, 곧 믿음으로 말미암은 하나님께 속한 의는 높이고, 다른 하나, 곧 자신의 의는 낮추도록 간절히 표현하게 했던 무엇인가가 있었다. 그 이유는 다음과 같다.

(1) 이것은 그와 다른 사람들로 하여금 자신들의 유대주의를 버리고 복음을 받아들이게 했던 전환점이었다. 그러므로 이것은 지금까지 세상에 있던 논쟁들 중 가장 큰 논쟁의 주요한 주제로 확보되었다. 그는 이것을 갈 2:15, 16에서 표현한다. "우리는 본래 이방 죄인이 아니로되 사람이 의롭다 하심을 받게 되는 것은 율법의 행위로 말미암음이 아니요 오직 예수 그리스도를 믿음으로 말미암은 줄 알므로 우리도 그리스도 예수를 믿나니 이는 우리가 율법의 행위로써가 아니고 그리스도를 믿음으로써 의롭다 하심을 얻으려 함이라 율법의 행위로써는 의롭다 하심을 얻을 육체가 없느니라."

(2) 모든 곳에서 유대인들은 이 교리에 크게 반대했으며, 그들 중 많은 곳에서 수많은 사람들의 마음이 진리에서 멀어졌으며, (이것은 대부분의 사람들이 이 경우에 일반적으로 빠져있는 것이다) 복음의 단순성에서 벗어났다. 이것은 그의 거룩한 영혼에 크게 영향을 미쳤으며, 그는 그의 대부분의 서신서에서 이것을 주목한다.

(3) 이 교리 그 자체의 무게가 모든 영적인 교만과 자기를 높이려는 것과 무엇이든지 자기를 기쁘게 하는 것의 뿌리에 도끼를 놓으려는 것으로 여겨서 사람들의 마음 속에서 본질상 이 교리를 붙잡지 않으려는 성향과 더불어 - 여기에서 이 교리의 효력을 피하고 사람들의 영혼들로 하여금 자신들을 그들이 본성적으로 싫어했던 그리스도 안에 있는 주권적인 은혜에 보편적으로 드리지 못하도록 하는 부산물들이 추구

되어왔으며 추구되고 있다 - 그에게 또한 영향을 미쳤다.

(4) 그는 자신이 그리스도와 복음에 특별히 반대함으로써 자신의 무지의 날에 큰 죄인이었다. 그는 이것을 깊이 인식했으며, 이와 더불어 그가 구원을 받았던 하나님의 은혜와 그리스도의 의의 탁월함을 인식했다. 그리고 사람들은 죄와 은혜에 대한 그의 표현들을 잘 이해할 수 있기 전에 그가 자신 안에서 죄와 은혜에 대해 느꼈던 것에 대해 어느 정도 경험을 가져야 한다.

5. 그러므로 그는 자신의 글의 많은 곳에서와 특별히 이곳에서 이것들을 보통 때보다 더 간절하고 강렬한 심령을 가지고 이것들에 대해 취급한다. 그러므로

(1) 그가 높이고 있는 그리스도 편에서 그는 그에 대해 아는 것뿐 아니라 모든 단어를 강조하면서 "나의 주 그리스도 예수를 아는 탁월함($\tau\grave{o}\ \dot{v}\pi\varepsilon\rho\acute{\varepsilon}\chi o\nu\ \tau\tilde{\eta}\varsigma\ \gamma\nu\acute{\omega}\sigma\varepsilon\omega\varsigma$)"에 대해 언급하고 있다. 그리고 "그를 위해 모든 것을 배설물로 여기고", "내가 그를 얻고자 함이라", "내가 그 안에서 발견되려 함이라", "내가 그를 알고자 함이라"와 같이 다른 강조적인 표현들은 모두 믿음이 진리의 행동 아래서 모든 것으로서, 모든 것 안에서 오직 그리스도를 아는 일에 자신의 감정을 두고 있다는 것을 논증한다. 그리고 이런 마음의 상태가 그의 교리를 믿으려 하는 사람들에게 필수적이다. 전자에 대해 전적으로 낯선 사람들은 후자를 결코 받지 못할 것이다.

(2) 특권이든 의무이든 선하든 유용하든 탁월하든 우리 자신의 것이며 그리스도의 것이 아닌 다른 모든 것에 대해 하나님 앞에서 우리가 서 있고 하나님께 받아들여지는 목적과 관련해서 그는 그리스도와 그의 의와 비교하면서 격렬하게 "스쿠발라($\sigma\kappa\acute{v}\beta\alpha\lambda\alpha$)", - "개의 먹이" -

그가 "개들"이라고 부르는 악을 행하는 자들이나 율법의 의를 완강하게 고수하고 있는 사악한 유대인들에게 남아있는 것이라고 부르면서 경멸을 쏟아붓는다(빌 3:2). 이 논쟁에서 사도의 간절함과 그의 표현들의 따뜻함에 대한 이런 설명을 나는 그의 계획 전체에 빛을 주는 것으로 제시하기에 충분하다고 생각했다.

6. 지금까지 진술한 문제는 하나님께 받아들여지거나 그가 하나님 앞에서 의롭다 하심을 받을 수 있는 의를 열망하는 사람이 무엇을 붙잡아야 하는가에 대한 것이다. 그는 제시된 방법들 중 어느 하나를 가지고 끝을 맺어야 한다. 그는 자신의 모든 의를 버리고 오직 그리스도 예수에 대한 믿음으로 하나님의 의를 붙잡든지, 하나님 앞에서 자신의 칭의에서 이런저런 방식으로 자신의 행위를 보존해 줄 수 있는 사도의 결론에 대한 어떤 반대들이나 어떤 구분들을 스스로 찾거나 자신을 누군가가 찾아주도록 해야 한다. 여기에서 모든 사람은 스스로 선택해야 한다. 그 사이 우리는 다음과 같이 논쟁한다. 곧 우리 자신의 행위와 믿음으로 말미암은 하나님께 속한 의나 그리스도 예수에 대한 믿음을 통한 것이 (곧 하나님이 우리에게 전가하신 의(롬 4:6)나 우리가 그로 말미암아 받는 은혜의 풍성함과 의의 선물(롬 5:17)이) 하나님 앞에서 우리의 칭의의 사역에서 반대되고 모순된다면, 우리는 오직 그리스도의 의가 우리에게 전가됨으로써 믿음으로 말미암아 의롭다 하심을 받는다. 그 결과는 칭의의 다른 모든 방법과 수단과 조건을 그것과 모순되는 것으로 명백히 제거되어야 한다는 것이다. 그러나 앞에 있는 것이 사도의 선언이다. "그것은 나의 것이 아니라 하나님께 속한 것이다."

다시 우리가 "그리스도 안에서 발견되는 것"은 오직 하나님 앞에서 의롭다 하심을 받게 하는 것이다. 그리스도 안에서 발견되는 것은 하나님 앞에서 의롭다 하심을 받는 사람의 상태이기 때문이다. 이것은 우리 자신 안에서 발견되는 것과 반대된다. 그리고 이런 다른 상태에 따라 하나님의 심판이 우리에게 내려진다. 그리고 자신들 안에서 발견되는 사람들에 대해 우리는 그들의 몫이 무엇이 될지 알고 있다. 그러나 그리스도 안에서 우리는 오직 믿음으로 말미암아 발견된다.

어떤 사람들은 이 증거의 힘을 피하려고 온갖 회피할 수 있는 방법을 사용한다. 일반적으로 어떤 건전한 생각을 가진 사람도 사도가 복음적인 의 안에서 발견되기를 바라지 않고 자신의 의로 말미암아 발견되려 했다고 상상할 수 없다고 언급된다. 그것은 유일하게 우리로 하여금 그리스도의 의의 유익에 참여할 수 있는 자격을 줄 수 있는 것이기 때문이다. "이것은 아무런 의미도 없는 말이다."

(1) 이런 비난이 사도의 이 구절을 주해했던 모든 개신교 신학자들과 최근의 몇몇 사람들을 제외하고 자신들이 관여했던 논쟁의 열기에 영향을 받았던 다른 모든 사람 위에 예외없이 부어지는 것은 너무 지나치다.

(2) 복음적인 의가 자신의 의나 순종을 의미한다면, 그가 그 안에서 발견되기를 바랐다고 주장하기에는 다소 생각이 부족하다. 우리가 발견되는 것에 기초해서 우리는 판단을 받아야 한다. 하나님 앞에서 우리 자신의 복음적인 의 안에서 발견되는 것은 그에 기초해서 하나님의 판단을 받는 것이다. 하나님과 자신들에 대해 올바르게 어떤 것을 이해하는 사람들은 자유롭게 그것에 달려가지 않을 것이다. 그리고 "나는 율법을 따르는 나 자신의 의 안에서 발견되기를 바라지 않지만, 나는 복음을 따르는 나 자신의 의에서 발견되기를 바란다"고 이 본문을 해석하는 것은 - 그것들이 그 자신의 내적인 의인 한 그것들은 둘 다 똑같

다 - 이 구절에 대한 올바른 해석이 아니다. 그리고 그것은 즉시 승인받지 못할 것이다.

(3) 우리 자신의 개인적인 복음적인 의가 우리로 하여금 그리스도의 의의 유익을 얻을 수 있는 자격을 준다는 것은 - 곧 하나님 앞에서 우리의 칭의와 관련하여 - "은혜의 말(gratis dictum)"이다. 그리고 성경의 어느 한 증거도 그런 주장을 조금이라도 지지하는 것으로 생산될 수 없다. 그것이 성경에 제시된 것으로 많은 분명한 증거들과 반대되고 우리의 칭의에서 하나님의 은혜의 자유와 조화를 이루지 못한다는 것은 전에 증명되었다. 그리고 신자들, 곧 의롭다 하심을 받는 사람들 안에서 구원에 이르도록 순종과 선행의 필요성을 주장하는 구절들 중 어떤 것도 어떤 식으로든 이런 주장의 증거가 되지 못하거나, 적어도 그런 것을 표현하거나 암시하고 있지 않다. 그리고 특별히 그런 주장은 분명히 사도의 주장과 모순된다(딛 3:4, 5). 그러나 나는 참고로 이 증거에 주어진 특별한 대답을, 특별히 내가 아직 그 안에서 어떤 이성의 가식으로 더해진 것을 보지 못했던 벨라르민의 주장을 살펴볼 것이다.

1. 어떤 사람들은 사도가 거절한 자신의 의는 그가 오직 "율법의(ἐκ νόμου) 행위"로 말미암은 의이라고 말한다. 그러나 이것은 단지 마음의 내적인 상태나 순종과 관계없이 제의들과 의식들을 지키는 데 놓여 있는 외부적이며 외적인 의였다. 그러나 이것은 불경건한 상상이다. 율법으로 말미암은 의는 율법이 요구하는 의미이며, 사람이 행하면 그 안에서 살리라는 율법의 행위이다. "율법을 행하는 자는 의롭다 하심을 받을 것"이기 때문이다(롬 2:13). 그리고 하나님은 사람에게 "그가 마음을 다하고 뜻을 다하여 자기 주 하나님을 사랑해야 한다"는 것 이외에 어떤 순종의 율법도 주지 않으셨다. 그리고 하나님이 율법에 의해

요구하신 것이 오직 외적인 의라는 것은 그가 자주 오직 외적인 의만 있을 때 그에게 가증한 것으로 정죄하신다는 사실과 거리가 매우 멀다.

2. 다른 사람들은 그가 바리새주의에 있는 동안 가지고 있던 것은 그것이 어떤 것이든 이런 의였다고 말한다. 그리고 비록 그가 그런 상태에서 "자신의 모든 선한 양심으로 살았고, 밤낮으로 하나님을 섬겼고", 율법을 외적일 뿐 아니라 내적으로 행하도록 허락되었다 하더라도, 이 모든 행위는 믿음이 있기 전에, 하나님께 회심하기 전에, 우리의 칭의에 어떤 협력을 하는 것으로 거절될 수 있었고 거절되어야 한다. 그러나 은혜의 도움을 받아 믿음 안에서 일어난 행위는, 곧 복음적 행위는 또 다른 고려를 해야 하며, 믿음과 더불어 우리의 칭의의 조건이다.

대답. 1. 우리의 칭의의 내용에서 사도는 복음적인 순종을 하나님의 은혜뿐 아니라 신자들이 믿음에 반대되는 것으로 여기고 있다는 것은 앞의 증거를 고려할 때 증명되었다.

2. 그는 행위를 두 종류, 곧 어느 하나는 우리의 칭의에 참여하는 것이 배제되지만, 다른 하나는 배제되지 않은 것으로 구분하지 않는다. 그리고 그는 다른 어떤 곳에서도 똑같은 주제에 대해 취급하면서 어떤 그런 구분을 암시하지 않고 있으며, 오히려 반대로 믿는 자들 안에 있는 순종의 모든 행위가 그런 어떤 구분을 추측하는 것을 배제하고 있다고 선언한다. 곧 오히려 그는 이런 거절에서 자신의 의, 곧 자신의 개인적이며 내적인 의를 무엇이든지 어떻게 일어났든지 직접적으로 표현한다.

3. 그는 자신의 두 가지 상태, 곧 자신이 회심하기 전에 있던 유대주의 상태와 자신이 그리스도 예수를 믿음을 말미암아 가지게 되었던

상태를 분명히 구분한다.

첫 번째 상태에서 그는 그 상태의 특권들을 고려하고, 예수 그리스도가 자신에게 나타나셨을 때 자신이 그것들에 대해 어떤 판단을 하고 있는지 선포한다. 곧 그는 과거의 때에서 대해 언급하면서, 곧 그가 처음 회심했던 때를 언급하면서 헤게마이(ἤγημαι), 곧 "여겼다"고 말한다. "나는 그것들로 말미암아 내가 가졌던 모든 이점들과 이익과 명성을 가지고 그것들을 생각했다. 그러나 나는 그리스도를 위해 그것들 모두를 거절했다. 그것들을 특권들로 여기고 그것들 안에 계속해서 머물러 있는 것이 그리스도 예수에 대한 믿음과 모순되었기 때문이다."

둘째로, 그는 계속해서 자신의 현재의 상태와 관련해서 자기 자신과 자신의 생각에 대해 설명한다. 비록 그가 그리스도를 위해 모든 법적인 특권을 버렸으며, 이제 믿음으로 그리스도와 연합되었더라도, 그가 즐길 수 있는 자신의 어떤 것을 가지고 있고, 그 때문에 그가 하나님께 받아들여질 수 있거나 (이에 대해 후에 살펴볼 것이다) 그렇지 않다면 그가 아무 것도 아닌 것을 위해 모든 것을 버렸다는 추측이 있을 수 있기 때문이다. 그러므로 자신이 영광을 받을 수 있는 어떤 것도 남겨둘 계획이 없었던 그는 자신의 모든 현재의 의와 지금 추구하고 있는 목적들과 관련해서 자신이 참여하고 있던 순종의 방식에 대해 어떻게 판단을 하고 있는지 선언한다. "그러나 더욱이 또한 나는 -으로 여긴다 (Ἀλλὰ μενοῦνγε καὶ ἡγοῦμαι)"(빌 3:8). 자신의 유대교적 특권으로 인정되었던 것을 이 구절 속으로 가져오는 것은 문맥을 매우 피상적으로 고려한 결과이다. 그 이유는 다음과 같다.

(1) "그러나 더욱이 또한(Ἀλλὰ μενοῦνγε καὶ)"은 명백히 증가되는 것(αὔξησις)이 있다. 그는 다른 것들로 나가거나, 혹은 다른 상

태에 있는 자신을 고려함으로써 자신이 강조했던 것을 강화하는 것을 더 이상 표현할 수 없었다. "그러나 더욱이 내가 이미 주장했던 것을 넘어서."

(2) 과거를 고려하는 헤게마이(ἥγημαι), 곧 "여겼다"를 그가 전에 거절하고 버렸다는 것이 아니라 오직 현재있는 것을 고려하는 헤구마이(ἡγοῦμαι), "여긴다"로 표현하여 시간을 바꾼 것은 그의 진보가 또 다른 본성의 것들을 고려하고 있다는 것을 분명히 한다. 그러므로 그는 자신의 이전이 모든 유대교적인 특권들을 거절하면서 자신의 현재의 개인적인 의에 대한 자신의 판단을 더한다. 그러나 회심 이전과 이후의 모든 것을 다 거절함으로써 그가 즐길 수 있고, 영광을 받을 수 있고, 하나님께 받아들여질 수 있는 어떤 것도 남기지 않는다는 반대가 있을 수 있는 반면에, 그는 정반대로 자신이 그리스도 안에서 이 모든 것과 믿음으로 말미암은 하나님의 의를 발견했다는 것을 우리에게 확신시킨다. 그러므로 그는 "내가 가진 의는 율법에서 난 것이 아니요"라고 표현한다. 그러므로 그것은 그가 회심 이전에 가지고 있던 의를 의미하는 것이 결코 아니다. 그는 전혀 그것을 의미하고 있지 않다.

사도의 이 본문에 대한 다베난드(Davenant)의 말은 내가 판단할 때 건전하고 무게가 있기 때문에 나는 그것을 인용할 것이다. "사도는 우리가 하나님 앞에서 어떻게 의롭다 하심을 받을 수 있는지 가르친다. 그것은 의심할 여지없이 믿음으로 획득되며 전가로 이루어진다. 곧 우리가 의롭다 하심을 받는 원인은 의심할 여지없이 우리가 그리스도께 속하며 그리스도 안에서 받아들여지기 때문이다. 그러므로 우리는 그의 육체 안에서 의롭다 하심을 받고 그와 함께 한 인격으로 연합된다. 따라서 그의 의가 우리의 것으로 인정된다"(De Justif. Habit. cap.

38). 어떤 사람들은 우리가 "그리스도 안에" 있다는 것과 "그 안에서 발견된다"는 것을 오직 우리가 복음에 대한 믿음을 고백하는 것 이상을 의미하지 않는 것으로 해석하기 시작하는 반면에, 모든 시대 그리스도와 신자들의 신비적인 연합에 대한 신앙은 몇 마디 공허한 말과 증명이 되지 않은 증명으로 날려버리지 말아야 한다.

그러므로 사도가 우리의 복음적인 의가 아니라 법적인 의를 거절하고 있다는 일반적인 반대에 대해서는 충분하고 분명한 답이 주어진다. 그 이유는 다음과 같다.

(1) 사도는 전자든 후자든 단지 그리스도와 비교하고 하나님 앞에서 칭의의 특별한 목적이나 그가 보시는 의를 고려할 때를 제외하고 절대적으로 아무 것도 거절하고 부인하고 배제하지 않는다.

(2) 그런 의미에서 그는 우리 자신의 모든 의를 거절한다. 그러나 우리의 복음적인 의는 주장되고 있는 의미에서 우리 안에 내재하고 우리가 행하는 우리 자신의 의이다.

(3) 우리의 율법적인 의와 우리의 복음적인 의는 내적인 의를 의도하는 한 똑같다. 그리고 그런 구분에는 그것이 그 안에 의미를 가지고 있는 한 오직 똑같은 의의 다른 목적들과 용도가 의도되고 있다. 그 의에 이르는 동기들과 관련해 그 의의 목적들은 그 의가 하나님께 받아들여지는 특별한 원인들과 더불어 복음적이지만, 그 의의 본래의 처방과 규칙과 척도와 관련해서는 율법적이다. 어떤 사람이 우리로 하여금 주 우리 하나님을 우리의 마음과 혼과 뜻을 다하여 사랑하고 우리의 이웃을 우리 자신처럼 사랑하라는 율법이 요구하지 않는 어떤 행동이나 의무에서, 그것의 어떤 습관이나 효과에서 예를 들 수 있을 때 그것들은 지켜질 것이다.

(4) 이 경우에 사도는 "우리가 행한 의의 모든 행위"를 거절한다 (딛 3:5). 그러나 우리의 복음적인 의는 우리가 행하는 의의 행위에 놓여 있다.

(5) 그는 우리 자신에게 속한 모든 것을 거절한다. 그리고 의도된 복음적인 의가 우리 자신의 것이라면, 그는 그것과 반대되는 다른 의를 세우고 있다. 그리고 그것은 우리 자신의 것이 아니라 우리에게 전가된 것이다. 그리고 나는 계속해서 이런 거짓된 주장을 쓸모없게 만들거나, 그것이 거짓임을 보여줄 수 있는 몇 가지 다른 이유를 더할 것이다.

(1) 사도가 자신이 말한 것을 구분하거나 제한하지 않는 곳에서 우리는 어떤 근거로 그의 주장들을 구분하거나 제한할 수 있는가? 그는 때때로 절대적으로 "행위로 말미암지 않았다"고 말하며, 때때로 "우리가 행한 의의 행위"로 말미암지 않았다고 말한다. 반대로 주장하는 사람들은 "곧 어떤 종류의 행위로도 말미암지 않았다"고 말한다. 그러나 어떤 근거로 그렇게 말하고 있는가?

(2) 그들이 거절된 우리 자신의 의가 놓여 있는 것으로 배제되어야 한다고 주장하는 행위는 믿음이 없이, 은혜의 도움이 없이 일어난 행위이다. 그러나 이것들은 선행이 아니며, 어떤 사람도 이 행위에서 의롭다고 칭함을 받을 수 없으며, 그것은 오직 그 행위에 놓여 있는 어떤 의가 아니다. "믿음이 없이는 하나님을 기쁘시게 할 수 없기" 때문이다. 그리고 사도는 어떤 목적으로 우리의 칭의에서 악한 행위와 위선적인 행위를 배제해야 하는가? 어느 누가 그런 행위와 관련해서 의롭다 하심을 받을 수 있다고 상상할 수 있는가? 사도가 자신의 행위를 말했다면 이런 그럴듯한 주장을 할 수 있는 어떤 여지가 있었을 수도 있다. 그러나 그가 자신의 행위를 거절하면서 어떤 사람도 의롭다 하심을 받을

수 없고 전혀 의가 아닌 의롭지 않은 행위로 제한하고 있다는 것은 가장 이치에 맞지 않는 것이다.

(3) 믿음으로 일어난 행위는 칭의에 적용된다면 어떤 다른 것들보다 더 낫고 더 칭찬을 받을 수 있는 것으로 자랑할 수 있는 기회를 주거나 자랑하는 것을 포함할 수 있다.

(4) 사도는 다른 곳에서 칭의에서 아브라함이 오랜 세월 신자였을 때 했던 행위를 배제하고, 죄 사함을 받는 사람의 축복에 대해 묘사했을 때 다윗의 행위를 배제한다.

(5) 그가 갈라디아서에서 다루고 있는 질문의 상태는 분명히 믿는 자들의 행위에 대한 것이었다. 그는 자신의 논증, 곧 유업이 율법으로 말미암았다면 약속은 아무런 효력이 없을 것이며, 의가 율법으로 말미암았다면 그리스도는 헛되이 죽으셨다는 자신의 논증에 조금도 압박을 받지 않을 유대인들을 반박하고 있지 않기 때문이다. 그리고 그들은 이런 것들을 기꺼이 인정할 것이기 때문이다. 그러나 그는 칭의를 위해 그들이 그리스도와 복음과 결합시키고 싶어하는 행위와 관련하여 신자들에게 말하고 있다.

(6) 그가 어느 한 종류의 행위를 배제하고 똑같은 목적을 위해 다른 종류의 행위의 필요성을 주장하려는 것이 사도의 생각이었다면, – 특별히 그가 어떤 그런 구분에 대해 조금도 암시하지 않고 자신이 직접 주목하고 다른 근거들에 기초해서 대답한 자신의 교리에 반대하는 것들에 대해 대답하기 위해 그렇게 하는 것이 필수적이었다는 것을 고려할 때 – 왜 그가 전에 그렇게 말하지 않았는가?

벨라르민은 세 곳에서 이 증거를 고려한다(De Justificat. lib. i. cap. 18, lib. i. cap. 19, lib. v. cap. 5). 그리고 그는 이것에 대해 세

가지 대답을 제시한다. 그리고 그것은 다른 사람들이 똑같은 목적으로 주장하고 있는 모든 것의 실체를 포함한다. 그는 말한다. (1) "율법으로 말미암고, 믿음으로 말미암은 의와 반대되는 의는 율법에 기록되거나 율법이 요구하는 의가 아니라, 은혜의 도움이 없이 오직 율법에 대한 지식으로 말미암아 일어난 의이다." (2) "그리스도에 대한 믿음으로 말미암은 의는 '믿음으로 일어나는 우리 자신의 의로운 행위(opera nostra justa facta ex fide)'이다. 그리고 그것을 다른 사람들은 복음적인 행위라고 부른다." (3) "내적인 의의 의무들을 '손실과 배설물(ζημίαν καὶ σκύβα λα)'로 여기는 것은 신성모독이다." 그러나 그는 자신의 모든 현학으로 불 가운데서 수고하고 있다.

첫 번째에 대해 (1) 율법으로 말미암은 의는 율법이 요구하는 의를 의도하지 않는다는 것은 대담한 주장이며 사도와 명백히 모순된다(롬 9:31, 10:5). 두 곳에서 그는 율법의 의는 율법이 요구하는 의라고 선언한다. (2) 그는 자신이 배제한 행위를 "우리가 행한 의의 행위"라고 부르는데(딛 3:5), 그것은 율법이 요구하는 행위이다.

두 번째에 대해 나는 (1) 그것의 본질은 사도가 "나는 나 자신의 의를 가지고 있지 않지만 나 자신의 의를 가지고 있는 것으로 그리스도 안에서 발견되기를 열망한다"는 것이다. 복음적이며 내적인 의는 마땅히 그 자신의 것이기 때문이다. 그리고 나는 어떤 사람들이 사도가 이 구절에서 자신의 칭의를 위해 하나님 앞에서 자신의 의 안에서 발견되기를 열망했다고 이해하는 것에 대해 유감스럽다. 우리가 전에 증명했던 것처럼, 어떤 것도 이 주제에 대한 그의 모든 논의의 영원한 취지와 계획뿐 아니라 성경에서 똑같은 목적으로 다른 모든 거룩한 사람들이 증거하는 것에 더 모순되는 것은 있을 수 없기 때문이다. 그리고 나는 하나님 앞에서 자신들의 칭의에 대해 심판을 받을 때 자신들의 복음적인 의나 자신들이 행한 의의 행위에서 발견되기를 열망하고 있는 사람들과 일치하고 함께하려는 참된 신자들은 거의 없다고 생각한다. 우리는 이 문제에서 다른 사람들의 책뿐 아니라 우리 자신의 마음을 잘 읽어야 한다. (2) "믿음으로 말미암아 하나님께로부터 난 의"는 우리 자신의 순종이나 의가 아니라 하나님이 우리에게 전가하시고(롬 4:6) 우리가 선물의 방법으로 받은 것(롬 5:17)과 반대된다. (3) "그리스도에 대한 믿음을 통한 의"가 우리 자신의 내적인 의를 의도하지 않는다는 것은 사도가 그리스도 안에서 발견되었을 때 자신의 모든 의를, 곧 자신이 신자로서 행했던 것은 무엇이든지 배제한다는 것에서 분명하다. 그리고 우리 자신의 의와 우리 자신의 것이 아닌 의 사이에 반대가 없다면, 나는 그것이 어떤 식으로 표현하고 있는지 모른다.

세 번째에 대해 나는 말한다. (1) 사도는, 그리고 우리는 그가 우리의 내적인 의를 "배설물"이라고 부른다고 말하지 않고 단지 배설물로 "여긴다"고 말한다. (2) 그는 우리 자신의 내적인 의를 절대적으로 배설물이라고 부르지 않는데, 그것은 그의 주장과 가장 멀리 떨어져 있는 것이다. 그는 단지 그리스도와 배교할 때 배설물로 여긴다고 말한다. (3) 그는 우리 자신의 내적인 의를 그 자체로 배설물로 여기고 있지 않으며, 하나의 특별한 목적, 곧 하나님 앞에서 우리의 칭의와 관련하여 그것을 신뢰하는 것과 관련하여 그렇게 여긴다. (4) 이사야 선지자는 똑같은 관점에서 우리의 모든 의를 "더러운 옷"이라고 부른다(사 64:6). 그리고 "더러운 옷(בֶּגֶד עִדִּים)"은 "배설물($\sigma\kappa\acute{\upsilon}\beta\alpha\lambda\alpha$)"과 같이 경멸하는 표현이다.

3. 어떤 사람들은 모든 행위를 은혜와 생명과 구원에 공로적인 것

으로서 배제하지만, 하나님 앞에서 우리의 칭의의 조건으로서 배제하지 않는다. 그러나 (1) 사도가 배제한 것은 무엇이든지 절대적이며 모든 면에서 배제한 것이다. 그는 그것과 반대로 어떤 다른 것을 세우기 때문이다. (2) 이곳에서 그런 어떤 구분을 위해 남아있는 어떤 근거도 없다. 사도가 우리의 칭의에서 요구하는 모든 것은 [1] 우리가 우리 자신이 아니라 그리스도 안에서 발견되어야 한다는 것이다. [2] 우리가 우리 자신의 의가 아니라 하나님의 의를 가져야 한다 것이다. [3] 우리가 믿음으로 이 의에 참여하게 되어야 한다 것이다. 그리고 그것이 우리가 주장한 것의 실체이다.

THE DOCTRINE

OF

JUSTIFICATION BY FAITH

THROUGH

THE IMPUTATION OF THE RIGHTEOUSNESS OF CHRIST

EXPLAINED, CONFIRMED, AND VINDICATED

제 19 장
그리스도의 의의 전가로 말미암은 칭의론에 대한 반대들
그것으로 개인적인 거룩과 순종이 파괴되지 않고 조장됨

이 논의에서 남아있는 주제는 일반적으로 주장하고 있는 진리에 대해 반대하려고 제기된 몇 가지를 살펴보는 것이다. 우리가 때때로 만난 그런 본성을 지닌 많은 것이 이미 제거되었다. 그렇다. 현재 가장 목소리를 높이고 있는 것들 중 주된 것이 제거되었다. 행위로 말미암은 칭의를 위해 로마교회의 사람들이 주장하고 있는 성경의 증거들은 개신교 신학자들에 의해 충분히, 빈번히 응답되었다. 그러므로 그것들이 어떤 새로운 힘을 받지 않는다면 그것들을 다시 주장하는 것은 전적으로 쓸모없다. 그리고 최근에 그런 것들은 없다. 대부분 우리가 지금 관계하고 있는 것은 실질적인 신학적 논쟁들이라기보다 추측된 불합리한 결과들에서 나온 다소 현학적인 비난들이다. 그리고 그리스도의 의의 전가와 우리 자신의 행위 사이에서 가장 지루하게 행동하고 있는 어떤 사람들은 때때로 어느 한 편에 있는 것도 같고, 때때로 다른 편에 있는 것 같기도 한 미끄러운 곳에 있거나, 그렇지 않다면 자신들의 생각을 이해하기 매우 어려워서 매우 조심스럽게 자신들을 표현하고 있는 것 같다.

그러므로 나는 비록 나에게는 의심할 여지없이 명확하고 분명하게 그런 것처럼 보이지만, 이것 혹은 저것이 어떤 사람의 의견이라고 미래를 위해 감히 말하지 않을 것이다. 오히려 나는 그것이 누구에 의해 주장되었든지 이런 혹은 저런 의견을 찬성하고 반대한다고 과감히 말할 것이다. 그리고 나는 또한 그리스도의 의의 전가에 기초한 하나님 앞에서 칭의의 일반적인 교리에서 이탈하는 것은 날마다 행위로 말미암은 칭의를 직접적으로 주장하는 것을 향해 나가고 있다고 말할 것이다. 그리고 사실 그것은 그 바닥에 도달할 때까지 안식할 것을 가지지 못한다. 그리고 이것은 그들이 자신들의 의견들을 방어하려고 주장하는 것에서보다 진리를 거슬러 제기한 반대들에서 더 분명히 나타난다. 이곳에서 그들은 극단들을 피하려고 여전히 신중하면서도 정확한 척 말하기 때문이다. 그러나 다른 것에서나 그들의 반대들에서 그들은 쉽게 그 최대의 의미에서 행위로 말미암은 칭의를 생각할 수 있는 것 이외에 아무 것도 사용하지 않는다. 모든 것을 구체적으로 주장하는 것은 끝이 없을 것이며, 언급된 것처럼 중요성이 있는 대부분의 것들은 이미 간간히 언급되었다.

그러므로 온갖 종류의 사람들, 곧 교황주의자들과 소시누스주의자들과 우리가 여기에서 관계를 맺어야 하고 내가 주목할 사람들이 일반적으로 주장하고 있는 단지 두 가지가 있다. 다른 모든 것의 처음이며 기초인 것은 그리스도의 의로 말미암은 칭의의 교리는 우리의 개인적인 의를 필요없게 만들고 거룩한 삶의 모든 필요성을 전복시킨다는 것이다. 다른 것은 야보고 사도가 자신의 편지에서 우리의 칭의를 분명히 행위에 돌리고 있다는 것이다. 그리고 그들이 그가 그곳에서 인정하고 있다고 주장하는 것은 우리가 주장하고 있는 많은 다른 증거들의 의미와 부합하지 않는다.

이것들 중 첫 번째 것에 대해, 비록 우리가 주장하는 진리를 반대하는 사람들이 자신들 사이에서 다양하게 다르고 모순된 원리들에 기초하여 이 진리를 반대하고 있음에도 불구하고, 그들은 모두 그것을 강력하게 주장하고 있다는 데서 일치한다. 옛적에 다른 사람들이 만들어낸 이 비난을 갱신했던 로마교회의 사람들이 주장하는 것은 공적으로 선포된 것이었다는 것을 모든 건전한 사람은 인정해야 한다. 벨라르민과 바스쿠에즈(Vasquez)와 수아레즈(Suarez)와 같은 그들 중에 가장 지혜로운 사람들과 그들이 반대로 알고 있다고 생각하기 어려운 사람들은 개신교 작가들이 모든 내적인 의를 부인하고 있으며 (벨라르민은 부처와 켐니치우스를 비난한다), 그들이 사람들이 비록 온갖 방식의 죄 가운데 살고 있어도 구원을 받을 수 있으며, 그들이 자신들이 죄가 사함을 받았다고 믿는 것 외에 그들에게 더 이상 요구되는 것은 없고, 그들이 그렇게 하는 동안 비록 그들이 자신들이 가장 감각적인 악들과 가증한 것들에 내어주어도 자신들의 구원을 확신할 수 있다고 주장하고 있다고 선언한다.

"그런 종교는 단지 악을 조장할 수 있을 뿐이다(Tantum religio potuit suadere malorum)!"

사람들은 자신들이 고백하는 종교에서 자신들의 이익을 증진시키고자 왜곡된 열정으로 의도적으로 자신들을 거짓된 비난과 공개적인 비방과 같은 악 중에 가장 나쁜 악에 내어줄 것이다. 그리고 그렇게 비난을 받은 사람들의 글이나 설교 중에서 어떤 것도 조금이라도 이런 주장을 지지하는 주장들은 어떤 다른 본성에 속한 것이 아니다. 그런 신중하지 못한 거짓들을 만들어 내고 전파하는 것이 하나님이 보시기에 행위로 말미암은 칭의를 얻는 데 편리하든 그렇지 않든, 계속해서 이런 거짓들 안에 있는 사람들은 그것들이 최선이라고 생각한다. 내 편에서 나는 다시 내가 이미 말했다고 생각하는 것처럼 그런 과정과 절차를 통해 의롭다 하심을 받을 수 있다고 생각하는 사람들이 어떤 종교에 속해 있든 나에게는 모두 하나라고 말한다. 그리고 우리 중에서 이런 반대를 사용하기를 기뻐하는 사람들은 자신들이 반대하려는 교리가 무엇인지 알거나 알지 못한다. 그들이 알지 못한다면 지혜로운 사람은 그들에게 "질문을 듣기도 전에 어떤 문제에 대답을 하는 사람은 어리석고 자신에게 수치스럽다"고 말할 것이다. 그들이 이해하고 있다면 거룩한 것들을 다루는 데 있어서 이익을 위해 신실함이 아니라 인위적이며 거짓된 것들을 사용하고 있다는 것이 분명하다. 그리고 그것은 종교에 해를 끼친다.

소시누스는 개혁교회들의 교리에 반대하여 이런 비난을 한다(De Servat. par. iv., cap. 1). 그리고 그는 그것을 그런 어떤 충족이 허락된다면 그리스도의 충족의 전가의 교리를 반대하는 근거와 이유로 삼았다. 그러나 그는 그것을 완강하게 부인한다. 그리고 그는 똑같은 목적으로 책을 썼는데, 이 책은 메이스네루스(Meisnerus)에 대항하여 쉴리히팅기우스기우스(Schlichtingius)에 의해 방어되었다. 그리고 그는 자신 앞에서 다른 사람들이 했던 것과 똑같이 이 일에서 부정직한 과정을 사용한다. 그가 개신교회 학자들에 대해 그들이 하나님이 경건하지 않은 자들을 - 경건하지 않을 뿐 아니라 경건하지 않는 동안 비록 경건하지 못하지만 어떤 내적인 의나 거룩도 요구되지 않고, 그리스도의 전가된 의가 그들에게 충분하기 때문에 비록 그들이 죄 가운데 살아도 정결하게 되거나 깨끗하게 되지 않아도 되며, 하나님이 기뻐하실 수 있도록 의무나 순종의 방식으로 자신들을 드리지 않으므로 교회에 자유방임주의과 반율법주의를 가져오는 그들의 원리로 볼 때 정결하게 되거나 깨끗하게 될 수 없는 자들을 의롭다 하신다고 가르쳤다고 비난한다. 그리고 그는 이런 주장에 반대하여 "간음을 한 사람들과 우상숭배자들과 음행을 행한 자들은 하나님의 나라를 유업으로 받을 수 없다"는 것이 이 교리를 충분히 반박 할 수 있다고 생각한다. 그리고 이 것들은 종교에서 논쟁들을 다루는 것을, 어떤 지혜롭거나 선한 사람들도 교회를 섬기기 위해 반드시 해야 되지 않는다면 끼어들려고 하지 않는, 방해가 되고 가증한 것이 되게 하는 방법들 중 어떤 것들이다. 이것들은 부패한 계획과 목적을 증진시키려는 공개적으로 잘못된 것이며 수치스럽고 부정직하게 사용되고 있기 때문이다.

나는 이런 종류의 일에서 사람들을 찾을 때 그들이 후에 말하는 것에 대해 사실이든 거짓이든 거의 관심이 없다. 그들의 규칙과 척도는 자신들의 목적을 섬기는 것이거나, 옳든 옳지 않든 자신들이 관여하고 있는 계획이나 이익을 증가시킬 수 있는 것이다. 그리고 이 사람에 대해 그가 믿는 자들을 향한 그리스도의 충족과 그것의 전가에 대해 이렇게 판단하는 것보다 더 확신을 가지고 우리를 영원한 파멸에 이를 것이라고 판단할 수 있는 (그가 그 주요한 조항들을 거절하고 있는) 종교 안에 있는 어떤 조항도 없다. 대부분의 사람들의 마음에서 매우 많은 어둠이 남아있어서 - 그들이 특별히 똑같이 빛을 주시는 성령의 활동 아래 있지 않다면 다양한 경우에 매우 많은 뿌리 깊은 편견에 사로잡혀 있어서 - 어떤 사람들은 그들이 오류가 없는 근거들 위에 자신들의 영원한 축복의 소망을 두고 있고, 그들이 그것들 때문에 하나님을 사랑하고 그를 위해 살고 있다고 알고 있는 것들에 대해 다른 사람들을 영원한 불에 이를 것이라고 확신있게 정죄할 것이다. 그러나 자신들과 의견을 달리하는 모든 사람을 지옥으로 정죄하는 이런 사악한 이점을 모든 종류의 사람들이 탐욕스럽게 붙잡았는데, 이는 그들이 이를 통해 자신들이 바라는 것과 아무리 다르더라도 자신들의 전체의 부류가 영원한 구원에 이를 것이라는 확신을 은밀히 확보하기 때문이다. 그들이 고백하는 믿음의 부족이 자신들과 다른 사람들을 그들의 삶이 아무리 선하더라도 틀림없이 정죄한다면, 많은 사람이 자신들이 고백하는 믿음이 그들의 삶이 자신들이 기뻐하는 삶이든 관계없이 그것이 그들의 성향과 어떻게 조화를 이루는지 고려할 때 확실히 자신들을 구원할 것이라는 어리석은 궤변에 쉽게 빠질 것이다. 그리고 이로 말미암아 그들은 그렇게 하지 않는다면 그들에게 위압적으로 정죄를 선언하는 동안 가난하고 단순한 사람들을 두렵게 하여 자신들과 일치하게 할 것이다.

그리고 대부분 어떤 사람도 자신들이 믿는 것처럼 믿지 않는 다른 사람들에 대해 성경에 어떤 진리가 있다면 그렇게 사는 사람들이 구원받는 것은 가능하지 않을 것이라고 여기고 사는 사람들보다 더 격렬하게 정죄를 선언을 하는 사람은 없다. 내 편에서 나는 외적으로 고백하는 그리스도인들에 대해 복음에 복종하지 않는 모든 중생하지 않은 불신자들은 그들이 어떤 종교에 속해 있든, 혹은 어떤 다른 종교에 속해 있지 않든 정죄를 받을 것이라고 믿는다. 거듭난 모든 사람은 그들이 오늘날 그리스도인들 사이에 있는 차이점들에 대해 그들이 어떤 종교에 속해 있든지 진실로 복음을 믿고 순종하면 구원을 받기 때문이다. 이런 것들이 가장 효과적으로 증진되는 방법은 다른 무엇보다도 자신의 구원에 대해 관심이 있는 모든 사람이 이것들을 붙잡는 것이다. 만약 이것들이 어떤 식으로든 혹은 교회적으로 방해를 받는다면, 교회적으로든 혹은 어떤 식으로든 이것들을 방해하는 한 버려질 것이다. 그리고 만약 이런 것들을 절대적으로 파괴하거나 모순되는 어떤 것이나 어떤 것들이 이런 방식이든 그것 덕택이든 이것들을 고백하는 사람들에게 필연적으로 따라오는 어떤 방식의 고백이나 어떤 가시적인 교회 상태가 있다면, 어떤 구원도 획득될 수 없을 것이다. 다른 것들에서 모든 사람은 자신의 지성의 빛을 따라 행동해야 한다. 믿음에 속하지 않은 것은 무엇이든지 죄이다. 그러나 나는 우리가 관계해야 하는 사람들의 격렬함으로 말미암아 일어난 이런 논의에서 벗어난 것에서 돌아갈 것이다.

그토록 격렬하게 제시된 반대는 그 자체로 그 안에 어떤 가식적인 진정함이 있다면 다음과 같은 것이지 다른 것이 아니다. 곧 "만약 하나님이 불의한 자들을 단지 자신의 은혜로 그리스도 예수에 대한 믿음을 통해 의롭다 하셔서 순종의 행위가 하나님 앞에서 칭의에 이르는 데 사전에 필요하지 않고, 어떤 사람도 그런 의의 어떤 부분으로 의롭다 하심을 받지 않는다면, 순종의 행위는 결코 필요하지 않고 사람들은 순종의 행위가 없이도 의롭다 하심을 받고 구원을 받을 수 있다"는 것이다. 우리가 주장한 대로 칭의에 이르는 믿음과 거룩이나 의나 순종의 필요성 사이에 어떤 연결도 없지만, 우리는 은혜로 말미암아 우리가 바라는 대로 자유롭게 살 수 있게 된다고, 곧 온갖 방식의 죄에도 불구하고 안전하게 구원을 얻을 수 있게 된다는 주장이 있기 때문이다. 곧 우리가 다른 사람의 의로 말미암아 의롭다 하심을 받게 된다면, 우리는 우리 자신의 어떤 의도 필요가 없기 때문이라는 것이다. 그리고 이런 주장을 사용하는 사람들 중 많은 사람이 어떤 다른 방식으로 또한 자신들이 이런 것들을 인정하고 있다는 것을 증명하려고 노력하는 것은 당연할 것이다. 거룩의 필요성에 대해 주장하고 거룩을 무시하며 사는 것은 어울리지 않기 때문이다.

나는 여기에서 이 반대에 대해 간략하게 대답할 것이다. 사실 그것은 전에 우리가 의롭다 하심을 받는 믿음의 본질과 모든 신자의 순종의 규칙으로서 도덕법의 효력이 계속된다는 것에 대한 논의에서 충분히 대답이 되거나 제거되었기 때문이다. 이런 주제들에 대해 제시된 것을 편견없이 고려한다면 이런 비난의 악과 우리가 주장하고 있는 교리가 얼마나 이런 비난을 조금도 지지하지 않고 있는지 분명히 나타날 것이다. 더욱이 나는 독자들에게 내가 얼마 전에 지금 선포하고 있는 칭의론과 보조를 맞추어 복음적 거룩의 본질과 필요성에 대해 그 근거들과 이유들과 더불어 전체적으로 논의하는 글을 출판했다는 것을 알려야 한다. 그리고 나는 그것에 어떤 것을 더하는 것이 필요하다고 보지 않으며, 그것을 읽는 것으로 이런 비난의 헛됨을 풍성히 감지할 것이라는 것을 의심하지 않는다(성령의 시혜, 5장).[4] 현재의 논의와 관련해 몇 가지 언급될 수 있다.

1. 이 교리를 고백하거나 이전 시대에 고백했던 모든 사람이 거룩하고 열매가 있는 삶을 통해 이 교리를 모범으로 보여주고 있다고 주장할 수 없다. 두렵건데 죄 가운데 살다가 죽은 사람들 중에 많은 사람이 발견된다. 그리고 나는 어떤 사람들이 이 교리를 남용하여 자신들의 죄와 의무를 게을리한 것을 지지하는 데 사용했다는 것을 모르지 않는다. 아무리 거룩이나 진리에서 최상인 사람이라도 옛뱀이 사람들의

---

4) 역자주) 존 오웬의 전집 3권 『성령론(Discourse on the Holy Spirit)』을 보라.

정욕과 부패한 마음에 영향을 미치고 있는 한 남용에서 안전할 수 없다. 하나님의 은혜를 죄를 짓는 기회로 바꾸었거나, 이 교리를 자신들의 경건하지 못한 행실을 지지하는 것으로 사용했던 옛적의 사람들이 그러했다. 심지어 처음부터 복음의 전체교리는 그 안에 선포된 하나님의 은혜와 함께 그렇게 남용되었다. 그리고 그것을 고백했던 모든 사람이 그로 말미암아 즉시 거룩하고 의롭다 하심을 받게 되지 않았다. 많은 사람이 처음부터 자신들의 배가 자신들의 신이며, 자신들의 목적이 파멸이라는 것을 분명히 할 정도로 행동했다. 오직 우리의 지성으로 진리에 대해 확신을 가지는 것과 우리의 마음으로 그것의 능력을 가지는 것은 다른 것이다. 전자는 오직 외적인 고백을 생산할 것이지만, 후자는 우리의 영혼을 내적으로 혁신시킨다. 그러나 나는 이런 주장에 세 가지를 더해야 한다.

(1) 나는 현재 이 교리를 반대하는 사람들 중에서 어떤 사람도 거룩이나 의에서, 믿음과 사랑과 열정과 자기부정과 다른 모든 기독교적인 은혜들에서 지난 시대 이 나라와 다른 나라들에서 견고하게 이 교리를 고수하고, 하나님 앞에서 그들의 삶을 통해 이 교리가 가지고 있던 효과적인 영향력을 지속적으로 증거했던 사람들을 능가한다는 주장에 만족하지 못한다. 그리고 나는 이전 시대에 거룩에서 탁월했으면서 (그리고 많은 사람이 그러했다) 우리가 주장하는 그리스도의 의의 전가를 솔직하게 동의하지 않았던 어떤 사람이 우리 중에 거론될 수 있다는 것을 모르지 않는다. 나는 이 교리를 설명하는 데 있어서 다른 사람들과 크게 다른 많은 사람이 탁월하게 거룩할 수 있고, 탁월하게 거룩하고, 적어도 신실하게 그럴 수 있다는 것을 조금도 의심하지 않는다. 그리고 그것은 가장 훌륭한 사람들이 주장하고 있는 것이다. 그러

나 "자신들이 그것이 없으면 어떤 사람도 하나님을 볼 수 없는 거룩을 부지런히 따르고 있다"는 증거도 거의 주지 못하는 어떤 사람들이 이전 시대에 그토록 열매를 많이 맺었던 이 교리를 거룩을 파괴하는 것처럼 반대하고 있다고 다른 사람들을 비난하는 것은 어울리지 않는다.

(2) 일반적으로 이 교리와 반대되는 교리를 소개하려는 시도가 사람들의 삶을 개혁하는 데 크게 성공을 거두었다는 것이 아직 나타나지 않았다. 그리고 개인적인 의나 거룩이 관찰 될 수 있는 것처럼 아직 그런 행위 아래서 크게 번창하지 못했다. 그것이 그 열매로 더 칭찬을 받을 수 있을 때 이전에 더 나은 효과들을 내었던 것에 반대함으로써 이런 주장에 대한 지지를 구할 수 있는 충분한 시간이 있을 것이다.

(3) 논쟁의 이 부분이 우리 모두 중에서 야고보 사도의 충고에 비추어 고려된다면 빗나가지 않았을 것이다. "행함이 없는 네 믿음을 내게 보이라 나는 행함으로 내 믿음을 네게 보이리라"(약 2:18). 우리 모두 열매가 교리들에 대해 그들이 의와 거룩에 참여하게 하는 용도와 관련해서 결정하도록 노력하자. 행함을 통해 그 자체로 증거하지 못하고, 야고보가 믿음이 있는지 살펴볼 수 있도록 요구하고 있는 지표(ἐν δεῖξιν)를 가지고 있지 않은 믿음은 이 일에 아무런 소용도 없고 고려할 가치도 없다.

2. 사도 바울의 교리에 대해 똑같은 반대가 처음부터 제기 되었으며, 똑같은 비난이 있었다. 이 사실은 이 교리가 지금 비난을 받고 있는 것과 똑같은 교리라는 것을 충분히 증명한다. 그는 이것을 한 번 이상 주목한다. "그런즉 우리가 믿음으로 말미암아 율법을 파기하느냐 그럴 수 없느니라 도리어 율법을 굳게 세우느니라"(롬 3:31). 이것이 그가 그리스도의 피에 대한 믿음으로 죄인들이 값없이 의롭다 하심을 받

는 자신의 교리에 대해 기대하고 있던 반대였다. 그리고 이 표현에 포함되어 있는 비난의 실체는 그가 율법을 파괴하고, 순종에 대한 모든 의무를 제거하며, 반율법주의를 가져왔다는 것이다. 마찬가지로 그는 "그런즉 우리가 무슨 말을 하리요 은혜를 더하게 하려고 죄에 거하겠느냐"라고 말한다(롬 6:1). 어떤 사람들은 이것은 그가 칭의에 대해 자세히 논의했으며, 이제 완전히 끝을 낸 것에 대한 자연스러우며 참된 결과라고 생각했다. 그리고 어떤 사람들은 여전히 그렇게 생각한다. 곧 "그가 우리의 성화에서 하나님의 은혜에 대해 가르쳤던 것이 사실이라면, 그것은 우리 편에서 죄를 짓지 않을 어떤 필요도 없을 뿐 아니라, 그가 찬미했던 은혜를 높이기 위해 계속해서 죄를 지어야 한다는 결론이 나올 것이다"라는 것이다. 그는 다시 15절에서 똑같은 반대를 반복한다. "그런즉 어찌하리요 우리가 법 아래 있지 아니하고 은혜 아래에 있으니 죄를 지으리요 그럴 수 없느니라." 그리고 다양한 곳에서 그는 자신이 절대적으로 이 문제를 생각하지 않은 곳에서, 특별히 엡 2:9, 10에서 똑같은 반대를 제거한다.

그러므로 우리는 이런 반대와 비난에 놀라거나 크게 동요할 이유가 없다. 그것은 아무리 정교한 논쟁이나 수사적 과장을 사용하여 힘을 불어넣으려고 해도 사도 자신의 교리에 대해 교묘히 반대하려는 것 이외에 다른 것이 아니기 때문이다. 그러나 사람들의 생각 속에 어느 시점에서 나타나기 시작해서 이 부분에 대한 교회의 전체 교리를 부패시킬 때까지 멈추지 않는 복음의 신비의 이 부분에 대해 효력을 미치는 편견들이 있다는 것은 분명하다. 그리고 그것이 우리의 현재의 과제였다면 이런 편견들의 주요한 내용을 발견하는 것은 어렵지 않았을 것이다. 그러나 그것은 부분적으로 전에 다루어졌다.

3. 이 교리가 그 자체로나 혹은 그리스도 예수로 말미암은 하나님의 은혜와 관련된 어떤 다른 것과 결합되든 어둠과 죄에 대한 사랑이 지배하고 있는 사람들에 의해 남용될 수 있다는 것이 인정된다. 여기에서 우리 종교의 시작부터 어떤 사람들은 복음에 대한 단순한 동의가 자신들이 구원을 받는 믿음이었으며, 자신들이 아무리 계속해서 죄 가운데 모든 순종의 의무를 무시하면서 살아도 구원을 받을 것이라고 스스로 환상을 품었다. 이것은 요한과 야고보와 유대의 서신들에서 특별한 방법으로 분명히 나타난다. 이런 치명적인 악에 대항하여 우리는 사람들이 빛보다 어둠을 더 사랑하는 동안 그들의 행동이 악하기 때문에 어떤 안식도 줄 수 없다. 그리고 그들이 이 교리를 이런 방식으로 꾸미는 것이 미래의 남용을 막아줄 것이라고 생각하는 것은 어떤 사람이 하든 우스운 상상에 불과할 것이다. 그들이 그렇게 한다면 그것은 복음의 어떤 부분도 실제로 나타나지 못하게 함으로써 하는 것이다. 그런 것은 계속해서 우리가 말하고 있는 사람들에 의해 남용될 것이기 때문이다.

건전한 사람들의 생각 속에서 어떤 자리를 잡고 있는 이런 반대를 스스로 버리게 하기에 충분할 이런 일반적인 관찰이 전제 될 때 나는 오직 사도 바울이 그것에 대해 어떤 대답을 하는지를 우리의 목적에 맞게 그 대답을 간략하게 적용하는 것과 더불어 더할 것이다.

사도에게 제기된 반대는 그가 율법을 헛되게 하고, 선행을 쓸모없게 하며, 그의 교리에 따르면 사람들은 은혜를 더하게 하려고 죄 가운데 살 수 있다는 것이었다. 그리고 이것에 대한 그의 의미에 대해 우리는 다음과 같은 것을 관찰할 수 있다.

1. 그는 이에 대해 그런 대답을, 어떤 사람들이 생각하기에 그것이 충족되고 제거될 수 있는 유일한 대답을, 곧 하나님 앞에서 우리의 칭

의를 위해 우리 자신의 개인적인 의와 순종이나 행위가 필요하다는 대답을 결코 단 한 번도 하지 않았다는 것이다. 그가 "행위가 없는 믿음"을 믿음과 행위로 이해한다는 것은 비합리적인 추측이기 때문이다. 어떤 사람이 아직도 그가 그런 대답을 했다고 주장한다면 그렇게 하도록 내버려 두라. 그러나 그런 대답은 없었다. 그리고 이것이, 곧 우리의 개인적인 의와 거룩과 행위가 우리의 칭의에 영향을 미쳤으며, 어떤 종류든 하나님 앞에서 우리의 의였다는 것이 실제로 그의 교리였으며, 그와 반대되는 것이 실수였다면, 신약성경의 어떤 저자들보다 탁월한 방법으로 모든 곳에서 그것들의 필요성을 주장하고, 일반적이며 모든 종류의 특별한 의무들에서 그것들의 참된 본질과 용도를 보여준 그가 자신이 그것들 모두를 필요하지 않고 쓸모없는 것이 되게 하고 있다고 비난을 받고 있는 반대에 대한 대답에서 이 진리를 사용하고 있지 않다는 것이 이상하지 않은가? 그의 교리는 친히 인정한 것처럼 이런 반대를 받고 있었고, 그 때문에 많은 사람에게 거절당하고 있었다(롬 10:3, 4, 갈 2:18). 그는 많은 사람의 생각에 있는 부패한 정욕과 부패한 감정이 그들로 하여금 이 교리에 예민하게 반대하게 한다는 것을 보고 알고 있었다. 그렇다. 그는 성령으로 자신의 글 많은 곳에서 그것이 왜곡되고 남용될 것을 예견하였다. 그리고 틀림없이 자신에게 제기된 이런 악을 제거하고 이런 반대에 대항하여 어떤 지지도 보내지 않도록 자신의 교리를 진술해야 할 필요가 있었다. 그리고 그가 이 경우에, 적어도 한 번은, 어떤 곳에서든 혹은 다른 곳에서든, 비록 율법의 행위를 거절했지만, 칭의의 조건으로 혹은 우리가 복음에 따라 의롭다 하심을 받을 수 있는 것으로 하나님 앞에서 우리의 칭의를 위한 복음적 행위의 필요성을 주장하고 있다고 암시도 하지 않은 것은 이상하지 않은가? 이것이 어떤 사람들이 주장하는 것처럼 실제로 그의 교리였고, 그렇게 쉽게 어려움을 해결하고 이런 반대에 대답할 수 있었다면, 오류가 없는 성령의 행동 아래 있는 그의 지혜도, 교회에 대한 그의 관심도, 그것이 그가 전달했던 진리와 조화를 이룬다면, 그로 하여금 이 대답을 생략하도록 하지 않았을 것이다. 그러나 그는 그런 주장과 아주 멀리 떨어져 있었다. 그래서 그는 피할 수 없는 경우에서도 그것에 대한 어떤 언급도 생략할 뿐 아니라, 그 대신에 자신이 그것을 허락하지 않는다는 것을 분명히 증거하고 있다는 것을 주장하고 있다.

엡 2:9, 10을 보라. 우리의 칭의에서 행위를 적극적으로 배제한 후에 - 이에 따라 "행위에서 난 것이 아니니 이는 누구든지 자랑하지 못하게 함이라" - "행위는 어떤 목적으로 섬기는가? 혹은 행위에 대한 어떤 필요성이 있는가?"라고 묻는 것이 자연스러운 것이다. 우리의 칭의를 위해 법적이며 복음적인 행위를 구분하는 대신에 그는 우리가 이 구절에 대한 고려에서 보았듯이 행위는 그가 구체적으로 배제한 것들이라는 것을 나타내면서 다른 근거들과 이유들과 동기들에 기초하여 후자의 필요성을 주장한다. 그러므로 - 우리는 그가 우리 모두보다 더 지혜롭고, 더 거룩하며, 하나님의 생각을 더 많이 알고 있고, 교회 안에서 개인적인 의와 거룩에 대해 더 열정을 가지고 있다고 보기 때문에 똑같은 진리에서 그의 모형과 모범을 버리지 않으려고 - 우리가 아무리 이런 반대로 말미암아 천 배나 더 압력을 받더라도 우리는 그가 그렇게 하지 않았기 때문에 우리가 이것들이 우리의 칭의의 조건이나 원인들이나 하나님 앞에서 우리의 의의 내용이라고 허락한다고 대답함으로써 결코 이런 반대에서 벗어나려고 하지 않을 것이다.

2. 우리는 이 반대에 대한 그의 대답에서 분명하게 언급되었든 전

략적으로 생략하였든 그가 어떤 곳에서도 신자들에게 특별한 오직 거룩과 순종과 선행의 동기들과 이유들 때문이 아니라면 도덕적인 의무들의 보편적인 원리를 주장하고 있지 않다는 것을 관찰할 수 있다. 문제는 모든 인류가 하나님께 순종하고 도덕법에 따라 그 의무들을 지켜야 하는가가 아니라, 신자들에게 복음에서 나오는 그들의 생각에 영향을 미치고 제약할 의와 거룩과 선행을 하게 하는 의무가 있는가이기 때문이다. 그리고 우리는 오직 이것 이외에 질문의 어떤 다른 상태에 대해 받아들이지 않을 것이다. 곧 그리스도의 의의 전가를 통한 우리의 은혜로 말미암은 칭의를 전제할 때 복음 안에 신자들의 생각에 필수적이 되게 하며 유효적으로 영향를 미쳐서 순종과 선한 행위를 하게 하는 근거들과 이유들과 동기들이 있는가 하는 것이다. 신자들이 아닌 사람들에 대해 우리는 이 문제에 있어서 그들과 아무런 관계가 없으며 복음적인 근거들과 동기들이 그들로 하여금 순종하게 하기에 적합하거나 유효적이 되게 한다고 주장하지 않는다. 그렇다. 우리는 정반대로 알고 있으며 그들이 그것들을 경멸하고 남용하는 경향이 있다는 것을 알고 있다.

고전 1:23, 24, 고후 4:4을 보라. 그런 사람들은 율법 아래 있으며, 우리는 그들을 도덕법 안에서 하나님의 권위에 맡긴다. 그러나 사도가 이 질문을 신자들에게 한정하고 있다는 것은 그가 이것에 대해 언급하고 있는 모든 곳에서 분명하다. "죄에 대해 죽은 우리가 어찌 그 가운데 더 살리요 무릇 그리스도 예수와 합하여 세례(침례)를 받은 우리는 그의 죽음과 합하여 세례(침례)를 받은 줄 알지 못하느냐"(롬 6:2, 3). "우리는 그가 만드신 바라 그리스도 예수 안에서 선한 일을 위하여 지으심을 받은 자니 이 일은 하나님이 전에 예비하사 우리로 그 가운데서 행하게 하려 하심이라"(엡 2:10). 그러므로 우리는 불신자들의 생각에 복음적인 동기들과 이유들 안에, 그 경우에 어떤 진리가 있든지 거룩의 의무들을 향해 어떤 설득력이 있는지 전혀 주장하지 않을 것이다. 나는 단지 참으로 믿는 자들에게 그것들의 능력과 힘과 효력이 무엇인지 주장할 것이다.

3. 사도가 복음적인 의와 선행의 필요성과 본질과 목적들과 용도를 선언하는 이런 반대에 대해 적극적으로 주고 있는 대답은 크고 많고 복음의 교리의 큰 부분을 포괄한다. 나는 단지 우리가 똑같은 진리를 증명하는 데 있어서 주장하는 것과 똑같은 그것들 중 몇 가지 주제만을 언급할 것이다.

(1) 그는 하나님이 예비하신 것이라고 주장한다. "이 일은 하나님이 전에 예비하사 우리로 그 가운데서 행하게 하려 하심이니라"(엡 2:10). 하나님은 구원의 원인들의 순서를 다루시는 데 있어서 그리스도를 믿는 자들이 선행과 하나님을 향한 순종의 모든 의무를 행하며 살고 걷고 풍성히 감당하도록 계획하셨다. 성경에는 도처에 이런 목적에 맞는 계명들과 지침들과 동기들과 격려들이 수없이 있다. 그러므로 우리는 선행은 - 우리의 본성들을 점진적으로 혁신시키고 은혜 안에서 우리가 자라고 성장하며 우리의 삶에서 열매를 맺는 것을 포함하고 있는 것으로 - 하나님이 계획하신 것과 그의 뜻과 명령에서 필수적이라고 말한다. 그리고 믿는 것이 무엇인지 알고 있는 사람들 중에 선행의 필요성에 대해 더 이상 논쟁할 어떤 필요성이 있거나, 신자들의 영혼과 양심에 하나님의 명령에 대해 어떤 고려가 있는가?

어떤 사람들은 "그러나 그럼에도 불구하고 우리가 우리 자신을 순종에 적용시키지 않는다면 우리가 그리스도의 의의 전가로 말미암아 의롭다 하심을 받고 그로 말미암아 선행이 없이 구원을 받을 수 있다고 할 때 하나님의 이 명령이나 계획하신 것에 어떤 힘이 있는가?"라고 말할 것이다. 나는 말한다.

첫째로, 전에 관찰했던 것처럼 이 질문에 제시된 것은 오직 신자들이다. 그리고 어떤 사람도 이것이 하나님과 자신들의 상태와 관계와 관련해서 가장 비합리적이고 감각이 없는 반대에 불과하다는 것을 판단하지 못하지 않을 것이다. 신자들의 생각들이 하나님의 권위와 명령으로 말미암아 마치 그것들이 모두 그들의 칭의를 위해 주어진 것처럼 의무와 순종에 이르도록 많이 효과적으로 영향을 받지 못한다고 생각하는 것은 믿음이 무엇이며, 신자가 되는 것이 무엇이고, 우리가 그리스도 예수를 믿음으로 하나님을 향해 서게 되는 관계가 무엇이며, 그런 사람들의 생각들이 주요하고 영향을 받고 억제를 받는 논증들과 동기들이 무엇인지 고려하지 않는 것이다. 이것은 이런 반대에 대해 사도가 크게 주고 있는 대답이다(롬 6:2, 3).

둘째로, 이런 반대의 전체적인 오류는 다음과 같은 데 있다.

[1] 하나님이 분리할 수 없도록 하신 것을 분리하는 데 있다. 이것들은 우리의 칭의와 우리의 성화이다. 이것들 중 어느 하나가 다른 것이 없이 있을 수 있다고 생각하는 것은 전체 복음을 전복시키는 것이다.

[2] 구분되어 있는 것을, 곧 칭의와 영원한 실질적인 구원을 섞는데 있다. 행위와 순종에 대한 고려는 선포된 것처럼 이 둘 다에 똑같지 않기 때문이다. 그러므로 의무를 향한 하나님의 명령들은 어떻게 주어지고, 어떤 목적으로 주어졌든지 마치 그것들이 모두 하나님 앞에서 우리의 칭의를 위해 주어진 것처럼 신자들의 양심에 똑같이 의무로 요구되지 않을 것이라는 이런 상상은 불합리한 허구이며, 참으로 그런 사

람들은 그것을 거부한다. 그렇다. 선행과 순종은 그들에게 요구되는 의무들이 그들의 칭의를 위하고 그들의 칭의에 선행하는 것이었다면, 그것들이 할 수 있는 것보다 그들에게 더 큰 힘을 가지고 있는 것이다. 이로 말미암아 그것들은 진실로 믿기 전에 그들에게 효력을 가지고 있다고 생각되어야 하기 때문이다. 복음의 명령에 대한 대답으로 어떤 사람이 참된 신자가 되고 참으로 믿으면서 이로 말미암아 동시에 절대적으로 의롭다 하심을 받을 수 없다고 말하는 것은 종교의 어떤 점에 대해 말하는 것이 아니라, 분명히 복음의 전체 진리를 부인하는 것이기 때문이다. 그러나 영혼에 효율적으로 영향을 미쳐서 순종할 수 있도록 복음의 명령에 힘과 효력을 주는 것은 오직 믿음뿐이다. 그러므로 이런 의무는 그들의 칭의를 위한 것보다 의롭다 하심을 받은 사람들에게 더 강력하게 속박력이 있다.

(2) 사도는 또한 우리가 대답하고 있는 처럼 "그러면 우리가 믿음으로 율법을 헛되게 하는가? 그럴 수 없느니라. 오히려 율법을 세우느니라"고 말한다. 비록 율법이 주요하게 그리스도의 순종과 고난으로 말미암아 세워지지만(롬 8:3, 4, 10:3, 4), 율법은 믿음과 그리스도의 의의 전가로 말미암아 생명의 칭의에 이른다는 교리로 말미암아 신자들에게 헛되게 되지 않기 때문이다. 이것들 중 어떤 것도 신자들에게서 율법이 요구하고 있는 보편적 순종의 의무를 면제해 주지 않는다. 그들은 여전히 율법이 요구하는 대로 "마음을 다하여 하나님을 사랑하고 이웃을 자신들처럼 사랑해야" 한다. 그들은 실제로 "이것을 행하라. 그러면 살리라"와 이와 반대로 "율법이 기록된 모든 것을 계속해서 행하지 않는 모든 자에게 저주가 있다"는 율법이 처음 요구했던 것과 관련해서 율법의 모든 명령에서 자유를 얻었다. 칭의와 생명을 위해 율법

아래 있는 자는 율법의 어느 한 계명만 어겨도 필수불가결하게 그 저주 아래 놓이기 때문이다.

그러나 우리는 사도가 6장에서 자세히 선포한 것처럼 복음적인 동기들과 복음의 목적들에 따라 율법에 자유롭게 순종하게 된다. 그리고 율법에 대한 의무는 모든 신자에게 율법을 조금만 여겨도 죄를 짓는 것임을 함축하고 있다. 그러나 그들이 이로 말미암아 영원한 정죄에 이르는가? 혹은 어떤 사람이 표현하는 것처럼 "하나님은 율법을 어긴 그들을 정죄하실까?" 그리고 율법을 지키지 못한다면 이 모든 것은 아무것도 아닌 것일까? 나는 다시 그들이 이것에 대해 어떤 생각을 가지고 있으며, 하나님이 율법을 지키지 못하면 정죄하실 것이라고 전제할 때 자신들에게는 어떤 일이 일어날 것이라고 생각하는지 묻는다. 내 편에서 나는 아니라고 말한다. 사도가 말한 것처럼 "그리스도 예수 안에 있는 자들에게는 어떤 정죄도 없다."

그들은 "하나님이 율법을 어긴 자들을 정죄하지 않으신다면 율법의 의미에서 순종의 필요성이 어디에서 나오는가?"라고 말할 것이다. 그리고 나는 그렇게 말하는 사람들이 자신들이 말하는 것이 무엇인지 이해하거나, 적어도 잠시라도 평화를 유지하는 것을 배웠으면 좋겠다고 말한다. 율법은 어떤 사람이든지 똑같이 의무에 모든 경우에 순종을 요구한다. 율법은 의무를 요구하는 힘에 있어서 선과 악의 본질적 차이가 유지되는 한 어떤 시혜를 베풀거나 느슨해질 수 없다. 만약 어떤 사람이 율법의 명령에 대해 의무로서 지킬 필요는 없지만 율법을 어길 때마다 저주 아래 놓여야 한다면, 율법은 어떤 사람에게도 의무를 전혀 요구하지 않거나 어떤 사람도 구원을 받을 수 없어야 한다. 그러나 비록 우리가 죄를 끝내시고 영원한 의를 가져오신 분으로 말미암아 율법의 저주와 정죄하는 힘에서 자유롭게 되었지만, 우리가 아직 우리 안에 있는 하나님의 형상을 새롭게 하시려는 하나님의 계획을 성취하기 위해 "나그네들(viatores)"로 있는 동안 우리는 율법이 우리에게 요구하는 모든 거룩과 의를 이루려고 노력해야 할 의무가 있다.

(3) 사도는 믿음이 성화의 본질과 복음적 거룩의 탁월함과 용도와 유익과 하나님이 정하신 것 안에서 복음적 거룩의 목적과 더불어 그리스도의 죽음과 하나님의 은혜와 가지고 있는 필수적인 관계를 발견함으로써 이런 반대에 대답하고 있다. 그는 로마서 6장 전체에서 이 문제를 자세히 다루고 있으며, 이런 직접적인 목적과 함께 개인적인 의와 거룩의 필요성과 더불어 오직 믿음으로 말미암은 칭의의 일관성을 보여주고 있다. 이런 것들에 대한 간구는 마땅히 사도가 복음적 순종의 으뜸가는 원천들과 이유들을 다루고 있는 이 장에 대한 바르고 완전한 주해를 요구하고 있다. 나는 단지 여기에서 표현되고 있는 복음적 순종의 이유들과 동기들이 – 그것들은 모두 그리스도의 의의 전가로 말미암은 칭의의 교리와 일치하고 있다 – 그들 자신들의 개인적인 순종에 효력을 미치지 못하고, 그것의 필수불가결한 필요성을 드러내지 못하는 사람들은 복음과 믿음의 본질과 새로운 피조물의 특별한 재능과 성향과 (사람들로 하여금 "그리스도 예수 안에 있는 사람은 새로운 피조물이라"는 것을 자신들이 좋아하는 대로 비웃게 하라) 하나님의 은혜와 억제하는 효력과 그리스도의 사랑과 우리의 구원의 원인들과 수단들을 세우시는 하나님의 경륜에 대해 모르고 있다고 말할 것이다. 그리고 나는 이것들에 대해 그들과 다투는 데 결코 나를 괴롭히지 않을 것이다.

나는 똑같은 목적을 위해 다음과 같은 다양한 다른 고려들이 더하고 보여주었다고 생각한다. 1. 내적인 의와 경건의 필요성을 증명하기 위해 우리는 성경에서 우리에게 제시되었던 논증들을 사용하고 있다. 2. 우리는 우리가 칭의에 대해 가르치고 있는 것과 완벽하게 조화를 이룰 수 있도록 그 논증들 모두를 그것들이 주장되고 있는 의미와 목적들에 맞게 사용하고 있다. 3. 그리스도의 의의 전가와 조화를 이루지 못하는 복음적 거룩에 대한 모든 가식적인 논증들이나 동기들은 실질적으로 복음적 거룩을 방해하고 전복하고 있다. 4. 우리가 신자들의 구원에 필수적이라고 여기는 거룩은 칭의의 교리를 반대하고 있는 대부분의 사람들이 허락하거나 믿고 있는 것보다 그 원인들과 본질과 활동들과 효과들에 있어서 더 탁월하고 장엄하고 하늘의 본성을 가지고 있다. 5. 소시누스주의자들과 그들을 따르는 사람들이 주장하고 있는 거룩과 의는 서기관들과 바리새인들의 의를 조금도 능가하지 못하며, 그들의 원리에 따르는 어떤 사람들도 그들을 능가할 수 없다. 그러나 이 논의가 내가 처음 의도했던 것보다 이미 많이 초과했고, 내가 이미 말했던 것처럼 내가 이미 복음적 거룩의 본질과 필요성의 교리에 대해 자세히 다루었기 때문에 나는 현재 이것들을 더 다루는 것을 생략하고, 이 반대에 대해 사도가 주고 있는 대답을 따를 것이다.

THE DOCTRINE

OF

JUSTIFICATION BY FAITH

THROUGH

THE IMPUTATION OF THE RIGHTEOUSNESS OF CHRIST

EXPLAINED, CONFIRMED, AND VINDICATED

제 20 장
믿음과 행위에 대한 사도 야고보의 교리와 사도 바울의 교리와의 일치성

    우리는 믿음과 행위와 칭의에 대해 바울과 야고보가 가르치는 것에서 나타난 외견상의 차이를 고려할 필요가 있다. 많은 사람이 바울이 완전하고 분명하게 선포하고 있는 교리를 직접적으로 반대하기 위해 야고보가 사용한 몇 가지 단어들과 표현들을 사용하고 있기 때문이다. 그러나 다른 사람들이 그들이 꾸며낸 본성이 어떤 것이든 만족할 정도로 대답하고 제거하였기 때문에 다시 그것을 취급할 큰 필요는 없다. 그리고 비록 나는 우리가 "단지 부분적으로 알고 단지 부분적으로 예언하는" 동안 이 원인들에 대해 다투고 글을 쓰는 것은 끝이 없을 것이라고 생각하지만, 나는 내가 판단하기에 이런 외관상 어려움에 대한 일반적인 해결책은 - 사도 야고보가 2장 14절에서 논의에 관심을 가지고 있거나 반박하고 있는 것에서 그리스도의 의의 전가를 통한 믿음으로 말미암은 칭의를 안전하게 지키려는 - 최근에 이런 목적으로 제시된 몇 가지 글에서 조금도 손상을 입지 않았으며, 어떤 새로운 어려움도 더해지지 않았다. 그러므로 나는 이것에 대해 어떤 것을 말하는 것을 전적으로 참아야 하지만, 이 논의의 본성상 이에 대한 언급이 요구된다고 생각하여 내가 진리를 분명하게 하고 방어하는 데 약간의 빛이라도 기여할 수 있기를 바란다. 이런 목적으로 다음과 같은 것이 관찰될 수 있다.

1. 이 두 사도가 전한 것 사이에 어떤 실질적인 반감이나 모순도 존재하지 않는다는 것이 모든 면에서 인정된다. 그렇다면 옛적과 최근에 어떤 사람들이 야고보서의 권위에 대해 지나치고 성급하고 의문을 품고 있는 것처럼 그것들 중 어느 하나의 이름을 가지고 있는 글들은 거짓된 서신이고 정경이 아닌 것이 틀림없기 때문이다. 그러므로 그것들의 말은 틀림없이 정당하게 화해될 수 있다. 우리 중 어떤 사람이 이런 주장을 받아들이지 못하거나 동의하지 못하는 것은 우리 자신의 지성이 어둠과 우리의 이해의 연약함과 너무 많은 사람이 그러하듯이 편견의 힘에서 나온 것이다.

2. 성경의 어떤 구절들에서 비합리적이거나 모순되는 것처럼 보이는 것이 있을 때, 그 구절들이나 혹은 그것들 중 어떤 구절이 외견상 비합리적이거나 모순되는 것처럼 보이지만 문제를 직접적이고, 의도적이고, 자세히 다루고 있는 반면에, 다른 구절들이나 어떤 다른 구절에서는 똑같은 문제를 다른 목적을 위해 단지 "부가적"으로 말하고 있다면, 우리가 전자에서 진리를 배우고 진술하고 집중해야 한다는 것이나, 혹은 어떤 진리가 다른 것들이나 목적들과 관련해서 단지 간헐적으로 언급되고 있는 구절들에 대한 해석은 그 진리와 관련해 거룩한 기록자들이 진리 그 자체를 선언하고 그 진리로 교회의 신앙을 안내하려는 계획과 목적을 가지고 있는 다른 구절들에서 취하고 그 구절에 맞

추어야 한다는 것은 또한 다른 모든 경우에 인정된다. 그리고 이것보다 더 합리적이고 자연스러우며, 일반적으로 동의하고 있는 성경 해석의 규칙이 없다.

3. 이 규칙에 따라 우리가 사도 바울의 글에서 하나님 앞에서 칭의의 교리를 배워야 하며, 이로부터 이 교리가 간헐적으로 언급되고 있는 성경의 다른 모든 구절을 비추어 보아야 한다는 것은 의심할 수 없다. 특별히 이 교리가 성경의 전체에서 나타나고 때때로 똑같은 진리를 구체적으로 진술하고 있는 증거들이 수없이 많은 것을 고려할 때 이것은 더욱 타당하다. 그가 하나님 앞에서 우리의 칭의의 이 주제에 대해 의도적으로 그 진리 자체와 교회 안에서 그 용도를 선포하고 있으며, 그가 지속적으로 조화로운 표현으로 이 진리를 충분히, 자세히, 자주 선포하고 있다는 것이 인정되야 하기 때문이다. 그리고 그는 자신으로 하여금 이 진리를 충분하고 정확하게 선포하게 했던 다음과 같은 이유를 제시한다.

(1) 이 교리 그 자체의 중요성. 그는 이 교리를 우리의 구원이 직접적으로 의지하고 있는 것이며, 전체 복음의 전체 교리가 달려있는 경첩이라고, 곧 "교회가 서거나 무너질 수 있는 교리(Articulus stantis aut cadentis ecclesiæ)"(갈 2:16-21, 5:4, 5)라고 선언한다.

(2) 이 교리에 제시되었던 그럴듯하고 위험한 반대. 이것은 매우 간교하고 그럴듯해서 (갈라디아 사람들에게서 볼 수 있듯이) 많은 사람이 이로 말미암아 진리에서 돌아섰고, 많은 사람이 그것에 대한 혐오로 복음에 대한 신앙에서 떨어져 나갔다(롬 10:3, 4). 어떤 진리를 선포하는 데 있어서 이 진리에 얼마나 부지런히 관심을 가져야 하는지 이것을 알고 있는 사람들에게 충분히 알려져 있다. 그리고 그것이 사도로 하여

금 얼마나 열정적이고, 얼마나 관심을 기울이고, 얼마나 세심하게 주의를 기울이게 했는지 그의 모든 글에서 나타난다.

(3) 사람의 부패한 본성이 이 은혜의 교리에 주고 있으며 어떤 사람들이 실질적으로 범한 남용. 그는 이 사실을 친히 목격하고 그런 왜곡과 남용에서 이 교리를 철저하게 입증한다. 확실이 그가 부름 받았던 위치와 의무를 고려할 때 그의 정황에서 그 때에 그보다 더 크게 진리의 교리를 충분하고 분명하게 가르치고 선포해야 할 필요성을 가지고 있던 사람은 없었다. 그리고 우리가 그가 신적으로 영감을 받았으며 신적으로 안내를 받아서 교회의 정보를 위해 진리를 계시하고 있었다는 것을 실질적으로 믿고 있다면, 우리가 왜 이 진리에 대한 그의 선포와 입증에서 이 진리를 주요하게, 먼저 배우지 않아도 되는지 어떤 사람도 상상할 수 없다.

우리의 칭의가 그 안에 포함되어 있는 사도 야고보가 전한 것에 대해서는 상황이 아주 다르다. 그는 하나님 앞에서 우리의 칭의의 교리를 선포하려고 하지 않는다. 우리가 곧 볼 수 있는 것처럼 그는 다른 계획을 가지고 그 당시 어떤 사람들이 하나님의 은혜의 다른 교리들과 마찬가지로 칭의의 교리를 남용하여 불의를 행해도 되는 것처럼 주장하는 것에서 칭의의 교리를 입증한다. 그러므로 우리가 이 문제에서 주요하게 진리를 배워야 하는 곳은 사도 바울의 글들이다. 그리고 그가 분명히 선포하고 있는 것에 맞추어 다른 구절들을 해석해야 한다.

4. 최근에 어떤 사람들은 이런 생각을 가지고 있지 않다. 그들은 바울이 야고보에 의해 해석되어야 하며, 반대로 해석해서는 안된다고 강력하게 주장한다. 그리고 이런 목적으로 그들은 우리에게 바울의 글들이 애매하고, 고대의 다양한 저자들은 이 사실을 주목하였으며, 많은

사람이 똑같은 본질을 지닌 다양한 것들을 가지고 실제로 기독교에 해가 되는 오류들을 그의 글들에서 얻고 있으며, 그 이후에 쓴 야고보가 그가 말한 것들에 대한 해석을 주고 있는 것을 당연히 받아들여야 한다고 우리에게 말한다.

대답. 요즈음 자주 아주 심각하게 논의되기 시작한 (이것은 오늘날 무신론이 은밀하게 퍼져가고 있는 한 효과이다) 사도 바울의 글들을 방어하는 것과 관련하여 그것을 해야 어떤 필요도 없을 뿐 아니라, 그것은 더 적절한 장소에서 계획되어 있다. 단지 나는 고전을 조금이라도 아는 척 하는 사람이 어떻게 그가 분명히 실수 하고 있는 이레나이우스의 어느 한 본문이나, 이 사도의 명확한 글들에서 벗어난 오리겐이나, 그와 비슷한 사람들의 성급한 표현을 주장하고 있는지 모르겠다. 그들은 몇 세기 동안 교회의 모든 유명한 저자들이 이것들에 반대로 증거하고 있는 것들에서 이것들을 전복하는 것이 얼마나 쉬운지 알지 않을 수 없다. 그리고 (한 사람의 예를 든다면) 크리소스톰은 사십 곳에서 왜 어떤 사람들이 그 자체로 매우 영광스럽게 분명하고 명확한 그의 글들을 이해하지 못하는지 설명하고 있다. 나는 그들의 충족을 위해 그들에게 오직 그의 서신들에 대한 그의 주석 서문을 언급할 것이다. 그리고 그들은 이 진리에 대해 더 적합한 때가 되었을 때 안내 받을 수 있을 것이다. 그러나 그는 사람들의 증거도, 전체 교회의 증거도 필요가 없는데, 그 증거의 안전함과 확실함은 그가 가르친 교리 위에 세워져 있기 때문이다. (사람들의 생각의 왜곡이 실제로 슬픔의 기회가 되는 것을 제외하고) 똑같은 계획을 가지고 있는 사람들이 그의 글들에 대한 그들의 개념들에 있어서 어떻게 일치하고 있는지 고려하는 것은 불쾌한 것이 아닐 것이다. 어떤 사람들은, 모든 사람이 아니라면 그의 서신들의 대부분은 영지주의에 대항하여 그들의 오류를 반박하면서 쓰여졌다고 주장하는 반면에, 다른 사람들은 영지주의자들이 그의 글들에서 그들의 오류들을 얻는 기회를 얻었다고 주장한다. 사람들은 현재의 이익을 충족시키려고 매우 담대하게 신적인 것들을 이용할 것이다.

둘째로, 이것은 삼 사 백년 동안 고대 교회의 판단이 아니었다. 사도의 서신들은 언제나 교회의 주요한 보물이며, 기독교 신앙의 위대한 안내이고 규칙으로 인정을 받았던 반면에, 야고보의 이 서신은 유세비우스와 제롬이 증거하는 것처럼 많은 사람이 거의 정경으로 받아들이지 않았으며 대부분의 사람들이 의심하였다.

셋째로, 사도 야고보의 계획은 거짓으로 증거하는 것처럼 그의 서신들 안에 있는 바울의 의미를 설명하려는 것이 전혀 아니었다. 그것은 단지 악을 감추기 위해 자유를 이용하고, 하나님의 은혜를 불의를 행하는 것으로 바꾸어 은혜가 그런 목적을 위해 넘쳐야 하는 것처럼 계속해서 죄를 짓는 사람들의 남용에서 복음의 교리를 입증하려는 것이다.

넷째로, 사도 바울은 직접 우리가 선언하는 것처럼 사람들이 제시하거나 바꾸어 버린 반대들과 남용들에서 자신의 교리를 입증한다. 그리고 우리는 그의 서신들에서 그가 온 세계에 설교했고, 이로 말미암아 특별히 이방인들 사이에 기독교의 기초를 놓았던 것 이외에 어떤 다른 것을 가지지 않는다.

이것들을 전제할 때 나는 이 두 사도가 그 원인과 더불어 우리의 칭의에 대해 선포한 것 사이에 어떤 불일치나 모순이 조금도 없다는 것을 간략하게 증명할 것이다. 그리고 나는 이것을 다음과 같이 할 것이다. 1. 그들의 논의의 본성과 경향에 대해 일반적인 차원에서 몇 가지를 고려함으로써. 2. 사도 야고보의 논의에서 정황에 대해 구체적으로

설명함으로써. 그리고 첫 번째 주제에 대해 나는 다음과 같은 것을 나타낼 것이다. (1) 그들은 그들의 논의에서 똑같은 범위나 계획이나 목적을 가지고 있지 않다. 그들은 똑같은 문제를 고려하지도, 똑같은 경우를 진술하지도, 똑같은 질문에 대해 결정하고 있지도 않다. 그러므로 그들은 "똑같은 것을 향해(ad idem)" 말하고 있지 않으므로 서로 모순되지 않는다. (2) 믿음이 우리가 증명한 것처럼 성경에서 다양한 의미의 단어가 아니고 다양한 종류의 것을 지시하는 것처럼 그들은 똑같은 믿음이나 똑같은 종류의 믿음에 대해 말하고 있지 않다. 그러므로 그들이 똑같은 믿음에 대해 말하고 있지 않다는 것을 볼 때 전자는 믿음에 기인한 것처럼 묘사하고, 후자는 믿음에서 이탈한 것처럼 묘사하는 것에 어떤 모순도 있을 수 없다. (3) 그들은 똑같은 의미로, 똑같은 목적들과 관련해서 칭의에 대해 말하고 있지 않다. (4) 행위에 대해 그들 둘 다 똑같은 것, 곧 도덕법에 대한 순종의 행위를 의도한다.

(1) 사도 바울의 범위와 계획에 대해 그가 대답한 질문과 그가 제시하고 결정한 경우는 그의 모든 글에, 특별히 그의 로마서와 갈라디아서에서 나타난다. 그의 목적의 전체는 죄책이 있고 죄를 깨닫게 된 죄인이 어떻게 그리스도의 피에 대한 믿음을 통해 그의 모든 죄가 사함을 받고, 하나님께 받아들여지며, 하늘의 유업에 대한 권리를 얻을 수 있는지를, 곧 하나님이 보시기에 죄사함을 받고 의롭다 하심을 받게 되는지를 선포하는 것이다. 그리고 이 교리가 탁월하게 복음에 속해 있고, 이방인들에 대한 복음의 계시와 선포가 특별한 방법으로 그에게 맡겨져 있는 것처럼, 그는 우리가 새롭게 관찰한 것처럼 이 특권을 율법과 율법에 일치하는 우리 자신의 행위에 돌리고 있는 유대인들과 유대주의적 그리스도인들이 이 교리에 제시한 반대에서 이 교리에 대해 많이

주장해야 할 특별한 이유를 가지고 있다. 이것이 칭의에 대한 그의 모든 논의에서 그가 진술한 상황이며, 이것이 그가 결정한 질문이다. 그리고 그는 이 교리를 설명하면서 그 본질과 원인들을 선포하고 모든 반대에서 이 교리를 입증한다.

부패한 지성과 자신들의 정욕에 빠지려는 의지를 가진 사람들은 (모든 사람은 본성적으로 하나님이 영원히 조화를 이루지 못하는 것으로 만드신 것, 곧 그들이 이곳에서 죄 가운데 살고 이후에 복된 상태에 이르는 것 이외에 어떤 것도 바라지 않는다) 그가 선포한 대로 우리가 하나님의 은혜를 통해 본래적이고 내적으로 우리 자신의 것이 아닌 의의 전가로 말미암아 값없이 의롭다 하심을 받는다면, 우리가 죄를 버리거나 의와 거룩의 의무를 감당하는 것이 더 이상 우리에게 요구되지 않는다고 결론을 내릴 수 있는 반면에, 그는 그런 불경건한 제안들을 제거하고 자신이 가르쳤던 교리에 가해진 그들의 불합리성을 보여준다. 그러나 그는 어떤 곳에서도 우리 자신의 순종이나 의의 행위가 하나님 앞에서 우리의 칭의에 필수적이거나 어떤 원인적인 영향을 끼치고 있다는 것을 암시하거나 인정함으로써 이것을 하지 않는다. 여기에 진리가 있고, 그런 추측이 그의 교리의 전체와 실질적으로 모순되지 않고 파괴하지 않는다면, 그는 우리가 보여준 것처럼 그것에 대한 주장을 생략하지 않았을 것이며 그렇게 하지 말았어야 했다. 그리고 어떤 다른 사람이 그가 직접 사용하지 않고 거절한 주장으로 말미암아 그가 주목한 똑같은 반대들에서 그의 교리를 설명하고 입증해야 할 필요가 있다고 생각하는 것은 어리석고 불경건하다.

다른 한 편으로, 사도 야고보는 이 문제와 관련해 쓴 것에 대해 그런 범위나 계획이나 어떤 계기를 가지지 않았다. 그는 그런 어떤 질문에 대해 묻거나 암시하지 않는다. 그는 자신에 대한 어떤 주장이나 변명에 대해 입이 막힌 죄책이 있고 죄를 깨닫게 된 죄인이 어떻게 하나님이 보시기에 의롭다 하심을 받을 수 있는지, 곧 죄 사함을 받고 생명에 이르는 의의 선물을 받을 수 있는지 서술하지 않는다. 이 문제를 우리 자신의 행위로 해결하려는 것은 전체 복음을 전복하는 것이다. 그러나 그는 아주 다른 본성에 속하는 일을 손에 가지고 있다. 우리가 말했던 것처럼 기독교나 복음에 대한 믿음을 고백했던 때에 자신들이 이미 의롭다 하심을 받았으므로 자신들이 구원받기 위해 자신들에게 더이상 필요한 것은 아무 것도 없다고 가정했던 많은 사람이 있었기 때문이다. 그들은 자신들이 육체의 모든 이익에 적합한 바람직한 상태를 얻었으므로 죄 가운데 살고 모든 순종의 의무를 무시하지만 영원히 구원을 받을 수 있다고 생각했다.

어떤 사람들은 이런 치명적인 자만은 바울이 곧 일어날 것이라고 예언했던 것처럼(딤후 4:1-4) 그 당시 어떤 사람들이 빠져있던 해로운 의견들에서 흡수된 것이었다고 추측한다. 시몬 마거스와 그의 추종자들이 이 당시 그들의 가증스러운 것들을 가지고 많은 사람의 지성을 오염시켰으며, 그것들 중에 이것은, 믿음으로 율법에서 벗어나서 자유롭게 죄를 지을 수 있다거나, 이 가진 자들에게 선과 악의 모든 차이가 제거되었다는 주장이 하나였으며 적지 않게 치명적인 것이었다. 그리고 그것은 후에 바실리데스(Basilides), 발레틴누스(Valentinus)와 나머지 영지주의자들에 의해 향상되었다. 혹은 그들로 하여금 죄에 대한 그런 지지를 찾게 했던 것은 오직 사람들의 마음과 삶의 부패 때문이었거나 때문이었을 수 있다. 그리고 나는 그것은 후자였다고 판단한다. 그 당시 신앙을 고백하는 그리스도인들 중에, 지금 그런 사람들이 세상에 가득하지만, 자신들이 신앙이나 자신들이 고백하는 종교가 무엇이든지 비록 자신들이 파렴치하게 악하게 살고 어떤 선행이나 순종의 의무들에 대해 전적으로 황폐하더라도 자신들을 구원할 것이라고 추측하는 사람들이 있었다. 그리고 서신에서 그가 쓴 것들 중에 어떤 다른 경우가 암시되어 있지 않다. 그는 얼마 후에 요한이 분명하고 빈번하게 언급하고 있는 것처럼 속이는 자들에 대해 어떤 언급도 하지 않기 때문이다.

이런 종류의 사람들이나 그들의 확신에 대항하여 그는 두 가지를 계획한다. 첫째로, 일반적으로 복음이나 이로 말미암은 믿음을 고백하는 모든 사람에게 행위의 필요성을 증명하는 것. 둘째로, 칭의에 대한 그들의 가식, 혹은 실질적으로 선행으로 결코 열매를 맺지 못하고 오직 자신들이 죄를 짓는 것을 지지하는 것처럼 자신들이 믿음으로 말미암아 의롭다 하심을 받고 구원을 받는다는 주장의 헛됨과 어리석음을 증명하는 것. 이런 목적으로 그의 모든 논쟁이 계획되었으며 다른 어떤 것이 아니었다. 그가 장의 마지막 절에서 자신의 전체 논쟁의 결론으로 선포한 것처럼 그는 순종에 대해 전적으로 황량하며 열매가 없고, 사람들이 죄를 짓는 것을 지지하는 것처럼 주장하는 믿음은 우리가 의롭다 하심을 받고, 우리가 구원을 받을 수 있는 믿음이 아니라, 아무런 쓸모도 이익도 없는 죽은 시체에 불과하다는 것을 효과적으로 증명한다. 그는 그들이 어떻게 하나님 앞에서 의롭다 하심을 받을 수 있는지 지침을 제시하지 않고, 어떤 사람들에게 그들은 그런 죽은 믿음을 신뢰함으로써 의롭다 하심을 받을 수 없다는 것을 확증하고, 어떤 사람이 실제로 자신이 구원을 받았다는 것을 증거하고 나타낼 수 있는 유일한 방법을 선포한다.

그의 이 계획은 매우 분명해서 어떤 것도 더 분명할 수 없다. 그리고 문맥에 대한 자신들의 주해들에서 이런 사실을 보지 못한 사람들은 사도의 전체 범위를 놓치고 있다. 그러므로 사도들의 주요한 계획이 매우 멀리 떨어져 있어서 비록 그들의 표현들은 그런 모습이 있는 것처럼 보이지만 그들의 주장에는 어떤 모순도 없다. 그들은 "똑같은 것을 향해(ad idem)" 말하고 있지도, "똑같은 것에 대해(eodem respectu)" 말하고 있지도 않다. 야고보는 어떻게 율법으로 말미암아 던져지고 정죄를 받고 죄책이 있고 죄를 깨달은 죄인이 하나님 앞에서 의롭다 하심을 받을 수 있는지 한 번도 묻지 않는다. 그리고 바울은 다른 어떤 것도 말하지 않는다. 그러므로 이들 각자의 표현들을 그들의 적절한 계획과 범위에 적용하라. 우리는 그렇게 해야 한다. 그렇지 않으면 우리는 해석의 모든 건전한 규칙들에서 벗어나서 그들 중 어느 하나도 올바로 이해하는 것이 불가능하게 된다. 그리고 그들 사이에 어떤 불일치도, 일치하지 않게 보이는 것도 없다.

(2) 그들은 똑같은 믿음에 대해 말하고 있지 않다. 그러므로 그들이 이로 말미암아 똑같은 것을 이해하고 있지 않다는 것을 볼 때 한 사람은 믿음에 대해 인정하고, 다른 사람은 믿음에 대해 부정하는 것에 어떤 차이도 있을 수 없다. 마치 한 사람이 불이 타고 있다고 인정하고 다른 사람이 그것을 부인할 때 한 사람은 실제 불을 의도하고 다른 사람은 그려진 불을 의도하고 있다면, 그들이 다른 것을 보고 선언하고 있기 때문에 그들 사이에 어떤 모순도 있을 수 없는 것과 같다. 우리가 전에 사람들이 복음을 믿는 것과 복음에 대해 고백하는 것이 서로에게 속하지 않기 때문에 두 종류의 믿음이 있다고 말할 수 있다는 것을 증명하였기 때문이다.

나는 사도 바울이 우리의 칭의의 문제에서 "믿음"을 으뜸가는 것 (κύριος)으로 이해하고 있다는 것은 어느 누구도 부인하지 못할 것이라고 생각한다. "하나님의 택자의 믿음", "귀한 믿음", "금보다 더 귀한 것", "정결하고 사랑으로 역사하는 믿음", "그리스도께서 우리 안에 거하게 하시고, 우리가 그 안에 거함으로 말미암아 우리가 하나님을 위해 살게 하는 믿음", "살아있는 믿음"이 오직 그가 의도하는 것이다. 그는 이 모든 것과 다른 셀 수 없는 영적인 효력을 그가 우리 편에서 하나님 앞에서 우리의 칭의의 유일한 수단이라고 주장하고 있는 믿음에 돌리고 있기 때문이다. 그러나 사도 야고보가 의도한 믿음에 대해 그는 이 모든 것 중 어떤 것도 이 믿음에 돌리고 있지 않다. 그렇다. 그가 사람들이 자신이 취급하고 있는 믿음으로 말미암아 구원을 받을 수 없다는 것을 증명하는 유일한 논증은 이 모든 것 중 어느 것도 이 믿음에서 발견되지 않는다는 것이다. 그가 의도한 것은 그가 죽은 믿음, 호흡이 없는 시체, 마귀들의 믿음, 말만 요란한 믿음이라고 부른 것이다. 사실 헐벗고 배고픈 사람들을 구제하지 않고 돌려보내는 것이 참된 자비가 아닌 것처럼 그것은 사실 믿음이라고 불릴 수 없는 것이다. 그는 이런 믿음에 대해 어떤 의미에서 아무리 자랑할만하고, 여전히 바울이 말하고 있는 믿음이라고 정당하게 언급될 수 있더라도 칭의에 이를 수 없다고 거부할만한 이유를 가지고 있었다.

벨라르민은 여기에서 야고보가 의도한 믿음은 그 자체로 의롭다 하심을 받게 하는 믿음이라는 것을 증명하려고 몇 가지 논증을 사용한다. 그러나 그것들은 모두 참으로 의롭다 하심을 받는 믿음은 가톨릭 교리나 신적인 계시에 대해 실질적으로 동의하는 것 이외에 아무 것도 아니라는 전제 위해 세워진 것으로 연약하며 경멸을 받아야 마땅하다(De

Justificat. lib. i. cap. 15).

그의 첫 번째 논증은 "야고보가 그것을 절대적으로 '믿음'이라고 부르는데 이것은 성경에서 언제나 참된 믿음을 의도하는 것"이라는 것이다.

대답. 1. 야고보는 그것을 죽은 믿음, 마귀들의 믿음이라고 부르고 그것에 온갖 비방을 쏟아 붓는다. 2. 진리에 실제로 동의하는 하는 것과 관련된 모든 믿음이 증명이 된 것처럼 살아있고 의롭다 하심을 받게 하고 구원하는 것은 아니다. 3. 결코 참되고 구원하는 믿음을 가지고 있지 않던 사람들이 절대적으로 믿음을 가지거나, 절대적으로 믿는다고 언급된다(요 2:23, 행 8:13).

둘째로, 그는 "똑같은 장소와 장에서 그는 아브라함의 믿음에 대해 취급하고, 그것이 그의 행위와 함께 일어났다고 주장한다(2:22, 23). 그러나 이것은 믿음의 헛된 그림자가 한 것이 아니다. 그러므로 그것은 참된 믿음이었고 마땅히 참된 믿음이라고 불릴 수 있는 것이며, 사도가 의도한 것이다"라고 주장한다.

대답. 이런 가식적인 주장은 실질적으로 사도가 아브라함의 믿음을 그가 매우 심각하게 취급했던 믿음의 한 예로서 제시한 것이 아니라, 이와 직접적으로 반대되며, 이로 말미암아 그가 자신이 반성했던 다른 믿음이 이 믿음을 가진 자들에게 아무런 쓸모도 이익도 없다는 것을 증명하려고 계획했기 때문이다. 아브라함의 이 믿음은 다른 믿음이 전적으로 없는 선행을 생산했기 때문이다.

셋째로, 그는 24절에서 "'이로 보건대 사람이 행함으로 의롭다 하심을 받고 믿음으로만은 아니니라'고 말하고 있으며, 야고보가 말하는 믿음은 행함으로 의롭다 하심을 받는 것이지만, 거짓된 믿음과 믿음의 그림자는 그렇게 하지 못한다. 그러므로 사실 사도가 말하고 있는 것은 구원받는 믿음이다"라고 주장한다.

대답. 그는 전적으로 실수하고 있다. 사도는 칭의를 한 편으로 행위에, 다른 한 편으로 믿음에 돌리고 있는 것이 아니다. 오히려 그는 칭의를 자신의 의도한 의미로 자신이 취급하고 있는 믿음과 반대로 전적으로 행위에 돌리고 있다. 그가 의도한 의미에서 칭의에 대해 행위와 믿음 사이에는 표현상 분명한 반정립이 있다. 죽은 믿음, 행함이 없는 믿음, 마귀들의 믿음은 칭의에 어떤 영향을 끼치는 데서 배제된다.

넷째로, 그는 "사도는 행함이 없는 이 믿음을 가난한 자들에게 아무 것도 주지 않는 사람에 비유한다(16절). 그리고 영혼이 없는 몸에 비유한다(26절), 그러므로 부자가 가난한 자의 부족을 아는 지식이 참되고 실질적이고 죽은 몸도 몸인 것처럼, 행함이 없는 믿음은 또한 참된 믿음이며 사도 야고보가 생각하고 있는 것도 그런 믿음이다"라고 말을 더한다.

대답. 이것들은 분명히 추기경이 자신의 주장을 확증하기 위해 제시한 약간의 현학적인 도움을 주는 것조차 파괴해 버린다. 사도는 이 믿음을 가난한 자들에게 아무 것도 주지 않는 사람의 자비와 비교하고 있는 반면에, 그 대신에 그들의 가난함에 대한 부자의 지식을 제한한다. 그리고 그의 지식은 사실일 수 있으며, 그것이 더 참되고 확실할수록 그가 "가서 먹을 것을 먹고 입을 것을 입으라"고 말로만 하는 식의 자비는 더 거짓되고 위선적이 된다. 그런 것이 사도가 말하는 믿음이다. 그리고 비록 죽은 몸이 참된 몸이지만, 곧 그 내용이나 실체와 관련해 시체이지만, 그것은 살아있는 사람의 본질적인 부분이 아니다. 시체는 살아있는 사람의 몸과 똑같은 본성이나 종류가 아니다. 그리고 우리는 죽어있고 숨쉬지 않는 시체와 모든 활력있는 행동을 위해 준비되고 있고 적합한 살아있고 생기가 있는 몸 사이에 있는 차이가 있는 것과 마찬가지로 사도가 말하는 믿음과 의롭다 하심을 받는 믿음 사이에도 차이가 있다고 주장한다. 그러므로 만약 우리가 싸우려는 생각이 없다면, 사도 야고보가 여기에서 우리의 칭의와 관련하여 우리의 믿음에서 배제하려는 것은 보통 불경건한 사람들이 죄에 머물러 있으려고 의지하는 척 하는 오직 죽어 있고 열매없고 생명없는 믿음이라는 것이 반박할 여지없이 분명하다. 그리고 바울이 주장한 믿음은 이것과 아무런 관계가 없다. 세상에서 믿음의 고백에 대한 현재적인 상태를 고려하는 것이 우리로 하여금 이 구절에 대해 가장 훌륭한 주석으로 안내할 것이다.

(3) 그들은 똑같은 의미와 똑같은 목적으로 칭의에 대해 말하지 않는다. 사도 바울이 취급하고 있고 유일하게 취급하고 있는 것은 하나님 앞에서 우리의 절대적인 칭의, 곧 우리 자신들의 칭의와 우리가 하나님께 받아들여지는 것과 하늘의 유업에 대한 권리를 인정받는 것에 대한 것이다. 그는 이것을 그 모든 원인에서, 곧 하나님 편에서 모든 것이나 우리 편에서 이것에 협력하는 것에서 다루고 있다. 그는 그것이 우리 자신의 양심에서, 교회에서 신앙을 고백하는 다른 사람들에게 증거하고, 알게 하고, 느끼게 하고, 열매맺게 하고, 나타나게 하는 것에 대해 다루지 않는다. 오히려 그는 그것들이 다른 경우에 나타날 때 분리해서 그것들에 대해 다룬다. 그가 취급하는 칭의는 하나님 앞에서 단지 한 번에 곧 성취되며 사람의 관계적인 상태를 바꾸어 의롭다 하심을 받게 하며, 다양한 방식으로 하나님께 영광을 돌리고 진실로 믿는 사람들을 위로하는 증거가 될 수 있다.

사도 야고보는 여기에 대해 전혀 취급하지 않는다. 그의 전체 질문은 우리가 의롭다 하심을 받는 믿음의 본질에 대한 것과 그것이 올바른 종류라는 증거가 될 수 있고 사람이 안전하게 신뢰할 수 있는 유일한 방법에 대한 것이다. 그러므로 그는 칭의에 대해 오직 그것의 증거와 나타남과 관련하여 취급하며 다른 나타날 어떤 경우도 가지고 있지 않다. 그리고 이것은 그가 자신의 목적을 확증하는 두 경우에서 분명하다.

첫 번째는 아브라함의 경우이다(21-23절). 그는 아브라함이 행함으로, 자신이 그가 그렇게 되었다고 주장하는 방법과 방식으로 의롭다 하심을 받았다는 것은 "아브라함이 하나님을 믿었고, 그것을 그에게 의로 여기셨다고 말하는 성경이 성취된 것"이라고 말한다. 그리고 그의 의도가 아브라함이 그러했기 때문에 우리가 믿음이 아니라 행함으로 하나님 앞에서 의롭다 하심을 받는다는 것을 증명하는 것이라면, 제시한 증거는 그것으로 증명하려고 하는 것과 반대되며 직접적으로 모순되는 것이다. 따라서 바울이 증명하려고 하는 것은 그의 표현들이 분명히 지시하는 것처럼 아브라함이 행함이 아니라 믿음으로 의롭다 하심을 받았다는 것이었다. 그리고 어떤 사람도 특별히 여기에서와 다른 곳에서 이 문제에서 믿음과 행함 사이에 제시된 반대를 고려할 때 "아브라함이 행함으로 의롭다 하심을 받았다"는 (하나님 앞에서 절대적인 칭의를 의도하는) 이 명제의 진리가 "아브라함이 하나님을 믿었고 그것을 그에게 의로 여기셨다"고 말하는 성경이 성취되었다는 것과 어떻게 조화를 이룰 수 있는지 선포할 수 없다.

더욱이 그는 아브라함이 제단 위에서 자기 아들을 드렸을 때 행함으로 의롭다 하심을 받았다고 주장한다. 우리는 또한 똑같은 것을 믿지만, 오직 그가 어떤 의미에서 그렇게 의롭다 하심을 받았는지 묻는다.

그것은 "그가 하나님을 믿으니 그것을 그에게 의로 여기셨다"는 증거가 있은지 30년 혹은 40년이 지난 후에 일어난 일이기 때문이다. 그리고 그는 이미 의롭다고 여김을 받았으므로 똑같은 의미로, 똑같은 방법으로, 똑같은 종류의 칭의로 두 번 의롭다 하심을 받을 수 없기 때문이다. 그렇다면 그는 자기 아들을 제단에 드렸을 때 어떻게 행함으로 의롭다 하심을 받을 수 있었는가? 그것이 그가 자신의 아들을 드림으로 자신의 행위로써 하나님과 사람이 보기에 의롭다 하심을 받았다는 것을 증거하고 선포하고 있다는 것 이외에 어떤 다른 것을 생각할 수 있는 사람은 그가 실제로 오래 전에 의롭다 하심을 받았다는 것을 볼 때 모든 사람이 의문을 제기할 수 없고 고백하고 있는 것처럼 내가 획득할 수 없는 것을 붙잡고 있는 것이다.

나는 그가 창 22:12에서 선포된 방식으로 하나님이 보시기에 의롭다 하심을 받았으며, "그가 하나님을 믿으니 하나님이 그것을 그에게 의로 여기셨다"는 성경의 진리를 나타냄으로써 하나님께 대한 자신의 믿음과 신뢰의 신실성에 대해 증거하고 있다고 말한다. 그리고 이 증거를 인용하면서 사도는 공개적으로 그의 행위에 돌린 칭의가 있기 오래 전에 (그가 고려하지 않은 이유들과 원인들 때문에) 그가 실질적으로 의롭다 여김을 받았고, 의가 그에게 전가되었으며, 하나님 앞에서 의롭다 하심을 받았다는 것을 인정한다. 그러므로 그것은 칭의를 증거하고 증명하고 나타내는 것 이외에 어떤 것일 수 없다. 그러므로 또한 그것은 우리가 의롭다 하심을 받은 믿음이 어떤 본성을 지녔는지 나타내며, 그것에 대해 선포하는 것이 사도의 주요한 계획이다. 요약해서, "아브라함이 믿었고, 그것이 그에게 의로 여겨졌다"는 성경의 주장은 그가 제단에서 자기 아들을 드릴 때 그에게 의가 전가 되거나, 그 안에 의가 실질적으로 효력을 발생하거나 일함으로써나, 그의 이전의 칭의가 나타나고 증거됨으로써 성취되었다.

그렇지 않다면 그것은 어떤 다른 방식으로 성취되어야 한다. 첫째로, 그것이 전가로 말미암지 않았다거나, 생명의 칭의에 이르게 하는 의가 그 때 처음으로 그에게 전가되지 않았다는 것은 본문에서 분명하다. 오래 전에 그가 의롭다 하심을 받았으며, 사도는 이로 말미암아 행위가 없이 의롭다 하심을 받는다는 것을 증명하고 있기 때문이다. 둘째로, 그가 그 안에서 의의 습관의 실질적인 효력이나 전에 의롭지 않았던 그를 내적으로 의롭게 하는 어떤 방식으로 의롭다 하심을 받지 않았다는 것 또한 분명하다. 그가 그런 의미로 오래 전에 의롭다 하심을 받았으며, 의의 행위가 넘침으로써 하나님께 찬송을 돌렸기 때문이다. 그러므로 그 때 언급된 행함으로 그가 자신의 믿음과 칭의를 증거하고 나타냄으로써 의롭다 하심을 받았다는 것이 남는다.

그의 다른 예는 라합이다. 라합에 대해 그는 그녀가 "정탐꾼들을 영접하고 그들을 보내주었을 때 행함으로 의롭다 하심을 받았다"고 주장한다. 그러나 그녀는 성령이 증거하는 것처럼 "믿음으로" 정탐꾼을 영접했으며, 그들이 오기 전에 참된 믿음을 가지고 있었으며, 그렇다면 실질적으로 의롭다 하심을 받았었다. 어떤 사람이 참된 신자이지만 의롭다 하심을 받지 못했다는 것은 복음의 기초를 파괴하는 것이기 때문이다. 이런 상태에서 그녀는 정탐꾼들을 영접했고 그들에게 자신의 믿음을 충분히 선포했다(수 2:9-11). 그녀가 믿고 그로 말미암아 의롭다 하심을 받은 이후에, 그녀는 자신의 신앙에 대해 고백한 후에 그들을 숨겨주고 보냄으로써 자신의 목숨을 내놓았다. 이로 말미암아 그녀는 자신의 믿음과 고백의 신실성을 증거하였다. 그리고 오직 이런 의미에서만 "행함으로 의롭다 하심을 받았다"고 언급된다. 그리고 사도 야고보는 이곳에서 칭의에 대해 어떤 다른 의미로 언급하지 않는다. 그리고 그는 때때로 오직 이런 의미로 언급한다.

(4) 두 사도가 언급하고 있는 "행위"는 똑같은 행위를 의도하며 적어도 이것에 대해 일치하지 않는 것은 없다. 사도 야고보가 행위를 율법에 따라 하나님께 드리는 순종의 의무들로 이해하는 것처럼 - 믿음과 행위에 대해 논의하고 있는 이 장의 전체 처음 부분에서 분명하듯이 - 사도 바울은 또한 우리가 전에 증명한 것처럼 똑같은 것을 의도한다. 그리고 모든 신자 안에서 행위의 필요성과 그들의 믿음과 칭의를 증거하려는 다른 목적과 관련해서 선언한 것처럼 전자는 후자 만큼 강조한다.

이것들이 일반적으로 전제될 때 우리는 사도 바울이 믿음으로 말미암은 칭의와 행함이 없는 의의 전가에 대해 제시한 것과 우리가 그에게서 배우고 선포한 교리에 어떤 모순도 없다는 것을 충분히 증명하면서 야고보 사도의 논의에서 특별히 몇 가지 관찰할 수 있다.

1. 그는 우리의 칭의에서 믿음과 행함을 혼합하거나 결합하지 않고 우리의 칭의를 위해 행함을 거절하고 믿음을 주장하면서 이 둘을 반대되는 것으로 대조시킨다.

2. 그는 칭의의 시작과 지속성에 대해 첫 번째 칭의와 두 번째 칭의를 구분하지 않으며 오직 한 가지 칭의에 대해 말하는데, 그것은 하나님 앞에서 우리의 최초의 개인적인 칭의이다. 그리고 우리는 이 진리에 대해 무엇이든지 어떤 다른 칭의에 대해 관심이 없다.

3. 그는 자신이 의도했던 칭의와 자신이 취급했던 믿음의 의미와 관련해서 믿음과 대조되는 것으로 칭의를 전적으로 행위에 돌리고 있다.

4. 그러므로 그는 죄인이 어떻게 하나님 앞에서 의롭다 하심을 받는지가 아니라, 복음을 고백하는 사람들이 어떻게 자신들이 의롭다 하심을 받았다는 것을 증명하거나 증거할 수 있고, 생명이 없고 열매가 없는 믿음을 신뢰함으로써 자신들을 속이지 않을 수 있는지 조사하거나 결정하고 있다. 이 모든 것은 더 나아가서 상황 그 자체를 간략하게 고려할 때 증명이 될 것이다. 그리고 나는 이와 더불어 이 논의를 마무리할 것이다.

이 장 처음에서 14절까지에서 그는 그들의 죄와 순종의 규칙인 율법을 거슬러 많은 죄를 지은 사람들을 책망하거나 적어도 이런 죄에 대해 그들을 경고하고 있다. 그리고 이로 말미암아 그들이 처해 있는 위험을 보여주면서 그는 그 뿌리와 주요한 계기를 발견한다(14절). 그리고 그것은 복음에 요구되는 믿음은 오직 복음의 교리에 단순히 동의하는 것이며, 그로 말미암아 그들은 도덕적 순종이나 선행에 대한 모든 의미에서 구원을 받았으며, 그들의 영원한 상태에 대해 어떤 위험이 없이 자신들의 정욕이 이끄는 대로 어떤 죄든 지으며 살 수 있다는 헛된 추측과 속이는 가정 이외에 어떤 것도 아니었다(약 4:1-4, 5:1-6). 그가 말하고 있는 전체적인 진리를 포함하고 그의 미래의 모든 논쟁에 대한 해석에 규칙과 척도를 주는 사람들의 상태는 14절에서 제시된다. "내 형제들아 만약 사람이 믿음이 있노라 하고 행함이 없으면 무슨 유익이 있으리요 그 믿음이 능히 자기를 구원하겠느냐." 앞 구절들에서 책망을 하고 있는 죄를 지은 사람들 중 어떤 사람이 여전히 자신이 믿음을 가지고 있고, 복음을 고백하고, 유대주의와 이교도에서 떠났고, 자신이 복음의 믿음을 취했으며, 따라서 비록 선행이 부족하고 죄 가운데 살아도 자신이 하나님께 받아들여지고 구원을 받을 것이라고 말하거나 자랑한다고 생각해보자. 이런 믿음이 실제로 그를 구원할까? 여기에서 "믿는 자는 구원을 받을 것"이라고 복음이 분명히 말하고 있는 반면에, "죄에 빠질 수 있거나 빠져있고 순종의 의무들을 무시하는 믿음이 생명과 구원의 약속이 연결되어 있는 믿음인가?"하는 질문이 제기된다. 그리고 여기에서 "어떤 사람이 - 특별히 자신이 믿음을 가지고 있다는 사람이 - 어떻게 자신이 자신의 구원을 안전하게 획득할 수 있는 믿음을 가지고 있다는 것을 증명하거나 증거할 수 있는가?"하는 질문이 나온다. 그리고 사도는 이것이 행함이 없이도 존재할 수 있는 믿음이라거나, 어떤 사람이 오직 순종의 행위가 아니라도 어떤 다른 방식으로 자신이 참된 믿음을 가지고 있다는 것을 증명할 수 있다는 것을 부인한다. 그리고 그의 계속되는 전체 논의가 이것을 증명하는 데 놓여 있다. 그는 하나님 앞에서 죄를 깨달은 죄인의 칭의의 수단과 원인들을 고려할 것을 제한하지도, 그렇게 할 어떤 계기도 가지지 않았다. 그러므로 그의 말이 어떤 그런 의도에 적용될 때 그것은 공개적으로 왜곡하는 것이다.

그가 의도하고 묘사하고 있는 믿음이 그것을 통해 얻을 수 있는 척하는 목적, 곧 구원에 전적으로 쓸모없다는 것을 그는 예를 들고 그것을 똑같은 본성을 지닌 사랑이나 자비와 비교함으로써 증명한다. "만약 형제나 자매가 헐벗고 일용할 양식이 없는데 너희 중에 누구든지 그에게 이르되 평안히 가라, 덥게 하라, 배부르게 하라 하며 그 몸에 쓸 것을 주지 아니하면 무슨 유익이 있으리요"(15, 16절). 이 사랑이나 자비는 그 이름 아래서 우리에게 요구되는 복음적인 은혜가 아니다. 가난한 자들을 향해 스스로 이렇게 행동하지 않는 사람은 그 안에 하나님의 사랑이 거하지 않기 때문이다(요일 3:17). 그것이 어떤 이름을 가지든, 그것이 어떤 것으로 꾸미든, 그것이 어떻게 고백되거나 받아들여지든 그것은 사랑이 아니며 사랑의 어떤 효과도 가지고 있지 않다. 그것은 쓸모없으며 유익이 없다. 그러므로 사도는 추론한다. "이와 같이 행함이 없는 믿음은 그 자체가 죽은 것이라"(17절). 그가 증명하려고 했던 것은 우리가 하나님 앞에서 행함이 없이 오직 믿음으로 의롭다 하심을 받지 못한다는 것이 아니라, 오직 행함이 없는 믿음은 죽었고, 쓸모없고, 이익이 없다는 것이기 때문이다.

그가 '논제'로 증명하려고 계획했던 결론에 대해 이런 첫 번째 증거를 제시한 후에 그는 이 문제를 다시 취해서 '가설'을 사용해서 그것을 더 충분히 증명한다. "어떤 사람이 말하기를 너는 믿음이 있고 나는 행함이 있으니 행함이 없는 네 믿음을 내게 보이라 나는 행함으로 내 믿음을 네가 보이리라 하리라"(18절). 사도가 여기에서 자신의 주된 문제를 오직 죽어있고 쓸모없는 믿음이 있다는 전제 위에서 자신의 주된 질문을 제시하고 있다는 것은 부인할 여지없이 분명하다. 그리고 그는 그것을 전에 증명하였다. 이제 남아있는 모든 질문은 "참된 믿음이나 올바른 복음적인 믿음을 보여주고 증거하거나 제시하여 무엇이든지 어떤 다른 믿음을 신뢰하는 사람들의 어리석음을 나타나게 할 수 있는가?"하는 것이다. "당신의 믿음이 참되다는 것을 증명하거나 제시할 수 있는 유일한 수단은 행함이다($\Delta \epsilon \hat{\imath} \xi \acute{o} \nu$ μοι τὴν πίστιν σου)." 그러므로 비록 그는 "너는 믿음이 있고", 곧 "너는 네가 구원받을 수 있는 믿음을 가지고 있다고 고백하고 자랑하고," "나는 행함이 있다"고 말하지만, "너는 나에게 너의 행함으로 너의 믿음을 보여주라. 그러면 나는 너에게 나의 믿음으로 나의 행위를 보여줄 것이다"라고 말하지 않는다. 그가 요구하는 것은 정반대이다. 오히려 그는 "나는 나의 행위로 나의 믿음을 너에게 보여줄 것이다"라고 말한다. 전체의 문제가 행함이 아니라 믿음에 대해 증거하는 것이기 때문이다.

행함으로 증명이 될 수 없으며, 행함으로 열매를 맺지 못하고, 오직 신적 계시의 진리에 단지 동의하는 믿음이 우리를 의롭다 하거나 구원할 수 있는 믿음이 아니라는 것을 그는 더 나아가서 그것이 귀신들도 가지고 있는 것 이외에 어떤 다른 것이 아니라는 점에서 증명한다. 그리고 어떤 사람도 자신들이 귀신들과 공유하고 있는 것으로 구원을 받기를 생각하거나 바랄 수 없다. 그리고 마귀들은 이 지식에 동의하는데 있어서 더 뛰어나다. "네가 하나님은 한 분이신 줄을 믿느냐 잘하는도다 귀신들도 믿고 떠느니라"(19절). 한 하나님에 대한 믿음은 귀신들이 믿는 것의 전부가 아니라 주요하고 근본적인 진리로 선택된 것이며, 그것에 대한 인정에서 모든 신적인 계시에 동의하는 것이 필수적으로 따라나온다. 그리고 이것은 그가 내용이 없고 열매가 없는 믿음은 죽었고 쓸모없다는 것을 증명하는 두 번째 논증이다.

그의 주요한 주장에 대해 두 번째 확증을 한 후에 그는 이 문제를 마지막으로 확증하기 위해 계획한 방법과 용어로 재진술한다. "아아 허탄한 사람아 행함이 없는 믿음이 헛것인 줄을 알고자 하느냐?"(20절). 그리고 우리는 이 표현에서 다음과 같은 것을 고려할 수 있다.

첫째로, 그가 다루고 있고 깨닫게 하려는 사람. 그는 그를 허탄한 사람이라고 부른다. 이 사람은 일반적으로 모든 살아있는 사람이 그렇다는 차원에서가 아니라, 특별한 방법으로 교만해져서 자신의 육적인 사고에 사로잡혀 있는 사람이다. 이 사람은 순종에 대한 어떤 열매도 없이 복음에 대한 텅빈 고백으로 자신이 구원받았다고 헛된 상상을 하는 사람이다.

둘째로, 그가 이 허탄한 사람에 대해 계획하고 있는 것은 그가 흡수한 어리석고 치명적인 오류에 대해 그를 깨닫게 하는 것이다. "아아 허탄한 사람아……알고자 하느냐?"

셋째로, 그가 오직 그에게 깨닫게 하려는 것은 "행함이 없는 믿음은 죽은 것이다", 곧 행함이 없는 믿음, 황량하고 열매가 없는 믿음은 죽어 있고 쓸모가 없다는 것이다. 이것이 그가 이어지는 예들과 논증을 통해 증명하려고 시도한 유일한 것이며 모든 것이다. 그리고 그것들은 더 이상 어떤 것도 증명하지 않는다. 그의 표현이 그가 유일하게 계획하고 있는 것을 표현하는 데 모두 적절하고 적합할 때 그의 표현을 어떤 다른 목적으로 왜곡하는 것은 그의 표현에 폭력을 가하는 것이다.

그러므로 그는 이것을 아브라함의 믿음에 대해 고려함으로써 증명한다. "우리 조상 아브라함이 그 아들 이삭을 제단에 바칠 때에 행함으로 의롭다 하심을 받은 것이 아니냐?"(21절). 여기에서 사도의 생각을 분명히 밝히기 위해 몇 가지가 관찰될 수 있다.

1. 아브라함은 예를 든 일이 일어나기 오래 전에 의롭다 하심을 받았다는 것이 확실하다. 오래 전에 그에게 "아브라함이 하나님을 믿으니 하나님이 그것을 그에게 의로 여기셨다"는 증거가 주어졌기 때문이다. 그리고 믿음으로 의가 전가되는 것은 우리가 묻고 있거나 주장하고 있는 칭의 전체이다.

2. 여기에서 사도가 반복하고 있는 이야기와 관련하여 아브라함이 그 때 이런 혹은 무엇이든지 어떤 다른 행위로 하나님 앞에서 의롭다 하심을 받았다고 말하는 단 한 마디 말도 없다는 것이 확실하다.

3. 그러나 관련된 곳에서 아브라함이 자신의 믿음과 하나님께 대한 경외가 신실하다는 것을 공개적으로 증거함으로써 의롭다 하심을 받

았다고 선언되었으며, 그것들이 스스로 하나님이 보시기에 신실하다는 것을 증명하고 있다는 것이 분명하고 확실하다. 하나님은 이에 대해 자신을 낮추셔서 인간적인 감정으로 표현하신다. "네가 네 아들 네 독자까지도 내게 아끼지 아니하였으니 내가 이제야 네가 하나님을 경외하는 줄 아노라"(창 22:12). 이것이 사도가 의도하는 칭의라는 것은 억지로 투쟁을 일삼으려 하지 않는다면 부인될 수 없다. 그리고 이것이 그가 하나님 앞에서 의롭다 하심을 받았던 그의 믿음의 진리와 진실성을 나타내고 선언하는 것이었다. 그리고 이로 말미암아 사도는 이 예를 통해 생산한 것, 곧 "행함이 없는 믿음은 죽은 것이다"(4절)라는 것을 직접적이며 부인할 수 없게 증명한다.

4. 사도가 하나님 앞에서 우리의 칭의와 그 수단에 대해 어떤 것을 말하지 않았다는 것이 분명하다. 그러므로 여기에서 그가 전혀 증명하려 하지 않은 것을 그가 전에 주장했던 것을 증거삼아서 주장하려고 했다는 것은 불합리한 상상에 불과하다.

5. 사도의 의미를 해석하는 유일하게 안전한 규칙은 그가 반복된 명제로 나타내고 있는 그의 현재의 논의의 범위와 계획과 더불어 그가 언급하고 증거를 취하고 있는 본문들의 범위와 그 정황과 더불어 사실적인 내용이다.

첫째로, 그것들은 다른 어떤 것이 아니라 아브라함이 오래 전에 의롭다 하심을 받은 신자였다는 것에서 나타난다. 그가 이런 증거를 받았던 때(창 15장)와 자기 아들을 희생제사로 드리는 이야기(창 22장) 사이에는 30년이 넘는 시간의 차이가 있기 때문이다. 이 모든 기간 동안 그는 하나님과 동행했으며 거룩하고 열매맺는 순종의 삶을 살았다. 그러나 하나님은 많은 다른 시험 이후에 새롭고 가장 큰 마지막 시험으로 그의 믿음을 시험하시기를 기뻐하셨다. 그리고 은혜언약에서 그에게 적합한 것처럼 보이는 방법들로 믿는 자들의 믿음을 시험하는 것은 하나님의 방법이었다. 이로 말미암아 그는 그것이 얼마나 가치가 있는지 나타내시고 (믿음의 시험은 믿음을 "금보다 더 귀한 것"처럼 보이게 만든다, 벧전 1:7) 자신에게 영광을 돌리게 하시는데, 이것이 마땅히 그에게 돌려야 하는 믿음의 본질에 속한 것이다(롬 4:20). 그리고 이것은 사도가 묻고 있는 질문, 곧 "사람들이 고백하는 믿음이 참되고, 가치있고, "금도다 더 귀하고", 구원의 복음적인 약속이 연결되어 있는 올바른 본성에 속한 것인지를 어떻게 시험할 수 있는가?"에 대한 대답이다.

둘째로, 이 시험은 행함이나 그런 목적과 의도로 그에게 제시되었던 하나의 특별한 순종의 의무로 제시되었다. 아브라함은 후에 믿는 모든 사람의 모형으로 제시되었기 때문이다. 그리고 하나님은 그의 믿음을 시험하실 수 있는 특별한 방법을 제시하셨다. 그것은 순종의 행위인데, 오히려 반대되기 때문에 도덕법으로 받아들일 수 없는 것이었다. 그리고 만약 그가 우리에게 하나님 앞에서 행함으로 말미암은 칭의의 모형으로 제시된다면, 그것은 하나님이 도덕법에서 요구하지 않으셨으며, 오히려 도덕법을 위배하는 것처럼 보이는 행위로 말미암아야 한다. 그리고 어떤 사람도 아브라함이 자기 아들을 하나님께 드렸을 때 행위로 의롭다 하심을 받았다고 그에게 말해줌으로써 행함으로 말미암은 칭의를 기대할 수 있는 어떤 격려도 받을 수 없다. 그가 지금까지 그런 행위를 하지 않았던 것처럼 그런 어떤 행위도 지금까지 그에게 요구되지 않았다고 말하는 것이 쉬울 것이기 때문이다.

셋째로, 아브라함이 시험의 방법으로 자신에게 주어진 하나님의 명령에 따랐을 때 하나님은 신인동형적(ἀνθρωποπαθῶς)으로 친히 그의 믿음의 실실성과 그에 따른 그의 의로움이나 은혜로 그를 받아주셨음을 선언하신다. 이것이 사도가 자신의 목적에 맞게 도출하고 있는 이 구절 전체의 계획이다. 그리고 그것은 그가 증명하려고 했던 것의 전체를 포함하며 더 이상 어떤 것도 없다. 야고보 사도가 오직 아브라함이 수년 전에 절대적으로 하나님 앞에서 의롭다 하심을 받은 후에 의롭다 하심을 받은 신자로서 행한 행위를 예를 들고 있는 것을 볼 때 우리가 하나님 앞에서 우리의 행위로 의롭다 하심을 받지 않는다는 점에서 그것이 인정된다. 그러나 이것은 이로 말미암아 "행함이 없는 믿음은 죽은 것이다"라는 것이 명백히 증명된다. 아브라함의 경우에서 분명하듯이 의롭다 하심을 받는 믿음은 오직 순종의 행위를 가져오는 것이기 때문이다. 오직 그런 믿음으로 사람은 의롭다 하심을 받았거나 하나님께 받아들여졌다고 증거되고 선포되고 선언된다. 아브라함은 그 때 처음으로 의롭다 하심을 받지 않았다. 그는 그 때 의롭다 하심을 받았다고 언급되지 않았다. 그는 자신의 행위로 말미암아 의롭다 하심을 받았다고 선포되었다. 그리고 이것이 사도가 증명하려고 의도하는 것 전체를 포함한다.

그러므로 이 사도와 아브라함이 하나님 앞에서 행위로 의롭다 하심을 받지 않았다고 주장하는 바울과 어떤 모순도 없는 것처럼 보인다. 야고보는 단지 그가 의롭다 하심을 받은 후에 행한 행함으로 그가 의롭다 하심을 받았다는 것을 나타내고 선포했다는 것을 선포하고 있기 때문이다. 그리고 그는 이것이 자신의 계획의 전체였다는 것을 그가 이 예를 통해 증명했던 것을 선포하고 있는 다음 구절에서 나타낸다. "네가 보거니와 믿음이 그의 행함과 함께 일하고 행함으로 믿음이 완전하게 되었느니라"(22절). 그는 여기에서 자신이 관계했던 사람들을 깨달게 하려고 증명했던 두 가지를 힘있게 주장한다.

1. 참된 믿음은 행함으로 일할 것이다. 아브라함의 경우가 그러했다. 그것은 순종으로 그 효과를 나타냈다.

2. 그것은 행함으로 완전하게 되었다. 곧 행함으로 완전하게 된다는 것을 증거하였다. 텔레이오스($\tau\acute{\epsilon}\lambda\epsilon\iota o\varsigma$), 텔레이우마이($\tau\epsilon\lambda\epsilon\iota o\tilde{\upsilon}$ $\mu\alpha\iota$)는 성경 어디에서도 어떤 것의 내적이며 형식적으로 완벽하게 되는 것이 아니라, 단지 외적으로 완성되거나 완전하게 되거나 나타나는 것을 의미하기 때문이다. 그가 처음 의롭다 하심을 받았을 때 그것은 그 적절한 효과에 있어서 완성되었다. 그리고 그것은 지금도 그렇다는 것을 나타내고 있다. 마 5:48, 골 4:12, 고후 12:9을 보라. 사도는 "나는 이것을 아브라함의 예를 통해 증명하였다. 곧 사람이 의롭다 하심을 받았다는 것을 증거할 수 있거나, 그가 그렇게 될 수 있는 믿음을 가지고 있다는 것을 증거할 수 있는 것은 오직 순종의 행위라는 것이다"라고 말한다. 그는 자신이 주장한 것을 확증하려고 "이에 성경에 이른 바 아브라함이 하나님을 믿으니 이것을 의로 여기셨다는 말씀이 이루어졌고 그는 하나님의 벗이라는 칭함을 받았나니"라는 말을 더한다. 사도는 여기에서 두 가지를 인정한다.

1. 언급된 성경이 이루어졌다는 것이다. 그것은 그가 아브라함에게 돌렸던 행함으로 말미암은 칭의로 그렇게 되었다. 그러나 어떻게 이 성경이 여기에서 그것이 언급되었던 시간이나, 내용 그 자체나, 그 안에서 주장되었던 것이 증명이 되고 선포되는 것이 아닌 다른 방식으로 이루어지는가는 어느 누구도 설명할 수 없다. 성경이 아브라함에 대해 오래 전에 인정했던 것이 그의 믿음이 생산한 행위로써 그 때 가장 진실한 것으로 증명이 되었을 때 그 성경이 성취되었다. 그렇지 않다면, 그

가 하고 있는 믿음과 행함의 구분과 그가 그것들 사이에 두고 있는 반대와 사도 바울이 이 구절에 대해 주고 있는 의미와 이 표현의 직접적인 중요성을 생각할 때 (곧, 만약 그가 행위로 말미암은 하나님 앞에서 우리의 칭의를 증명하려고 의도했다면) 이 증거를 인용하는 것보다 그의 계획에 더 모순되는 것은 없을 것이다. 그러므로 이 성경은 아브라함의 행위로 말미암은 칭의에 의해 이루어지지 않았고, 이루어질 수 없으며, 단지 그가 의롭다 하심을 받았다는 것을 행위로 나타내는 것으로 이루어졌다는 것이다.

2. 그는 이로 말미암아 그가 "하나님의 벗"이라는 칭함을 받았다는 것을 더한다. 그는 사 41:8에서도, 대하 20:7에서도 그렇게 칭함을 받았다. 이것은 그가 행함으로 의롭다 하심을 받았다는 것과 똑같이 중요하다. 그는 단지 의롭다 하심을 받는 사람으로서 그렇게 불린 것이 아니라, 하나님에게서 특권들을 받고 하나님 앞에서 거룩하게 걸어서 이 특권들에 응답함으로써 그렇기 불렸기 때문이다. 그러므로 그가 "하나님의 벗"이라고 불렸다는 것은 하나님이 그의 믿음과 순종을 인정하셨다는 것이었다. 그리고 그것은 사도가 주장하고 있는 행함으로 말미암아 의롭다 하심을 받는 것이다.

여기에 기초해서 그는 이중적인 결론을 내린다. (라합의 경우는 본질상 똑같고 전에 언급했기 때문에 나는 여기에서 다시 그것을 다루지 않을 것이다.) 1. 그의 현재의 논증에 대해(24절). 2. 그의 계획의 전체에 대해(26절).

1. "사람이 행함으로 의롭다 하심을 받고 믿음으로 만은 아니라"는 것이다. 이것은 곧 "그렇다면 내가 온갖 불경건한 방법과 조화를 이루고 선한 열매가 전적으로 없는 죽은 믿음, 숨을 쉬지 못하는 시체같은

믿음, 복음의 진리에 대해 단지 동의하고 고백하는 것으로 의롭다 하심을 받는다는 허탄한 상상에 대해 깨닫게 하려는 당신은 칭의와 구원을 위해 요구되는 믿음이 어떤 것인지 볼 수 있을 것"라는 것이다. 아브라함은 전혀 당신이 가식적으로 가지고 있는 그런 믿음이 아니라, 행함으로 나타나는 믿음으로 의롭게 되고, 의롭다 하심을 받았다는 것이 선포되었기 때문이다. 사람은 아브라함이 자기 아들을 하나님께 드렸을 때처럼 행함으로 의롭다 하심을 받는다. 곧 성경이 증거하는 것처럼 그가 오래 전에 믿음으로 가졌던 것이 그 때, 그로 말미암아 증거되고 선포되었다. 그러므로 아브라함이 이로 말미암아 그렇게 선포되었고 그 자체를 그 열매로써 증거했다는 것을 생각할 때 어떤 사람도 자신이 자랑하는 믿음으로 의롭다 하심을 받거나 받을 수 있다고 추측하지 말자.

2. 그는 자신의 전체 논증으로 증명했고 처음에 확증하려고 했던 큰 결론을 내린다. "영혼 없는 몸이 죽은 것 같이 행함이 없는 믿음은 죽은 것이니라"(26절). 호흡이 없는 시체와 활동하지 않는 믿음은 자연적이거나 영적인 생명의 모든 목적과 관련해서 똑같다. 이것은 사도가 처음에 헛되고 열매 없는 신앙을 고백하는 자들을 깨닫게 하기 위해 계획했던 것이었다. 따라서 그는 그것에 대한 충분한 이유와 증거를 제시했다.

| 저자 소개 |

존 오웬(1621-1683)은 웨일즈 출신으로 옥스퍼드셔(Oxford shire)의 스태드햄프톤(Stadhampton)에서 태어났으며, 옥스퍼드 대학교의 퀸스 칼리지(Queen's College)에서 1632년 B.A., 1635년 M.A.를 받았다. 1632년 오웬은 국교회를 반대하고 분리주의를 찬성하여 윌리엄 로드(William Laud)이 새로운 법령에 따라 옥스퍼드에서 추방당했다. 이후 그는 로버트 돌머 경(Sir Robert Dormer) 가족의 채플린이 되었다. 내란이 발발하자 그는 의회편을 들었으며, 이로 말미암아 웨일즈의 왕당파 삼촌의 재산을 계승할 수 있는 자격을 상실했다.

오웬은 잠시 챠터하우스 야드(Charterhouse Yard)에서 살았으며, 그의 최초의 책은 1642년에 출간된 『아르미니우스주의에 대한 폭로(The Display of Arminianism)』이었다. 이 책에서 그는 칼빈주의에 반대하는 아르미니우스주의의 주장에 대해 뛰어난 학문적인 식견과 탁월한 논리력으로 반박하였다. 그의 이 책은 종교 위원회에 헌정되었는데, 이 책으로 말미암아 그는 에섹스(Essex)의 포드햄(Fordham)에서 목회자로서 생계를 유지할 수 있었다. 그는 1646년까지 이곳에 머물러 있는 동안 교구교회 사역에 전념하였으며『목사들과 성도들의 의무를 구분함(The Duty of Pastors and People Distinguished)』

라는 책을 썼다. 그는 1644년 메리 루크(Mary Looke)와 결혼하였으며, 11명의 아이를 낳았지만, 그들 중 열 명은 유아 때 사망하였다. 딸한 명이 생존하여 장성하여 결혼하였지만 결혼한지 얼마되지 않아 사망하였다. 오웬은 1675년 메리가 죽은 후 8개월 후 스태드햄프톤의 지주의 가문의 부유한 과부였던 도로시 도일리(Dorothy D'Oyley)와 재혼하였다.

1747년 4월 27일 찰스 1세가 처형되던 다음 날 오웬은 의회(the Long Parliament) 앞에서 설교를 하도록 선택되었다. 오웬은 이 설교에서 장로제도보다 독립교 혹은 회중교회를 선호하는 성향을 표명하였다. 그는 이어서 플레미쉬 계통의 무역상들이 큰 영향을 미치고 있던 에섹스의 코게샬(Coggeshall)에서 목사가 되었다. 그리고 1647년 그는 아르미니우스주의와 리차드 백스터(Richard Baxter)의 보편구속론에 대해 반대하고 특별구속을 주장하는 그의 기념비적인 작품인 『그리스도의 죽음 안에 있는 죽음의 죽음(The Death of Death in the Death of Christ)』을 썼다. 그는 이 책에서 삼위일체 하나님의 구속에 대한 경륜 가운데 왜 그리스도께서 모든 사람이 아니라 택자를 위해 죽으셨는지 체계적이며 심도있게 논쟁하고 있다.

오웬은 4월 29일에도 의회 앞에서 설교하였는데, 이것이 계기가 되어 의회와 올리버 크롬웰(Oliver Cromwell)의 지지를 받게 되었고, 크롬웰이 후에 아일랜드를 침공할 때 채플린으로 따라가게 되었다. 그는 전쟁에서 승리한 후 아일랜드의 더블린(Dublin)에 있는 트리니티 칼리지(Trinity College)를 개신교 대학으로 바꾸는 데 책임을 맡아서 기여하였다. 또한 그는 1650년 크롬웰이 스코틀랜드를 합병하려고 출정했을 때도 채플린으로 동행하였다. 1651년 3월 크롬웰은 옥스퍼드 대학교의 총장으로서 오웬을 옥스퍼드 대학교의 크라이스트 처치(Christ Church)의 학장으로 임명하였으며, 1652년 옥스퍼드 대학교 부총장으로 임명하였다.

오웬은 옥스퍼드에서 8년 동안 머물러 있는 동안 청교도적 개혁주의 신학 노선에서 학생들을 가르치고 학교를 운영하였다. 그는 또한 1653년 구속의 절대적인 필요성을 주장하는 『하나님의 정의(Justitia Divina)』, 1654년 구원의 확신에 관한 그의 대작인 『성도의 견인의 교리(Doctrine of the Saints Perserverance)』과 시의회의 요청으로 소시누스주의자인 존 비들(John Biddle)의 강해한 소시누스주의에 대해 반박하는 『복음에 대한 방어(Vindiciae Evangelicae)』를 썼다. 1656년 그는 성도들의 성화의 문제를 다룬 『신자들 안에 있는 죄 죽임에 대해(On Mortification of Sin in Believers)』를 썼으며, 1657년 하나님과의 교제를 삼위의 관점에서 심도있게 연구한 『하나님과의 교제(Communion with God)』를 출판하였다. 그는 1657년 국교회를 반대하고 분리주의의 정당성을 옹호하는 『분열(Schism)』을 썼으며, 1658년에는 처음 신앙의 열정을 유지하도록 촉구하는 『시험에 대해(Of Temptation)』를 출간하였다.

오웬은 이런 학문적인 일 이외에도 정규적으로 의회에서 설교했으며, 1654년에는 잠시 동안이기는 하지만 옥스퍼드대학교 대표로서 의회(the First Protectorate Parliament)의 일원이 되어 리차드 백스터와 함께 종교의 관용과 자유를 위한 위원회에서 활동하기도 했다. 그는 1653년 12월 옥스퍼드 대학교에서 신학박사(Doctor of Divinity) 학위를 수여받았다. 그는 또한 스코틀랜드 교회 문제와 관련된 위원회에서 활동하기도 하였다. 오웬은 크롬웰의 신임을 얻었지만, 크롬웰이 왕이 되는 것에 대해 반대했으며, 그 결과 그의 아들 리처드 크롬웰(Richard Cromwell)이 아버지를 이었을 때 옥스퍼드 대학교의 부총장직을 잃기도 했다. 그는 또한 웨스트민스터 신앙고백서에 기초한 회중주의 신앙고백서인 사보이 신앙고백서(Savoy Declaration)을 작성하고 채택하는 데 주도적인 역할을 했다.

1658년 올리버 크롬웰의 사망한 후 오웬은 왕정보다 공화정을 선호하여 럼프 의회(the Rump Parliament)를 지지하였지만, 찰스 2세가 왕으로 등극하고 장로교도들이 주도권을 잡자 1660년 3월 스태드햄으로 돌아왔다. 그는 그곳에서 다양한 논쟁적이고 신학적인 글들을 썼는데, 그의 라틴어로 쓰여진 신학서론과 관련된 대작『신학론(Theologoumena Pantodapa)』이 이 때 쓰여졌다. 1661년 가톨릭의 부흥을 꿈꾸며 프란치스코 학파의 수도사인 존 빈센트 캐인(John Vincent Cane)의 『빛이 있으라(Fiat Lux)』가 출판되었는데, 오웬은 1662년 이를 비판하는 『반박(Animadversions)』을 출판하였다.

1663년 오웬은 뉴잉글랜드의 보스톤에 있는 한 회중교회의 담임목사로 초빙을 받았지만 거절하였다. 그는 찰스 2세의 집회금지령과 5마일령에 의해 런던을 벗어날 수 없었으며, 1666년 런던 대화재 이후에 다른 분리주의 목사들과 마찬가지로 회중을 모아 사역을 할 수 있었다. 1667년 오웬은 그의 『교리문답서(Cathecism)』를 출판하였으며, 1668년 죄 사함에 대해 그의 기념비적인 작품인 『시편 130편에 대한 실천적 강해(Practical Exposition upon Psalm 130)』와 성도들의 성화와 관련된 『내재하는 죄(Indwelling Sin)』를 그의 7권으로 출판될 히브리서주석의 첫 번째 부분과 더불어 출판하였다. 1670년 오웬은 국가교회를 옹호하고 분리주의를 비판하는 사무엘 파커(Samuel

Parker)의 『교회정체(Ecclesiastical Polity)』에 대한 응답으로 『진리와 무죄가 방어되다(Truth and Innocence Vindicated』라는 책을 출판하였다. 1669년 오웬은 『삼위일체(On the Trinity』에 대해 책을 썼으며, 1672년에는 『기독교적인 사랑과 평화(Christian Love and Peace』에 대해 책을 썼다.

오웬은 1670년 집회금지령이 다시 부활하자 의회에 이를 항의하는 편지를 썼다. 그는 이 해 혹은 다음 해에 하버드 칼리지의 학장으로 초대를 받았으며, 화란의 몇몇 대학교들에서도 비슷한 초대를 받았지만 수락하지 않았다. 찰스 2세가 1672년 종교관용령을 내리자 오웬은 그에게 감사의 편지를 보냈다. 오웬은 독립교도들과 장로교도들이 함께 모여 브로드 스트리트 프린세스 홀(Princes' Hall, Broad Street)에서 매주 연 강좌에 설교한 첫 번째 설교가 중 한 명이 되었다. 그는 많은 귀족들에게 존경을 받았으며, 1674년 동안 찰스 2세와 그의 형제인 제임스 2세의 환대를 받았으며, 찰스 2세는 오웬에게 엄격한 법으로 고통을 받던 분리주의자들을 구제하라고 1000기니를 하사하기도 하였다. 오웬은 자신이 저 땜장이처럼 설교할 수 있다면 자신의 모든 지식을 포기하겠다고 고백했던 존 번연(John Buyan)이 석방될 수 있도록 도움을 주기도 하였다.

오웬은 계속해서 목회를 하면서 글을 썼는데 1676년 『배교에 대해(On Apostasy)』, 1677-78년 『성령에 대해(On the Holy Spirit)』, 1677년 『칭의론(The Doctrine of Justification)』, 1679년 『기독론(The Person of Chrisit)』에 대해 글을 썼다. 그는 또한 교회 행정에 대한 대표적인 글을 이 기간에 쓰기도 하였다. 또한 1681년 그는 그의 신앙적 성숙을 보여주는 『영적으로 생각하는 은혜와 의무(The Grace and Duty of Spritual Mindedness)』를 출판했으며, 그가 죽던 해인 1683년 그가 갈 영광의 나라를 묵상하여 『그리스도의 영광에 대한 묵상(Meditations on the Glory of Christ)』을 썼다. 그는 이 책에서 이 땅에서는 그리스도의 위격에 나타난 그의 영광을 믿음으로 보았지만, 이제 그 나라에 가면 눈으로 볼 것을 소망하는 고백을 했다. 그는 1683년 9월 4일 사망하였으며 다른 많은 분리주의자들과 함께 런던의 번힐 필즈(Bunhill Fields)에 묻혔다.